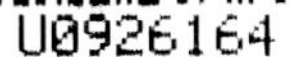

21世纪普通高等学校信息素质教育系列规划教材

医学信息检索与利用

◉ 主　编　陈红勤　梁　平　杨慕莲

◉ 副主编　朱　宁　陈路平　孙　智

◉ 编　委　王崇良　李四克　张　敏　黎平国

聂应高　彭莲好　茹丽君　唐　娜

華中科技大學出版社

http://www.hustp.com

中国·武汉

内 容 简 介

本书本着内容新颖、联系实际和注重实用的原则，全面、系统地论述了医学文献检索与利用的相关知识，并力求反映近几年医学文献信息检索发展的新理论、新方法和新技术，以及编者多年教学中的经验和研究成果。

全书共十章，主要包括医学信息检索概述、中文医学文献信息检索、外文医学文献信息检索、特种医学文献信息检索、网络医学文献信息检索、专类医学文献信息检索、引文检索、免费医学信息资源检索、医学信息分析利用和医学论文写作等，每章后附有思考题。

本书适合读者全面、系统地学习医学文献信息检索的知识、原理与方法，帮助读者迅速地掌握医学文献信息检索与综合利用的技能。本书可作为高等医学院校本科生、研究生的医学文献信息检索课程教材，也可供医学专业人员、教学与科研人员、图书情报人员学习和研究参考。

图书在版编目(CIP)数据

医学信息检索与利用/陈红勤，梁平，杨慕莲主编. —武汉：华中科技大学出版社，2014.8 (2019.8 重印)
ISBN 978-7-5680-0316-2

Ⅰ.①医…　Ⅱ.①陈…　②梁…　③杨…　Ⅲ.①医药学-情报检索-高等学校-教材　Ⅳ.①G252.7

中国版本图书馆 CIP 数据核字(2014)第 183263 号

医学信息检索与利用　　　　陈红勤　梁　平　杨慕莲　主编

策划编辑：袁　冲　　　　责任校对：马燕红
责任编辑：张　琼　　　　责任监印：张正林
封面设计：刘　卉
出版发行：华中科技大学出版社(中国·武汉)　　电话：(027)81321913
武汉市东湖新技术开发区华工科技园　　邮编：430223
录　　排：华中科技大学惠友文印中心
印　　刷：武汉市籍缘印刷厂
开　　本：787 mm×1092 mm　1/16
印　　张：24
字　　数：596 千字
版　　次：2019 年 8 月第 1 版第 3 次印刷
定　　价：46.00 元

前　　言

21 世纪是以现代科学技术为核心、以知识创新和技术创新为特征的信息社会。知识主导着社会进步、经济发展、科技腾飞和人类生活质量的提高，信息是知识生产过程中必不可少的原材料，信息是知识创新的源泉。随着科学技术的飞速发展，信息技术和手段日新月异，新经验和新知识不断产生，文献信息数量不断增多，网络和电子文献信息资源迅猛发展。一方面，如何及时和有效地进行文献信息检索，并利用这些记载人类科技成果的文献信息促进科学研究的进一步发展，成为科技工作者日益关注的问题。另一方面，信息素质是现代人才必备的基本素质之一，是人们终身学习的基础，大学生信息素质培养成为 21 世纪人才培养的重要内容。

文献信息检索是一门关于如何查阅、获取和利用有效文献信息的科学方法课程，内容更新快，具有很强的实践性和应用性。这门课程旨在培养学生的信息意识和检索技能，提高其信息获取利用能力和独立研究能力，是培养学生信息素质的重要途径。自 1984 年教育行政部门颁发关于在高等学校开设文献检索与利用课程的文件以来，全国各类高校都相继将这门课程纳入学校课程体系。一方面，医学文献信息是科技文献信息的重要组成部分，对于医学研究工作者来说，掌握和提高文献信息检索的方法和技能，可有效地利用医学文献信息，促进自身的学习、工作和研究，进一步提高自身的科研水平，使自己成为一名具有较强的信息意识和较高的信息素养，善于在现代信息社会中摄取各类信息，善于终身学习和勇于创新的医学工作者。另一方面，高等医学院校开设的医学文献信息检索课程，顺应信息时代发展的需求，对学生吸取新知识、改善知识结构、提高自学能力和科研能力、发挥创造才能等起到了显著的促进作用，在培养医学专业学生信息素质方面发挥了积极的作用。为了适应网络时代和知识经济的发展，满足专业学生和读者对医学文献信息利用的需要，培养能力型高素质的医学人才，我们编写了本教材。

随着信息技术的发展和网络应用的普及，医学文献信息检索课程的教学内容不断更新和丰富，教学方法趋向规范，授课面越来越广，同时相应的教材也是百花齐放并各具特色。本着内容新颖、联系实际和注重实用的原则，本教材全面、系统地论述了医学文献检索和利用的相关知识，并力求反映近几年医学文献信息检索发展的新理论、新方法和新技术，以及我们多年教学中的经验和研究成果，以适应教学、科研和医疗不断发展的需要。

全书共十章，第一章医学信息检索概述（朱宁、聂应高编写），第二章中文医学文献信息检索（孙智编写），第三章外文医学文献信息检索（陈红勤、李四克编写），第四章特种医学文献信息检索（杨慕莲、唐娜编写），第五章网络医学文献信息检索（孙智、彭莲好编写），第六章专类医学文献信息检索（第一节至第五节陈路平、茹丽君编写，第六节和第七节杨慕莲编写），第七章引文检索（杨慕莲编写），第八章免费医学信息资源检索（陈红勤、王崇良编写），第九章医学信息分析利用（梁平、黎平国编写），第十章医学论文写作（梁平、张敏编写）。

本书内容新颖翔实，条理清楚，结构合理，简明扼要，图文并茂，实用性强。本书适合读者全面、系统地学习医学文献信息检索的知识、原理与方法，帮助读者迅速、熟练地掌握医学文献信息检索与综合利用的技能。本书可作为高等医学院校本科生、研究生的医学文献信息检索课程教材，也可供医学专业人员、教学与科研人员、图书情报人员学习和研究参考。

在本书编写的过程中，参阅、选用了许多专家和学者的重要著作、教材、论文、图表等文献资料和研究成果，极大地丰富了本书的内容体系，对提高本书的质量起了重要作用。在此，借本书出版的机会，向所参阅的专家和学者们致以由衷的谢意！同时，我们也得到了学校领导和相关部门的大力支持与帮助，在此表示衷心的感谢！

由于编写时间紧迫和学识水平所限，加之网络信息资源发展迅速，更新快，尽管我们做了很大努力，但本书难免存在错误与疏漏之处，诚请各位专家、学者和读者不吝赐教、惠予指正，以便日后进一步修正和完善。

陈红勤、梁平

2014 年 6 月 6 日于湖北科技学院

目　录

第一章　医学信息检索概述 …………………………………………………………… (1)

第一节　信息检索基础知识 ……………………………………………………………… (1)

第二节　网络信息检索的方法与策略 ………………………………………………… (10)

第三节　图书馆资源利用 ……………………………………………………………… (20)

第四节　信息素养与创新能力的培养 ………………………………………………… (30)

第二章　中文医学文献信息检索 ……………………………………………………… (37)

第一节　中国知网 ……………………………………………………………………… (37)

第二节　维普中文科技期刊数据库 …………………………………………………… (44)

第三节　万方数据资源系统 …………………………………………………………… (47)

第四节　读秀学术搜索 ………………………………………………………………… (52)

第五节　图书资源检索 ………………………………………………………………… (58)

第三章　外文医学文献信息检索 ……………………………………………………… (64)

第一节　Medline 与 PubMed ………………………………………………………… (64)

第二节　EMBASE ……………………………………………………………………… (74)

第三节　SciFinder Scholar …………………………………………………………… (76)

第四节　BioSIS Previews ……………………………………………………………… (81)

第五节　EBSCOhost 数据库 …………………………………………………………… (84)

第六节　SpringerLink 全文期刊数据库 ……………………………………………… (86)

第七节　国道特色专题数据库 ………………………………………………………… (90)

第八节　Elsevier SDOL 全文电子期刊………………………………………………… (94)

第九节　Ovid 在线全文期刊数据库 …………………………………………………… (96)

第十节　Blackwell 全文期刊数据库 …………………………………………………… (99)

第十一节　ProQuest 医学全文期刊数据库 ………………………………………… (100)

第四章　特种医学文献信息检索……………………………………………………… (105)

第一节　学位论文检索………………………………………………………………… (105)

第二节　会议文献检索………………………………………………………………… (115)

第三节　专利文献检索………………………………………………………………… (121)

第四节　标准文献检索………………………………………………………………… (131)

第五章　网络医学文献信息检索……………………………………………………… (138)

第一节　网络医学信息资源概述……………………………………………………… (138)

第二节　搜索引擎……………………………………………………………………… (147)

第三节　网络医学参考工具书………………………………………………………… (157)

第四节　学科导航……………………………………………………………………… (160)

第五节　国内外重要医学网站………………………………………………………… (164)

第六章　专类医学文献信息检索 …… (170)
第一节　药学文献信息资源检索 …… (170)
第二节　基础医学文献信息检索 …… (181)
第三节　临床医学文献信息检索 …… (185)
第四节　循证医学文献信息检索 …… (188)
第五节　生物信息数据库检索 …… (198)
第六节　图谱信息资源检索 …… (202)
第七节　人物与机构的检索 …… (207)
第七章　引文检索 …… (216)
第一节　引文检索概述 …… (216)
第二节　国内引文数据库检索 …… (218)
第三节　国外引文数据库检索 …… (223)
第八章　免费医学信息资源检索 …… (232)
第一节　免费网络学术资源概述 …… (232)
第二节　开放存取资源 …… (233)
第三节　医学下载资源 …… (243)
第四节　博客资源 …… (247)
第五节　交互学习资源 …… (249)
第六节　消费者健康信息网站 …… (252)
第九章　医学信息分析利用 …… (256)
第一节　医学信息分析 …… (256)
第二节　个人文献信息管理 …… (282)
第三节　医学科研选题与项目申报 …… (301)
第十章　医学论文写作 …… (319)
第一节　医学论文的意义与类型 …… (319)
第二节　医学论文的格式与要求 …… (327)
第三节　医学论文写作的步骤和方法 …… (344)
第四节　其他医学论文的撰写 …… (350)
参考文献 …… (374)

第一章　医学信息检索概述

第一节　信息检索基础知识

一、信息、知识、情报和文献的概念与关系

1. 信息的概念与特征

“信息”一词是当今社会使用范围较广泛、频率较高的词汇。但对于什么是信息，人们的理解却不同，迄今还没有一个权威的、公认的定义。

1）信息的含义

“信息”一词有着很悠久的历史，早在两千多年前春秋末期《诗经·郑风·子衿》中就有“青青子衿，悠悠我心，纵我不往，子宁不嗣音”。这里的“音”指的就是“音讯”，接近于现代“信息”的含义。以后我国诗歌作品中曾多次出现过“信息”的词汇。譬如，南唐诗人李中《暮春怀古人》诗中“梦断美人沉信息，目穿长路倚楼台”，唐朝诗人许浑《寄远》诗中“塞外音书无信息，道傍车马起尘埃”，宋代也有“每望长安信息稀”的诗句，等等。这些诗句中的“信息”指的是消息和音讯，与现代“信息”的内涵还有着很大的差异。

现代意义上的信息出现于20世纪，信息论的奠基人、美国数学家克劳德·香农（Claude E. Shannon）1948年在他发表的《通信的数学理论》中指出“信息用来消除不确定的东西”。简单地说，信息是指有新内容、新知识的消息。消息是信息的载体，其形式是具体的，如语言、文字、图像等，而信息是指包含在具体消息中的抽象内容。

在信息定义的研究中，北京邮电大学钟义信教授对信息的解释是：信息是事物运动的状态与方式，是物质的一种属性。在这里，“事物”泛指一切可能的研究对象，包括外部世界的物质客体，也包括主观世界的精神现象；运动方式是指事物运动在时间上所呈现的过程和规律；运动状态则是指事物运动在空间上所展示的形状和态势。他认为，信息不同于消息，消息只是信息的外壳，信息则是消息的内核；信息不同于信号，信号是信息的载体，信息则是信号所载荷的内容；信息不同于数据，数据是记录信息的一种形式，同样的信息也可以用文字或图像来表述；信息不同于情报，情报通常是秘密的、专门的、新颖的一类信息，可以说所有情报都是信息，但不能说所有的信息都是情报；信息也不同于知识，知识是认识主体所表述的信息，是序化的信息，而并非所有的信息都是知识。换言之，信息是人们对客观存在的一切事物的反映，是通过物质载体所发出的消息、情报、指令、数据、信号中所包含的一切可传递和可交换的知识内容。

2）信息的特征

信息具有信息源、中介传递物、信息接收者三个要素。其特征主要有以下几个方面。

(1) 客观性　信息是客观存在的东西，是客观事物运动时所表现出来的特征和信号。如：刮风、打雷，预示着可能要下雨；母鸡打鸣可能要下蛋；学校的钟声鸣响，表示上课或下课等。

(2) 普遍性　信息既不是物质，也不是能量，而是依附于自然界客观事物而存在的，只要有物质存在，就有表征其属性的信息，是客观事物普遍性的表征。人类社会和自然世界到处都充满着各种各样的信息活动，信息无处不在，无时不有。

(3) 中介性　一切信息活动都有一个过程，都必须经过一定的物质媒介进行传递。信息的传递性表现在人与人之间的消息交换，人与自动机、自动机与自动机之间的信息交换，动物界与植物界的信息交换，同时，人类进化过程中的细胞选择、遗传也被看作是信息的传递与交换。

(4) 增值性　信息通过人脑思维或人工技术的综合、加工和处理，不断丰富，提高其质量和利用价值。信息交换的结果是信息的增值。它与物质交换是不同的。物质交换是一种等量或等值的交换，如十只羊换一头牛，两千元人民币买一台彩电等；而信息交换是双方都各自增加了新信息。信息与物质、能源被视为人类社会的三大资源，但信息只有被利用才能产生价值，否则，其价值就会随时间的流逝而减少，成为“信息垃圾”。

(5) 共享性　共享性是指同一信息被多个用户使用，而信息的提供者并不因此而失去信息内容的信息量。信息的共享性可以提高信息的利用率，人们可以利用他人的研究成果进一步创造，避免重复研究，能节约资源。

2. 知识的概念与特征

1) 知识的概念

知识是人类在改造客观世界的实践过程中的科学总结，是人们对客观事物的理性认识。

反映自然现象和社会现象的信息只有经过加工，形成对自然和社会发展客观规律的认识，这种再生信息才构成知识。

2) 知识的特征

(1) 实践性　知识来源于实践，又指导实践。任何知识都离不开人类的直接实践活动，即使从书本上获得的知识，也是前人实践的经验的总结。

(2) 继承性　任何知识，既是实践经验的总结，又是前人知识的继承和发展。知识是一种实践—认识—再实践—再认识，以至循环无穷的发展过程。

(3) 科学性　知识的本质就是对客观事物运动规律的科学概括。离开了对事物运动规律认识的科学是一种伪科学，不能称其为知识；对事物运动规律掌握得不够的认识过程，是知识不断完善、不断更新的过程。

3. 情报的概念与特征

1) 情报的概念

情报与信息在英语词汇中是同一词，即 information。关于情报的定义，至今尚无统一的定论。时至今日，情报究竟是什么，国内外对情报的定义仍然是众说纷纭。

著名科学家钱学森说：“情报就是为了解决一个特定的问题所需要的知识。”严怡民主编的《情报学概论》：“情报就是作为人们传递交流对象的知识。”实际上，情报是人们在一定的时间内为一定的目的而传递的有使用价值的知识和信息。

2）情报的特征

（1）知识性　情报的本质就是知识，是一种新的知识。科学技术的发展意味着新知识的产生和旧知识的更替，如创造发明、科研成果、新技术、新工艺、新设计、新产品、新理论、新事实、新决策等，都是新知识。没有内容或没有新的知识，都不能称之为情报。

（2）传递性　情报必须进行传递交流，虽然情报的本质是知识，但知识不传递仍然不能称为情报，有情不报，何以成为情报？情报的传递属性，包含两方面内容：一方面是它必须通过一定的物质形式进行传递；另一方面获得情报必须经过传递。如口传、手传、邮传、电话和电报传递、网络传递等，都是情报传递交流的不同手段。

（3）新颖性　情报必须是事物发展的最新知识报道，并带有真实性和机密性的特征。过时的、虚假的、没有经过加工提炼的知识，只是一种信息现象，不是情报。

（4）价值性　情报是一种有价值、有效用的知识，能使人们启迪思路、开阔眼界、提高识别客观事物的能力。没有价值的信息和知识，也不能称为情报。同时，它又是一种相对的概念，一种信息或知识，对于需要者来说是情报，对于不需要者来说则不是情报。

4. 文献的定义及构成要素

1）文献的定义

"文献"一词在中国最早见于孔子的《论语·八佾》篇。

1983年颁布的国家标准《文献著录总则》将文献定义为记录有知识的一切载体。

2）文献的构成要素

（1）有记录信息和知识的核心内容。文献一定要有内容。有人认为文献的内容是知识；也有人认为文献不仅是知识的记录，还可能是信息的记录，信息可能是知识，也可能还不被人类所了解，但记录下来的信息则是文献；还有人认为文献中所记载的内容在本质上是人类社会所特有的观念信息。是"知识"还是"信息"，或是"观念信息"，我们暂不探讨，但是，知识信息作为文献的内容，是文献最基本的构成要素，这是认识文献的根本前提。

（2）有记录信息和知识的物质载体。文献是由一定的物质材料构成的客观存在物，只有物化在一定物质材料上的信息、知识才能构成文献。有人认为：信息是伴随物质世界的存在而存在的，任何客观存在的物质都是信息的载体。比如说，把龟甲、兽骨、简牍、缣帛、纸张、磁带、光盘、胶片等当作文献载体的物质材料，在没有记录任何信息、知识之前，其本身就蕴含着一种时代特征的物质信息，但这并不意味着它们就是文献。因此，有记录信息、知识的物质载体也是文献的基本要素之一。

（3）有记录信息和知识的表现手段。记录的表现手段也就是记录方式，有两种含义：一是指所采用的形式，例如，纸张型文献采用文字、图形、符号，声像型文献采用声频和视频，计算机可读型文献采用代码；二是指记录所用的方法，例如，甲骨文的刻、钟鼎文的铸、纸质文的印刷、记录于感光片的摄影、存储于磁带的磁记录等。有人认为："记录（制作）方式只是文献构成的基本条件，不是其构成要素。"我们认为：作为文献的信息、知识内容必须通过一定的表现形式（如文字、图形、代码、声频、视频等）并采用一定的记录方法（如手刻、缮写、印刷）才能依附于物质材料之上，如果缺少这种要素，那么文献的信息、知识内容与文献的物质载体就无法联系在一起而成为一个统一体，因而也就无法构成文献。所以，记录手段也是构成文献的基本要素之一。

（4）有记录信息和知识的呈现形态。文献的内容、载体、手段三大要素还不能构成文献

的整体结构，比如说，一座建筑、一块门牌、一幅广告、一条标语，都可以说是一种信息、知识的载体，有记录内容，有记录手段，符合文献构成的三大要素，能说它们都是文献吗？显然不能。我们认为：没有一定形态所呈现出来的东西还不能看成是文献，如果把建筑、门牌、广告、标语所记录的信息、知识内容看成是一种资料，并将其转化为另一种物质形态（如通过抄写、拍摄、复制等方式转化），经过有序化整理后所表现出来的实物（这时候的载体，如图书、期刊、缩微品等）方能称为文献。因此，文献的构成要素除"内容""载体""手段"外，还应有"形态"，这四大要素的统一体才能构成文献的完整结构体系。

5. 信息、知识、情报与文献的关系

信息、知识、情报与文献从概念的内涵上看具有本质区别，但从概念的外延上看又有联系。知识来源于信息，是理性化、优化和系统化了的信息；情报是具有特定传递对象的特定知识或有价值的信息。信息包含了情报，情报是知识中的一部分；文献是它们的载体。

如果把文献作为获取知识和情报的信息源，它们的关系则是以文献为轴心的同心圆关系，即在文献中获取相关信息，又在信息中获取相关知识，最后在获取的知识中攫取有用的情报。它们的关系是：信息＞知识＞情报，如图 1-1 所示。

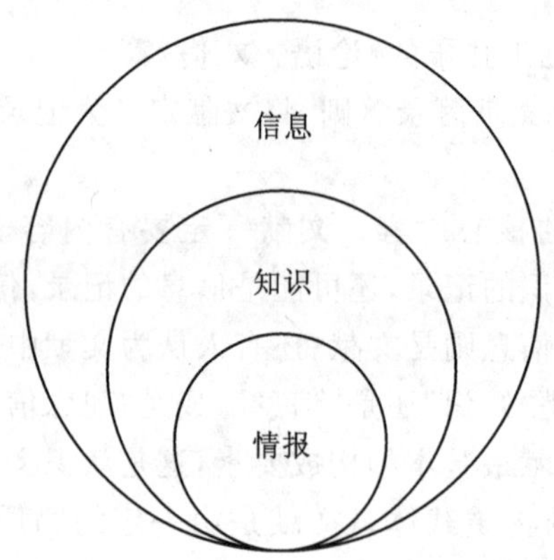

图 1-1　信息、知识、情报三者的同心圆关系示意图

如果把文献作为获取知识和情报的信息渠道之一，那么它们的关系则是相互交叉的关系。因为对于某一学科而言，文献中含有该学科一定的信息、知识、情报；而该学科的信息、知识、情报有一部分是从文献中获取的，还有一部分是从其他的途径和渠道获取的。从这个意义上讲，信息、知识、情报与文献的关系就是相互包容的关系，即文献中含有一定的信息、知识和情报，信息、知识和情报中包括有文献，如果是从文献中获得的信息、知识和情报，那就是文献信息、理论知识（书本知识）、文献情报。它们与文献之间的关系如图 1-2 所示。

二、文献信息的类型与特征

文献作为人类文化信息的承载物，其类型比较复杂，不同的历史时期，由于科学技术发展的程度差别，产生文献的类型各异，因此，按照不同的时代、不同的标准划分，就有不同的文献类型。现代文献的类型可以按以下角度划分。

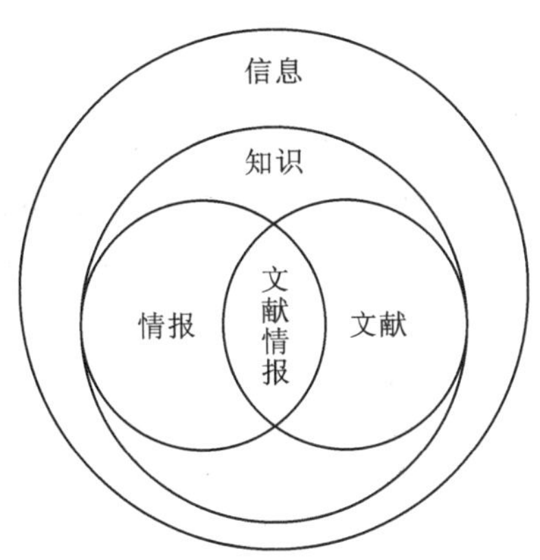

图 1-2 文献与信息、知识、情报之间交叉关系示意图

1. 按文献的载体形式划分

1）印刷型文献

印刷型文献通常是以纸质材料为载体，以印刷（主要指铅印、油印、石印、胶印、影印、木板印等）为记录手段而产生的一种文献形式。印刷型文献的优点是便于阅读和流传。印刷型文献的缺点是存储密度低，体积庞大，加上纸张的化学、物理特性，难以收藏保存。

2）缩微型文献

缩微型文献又称缩微复制品，它是利用光学记录技术，将文献的影像缩小记录在感光材料上，然后借助于专门的阅读设备进行阅读的一种文献形式，如缩微胶片、缩微胶卷、缩微卡片等。缩微型文献的优点是体积小，不失真，存储密度高，便于保存和传递。缩微型文献的缺点是不能直接阅读，必须借助阅读机等专门的设备才能阅读。

3）视听型文献

视听型文献又称声像资料或直感资料，它是以电磁胶质材料为载体，以电磁波为信息符号，将声音、文字和图像记录下来，通过视听设备存储与播放信息、内容的动态文献资料，如唱片、录音带、录像带、影片、幻灯片等。视听型文献的优点是直观、形象，尤其适合记录用文字、符号难以描述的复杂信息和自然现象。视听型文献的缺点是制作、阅读需要专门设备。

4）机读型文献

机读型文献是以磁化材料为载体，以数字代码与文字图像为信息符号，用编码与程序设计的手段，通过电子计算机存储与传播信息内容的文献资料。从外在形制上看，有磁带、磁盘、软盘、光盘、网络等多种类型。机读型文献的优点是信息存储量大，出版周期短、易更新，传递信息迅速，读取速度快，可以融文本、图像、声音等多媒体信息于一体，信息共享好、易复制。机读型文献的缺点是制作、阅读需要专门设备。

2. 按文献的加工层次划分

1）一次文献

一次文献也称原始文献，是作者本人以自己的生产、科研、社会活动等实践为依据直接生产出来的文献。只要是作者的原始创作，都是一次文献，如专著、报纸、期刊、专利文献、标准文献、会议文献、科技报告、产品样本等都属于一次文献，它是最主要的文献信息源和检索对象，数量极为庞大。

2）二次文献

二次文献即在一次文献的基础上，加工整理和提炼压缩而成的检索一次文献的工具。它是将大量分散、零乱、无序的一次文献进行收集、整理、浓缩、提炼，并按照一定的逻辑顺序和科学体系加以编排存储，以便检索利用的工具，如书目、索引、文摘、题录、简介等。它的功用在于系统反映原始文献信息，系统浏览原始文献的概况，提供检索所需原始文献的线索。

3）三次文献

三次文献是指在一次文献和二次文献的基础上，对原始文献群的内容进行系统分析、综合、评述，经过高度浓缩加工的再生文献。三次文献具有系统性、综合性、知识性和概括性的特点，如专题报告、综述、字（词）典、手册、年鉴、百科全书等。

4）零次文献

零次文献是指未经出版发行的或未进入社会交流的最原始的文献，如私人笔记、底稿、手稿、个人通信、新闻稿、工程图样、考察记录、试验记录、调查稿、原始统计数据、技术档案等。

3. 按文献的出版形式划分

1）图书

图书是对某一领域的知识进行系统阐述或对已有的研究成果、技术、经验等进行归纳、概括的出版物。图书一般分为两类：阅读型（如教科书、专著、文集等）和工具型（如词典、百科全书、年鉴、手册等）。图书的特点：带有总结性、成熟定型；出版周期长，信息传递慢；主要传授知识，而不是报道最新情报。

在下列情况下会使用图书：

（1）系统地学习知识；

（2）了解某知识领域的概要；

（3）查找某一问题的具体答案。

2）期刊

期刊又称杂志，是指具有固定名称，采用定期或不定期的方式连续刊行的出版物。正式出版期刊一般载有年、月、卷号、期号等信息，其内容多数是由许多短篇文章编辑而成的。其类型包括政论性期刊、学术性期刊、工艺技术性期刊、资料和检索性期刊、综述与述评性期刊、文学艺术性期刊、知识普及与娱乐性期刊等。期刊的特点：内容广泛，知识新颖；出版周期短，传递速度快；数量庞大，流通面广。

专业核心期刊：刊载该专业论文数量较多、学术水平较高，能反映本学科最新研究成果及本学科前沿研究状况与发展趋势并备受该学科专业读者重视的期刊。

下列情况会使用期刊：

① 当做学术研究时，了解与自己的课题相关的研究状况，查找必要的参考文献；

② 了解某学科水平动态。

报纸也是期刊的一种类型，有统一的名称，有常设的编辑机构，定期连续出版，每期汇编多篇文章、报道、资料、消息等。但它出版的周期更短，常常当天发生的事情都可以见到消息。报纸可分为日报、早报、晚报、双日报、周报、旬报等种类。

3）科技报告

科技报告是指科学研究课题进展情况的实际记录与研究成果的系统总结。它通常以正式报告、进展报告、技术札记、备忘录、通报等形式出版。其特点是：每份报告都有机构名称和连续编号；一个报告一册，页数不等；不定期出版。如世界著名的美国四大报告，即美国政府的 PB 报告[第二次世界大战以来，美国政府为了整理和利用从战败国获得的数以千吨计的秘密科技资料，专门成立了一个出版局，即美国出版局(publication board) 负责搜集、整理、报道、利用这些资料，这些资料简称 PB 报告]、军事系统的 AD 报告[由美国国防技术情报中心(DTIC)负责搜集、整理和出版。报告内容以国防部各个合同户的研究报告为主，其报告号冠以 AD，A 原先为 armed、D 则为 document 之意，现在则可理解为入藏报告(accession document)]、国家宇航局的 NASA 报告[NASA 是美国国家航空航天局(National Aeronautics and Space Administration)的简称，该局科技情报处编辑、出版的专业性检索刊物 STAR，是专门检索航空航天科技报告的重要工具，简称 NASA 报告]、能源部的 DOE 报告[1977 年美国能源研究与发展署改组扩大为美国能源部(Department of Energy，简称 DOE)，1978 年 7 月起能源部的报告逐渐改为冠以 DOE 的科技报告，内容仍以原子能为重点。其主要检索工具为《核子科学文摘》，之后为《能源研究文摘》]。

下列情况会用到科技报告：

① 当做学术研究时，了解与自己的课题相关的研究状况，查找必要的参考文献；

② 研究尖端学科或某学科的最新研究课题。

4）会议文献

会议文献是指在各种学术会议上宣读、提交、发表的学术论文、报告和讨论记录等文献资料。它分为预印本和会议录两种类型：预印本是指开会前经选定的论文、报告、材料，由作者单独印成单行本，提交会议参加人员；会议录又称会后文献，是指选择会议的学术报告、交流论文、文献资料及讨论纪要汇编成册后出版发行的资料文献。

下列情况会用到会议文献：

① 当做学术研究时，了解与自己的课题相关的研究状况，查找必要的参考文献；

② 了解某学科水平动态。

5）政府出版物

政府出版物是指由政府部门所发表或出版的文件和资料。根据联合国教科文组织的规定，政府出版物是指“根据国家机关的命令，并由国家负担经费而出版的一切记录、图书、刊物等”。它分为两类：一类是行政性文件，如政府报告、法令、方针政策和政府公布的统计资料等；另一类是科技性文献，如科技报告、技术改革、技术政策、调查报告、科普资料等。

下列情况会用到政府出版物：

① 了解政府的政治、经济等活动；

② 研究政府的行政和决策行为；

③ 评价政府的执政能力。

6）学位论文

学位论文是指高等学校和科研单位的大学生、研究生或其他人员为获取学士、硕士、博士学位而提交的学术论文。它属于非卖品，但具有较高的学术水平和参考价值，存放在图书资料部门保存，供读者查询。

下列情况会用到学位论文：

① 科学研究开题前的文献调研；

② 博、硕士研究生撰写开题报告。

7）专利文献

专利文献是指由专利申请人向政府及专设机构递交的发明创造的专利说明书及有关资料。其特点是具有实用性（可直接使用）、新颖性（基本上是第一次发表）、创造性（快速公布）。其内容有专利说明书、申请书、专利文献、专利分类表、专利索引、专利报道等。

下列情况会用到专利文献：

① 在申请专利前，检索相关的专利文献，确定该项发明创造是否能被授予专利权；
② 开发新产品，投入新项目，先查找专利文献，寻找技术方案；
③ 从专利文献中了解某领域的技术水平及发展的最新动态；
④ 开发新产品前，检索专利，了解现状，避免侵权；
⑤ 利用专利情报，参谋进出口业务；
⑥ 专利诉讼时，帮助寻找证据，处理专利纠纷。

8）标准文献

标准文献又称技术资料，是指标准化组织或有关机构对工农业产品和零部件的质量、规格、生产过程及检验方法等所做的技术规定，是从事生产设计的技术人员和管理人员必须遵循的技术规范。其类型有国际标准、国家标准、行业标准、地方标准、企业标准等。

下列情况会用到标准文献：

① 产品设计、生产、检验；
② 工程设计、施工；
③ 进出口贸易；
④ 生产管理和业务管理；
⑤ 写作、文献著录。

9）档案资料

档案资料是指档案机构保存的政治、历史、人事方面的原始资料或复制品。它具有保密性质和供内部使用等特点。

三、文献信息检索的原理

1. 文献信息检索的概念

文献信息检索，简言之，就是查询文献信息的过程，即根据一定的检索目的，选择有关的检索工具和检索系统，按照一定的检索途径、方法和步骤，在海量文献信息源中迅速、准确地查找所需的文献信息的过程。

医学信息检索，是指在医学科技文献中，利用相关的检索工具和检索系统，按照一定的检索途径和方法查询与医学相关的文献信息资料的过程。

2. 文献信息检索的原理

文献信息检索的基本原理，就是通过对大量的、分散的、无序的文献信息进行搜集、加工、组织、存储，建立各种各样的检索系统，并通过一定的手段和方法，使信息存储和检索这两个过程所采用的特征和表示达到一致，以便有效地获得和利用信息。其中，存储是检索的基础，检索是存储的目的，即文献信息采取什么方法存储进去，就采用什么方法去把它查找出来。文献信息存储和检索的全过程如图 1-3 所示。

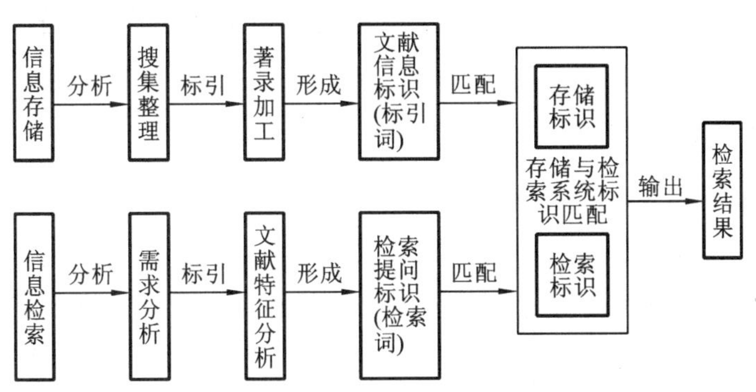

图 1-3　文献信息存储和检索的全过程

3. 文献信息检索的类型

随着时代的发展和科学技术的进步，文献信息检索经历了手工检索、联机检索、光盘检索、网络检索和智能化检索等不同阶段。根据文献信息检索内容和目的，文献信息检索可分为文献型信息检索、事实型信息检索和数据型信息检索三类。

1）文献型信息检索

文献型信息检索是指利用检索工具或检索系统查找文献的过程，包括文献线索检索和文献全文检索。文献线索检索是指利用检索工具或检索系统查找文献的出处，检索结果是文献线索，包括书名或论文题目、著者、出版者、出版地、出版时间等文献外部特征。用于检索文献线索的检索工具有书目、索引、文摘及书目型数据库和索引、题录型数据库。全文检索是以文献所含的全部信息作为检索内容，即检索系统存储的是整篇文章或整部图书的全部内容。检索时可以查到原文及有关的句、段、节、章等文字，并可进行各种频率统计和内容分析。全文检索主要是用自然语言表达检索课题，较适用于某些参考价值大的经典文章，如各种典籍、名著等。全文检索是当前计算机信息检索的发展方向之一。

2）事实型信息检索

事实型信息检索是以特定客观事实为检索对象，借助于提供事实检索的检索工具与数据库进行检索。其检索结果是基本事实，如某个字、词的查找，某一诗词文句的查找，某一年、月、日的查找，某一地名的查找，某一人物的查找，某一机构的查找，某一事件的查找，某一法规制度的查找，某一图像的查找，某一数据、参数、公式或化学分子式等的查找。一般说来，事实检索多利用词语性和资料性工具书，包括字典、词典、百科全书、类书、政书、年鉴、手册、名录、表谱、图录等；也可利用某些线索性工具书，如索引、文摘、书目，以及利用学科史著作、科普读物等。

3）数据型信息检索

数据型信息检索是一种确定性检索，是以数值或图表形式表示的数据为检索对象的信息检索，又称“数值检索”。检索系统中存储的是大量的数据，这些数据既包括物质的各种参数、电话号码、银行账号、观测数据、统计数据等数字数据，也包括图表、图谱、市场行情、化学分子式、物质的各种特性等非数字数据。

第二节 网络信息检索的方法与策略

一、数据库检索基础

1. 数据库概念

数据库是指长期储存在计算机设备上的、可供计算机快速检索的、有组织的、可共享的数据集合。数据库中的数据按一定模型进行组织、描述和存储，为用户所共享。

例如，企业或事业单位的人事部门常常要把本单位职工的基本情况（职工号、姓名、年龄、性别、籍贯、工资、简历等）存放在表中，这张表就可以看成是一个数据库。有了这个"数据仓库"，我们就可以根据需要随时查询某职工的基本情况，也可以查询工资在某个范围内的职工人数等。这里每个职工的基本情况的记录就是数据，由该同类型的这种记录数据组成的集合就构成了数据库的基本内容。

数据库管理系统是介于用户与操作系统之间的一层数据管理软件。数据库在建立、使用和维护时由数据库管理系统统一管理、统一控制，以保证用户能方便地定义数据和操纵数据，并能保证数据的安全性、完整性和多用户对数据的并发使用，以及发生故障后的系统恢复。

数据库管理系统的功能主要有以下三个方面。

1）*数据定义功能*

数据定义功能是指用户可通过数据库管理系统提供数据定义语言对数据中的数据进行定义。例如，用描述数据长度的语句或表项分别定义"篇名""作者""刊名""年号""期号"，以及对数据的类型（如，"篇名""作者""刊名"定义为字符型，"年"和"期"可定义为数字型）等进行定义。

2）*数据操作功能*

数据操作功能是指用户可通过数据库管理系统提供的数据操纵语言实现对数据库的基本操作，如数据查询、数据插入、数据删除等。

3）*数据管理功能*

数据库在建立、使用和维护过程中，为保证数据的安全、多用户数据并发使用及发生故障后的系统恢复，因而由数据库管理系统统一提供最基本的数据保护等功能，统一控制数据库。

由此可见，一个高效、安全提供信息检索服务的数据库系统是由数据库、数据库管理系统和数据库管理员等共同组成的计算机系统。它们之间的关系是：数据库是由数据库管理员运用数据库管理系统建立数据库结构、增添记录、删减记录、修改记录、查询检索，以及日常的安全维护等进行操作的。

2. 数据库结构

根据 ISO 1D IS5127 号标准《文献与情报工作术语》，数据库的定义是：至少由一种文档组成，并能达到某一特定目的或满足某一特定数据处理系统需要的一种数据集合，当数据集合中的数据为文献信息时，就是文献数据库。文献数据库一般由多个文档组成，每个文档包含多条记录，每一条记录又包含若干个字段。

1）文档

文档可分为顺排文档和倒排文档两种。顺排文档是指依照顺序排列而成的文档记录集合，是数据库的主体部分；而倒排文档是将文献的某一特征（如作者、标题、书刊名等）按字顺进行排列，并标以存取号和位置标识符，用以检索顺排文档。因此，数据库可以有多个倒排文档，作为顺排文档的索引部分。在计算机检索中，首先按照字顺查找倒排文档，找到与检索相匹配的词，然后依据其存取号在顺排文档中找到相应的记录。

2）记录

在文献数据库中一条记录代表一篇文献，是构成数据库的基本单元，它记录描述了文献的外部信息和内部信息。不同类型的数据库中，一条记录可以代表一部图书、一篇期刊论文、一篇学位论文或一篇会议论文，也可以是对某项具体事物、过程的描述（如事实型信息数据库）。

3）字段

字段是记录的组成单位，用以描述文献的具体特征，包括外部特征（如标题、作者、专利号、语种等）和内部特征（如主题词、分类号等），其中可用于各类检索的字段称为可检索字段。一般来说，每个字段都有特定的字段标识符，便于数据库的管理和数据库检索。例如，Medline 数据库中的篇名的字段标识符是 TI、著者的标识符是 AU、摘要的标识符是 AB、出版年的标识符是 PY 等。

3. 数据库类型

1）书目数据库

书目数据库包括题录文摘数据库，存储的是文献的题录和文摘，记录中包括篇名、著者、文献出处、摘要、关键词等文献的特征信息。书目数据库是经过加工提炼了的数据库，仅提供文献获取的线索，一般具有收录范围较大、标识规范、检索功能强大等特点，如中国生物医学文摘数据库、Medline（美国医学文献联机数据库）、PubMed（美国生物医学期刊文献目录文摘数据库）、EMBASE（荷兰医学文摘数据库）等。

2）事实数据库

事实数据库又称指南数据库，收录有关人物、机构、事物、过程、现象等方面的事实性描述信息，如人物传记数据库、机构名录数据库、药典数据库、行业标准数据库等。此外，电子版的词典、年鉴、指南、百科全书等也属于这种类型数据库。

3）数值数据库

数值数据库主要收录各类统计、测量及科学实（试）验中产生的数据，如人口统计、发病率、死亡率、动物的生理参数、药物的理化参数等。

4）全文数据库

全文数据库收录了文献的原文，包括图书全文、报刊全文、学位论文、会议论文等全文资料。有些全文数据库存储的是数字化的印刷文献，如中国知网的全文数据库、维普中文科技期刊全文数据库、万方学位论文数据库等；有些则是单纯的电子出版物，如各种 OA（开放存取）的期刊、仓储库、学术网站等。

5）多媒体数据库

多媒体数据库收录了图像、声频、视频和文字等多种媒体融为一体的信息。如国内的埃

迪克森网上报告厅、中新金桥软件通等，国外的大不列颠百科全书、美国国立医学图书馆的人体结构图像库、蛋白质结构数据库等。

二、网络信息检索的基本方法

信息检索的方法是指在信息检索过程中为提高检索提问词与文献记录表之间的匹配效果而采用的相关技术，如布尔逻辑检索、截词检索、邻近检索、扩展检索等。其作用是为了更为准确、更为灵活地满足检索需求，以便达到最佳的检索效果。

1. 布尔逻辑检索

逻辑检索是一种比较成熟、较为流行的检索技术。逻辑检索的基础是逻辑运算，逻辑运算中最常用的是布尔逻辑运算符，主要的运算符有以下几种。

1）逻辑“与”

逻辑“与”用AND(或＊)表示。检索词A、B若用逻辑“与”相连，即A AND B(A＊B)，则表示同时含有这两个检索词才能被命中。其作用是限定检索范围，提高命中率。例如，查找“胰岛素治疗糖尿病”的有关英文文献，其检索式为“insulin and diabetes”。检索的结果显示必须是同时出现“insulin”(胰岛素)和“diabetes”(糖尿病)这两个概念的文献信息，and所组配的两个检索词可在同一记录的任一字段中出现。

2）逻辑“或”

逻辑“或”用OR(或＋)表示。检索词A、B若用逻辑“或”相连，即A OR B(A＋B)，则表示只要含有其中一个检索词或同时含有这两个检索词的文献都将被命中。其作用是扩大检索范围，提高查全率。例如，要检索“所有关于阿司匹林(乙酰水杨酸)”方面的中文文献，其检索式为“阿司匹林 OR 乙酰水杨酸”。检索的结果显示既有包含“阿司匹林”字段出现的有关文献信息，又显示包含“乙酰水杨酸”字段的有关文献信息，同时还显示有“阿司匹林、乙酰水杨酸”这两个字段同在一条记录中的文献信息。

3）逻辑“非”

逻辑“非”用NOT(AND NOT，BUT NOT)(或－)表示。检索词A、B若用“非”相连，即A NOT B(A－B)，则表示被检索文献在含有检索词A而不含有检索词B时才能被命中。其作用是缩小检索范围，提高查准率。例如，查找“动物的乙肝病毒(不要人的)”的文献，其检索式为“hepatitis B virus(乙肝病毒)not human(人类)”。检索结果只显示除人以外所有动物的乙肝病毒的文献信息。

布尔逻辑运算符的运算次序为逻辑“非”→逻辑“与”→逻辑“或”，若用括号，则括号优先，这同算术运算中的四则运算相似。

大多数数据库和网络搜索引擎都支持布尔逻辑运算，但表示形式不尽相同，有的用AND、OR、NOT(有的要求用大写，有的要求用小写，有的则大、小写均可)，有的以符号(＋、－、＊)代替，还有的直接把布尔逻辑运算符隐含在菜单中，如Lycos。Google的默认运算符是布尔逻辑“与”。

2. 邻近检索

邻近检索有时又被称为位置算符检索。文献记录中词语的相对次序或位置不同，所表达的意思可能不同，而同样一个检索式中词语的相对次序不同。其表达的检索意图也不一样。布尔逻辑运算符有时难以表达某些检索课题确切的提问要求。字段限制检索虽能使检索结果在一定程度上进一步满足提问要求，但无法对检索词之间的相对位置进行限制。

位置算符检索是用一些特定的算符（位置算符）来表达检索词与检索词之间的关系，并且可以不依赖叙词表而直接使用自由词的检索方法。下面以 DIALOG 系统为例，介绍几种常用的位置算符。

1）(W)-with

（W）表示在此运算符两侧的检索词必须按此前后的顺序排列，顺序不许颠倒，而且两个检索词之间不许有其他的词或字母，但允许有空格或标点符号，如 on（W）line OR online 可检索出 on-line 或者 online。例如，“information（情报）”与“retrieval（检索）”之间的关系可表示为 information（W）retrieval，可检索出 information retrieval 和 information-retrieval。

2）(nW)-nWords

（nW）表示在此运算符两侧的检索词之间允许插入 n 个（最大数量）实词或虚词（非用词），两个检索词的词序不许颠倒。例如，“electronic（电子）”与“resources（资源）”之间的关系可表示为 electronic（1W）resources，可检索出 electronic resources 和 electronic information resources。

3）(N)-Near

由（N）连接的检索项在记录中出现的顺序可以调换，即查找两个连在一起的单词，它们之间最多可以有 10 个词。有的系统用 ADJ（adjacent）表示。例如，“Junior（初级）”与“high（高级）”之间的关系可表示为 Junior（N）high，可检索出 Junior high 和 high Junior。

4）(nN)-N Near

（nN）表示两个词位置可以颠倒，两个词之间插入词的最多数目是 n 个。例如，information（3N）retrieval，可检索出 information retrieval，retrieval information，retrieval of information，retrieval of law information，retrieval of Chinese law information 等，information 和 retrieval 两个词之间最多可插入 3 个词。

5）(F)-Field

（F）表示在此运算符两侧的检索词必须同时出现在文献记录的同一字段内，如出现在篇名字段、文摘字段、叙词字段、自由词字段，但两个词的前后顺序不限，夹在两个词之间的词的个数也不限。

6）(S)-Subfield

（S）表示在此运算符两侧的检索词只要出现在文献记录的同一个子字段或同一段内（例如在文摘中的一个句子就是一个子字段），此文献即被命中，两个词词序不限，且两个词中间可间隔若干个词。如“太阳能”与“热能”之间的关系可表示为：solar（S）heat。

7）(L)-Link

（L）运算符表示两侧的检索词在同一个叙词单元，且它们之间有一定的从属关系。如“太阳能”与“能源”之间的关系可表示为：solar（L）energy。

8）NOT

NOT 运算符与邻接运算符 W、N、S、F、L 等组合使用，可产生相反的含义。例如：NOT W 表示其后的词不能紧随其前的词；NOT N 表示其后的词不应出现在前一个词的右边；NOT S 表示其后的词不应出现在同一子字段中；NOT F 表示两个词不应出现在同一字段

中;NOT L 表示其后的词不应出现在同一主题中。

3. 短语检索

短语用英文状态下的“”表示,检索处于“”内形式完全相同的短语,以提高检索的精度和准确度,因而也有人称之为“精确检索”(exact search)。

4. 截词检索

所谓截词检索,是指在检索标识中保留相同的部分,用相应的截词符代替可变化部分。在检索中,计算机会将所有含有相同部分标识记录的记录全部检索出来。截词符大多用“?”或“*”表示,在一般情况下,“?”代表0至1个字符,“*”代表多个字符。但有的检索系统用其他的符号或刚好与此相反,如著名的法律检索系统 Westlaw 用“!”代表任意多个字符,用“*”代表1个字符。

对于词干相同而词尾不同的词(如 library、libraries、librarian、librarianship)和一些英美不同拼法的词(如 defence、defense),如果检索时将该词全部输进去,会增加检索时间,采用截词法可以解决这个问题。

截词符根据在检索中的位置,可分为后截词、前截词、前后截词和中截词。

后截词,即后截断,前方一致。它是将截词符号置放在被当作检索词的右方,以表示其右方字符可以变化,前方保证一致。如当用户只知道文献作者的姓而不清楚名时,可在其姓的字后加“?”作姓氏截断,表示方式为“张?”,表示检索所有张氏作者的文献。

前截词,即前截断,后方一致。它是将截词符号放在被当作检索词的左边,以表示左方字符可以变化,后方保证一致。如用户需要查找有关“化学”方面的文献,其表示方式为“?化学”,表示无论是“无机化学”,还是“有机化学”的文献等都需要。

前后截词,即前后截断,中间一致。它是在作为检索词的左右两侧同时放置截词符号,以表示检索词两侧可以变化,中间保证一致。如:用户需要查找“教育”方面的文献,其表示方式为“? 教育?”,即可检索到“大学教育”方面的文献,其表示方式为“? 教育?”,即可检索到“大学教育”“中小学教育”以及“教育理论”“教育方法”等方面的文献。

中截词,即中间截断,前后一致。它是将截词符放在检索词中间,作为通字符,以表示中间字符可以变化,而两端字符保证一致。如:用户需要查找有关“中国文学作品的写作特点”方面的文献,其表示方式为“中国? 写作特点”,即可检索到“中国小说写作特点”“中国诗歌写作特点”“中国戏剧写作特点”等方面的文献。

5. 字段限制检索

组成数据库的最小单位是记录,一条完整著录中的每一个著录事项为字段。在信息检索过程中,为了提高查全率或查准率,需要将检索范围限制在特定的字段中,即字段限制检索。

一般而言,一篇记录中主要用来表达文献内容特征的字段称为基本索引字段,如篇名、文摘、叙词、自由词,叙词和自由词都是代表文献主题内容的语词。但前者选自各个数据库的专用词表,属规范化用语;后者则选自原始文献,属不规范的自然语言。在数据库基本索引字段中,叙词和自由词包括单词和词组,联机检索主要就是通过基本索引字段中的单词和词组来检索有关文献记录。常用的基本索引字段及其代码如表1-1所示。

表 1-1　常用的基本索引字段及其代码

字　段　名	字段代码	中　译　名
Abstract	AB	文摘
Descriptor	DE	叙词
Identifier	ID	自由词
Keyword	KW	关键词
Title	TI	题名

在进行计算机检索时，一般将基本索引字段代码附于所选定的检索词之后，计算机系统即在指定的字段中进行检索，如果检索词前后未指定字段，则系统将自动检索所有基本索引字段。不过，不同的计算机系统所用的字段标识符和标识符放置位置不尽相同。

表达文献外部特征的字段称为辅助索引字段(additional index fields)，如著者、机构名称、语种、刊名、来源、出版年等。常用的辅助索引字段及其代码如表 1-2 所示。

表 1-2　常用的辅助索引字段及其代码

字　段　名	字段代码	中　译　名
Author Affiliation	AA	著者单位
Application Country	AC	专利申请国
Application Date	AD	专利申请日
Abstract Number，Accession Number，Application Number	AN	文摘号、登记号或存取号、专利申请号
Author，Inventor	AU	著者、发明者
Class Code，Country Code	CC	分类号、国别代码
Conference Location，Patent Classification	CL	会议地点、专利分类号
Contract Number，Country Name	CN	合同号、国别
Company Name	CO	公司名称
Country of Publication	CP	出版国
Corporate Source	CS	团体著者
Conference Title	CT	会议名称
Conference Year	CY	会议年份
Designated Country	DC	指定国
Document Type	DT	文献类型
Informational Patent Classification	IPC	国际专利分类号
Journal Name	JN	刊名
Language	LA	语种
Patent Assignee	PA	专利代理人
Patent Country，Product Code	PC	专利国别、产品代码
Patent Date，Publication Date	PD	专利公布日期、出版日期

续表

字段名	字段代码	中译名
Patent Number, Product Name	PN	专利号,产品名称
Publisher	PU	出版者
Publication Year	PY	出版年

不同的联机检索系统,对基本索引字段与辅助索引字段采取不同的限定检索方法。Dialog系统基本索引字段的限定由"/"与一个基本索引字段符组成,又称为后缀限定;辅助索引字段由字段符"="组成,一般将辅助索引字段代码置于检索词前,称为前缀,常与基本索引字段配合使用,起着进一步限定检索范围的作用。如"AU＝Wang li AND(CS＝Wuhan Univ.)",表示检索出著者是 Wang li、著者单位是 Wuhan University 的记录,既要查找"武汉大学"姓名为"Wang li"的作者的文献。

不同的联机系统,有不同的限定检索方法。尽管网上信息实际上不分字段,但大多数网络检索工具都具有类似于字段限制检索的功能,依此功能,可将查找范围限制在特定的范围内,如标题(title)、图像(image)、文本(text)、主机名(host)、域名(domain)、链接(link)、统一资源地址(URL)、新闻组(newsgroup)、电子邮件(E-mail)等。

6. 括号检索

括号用于改变运算的先后次序,括号内的运算优先进行。

7. 自然语言检索

自然语言检索即直接采用自然语言中的字、词、句进行提问式检索,同一般口语一样。如 Who is Ceorge W. Bush? (谁是乔治·沃克·布什?) What is Internet? (因特网是什么?)这种基于自然语言的检索方式又被称为"智能检索",特别适合不太熟悉网络信息检索技术的用户使用。支持自然语言检索的检索系统有 Excite、Ask jeeves 等。

8. 多语种检索

多语种检索提供多种语言的检索环境供用户选择,系统按用户选定的语种进行检索并反馈结果,支持多语种检索的如中文天网,英文 AltaVista、Google 等。

9. 模糊检索

模糊检索又称概念检索,是指使用某一检索词进行检索时,能同时对该词的同义词、近义词、上位词、下为词进行检索,以达到扩大检索范围、避免漏检的目的。例如,输入"计算机"一词进行检索时,检索结果不仅包括"计算机"的内容,还包括"电脑""手提""笔记本""台式机"等于"计算机"含义相近或相关的记录。

10. 加权检索

加权检索是某些检索系统提供的一种定量检索技术。加权检索的基本方法是:在每个提问词后面给定一个数值表示其重要程度,这个数值称为加权。在检索时,先查找这些检索词在数据库记录中是否存在,然后计算存在的检索词的权值总和。权值之和达到或超过预先给定的阈值,该记录即为命中记录。

运用加权检索可以命中核心概念文献,因此它是一种缩小检索范围、提高查准率的有效方法。但并不是所有系统都能提供加权检索这种检索技术，而提供加权检索的系统，对加权的定义、加权的方式、权值计算和检索结果的判定等方面，又有不同的技术规范。

三、网络信息检索的策略技巧

完成一个课题的检索，首先必须制订一个科学的检索方案，这个方案就是检索策略。检索策略，是为实现检索目标而制订的全盘计划或方案，是就一个问题检索一个或多个数据库所输入的全部检索式的集合。

灵活运用检索策略是完成全部检索过程的关键。往往在实际检索操作过程中，需要不断调整检索策略，使之尽可能地达到理想的期望值。因此，一种有效的检索策略对完成课题检索十分重要。一般来说，制订一种科学、完善的检索策略主要与下面几个因素相关。

1. 分析课题检索的需求

第一，要确定检索课题的目的和要求(即查什么，怎么查)；第二，要确定与该课题学科相关的检索入口的关键词、主题词及学科类别；第三，要确定该课题所要检索的信息类型(全文、摘要、题录、文本、图像、音频、视频等)、语种范围(是中文还是外文)、查询方式(浏览、分类检索、关键词检索)、信息呈现的范围(是互联网上搜寻还是数据库中查找)、信息发表的时间(所有年份、最近几年、最近几周、最近几天、当天)等。

2. 选择合适的检索工具

各种数据库和搜索引擎在查询范围、检索功能等方面各有千秋，不同目的的检索应选择不同的数据库和搜索引擎。选择合适的检索工具主要从工具的类型、收录范围、检索问题的类型、检索具体要求等方面综合考虑。

由于搜索引擎的普及和用户对其他检索工具的不熟悉，许多网络用户只习惯使用搜索引擎或以搜索引擎为主，而忽略各种专业数据库的作用。总体而言，检索大众化的主题适合选用搜索引擎，而各种专门的数据库则适合用于查找学术信息。近几年来Google、百度等搜索引擎都开始推出学术搜索功能，各种搜索引擎在查询范围、检索功能等方面各有千秋；而各种专门的数据库则针对不同学科范围或文献类型进行查询。例如：图书馆OPAC(联机公共检索目录)是专门检索各馆馆藏书刊目录的查询系统；中国知网、维普资讯、万方数据分别是查询期刊论文、学位论文、会议论文、专利文献等文献的数据库；超星数字图书馆、书生电子图书、北大方正Apabi电子图书分别是查找电子图书文献的数据库。

一般来讲，用户需要查询一些大众化的、综合性的、简单明了的信息资源，主要利用一些相关的搜索引擎；而用户需要查询一些专业性的、研究性的、能作为引证的学术信息资源，主要利用相关的数据库。因此，在检索之前必须根据课题的需要慎重地选择适合的检索工具，以避免不必要的人力和时间的浪费。

3. 选取恰当的关键词

检索词是指用户或检索人员检索时输入的字、词、字符或短语。学会从复杂的检索课题中提炼出最有代表性和指示性的检索词对提高检索效率至关重要。检索词包括关键词和各种符号，符号是指分类号、专利号、国际标准书(刊)号等反映文献特征的符号。一般来说，用户或检索人员更多的是从学科(主题)的角度搜索所需资源，因而，关键词是使用较多的检索词。

关键词是指那些出现在文献的标题(篇名、章节名)、摘要或正文中,对表达文献主题内容具有实质性意义的词语。在选取关键词时,应尽量选专指词、特定概念或专业术语作关键词,避免冷僻词和太泛的词。如计算机、互联网、中国、世界等词,用作关键词,会得到数以万计的检索结果,失去检索意义,被称为“禁用词”。现对关键词的选择提出以下建议:

(1) 使用名词或物体作关键词;

(2) 检索式中使用2~3个关键词;

(3) 使用截词检索(可检索出词根相同的词或同一词的单复数形式,如 film*);

(4) 通过 OR 连接同义词、近义词、相关词或同一术语的不同表达方式,如 Internet OR Web OR www OR(the Net);

(5) 对专有名词,如人名、地名、机构名,使用大写字母指定检索,如 United States;

(6) 对固定短语,用引号(“”)引起来进行短语检索,以提高检索的精度;

(7) 用括号将各个概念分开,如(Internet OR Web)AND(search * OR retrieval *)。

4. 正确构造检索式

检索式,也称检索提问表达式,是检索策略的具体体现,是要求检索系统执行的检索语句。最简单的检索式是由一个检索词(字段标识有时被省略)构成,复杂的检索式由多个检索词和字段名通过关系算符(包括逻辑算符与位置算符)连接而成。如要利用英文搜索引擎查找网络信息检索方面的资料,检索式可表示为:(web OR Internet OR WWW) AND (search * OR retrieval *)

构造检索式时,要充分利用搜索工具支持的检索运算、允许使用的检索标识、各种限定等,这是进行有效检索的基础。

许多搜索引擎都提供简单查询和高级查询,建议使用后者,如组合使用布尔逻辑运算符AND(+)、NOT(-)、双引号、使用日期与语种限定,可使检索结果控制在一定范围内。OR可能是用处最小的,因为它检索出的信息太多,有许多网上服务器甚至不对带有这种运算符的请求进行加工,但当我们的检索术语有两种或两种以上的表达方式时,一般可用 OR。充分利用进阶检索,如某些工具提供的 Refine、Search within these results(在结果中检索)等功能,即在前一次检索结果的基础上做进一步的限定检索。如可在“Refine”检索框内继续增补检索词或修改检索式,使检索范围缩小。

5. 及时调整检索策略

1) 扩大检索范围

当检索结果为零或检索结果太少时,就需要扩大检索范围。扩大检索范围的方法有以下几种。

(1) 在检索词的选择方面可以使用布尔逻辑“或”连接表达某一概念的同义词、近义词或相关词;降低检索词的专指度,如使用较普遍的词代替不常用的词,或检索词的上位词,或逐渐减少次要的概念词,或使用较普遍的词。

(2) 使用截词技术。使用截词技术可检索出以某几个字母开头的所有单词,如某词的单复数形式、同根词。

(3) 利用某些搜索引擎的自动扩检功能进行相关检索。如某些搜索引擎在检索结果页面上有“More Like This”按钮,或“更多结果”或“相关结果”按钮,单击这些按钮可获得与检索式相关的一些推荐性网址，而这些站点可能是上述检索策略不能直接检索出来的结果，从而扩大与丰富检索范围。

(4) 使用多个搜索引擎。每一个搜索引擎都有自己的检索特色，都有自己的索引，都以不同的方式在网上搜寻网址，出现不同的检索结果不足为奇。从不同的搜索引擎的检索结果中，可以综合出最符合要求的答案。

(5) 使用元搜索引擎。当用户已知检索词，但对独立搜索引擎不熟悉或想节省在多个搜索引擎之间的转换时间，可选用元搜索引擎做试探性的起始检索，了解网上是否有相关信息及在哪里可找到这些信息，再利用独立搜索引擎进行更全面、更深入的检索。

2) 缩小检索范围

当检索结果太多，或检索结果不相关时，需要缩小检索范围。缩小检索范围的方法有以下几种。

(1) 使用逻辑“与”，用布尔逻辑操作符 AND(+)连接几个关键词或增加概念词。

(2) 使用逻辑“非”，用布尔逻辑操作符 NOT 把不需要查找的关键词排除在检索结果之外。

(3) 使用位置算符，用邻近操作符把检索范围缩小到网页的某个部分。

(4) 使用固定词组检索(短语检索)，进行精确检索。

(5) 使用全称，只用词组的缩写进行检索，会把那些和主题不相关的文献检索出来，产生误检，而使用全称则不会出现这一情况。

(6) 利用某些搜索引擎的进阶检索功能(二次检索)，限制查询范围。搜索引擎提供的范围限制类型大体有类目的分类范围、地域范围、时间范围、网站类型范围(Web、Newsnet、Telnet、FTP、Gopher 等)及其他特殊类型范围，如域名后缀(. com、. gov、. org)、文件类型(文本、图形、声音等)。这些范围限制实现的方法不同，有些是通过在关键词前加特殊的符号，有些是通过下拉菜单实现的。

6. 加快检索速度，节省检索时间与费用

1) 直接进入相关站点

检索不一定每次都要从搜索引擎入手，可以利用平时积累的有用网址，或利用浏览器的“书签”功能，将经常访问的网站加入“收藏夹”对其进行保存，直接单击“收藏夹”中的链接便可进入，省去输入网址和利用工具搜索的时间。

另外，还可以利用网上书签。在互联网上，有许多网站提供整理好的书签，有了它，就不必自己找了。还有一些网站提供存放书签的地方。有了它，就不必担心系统崩溃导致书签丢失。网上书签是随时随地的个人书签，不论是在上班还是在家中，不论是在本地还是出差在外，也不论是用自己的计算机还是在网吧等公共场所上网，都可以方便地调用书签。如碧海银沙网上书签(http://bookmark. yinsha. com)便是个可以保存书签的地方，使用时只需申请一个账号便可使用。有的书签具有导入/导出功能，可以与浏览器进行交换，书签具有添加、删除、修改、移动及排序等功能，并且把这些功能直接列在书签弹出窗口下面，操作相当方便。

2) 多打开几个窗口

多打开几个浏览窗口同时浏览或检索，可相对缩短等候时间，降低检索费用。方法是：选择 Internet Explorer“文件”菜单下的“新建窗口”命令，打开新窗口，在不同的窗口中输入

不同的地址，同时进行检索或浏览。

3）只选用文本方式传输

网上多媒体信息，尤其是图像信息数据量大，传输速度慢，为提高检索速度，可以只选用文本方式传输而不传输图片。方法是：选择 Internet Explorer“查看”菜单下的“Internet 选项”→“高级”命令，然后取消选择“显示图片”选项。这样，所有的图片不再显示，而只显示文字信息。有的网站同时提供文本与多媒体两种版本(如后面要讲的中国资讯行)。

4）使用脱机工作方式阅读

选择 Internet Explorer“文件”菜单下的“脱机工作方式”命令，暂时中断网络连接，节省网络通信费。

5）使用网络复制，进行适时复制或打印

将网站的内容下载到计算机磁盘上，既可以节省时间与费用，也可省去日后搜索的麻烦，还可以避免有价值信息的丢失。

6）就近选择站点

如果一种网络资源有几个网站，选择一个离得最近的，可使检索速度加快。选择国外网站的国内镜像站点，还可以节省国际通信费。

总之，只要我们掌握正确的方法，在实践中不断摸索，一定能从网上获取许多有价值的信息。当然，网上检索也有其局限性。因特网并非无所不包、无所不能，而且网络信息并非都是正确、可靠的。由于网上信息具有动态性、多变性，今天能看到的信息也许明天便不复存在，要注意保存有价值的信息。

第三节　图书馆资源利用

图书馆有选择地对文献资源和网络信息资源进行系统的、专业化的搜集、加工、整理、存储或导航，并向读者提供各种文献信息服务，因此，读者要充分有效地利用图书馆的各种资源和服务。

一、图书馆信息服务

1. 文献借阅

文献借阅是图书馆最基本的服务功能。很多大学图书馆将藏书库与阅览室合二为一，采取开架管理，读者可以进入书库直接查找和阅览图书，借还书需要凭证到流通台办理手续。为保证流通，使更多的读者都能利用馆藏文献，读者需要熟知自己的借阅权限(借阅数量、期限等)。为保证读者能够利用馆藏文献，许多图书馆对某些文献(如重要的专业著作、新出版的图书)保留一本作为馆藏本，和辞典、百科全书、药典之类的工具书一样不外借。还有一些图书馆收藏古籍、学位论文、会议资料和其他特种文献，并有限制地提供阅览服务。由于期刊每卷每期汇集了多篇论文，具有利用率高、时效性强、复本数少等特点，图书馆一般都不外借，只提供馆内阅览和复印服务。

2. 参考咨询与读者培训

参考咨询是读者在利用图书馆和电子资源的过程中遇到各种疑难问题时，由图书馆工作人员利用各种参考工具、检索工具，为读者解答和解决问题的一种服务方式。常见的咨询方式有馆内现场咨询、电话咨询、邮件咨询、实时在线咨询、图书馆主页的留言簿和常见问题解答（FAQ）等形式。近年来随着互联网的应用与普及，虚拟参考咨询得到了广泛应用，并取得了非常好的服务效果。虚拟参考咨询是图书馆为读者提供的不受时空限制的参考咨询服务。读者可以通过网络提出咨询问题，请求在线图书馆工作人员给予解答。

读者培训是图书馆有计划、有目的地开展的，旨在提高用户的信息意识和检索技能，使其能充分利用图书馆及其信息资源的教育活动。大学图书馆主要有以介绍图书馆利用基本知识为主的新生入馆教育培训和以推广宣传利用某些资源为主的一系列培训和讲座活动。

3. 科技查新

科技查新简称查新，是指查新机构根据查新委托人提供的有关科研资料，通过系统、全面的文献检索，查证其课题、研究内容或科研成果，是否具有新颖性，并出具相关佐证文献资料的文献调研工作。

4. 馆际互借与文献传递

馆际互借是图书馆之间相互利用对方馆藏来满足本馆读者需求的一种资源共享服务。馆际互借一般针对图书，是一种返还式文献资源共享方式，是图书馆根据读者需求，将本馆没有收藏的图书，从其他收藏馆借阅过来提供给读者使用的一种服务。读者申请文献传递时需要提供所需文献的篇名、作者、刊名、卷、期、起止页码等完整的题录信息。图书馆将查获到的文献原文根据读者要求通过传真、邮寄、电子邮件、网络工具等传递方式送达。

5. 学科服务

学科服务是图书馆为适应新的信息环境，以用户的需求为中心而推出的贴近用户一线的新的服务模式，它打破了传统的按照文献的工作流程组织科技信息的方式，而是按照科学研究的学科、专业、项目、课题等来获取、组织、检索、存储、传递与利用信息资源，从而使信息服务学科化、服务内容知识化的一种服务方式。

二、馆藏文献分类原理

当今社会是一个信息剧增的社会，各种各样的信息数量庞大、载体纷呈，如果这些数不胜数的文献都杂乱无章地呈现出来，那么要想有目的地查找自己想要索取的文献资料比大海捞针还难。因此，无论是图书馆收藏的印刷型文献，还是网络数据库文献都是按照一定规则来搜集、整序、排列和存储的。排列文献的方法有很多，如分类法、主题法、字顺法、时序法等。在我国图书馆、其他情报机构的文献收藏，以及数据库信息组织大都是按照《中国图书馆分类法》（简称《中图法》）来组织、整序、存储文献信息资料的。《中图法》于 1971 年由北京图书馆、中国科学技术情报所等单位共同编制完成，于 1974 年出版，并经过多次修订与再版，目前已修订至第五版。《中图法》是在科学分类的基础上，结合图书的特性所编制的分类法。目前，我国各大文献数据库，如中国科学引文数据库、中国学术期刊综合评价数据库以及数字化图书馆、中国知网等都要求学术论文按《中图法》标注中图分类号。

《中图法》共分 5 个基本部类、22 个大类，采用汉语拼音字母与阿拉伯数字相结合的混合号码，用一个字母代表一个大类，以字母顺序反映大类的次序，在字母后用数字作标记。为适应工业技术发展及该类文献的分类，对工业技术二级类目，采用双字母。其 22 个基本大

类和名称如表1-3所示。

表1-3 《中图法》22个基本大类

A马克思主义、列宁主义、毛泽东思想、邓小平理论	N自然科学总论
B哲学、宗教	O数理科学和化学
C社会科学总论	P天文学、地球科学
D政治、法律	Q生物科学
E军事	R医药、卫生
F经济	S农业科学
G文化、科学、教育、体育	T工业技术
H语言、文字	U交通运输
I文学	V航空、航天
J艺术	X环境科学、安全科学
K历史、地理	Z综合性图书

在“R医药、卫生”这个一级类目下又分出17个二级类目。

R1 预防医学、卫生学
R2 中国医学
R3 基础医学
R4 临床医学
R5 内科学
R6 外科学
R71 妇产科学
R72 儿科学
R73 肿瘤学
R74 神经病学与精神病学
R75 皮肤病学与性病学
R76 耳鼻咽喉科学
R77 眼科学
R78 口腔科学
R79 外国民族医学
R8 特种医学
R9 药学

图书馆索取书刊资料的索书号就是以《中图法》的分类表为标准来编制的。索书号，是图书馆赋予每一种馆藏图书的号码。这种号码具有一定结构并带有特定的意义。在馆藏系统中每种索书号是唯一的，可借以准确地确定馆藏图书在书架上的排列位置，是读者查找图书非常必要的代码信息。

在通常情况下，索书号由分类号和书次号两部分组成。索书号的第一部分是根据图书的学科主题所取用的分类号码。索书号的第二部分是按照图书作者姓名所编排的著者号码，或者是按照图书进入馆藏时间的先后所取用的顺序号码。通过采用著者号码，一位作者所著的同一学科主题的图书会被集中在一起，也方便了读者查找资料。索书号的标识如图1-4所示。

三、馆藏资源的组织与利用

馆藏资源是图书馆通过各种方式获得并提供给读者利用的各类文献资源，可分为实体馆藏和虚拟馆藏。实体馆藏是图书馆拥有文献资源的物理实体，包括印刷文献（如图书、期刊等）、缩微文献、声像文献和光盘文献等。虚拟馆藏资源是指图书馆并不拥有文献实体，但是读者可以通过计算机系统和通信设备利用的网络信息资源，如电子图书、电子期刊和网络

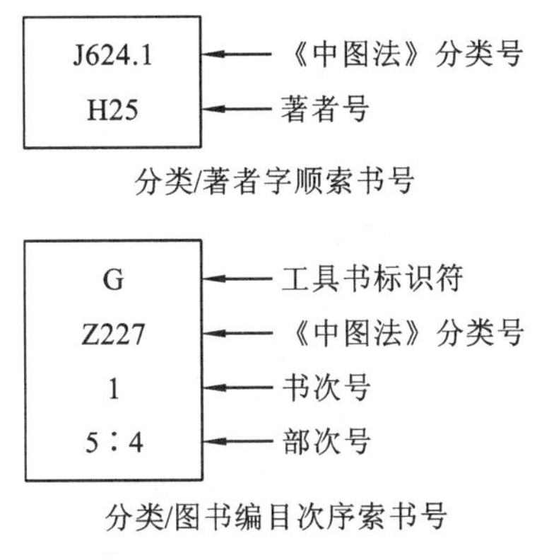

图 1-4　索书号标识

数据库等。实体馆藏资源按照一定的组织模式排列，通过馆藏目录揭示，虚拟馆藏资源往往通过图书馆网站组织并提供导航和链接。

1. 馆藏书刊的组织与排架

1）图书

图书馆藏通常根据学科分类，按照索书号的顺序排架。索书号是图书馆赋予每一种馆藏图书的号码，是识别一种图书的唯一标志，也是藏书排架和查找图书的依据。索书号一般由分类号和书次号组成。分类号是根据图书的学科主题内容按照某种分类法赋予图书的标识符号，国内大多采用《中图法》。分类号使同类图书集中排列。书次号区分相同分类号的不同图书，书次号的使用尚无统一标准，有的采用种次号，即图书入藏的顺序号作为书次号，也有的采用著者号。图书架位的排列先按照分类号的字母数字排列，若分类号相同，再按照书次号的顺序排列。

2）期刊

期刊的组织与排架相对简单，一般分为过刊和现刊。过刊是期刊出版一年后装订成册的合订本，过刊的排列与图书一样。现刊有的按照学科分类排列，有的按照刊名字顺排列。

2. 馆藏目录查询

馆藏目录是查询图书馆文献收藏情况的工具。随着互联网应用的普及，基于 Web 的"联机公共目录查询"(online public access catalogue，OPAC)使读者可以通过互联网查询图书馆馆藏信息，了解图书馆所收藏的图书、期刊目录、馆藏地点、当前的使用状态等。OPAC 是读者利用图书馆资源的切入点，通过图书馆的 OPAC 可获取馆藏信息。通过一个文献保障体系可获取一个地区、一个系统、一个国家或几个国家收藏的信息资源。单馆 OPAC 也称馆藏目录查询，多馆 OPAC 称为联合目录查询。

1）OPAC 功能

(1) 查询馆藏信息：通过系统提供的检索途径查询图书馆图书和期刊的目录及馆藏信息，包括馆藏的流通状态信息(如某本图书在馆、借出或被预约等状态)、已借出图书的应还日期、馆藏复本数、馆藏处理的状态信息(如订购中、在编处理中等)、期刊馆藏信息(如下一年是否有订购、最近到馆卷期、装订中的卷期、已经装订成册的卷期)等。

(2) 查询读者辅助信息：注册读者可以查看自己借阅、续借、预约图书的记录信息，也可

向图书馆推荐采购图书的记录等。

(3) 流通功能:包括网上续借、预约和取消预约等。

(4) 个性化信息服务:包括超期图书提醒、预约提醒、委托提醒等。

2) OPAC 检索方法

不同的 OPAC 系统提供的检索功能不完全相同,一般提供简单检索、多字段组合检索、高级检索、分类检索等功能。简单检索可以选择不同的检索字段对单个字段进行检索,如对书名字段检索,可以输入书名或部分书名进行检索。多字段组合检索提供多个字段,如书名、责任者、主题词、ISBN/ISSN、出版时间等多项的组合查询,字段之间如果使用逻辑与的组配关系,一般用于精确查找某一本书刊。ILASⅢ系统 OPAC 检索界面如图 1-5 所示。

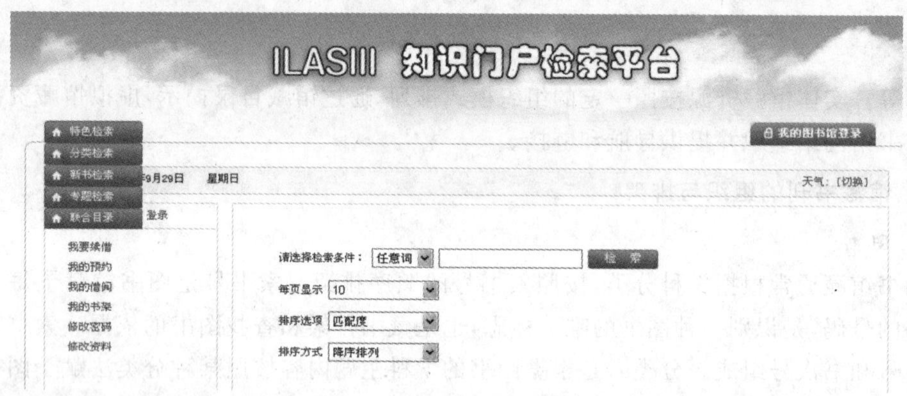

图 1-5 ILASⅢ系统 OPAC 检索界面

四、图书馆数字资源的利用

图书馆数字资源,是指将计算机技术、通信技术及多媒体技术相互融合而形成的以数字形式发布、存取、利用的信息资源的总和。图书馆数字资源包括商业化的数据库、机构或个人建立的数据库、各种网络免费资源等。

随着图书馆数字化、网络化进程的加快,数字信息资源总量占馆藏全部文献信息总量的比例不断上升,加上数字资源利用的便捷、高效及不受时间、空间限制等特点,读者利用数字资源与利用传统印刷型文献资源相比已在逐步攀升。

1. 数字资源的检索

图书馆的数字资源是图书馆网页的核心部分,大多图书馆都把它放在主页面最醒目的位置,随着数字资源的品种与类型逐步增多,很多图书馆又将数字资源分成中文数据库、外文数据库和试用数据库等形式。试用数据库,是指数据库商为推销自己开发的产品将其挂在图书馆网页上在限定的时间内免费提供给读者使用的数据库。

数据库的检索步骤是:打开图书馆主页→单击"数字资源"标签(有的称"资源导航""常用资源""电子资源"等)→选择所要查询的数据库,单击数据库名即可进入。

值得注意的是,读者在选择所要查询的数据库之前一定要看看该库的简略介绍,了解该库的存储内容,是中文库还是外文库,是论文库还是图书库,是题录库还是全文库,同时还要了解该库的收藏范围和时间范围,否则盲目进入会事倍功半。

2. 常用的数字资源库

1) 超星数字图书馆

超星数字图书馆是北京世纪超星信息技术发展有限责任公司联合我国国内几十家大型图书馆开发的大型数字图书全文数据库，该公司成立于1993年，长期致力于纸张图文资料数字化技术及相关应用与推广，是我国专业的数字图书馆技术服务商和数字图书馆解决方案提供商。2000年1月，超星数字图书馆在互联网上开通。

超星数字图书馆新书试用包含图书资源近百万种，根据《中图法》22个大类，共设数学、物理、化学、政治、法律、军事、文学、艺术、经济、科学、医学、建筑、工业技术、交通运输、教育和计算机等多个分馆。其中免费图书馆可提供约5 000种图书的免费阅读。可按分类途径和图书外部特征途径检索。阅读需下载安装超星阅读器(SSReader，网址为 http://www.ssreader.com)。

2) 书生之家

书生之家数字图书馆由北京书生公司2000年开发制作，以书生全息数字化技术为核心技术而建立起来的一个全球性网上开架书报刊交易平台和中国信息资源电子商务平台，下设中华图书网、中华期刊网、中华报纸网、中华资讯网等子网，集成了图书、期刊、报纸、论文等各种出版物的(在版)书(篇)目信息、内容提要、精彩章节、全部全文，提供全文、标题、主题词等十种数据库检索功能及CN-MARC格式数据套录功能。利用该库的数字资源需要安装书生阅读器(reader)。

3) 方正 Apabi 电子图书

方正阿帕比(Apabi)电子图书及其系统是北大方正电子有限公司创建的图书数据库，网址为 http://www.apabi.cn。该公司成立于2006年4月，其前身是成立于2001年的北京北大方正电子有限公司数字内容事业部，在继承并发展方正传统出版印刷技术优势的基础上，自主研发了数字出版技术及整体解决方案，已发展成为全球领先的数字出版技术提供商。

4) CNKI 中国知网

CNKI中国知网即中国知识基础设施(China National Knowledge Infrastructure，简称CNKI)工程，网址为 http://www.cnki.net。CNKI工程是以实现全社会知识资源传播共享与增值利用为目标的信息化建设项目，由清华大学、清华同方发起，始建于1999年6月。经过多年努力，CNKI工程采用自主开发并具有国际领先水平的数字图书馆技术，建成了世界上全文信息量规模最大的“CNKI数字图书馆”，并正式启动建设中国知识资源总库及CNKI网格资源共享平台，通过产业化运作，为全社会知识资源高效共享提供最丰富的知识信息资源和最有效的知识传播与数字化学习平台。

5) 重庆维普资讯

维普资讯由重庆维普资讯有限公司创建开发，网址为 http://www.cqvip.com。该公司是一家大型的专业化数据公司，始建于1989年，前身为中国科技情报所重庆分所数据库研究中心，1992年制作了世界上第一张中文光盘，同年获得国家科学技术委员会科技进步二等奖，1993年获得国家科技进步三等奖。1993年正式成立该公司。其主导产品中文科技期刊数据库，是经国家新闻出版总署批准的大型连续电子出版物，目前收录中文期刊12 000余种(其中中文核心期刊1 810种)，分三个版本(全文版、文摘版、引文版)和8个专辑(社会

科学、自然科学、工程技术、农业科学、医药卫生、经济管理、教育科学、图书情报)定期出版。

6) 万方数据资源

万方数据资源系统由科技部下属的国家级综合信息中心——中国科技信息研究所与万方数据集团公司联合开发。该系统收录的资源以科技信息为主,同时覆盖经济、文化、教育等领域,是一个综合性的多数据库集成检索平台,网址为 http://wanfangdata.com.cn。

北京万方数据股份有限公司开发的知识产品主要有学术期刊、学位论文、会议论文、科技成果、专利技术、中外标准、新方志、政策法规、机构、科技专家等。阅读全文需用 Acrobat Reader 浏览器,可以在其网站上下载。

7) SpringerLink 外文期刊数据库

德国的施普林格(Springer-Verlag)是一个具有 150 多年悠久历史的知名出版社,SpringerLink 是 Springer 出版社整合电子和印刷出版物的信息服务平台,始建于 1996 年,该系统为用户提供学术期刊及电子图书的在线服务。2005 年 Kluwer 并入 Springer,到目前为止,Springer Link 提供的全文电子期刊近 1 400 种,其中大多数为英文期刊。其出版物的出版形式包括印刷版、光盘版和网络版。其网址为 http://www.springerlink.com/home/main.mpx。

8) EBSCO 数据库

EBSCO 公司是专门经营纸本期刊发行、电子期刊发行和电子文献数据库出版发行业务的集团公司,具有 60 多年历史,提供期刊、文献订购及出版等服务,总部在美国,在 19 个国家设有分部。EBSCOhost 数据库是美国 EBSCO 公司三大数据系统之一,可为全球用户提供在线服务。公司开发了近 100 多个在线文献数据库,涉及自然科学、社会科学、人文和艺术等多种学术领域。该公司提供的两个主要全文数据库是 Academic Search Premier 学术期刊集成全文数据库和 Business Source Premier 商业资源电子文献全文数据库。其网址为 http://www.ebsco.com/index.asp。

五、图书馆网站

图书馆网站是读者利用图书馆信息资源和服务的平台,是可以远程、全天候利用的虚拟信息中心,也是高度整合的信息集散地。图书馆的虚拟馆藏资源以图书馆网站为依托呈现给读者。因此,要想充分利用图书馆的资源和服务,必须充分了解图书馆网站。

一般大学图书馆网站通常由若干栏目组成,具有以下几种功能。

(1) 展示介绍:介绍图书馆概况、资源与服务,读者可以借此全面了解图书馆。

(2) 资源/服务利用功能:提供远程利用图书馆 OPAC 系统、电子资源和数字服务的平台,使读者能够跨越时空限制,方便地通过网络从图书馆获取文献信息与服务。

(3) 读者教育功能:通过各种指南、查找资料导引、课件及 FAQ 等,为读者利用图书馆资源与服务提供指导,宣传文献检索课和培训讲座,提高读者信息素质。

(4) 交流互动功能:图书馆通过网站发布消息和读者调查、答复读者意见、解答咨询、提供联系方式;读者则通过网站提交申请、反馈意见、咨询问题、定制个性化服务。

(5) 链接功能:许多大学图书馆还根据自身特色提供了其他相关网站和数据资源的链接,读者可以通过图书馆网站获取更大范围的信息资源。

六、信息资源共享

信息资源共享是文献信息机构按照互利互惠、互补余缺的原则，在一定范围内进行信息资源建设的协调与分享，主要通过资源协调采购、编制联合目录、集团订购数据库、馆际互借、文献传递等形式实现。读者通过信息资源共享可以获取和利用本馆资源以外的更广泛的信息资源。目前我国比较著名的文献共享服务体系有中国高等教育文献保障系统（CALIS）和国家科技图书文献中心（NSTL）等。

1. CALIS 资源与服务

CALIS 资源与服务网址为 http://home.calis.edu.cn/calisnew，主页如图 1-6 所示。

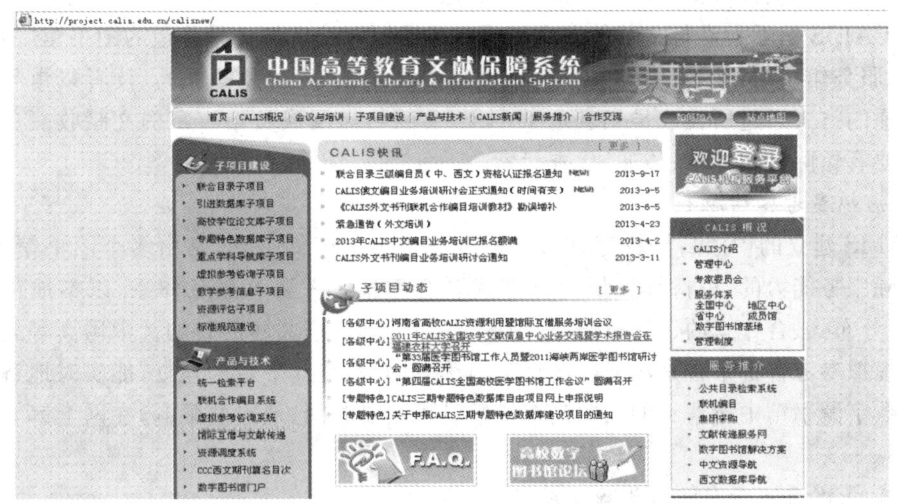

图 1-6　CALIS 主页

中国高等教育文献保障系统（China Academic Library & Information System，简称 CALIS），是经国务院批准的我国高等教育“211 工程”“九五”“十五”总体规划中三个公共服务体系之一。CALIS 的宗旨是：在教育部的领导下，把国家的投资、现代图书馆理念、先进的技术手段、高校丰富的文献资源和人力资源整合起来，建设以中国高等教育数字图书馆为核心的教育文献联合保障体系，实现信息资源共建、共知和共享，以发挥最大的社会效益和经济效益，为中国的高等教育服务。

CALIS 管理中心设在北京大学，下设了文理、工程、农学和医学四个全国文献信息服务中心，华东北、华东南、华中、华南、西北、西南、东北等七个地区文献信息服务中心和一个东北地区国防文献信息服务中心。

从 1998 年开始建设以来，CALIS 管理中心引进和共建了一系列国内外文献数据库，包括大量的二次文献库和全文数据库，采用独立开发与引用消化相结合的道路，主持开发了联机合作编目系统、文献传递与馆际互借系统、统一检索平台、资源注册与调度系统，形成了较为完整的 CALIS 文献信息服务网络。迄今参加 CALIS 项目建设和获取 CALIS 服务的成员馆已超过 500 家。

1) CALIS 公共目录检索

CALIS 公共目录检索提供书刊联合目录数据库的检索，可查阅中文、西文、日文、俄文

书刊的书目信息和馆藏信息。

2）CALIS 馆际互借与文献传递网

CALIS 馆际互借与文献传递系统是 CALIS 公共服务软件系统的重要组成部分。目前，该系统已经实现了与 OPAC 系统、CCC 西文期刊篇名目次数据库综合服务系统、CALIS 统一检索系统、CALIS 文科外刊检索系统和 CALIS 资源调度系统的集成，读者直接通过网上提交馆际互借申请，并且可以实时查询申请处理情况。馆际互借读者网关系统网址是 http://gateway.cadlis.edu.cn。

为了更好地在高校开展馆际互借与文献传递工作，更好地为读者提供文献传递服务，CALIS 管理中心建立了 CALIS 馆际互借/文献传递服务网（简称 CALIS 文献传递网或文献传递网），面向全国读者提供馆际互借/文献传递服务。该文献传递网由众多成员馆组成，包括利用 CALIS 馆际互借与文献传递应用软件提供馆际互借与文献传递的图书馆（简称服务馆）和从服务馆获取馆际互借与文献传递服务的图书馆（简称用户馆）。读者以馆际互借或文献传递的方式通过所在成员馆获取 CALIS 文献传递网成员馆丰富的文献收藏。其服务内容主要有馆际借阅、文献传递、代查代索。

3）虚拟参考咨询服务

CALIS 建立的中国高等教育分布式联合虚拟参考咨询平台，是由多个图书馆参加的、具有实际服务能力的、可持续发展的分布式联合虚拟参考咨询服务体系，以本地化运作为主，结合分布式、合作式的运作，实现知识库、学习中心共享共建的目的。中国高等教育分布式联合虚拟参考咨询平台是沟通咨询馆员与读者的桥梁，此平台的建立，能实时地解答读者在使用数字图书馆中所遇到的问题。咨询馆员可不受时间、地点的限制，在网上解答读者的疑问。

4）CALIS 重点学科网络资源导航门户

CALIS 重点学科网络资源导航门户的网址为 http://202.117.24.168/cm/main.jsp。

CALIS 重点学科网络资源导航门户（见图 1-7）是“211 工程”立项高校图书馆共建项目。其目的是建立在 Internet 上的导航库，收集、整理有关重点学科的网络资源，使用户以较快的速度了解本领域科技前沿研究动向和国际发展趋势。该数据库由华东南地区中心负责，全国文理中心协助。清华大学、北京大学等 54 个高校图书馆参加该项目共建，目前已完成 213 个重点学科导航库建设，共收录了 60 000 多个较重要的学术网站。

CALIS 导航库的学科分类体系使用教育部颁布的《授予博士、硕士学位和培养研究生的学科、专业目录》作为构建导航库分类体系的依据。该分类体系由 12 个学科门类构成，囊括社会科学和自然科学所有学科领域，导航库使用除“军事学”之外的 11 个学科门类，包括哲学、经济学、法学、教育学、文学、历史学、理学、工学、农学、医学、管理学，每个学科门类下包含若干一级学科，一级学科下又根据需要分为不同数量的二级学科。

导航库设有快速检索、高级检索、分类浏览、分类检索四种检索功能。登录主页数据库（默认为快速检索界面），在该界面检索框旁边设有其他检索方式链接按钮。快速检索：用户直接在检索框中输入检索词，进行快捷检索。高级检索：用户根据检索系统提供多个检索点任意组配进行检索，可以最多选择三个检索点进行组配检索。分类浏览：用户根据系统提供的分类体系进行浏览。分类检索：先选定学科，然后输入检索词在特定学科内检索。

图 1-7　CALIS 重点学科网络资源导航门户

2. NSTL 资源与服务

NSTL 资源与服务网址为 http://www.nstl.gov.cn，其主页如图 1-8 所示。

图 1-8　国家科技图书文献中心主页

国家科技图书文献中心（National Science and Technology Library，NSTL），是一个虚拟的科技文献信息服务机构，成员单位包括中国科学院文献情报中心、工程技术图书馆、中国农业科学院图书馆、中国医学科学院图书馆等。该中心根据国家科技发展需要，按照"统一采购、规范加工、联合上网、资源共享"的原则，采集、收藏和开发利用理、工、农、医各学科领域的科技文献资源。

1）文献服务

文献服务是 NSTL 的一个主要服务项目，具体内容包括文献检索、全文提供、网络版全文服务、目录查询等。非注册用户可以免费获得除全文提供以外的各项服务，注册用户同时

可以获得全文提供服务。

2）网络导航

网络导航为用户提供国内外主要科技机构和科技信息机构的网站介绍及导航，广泛搜集、整理了有代表性的研究机构、大学、学会、协会及公司的网站资源，并对这些网站进行了有组织的揭示，目的在于帮助用户从总体上把握各学科领域科技机构和科技信息机构的发展现状、资源特色和资源获取途径。

3）参考咨询

参考咨询服务主要是回答用户在查询利用科技文献过程中遇到的问题，包括图书馆馆藏、服务、规则、文献检索与利用等。

此外，NSTL 还提供个性化定制、个人图书馆、预印本等服务。

第四节　信息素养与创新能力的培养

信息素养的培养，是信息用户在工作、学习和科学研究中能够树立信息观念、驾驭信息能力和遵循信息规范，提高创新能力的培育和修养的过程。

一、信息素养的概念与内涵

1. 信息素养的概念

"信息素养"(information literacy)一词最早出现于美国信息产业协会(IIA)主席 Paul Zurkowski 在 1974 年给美国政府的报告中，其含义是"利用大量的信息工具及主要信息源使问题得到解答的技术和技能"。随着时代的发展，人们对"信息素养"概念的理解和认识不断深入，其内涵也在发生变化。虽然目前尚无一种确切的定义，但比较一致的看法是：信息素养是一种有效发现自己的信息需求，并据此从各种不同的信息来源中寻找、检索、获取、判断和组织信息，以及利用、交流和传播信息的能力，其实质是在学习、工作中利用信息的意识和技能。

2. 信息素养的内涵

信息素养的内涵主要包括四个方面的内容，即信息意识、信息知识、信息能力和信息道德。

1）信息意识

信息意识是指人们对各种信息的自觉心理反应，包括对信息的正确认识和对自身信息需求的自我意识。它决定了人们对信息反应的程度，并影响人们对信息的需求，信息意识的强弱决定了人们利用信息的自觉程度。一个医学生只有具备良好的信息意识，才能养成捕捉、分析、判断信息的习惯，从而不断提高医学信息的敏感性和洞察性能力。

2）信息知识

信息知识是指与信息有关的理论、知识和方法。医学信息知识还包括对医学信息源(医学学科网站、医学文献数据库、网络医学资源、互联网上的各种医学信息等)的了解，对现代医疗技术知识(如医院信息系统、电子病历、现代医疗技术信息等)的掌握等方面的知识。

3）信息能力

信息能力是指人们获取、分析、处理、吸收、利用信息的潜在能力。它包括：①常用信息检索工具、专业检索系统的检索和利用能力；②信息的获取和识别能力；③信息的加工和处理能力；④信息的驾驭和创新能力。

4）信息道德

信息道德是指人们在信息活动中应当遵循的道德规范，主要包括：①了解与信息相关伦理、法律和社会问题；②遵循在获取存储、交流、利用信息过程中的法律和道德规范，包括遵守医学信息规范、尊重患者隐私和病历文档、尊重知识产权等。

这四者之间的关系是：信息意识是先导，信息知识是基础，信息能力是核心，信息道德是保证。

二、信息素养的形成与评价标准

1. 信息素养的形成

无论是战场还是商场，敏感的信息意识和良好的信息素养是克敌制胜的法宝。例如：日本人在20世纪60年代之所以能够掌握我国大庆油田的相关情况，其中重要的原因之一就是日本人良好的信息素养。大庆油田是我国20世纪60年代开发、勘探的大油田。当时，大庆油田的具体位置、规模及产量都是严格保密的，连绝大多数中国人都不知道，日本人又是怎样知道的呢？1960年，大庆油田的石油工人王进喜被誉为"铁人"后，国内各大报刊都对他的先进事迹进行了相关报道。日本商社三菱重工集团的情报专家就是从这些公开的信息报道中通过情报分析从而掌握大庆油田的基本情况的。

一是大庆油田具体位置的情报信息分析。首先，日本人从中国画报上刊登的铁人王进喜的大幅照片推断出大庆油田在黑龙江省，因为照片中的王进喜身穿大棉袄，背景是遍地积雪。继而，他们又从另一幅肩扛人推的照片推断出油田离铁路线不远。接着又从《人民日报》的一篇报道中看到一句话，王进喜到了马家窑，说了一声："好大的油海啊，我们要把中国石油落后的帽子扔到太平洋去！"据此，日本人判断大庆油田的具体位置的中心就在马家窑。

二是大庆油田产油时间的情报信息分析。大庆油田什么时候产油呢？日本人判断：1964年，王进喜参加了全国人民代表大会，这一年如果不出油，王进喜是不会当选人大代表的。

三是大庆油田规模和产油量的情报信息分析。日本人从照片中的王进喜所站的钻台上手柄架式，推算出油井的直径，又从钻台油井与他背后隐藏的油井之间的距离和密度，推算出油田的大致储量和产量。他们还根据炼油厂反应塔的照片，推算出大庆油田的炼油能力。

日本人就是凭借良好的信息素养，通过一些公开报纸、画报披露出的静态信息，进行分析、判断，成功地预测到中国今后几年必然因为炼油设备不足，会考虑大量引进炼油设备。所以日本三菱重工集团以最快的速度和最符合中国要求的设计及设备获取巨额订单，几乎垄断了我国石油设备进口市场。

信息素养是信息社会人的整体素养的一个部分，它的形成并非一朝一夕之事。信息素养的形成一是从小就依靠家庭、学校、社会的教育和培养；二是靠在长期的工作、学习实践中的自身的培养和训练。

信息素养的教育是一个国家国民信息素养形成的关键。国外信息素养教育起步较早，1974年美国学者保罗·泽考斯基(Paul Zurkowski)提出"信息素质"一词时就指出：要在未来10年内，在美国实施普及信息素质的教育目标。20世纪80年代后期，信息素质教育的重

要性受到美国各界人士的广泛认同，并且正式将信息素质教育纳入大学教学大纲，作为一门课程，主要由大学图书馆人员讲授。

日本的信息素养教育从中小学就开始抓起，并且具有长期稳定性和连续性的特点。1985年，日本"回应信息化社会的初等、中等教育和各方调研协作会议"就提出了信息素养教育的必要性。日本文部省自1986年开始着手促进计算机在中小学的应用，地方教育当局负责教师训练的任务。1989年日本教育部规定在小学和中学都要开展信息素养教育，并且利用计算机和多媒体改进教学，加强信息道德教育。

1999年6月，国务院召开了"第三次全国教育工作会议"，党中央、国务院联合发布了《关于深化教育改革全面推进素质教育的决定》(以下简称《决定》)。《决定》明确指出，要"培养学生收集处理信息的能力，获取新知识的能力，分析和解决问题的能力"，"激发学生独立思考和创新的意识"。这充分证明了党和政府部门对开展信息素养教育的高度重视，同时，也为21世纪我国全面推进信息素养教育奠定了政策基础。2002年2月2日，教育部颁发的《普通高等学校图书馆规程(修订)》明文规定，图书馆的主要任务是"开展信息素质教育，培养读者信息意识和获取、利用文献信息的能力"。国家政府部门以文件的形式把信息素养教育的重任落在图书馆，一是说明了信息素养教育是21世纪信息时代的迫切需要，二是表明高校图书馆具有担负信息素养教育的能力和条件。

信息素养是一种综合能力，它涉及各方面的知识，是一个特殊的、涵盖面很宽的能力，它包含人文的、技术的、经济的、法律的诸多因素，与许多学科有着紧密的联系。

2. 信息素养的评价标准

目前国内外信息素养的评价标准各有不同，不同的国家依照不同的标准都建立了相应的适应本国国情的评价标准和评价体系。

1) 国外信息素养评价标准

美国图书馆协会和美国教育传播与技术协会于1989年提交了一份《关于信息素养的总结报告》，提出有信息素养的人必须能够认识到何时需要信息，能够评价和使用所要的信息，有效地利用所需的信息，有信息素养的人最终是指那些懂得如何学习的人，懂得如何学习是因为他们知道如何组织知识，如何找到信息，知道如何利用信息。

美国国家信息素养论坛在1990年的年度报告中提出，有信息素养的人是：了解自己的信息需求；承认准确和完整的信息是制定明智决策的基础；能在信息需求的基础上系统阐述问题；具有识别潜在信息源的能力，能制定成功的检索策略；能检索信息源，包括能利用以计算机为基础的信息技术或其他技术；具有评价信息的能力；能为实际应用而对信息进行组织；具有将新信息结合到现存的知识体系中的能力；能采用批判性思维，利用信息并解决问题。

1994年澳大利亚格里菲斯大学信息服务处的布鲁斯总结出了有信息素养的人的七个关键特征：①具有独立学习能力；②具有完成信息过程的能力；③能利用不同信息技术和系统；④具有促进信息利用的内在化价值；⑤拥有关于信息世界的充分知识；⑥能批判性地处理信息；⑦具有个人信息风格。

1998年全美图书馆协会和美国教育传播与技术协会在《信息能力：创建学习的伙伴》一书中，从信息素养、独立学习和社会责任三个方面提出了学生学习的九条信息素养标准。

标准一：有信息素养的学生能有效地和高效地获取信息。

标准二:有信息素养的学生能批判性地、胜任地评价信息。

标准三:有信息素养的学生能准确地、创造性地使用信息。

标准四:独立的学习者要有信息素养,并能探求与个人兴趣有关的信息。

标准五:独立的学习者要有信息素养,并能评价文献和其他对信息的创造性的表达。

标准六:独立的学习者有信息素养,并能力争在信息查询和知识的产生中做得最好。

标准七:对学习团体和社会做出积极贡献的学生具有信息素养,并能认识信息对民主社会的重要性。

标准八:对学习团体和社会做出积极贡献的学生具有信息素养,并能实践与信息和信息技术相关的合乎道德的行为。

标准九:对学习团体和社会做出积极贡献的学生具有信息素养,并能积极参与小组的活动来探求和产生信息。

其中标准一、二、三是从信息素养方面提出的,标准四、五、六是从独立学习方面提出的,标准七、八、九是从社会责任方面提出的。

2）国内信息素养评价标准

目前,我国还没有一个全国统一的信息素养评价标准,但在不同的地区或不同的行业也陆续制定了一些相应的评价标准。

其一,《北京地区高校信息素质能力指标体系》。

2005 年北京高校图书馆学会完成了《北京地区高校信息素质能力指标体系》,其内容包括以下七个维度。

维度一:具备信息素质的学生能够了解信息以及信息素质能力在现代社会中的作用、价值与力量。指标:①具备信息素养的学生具有强烈的信息意识;②具备信息素质的学生了解信息素质的内涵。

维度二:具备信息素质的学生能够确定所需信息的性质与范围。指标:①具备信息素质的学生能够识别不同的信息源并了解其特点;②具备信息素质的学生能够明确地表达信息需求;③具备信息素质的学生能够考虑到影响信息获取的因素。

维度三:具备信息素质的学生能够有效地获取所需要的信息。指标:①具备信息素质的学生能够了解多种信息检索系统,并使用最恰当的信息检索系统进行信息检索;②具备信息素质的学生能够组织与实施有效的检索策略;③具备信息素质的学生能够根据需要利用恰当的信息服务获取信息;④具备信息素质的学生能够关注常用的信息源与信息检索系统的变化。

维度四:具备信息素质的学生能够正确地评价信息及其信息源,并且把选择的信息融入自身的知识体系中,重构新的知识体系。指标:①具备信息素质的学生能够应用评价标准评价信息及其信息源;②具备信息素质的学生能够将选择的信息融入自身的知识体系中,重构新的知识体系。

维度五:具备信息素质的学生能够有效地管理、组织与交流信息。指标:①具备信息素养的学生能够有效地管理、组织信息;②具备信息素质的学生能够有效地与他人交流信息。

维度六:具备信息素质的学生作为个人或群体的一员能够有效地利用信息来完成一项具体的任务。指标:①具备信息素质的学生能够制订一个独立或与他人合作完成具体任务的计划;②具备信息素质的学生能够确定完成任务所需要的信息;③具备信息素质的学生能

够通过讨论、交流等方式，将获得的信息应用到解决任务的过程中；④具备信息素质的学生能够提供某种形式的信息产品(例如综述报告、学术论文、项目申请、项目汇报等)。

维度七：具备信息素质的学生了解与信息检索及利用相关的法律、伦理和社会经济问题，能够合理、合法地检索和利用信息。指标：①具备信息素质的学生了解与信息相关的伦理、法律和社会经济问题；②具备信息素质的学生能够遵循在获得、存储、交流、利用信息过程中的法律和道德规范。

其二，《医学生信息素养能力指标体系(修订稿)》。

自2007年起中国医学科学院医学信息研究所开展了建立医学生信息素养能力指标体系的研究，通过对医学生信息素养能力现状进行调查，并借鉴国内外高等教育信息素养能力评价标准及全球医学教育的基本要求，初步建立了《医学生信息素养能力指标体系(修订稿)》，主要包括7个一级指标、19个表现指标和66个指标描述，其中一级指标和表现指标如下。

指标一：具备信息素养的医学生能够确定所需信息的性质和范围。表现指标：①具备信息素养的医学生能够明确表述信息需求；②具备信息素养的医学生熟悉各种类型的信息源及其特点；③具备信息素养的医学生能够考虑到影响信息获取的因素。

指标二：具备信息素养的医学生能够有效地获取所需信息。表现指标：①具备信息素养的医学生能够选择最适合的信息获取方法或信息检索系统来查找所需信息；②具备信息素养的医学生能够组织和实施有效的检索策略；③具备信息素养的医学生能够在必要时修正检索策略；④具备信息素养的医学生能够根据需要，利用恰当的信息服务获取信息。

指标三：具备信息素养的医学生能够正确地评价信息及其信息源。表现指标：①具备信息素养的医学生能够从收集到的信息中总结要点；②具备信息素养的医学生能够运用初步的标准评估信息及其出处；③具备信息素养的医学生能够确定新的知识对个人的价值体系是否有影响，并采取措施消除分歧；④具备信息素养的医学生能够通过与其他人、学科专家和/或行家讨论，有效地诠释和理解信息。

指标四：具备信息素养的医学生能够管理其获取的信息，并能够采用适当的方式交流、表达信息。表现指标：①具备信息素养的医学生能够有效地管理和组织信息；②具备信息素养的医学生能够有效地与他人交流信息。

指标五：具备信息素养的医学生能够将选择的信息融入自身的知识体系，形成新的知识体系，并应用于医学科研与实践。表现指标：①具备信息素养的医学生能够将选择的信息融入自身的知识体系中，重构新的知识体系，综合主要观点形成新的概念；②具备信息素养的医学生能够将选择的可靠的信息应用于医学科研与实践，并通过医学科研与实践进一步验证信息。

指标六：具备信息素养的医学生能够了解信息素养是终身学习的重要组成部分，并关注专业领域的最新进展。表现指标：①具备信息素养的医学生能够不断吸收和积累本领域知识；②具备信息素养的医学生能够利用各种方法和新兴技术把握本领域的发展趋势。

指标七：具备信息素养的医学生能够合理、合法地检索和利用信息。表现指标：①具备信息素养的医学生能够了解与信息相关的伦理、法律和社会经济问题；②具备信息素养的医学生能够遵循在获得、存储、交流、利用信息过程中的法律和道德规范。

《医学生信息素养能力指标体系(修订稿)》根据医学生的特点设置了相应指标，医学生可以根据该指标体系进行自我测评，了解自身信息素养能力的状况和不足，并通过学习、实践不断提升信息素养，成为具备信息素养的医学人才。

三、信息素养与创新能力的培养

“创新”是指能为人类的文明与进步创造出有价值的、前所未有的物质产品或精神产品。创新是一个民族进步的灵魂，是国家兴旺发达的不竭动力。一个国家、一个民族要真正赢得未来发展、造福人类，必须注重创新能力的培育。

在信息的社会里，传统的接受性学习已不能适应“知识爆炸”的现实，教师不再是学习资源的“垄断者”，学生不再是被动地从单一信息源——教师那里获得信息，而是主动地通过多种渠道获取信息资源，变被动的接受性学习为创造性学习者。这就要求加强对学生信息素养的教育和培育。

培养具有信息素养和创新能力的高素质人才是大学在建设创新型国家中担负的历史使命，高等教育培养目标就是培养具有敏锐的创造力，善于创新、敢于创新的知识型人才。实践证明，人们对知识的拥有关键不在于记忆的多少，而在于分析和利用知识进行创新的能力。学校教育的目标不仅是教会学生有限的知识，更重要的是教会学生学习的方法，让学生具有自我获取知识与更新知识的能力。如何提升大学生的信息素养和创新能力，这是增强我们国家核心竞争力的根本。

1. 加强信息素养的培育，构建知识、能力和素质协调一致的培养机制

信息素养已成为现代人整体素质的一部分。信息能力与信息知识、信息道德、信息意识等共同构成信息素养的全部内涵。信息素养是大学生综合素质极其重要的组成部分。它是开拓、创新的前提，也是终身教育、终生学习、不断更新知识的基础。在高等教育中，要构建融传授知识、培养能力和提高素质为一体的人才培养模式，不仅要注重大学生专业知识的传授，而且更重要的是，要注重培育大学生高效获取信息、批判性地评价信息、快速提取信息的能力。

2. 建立信息素养评估机制，制定适合我国国情的信息素养评价标准

目前，虽然我国部分地区和某些行业已制定出信息素养的评价标准，但缺乏一个统一的国家标准。在我国，应该根据不同的层次和不同的行业制定相应的统一的国家信息素养评价标准。如中小学生信息素养评价标准、大学生信息素养评价标准、文科生信息素养评价标准、理科生信息素养评价标准、医学生信息素养评价标准等。

3. 充分利用图书馆，不断提高大学生的信息素养和创新能力

大学时代是人生中知识量聚集和知识结构形成的时期，也是科研准备或者涉入的阶段，大学的学业单靠课堂教学一方面是难以完成的，还得依靠图书馆、实验室等辅助设施共同来完成。其中，图书馆丰富的馆藏资源和多元的服务体系，在完成大学学业过程中起到极其重要的作用。在大学的“三大支柱”中，教师在教学中起主导作用，这种作用不仅体现在传授基本理论、基本知识和基本技能方面，更重要的是体现在引导学生独立学习与学术研究方面。而作为第二课堂的图书馆，则是教师课堂教学的延续和拓展，同时也是学生创造性学习的提高和升华。图书馆是学校图书情报中心，有着比课堂更为广泛的知识源地，成为大学生建立多维度、多方位改善知识结构和成为学校培养“创造型”“能力型”人才的必要条件。因此，在

学校教育中，图书馆对学生的信息素养的培育和创新能力的锻炼具有重要的意义和作用。

4. 积极开展信息素养教育，营造全方位、多层次的信息素养培育氛围

在我国高等教育中，比较正规的信息素养的教育形式主要是依靠大学图书馆开展的文献信息教育活动，包括新生怎样利用图书馆、文献信息检索课程教学，以及有关提高大学生信息素养与创新能力的学术讲座等。但是，单靠图书馆员对大学生实施信息素养教育是远远不够的，还需要把图书馆与课堂结合起来，把图书馆员与教师结合起来，把学校与社会结合起来，形成一个全方位、多层次的信息素养培育氛围。培育大学生的信息素养应该是教师、图书馆员、媒体专家共同的责任，信息素养教育应当与学科课程教学相结合，大学生信息素养能力的培养不能游离于学科课程教学之外，而应该是交织在其内容、体系结构与顺序安排之中，让学生在学科课程学习过程中，构建信息素养，增强创新能力。

思考题

1. 什么是文献、信息、情报、知识？怎样理解它们之间的关系？
2. 什么是一次文献、二次文献、三次文献？怎样理解它们之间的关系？
3. 文献信息检索的类型有哪些？
4. 利用信息检索工具检索文献信息有哪些主要途径？
5. 数据库的类型有哪些？布尔逻辑检索式有哪几种？
6. 图书馆资源服务的内容主要有哪些？你所在学校图书馆提供的查找医学全文数字资源的数据库主要有哪些？
7. 什么是信息素养？其内涵包含哪些？

第二章　中文医学文献信息检索

在科技迅猛发展的今天，网络已成为教学、科研、医疗不可缺少的重要工具之一。尤其是专业数据库，以其特有的优势，为广大科研人员在选择科研课题、进行科技成果查新及科技论文写作、了解相关学科发展等方面提供了极大的方便，发挥了不可替代的作用。

目前，我们常用的综合型中文文献数据库主要有中国知网全文数据库、维普中文科技期刊数据库、万方数据资源系统检索、读秀中文学术搜索等文献数据库。这些数据库的资源都包含医药卫生及相关学科信息。

第一节　中国知网

一、中国知网简介

中国知网由清华大学、清华同方公司于1996年创建，以建设中国基础设施(CNKI)为总目标，逐步形成集期刊、会议、报纸、博硕论文、年鉴、工具书、标准、专利、科技成果和外文数据库等多种资源于一体的综合性学术出版网站，是目前全球最大的中文知识资源库。

1. 中国知网(简称CNKI)出版文献概况

中国知网出版文献概况如表2-1所示。

表2-1　中国知网出版文献概况

文献类型	出版文献量(截至2014年9月)	收录年份	类型
学术期刊	7 961种期刊，文献量41 612 904篇文献	自创刊至今	全文
优秀博士论文	收录416家博士培养单位文献量237 285篇论文	1984年至今	全文
优秀硕士论文	收录650家硕士培养单位文献量2 051 536篇论文	1984至今	全文
国内外会议论文	收录国内外学术会议论文集23 958本，文献量2 205 588篇文献	1953年至今	全文
重要报纸	国内公开发行的500多种重要报纸，文献量12 706 014篇文献	2000年至今	全文

续表

文献类型	出版文献量(截至2014年9月)	收录年份	类型
专利文献	中国专利全文数据库共计收录专利10 332 399条,海外专利数据库共计收录专利37 897 699条	中国专利1985年至今 海外专利1970年至今	中国专利为全文; 海外专利为文摘
中国标准	国家标准38 500多条	1950年至今	全文
工具书	收录了近200家出版社的字典、词典、专科辞典、百科全书、手册、图录图鉴、表谱、名录等6 000多部,含1 900多万个条目,100多万张图片		全文
年鉴	收录年鉴2 830种,22 797本,共计条数19 951 722条	1949年至今	全文
科技成果	共计收录科技成果633 463项	1978年至今	全文

2. 登录方式

(1) IP登录:订购单位适用,如通过学校校园网访问学校订购的CNKI资源。

(2) 账号登录:通过账号、密码方式访问所订资源。

(3) 访客浏览:无论在任何地方,只要登录CNKI网站(http://www.cnki.net/)即可检索,但是只能看到索引与摘要等数据,无法阅读全文。

3. 全文浏览器的下载

在CNKI主页上可以免费下载专用全文浏览器软件CAJViewer,浏览CNKI数据库全文时,系统自动调用当前计算机上安装的CAJViewer程序打开原文。中国知网还推出了PDF下载功能,可使用Acrobat Reader(PDF)浏览器阅读PDF格式原文。CAJViewer文件小,因此下载的速度快,利用CAJViewer可对图像文件进行在线识别与编辑处理;Acrobat Reader(PDF)的适应性强,可以应用于不同的操作系统。

二、中国知网检索途径

中国知网平台提供了跨库检索和单库检索两种方式。

1. 跨库检索

(1) 简单检索:提供类似搜索引擎的检索方式,改变了传统的文献数据库的检索方式,促进了“提问-检索”向“浏览-查询”模式的转变。用户只需要选择相应的文献类型数据库,在检索框中输入所要查找的关键词,单击“检索”按钮就可以查到相关的文献。

(2) 高级检索:提供全面的检索条件供用户选择。第一,输入检索范围控制条件:发表时间、文献出版来源、支持基金、作者、作者单位等。第二,输入目标文献内容特征:文献全文、篇名、主题(包含题名、关键词、摘要三个字段)、关键词、中图分类号等。第三,对检索结果进行分组分析和排序分析,实现细化检索结果和最优排序方式。

2. 单库检索

单库检索是指选择一种文献类型,如中国学术期刊网络出版总库,在该库中完成中国学术期刊检索。

三、检索功能(以中国知网中国学术期刊网络出版总库为例)

中国学术期刊网络出版总库是世界上最大的连续动态更新的中国学术期刊全文数据库。以学术、技术、政策指导、高等科普及教育类期刊为主,内容覆盖自然科学、工程技术、农业、哲学、医学、人文社会科学等各个领域。截至 2014 年 9 月收录国内学术期刊 7 961 种,全文文献总量 41 612 904 篇。产品分为十大专辑:基础科学、工程科技Ⅰ、工程科技Ⅱ、农业科技、医药卫生科技、哲学与人文科学、社会科学Ⅰ、社会科学Ⅱ、信息科技、经济与管理科学。

中国学术期刊网络出版总库的检索可分为初级检索、高级检索、专业检索、作者发文检索、科研基金检索、句子检索、来源期刊检索。

1. 初级检索

初级检索能进行快速方便的查询,适用于不熟悉多条件组合查询或 SQL 语句查询的用户,其特点是方便快捷,效率高,但查询结果冗余多。如果在检索结果中进行二次检索或配合高级检索则可以大大提高查全率和查准率。登录 CNKI 检索系统进入中国学术期刊网络出版总库时默认的检索方式是初级检索,检索区如图 2-1 左侧所示。检索区各项及其说明如表 2-2 所示。

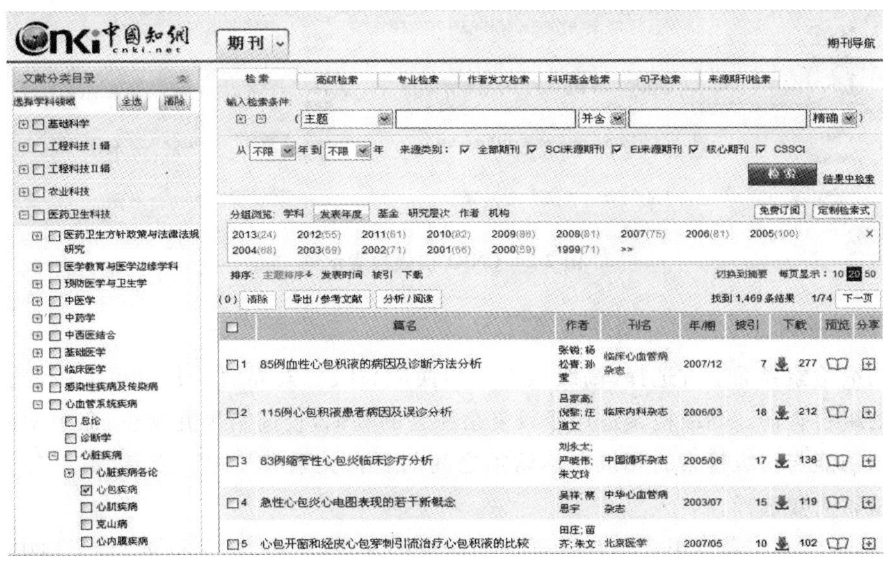

图 2-1 CNKI 学科领域导航及初级检索界面

表 2-2 简单检索界面功能列表

检索项	有主题、篇名、作者、关键词、单位、刊名、基金、全文、ISSN、CN、年期、参考文献、《中图法》分类 14 项,通过下拉菜单选择
模式	可选“模糊匹配”或“精确匹配”
时间	可以选择一段时间内进行检索(如选择从 1998—2002 年)

续表

来源类别	要检索文献的来源类别，可选择全部期刊、EI 来源期刊、SCI 来源期刊及核心期刊
分组浏览	有学科、发表年度、基金、研究层次、作者、机构
排序	有主题排序、发表时间排序、被引频次排序、下载频次排序
检索	单击“检索”按钮进行数据检索

例如，检索有关“病毒性心肌炎”方面的文献，首先确定检索年限（如 2000—2013 年）、选择专辑（医药卫生科技专辑）、来源类别（核心期刊）和检索结果输出方式等。选择检索项为“关键词”，检索框内输入检索词“病毒性心肌炎”，单击“检索”按钮，显示检索结果，如图 2-2 所示。

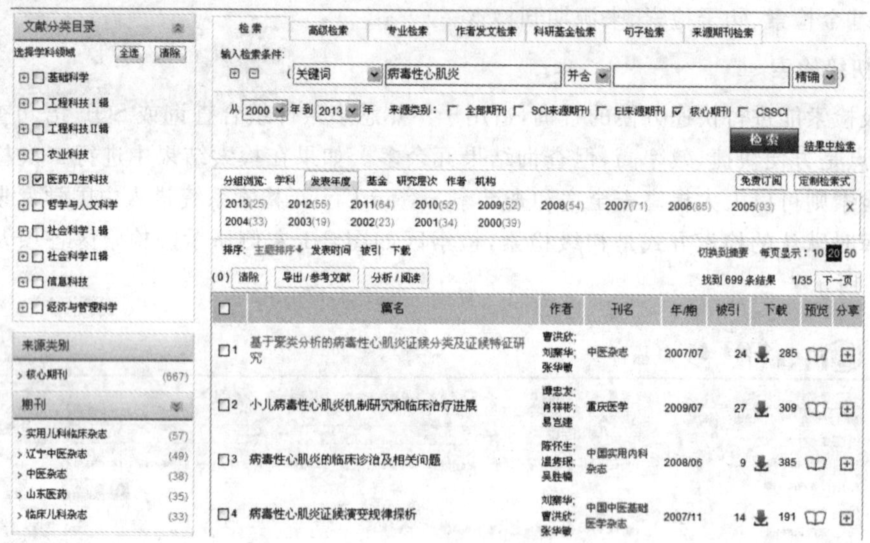

图 2-2 CNKI 初级检索示例

2. 高级检索

在初级检索界面上方选择“高级检索”，切换成高级检索界面。利用高级检索能进行快速有效的组合查询。高级检索适用于较复杂课题的查询，查询结果冗余少，命中率高。其检索区各项功能与初级检索的相同。检索项之间的逻辑关系有“并且、或者、不包含”三种，用户根据检索需要选择。

例如，检索有关黄芪甲苷治疗病毒性心肌炎的文章，可以在“关键词”检索项中输入“病毒性心肌炎”，在“篇名”检索项中输入“黄芪甲苷”并选择逻辑关系“并且”，单击“检索”按钮，结果如图 2-3 所示。

3. 专业检索

专业检索提供一个按照用户需求来组合逻辑表达式，以便进行更精确检索的功能入口。在专业检索中给出了一个检索规则说明表，表中分别列出了所有检索项及其代码的一一对应关系，在填写检索条件的时候，只需根据其所列检索项的中文或英文简写拼写出检索条件即可，其检索效果与高级检索相同，如图 2-4 所示。

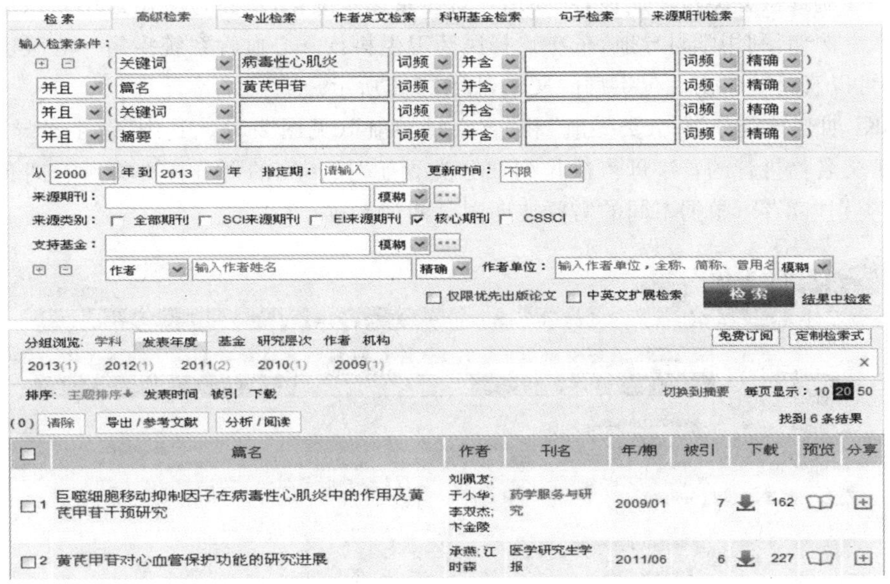

图 2-3　CNKI 高级检索界面及检索示例

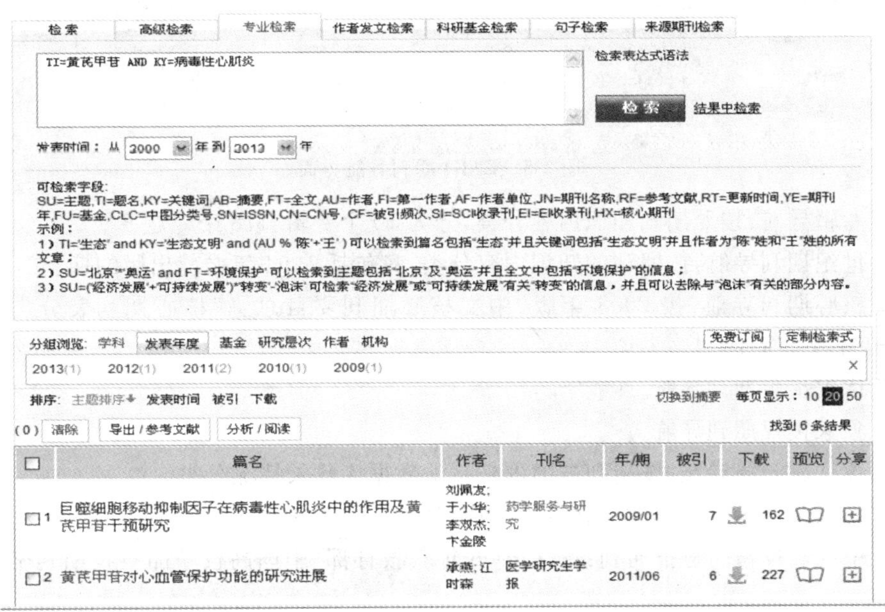

图 2-4　CNKI 专业检索界面

4. 导航的使用

CNKI 导航包括学科导航和期刊导航。学科导航将各学科、各门类的知识分为 10 个专辑、178 个专题，兼顾各学科之间的内在联系和交叉渗透，分层次对知识按其属性和相互从属关系进行并行或树状排列，逐级展开到最小知识单元。在检索时可以选择全部专辑、多个专辑，或选择多个下位的子栏目。刊名导航可通过学科分类直接找到相关学科期刊上发表的论文。

学科导航提供分类检索途径，即利用导航体系逐步细化，最终检索出最小知识单元中包含的论文。例如，利用学科导航，依次选择医药卫生科技→心血管系统疾病→心脏疾病→心包疾病，可以直接检索出心包疾病的文章，如图 2-1 所示。

CNKI 期刊导航分为“分类导航”和“首字母导航”(见图 2-5)。其中“首字母导航”是按照期刊中文名称拼音的首字母依次排列，“分类导航”按不同的划分标准将所有期刊分为以下 12 个类别，读者可根据不同的需要按期浏览期刊文章。

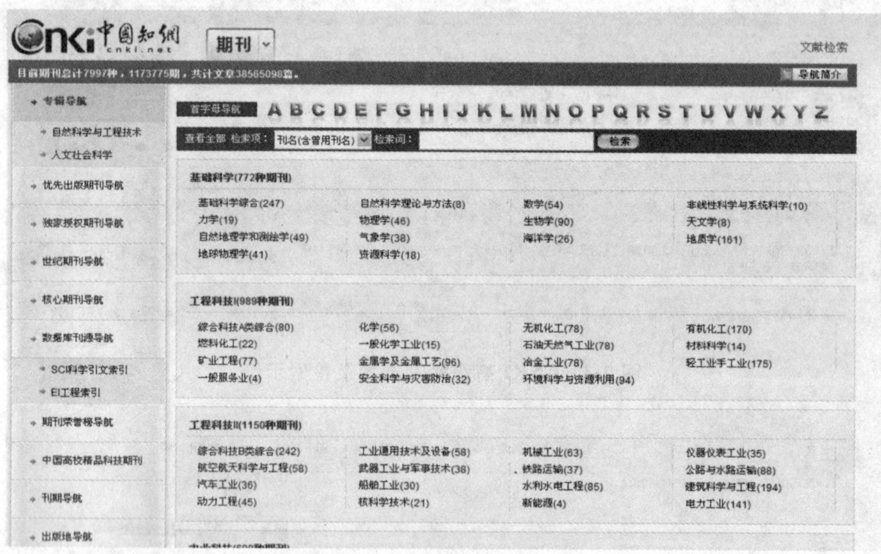

图 2-5　CNKI 期刊导航界面

(1) 专辑导航：按照期刊知识内容分类，分为 10 个专辑、178 个专题。

(2) 世纪期刊导航：按期刊的知识内容分类，只包括 1994 年之前出版的期刊。

(3) 核心期刊导航：按 2008 年版“中文核心期刊要目总览”核心期刊表分类，只包括 2008 年版中文核心期刊。

(4) 优先出版期刊导航。

(5) 独家授权期刊导航。

(6) 数据库刊源导航：按期刊被国内外其他数据库收录情况分类。

(7) 期刊荣誉榜导航：按期刊的获奖情况分类。

(8) 中国高校精品科技期刊：包括 2006 年获教育部“中国高校精品科技期刊奖”荣誉的期刊。

(9) 刊期导航：按期刊的出版周期分类。

(10) 出版地导航：按期刊的出版地分类。

(11) 主办单位导航：按期刊的主办单位分类。

(12) 发行系统导航：按期刊的发行方式分类。

例如，要浏览“肿瘤学类”核心期刊，先单击期刊导航界面中的“核心期刊导航”，在“第五编医药卫生”中找到并单击“肿瘤学类”，即可显示该类 9 种核心期刊(见图 2-6)。期刊的显示方式有图形方式、列表方式和详细方式三种，系统默认按“图形方式”显示。

选择其中的一本期刊后，可选择年期浏览，如图 2-7 所示。

图 2-6　“肿瘤学类”核心期刊浏览界面

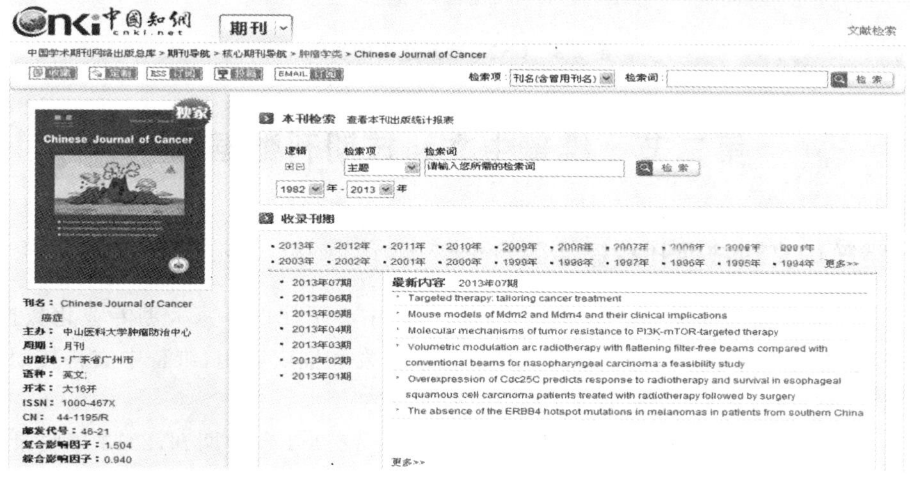

图 2-7　期刊浏览界面

5. 检索结果的显示与处理

CNKI 检索结果分列表显示和摘要显示两种。列表显示和摘要显示可相互转换。列表显示提供浏览、下载、预览和分享功能。摘要显示除显示列表显示相关内容外，还显示文章内容摘要。单击相应文章篇名则细览显示该文章的篇名、作者、刊名、机构、关键词、摘要、文内图片和基金来源等相关信息，如图 2-8 所示。

在每篇文献的细览区，提供 CAJ 原文下载、PDF 原文下载和多种链接功能。作者链接、机构链接、关键词链接可直接获得相关文献；刊名链接通过刊名查询该刊信息和各期文章列表；聚类检索链接的同类文献可检索与本篇文章具有相同分类号的文章，引用文献链接到该篇文章的参考文献，被引用文献链接到引用该篇文章的文献及同行关注文献、相关机构文献、相关作者文献等。浏览全文时，CAJViewer 提供缩放、查找、翻页、摘录、打印和发送电子邮件等多种功能。

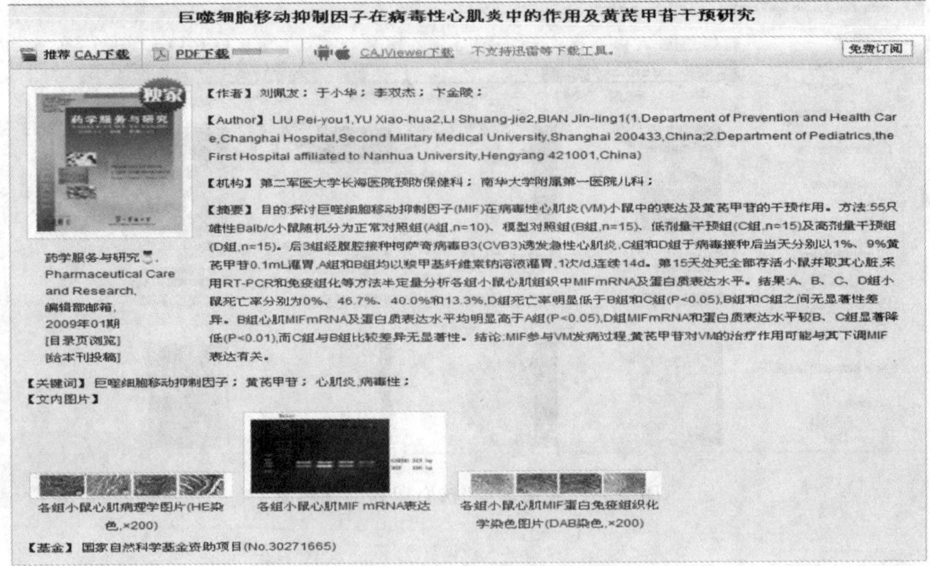

图 2-8　CNKI 检索结果的显示

第二节　维普中文科技期刊数据库

一、维普中文科技期刊数据库简介

重庆维普资讯有限公司是科学技术部西南信息中心下属的一家大型专业化数据公司，自 1989 年起专门致力于期刊等信息资源的深层次开发和推广应用，维普中文科技期刊数据库(全文版)即由该公司开发研制。

维普中文科技期刊数据库收录 1989 年以来国内 12 000 余种期刊，2013 年收录文献总量达 3 000 余万篇，年增长量 200 余万篇。数据库按学科范围分为自然科学、农业科学、医药卫生、教育科学、经济管理、图书情报和工程技术七大专辑。医药卫生专辑收录医药卫生专业期刊约 2 000 种。

维普中文科技期刊数据库可通过镜像站点、包库和网上检索卡等方式使用，其网址为 http://www.cqvip.com。

二、维普中文科技期刊数据库检索方式

维普中文科技期刊数据库的检索字段为题名或关键词、题名、关键词、文摘、刊名、作者、第一作者、机构、分类号和任意字段等。

检索方式分为基本检索、高级检索、期刊导航和传统检索四种方式。其中传统检索为上一代检索系统的保留，主要供习惯使用上一代系统的用户使用。

1. 基本检索

基本检索提供期刊文章发表时间限定、期刊来源限定和学科限定。检索项通过下拉列表选择，检索项之间以布尔逻辑关系相连(见图 2-9)。

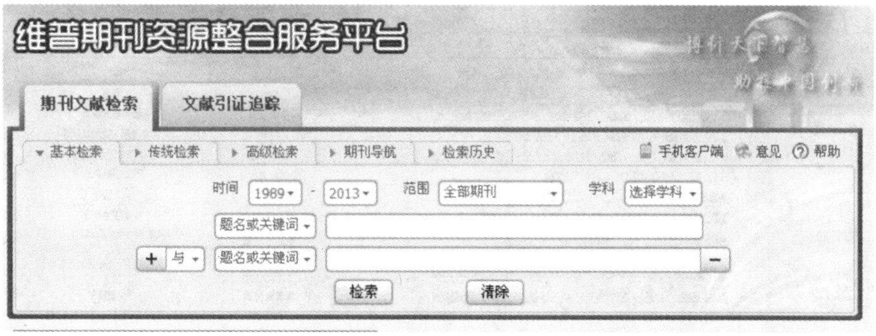

图 2-9　维普基本检索界面

2. 高级检索

高级检索(见图 2-10)运用逻辑组配关系,能查找同时满足几个检索条件的数据,用户在该界面上可一次实现较为复杂的检索。系统提供若干检索字段可选项,提供“模糊”和“精确”检索方式可选项,该功能在选定“关键词”“刊名”“作者”“第一作者”和“分类号”这几个字段检索时生效。

例如,要检索有关姜黄素抗肿瘤的文章,可以在“题名或关键词”后的文本框中输入“姜黄素”,在“题名”后的文本框中输入“肿瘤”,并且用逻辑组配“与”。时间设为 2000—2013 年,专业限制项中勾选“医药卫生”,期刊范围限制为核心期刊。

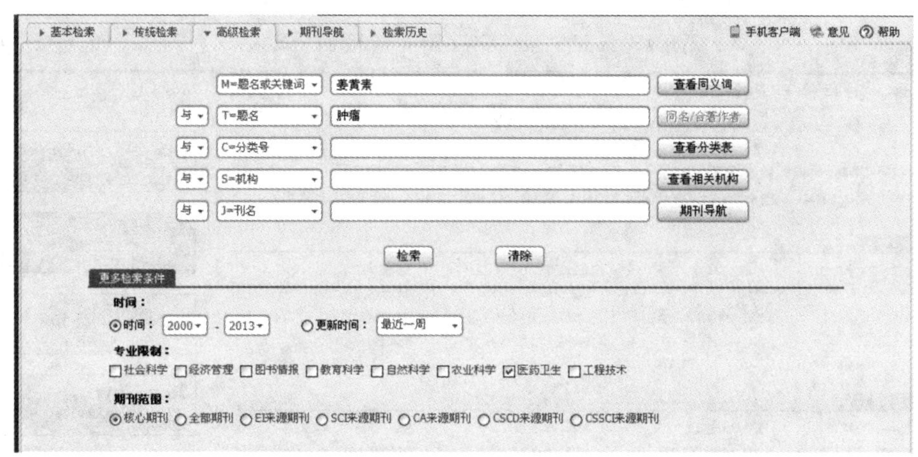

图 2-10　高级检索界面及检索示例(维普)

3. 传统检索

(1) 选择检索入口。检索字段包括关键词、刊名、作者、第一作者、机构、题名、文摘、分类号和任意字段,确定“模糊”或“精确”检索方式。

(2) 限定检索范围。①年代:默认为 1989 年以来。②期刊范围:有全部、重点、核心三个选项。③同义词库:输入关键词检索,选择同义词功能,系统显示该词的同义词列表。④同名作者库:输入作者姓名检索,选择同名作者功能,系统提示同名作者的单位列表。

(3) 二次检索。在第一次检索结果的基础上输入新的检索词进行检索,缩小检索结果,确定两个检索词之间的“与”“或”“非”逻辑关系(见图 2-11),可反复操作。

序号	题名	作者	刊名	出版年
1	B7-H1对HIV/AIDS患者mDCs活化异源性T淋巴细胞的功能影响	徐斌 张政	医学研究杂志	2013
2	HIV/AIDS合并活动性肺结核护理工作中的职业防护	黄桂荣	国外医药：抗生素分册	2013
3	HIV/AIDS患者CD 4+T细胞计数、心理安全感及心理韧性相关性分析	肖寒 方倩	齐齐哈尔医学院学报	2013
4	HIV/AIDS抗病毒治疗对肝功能影响分析	于伟玲 龚学红	西藏医药杂志	2013
5	泮托拉唑治疗30例老年NSAIDs相关性胃溃疡出血疗效分析	蒋廷兵	当代医学	2013
6	医学生AIDS歧视态度与机构支持关系的结构方程模型分析	高洪艳 郭剑	中国卫生统计	2013
7	431例HIV/AIDS患者巨细胞病毒感染情况的调查分析	张路坤 王辉	中华实验和临床感染病杂志（电子版）	2013
8	基于PI的二线抗逆转录病毒治疗对HIV/AIDS患者异常免疫活化的影响	李彦娟 张雯	中华实验和临床感染病杂志（电子版）	2013
9	通海县暗娼人群2010—2012年STD/AIDS感染及安全套使用调查分析	李旭梅 张勇	卫生软科学	2013

图 2-11　传统检索界面及检索示例(维普)

4. 期刊导航

期刊导航分为“分类导航”和“字顺导航”两种(见图 2-12)。其中“字顺导航”是按照期刊中文名称拼音的首字母依次排列。“分类导航”按不同的划分标准将所有期刊分为以下四个类别,包括期刊学科分类导航、核心期刊导航、国外数据库收录导航和期刊地区分布导航。读者可根据不同的需要按期浏览期刊文章。

期刊导航界面还提供期刊搜索功能:一是提供期刊名和 ISSN 号检索入口,ISSN 号检索必须是精确检索,期刊名字段的检索是模糊检索;二是期刊搜索提供二次检索功能。

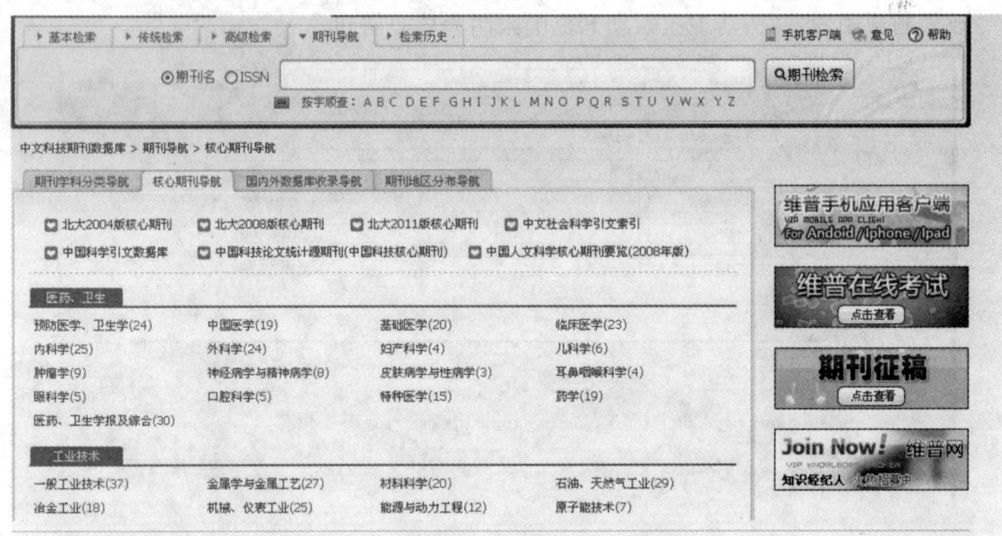

图 2-12　期刊导航界面(维普)

5. 检索结果浏览

(1) 选择题录浏览方式和显示条数,浏览方式分为概要显示、文摘显示和全记录显示三种方式。

(2) 标记及下载题录,下载全文。

(3) 在检索结果显示界面,可在该检索结果基础上进行二次检索或重新检索。二次检索包括指定年代、期刊范围、选择检索字段、确定与上一次检索结果之间的逻辑关系,即在结果中搜索、在结果中添加、在结果中去除。

(4) 题录下显示该条记录的相关文献(包括主题相关、参考文献和引用文献)链接,单击链接可检索相关文献。

第三节　万方数据资源系统

一、万方数据资源系统简介

万方数据资源系统是以中国科技信息所(万方数据集团公司)全部信息服务资源为依托建立起来的一个以科技信息为主,集经济、金融、社会和人文信息为一体,以 Internet 为网络平台的大型科技和商务信息服务系统。目前,该系统的内容被整合为科技信息系统、数字化期刊和企业服务系统。万方数据资源按照资源类型可分为全文类信息资源、文摘题录类信息资源和事实型动态信息资源。

1. 万方数据出版文献概况

万方数据出版文献概况如表 2-3 所示。

表 2-3　万方数据出版文献概况

文献类型	收录文献量
期刊	收录 1998 年以来国内出版的各类期刊 7 800 余种,论文总量 2 859 余万篇(截至 2014 年 9 月 15 日)
学位	收录 1980 年以来国内高校硕博士论文 303 余万篇(截至 2014 年 9 月 9 日)
会议	每年涉及近 3 000 个重要的学术会议,总计 261 余万篇(截至 2014 年 9 月 9 日)
外文文献	收录 1995 年以来各国出版的 2 余万种重要学术期刊,总量 2 485 余万篇(截至 2013 年 7 月 15 日)
专利	收录了国内外的发明、实用新型及外观设计等专利 4 413 余万项(截至 2014 年 8 月 18 日)
标准	综合了中国标准、国际标准及各国标准等 37 余万条文献(截至 2014 年 6 月 9 日)
成果	主要收录了国内的科技成果及国家级科技计划项目,总计 81 余万项(截至 2014 年 9 月 3 日)
图书	收集了 1949 年以后出版的各类型图书,共 48 352 部(截至 2013 年 12 月 6 日)
新方志	包括 1949 年以后出版的中国地方志的所有条目 770 余万条文献(截至 2014 年 1 月 6 日)
法规	收录 1949 年以来全国各种法律法规约 65 万条(截至 2014 年 8 年 11 日)
机构	收录国内外企业信息 20 余万条(截至 2014 年 9 月 3 日)
科技专家	索引各学科领域专家学者信息,总量 12 120 条(截至 2014 年 5 月 4 日)

2. 登录方式

(1) IP 登录:订购单位适用,如通过学校校园网访问所在学校订购的 CNKI 资源。

(2) 账号登录:通过账号、密码方式访问所订资源。

(3) 访客浏览：无论在任何地方，只要登录 http://www.wanfangdata.com.cn 网站即可检索，但是只能看到索引与摘要等数据，无法阅读和下载全文。

二、万方数据资源系统检索途径

通过万方数据资源系统主页（网址为 http://www.wanfangdata.com.cn，界面如图2-13所示）或镜像站点登录。购买了使用权的单位可直接登录，不需要输入用户名和密码，就可免费检索和下载，个人用户可以通过购卡并注册后检索和下载资源。

图 2-13　万方数据资源系统主页

万方数据知识服务平台提供跨库检索、单库检索。

1. 跨库检索(学术论文检索)

跨库检索集纳了各个学科的期刊、学位、会议、外文文献、专利等类型的学术论文检索。

2. 单库检索

万方数据知识服务平台提供多种类型文献（如学术期刊、学位论文、会议论文等）的单库检索，各种文献的检索方法基本类似，下面以期刊检索为例介绍相关检索功能的使用方法。

三、检索功能(以期刊子数据库为例)

登录到万方数据资源系统主页，单击“期刊”标签，进入期刊检索界面。

1. 期刊分类浏览

1) 按学科浏览

在“学科分类”（见图 2-14）中选择某个学科一级类别（如医药卫生），展开后再选择二级类别（如临床医学），在右边将显示该学科的所有期刊信息。单击期刊名称链接，进入期刊概览页，包括期刊简介区、检索区、年期列表区、主管单位及地址信息区。

(1) 期刊简介区：介绍期刊名称、出版周期及刊物简介等信息。

(2) 检索区：可以在期刊的不同字段中检索。首先选择检索字段并输入检索词，然后单击“检索”按钮。

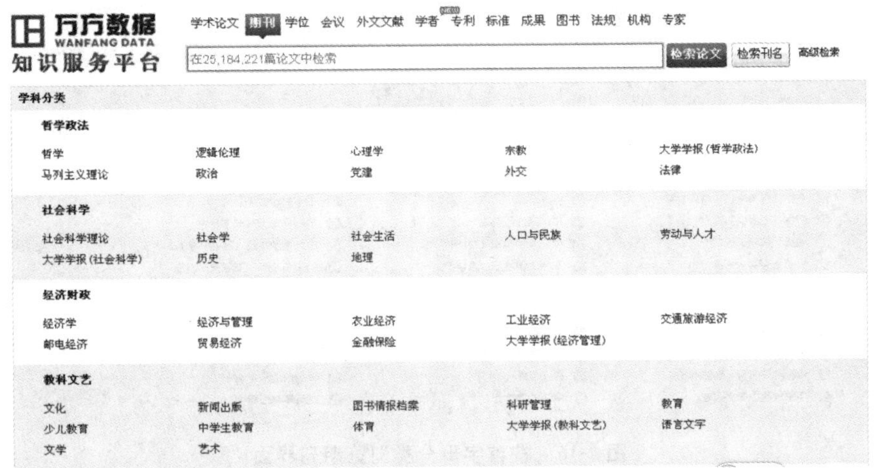

图 2-14　按学科分类浏览期刊界面

(3) 年期列表区：对期刊按年和期分类，单击年期列表中的“查看全部”按钮，将显示该期刊所有年期信息。单击某一期，将显示期刊这一期的目录。

(4) 主管单位及地址信息区：显示该刊的主管单位及地址等信息。

2) 按地区浏览

在“按期刊浏览”栏目中选择“按地区”选项，系统将显示期刊按地区分类页面(见图 2-15)，在“按地区”分类树中选择某个地区，将显示该地区的所有期刊信息。

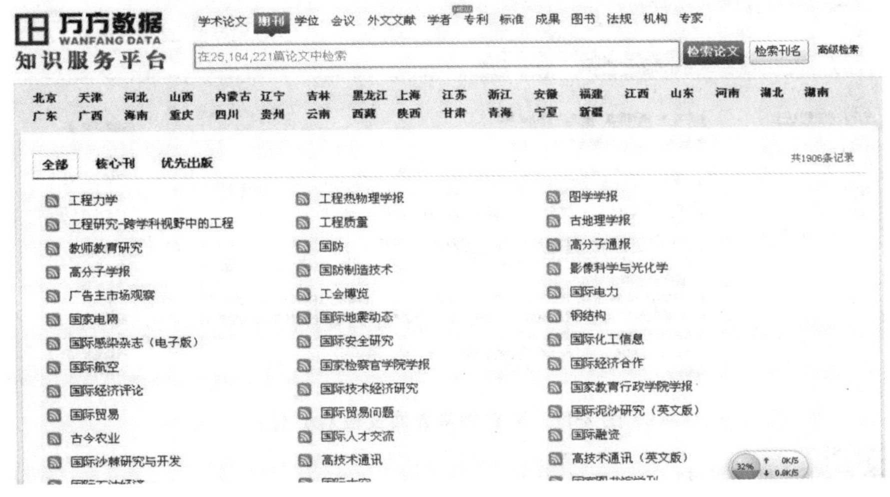

图 2-15　按地区分类浏览期刊界面

3) 按首字母

在“按期刊浏览”栏目中选择“按首字母”选项，系统将显示期刊刊名按首字母分类(见图 2-16)，在“按首字母”的分类树中选择某个字母，将显示以该字母开头的所有期刊信息。

2. 期刊高级检索

高级检索界面由检索入口区和检索范围区组成(见图 2-17)。其检索步骤如下。①选择

万方数据 WANFANG DATA 知识服务平台

学术论文 期刊 学位 会议 外文文献 学者 专利 标准 成果 图书 法规 机构 专家

在25,184,221篇论文中检索 检索论文 检索刊名 高级检索

A B C D E F G H I J K L M N O P Q R S T U V W X Y Z

全部 核心刊 优先出版 共1477条记录

自动化与信息工程	中国果业信息	中国教育信息化·高教职教
中国教育信息化·基础教育	中外公路	中国妇幼健康研究
中国社会医学杂志	中华高血压杂志	中国骨与关节损伤杂志
资源环境与工程	中北大学学报（自然科学版）	中北大学学报（社会科学版）
中小学实验与装备	郑州大学学报（医学版）	中国石油和化工标准与质量
中外医疗	中国航空学报（英文版）	自动化技术与应用
资源导刊	中南林业科技大学学报（社会科学版）	中国实用神经疾病杂志
中南大学学报（医学版）	肿瘤基础与临床	中医药导报
中国牛业科学	资源调查与环境	浙江科技学院学报
中国电子商情·基础电子	砖瓦世界	中华保健医学杂志
中国健康心理学杂志	中国工作犬业	装备环境工程

图 2-16　按首字母分类浏览期刊界面

检索字段。单击检索项的下拉列表，选择检索字段（如题名、作者、作者单位、刊名、年、期、关键词）。②输入检索词。在检索词文本框中输入检索词。③选择逻辑运算符。确定检索词之间的关系，选项有“与”“或”“非”。④选择年限。勾选限定年限范围，单击年限下拉列表框，选择起始年份，使其在限定的年份范围内检索。⑤选择文献类型。⑥单击“检索”按钮。

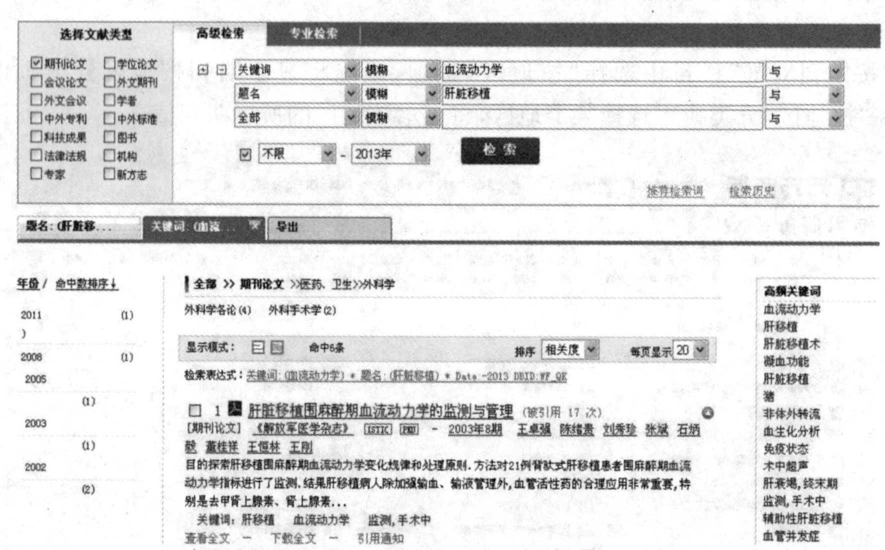

图 2-17　高级检索界面及检索示例

3. 全文的浏览与复制

万方数据股份有限公司提供期刊、学位论文和会议论文等全文资源，除少量早期加工的期刊全文采用 HTM 格式外，其他均采用国际通用 PDF 格式。

四、万方医学网

万方医学网（网址为 http://new.med.wanfangdata.com.cn，主页如图 2-18 所示）是万方数据股份有限公司秉承开放联合、专业精深的理念，联合国内医学权威机构、医学期刊编辑部、权威医学专家推出的，面向广大医院、医学院校、科研机构、药械企业及医疗卫生从业

人员的医学信息整合服务、医学知识链接全开放平台。为用户提供期刊、学位论文、会议论文、科技成果等信息检索功能，并提供在线支持服务，旨在关注医学发展、关注全民健康、推动国内医学信息资源的共建、共享和沟通。

图 2-18　万方医学网主页

万方医学网拥有 1 000 多种中文医学期刊全文(其中 220 多种中文独家医学期刊全文)、4 100 多种国外医学期刊文摘(全文以电子邮件原文传递方式获得，核心期刊全部收齐)，其中包括中华医学会、中国医师协会等独家合作期刊 220 余种，中文期刊论文 360 余万篇，外文期刊论文 455 余万篇。

该网是医生获得中华医学会 123 种顶级医学学术期刊、中国医师协会等的众多高品质期刊电子版全文的唯一途径，已经成为国内医生查阅文献资料的必查网站和首选网站，也是制药企业和医院进行品牌展示和学术推广的主要网络媒体新平台。

1. 万方医学网资源出版概况

万方医学网资源出版概况如表 2-4 所示。

表 2-4　万方医学网资源出版概况

资源类型	资源种类	资源数量
期刊论文	中文期刊论文	360 万篇
	外文期刊论文	455 余万篇
	中文合作期刊	1 000 余种
	外文合作期刊	4 000 余种
	中华医学会、中国医师协会等独家合作期刊	220 余种
学位论文	学位论文题录	近 30 万条
	学位论文全文	13 余万篇
会议论文	会议论文题录	17 余万条
	会议论文全文	17 余万篇
学术空间	作者学术空间(发文量≥5 的作者)	46 余万个
	机构学术空间(发文量≥5 的机构)	4 余万个
DOI	DOI 注册量	30 余万条
	DOI 链接量	400 余万条
特殊资源	医学专家资源	366 余万条
	医学机构资源	23 余万条

2. 万方医学网检索方式

万方医学网检索方式有快速检索、高级检索、单库检索。

万方医学网提供期刊导航、作者空间、机构空间和基金信息等特色检索功能。

1）期刊导航

● 如何能按类(例如学科、主办单位、地区等)查找期刊?

● 如何能够快速了解哪本期刊是核心期刊? 例如 Medline 收录、中信所核心等。

● 如何能够快速了解期刊的定位? 例如主要登载的主题方向、作者、机构等。

2）作者空间

● 如何查找某个作者的研究成果? 例如,很容易重名的作者的研究成果如何较为准确地找到?

● 如何能够快速分类统计某个作者的成果? 例如每年发表多少篇论文? 在哪些期刊发表过论文? 发表过什么主题方向的论文?

● 如何了解某个作者的研究伙伴? 例如,作者都和谁一起发表过论文? 一起发表过多少篇论文?

3）机构空间

● 如何查找某个机构的研究成果? 例如带有附属关系、更名的机构如何尽可能地找全?

● 如何快速分类统计某个机构的成果? 例如每年发表多少篇论文? 在哪些期刊发表过论文? 发表过什么主题方向的论文?

● 如何了解某个机构的主要科研专家?

● 如何了解某个机构的研究伙伴?

4）基金信息

● 如何查找某基金的基本信息、研究成果?

● 如何快速分类统计某基金的研究成果? 例如每个基金发表多少篇论文? 在哪些期刊发表过论文? 哪年做的主要研究有哪些?

● 如何了解某基金的主要科研专家?

● 如何了解某基金的主要科研机构?

知网、维普、万方数据库除了主要检索期刊论文以外,还可检索学位论文、会议论文等特种文献,具体检索方法将在第四章介绍。

第四节　读秀学术搜索

一、读秀学术搜索概述

读秀学术搜索(网址为 http://www.duxiu.com)是由北京超星信息技术发展有限公司开发的一个由海量图书、期刊、报纸、会议论文、学位论文等文献资源组成的庞大的知识系统,是一个可以对文献资源及其全文内容进行深度检索,并且提供原文传送服务的平台。读秀学术搜索具有以下特点。

1. 海量学术资源库

读秀学术搜索(中文)提供全文检索、图书、期刊、报纸、学位论文、会议论文、标准、专利、视频等九个主要搜索频道，读者通过读秀学术搜索(中文)，能够获得关于检索点的非常全面的学术资料，避免了反复收集和检索的困扰。

2. 整合馆藏学术资源

读秀学术搜索将检索结果与馆藏各种资源库对接，读者检索任意一个知识点，都可以直接获取图书馆内与其相关的纸质图书、电子图书全文、期刊论文等，不需要再对各种资源逐一检索查找。

3. 文献传递服务

通过读秀提供的文献传递服务，直接将相关学术资料送到读者邮箱，使读者零距离获取珍稀学术资源。

二、读秀学术搜索的检索方法

(1) 系统支持布尔逻辑运算符检索。

系统支持 AND(逻辑与)、OR(逻辑或)和 NOT(逻辑非)进行检索词或代码的逻辑组配检索。逻辑运算符优先级顺序为 NOT>AND>OR，使用圆括号可改变优先级运算顺序，圆括号中的检索式最先运算。

(2) 系统支持模糊检索和精确检索两种方式。

三、读秀学术搜索的检索途径及检索结果显示

1. 知识检索

知识检索是利用收割元数据的方式，基于知识和知识组织，融合知识处理和多媒体信息处理等多种方法与技术，针对信息检索中存在的语义性较差、智能性较低、知识性较弱等现状提出的一种基于语义和知识关联，运用知识处理技术和知识组织技术，实现对海量中文图书信息查询语义化、智能化的一种信息检索方式。可通过如下方式完成知识检索。

1) 输入检索关键词

选择知识标签，在检索文本框中输入关键词，单击“中文搜索”按钮，将在海量的图书数据资源中，围绕该关键词深入到图书的每一页资料中进行信息深度查找。为方便快速找到需要的结果，建议使用多个关键词或较长的关键词共同进行检索。单击“外文搜索”按钮，则自动进入到外文期刊栏目进行检索。

(1) 特定年份内检索：在知识标签下检索时，在关键词后加上“time：时间”，用于命中某一年出版的资料。

例如，“肺结核 time：2010”，检索结果为 2010 年的资料，如图 2-19 所示。

(2) 提示相关外文关键词检索：系统会根据用户输入的中文关键词找出相对应的外文关键词，在检索结果页面出现“查找相关的外文关键词”(见图 2-20)提示，可以单击该外文关键词重新检索。

(3) 在结果中检索：在检索结果页面，可以通过右上角的“在结果中检索”来缩小检索范围，完成二次检索，与前一次的检索是 AND 的逻辑关系。

2) 浏览检索结果

单击标题或“阅读”即可查阅文献，在知识标签检索结果页面用户可直接单击“PDF 下

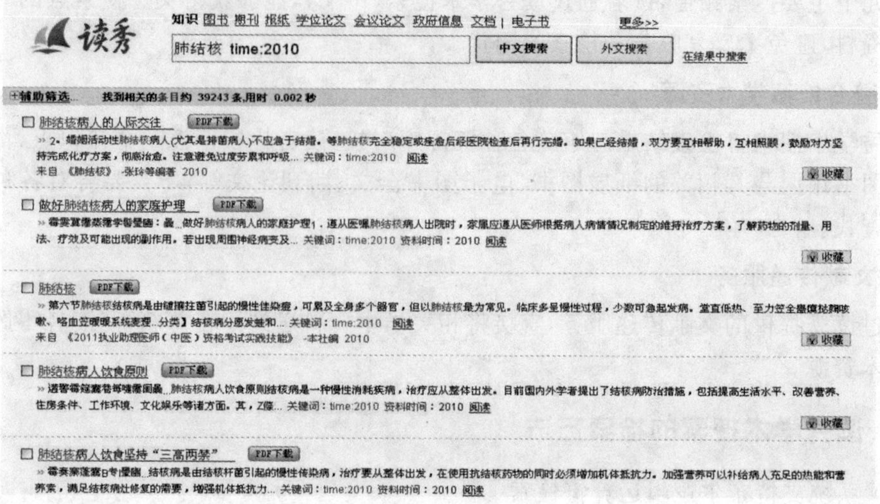

图 2-19　特定年份知识检索(读秀)

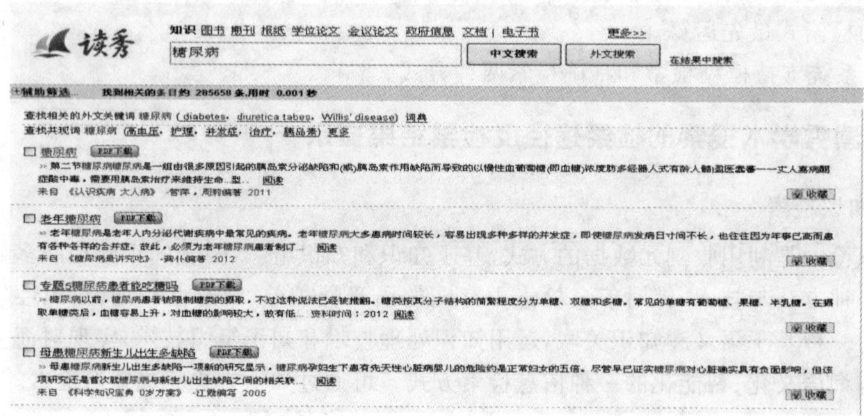

图 2-20　提示相关外文关键词检索(读秀)

载”进行部分文献的下载阅读。

左上方为专题聚类,读秀根据经典文献、时闻资料、史志资料、法律、军事、生物医学、工程技术、农业等将检索结果做一一分类,如图 2-21 所示,用户可根据需要单击类别进行聚类检索,查看某一类别中的文献。

右侧为各种文献类型的相关检索结果,用户可直接选择自己感兴趣的文献类型查看相应结果,如图 2-22 所示。

3) 查看文献详细信息

单击检索结果标题进入文献详细信息页面,检索的关键词已在文献中标亮显示。在页面最上方,有一排功能按钮方便用户进行各种操作,如上下翻页、放大缩小、文字识别、资料来源、保存、打印等,如图 2-23 所示。

2. 图书检索

1) 查找图书

(1) 通过“分类导航”“热门图书”等入口浏览图书。用户根据需要单击任一入口,可在

图 2-21　时间及专题聚类

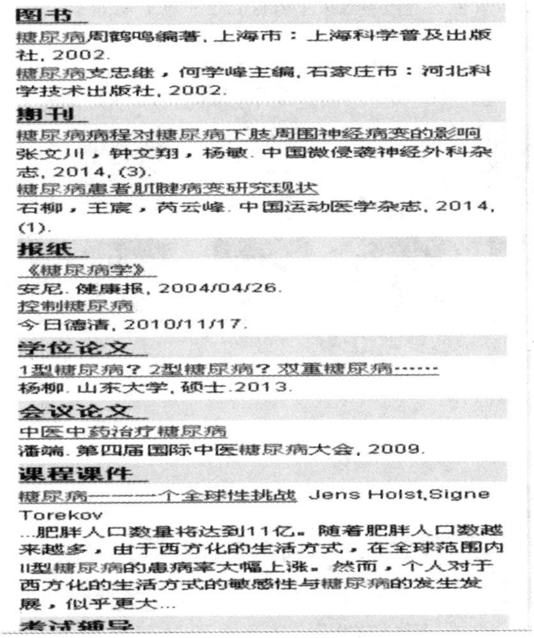

图 2-22　各种文献类型的相关检索结果

列表中浏览图书，如图 2-24 所示。

(2) 通过检索查找图书。在检索文本框中输入关键词，关键词可定位到全部字段、书名、作者或主题词中，然后单击“中文搜索”按钮，将在海量的图书数据资源中进行查找。

(3) 通过高级检索查找图书。如图 2-25 所示，在文本框中输入图书的任一信息，然后单击“高级搜索”按钮，可以更准确地定位到图书。

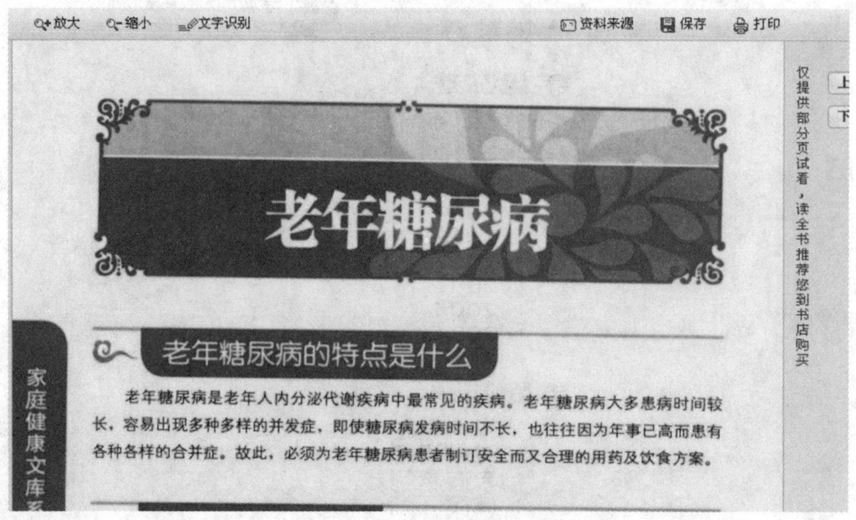

图 2-23　查看文献详细信息

图 2-24　浏览图书

2）查看检索详细信息

在检索结果页面单击书名或封面进入到图书详细信息页面(罗列了图书的封面、题名、作者、出版社、出版时间、页数、主题词等详细信息)，可以通过在线阅读完成书名页、版权页、前言页、目录页、试读页的阅读，同时可以查看本书的书评及其他类似图书，如图 2-26 所示。

3）获取图书

可以通过各种方式来获得图书内容，如从本图书馆借阅纸书，直接阅读本馆的电子图书全文，或使用文献传递、互助平台、其他图书馆借阅等，若数据库显示“包库全文阅读”“图书下载”等信息，则表明本馆订购了该书的电子全文，用户可直接下载查看；若显示“馆藏纸书”，则表明本馆订购了该图书的纸质本，用户可直接借阅；若显示“部分阅读”，则表明本馆未订购该电子图书。

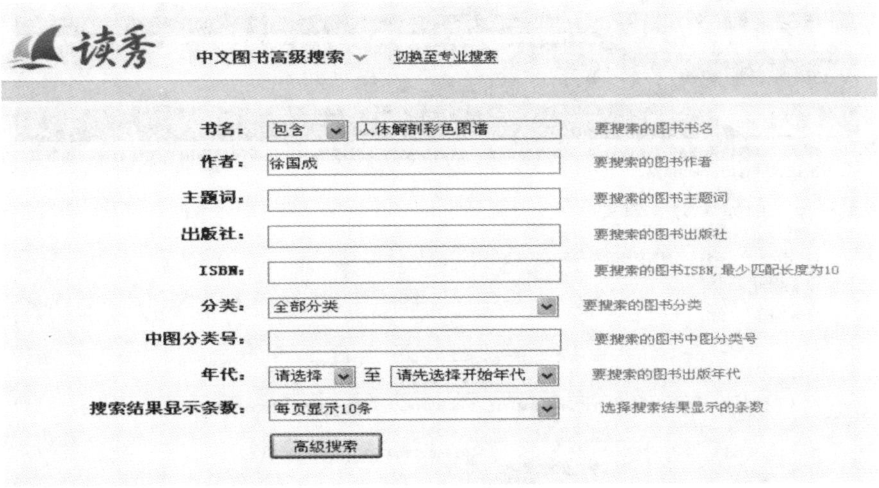

读秀
中文图书高级搜索
切换至专业搜索
书名：
包含
人体解剖彩色图谱
要搜索的图书书名
作者：
徐国成
要搜索的图书作者
主题词：
要搜索的图书主题词
出版社：
要搜索的图书出版社
ISBN：
要搜索的图书ISBN，最少匹配长度为10
分类：
全部分类
要搜索的图书分类
中图分类号：
要搜索的图书中图分类号
年代：
请选择
至
请先选择开始年代
要搜索的图书出版年代
搜索结果显示条数：
每页显示10条
选择搜索结果显示的条数
高级搜索

图 2-25　图书高级检索

人体解剖彩色图谱
【作 者】徐国成，韩秋生，霍琨主编
【出版发行】沈阳市：辽宁科学技术出版社，2005
【ISBN号】7-5381-4460-9
【页 数】292；21cm
【原书定价】48.00
【主题词】人体解剖学 人体解剖学
包库全文阅读
图书下载
图书馆文献传递
获取此书
本馆馆藏纸书
本馆电子全文(包库)
图书馆文献传递
相似文档下载
文献互助
网络书店
本省市馆藏借阅
湖北医药学院图书馆
华中农业大学图书馆
武汉同济医院图书馆
武汉科技大学图书馆
武汉大学图书馆
长江大学图书馆
湖北工业大学图书馆
湖北省图书馆
湖北文理学院图书馆
武汉轻工大学图书馆
在线阅读
书名页
版权页
前言页
目录页
试读页
图书评论
二维码

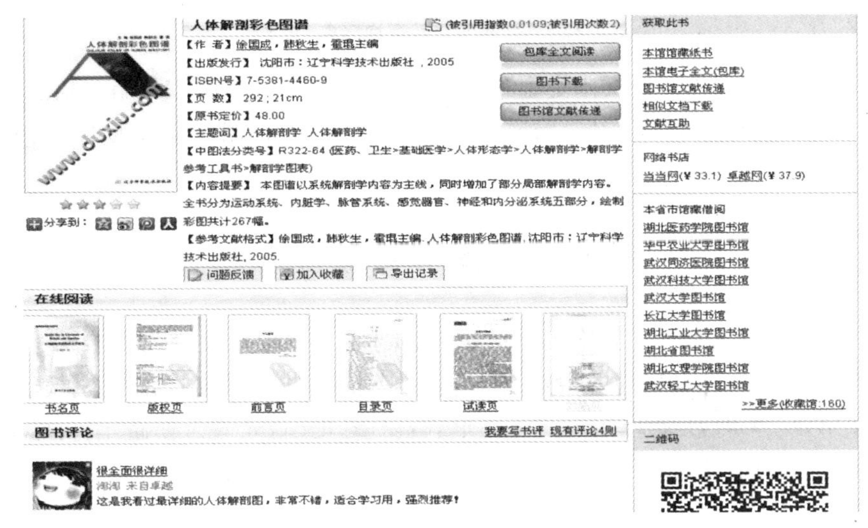

图 2-26　图书检索详细信息

3. 文献传递

所谓文献传递，就是图书馆参考咨询中心通过 E-mail 快速准确地将用户需要的资料发送到用户的邮箱，供其全文阅读。

以图书为例，在图书详细信息页面，若页面只显示“部分阅读”而读者想阅读全文时，单击“图书馆文献传递”，进入“图书馆文献咨询服务”页面，如图 2-27 所示。用户按要求填写好后，单击“确认提交”按钮即可。

读秀采用的是机器自动传递，读者提交咨询申请表单后，很快就会收到订阅邮件。在邮件中单击阅读文献链接即可实现全文阅读。

值得注意的是，每本图书单次咨询不超过 50 页，同一图书每周的咨询量不超过全书的 20%，所有咨询内容有效期为 20 天。

读秀将各个数据库中收录的电子资源和本馆订购的纸质资源统一整合于同一检索平

图书馆文献咨询服务　湖北科技学院

咨询表单　/ 湖北科技学院

提示：参考咨询服务通过读者填写咨询申请表，咨询馆员将及时准确地把读者所咨询的文献资料或问题答案发送到读者的Email信箱。

* 请读者仔细的填写以下咨询申请表单

咨询标题：精编人体解剖彩色图谱 中英文本 *

咨询类型：图书

咨询范围：(提示：本书共有正文页247)
正文页 1 页至 50 页*
□ 如需辅助页(版权页、前言页、目录页、附录页、插页)，请勾选

电子邮箱：
(特别提示：请填写有效的email邮箱地址，如填写有误，您将无法查收到所申请的内容!)

验证码：　看不清楚? 换一张 (不区分大小写)

确认提交

图 2-27 “图书馆文献咨询服务”页面

台，提供学科知识的导航，多种文献类型和多个数据库的整合检索和获取目标信息的一站式服务，利用文献传递服务可以弥补馆藏文献资源的不足，借助网络环境实现了信息资源的有效利用和共享。

第五节　图书资源检索

图书是人类历史上最古老而悠久的文献类型，承载着人类的文明与进步。随着计算机与网络的普及，电子图书呈现骤增态势。与纸质图书相比，电子图书具有许多显著的优势。

电子图书(e-book)，是指以数字为存储形式，以磁、电子、光等为存储介质，以信息网络为流通渠道，并在计算机或专门阅读器上阅读的出版物。电子图书数据库是指覆盖一个或多个学科领域、电子图书数量达到一定规模的数据库。

图书资源检索主要有书目信息检索(OPAC 检索，参见本书第一章第三节相关内容)和电子图书数据库检索两种途径。本节主要介绍几种重要的大型电子图书系统。

一、读秀

参见本书第二章第四节相关内容。

二、超星数字图书馆

1. 超星数字图书馆简介

超星数字图书馆成立于 1993 年，是国内专业的数字图书馆解决方案提供商和数字图书资源供应商，是国家“863”计划中国数字图书馆示范工程项目，2000 年 1 月在互联网上正式开通。

超星数字图书馆是目前世界上最大的中文在线数字图书馆，提供大量的电子图书资源，

其中包括文学、经济和计算机等五十余大类，数百万册电子图书，500 万篇论文，全文总量 10 亿余页，数据总量 1 000 000 GB，大量免费电子图书，超 8 万份的学术视频，拥有超过 35 万名授权作者，5 300 位名师，注册用户每天不断增加与更新。

2. 检索方法

超星数字图书馆提供多种检索入口，如分类导航、快速检索和高级检索等。

1）快速检索

快速检索即单条件检索，该检索途径提供图书的书名、作者和主题词等检索项的单项模糊查询。如读者查询医药、卫生学科中关于护理的图书，检索步骤如下。

（1）在检索词文本框中输入“护理”，选择“主题词”检索项，并在检索范围下拉菜单中选择想要查询的大类——医药卫生，单击“查询”按钮。

（2）检索结果显示出来后，选择按书名或出版日期进行排序，单击书名直接进入该书的阅读页，查看原文须先下载安装超量阅读器。

2）高级检索

利用高级检索可以实现对图书的多重条件查询。在超星电子图书数据库的高级检索页面（见图 2-28）中，将该系统提供的三个检索项集成在一个页面上，能够一次性将多重检索需求表达出来，在检索框下方限定出版时间。如检索医药卫生中书名含有“心脑血管”、作者为“卢林”、出版日期为 2010 年的图书，检索步骤如下：

（1）进入高级检索页面，在检索项为书名的检索词文本框中输入“心脑血管”；

（2）在检索项为作者的检索词文本框中输入“卢林”；

（3）在“选择检索范围”处选择“医药卫生”，并将出版日期设定为“2010”，单击“检索”按钮。

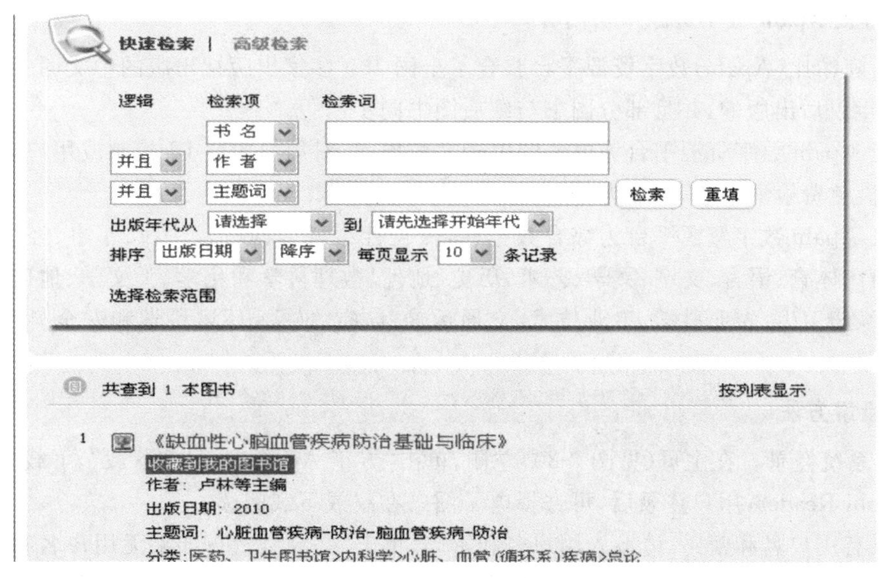

图 2-28 高级检索页面（超星）

3）分类导航

超星数字图书馆的分类导航（见图 2-29），按照《中国图书馆分类法》将图书分为 22 个大

类，单击每一个大类，系统将自动展开其次级类目，如果次级类目左侧有 图标，说明该类目还可以进一步细化，逐步打开直到出现图标 。在其右侧出现该类目下的图书书目信息，单击图书书名即可进入该书的阅读状态。例如，查消化系肿瘤类的图书，可以通过单击“医药卫生”类，展开该大类的17个二级类目，单击二级类目“肿瘤学”进一步展开其次级类目，最后单击“消化系肿瘤”，系统分页显示该类目下的所有书目信息。

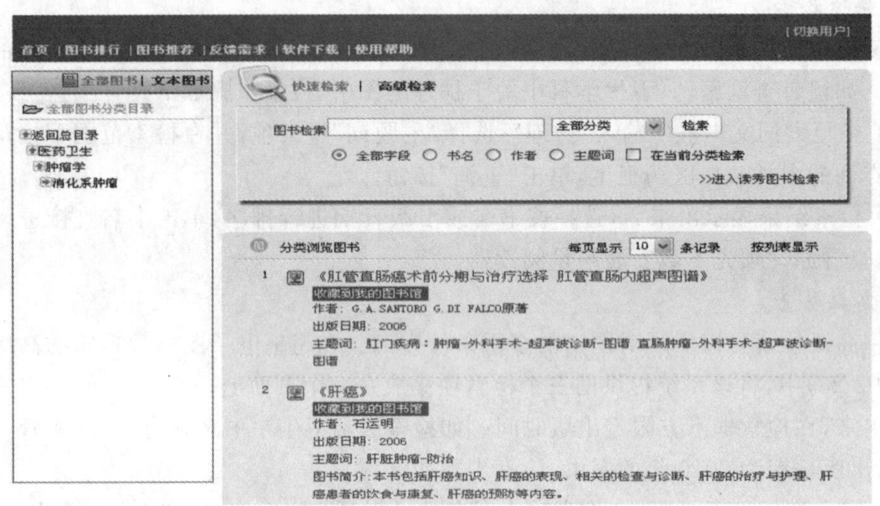

图 2-29　分类导航页面(超星)

三、方正 Apabi 数字资源平台

1. 方正 Apabi 数字资源平台简介

方正阿帕比(Apabi)数字资源平台整合了全国400多家出版社出版的中文图书，大部分为2000年以后出版的，并且部分图书与纸质图书同步出版。

方正 Apabi 数字资源平台为电子图书全文数据库，对用户实行 IP 控制或用户名和密码限制，提供免费检索服务，网址为 http://ebook.lib.apabi.com。

方正 Apabi 数字资源平台为综合数据库，覆盖社会科学、政治、法律、军事、经济、文化、科学、教育、体育、语言、文字、文学、艺术、历史、地理、数理科学和化学、天文学、地球科学、生物科学、医药卫生、农业科学、工业技术、交通运输、航空、航天、环境科学和安全科学等多个领域。

2. 检索方法

(1) 系统登录。在主页(见图 2-30)左侧，单击“方正 Apabi Reader 下载”，下载并安装最新的 Apabi Reader，用户登录后，可选择电子图书在线或下载阅读。

如果有用户名和密码，请输入用户名和密码，单击“登录”按钮；如果无用户名和密码，请单击“IP 用户登录”按钮。如果其 IP 地址属于无须输入用户名和密码的范围，会提示登录成功。

(2) 系统提供快速检索、分类检索、高级检索(检索方法参见超星数字图书馆检索)。

(3) 检索结果显示。

图 2-30　方正 Apabi 数字资源平台主页

① 在线浏览：在检索结果中确定所需书籍，单击“在线浏览”，可以直接通过 Apabi Reader 在线阅读该书。

② 借阅下载：单击“借阅”，将所选的电子图书下载保存在本地计算机中，在有效期内可以离线阅读并可提前归还。

四、网络书店

书店的定义是展示、销售出版物的零售点，除了买卖特定的商品外，与其他销售通路并无不同，从这一角度来看，网络书店的基本功能也是如此。就目前的网络书店形态而言，最后所销售的仍然是一本一本印制完成的出版物，消费者从网站上得到的只是这些出版物的周边信息，而不是“书”。也就是说，网络书店本身只是一个出版物与消费者之间的中介，而不是被消费的主体。

1. 网络书店的特点

与传统实体书店相比，网络书店有以下特点。

1) 藏书丰富

由于传统书店的门市或仓储空间都有限，往往在成本压力下只以所谓的畅销书为销售主体，对于读者的特殊需求或较为冷门的书籍则无力顾及。但是数字化科技为这个困扰带来了解决的契机，以目前的技术，只需要很小的空间就可以储存大量的资料，并且能很快搜寻到所需的信息。

2) 方便检索

在传统书店中要找一本书，常常很难找到，而且这还是在知道要找哪一本书的时候才发生，如果只想找某一方面的数据，可能就会迷失在茫茫书海中了。数字数据最大的好处在于

它可通过建立索引文件，实现便利查询。

3）书籍的介绍与试阅

书籍并不是一种冲动性购买的商品，对于多数的买书人而言，除非原本即有所求而购买特定的书籍，多数时候是把买书当作休闲活动，在书店中先行翻阅，然后再视情况购买，因此，网络书店是否提供完整的书籍介绍与部分内容的试阅，对读者而言相当重要，而且是最好每一本书都有，而不是只针对特定促销的书籍。

4）简繁互换

理想的中文网络书店应该提供简繁体编码系统，使各地网络使用者都能使用该站的服务。

2. 网络书店举例

1）亚马逊书店

亚马逊公司是一家“财富500强”公司，总部位于西雅图，成立于1995年7月，目前已成为全球商品种类最多的网上零售商。亚马逊公司致力于成为全球最“以客户为中心”的公司，使客户能在公司网站上找到和发现任何他们想在线购买的商品，并努力为客户提供最低的价格。亚马逊书店（网址为 www. amazon. com）根据所售商品的种类不同，分为书籍（见图2-31）、音乐和影视产品三大类，每一大类都设置了专门的页面。

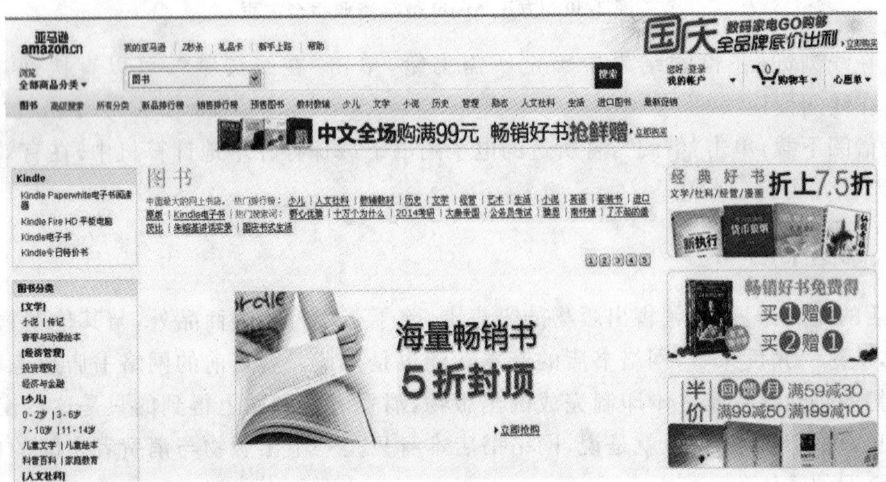

图2-31　亚马逊图书界面

亚马逊书店的相关服务有以下几种。

（1）搜索功能。亚马逊书店的主页提供了各种各样的全方位的搜索方式，有对书名的搜索、对主题的搜索、对关键字的搜索和对作者的搜索，同时还提供了一系列的如畅销书目、得奖音乐、最卖座的影片等的导航器，而且在书店的任何一个页面中都提供了这样的搜索功能，方便用户进行搜索，引导用户选购。

（2）问题解答。亚马逊书店专门提供了一个FAQ（frequently asked questions）页面，回答用户经常提出的一些问题。例如，如何进行网上的电子支付，对于运输费用顾客需要支付多少，如何订购脱销书等。

（3）用户反馈。亚马逊书店的网点提供电子邮件、调查表等获取用户对其商务站点的反馈。用户反馈既是售后服务，也是经营销售中的市场分析和预测的依据。

(4) 读者论坛。亚马逊书店的网点还提供了一个类似于 BBS 的读者论坛，主要目的是吸引客户了解市场动态和引导消费市场。在读者论坛中可以开展热门话题讨论，通过对公众话题和兴趣的分析把握市场需求动向，从而销售用户感兴趣的书籍和音像产品。

亚马逊中国发展迅速，用户数量也大幅增加，已拥有 28 大类，近 600 万种产品。2012 年 9 月 6 日，亚马逊公司发布了新款 Kindle Fire 平板电脑，以及带屏幕背光功能的 Kindle Paperwhite 电子阅读器。

2）当当网

当当网（网址为 www. dangdang. com）是全球知名的综合性网上购物商城，由国内著名出版机构科文公司、美国老虎基金、美国 IDG 集团、卢森堡剑桥集团、亚洲创业投资基金（原名软银中国创业基金）共同投资成立。

从 1999 年 11 月当当网正式开通至今，当当网已将业务从早期的网上卖书拓展到网上卖各品类百货，包括图书音像（见图 2-32）、美妆、家居、母婴、服装和 3C 数码等几十个大类，其中在库图书、音像商品超过 80 万种，百货 50 余万种。目前当当网的注册用户遍及全国。

图 2-32 当当网图书界面

思考题

1. 比较维普中文科技期刊数据库与中国知网全文数据中专业检索的异同。
2. 在中国知网全文数据中收录的药学类核心期刊有哪几种？
3. 用文献传递的方法阅读图书《Haines 神经解剖图谱》的第 56～73 页。

第三章　外文医学文献信息检索

本章主要对国外最常用的医学数据库进行介绍。其中第一节到第四节介绍外文文摘索引型数据库，第五节到第十一节介绍几种常用的与医学相关的外文全文数据库。目前外文医学文摘型数据库主要有 Medline、PubMed、DIALOG、EMBASE(EM 的网络版)、SciFinder Scholar(CA 的网络版)、BioSIS Previews、Engineering Village 等检索工具。

外文医学全文数据库一般有两种出版方式，第一种方式是由专门的数据库生产商出版，如 EBSCO、OVID、ProQuest 等。其特点是收录期刊的数量多，涉及学科范围广，检索途径多，相关链接多，但是内容有些滞后。第二种方式是由出版社或专业学会出版，如 Elsevier 的 ScienceDirect、SpringerLink、Blackwell、Wiley 等。其特点是出版快，内容新，甚至在印刷版期刊发行以前就能检索到全文。

全文数据库订购价格昂贵，数据库出版商一般通过租用专线或在国内建立镜像站等方式提供服务。国内图书馆单独购买或联合引进了许多著名的外文全文电子期刊数据库，用户可在同一检索系统中检索这些期刊。数据库出版商多采用 IP 地址控制使用权限，不需要用户名和密码，有的提供专线服务，如 EBSCO、OVID 和 ProQuest，有的在国内建有镜像站，订购的用户直接登录，不用支付信息流量费，如 Kluwer 等。

第一节　Medline 与 PubMed

一、Medline 概述

Medline 是由美国国家医学图书馆(National Library of Medicine，NLM)研制开发的国际上最具有权威的生物医学文献书目数据库。其中包括三种重要的索引：医学索引(Index Medicus)、牙科文献索引(Index to Dental Literature)、国际护理索引(International Nursing Index)。它收录了 1950 年以来 80 多个国家和地区的 5 000 多种生物医学及相关学科期刊，年收录文献约 40 万篇，90％为英文文献，约 79％为作者撰写的英文摘要。Medline 涉及的学科包括基础医学、临床医学、药理学、预防医学、护理学、口腔医学、兽医学、生物学、环境科学、卫生管理和情报科学等。

Medline 有多种光盘及 Web 版在线产品，即有不同界面的 Medline 数据库。国内使用最早的是 SPIRS(Silver Platter Information Retrieval System)，以后又升级为 WinSPIRS。目前，Medline 更多地被纳入基于网络的信息检索系统中，如 PubMed、NLM Gateway、OVID、DIALOG、ISI Web of Knowledge、EBSCO、EMBASE 等。PubMed 自 1997 年向用户免费提供 Medline 检索服务以来，已经成为科研人员检索生物医学文献最主要的途径。

二、PubMed 概述

在 Internet 上有很多免费的 Medline 数据库可供检索，不同的网站提供的 Medline 数据库的数据资源基本一样，检索途径和方法稍有区别，数据更新比 Medline 光盘要快。

Internet 上最著名的免费 Medline 数据库当数由 NLM 自己建立的 Free Medline。1997 年 6 月 26 日，NLM 通过 WWW 方式（Internet）开始向用户提供免费的 Medline 数据库检索，即 PubMed。PubMed（网址为 http://www.ncbi.nlm.nih.gov/pubmed 或 http://www.pubmed.com）是 NLM 下属的国家生物技术信息中心（NCBI）开发和维护的基于 Web 的免费生物医学文献检索系统，通过链接可获取部分全文（近 10%），是 Entrez 集成检索系统的重要组成部分。PubMed 的检索系统与 NCBI 提供的其他免费文献数据库都是使用的同一个检索系统 Entrez。PubMed 具有信息资源丰富、信息质量高、更新及时、检索方式灵活多样、链接功能强大、使用免费等特点，因而深受广大用户的喜爱，成为目前世界上使用最广泛的免费 Medline 检索系统。

1. PubMed 的收录范围

（1）Medline：PubMed 的主要来源，记录末尾标识为[PubMed—indexed for MEDLINE]。

（2）PreMedline：Medline 的前期数据库，收录正在加工处理的记录，记录末尾标识为[PubMed—in process]。文献经过标引主题词和文献类型等加工处理后转入 Medline。

（3）Publisher—Supplied Citations：出版商提供的文献数据，主要是 Medline 选择性收录的期刊中超出收录范围的文献，如 Nature、Science 这些综合性期刊上刊登的非医学专业的文献，记录末尾标识为[PubMed—as supplied by publisher]。

2. PubMed 常用检索字段

PubMed 中提供的可供检索和显示的字段共 60 多个，由于每条记录收录时间、内容、文献类型差异等原因，其记录包含的字段数各不相同，常用的字段见表 3-1。

表 3-1　PubMed 常用检索字段一览表

字段标识	字段全称	注释
AD	Affiliation	第一作者的单位或地址
AU	Author	著者
EDAT	Entrez Date	文献收入 PubMed 的日期
NM	Substance Name	化学物质名称
TA	Journal	期刊名
LA	Language	语种
MH	MeSH	MeSH 主题词
MAJR	MeSH Major Topic	MeSH 主要主题词
SH	MeSH Subheadings	MeSH 副主题词
PA	Pharmacological Action MeSH Terms	药理作用的 MeSH 主题词
PL	Place of Publication	期刊出版地

续表

字段标识	字段全称	注　释
DP	Date of Publication	文献出版日期
PT	Publication Type	文献类型
TW	Text Words	文本词
TI	Title	题名
TIAB	Title/Abstract	题名/文摘
TT	Transliterated Title	翻译题名(非英文文献)

3. PubMed 主界面介绍

打开浏览器,在地址栏中输入 PubMed 的网址 http://www.ncbi.nlm.nih.gov/pubmed 或 http://www.pubmed.com 后,进入 PubMed 主界面,如图 3-1 所示。PubMed 主界面于 2009 年改版后按功能可分为检索区和辅助功能区。

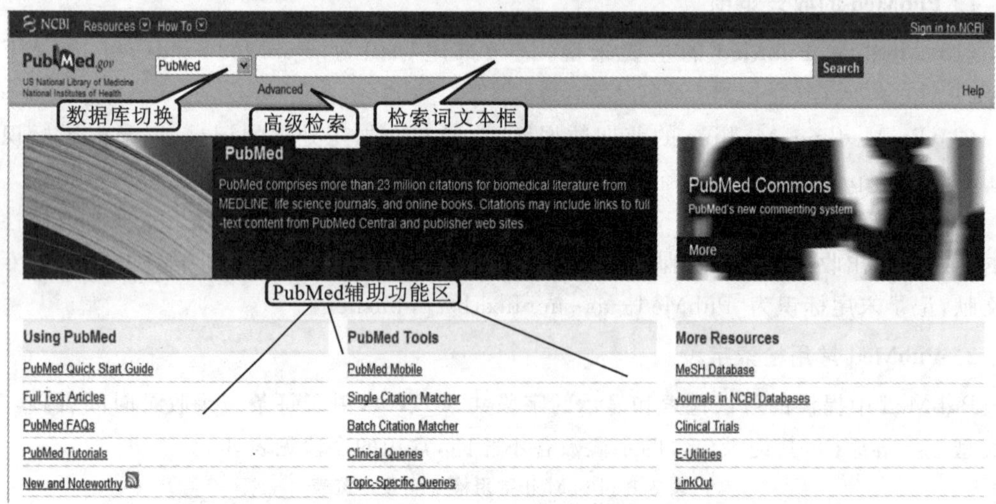

图 3-1　PubMed 主界面

检索区位于页面的上端,在数据库切换下拉菜单中可选择 NCBI 提供的其他信息资源数据库,在检索文本框中可输入一个或多个检索词,单击"Search"按钮即可进行检索。在文本框下方还提供有 Advanced(高级检索)和 Help(帮助)两个功能按钮。

辅助功能区位于页面的下方,主要有 Using PubMed(使用帮助)、PubMed Tools(个性化检索工具)、More Resources(其他资源)三部分。个性化检索工具包括 PubMed Mobile(移动版或手机版 PubMed)、Single Citation Matcher(单篇引文匹配器)、Batch Citation Matcher(批量引文匹配器)、Clinical Queries(临床查询)和 Topic-Specific Queries(主题查询)五种个性化工具。其他资源包括 MeSH Database(医学主题词数据库)、Journals in NCBI Databases(期刊数据库)、Clinical Trials(临床试验)、E-Utilities、LinkOut(外部链接)五个部分。

三、PubMed 检索途径与方法

PubMed 主页提供基本检索、高级检索、主题词途径检索等检索途径与方法。

1. 基本检索

PubMed 的基本检索功能,即用户在检索词文本框中可以输入任何具有实际意义的检索词,如主题词、自由词、作者、刊名等,如"hereditary spastic paraplegia"(遗传性痉挛性截瘫),然后单击"Search"按钮,就可以得到相关检索结果。下面介绍几种基本检索方法。

1) 词语检索

PubMed 具有自动词语匹配功能(automatic term mapping),在检索词文本框中输入的检索词若不用截词符、双引号、字段限定,系统依次会在 MeSH 转换表(MeSH Translation Table)、刊名转换表(Journals Translation Table)、著者索引(Author Index)三个表中进行词语的匹配、转换和检索。如果在 MeSH 转换表找到相匹配的主题词,系统用 MeSH 词和 Text Word 词(TI、AB、MH、NM、PS、OT 等字段中的词)进行 OR 组配检索。如果在 MeSH 转换表中未找到相匹配的 MeSH 词,系统接着会到刊名转换表和著者索引中查找,进行相应的期刊检索和著者检索;如果在上述三个表中均找不到相匹配的词语,系统会将检索词拆开,继续依次到上述三个表中查找,找到后以逻辑 AND 组配检索。如果拆开的单词在上述三个表中仍找不到相匹配的词,系统将在所有字段中查找这些单词并以 AND 进行逻辑组配检索。

2) 精确短语检索

精确短语检索也叫强制检索,是为了克服自动词语匹配将短语拆分而导致误检所设置的一种强制检索,检索时将检索词加上双引号,例如"oxygen free radicals"。使用双引号进行精确短语检索,系统会关闭自动词语匹配功能,将其作为一个整体在数据库的所有可检字段中进行检索。

3) 截词检索

PubMed 允许使用星号(*)作为通配符进行截词检索。例如 flavor*,即为检索前一部分为 flavor 的单词(如 flavor、flavored、flavorful、flavoring 等)。截词功能只限于单词,对词组无效。使用截词检索功能时,PubMed 会关闭词汇自动转换功能。

4) 逻辑组配检索

PubMed 支持逻辑运算符 AND、OR、NOT 的组配检索,字母须使用英文大写,而且逻辑运算符前后都要有一个空格;可使用小括号改变运算顺序。例如 leprosy AND steroid therapy,将检出同时含有 leprosy 和 steroid therapy 两个检索词的文献。也可输入 allergen AND(asthma OR rhinitis)进行检索。

5) 字段检索

PubMed 大多数字段是可供检索的,PubMed 字段限定检索的格式是:检索词[字段标识]。例如:Cytokines[ti],hypertension[mh],varmus h[ps],cleveland[ad],diet therapy[sh],0375267[jid]。也可以通过 Advanced 中的下拉菜单进行字段限定检索。

6) 著者检索

著者检索有三种方式。第一种是利用 PubMed 自动词语匹配功能,其输入规则是:姓在前,用全称,名在后,用首字母。例如,输入 Trotta N,系统自动到"著者索引"中查找到该著

者并检索该著者发表的文献。第二种是利用著者字段限定检索，即在著者姓名之后加上著者字段符[au]。例如，输入 Trotta N[au]。第三种是通过"Advanced"中的下拉菜单的"Author"或"Author-Corporate"等作者字段，可以检索该著者发表的文献。

7）期刊检索

期刊检索有四种方式。第一种是利用 PubMed 自动词语匹配功能，其输入规则是：期刊全名、Medline 期刊的缩写名、ISSN 号(例如 1671-3982)三种形式中的任何一种形式均认可。例如，输入 J Cell Biol，系统自动到"刊名转换表"中查找到该刊并检索出该刊发表的文献。如果期刊刊名正好与 MeSH 词相同，例如 Cell、Science、Diabetes，PubMed 将这些词当作 MeSH 词检索，因为 MeSH 转换表的匹配检索优先于刊名转换表的匹配检索。第二种是利用期刊字段限定检索，即在刊名之后加上刊名字段符，例如，输入 Diabetes[ta]。第三种是通过"Advanced"的"Journal"，可以检索该刊发表的文献。第四种是查询"Journals in NCBI Databases"列表，选定所查期刊，系统自动发送到检索词文本框进行期刊检索。

2. 高级检索

单击 PubMed 主页检索区下方的"Advanced"按钮，就进入高级检索界面(见图 3-2)。高级检索界面主要由检索构建区(Builder)、检索史显示区(History)两部分组成。

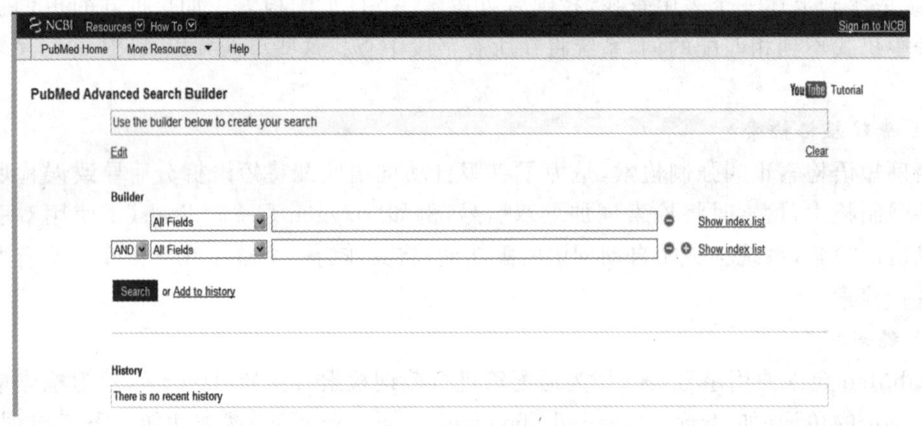

图 3-2 PubMed 高级检索界面

(1) 检索构建区：允许用户利用布尔逻辑运算符进行组配检索。用户可在字段框中选择需要限定的字段，在其后的文本框中输入对应的检索词，然后选择与主检索词的逻辑关系，单击"Search"按钮。如果检索词较多，可单击检索词文本框右方的"+"，将其添加到检索提问区组成新的检索策略后执行检索。

单击输入框下方的"Show index list"，可显示与检索词相关的轮排索引词表，同时还显示出各索引词的命中文献数，以帮助检索者精确构建检索式。

(2) 检索史显示区：包括检索序号、检索词(式)、检索时间及检索结果数。可以直接单击检索结果数浏览检索结果，也可以使用检索序号进行逻辑组配检索。如"#2 AND #6"。检索史显示区最多只能保存 100 条检索式，暂存时间为 8 小时。

3. 主题词途径检索

虽然在 PubMed 基本检索中可以自动将检索词转换为主题词检索，但从主题词途径入手检索文献,可以对主题词做进一步限制,使其检索的专指性(即查准率)更强,更能满足检索的需求。通过主题词途径检索,可以进行主题词扩展、加权和副主题词组配检索。如检索“肝炎的药物治疗”,检索步骤如下。

(1) 单击主页 More Resources 下的 MeSH Database,进入主题词检索界面。

(2) 在检索词文本框中输入欲检索的主题词 hepatitis,单击“Search”按钮或按回车键。

(3) 系统显示含有 hepatitis 的全部主题词(见图 3-3)。

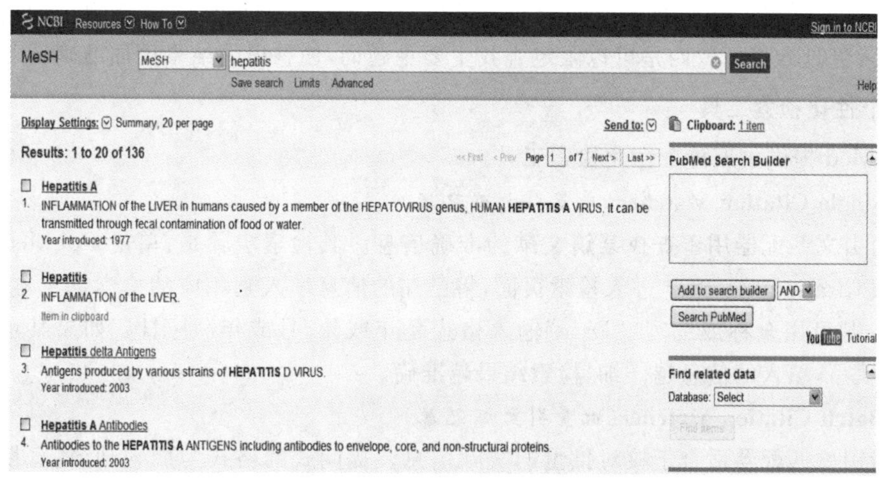

图 3-3 主题词轮排显示

(4) 单击土题词 Hcpatitis,展丌其树状结构并出现副土题词选择界面。

(5) 选择副主题词 drug therapy。

(6) 单击“Add to search builder”按钮,系统自动将检索命令发送到 PubMed 检索词文本框中,即发送到 PubMed Search Builder 下方的方框中(见图 3-4),然后单击“Search PubMed”按钮,便可检索出主题词为 hepatitis,副主题词为 drug therapy 的所有文献。

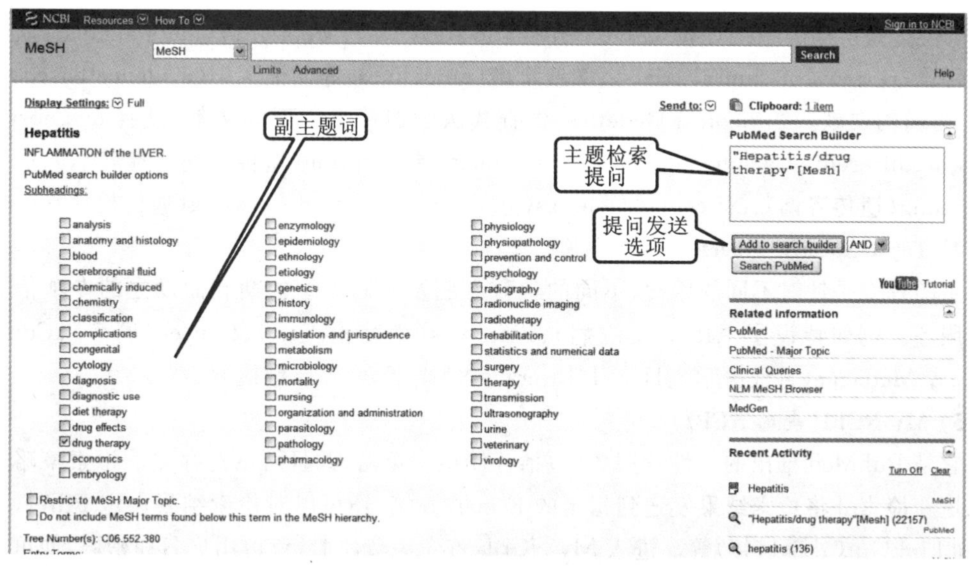

图 3-4 检索提问发送到文本框后的界面

主题词检索与自由词检索相比，具有以下几点优势。一是主题词检索克服了同一概念由于拼法不同而导致的漏检或误检，例如维生素 C 有“Vitamin C”和“Ascorbic Acid(抗坏血酸)”两种拼法，使用 MeSH 词“Ascorbic Acid”可将两种拼法的文献都检索出来。二是主题词检索具有下位词扩展检索功能。例如再生障碍性贫血(Anemia，Aplastic)的下位主题词还有先天性再生低下性贫血(Anemia，Hypoplastic，Congenital)、先天性纯红细胞再生障碍性贫血(Anemia，Diamond-Blackfan)、范可尼贫血(Fanconi anemia)，使用主题词扩展检索功能可以把再生障碍性贫血的下位概念都检索出来。三是主题词检索支持副主题词限定功能，使检索更具专指性。四是可以限定查找主要主题词，使查出的结果更加准确。

4. 个性化检索工具

PubMed 提供了五种个性化检索工具。

1) Single Citation Matcher(单篇引文匹配器)

单篇引文匹配器用于查找某篇文献的准确信息。其检索步骤是：单击 PubMed 主页中的 Single Citation Matcher 进入检索页面，将已知的信息填入到相应的检索词文本框内，其中“Journal”可用全称或缩写，“Date”输入格式是年或年/月或年/月/日。如果某项信息缺失，可不填写，填入的信息越详细，检索结果越准确。

2) Batch Citation Matcher(批量引文匹配器)

批量引文匹配器适合于核对批量的文献信息。提问式的格式为期刊刊名|日期|卷|首页码|作者姓名|用户核对文献的标识，如果某项信息缺失，可不填写。每一提问式单独成行，一次最多可输入 100 条提问式。返回的结果将标有该文献的 PMID。

3) Clinical Queries(临床查询)

临床查询是专门为临床医生设计的一种检索服务，提供以下三个方面的检索。① Clinical Study Category：供查找疾病的 etiology(病因)、diagnosis(诊断)、therapy(治疗)、prognosis(预后)和 clinical prediction guides(临床预报指南)五个方面的文献。选择 narrow，specific search 或 broad，sensitive search 进行限定，分别强调查准或查全。②Systematic Reviews：供查找疾病的系统评价文献(Systematic Reviews)、Meta 分析(meta-analyses)、临床试验评论(reviews of clinical trials)、实践指南(guidelines)等循证医学(evidence-based medicine)方面的文献。③Medical Genetics：供查找医学遗传学方面的文献，设有 diagnosis(遗传诊断)、differential diagnosis(鉴别诊断)、clinical description(遗传疾病临床症状)、genetic counseling(遗传咨询)、molecular genetics(分子遗传学)、genetic testing(遗传检测)等。

4) Topic-Specific Queries(主题查询)

主题查询是针对不同的用户、不同的学科专题及不同类型的期刊而设立的专项信息的检索服务。例如特设了 AIDS(艾滋病)、Bioethics(生物伦理学)、Cancer(癌症)、Complementary Medicine(替代医学)、Health Literacy(健康素养)等专题检索。

5) My NCBI(我的 NCBI)

它是 PubMed 推出的个性化服务，包括存储检索策略，并且可以对存储的检索策略进行自动更新检索并将检索结果发送到指定的 E-mail 邮箱，还可以对检索结果设定 Filter(过滤器)和 LinkOut(外部链接)等。进入 My NCBI，首先免费注册，获得用户名和密码，便可享受个性化服务。

5. 其他资源

1) MeSH Database(医学主题词数据库)

医学主题词数据库供用户查找医学主题词和副主题词，并可构建检索策略进行主题词检索。有关主题词检索请参见本章相关内容。

2) Journals in NCBI Databases(期刊数据库)

期刊数据库供用户查找 PubMed 和 Entrez 平台其他数据库收录的期刊及其文献信息。用户可通过期刊所属学科和主题、刊名全称、Medline 刊名缩写、国际标准刊名缩写(ISO Abbreviation)、ISSN、NLM 存取号等进行查找。检索步骤是：首先单击 PubMed 主页上的 Journals in NCBI Databases 进入其检索界面，在检索词文本框中输入检索词，如"The New England journal of medicine"，然后单击"Search"按钮，即可得到刊名、ISSN、Medline 刊名缩写、国际标准刊名缩写、出版年、语种、出版国、NLM 存取号等相关信息，继而可以检索期刊的文献信息。

3) Clinical Trials(临床试验)

单击 PubMed 主页上的 Clinical Trials 或在地址栏中直接输入"ClinicalTrials. gov/"进入网站。该网站是临床试验网络注册库，收录了全球由国家拨款或私募经费资助的各项试验目录，以及这些临床试验的资料，兼有伦理和学术双重作用。它一方面确保公众对目前正在开展或既往已开展项目的了解，从而发挥伦理作用；同时还可为研究人员、期刊编辑人员和审稿专家提供一些解读研究结果所需的背景资料；通过完整罗列各项临床试验的目录清单，还可提示研究人员对当前尚未发表成果的课题加以注意。

该库可以帮助那些患有致命性疾病的患者找到愿意参与的合适试验项目。该网站的试验注册对国内外注册用户均不收费，任何网络用户都可以免费使用该注册库。

4) LinkOut(外部链接)

PubMed 中的记录通过 LinkOut 与期刊出版商或信息提供商、期刊全文、图书馆馆藏信息、生物学数据库、大众健康信息和研究工具等建立了广泛链接，从而为用户获取 PubMed 的外部资源提供了方便。

在检索结果页面中，如果单击某一记录右上角的 Links 下拉菜单中的"LinkOut"，则显示该记录的 LinkOut 资源。如果在 Display 下拉菜单中单击"LinkOut"，则显示所有检出记录的 LinkOut 资源。

6. 检索结果的处理

PubMed 对检索结果提供多种处理方式，包括显示、打印、存盘或直接发送到指定的电子邮箱等。

1) 显示方式

"Display"的下拉菜单中，提供了多种显示格式。默认的显示格式是 Summary，即题录格式，包括作者、篇名、出处、语种(非英语时列出)、出版物类型(只列综述文献)、记录状态、PMID 等。其他常用的显示格式有 Brief(简要格式，只提供作者、篇名的前 30 个字符的内容)、Abstract(摘要格式，summary 格式＋摘要、作者单位和地址、人名主题)、Citation(Abstract 格式＋MeSH、化学物质名称、SI 数据库存取号、基金号)等。

2) 下载方式

PubMed 检索结果的下载是通过"Send to"功能实现的。其下拉菜单中有"Text""File"

“Printer”“Clipboard”“E-mail”“RSS Feed”“Order”七个选项，分别将所有检索结果(或选定的结果)以“文本格式显示”“保存到文件中”“发送到打印机”“保存到剪贴板”“发送到电子邮箱”“发送到 RSS 阅读器”“原文订购服务”七种方式进行下载。

7. PubMed 检索举例

1) 检索有关学前儿童哮喘治疗的英文综述文献

(1) 分析检索内容。确定检索词及其逻辑关系：通过分析，该课题的内容主要由“学前儿童”“哮喘”“治疗”三个关键词构成。其中，哮喘(asthma)和治疗(therapy)是主题词和副主题词之间的关系，用“/”隔开。在医学主题词表中出现的词用[mh]表示，学前儿童用倒置主题词，即“child,preschool”。限定条件有语种(英语，用[la]表示)、文献类型(综述，用[pt]表示)。主题词之间及与限定条件之间的逻辑关系为 AND。

(2) 检索过程如下。

第一步，在 PubMed 主界面的检索框中输入“asthma/therapy[mh] AND child, preschool[mh] AND English[la] AND review[pt]”(见图 3-5)。

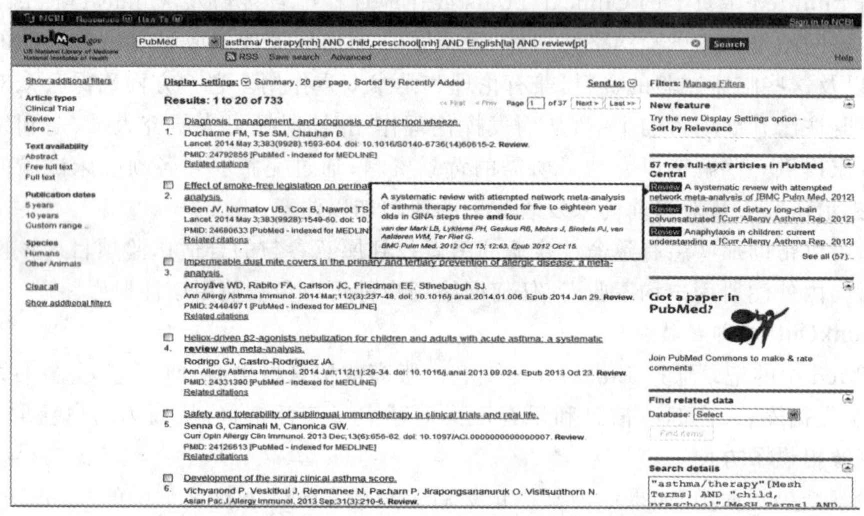

图 3-5 在 PubMed 主页面输入检索式

第二步，单击“Search”按钮，执行检索，出现检索结果。

第三步，若还要对年限等进行限制，可以单击检索结果左栏的“Publication dates”下面的 5 years 或 10 years 或 Custom range。

(3) 结果浏览和管理。用户对结果条目进行浏览，选择显示方式，并对所选结果进行输出管理。在结果页面的右侧，系统还提供有文献类型筛选服务，分别列出检索结果中的综述文献篇数、免费全文篇数等信息，同时为这些文献提供链接。

2) 检索肝癌患者肝移植的免疫学研究方面的文献

(1) 分析检索内容，确定检索词及其逻辑关系。该课题的内容主要由“肝癌”“肝移植”“免疫学”三个关键词构成，即“liver cancer”“liver transplantation”“immunology”。由于免疫学可以作为副主题词来限定肝移植，所以本课题宜采用主题词与副主题词组配的方法进行检索。肝癌与肝移植同为主题词，它们之间是 AND 的关系。

(2) 检索过程如下。

第一步，进入“MeSH Database”检索页面，在检索词文本框中输入“liver cancer”，单击“Search”按钮，出现主题词列表，可知其主题词为“liver neoplasms”。单击主题词“liver neoplasms”，在副主题词列表中选择“surgery”，单击 PubMed Search Builder 方框下方的“Add to search builder”按钮，将所选主题词送入预检索词文本框。

第二步，在主题词检索词文本框中输入第二个检索词“liver transplantation”，单击“Search”按钮，出现主题词列表，单击主题词“liver transplantation”，在副主题词列表中选择“immunology”。单击 PubMed Search Builder 方框下方的“Add to search builder”按钮，将所选主题词送入预检索词文本框，并与之前添加的“liver neoplasms”以 AND 连接。

第三步，单击检索词文本框下方的“Search PubMed”按钮执行检索，出现检索结果。

注：通过 MeSH Database 的途径还可使用 Limits 检索。

(3) 结果浏览和管理。用户对结果条目进行浏览，选择显示方式，并对所选结果进行输出管理。在结果页面的右侧，系统还提供有文献类型筛选服务。

四、PubMed 与 Medline 的区别与联系

1. 收录范围

PubMed 比 Medline 收录的内容更丰富。除 Medline 之外，PubMed 还收录 PreMedline、出版商提供的文献及 NCBI 链接的外部资源。

2. 数据更新

PubMed 的数据更新比 Medline 的更快。PubMed 中的数据每日更新，Medline 光盘数据库每月更新；PubMed 可以检索到与期刊电子版同步发行的最新文献，而 Medline 不能。

3. 检索功能

与 Medline 相比，PubMed 的检索功能更强大，主要表现在：具有自动词语匹配功能，实现自由词、主题词的自动转换和并行检索；更精细的 Limits 限定检索功能；通过 Details 可以随时查看系统实际使用的检索式，便于更好地分析调整检索策略；其他功能区的主题词检索、期刊检索、引文匹配、临床查询、专题检索、外部链接、My NCBI 等能满足用户各种检索需求。

4. 链接功能

PubMed 具有强大的链接功能，而 Medline 光盘数据库无此功能。PubMed 链接功能主要体现在两个方面：一是系统内部相关文献的链接，通过“Related Articles”链接及在 Abstract 和 Citation 显示格式下，直接以窗口形式显示的最相关的文献链接，帮助用户获得更多的相关文献；二是 PubMed 系统外部相关资源的链接，通过“LinkOut”实现与期刊出版商、信息提供商、图书馆、生物学数据库、序列中心等提供的 Web 资源建立链接，获取更多的外部相关资源。

5. 检索结果输出

PubMed 可显示 10 余种浏览格式；可选择打印、存档、发送到 E-mail 等多种方式输出；可自行指定输出文献的排列顺序。

6. 全文获取

PubMed 通过 PMC 提供部分期刊的免费全文获取，还可以通过链接到期刊出版商的 Web 站点获取部分免费全文，或者通过 Order 向图书馆订购原文。

第二节 EMBASE

一、EMBASE.com 概述

EMBASE.com(网址为 http://www.embase.com 或 http://www.elsevier.com/online-tools/embase)是荷兰 Elsevier Science 公司 2003 年推出的荷兰《医学文摘》网络数据库，是基于 Web 版的生物医学与药学文摘型数据库，收录文献来源于 70 多个国家和地区出版的 7 000 多种期刊。文献的内容涉及药物研究、药理学、制药学、药剂学、药物不良反应、毒理学、基础生物医学、生物医学工程、公共卫生、精神病学与心理学等。它将 EMBASE 记录(1974 年至今)与 Medline 记录(1966 年至今)相结合，构建成 EMBASE 和 Medline 统一的检索平台，用户可以一次检索两个数据库，而且检索结果自动去除重复记录。EMBASE.com 的数据每日更新。

与同类生物医学文摘型数据库相比，EMBASE.com 突出药物文献及药物信息，对检索药学和神经精神卫生学科文献具有一定的优势，是检索医药学证据来源的必备检索工具。

目前众多的检索系统提供 EMBASE 检索服务，如 EMBASE.com、DataStar、DIALOG、DIMDI、LEXIS/NEXIS、OVID Online、SIN、WinSPIRS 等。每一个检索系统收录的文献的年代、更新频率、检索途径和检索方式略有不同。

二、EMBASE.com 的检索途径与方法

EMBASE.com 提供了“Search”“Journals & books”“Online tools”和“Authors, editors & reviewers”四种检索途径，其中“Search”提供了六种检索方式，分别是快速检索、高级检索、字段检索、药物检索、疾病检索和文章检索，如图 3-6 所示。

1. Search 检索

(1) 快速检索(quick search)：使用自然语言检索，默认在所有字段中检索，可用单词、词组或检索式进行检索，检索词组时需加单(双)引号。

(2) 高级检索(advanced search)：通过选择相关的扩展或限制选项，可提高检索结果的查全率或查准率。高级检索还提供了更多的限制选项，如文献类型、研究对象、专业领域、语种、是否含摘要、是否含分子序列号等。

(3) 字段检索(field search)：提供了 22 个字段，除常规字段外，还提供了一些体现 EMBASE.com 检索特色的字段，如器械制造商(df)、器械名称(dn)、药物生产商(mn)、药物名称(tn)、EM 分类号(cl)、分子序列号(ms)等。

(4) 药物检索(drug search)：通过药物名称字段进行检索，是 EMBASE.com 的特色检索途径之一。系统提供了 17 种疾病链接词(disease links)和 47 种投药方式(routes of drug administration)，增加了检索的深度。

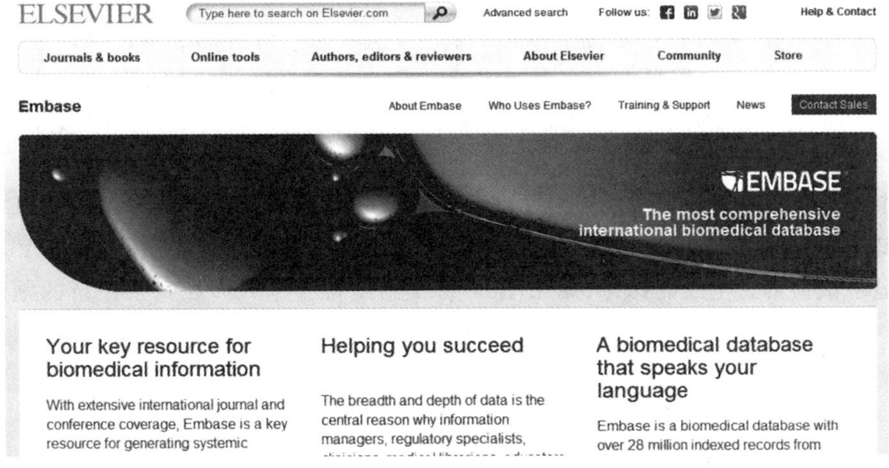

图 3-6　EMBASE.com 主页

（5）疾病检索（disease search）：用于疾病名称的检索，提供了 14 种疾病链接词，能更精确地检索疾病的某一类或几类分支的相关文献，如疾病并发症、诊断、病因、不良反应、治疗等，提高相关性。

（6）文章检索（article search）：用于迅速查找某篇具体文献。在作者、期刊名称及其缩写、期刊卷或期及文章首页数、CODEN 号码、ISSN 等限制项中输入一项或多项检索词，单击“Search”按钮即可检索。

2. Journals & books 检索

Journals & books 检索提供期刊浏览功能，仅限于 EMBASE 收录的期刊，Medline 独有期刊除外。检索时可按期刊的名称、学科主题、出版商信息三个途径进行浏览。层层展开，可以查看到期刊被收录的具体卷期情况和相应的文章。

3. Online tools 检索

EMTREE 词库是对生物医学文献进行主题分析、标引并供检索时使用的权威性词表，包含 48 000 多个药物与医学索引术语，共分为 15 个大类，从一般到专指，层层划分。单击主页面“Online tools”链接，系统提供“查找术语”（Find Term）、“分类浏览术语”（Browse by Facet）和“按字顺浏览术语”（Browse A-Z）三种检索方式。单击所需浏览的术语，可显示其在 EMTREE 中的位置（树状结构）及同义词、道兰氏医学词典对该术语的解释，并可将该术语“加入检索框”（Add to Search Form）。

4. Authors, editors & reviewers 检索

利用 EMBASE 数据库检索作者是一种简单而快捷的检索手段，单击主页面的“Authors, editors & reviewers”链接，可根据作者的姓名，按姓在前、名字在后用缩写的格式找到相应的记录。如输入 Smith J. A. 直接进入检索，即可获得该作者发表的论文。当作者名称较长或不确定时，可检索前半部分主要词根，以获得更多的作者姓名复选框的提示。

三、检索结果的处理

检索结果包括题名、作者、刊名、出处、全文链接标识等信息。单击每条记录序号前的复

选框可标记文献，将其选定或取消选定。下载方式包括打印、存盘和发送至 E-mail 邮箱。在浏览检索结果后，可对所选定的文献进行标记，也可标记所有的文献记录。选择好标记后，单击“Selected”按钮，屏幕上方出现将记录以 E-mail 发送到指定的地址。也可直接将记录输出到 ProCite、EndNote 或 Reference Manager 等文献管理软件中，利用浏览器上的菜单进行打印或存盘操作。

每个检索式后除了有生成的检出文献量外，还分别有 Data Analysis、View 和 Edit 三个按钮。其中 Data Analysis 以柱状图的形式显示检索年代与相应的文献量；单击 View 则屏幕下方显示该检索式生成的结果；单击 Edit 可重新编排检索式。在每条记录的题录后面，单击“Full Text from...”可链接全文，若用户具备相应数据库的使用权，即可直接获取全文。

第三节　SciFinder Scholar

一、SciFinder Scholar 概述

SciFinder Scholar 是 Chemical Abstracts(CA，美国《化学文摘》)的网络版。CA 创刊于 1907 年，由美国化学文摘服务社(Chemical Abstracts Service，CAS)编辑出版。CA 反映了当前世界上化学化工领域的最高水平、最新成就及发展趋势，是世界上收录范围广、信息量大、利用率高、编排科学的文献检索工具。

SciFinder Scholar(SFS)收录了世界上 200 多个国家和地区 60 多种文字出版的 10 000 多种科技期刊、科技报告、会议文献、学位论文、资料汇编、图书及视听资料中的各种化学研究成果，摘录了世界范围内 98%以上的化学化工文献，内容包括纯化学和应用化学各领域的科研成果，还涉及生物、医学、轻工、冶金、物理等领域，所报道的内容几乎涉及化学家感兴趣的所有领域。

SciFinder Scholar 整合了 CA 1907 年至今的所有内容、Medline 的生物医学文献及欧美 57 家合法专利授权机构发行的专利。它涵盖了应用化学、化学工程、普通化学、物理、生物学、生命科学、医学、聚合体学、材料学、地质学、食品科学和农学等诸多学科领域。

CA 自创刊至今先后采取过印刷本、缩微胶片、磁带、光盘版、远程联机、网络版等多种出版形式。目前，国内 CA 主要有印刷版、光盘版和网络版三种。CAS 针对不同的用户分别开发了 SciFinder Web 版和 SciFinder Scholar 客户端版两种网络版，本书主要介绍 SciFinder Scholar 客户端版。通过 SciFinder Scholar 可以检索以下六种数据库。

(1) CAplus：包含来自 150 多个国家的 9 500 多种期刊的 2 700 余万篇文献及全球 50 多个合法专利机构的 500 余万条专利文献。覆盖 1907 年到现在的所有文献及部分 1907 年以前的文献，包括有期刊、专利、会议录、论文、技术报告、图书等，涵盖化学、生化、化学工程及相关学科，还有尚未完全编目的最新文献。可通过研究主题、作者姓名、机构名称、文献标识号进行检索。

(2) Medline：包含来自 70 多个国家 6 000 多种期刊的生物医学文献，覆盖 1950 年至今的所有文献及尚未完全编目的文献。可通过研究主题、作者姓名、机构名称等方式进行查询。

(3) REGISTRY：世界上最新、最大、最全面的物质数据库，包括有机化合物、片状无机物、元素、金属、合金、矿物质、配位化合物、同位素、高分子、蛋白质、核酸等，涵盖了从1957年至今的特定的化学物质，包括在CA中引用的物质以及特定的注册物质。每天更新12 000多种物质或序列，每种化学物质有唯一与之对应的CAS登记号。提供超过200万个实验特性，1亿个计算特性和接近20万幅谱图。

(4) CASREACT：化学反应数据库，提供CA收录的有机化学期刊及专利，它收录了1840年至今的单步或多步反应(包括有机反应、有机金属反应、无机反应、生化反应等，尤其是专利中的反应)信息。目前有1 400多万条反应记录和60多万条期刊论文和专利记录，每周更新600～1 300条新反应。SciFinder可以显示反应物、试剂、产物、催化剂、溶剂、反应条件、参考信息等。

(5) CHEMCATS：商业应用物质和供应商数据库。目前有1 600多万种商业可用化学物质的列表，900家厂商的1 000多个化学物质目录。可以便捷地获得全球化学商品供应商的相关信息(联系信息、价格情况、运送方式)。CHEMCATS信息可通过物质查询间接获得。

(6) CHEMLIST：管制化学品数据库，收录了1979年至今的管制化学品的信息。CHEMLIST信息通过物质查询间接获得。

二、检索前准备——安装客户端

(1) 下载SFS2007.exe、ViewerLite5_04.exe和site.prf三个客户端软件。

(2) 安装客户端软件：①关闭其他应用程序；②运行SFS2007.exe，按照系统的提示安装客户端软件，建议选用典型安装；③安装过程中系统提问"Do you have a disk labeled custom site files?"时，请选择"否"；④完成客户端软件安装。

(3) 配置客户端软件：将site.prf复制到客户端软件安装的目录区(默认路径为C:\SFSCHLR)。如果用户在安装过程中选择了其他路径，请注意正确选择路径和目录区。

(4) 安装ViewerLite：运行文件ViewerLite5_04.exe，按系统提示完成安装。(ViewerLite是一个观看三维结构的应用程序，用户可以选择安装)

(5) 访问SciFinder Scholar数据库(域内)。①运行SciFinder Scholar客户端程序。②开始检索。

三、SciFinder Scholar检索途径与方法

客户端安装后在Windows桌面上会出现一个SciFinder Scholar图标，双击SciFinder Scholar图标，在License Agreement的弹出窗口中，用户单击"Accept"按钮，关掉Message of day的弹出窗口，就进入了SciFinder Scholar主检索界面。单击工具栏的"New Task"按钮，弹出检索方式选择界面，如图3-7所示。SciFinder Scholar提供Explore(检索科技文献)、Locate(精确查找特定物质或文献)和Browse(浏览期刊目录)三大检索途径。

1. Explore

Explore分为Explore Literature、Explore Substances和Explore Reactions三种检索方式。单击Explore，进入Explore检索主界面(见图3-8)。

(1) Explore Literature(检索文献)可以从以下三个途径检索文献。

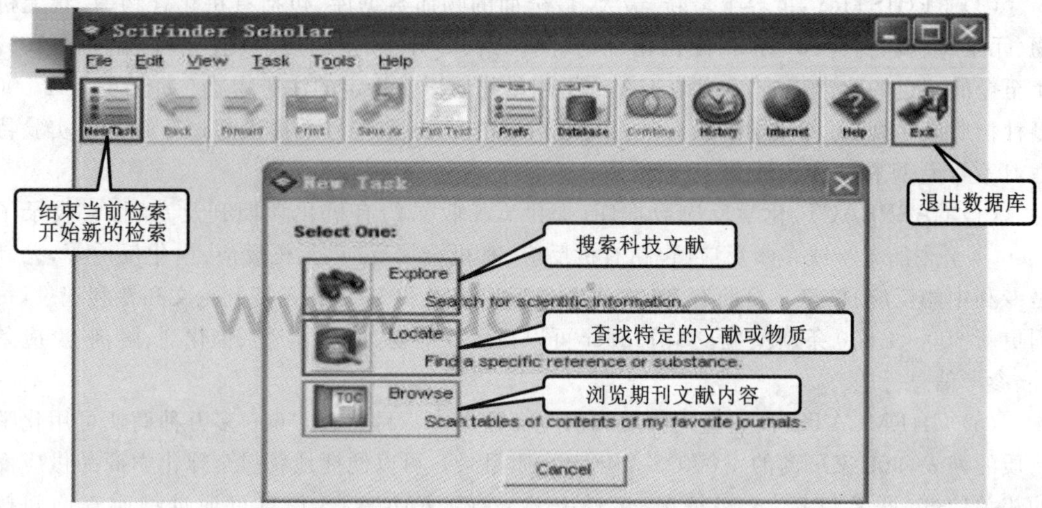

图 3-7 SciFinder Scholar 主检索界面及检索方式选择界面

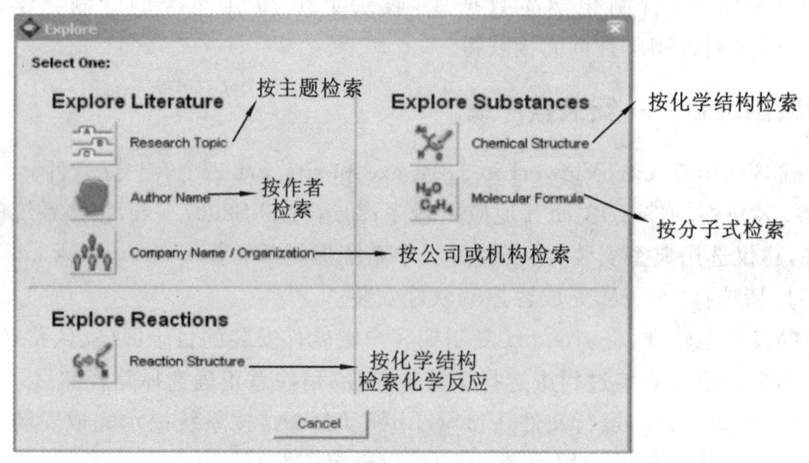

图 3-8 Explore 检索主界面

① Research Topic(按研究主题搜索) 在 Describe your topic using a phrase 检索框中输入关键词、短语或句子搜索研究领域，例如 depolymer or polymer degrade，可通过 Filters(过滤器)选项，限定出版年份、文档类型、语言种类、作者姓名、公司名称等筛选检索结果数量(见图 3-9)。单击“Get References”得到文献列表。

在检索结果页面，系统提供了“Analyze/Refine”功能，选择“Analyze”标签，则对所选文献按照年、机构来源、作者等进行分析得到直方图；选择 Refine 标签，则从研究主题、机构名称、作者名称、出版年、文献类型、语种、数据库、是否可获取全文八个方面对已有的结果进行二次检索。

单击“Get Related”按钮，可以查看相关信息：所选文献被引的文献(Cited Reference)、引用所选文献的文献(Citing Reference)、所选文献中的物质(Substance)、所选文献中的反应(Reactions)。如果选 eScience，可以将检索范围扩展到整个网络。

② Author Name(根据作者姓名查找) 输入姓名信息，如姓、名(或缩写)、中间名等。

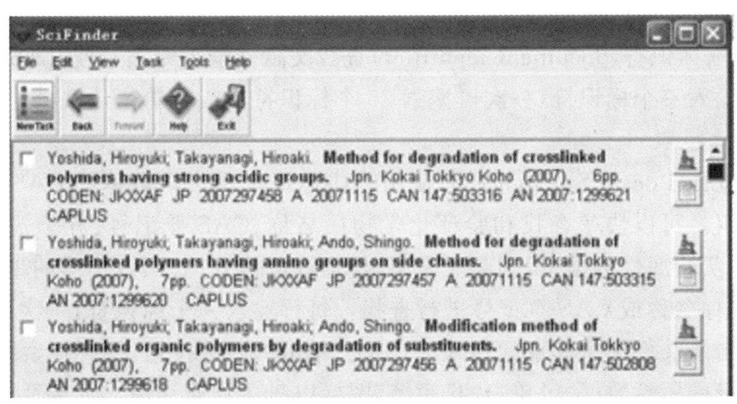

图 3-9　检索结果

根据需要输入空格、连字符和省略符等。选择“查找”以了解姓氏的其他拼写方式，从而识别姓名的变更及印刷上的区别。对于复杂的姓名，使用多种搜寻方法并选择最佳结果。

③ Company Name/Organization(按公司名称/组织搜索)　查找与特定公司、学术机构或政府组织相关的信息。一次仅输入一个组织。要查看 SciFinder Scholar 所收录的名称变体：单击“Analyze/Refine”按钮→单击“Analyze”按钮→选择“Company Name/Organization”→单击“确定”按钮。然后可选择相关的变体。单击“Get References”(获取参考文献)，仅检索选定的参考文献。

(2) Explore Substances(检索物质)可以从化学结构和分子式两个方面进行检索。

① Chemical Structure(化学结构检索)　通过 SciFinder 的结构绘图工具，可绘制化学结构，然后找出与此结构相匹配的特殊物质或物质组。实际搜索结果可能包括：已绘制的结构、立体异构体、互变体(包括酮、烯、醇)、配位化合物、带电荷化合物、自由基或基离子、同位素、聚合体、混合物和盐。

在“结构绘图”窗口中，使用系统提供的工具绘制结构，单击“Get Substances”(获取物质)。要进行结果筛选时选择精确搜索，指定想要应用于搜索中的任何 Filter(过滤器)。

查看结果时，可使用相应的按钮参阅有关物质详情；检索特定物质的参考文献、3D 模型、化学物质供应商、管制化学物质列表或化学反应；检索所选记录或检出记录的参考文献；检索所选记录或检出记录的化学反应；分析或限定检索结果。

② Molecular Formula(分子式检索)　输入分子式检索相匹配的文献和物质信息。

(3) Explore Reactions(反应检索)，即通过 SciFinder Scholar 的结构绘图工具绘制化学反应式，然后找出与此反应相关的文献和物质信息。

2. Locate

可以查找特定参考文献和特定物质。

(1) 查找特定参考文献(locate literature)：可以根据书目信息或文献标识符查找。

① 根据书目信息(bibliographic information)查找文献。通过输入所需的书目信息，SciFinder 可帮助用户查找特定的期刊或专利参考文献。查找期刊文献时，选择 Journal Reference，输入相关的期刊参考文献信息。查找专利参考文献时，选择 Patent Reference，输入相关的专利参考文献信息，如专利号、专利申请号、优先顺序申请号等，还可选择高级选项

More，输入发明家或专利权人。

② 根据文献标识符(document identifier)查找文献。输入专利号或 CAS 物质登记号进行查找。每行输入一个标识符，一次可搜索 25 个标识符。或者单击从文件中可读取的导入标识符。

(2) 查找物质(Locate Substances)：使用物质标识符及化学名称或 CAS 登记号查找特定物质或物质组。可以快速查找和验证化学物质名称、CAS 登记号、分子式和其他物质信息；获取计算和实验属性数据；识别商业来源；检索许可信息；获取该物质的论文和专利。输入化学名称、商标名称或 CAS 登记号进行查找。每行输入一个标识符，一次可搜索 25 个标识符。或者单击从文件中可读取的导入标识符。单击“确定”按钮，得到检索结果。

要查看记录的属性数据，可单击“显微镜”图标以显示物质详情。如果属性信息可用，则提供链接。属性值来源显示于右侧和脚注区域中。

3. Browse

从 1 700 多种期刊按字母顺序排列的列表中查找需要的期刊，然后单击“View”。也可选择菜单“Edit”→“Find”命令，查找所需期刊，注意名称必须完全匹配，一次只能查看一种期刊。默认显示的是最新一期的目录，单击“Previous”“Next”“Select”，可以浏览其他期的目录内容。单击“Select Issue”(选择期刊)，可选择卷号和期号。浏览期刊的标题，查找相关论文。要查看书目详情和论文摘要，可单击“显微镜”图标。查看论文全文的电子版，单击“电脑”图标。

四、检索结果的处理

1. Refine/Analyze 工具

SciFinder Scholar 提供的 Refine/Analyze 工具的功能非常强大，可以用来搜寻、评价和查看用户想要查找的结果。目前有两种分析方式：一种是对参考文献进行分析，另一种是对物质信息进行分析。

(1) 参考文献的分析工具。该工具可以浏览到学科的发展前沿、重要研究者和某个学科领域的组织机构等信息。当用户检索到众多的参考文献时，单击“Refine/Analyze”按钮弹出一个对话框，其中包括 Analyze(检索结果统计分析)、Refine(对检索结果进一步限定)和 Categorize(对检索按主题和物质名称进行分类)。其中 Analyze 工具可以对检索到的文献资料按照作者姓名、CAS 登记号、期刊名称、语种等 11 个指标分别进行统计分析(见图3-10)。

(2) 物质信息的分析工具。Refine/Analyze 工具可帮助用户对环骨架、立体化学、特定原子、变量的存在等 6 个方面进行统计分析，并可以对检索结果进行进一步提炼。

2. 结果保存与全文获取

SciFinder Scholar 结果输出有存盘和打印两种形式。

(1) 存盘与获取全文。选择想要保存的检索结果，然后选择“文件”(File)→“另存为”(Save As)命令。如未选择特定的结果，SciFinder Scholar 可保存所有的结果。用. rtf 或. txt格式最多可保存 500 个结果。在检索到的文献信息页面或化学物质信息页面均有获取全文的按钮，单击“获取全文”即可获取全文。

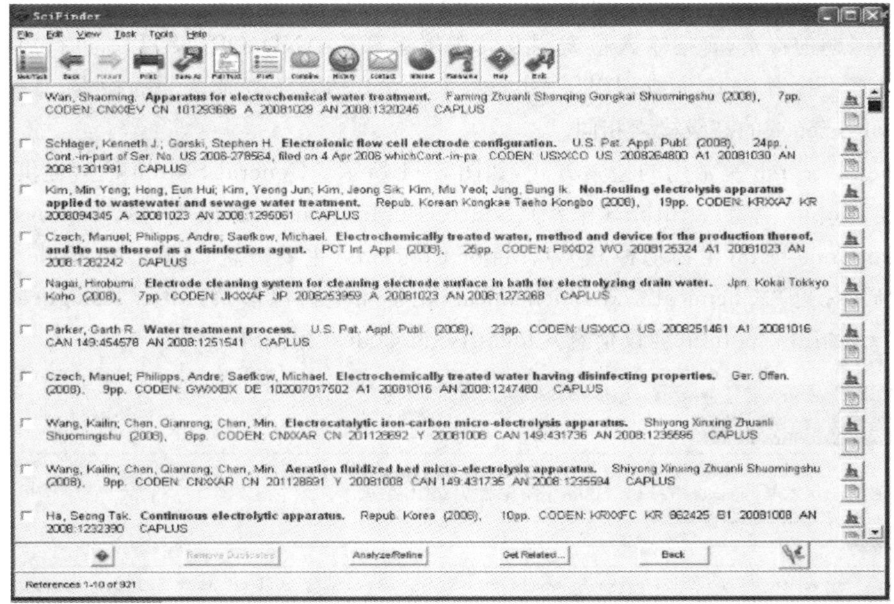

图 3-10　参考文献分析界面

(2) 打印。选择想要打印的检索结果,勾选对应条目。选择打印格式,然后选择"文件"(File)→"打印"(Print)命令。如未选择特定的结果,SciFinder Scholar 将打印所有的结果。

第四节　BioSIS Previews

一、BioSIS Previews 概述

BioSIS Previews(美国生物学数据库,简称 BP)由美国生物科学信息服务社(BioSIS)出版,是世界上最大的有关生命科学的文摘索引数据库,其内容来源于期刊文献数据库生物学文摘(Biological Abstracts,BA)和非期刊文献数据库生物学文摘/综述、报告、会议[Biological Abstracts/RRM(Reviews,Reports and Meeting)]。BP 收录世界上 100 多个国家和地区的 5 500 多种生命科学期刊和 1 650 多种非期刊文献,如学术会议、研讨会、评论论文、美国专利、书籍、软件评论等。数据每周更新,每年新增记录 56 万多条。

BP 收录内容涵盖生物学、农业、解剖学、细菌学、行为科学、生物化学、生物工程、生物物理、生物技术、植物学、临床医学、实验医学、遗传学、免疫学、微生物学、营养学、职业健康、寄生虫学、病理学、药理学、生理学、公共健康、毒理学、兽医学、病毒学、动物学等几乎所有生命科学,内容侧重于基础和理论方法的研究。

目前,提供 BP 检索的平台主要有 ISI Web of Knowledge、OVID、STN、Dialog 等。现以 ISI Web of Knowledge 检索平台为例介绍 BP 的检索。

二、BP 的检索途径与方法

在 BP 的主页,ISI Web of Knowledge 检索平台提供了 Quick Search(快速检索)、General Search(普通检索)、Advanced Search(高级检索)三种检索方式。其中,Quick Search 适用于简单课题的检索,直接输入检索词及其逻辑运算符 AND、OR、NOT 等进行组配检索。一次性最多可检索 50 个词或词组。Advanced Search 适合于复杂课题的检索,其使用方法与 Web of Science 的高级检索相同。

General Search 是常用的检索方式,如图 3-11 所示。General Search 检索提供了 11 种检索途径:Topic(主题)、Author(作者)、Source Publication(来源出版物)、Address(作者地址)、Taxonomic Data(生物物种分类)、Major Concepts(主要概念)、Concept Code/Heading(概念代码/标题)、Chemical and Biochemical(化学和生物化学)、Patent Assignee(专利权人)、Meeting Information(会议信息)、Identifying Codes(标识码)。

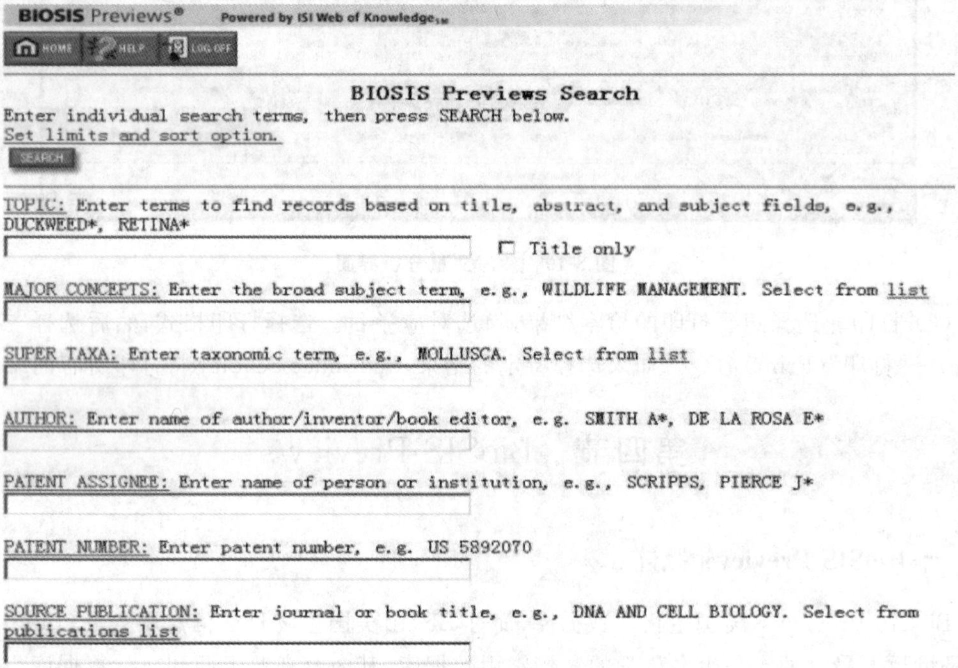

BIOSIS Previews® Powered by ISI Web of Knowledge℠

HOME HELP LOG OFF

BIOSIS Previews Search

Enter individual search terms, then press SEARCH below.

Set limits and sort option.

SEARCH

TOPIC: Enter terms to find records based on title, abstract, and subject fields, e.g., DUCKWEED*, RETINA*

□ Title only

MAJOR CONCEPTS: Enter the broad subject term, e.g., WILDLIFE MANAGEMENT. Select from list

SUPER TAXA: Enter taxonomic term, e.g., MOLLUSCA. Select from list

AUTHOR: Enter name of author/inventor/book editor, e.g. SMITH A*, DE LA ROSA E*

PATENT ASSIGNEE: Enter name of person or institution, e.g., SCRIPPS, PIERCE J*

PATENT NUMBER: Enter patent number, e.g. US 5892070

SOURCE PUBLICATION: Enter journal or book title, e.g., DNA AND CELL BIOLOGY. Select from publications list

图 3-11 General Search 检索界面

1. Topic(主题)

利用 Topic 途径进行检索时,系统自动对以下字段进行检索:"Title""Abstract""Organisms""Major Concepts""Super Taxa""Biosystematic Codes/Names""Taxa Notes""Parts, Structures&Systems of Organisms""Diseases""Chemicals&Biochemicals""CAS Registry Numbers""Sequence Data""Methods&Equipment""Geopolitical Locations""Time""Institutions&Organizations""Miscellaneous Descriptors"和"Alternate Indexing"。

2. Author(作者)

这里的作者包括原文中出现的作者、编者或者发明人的姓名。作者检索时,可输入多位作者的名字。一般姓用全称,名用首字母后加"*"进行检索。BP 的记录中,作者字段的表达方式不一样,通常是姓用全称,名用首字母,姓与名之间用","再加空格分隔;但有些文献记录的姓、名均用全称,而且中国人的姓名表达习惯不一样,检索时应注意。

3. Source Publication(来源出版物)

进行来源出版物检索时,必须正确输入全名。可利用截词方式输入或者利用 Source Index 页面提供的出版物列表选择期刊或图书全名。为了方便检索,可以直接从 Source Index 页面复制期刊或图书全名。

4. Address(地址信息)

地址信息包含源文献中出现的作者、编者或者发明人的地址信息。BP 未对地址或者地址缩写词进行标准化处理。为了提高查准率,应使用截词和地址的不同写法。

5. Taxonomatic Data(生物分类名称)

应用 Taxonomatic Data(TD,生物分类名称)检索时,一般输入上位的生物分类及代表生物分类目录的五位数生物系统编码。也可以先单击 Organism Classifiers 检索相应的生物分类及生物系统编码。在实际检索中,Taxonomatic Data 一般与 Topic 检索组合使用,以提高查准率。

6. Major Concepts(学科分类)

应用 Major Concepts(MC,学科分类)检索时,可输入学科分类的名称进行相关领域的大范围检索。单击 List,浏览学科分类的内容(包括按字顺排列及按学科排列两种方式),可复制和粘贴感兴趣的 Major Concepts 并进行检索。Major Concepts 检索与 Topic 检索可组合使用,以提高查准率。

7. Concept Code/Heading(学科编码)

输入代表学科名称的五位数编码进行检索,单击 List,查看学科编码及对应的名称。

8. Chemical and Biochemical(化学和生物化学)

它主要用于查找化学及生化物质,可输入化学物质、基因或序列的名称及 CAS 化学物质登记号。例如,查找有关血纤维蛋白溶解酶(其 CAS 登记号为 9001-90-5)的文献,可采用检索式:CB=9001-90-5。

9. Patent Assignee(专利人名称)

输入专利权人的名称(可以是个人,也可以是机构)进行检索。如果专利权人是机构,应注意机构的不同表达方式。例如,检索葛兰素史克公司的专利,可用检索式:PA=GlaxoSmithKline。

10. Meeting Information(会议信息)

它主要用于查找会议信息,可输入会议名称、会议主办地点、会议主办者和会议日期等信息,并用 AND 或 SAME 连接。如果要检索某次会议上某个专题的会议论文,可采用组合检索,如 Topic 检索与 Meeting Information 检索组合,以提高查准率。

11. Identifying Codes(标志码)

可以输入 ISSN、ISBN、专利号、专利批准日期等进行检索。例如,检索专利号为 6830560 的美国专利,可采用检索式:IC=US 6830560。

三、检索结果的处理

BP 检索结果的显示方式与 Web of Science 的相同,有概要及全记录两种方式。BP 全

记录方式提供的字段信息很丰富。

BP 收录的文献还包括会议录、专利等。因此,结果显示时,如果是专利,会提供专利名称、专利发明人、专利号、专利批准日期、专利权人、专利国、专利分类号等信息。如果是会议录,则提供会议名称、会议时间、会议地点、会议主办单位等信息。

另外,在全记录方式中,如果该篇文献同时被 Web of Science 收录,则 BP 提供相应的链接。单击“WEB OF SCIENCE”可浏览该记录在 Web of Science 中的信息,单击“CITEDREFERENCE”可显示这篇论文的参考文献信息,单击“CITING ARTICLE”可了解这篇论文发表后被哪些文献引用过,单击“RELATED ARTICLE”则可提供该文献的相关文献(通过共引文献建立)。单击“DNA SEQUENCE”及“PROTEIN SEQUENCE”则提供 BP 与 NCBI 基因库的链接。通过这些链接,可扩大检索范围,获得更多的研究信息。

BP 检索结果的标记、输出方式也与 Web of Science 的相同。只是在输出时,每条记录的可选字段更多。

第五节　EBSCOhost 数据库

一、EBSCOhost 数据库概述

EBSCOhost 系统是 EBSCO 公司三大数据库检索系统之一,涵盖范围广,包括了综合学科、商业、管理、财经、生物、医学、护理、人文历史、法律等学科的电子全文数据库和部分知名的书目型数据库。Academic Search Premier(ASP)是其中一个多学科学术全文数据库,提供近 4 700 种学术出版物的全文,其中 3 600 多种属同行评审期刊,生物医学全文期刊 600 多种。数据每日更新,最早回溯至 1975 年。

二、EBSCOhost 数据库检索方法

登录 EBSCOhost 数据库有两种方法:一是进入所在图书馆主页,在本馆数据库中选择 EBSCO,进入检索界面;二是通过公网检索(此种方式不能查到全文)。我们介绍的一般是通过高校图书馆的主页检索。

EBSCOhost 数据库提供基本检索(直接输入检索词或检索式)、高级检索和辅助检索三种检索方式。辅助检索又包括 Keyword(关键词)检索、Subjects(主题)检索、Publication(出版物)检索、Indexes(索引)检索、Images(图像)检索、References(参考文献)检索。

1. 基本检索

在基本检索界面(见图 3-12)中,可输入单词、词组、含有布尔逻辑运算符的检索式及含有字段代码的检索式。基本检索的默认方式是在关键词中进行检索。如在题名(title,字段是 TI)中查找哮喘治疗方面的文献,可以在检索词文本框中输入“TI asthma/therapy”。读者可比较一下输入“TI asthma/therapy”与输入“TI asthma therapy”时,检索结果有什么不同。

2. 高级检索

高级检索提供所有字段、著者、文章标题、主题词、文摘、地名、人名、评论和产品名、公司

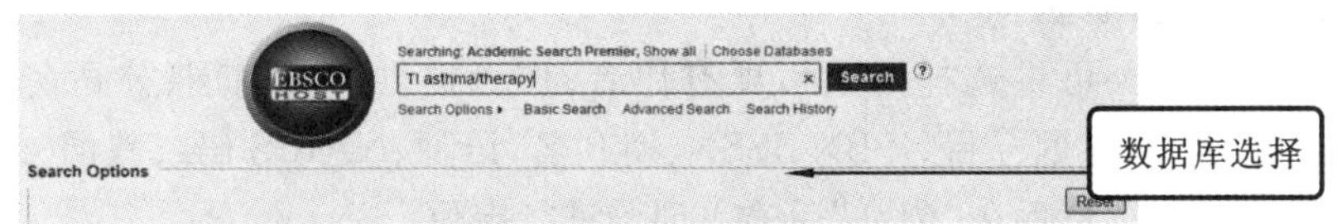

图 3-12　EBSCO 基本检索界面

名、NAICS 码或叙词、DUNS 码、ISSN、ISBN、期刊名称、索取号等范围进行检索。

步骤一：输入检索词，最多可在三个检索词文本框中输入检索词进行检索。

步骤二：选择检索字段，可选择上述任一检索字段。

步骤三：选择各检索词之间的组配方式“AND”“OR”“NOT”。

步骤四：限制结果，可对检索结果做进一步限定。包括是否有全文、是否有参考文献，是否专家评审刊、出版日期、出版物、页数、附带图像的文章等。还可用相关词、相关全文来扩大检索的范围。例如，检索哮喘治疗的全文文献，高级检索界面如图 3-13 所示。

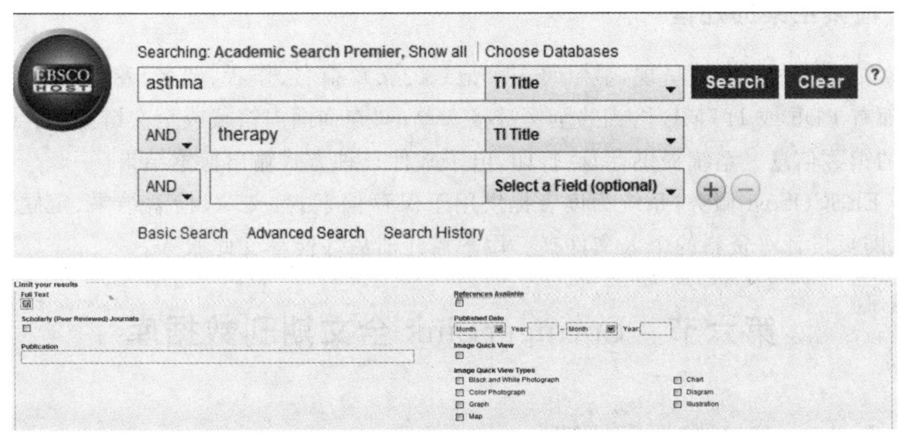

图 3-13　EBSCO 高级检索界面

3. 辅助检索

在检索页面的最上方，还提供其他检索途径，单击工具栏的相关按钮，即可进行辅助检索。

1）Publications——出版物名称检索

使用出版物名称检索和浏览，检索结果显示刊名、国际统一刊号、更新频率、价格、出版者、学科、主题、收录文摘或全文的起始时间等。

2）Subject Terms——规范化主题词检索

利用系统提供的规范化主题词检索，可供选择的主题有 All（所有的主题）、People（人物）、Products & Books（产品与图书）、Companies（公司企业）、Subjects（主题）。这种检索方法效率高，检索结果相关性大。

3）Cited reference——引文检索

可输入相关检索词在被引作者（cited author）、被引题名（cited title）、被引来源（cited source）、被引年限（cited year）及所有引用字段（all citation fields）进行引文检索。

4）*索引——索引检索*

首先选择索引项。可供选择的索引项有作者、作者提供的关键词、公司名、文献类型、DUNS 码、日期、地名、主题标目、ISBN、ISSN、期刊名、语种、NAICS 码或叙词、人名、评论或产品、主题词、出版年。然后在“浏览”后输入词语进行定位。

5）**Images**——*图片检索*

可输入检索词，通过关键词或逻辑组配，可限制图像检索的类别，包括人物图片（Photo of people）、自然科学图片（Natural science photos）、地点图片（Photos of places）、历史图片（historical photos）、地图（Maps）、国旗（Flags）等六类。辅助检索如图 3-14 所示。

New Search　Subjects ▾　Publications ▾　Images ▾　More ▾

图 3-14　EBSCO 辅助检索

三、检索结果的处理

检索结果以题录方式呈现，显示每一个记录的文章篇名、作者、刊名、卷期、页数等，有的记录下面有 PDF 或 HTML 格式的全文链接。单击“查询国内馆藏或全文链接”可了解纸本在国内的馆藏信息。系统提供存盘、打印、电子邮件三种方式输出检索结果。

My EBSCOhost 服务：系统为读者提供用于保存检索式、文章、检索结果、定题服务、期刊通告、网页设计等资料的个人文件夹。用户需注册后才能享受此服务。

第六节　SpringerLink 全文期刊数据库

一、SpringerLink 数据库概述

德国施普林格（Springer-Verlag）出版公司是世界著名的科技出版集团，在世界各地设有许多分支机构，主要出版科技图书及期刊，2004 年年底与 Kluwer Academic Publishers 合并成为 Springer Science + Business Media，是目前全球较大的科技出版集团，每年出版的期刊达 1 450 余种，新书 5 000 余册。其出版物按学科划分为 12 个分科图书馆。SpringerLink 平台为用户提供全文期刊、图书、科技丛书及参考书的在线服务，该数据库在国内设置了镜像服务网站（网址为 http://china.springerlink.com），同时国内用户也可以直接通过其国际站点（网址为 http://www.springerlink.com）访问该数据库。该数据库的访问权限通过 IP 控制，无须用账户名及密码登录，免付国际流量的费用。2006 年 8 月，全新的 SpringerLink 正式投入使用，新平台的检索功能在设计上比较符合一般用户的检索习惯，同时在参考文献中提供 CrossRef 链接，使文献的检索更加方便。

二、数据库检索方法

我们介绍的一般是通过高校图书馆的主页检索，打开 SpringerLink 主页后，首先要选择检索页面的语言显示方式，系统为用户提供了包括中文繁简体在内的五个语种的页面显示方式。该数据库在主页中提供出版类型的名称字顺浏览和学科导航功能，并提供简单检索

功能。用户可以先得到一个较为宽泛的检索结果后，再通过课题的检索需求，按照主题、著者、出版时间等检索条件进行进一步限定，从而检索到所需文献。

1. 浏览文献

系统提供按文献类型浏览（如期刊浏览）及学科分类浏览两种方式，如图 3-15 所示。

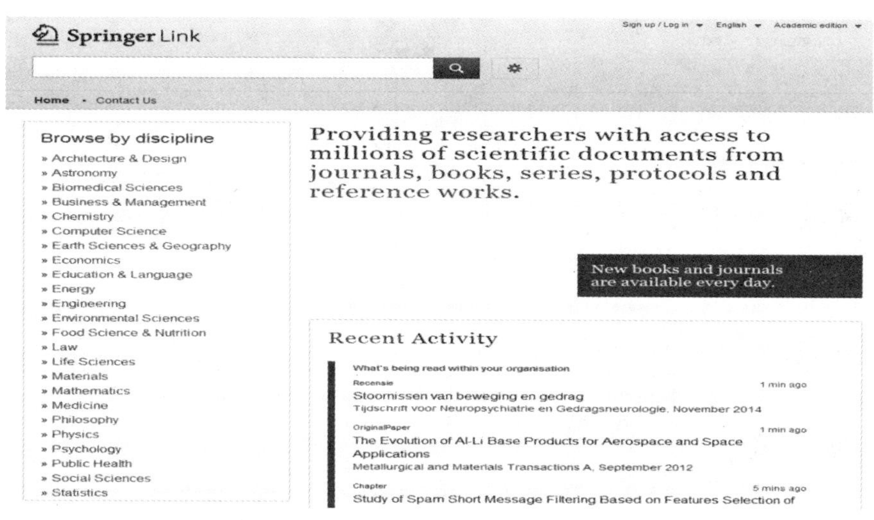

图 3-15　SpringerLink 浏览检索

1）文献类型浏览

文献类型包括所有文献、所有出版物、期刊、丛书、图书及参考工具书的浏览选项。此项功能在查找已知出版物名称，需要检索其中某一卷期的情况下使用。以期刊浏览为例，单击“Journals”则打开数据库收录期刊的刊名列表。在刊名列表中直接单击刊名的链接，如果所查期刊不在当前显示页面，则可在刊名列表右侧的检索词文本框中输入关键词检索，也可以在“Starts With”下输入刊名的开头字母或直接单击其下方的字母链接去查找所需期刊。通过单击刊名链接可以打开数据库收录该刊的卷期列表，单击卷期进入目次页面，查找到所需文章，通过篇名链接打开文章的完全记录格式，通过全文链接打开全文。在期刊列表的右侧还有期刊更新日期、期刊语种及按学科分类的期刊数目等。

2）学科分类浏览

学科分类浏览是按照数据库的 12 个学科图书馆进行分类的，在每个类目后标有该类文献的数量。使用此项功能时，可直接通过学科分类名链接打开该学科的所有文献记录列表。此项功能是先检索到关于某一学科的所有文献，可以在文献记录列表的右侧所提供的二次检索功能中，通过增加关键词、按篇名字顺浏览、文献录入时间、文献类型、原文语种、主题、版权年份及文献出处等对浏览结果进一步限定，从而浏览到所需文献。

2. 简单检索

当用户想查找某一主题方面的文献，但又不知该主题文献出处时可使用简单检索方式。其检索方法比较简单，仅是在数据库主页的检索词文本框内输入所要检索文献的关键词，单击检索按钮，即可获得所查文献记录的结果列表。如检索阿司匹林方面的文献，输入 aspirin or "Acetylsalicylic Acid"，查到的结果如图 3-16 所示。

注：由于 aspirin 有另一个名字，叫乙酰水杨酸，输入两个词能够保证查全率。另外，乙酰水杨酸是一个词，但在英文中是两个单词，故必须加引号进行强制检索，而且"Acetylsalicylic Acid"的引号必须是英文状态下的双引号。

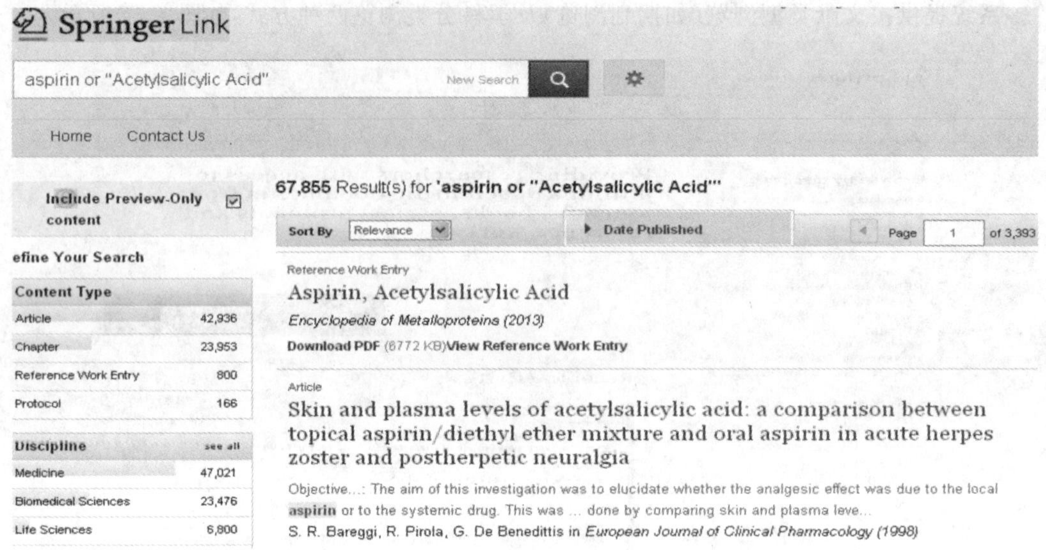

图 3-16　SpringerLink 简单检索

3. 高级检索

单击简单检索上方的"More Options"即可打开高级检索页面。在高级检索页面中系统提供了包括所有文本、篇名、摘要、著者、编者、ISSN、ISBN、DOI 等字段的输入框，检索时可以通过在一个或多个检索词输入框中键入检索词，对检索范围进行限定，以达到精确检索的目的，多个检索条件（检索词输入框）之间的逻辑关系为"与"。还可以选择对检索结果按出版时间或相关度进行排序。

例如要检索 2005 年以来探讨阿司匹林对胎盘影响的文献。检索词为：阿司匹林（aspirin）和胎盘（placenta）。由于阿司匹林的学名是乙酰水杨酸（Acetylsalicylic Acid placenta），故检索表达式为(aspirin or "Acetylsalicylic Acid")and placenta，如图 3-17 所示。

4. 指令检索

合理地使用指令检索的各项功能，可以使检索结果更为精确。

1）布尔逻辑运算符

系统用"AND""OR""NOT"表示逻辑"与""或""非"。

2）字段限定检索

其表达式为

字段名称：(检索词)

例如 Ti：(liver cancer)。

3）词组检索

系统中使用英文双引号("")作为词组检索算符，在检索时将双引号内的几个词当作一

全文	
标题	(aspirin or "Acetylsalicylic Acid") and placenta
摘要	
作者	
编辑	
ISSN	
ISBN	
DOI	
日期	○全部 ◉出版日期 2005/1/1 至 2014/05/20 (YYYY/M/D)
排序	◉相关性 ○出版日期(最近者优先)
	检索

图 3-17　SpringerLink 高级检索

个词组进行检索。

4）通配符

通配符“＊”代表零个或若干个字符。

5）停用词

停用词包括 the、is、of 等。在执行检索前它们就被系统的搜索引擎排除在外，但系统不会将 and 作为停用词。

6）特殊符号

如果检索短语中包含标点符号或连词符等特殊符号，系统会将此特殊符号识别为空格，检索出包含标点符号、连词符和不包含标点符号、连词符的记录。

三、检索结果的处理

1. 检索结果的显示

在检索结果的记录列表中的记录有详细记录“Expanded View”及简要记录“Condensed View”两种显示方式供选择。

1）详细记录

详细记录显示文献的类型、标题、DOI 信息、出处、作者、简要文摘及所能提供的全文文献格式和链接等详细信息。

2）简要记录

简要记录显示文献标题、作者、全文文献格式等信息。

2. 检索结果的输出

系统提供输出检索结果的方式有存盘、打印及发送邮件三种。在输出检索结果前，可以对符合预期的检索结果进行标记，对于已经标记过的记录，可以暂时保存在系统中，也可以通过个性化服务功能，进行永久保存。

第七节　国道特色专题数据库

一、国道特色专题数据库概述

1. 特色专题信息资源的概念

特色专题信息资源(specialized science information resources)就是人们以专题或学科为核心概念面向特定受众而构建起来的信息资源。

2. 国道特色专题数据库的内容特征

1) 中国最大的特色专题数据平台(SpecialSciDBS)

国外西文特色专题信息资源建设较早,有 100 多年的历史,如美国的《化学文摘》(Chemical Abstracts)创建于 1907 年。国内特色专题信息资源建设是改革开放以后兴起的。1995 年国际互联网这条信息高速公路在高校开通之后,尤其是 2000 年之后宽带通信普及,西文特色专题信息资源才逐渐建设和发展。现在各高校和科研机构都在着手建设自己的特色专题数据库。

国道数据是位于“中国硅谷”——中关村地带的一家高新技术产业,是国内最早从事专题数据库开发、推广服务的原创型信息技术公司,是国内第一家网上数据库超市,拥有多项专利技术、软件著作权及数据库版权,多年致力于高校、科研机构、行政机关和企事业单位的数字化建设事业。

随着创新型国家的建设,国内图书情报机构对国外文献资源需求骤增。国道数据开发、整合国外外文网络学术资源,竭力打造出中国最大的特色专题数据库平台——SpecialSciDBS。该平台全文数据以每年 70 万篇的速度增长。

2) 学科种类齐全

目前,国道数据可供查询的外文特色专题资源有以下几个系列。

A 高科技前沿系列:包括生物技术、计算机科技、图形图像、多媒体技术、通信工程、能源、海洋、材料、航空宇航、环境、软科学、先进制造技术、水资源等 13 个专题。

B 基础学科系列:包括数学、物理、化学、地理学、力学、生物学、大气科学、天文学、系统科学等 9 个专题。

C 传统学科系列:又分为 C1 工程与技术学科、C2 农业医药学科、C3 人文社会学科等 3 个子辑,其中 C1 工程与技术学科包括国外食品、建筑工程、冶金工程、矿业工程、测绘科学、机械工程、动力与电气设备工程、交通运输工程、核科学技术、安全科学技术、轻工与纺织服装、电子技术、兵器科学技术等 13 个专题;C2 农业医药学科包括国外农业科学、药学、预防医学、临床医学、基础医学等 5 个专题;C3 人文社会学科包括国外教育、经济学、企业管理、管理学、金融与财务会计、图书情报学、法学、传媒与艺术、行为与社会科学、体育科学、心理学、军事学、英文学术例句等 13 个专题。

3) 数据类型丰富

特色专题数据库的数据类型涉及论文、报告、会议记录、议题议案、白皮书、专栏专题、评述报道、法规标准、新产品资讯、电子图书、课件等 10 余种,因专题而异。这与图书馆采购的单一类型信息资源不同。文件格式统一采用 PDF 格式，便于传阅。

现就各种类型数据资源简介如下。

论文：指学术论文、学位论文与会议论文，包括未在纸介期刊上发表的预发表论文（pre-print/e-print）中的工作论文（working paper）。既按照研究机构（association/institute/society）组织论文，又按研究者个人（specialist homepage）收集文章。报告：包括科技报告、会议报告、政府部门报告。会议记录：各国国内或国际会议的议题记录。议题议案：外国政府、国会、议会的议题议案，公报公告。白皮书：各机构（尤其是专业咨询机构）发布的白皮书。专栏专题：报纸和杂志的专栏，电视、互联网络的专题。评述报道：专家学者的评述（reviews），各种媒体上的科技报道（newsletter）。法规标准：政府的政策法规、专业技术组织的技术标准。新产品资讯：像应用性很强的专题中新产品介绍，主要包括产品规格性能、构造用途、使用方法、操作规程等文字说明和图表。这对技术引进很有意义。电子图书：少量的电子图书或电子图书部分章节。课件：国外高校各学科的教学课件（courseware）、教学资料（e-reserve）等。

4）数据质量高

重应用：SpecialSciDBS 摒弃传统出版业重理论、轻应用的观念，倡导文献情报资源理论性与应用性并重，并突出应用实例。

重时效：与纯粹的外文期刊库不同，SpecialSciDBS 整合了大量的预发表论文及纯电子出版论文，信息传播迅捷，没有人为信息延时，具有相当高的时效性。

重来源：只收录与主题相关的国外教学、科研机构，政府，组织，相关企业，专家，学者的情报资讯。严格执行收录标准，保证信息来源真实可靠，并尽量保留文献的原始链接。

重价值：SpecialSciDBS 与 Google 等检索引擎不同，它的每条记录均由专业编辑人工收集、分类、标引著录、质量评分，保证每条科技情报的参考价值。

收录新：主要收录 1995 年以后的文献，回溯文献较少。

覆盖范围广：包括与专题相关的科技发达国家、经济发达国家、国际组织等的相关文献。

5）教-学-研相结合纽带

在 SpecialSciDBS 平台上，教师可以找到国外院校的教学材料、课件、理论最新动态，如计算机图形图像的 MIT 开放教程，为自己的课堂教学增加精彩内容；学生可以通过学科导航学习相关课程，完成教师布置的作业和课题论文；课题研发人员可以通过各专题中的原生数字化资料、新产品资讯，第一时间获悉国外同行的研究进展、产业化进程，如生物能源植物 Switchgrass 项目现状，帮助自己理出新的问题解决方案。因此，SpecialSciDBS 是连接教-学-研的纽带。

6）包容中文、英文等多个语种，支持中英文单词互译

目前，国道专题数据库主要包括英文、中文两个语种。英文文章支持混排中文、日文、德文、法文、西班牙文等。具有词典功能，支持中英文互译、读者互动，有学术例句。这是 SpecialSciDBS 的特殊帮助功能，可以在检索词输入或检索结果阅读时使用。

7）数据更新迅捷

SpecialSciDBS HOST 数据逐日更新；客户镜像数据更新周期依合同约定执行。因此，国道数据以其拥有自主知识产权的数据库超市发布及检索系统、专业的数据编辑加工团队、国际化的视角，为广大科研、教学工作者架起了一座了解国内外最新情报资讯的桥梁。

二、SpecialSciDBS 检索途径和方法

1. 进入数据库检索界面

登录学校图书馆主页，选择“数字资源”栏目下的“外文数据库”，单击“SpecialSciDBS”或“国道数据库”下的“本地镜像”超链接，进入检索页面。如果学校未购买国道数据库，可以进入网站 http://www.specialsci.cn 查看所需文献的题录信息。

2. 检索方式

SpecialSciDBS 包括快速检索(即初级检索)、高级检索、分类导航、专业检索、二次检索、学术导航、机构导航、奖项导航等八种检索方式。下面重点介绍前五种检索方式。

1) 初级检索

初级检索是默认在“全文”字段，对所需专题库“勾选”的检索方式。初级检索对一次输入两个检索词支持 AND/OR 逻辑关系，引号(“”)内为词组短语；半角空格分隔默认是“与”(AND)的逻辑关系。初级检索的特点是查全率高。

初级检索具有初步筛查，了解选定库中有多少自己关心的内容等功能。

2) 高级检索

高级检索是支持同时对多字段，按照布尔逻辑关系，区分单词及词组，并可设定年限与文献类型，勾选所需专题库的检索方式。高级检索可检字段有标题、著者、机构、主题词、描述、集合名、系列号、全文、年份、文献类型。高级检索的特点是查准率高。

高级检索具有在初步筛查的基础上，找到自己真正关心的内容等功能。

高级检索的界面可以通过首页“高级检索”链接进入。检索输入框可以自定义为 1 个至 6 个。例如，在高级检索的标题字段查哮喘治疗方面的文献。选择临床医学和药学两个专题数据库，分别在第一行和第二行输入“asthma”(哮喘)和“治疗”(therapy)，使用“并且”(即 AND)的逻辑组配，并选择标题字段(见图 3-18)，即可查到在选择的两个专题数据库中题名中同时含有“asthma”和“therapy”的文献 165 篇(见图 3-19)。

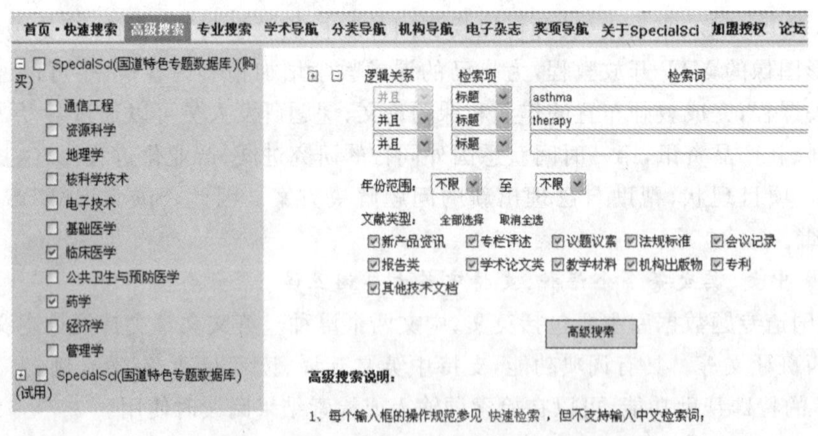

图 3-18　SpecialSciDBS 的高级检索界面

3) 分类导航

分类导航本质上就是按数据库著录时的分类编码进行一次分类检索，也称为聚类检索。

图 3-19　SpecialSciDBS 的高级检索结果

具体方法：在首页单击“分类导航”链接，进入分类导航页面；单击选定的专题库，进入该库的分类页面；再单击具体分类名称，即进入聚类检索状态，检索结果列表即为聚类结果。

4）专业检索

专业检索是通过构造（书写）检索表达式，同时对多字段，按照布尔逻辑关系，区分单词及词组的检索方式。专业检索字段的简称包括：ti—标题、au—著者、og—机构、su—主题词、ds—描述、sn—集合名、no—系列号、ft—全文、yr—年份、dt—文献类型。专业检索的特点是一次检索请求的查准率高，但输入较烦琐。与高级检索相比，专业检索功能略多。专业检索的界面要通过首页的“专业检索”链接进入。

5）二次检索

二次检索就是在检索结果中或在分类导航浏览列表中进行的再次检索。不论是初级检索、高级检索、专业检索，还是二次检索本身，均可进行再次检索。二次检索时可以对标题等八个字段进行单选；支持包含与不包含两种逻辑关系；默认为“包含”关系。二次检索的特点是能使检索结果由多到少，由全到准。二次检索界面可以自动（勾选）呈现在各种检索结果列表页面的右侧，方便用户随时使用。

三、SpecialSciDBS 的检索策略及技巧

（1）用快速检索（即全文字段），测试有无自己关心的内容，有多少。若无，则更换检索词；若有且多，则可以进一步检索。

（2）在高级检索中，按字段内容从多到少的顺序选择字段，聚焦文献。其顺序是：全文→描述→标题→主题词→集合名。

（3）检索词选择，越细越好，越专业越好。一般是先输入较大的概念或学科，然后逐步到较小的概念范畴。专业英文词汇可以通过对感兴趣的专题库进行分类浏览、学习获得。

（4）不论何种检索方式，均以查准为目的。检索结果数缩减至几条、几十条甚至一百多条是可以接受的阅读范围。（技巧：反复使用二次检索。）

（5）想查全，优先用全文字段，选用快速检索方式即可；想查准，优先选非全文字段，如标题、描述、主题词等字段，选用高级检索或专业检索方式均可。因此，查找一篇特定文献的

全文,可以选用高级检索方式,输入文章著者名称、发表年份、标题中关键字等,即可知有无。

(6) 专业英文词汇可以通过对感兴趣的专题库进行分类导航浏览获得。

(7) 当找不到检索结果时,只要修改检索条件,重置检索词,反复尝试即可。

第八节 Elsevier SDOL 全文电子期刊

一、Elsevier SDOL 数据库概述

荷兰爱思唯尔(Elsevier)出版集团是全球较大的科技与医学文献出版发行商,已有 180 多年的历史。ScienceDirect 系统是 Elsevier 公司的核心产品,自 1999 年开始向读者提供电子出版物全文的在线服务,目前包括 Elsevier 出版集团所属的 2 500 多种同行评议期刊和 20 000 多个系列的丛书、手册及参考书章节等,其中收录生物医学相关期刊达 800 余种,涉及物理学与工程、生命科学、健康科学、社会科学与人文科学四大学科领域,数据库收录全文文章总数已超过 780 万篇。ScienceDirect Online(SDOL)检索系统的特点:收录期刊种类多,学科覆盖范围广;期刊质量高,其中有 1 375 种期刊被 SCI 收录,522 种期刊被 EI 收录;实时更新(用户可及时获取在编文章);回溯时间长(目前国内大多订购了 1995 年以来的全文);无并发用户数的限制;检索功能强大;为用户提供个性化服务;提供数据库使用报告的工具;可以整合网络信息(Scirus)及其他数据库资源(Scopus)。

二、SDOL 数据库登录

目前国内用户可直接通过 SDOL 访问该数据库资源,网址为 http://www.sciencedirect.com,其国内镜像站点已于 2006 年 7 月停止数据更新。该数据库主页(见图 3-20)为用户提供了相关检索功能的链接、个人账户的注册与登录、数据库相关说明信息、快速检索、期刊刊名字顺浏览与主题导航等功能。

三、SDOL 数据库检索方法

1. 快速检索

快速检索是通过将输入的检索词限定在文献题名、文摘、关键词、著者姓名、刊名及卷、期、页码等字段快速查找文章的方法。

2. 高级检索

高级检索共分为五部分:①资源范围的选择;②提供两个检索词输入框;③文献类型的选择;④主题范围的选择;⑤出版时间范围的选择。

3. 专家检索

在专家检索页面中提供检索式或检索指令输入框,可以输入用布尔逻辑运算符组配的检索式,也可以使用通配符进行截词检索,还可以使用邻近检索控制词与词间的位置关系等检索技术。在 ScienceDirect 平台上可以使用的检索技术有:①布尔逻辑运算符检索;②字段限定检索;③截词检索;④用圆括号定义顺序检索;⑤用“W/n”和“PRE/n”进行邻近检索,也提供资源范围、资源类型及出版时间范围的选择。

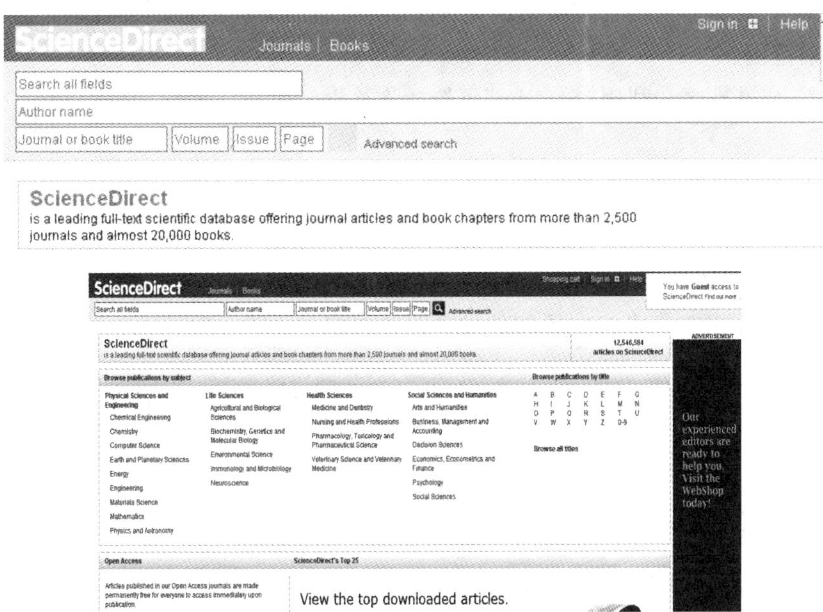

图 3-20　Elsevier SDOL 主页

4. 期刊浏览

在数据库主页或单击功能链接栏的"Browse"均可使用期刊浏览功能。系统提供两种期刊浏览方式，即按刊名字顺"Browse Journals/Books Alphabetically"浏览和按学科主题分类"Browse Journals/Books by Subject"浏览。通过这两种方式均可找到所需期刊，按期刊链接获取数据库收录该刊卷期列表，通过相应卷期链接打开当期目次，从而找到所需文献的记录，获取原文。

5. 个性化服务功能

个性化服务功能包括：①最热门文献推荐；②站内外快速链接；③收藏喜欢的期刊；④保存重要的检索式；⑤设置邮件提示功能；⑥历史追踪。

四、SDOL 检索结果的处理

1. 检索结果的显示

检索结果的显示页面在执行检索后出现，题录的显示可以选择文献列表和文摘列表两种格式。文献列表是默认的显示形式，包括命中文献篇数、检索策略及检索结果列表，包括篇名、文献类型、文献出处、著者等，每条记录下还有"SummaryPlus""Full Text＋Links"及"PDF"三种浏览格式的链接。全文有"Full Text ＋ Links"和"PDF"两种显示格式，前者有多种相关链接，便于直接阅读，后者则方便存盘与打印。

2. 检索结果的管理

(1) 检索式管理。数据库有编辑、保存检索式，设置检索提示等功能。

(2) 检索结果标记。在检索结果文献列表中，每篇文献的序号后有一个复选框，用户可以选择标记所需文献。

(3) 二次检索功能利用。若检索结果太多,可以增加其他检索词进行限定,完成二次检索,缩小检索范围。

(4) 检索结果排序。利用"Sort by"可选择将检索结果按出版时间或与检索词的相关度进行排序。

(5) 文献被引用情况。此项功能在文摘显示页面中出现,通过它可了解该文献被哪些文献所引用。还可以通过"Save as Citation Alert"设置文献被引情况通报。

3. 检索记录的输出

检索记录的输出有存盘与电子邮件发送两种方式。

第九节　Ovid 在线全文期刊数据库

一、Ovid 在线全文期刊数据库概述

Ovid 在线全文期刊数据库共收录了 60 余个出版商提供的 1 000 多种生物医学期刊,其中包括 Lippincott Williams & wilkins(LWW)出版商所出版的 251 种生物医学期刊(以临床期刊为主)、Oxford University Publisher(OUP)出版的 50 种期刊、NATURE 的 17 种期刊、AMA 的 10 种期刊等。该数据库所收录的期刊全文最早的回溯年限可至 1993 年。用户可根据需要引进适合本单位使用的各种数据库。该数据库系统具有以下特点:检索界面直观,简单易学,检索途径多,使用方便;为用户提供个性化服务,如建立个人账户并可根据个人需要进行管理;在 Ovid 平台上可用数据库数量多且相互链接;结果显示、下载方式灵活多样;可整合其他各种(网络、数据库及馆藏)资源等。

二、Ovid 在线全文期刊数据库的检索方法

1. 基本检索

基本检索即自然语言检索,是该数据库的默认检索方法。当利用此方法检索时,用户可以不必考虑检索和语法规则,自由输入检索或提问语句,系统自动分析检索语句,并将用户输入的检索词的各种词形加以搜集并检索,还可以将常用的缩写自动转换为全称。利用基本检索功能时应尽量避免使用动词来表达检索语义。基本检索还提供拼写检查及包含相关词的检索功能。

2. 引文检索

引文检索是 Ovid 检索系统为用户提供的一项用于查找特定文献的功能。它是利用文献的书目信息查找特定文献的最好方法,可查找的信息包括文献篇名、刊名、著者姓名、文献出版的年、卷、期及首页页码、索取号码和数字文献识别符等。

3. 字段限定检索

Ovid 检索系统为用户提供 27 个用于限定检索词的字段,包括刊名、文摘、索取号、著者、著者单位、关键词、标题文本、DOI 号、文献类型等,使用此项功能时,在输入框内输入检索词,在字段列表中选择限定的字段(选择一个或多个限定字段均可)。

4. 语法规则检索

(1) 关键词检索是高级检索页面中默认的检索途径，是指在文献的标题、文摘、全文及标题文本等字段中检索所输入的关键词，可使用“$”或“*”进行截词检索。

(2) 著者检索，是指直接输入著者姓名进行检索。输入格式为姓在前、名在后(可用全称或首字母)，姓名间用空格隔开即可。

(3) 篇名关键词检索，是指在文献题目中检索所输入的词或词组，也可使用“$”或“*”进行截词检索。

(4) 期刊名称检索，是指利用期刊名称(即刊名)进行检索。输入刊名时可输入全称或部分刊名。要注意不能使用缩写刊名检索，利用部分刊名时，一定要输入期刊全称的开头部分，而不能用刊名中的关键词进行检索。利用刊名检索时，可出现刊名索引列表，可在刊名前的复选框中选取所要检索的一个或多个刊名进行检索。

5. 期刊浏览

数据库提供两种期刊浏览方式，一是按刊名 A 至 Z 字顺浏览；二是按学科分类进行浏览。系统将其所收录的期刊按主题分为 Clinical Medicine、Behavioral & Social Sciences、Life Sciences、Nursing、Physical Science & Engineering、Psycarticles 六大类，每一大类下又分成若干个子类，每一类目后有相对应的期刊数及期刊列表、卷期的链接。

6. 限制条件选项

限制条件分为两部分：一部分是在检索输入框里可直接单击“Limits”打开限制条件选项，即日更新文献“Daily Update”、原始文献“Original Articles”、综述“Reviews Articles”、有文摘的文献“Articles with Abstracts”、心理学期刊子集“Psycarticles”及文献发表年限“Publication Year”；另一部分是系统在“Additional Limits”中为用户提供更多的限制条件选项，包括有参考文献的文章“Articles with References”，有图片的文章“Articles with Graphics”，期刊所属子辑“Journal Subsets”及出版类型“Publication Types”等。

7. 其他辅助检索功能

1) 特殊功能栏

特殊功能栏为用户提供相应的功能链接，包括换库检索功能“Change Database”、数据库指南“Database Field Guide”、咨询邮件的发送“Ask a Librarian”、在线帮助“Help”、退出系统“LOGOFF”、建立个人账户“Personal Account”及打开个人账户“Saved Searches/Alerts”等。

2) 检索式显示栏

检索式显示栏位于限制条件选项下方，单击“Search History”即可打开检索式显示框，包括检索式选择框、检索式序号“#”、检索式“Searches”、检索结果的文献篇数“Results”及显示结果按钮“Display”。在检索式显示栏下方还有功能按钮，分别是删除所选择的检索式“Remove Selected”、检索式组合检索“Combine searches”、保存检索式“Save Search History”及将检索式保存为“RSS Feeds”，它们仅在已有检索式存在的情况下才能被激活。

3) 检索助手功能

Ovid 平台在检索结果显示页面的左上方提供此项功能。在用户对检索结果不满意的情况下，可通过“Narrow search”帮助用户将检索结果限定在某种期刊中来缩小范围，或通过“Broaden search”增加相关检索词来扩大检索范围。

4）指令检索

指令检索在高级检索的关键词检索页面中实现。其指令检索包括：①逻辑组配检索。用 AND、OR、NOT 表示逻辑与、或、非的关系。如：1 AND 2(1 和 2 为检索式序号)。②字段限定检索。在检索后直接输入字段名称，格式为：检索词. 字段名.，如 apoptosis. ti. 表示文献篇名中含有 apoptosis 的文献。③位置检索(邻近检索)。其算符为“adj”。“adj”插于两个检索词间表示两个检索词要相邻，如：Acute adj2 heart failure，表示在 Acute 与 heart failure 之间最多插入两个词或字符。④截词检索。采用“＄”进行无限截词检索。⑤通配符检索。通配符为“＃”和“?”。其中“＃”在单词中必须代表一个字母，而“?”则可代表一个字母，也可缺省。如输入“wom＃n”，可检索出含有“woman”和“women”的文献，而输入“tumo? r”，可检索出含有“tumor”和“tumour”的文献。

5）相关资源的链接功能

Ovid 检索系统的资源链接功能是非常强大的，不仅在 Ovid 平台上的各数据库间的资源可以相互链接，还可以整合其他资源并与之相链接，包括馆藏书目数据库、期刊全文数据库及网络免费期刊资源等，使用户在同一平台上即可方便地获取不同的资源，如在检索结果的文献记录中有相关资源的链接(包括文摘“Abstract”、完全记录“Complete Reference”、Ovid 全文“Ovid Full Text”、其他来源全文“Full Text”、馆藏书目“Library Holding”、网络资源“Internet Resources”、查找相似文献“Find Similar”及查找引用文献“Find Citating Articles”等链接)。

6）个性化服务功能——个人账户管理

个人账户(需要用户注册并申请账户)是 Ovid 系统为用户提供的，用于管理个人检索课题。该账户为用户提供一个存储空间，可用于保存已经设计好的检索策略式。检索策略式的保存有三种类型供选择，它们是临时的(仅保存 24 小时)“Temporary”、永久的“Permanent”及自动文献传递“AutoAlert(SDI)”。在保存检索式的同时，用户还可以对保存过的检索式进行更名(Rename)、复制(Copy)、删除(Delete)、编辑(Edit)、显示(Display)及发送检索结果链接(E-mail Jumpstart)等操作。在自动文献传递的设置中，可以设置接收传递文献的电子邮件地址、主题、格式、报告类型、输出字段、结果的排序、接收邮件的时间设定及检索结果的去重等。

三、Ovid 在线全文期刊数据库检索结果的显示与输出

1. 文献题录的显示与输出

单击检索式显示栏中的“Display”按钮，系统显示检索结果的题录信息列表，利用“Customize Display”设置记录显示格式，系统提供包括题录、文摘等四种显示格式，如果这四种显示格式不符合需要，可以通过“Select Fields”自定义显示记录的字段。利用“Reset Display”恢复系统默认显示格式。“Results Manager”用来管理检索结果题录或文摘的显示与输入，位于检索结果显示页面的左下方，输出检索结果包括记录的范围“Results”有标记记录、当前页中所有文献及全部检索结果三种选择，系统每次最多输出题录数为 200 条；输出记录字段的设置“Fields”有题录、题录＋文摘、题录＋文摘＋主题词字段、完全记录格式及自定义字段等；输出题录格式“Result Format”的选择；排序“Sort Keys”等的设置，题录的输出“Action”

包括显示、打印、邮件发送及存盘。

2. 全文的显示与输出

在检索结果的题录列表中有“Ovid Full Text”链接，单击它即可显示全文。Ovid全文有HTML和PDF两种显示格式。HTML格式的全文中具有相关链接（如正文内容链接、图表链接及参考文献链接等），便于阅读，但在输出时其图表要单独保存。PDF格式的全文则方便打印与存盘。

第十节　Blackwell全文期刊数据库

一、Blackwell全文期刊数据库概述

英国Blackwell出版公司是世界上较大的学术性期刊出版商，以出版国际性期刊为主。其中理科类期刊占54%左右，其余为人文社会科学类。涉及学科包括物理学、医学、社会科学、人文科学、艺术、行为学、商业、经济、金融、会计、数学与统计学、法律、医药卫生、生物物理学、农业与动物学、工程计算机技术等领域。Blackwell出版期刊的学术质量很高，很多是各学科领域内的核心刊物，在科学技术、医学、社会科学及人文科学等领域享有盛誉。据统计，Blackwell期刊中被SCI收录的核心期刊有239种，被SSCI收录的有118种，占所有期刊总数的60%以上。Blackwell Synergy是Blackwell Publishing以在线方式提供期刊全文服务的平台。Blackwell提供包括在所有范围内快速查询的功能，对所订期刊的即时全文获取，还有对引文和参考文献的链接。Blackwell Synergy由于其简洁性、易用性和个性化功能，受到了用户的青睐。

二、Blackwell全文期刊数据库检索方法

Blackwell全文期刊数据库提供网络在线的访问形式，访问权限通过IP控制。该数据库于2007年1月重新设计了新的检索页面，新的检索页面在保留和提高原有页面的特点与功能的基础上，提供了更简捷的导航功能、更快速的高效获取文献的辅助功能。该页面主要提供了相关资源及检索页面的链接、快速检索、期刊浏览模式的选择及相应期刊浏览的导航等功能。

1. 快速检索

在大多数页面中都有快速检索功能。在检索词文本框中输入所要检索的词或短语，可在所有的期刊中进行检索。使用术语或短语检索时，一定要使用双引号。在检索结果显示页面中还可以使用“Refine your search”对检索结果进行二次检索。快速检索的下方还有“Quick Link”功能，一般用于当已知文章所在期刊名称及卷、期、页码时快速查找文章，刊名不必输入，直接在下拉菜单中按刊名字顺选择即可，卷、期、页码需要输入。

2. 高级检索

系统提供所有字段、全文、著者、篇名、文摘、引文著者、出版年的输入框，用户可将检索词输入相应的检索框中，可以根据需要对检索结果进行条件限制，包括期刊范围、主题、出版年限范围等，可以对检索结果按与检索词的相关度和出版时间进行排序，还可以设置每页显

示检索记录的数目和格式等。

3. 浏览检索

系统默认的检索模式是按主题浏览期刊"All Journals By Subject"模式，即将数据库中所收录的所有期刊按学科分类，在每个类名前有"＋"，单击"＋"将打开该学科的下级类目，单击下级类目名称前的"＋"将打开关于该类目的所有期刊名称列表，在每种刊名后还有图标说明获取文献的方式，包括订阅获取原文＋回溯文档、订阅获取原文、可获取部分原文及免费获取内容等。单击刊名链接可打开系统提供的该刊卷期列表，单击所需的卷期即可打开当期期刊目次，浏览目次查找所需文献。系统除可按主题浏览外，还有按字顺浏览期刊、单列订阅期刊列表、最喜爱期刊列表、订阅和所有期刊字顺列表、订阅和所有期刊主题列表等模式供选择。

4. 指令检索

系统采用标准的布尔逻辑运算符，即用"AND""OR""NOT"表示逻辑关系"与""或""非"；可使用字段限定检索，格式为"字段名:检索词"，如查找在题目中有细胞凋亡的文章的格式为 title;apoptosis。利用"＊"可进行截词检索。

5. 其他辅助检索功能

系统还提供 CrossRef 链接检索"CrossRef Search"、重新运行已保存检索式"Saved Searches"及"My Synergy"等功能，用于用户注册并申请个人账户等。

三、Blackwell 全文期刊数据库检索结果的显示与输出

1. 题录与文摘的显示与输出

在执行浏览和检索后，系统将显示检索结果页面，所检索到的记录以题录的形式列出，包括篇名、著者及文献出处，每条记录下还有文摘、参考文献、PDF 全文或 HTML 全文的链接，也可以选择"View abstracts"查看文摘列表。在 Blackwell 全文期刊数据库中，文献的题录与文摘对所有用户是可以免费使用的，而全文除有免费试用标记符号的文章外，其他文章必须订阅或单独购买才能使用。系统输出题录与文摘时要先选择需要输出的记录，可以单篇选择，也可单击"Select all"选择全部记录，输出方式有下载存盘及邮件发送两种方式，还可以将检索结果添加到个人账户中或设置文献引用通报等。

2. 全文的显示与输出

文献的全文有 HTML 和 PDF 两种显示格式。HTML 格式的全文中有文摘、图表、关键词及著者的链接，另外还与其他书目数据库间建立有链接，如 PubMed(Medline) 和 ISI Web of Science 等。输出方式有存盘与打印两种。

第十一节 ProQuest 医学全文期刊数据库

一、ProQuest 医学全文期刊数据库概述

ProQuest 医学全文期刊数据库(ProQuest Medical Library，PML)是美国 Bell & Howell Information and Learning 公司出版的网络医学全文期刊数据库，以 Medline 作为索引，目前共收录期刊 763 种，其中有 738 种为重要的医学专业期刊，PML 收录期刊的来源达到了 256 家出版社，如 PML 除收录了权威的美国医学会(American Medical Association)所出版的全部 12 种刊物的全文和文摘外，还收录了 The Lancet、The New England Journal of Medicine、Nursing 及 Pediatrics 等带有完整全文图像的基础医学、临床医学及卫生健康等方面的许多重要全文期刊。PML 中所有带图像全文都包含有原文中的图表、图片、照片、图形、表格或其他图形元素，而多数全文期刊都带有逐页扫描的、高分辨率的图像。该数据库检索系统为用户提供了英文、法文、德文、西班牙文、中文等 14 种检索界面，用户可根据自己的需要选择中文、英文或其他语种的界面进行检索。

二、ProQuest 医学全文期刊数据库检索功能

PML 全文期刊数据库是通过 IP 控制的在线访问数据库，可直接通过网址或链接登录。

ProQuest 医学全文期刊数据库目前提供基本检索、高级检索、主题检索、出版物检索及指令检索等检索途径。

1. 基本检索

在 PML 的基本检索界面的检索框内直接输入检索词，同时在检索框下方可以对检索结果进行时间范围“Date range”、能提供全文的文献“Full text documents only”、学术期刊(包括经专家评审的期刊)“Scholarly journal，including peer-reviewed”的限定，还可以通过“More Search Options”检索特定著者、出版物，可将检索词限定在引文或文摘的各种字段中，如著者、文摘、文章篇名、机构名称等。

2. 高级检索

在高级检索页面中，系统默认提供三个检索词输入框，用户可以在输入框内输入检索词，并可以选择引文和文章正文字段对检索词进行限定，同时可以选择逻辑算符或位置算符来控制词与词之间的逻辑关系及位置关系，如果检索词超过三个，可以通过单击“Add a row”来增加检索词输入框。在检索过程中，可以单击“Browse Topics”来浏览与所输入的检索词相近的主题概念，并可直接选择更适合的主题概念进行检索。可以通过限制条件的选择对检索结果进行限定，如出版时间范围、全文文献、学术期刊等，也可以通过“More Search Options”对检索结果进行其他限定。

3. 主题检索

主题检索允许用户对相关主题进行扩展检索；可以浏览主题、公司或机构、人名及位置列表选词进行检索；还可以在主题目录中选择下位类主题进行专指性更强的检索。这一检索功能主要用于对某一主题没有特殊检索需求而仅是进行一般浏览检索的有效方式。

4. 出版物检索

出版物检索用来检索特定出版物的全文文献，也包括对某一出版物特定卷期内容的检索。在检索时，可输入出版物的全称进行查找，也可以通过出版物名称关键词进行检索，如果必要还可以通过出版物名称关键词间的逻辑组配进行检索。在此页面还为用户提供了按字顺显示该数据库所有的出版物名称列表，单击任一出版物名称，可获得该出版物的卷期列表的链接“Browse Issues”，通过此链接可打开该出版物的卷期列表，用户可直接单击相应的

期次来浏览其目次，直接浏览该出版物在数据库中的所有文献；通过“View Publication Information”了解该出版物在数据库中的收录信息，包括全文、引文及文献的回溯年限，收录全文的时滞及出版者信息等；通过“Search within a publication”可以输入关键词直接在该出版物的所有卷期中检索所需文献。

5. 指令检索

在基本检索及高级检索状态下可使用指令进行检索。指令检索是指直接在检索词输入框内输入检索指令，通过逻辑组配、临近检索、截词检索、词群检索及短语检索等技术，达到检索目的。

(1) 逻辑检索：用“AND”“OR”“NOT”来表示词与词之间的“与”“或”“非”的关系。

(2) 临近检索：用“WITHIN/n(W/n)”和“Pre/n”来控制词与词之间的位置关系。其中“W/n”表示用来连接的两个词之间最多可插入 *n* 个词，同时前后两个词间没有词序的要求，如“Wireless w/3 mobile”；而“Pre/n”表示用来连接的两个词之间最多可插入 *n* 个词，同时前后两个词间词序不可改变，如“tamoxifen pre/5 breast cancer”。

(3) 截词检索：用“?”和“*”进行截词检索。其中“?”代表一个字母，一般用于仅有一个字母拼写不同的单词间的检索，如 wom?n 即可检索出 woman 和 women；“*”可替代多个字母，仅用于词尾，当使用“*”时，其前方至少要有三个字母，在检索单复数变化的单词时，可不必使用“*”，因为系统将会自动截词。

(4) 词群检索：用圆括号“()”进行词群检索，是指将有相互关联的词集中在一起进行的检索，如 press releases and(university or instruction or courses)。

(5) 短语检索：用双引号(“”)进行短语检索。一般如果短语是由两个单词组成，系统将自动按短语进行检索，但当短语由三个以上单词组成时，必须使用双引号(“”)系统才能将其视为短语。

6. 其他辅助检索功能

数据库还提供词表辅助检索、智能检索、文献通报功能等。

(1) 词表辅助检索(Thesaurus)：可在高级检索中将检索词限定在“Subject”字段中使用，也可在基本检索与高级检索的“Browse Topics”中使用。其主要功能是帮助用户选择恰当的主题词检索所需文献，以提高检索质量。

(2) 智能检索(Smart Search)：可将检索词与索引词表和出版物名称列表进行对比，并提供相应检索词列表。此项功能位于所有检索结果页面的顶部。它可以帮助用户选词进行检索，可以检索到重点文献并避免遗漏相关文献。

(3) 文献通报功能：将数据库中最新的、用户感兴趣的内容及时通报给用户，包括出版物通报(publication alerts)和检索通报(search alerts)两种功能。这项功能在“基本检索”“高级检索”“最近检索”“出版物检索”及“我的研究”页面中出现，在这些页面中单击“Set up Alert”，用户不需注册，只需提供电子邮件地址即可获取全文及文摘的服务，在此还可以设置接收电子邮件的频率、终止日期等。

三、ProQuest 医学全文期刊数据库检索结果的显示与输出

1. 检索结果的显示

检索结果的显示页面在执行检索后出现，包括命中文献篇数、检索策略及检索结果列

表，每篇文献包括篇名、著者、文献出处等，还有用图标显示是否有引文、文摘、全文、全文和图像、PDF 文件及全文链接等。检索结果按与检索词的相关度自动排序，同时还提供按文献类型集中检索结果的链接，用户可根据需要选择"All sources""Newspapers""Scholarly journals""Reference/reports""Magazines""Dissertations""Trade publications"显示各类型文献的检索结果列表。

2. 检索结果的管理

(1) 检索结果的标记。在检索结果文献列表中，每篇文献的序号左侧有一个复选框，用户可以标记所需文献，也可以用"Mark All"标记所有文献。

(2) 单列有全文的文献。单击"Show only full text"可将检索结果中能提供全文的文献单独列出。

(3) 检索结果的排序。利用"Sort results by"可选择将检索结果按出版时间或与检索词的相关度进行排序。

(4) 每页显示文献数目的设置。利用"Results per page"可以调整在每页显示检索结果的文献篇数。

(5) 二次检索。如果检索结果太多，可以增加其他检索词进行限定，也可以选择其他数据库或限制条件进行限定。

3. 检索结果的输出

检索结果的输出有存盘、打印、电子邮件发送三种方式。

思考题

1. 简述医学主题词表的组成。

2. 试述主题词检索的步骤。

3. 通过 EBSCO 数据库检索下列检索题：

(1) 查找儿童哮喘(asthma)的预防与控制(prevention and control)的综述类文献。

(2) 查找有关脑出血(cerebral hemorrhage)患者护理(nurse)方面的文献。

(3) 用主题词途径查找有关肝素(heparin)治疗冠状动脉疾病(coronary disease)时所出现的副作用(adverse effects)方面的文献。

(4) 在 Academic Source Premier 数据库中查找有关 2009 诺贝尔文学奖获得者 Herta Muller 的文章。列出你选用的检索字段及检索到的记录的条数。

4. 利用 PubMed 数据库检索下列题目：

(1) 查出有关冠心病(coronary heart disease)的药物治疗(drug therapy)方面的文章，查出其中的综述(reviews)，将检索结果保存到文件中。

(2) 请查找桂林医学院(Guilin Medical College)Xu Qing 2000 年至今发表的被 Medline 数据库收录的文章。

(3) 查找发表于 *Journal of Biological Chemistry*(期刊名)、其 ISSN 号是 0021-9258 的、有关 fas 基因的文章。

(4) 申请个人的 NCBI 账号。试将检索结果和检索表达式存入个人 NCBI 的 My Saved

Data 中。

(5) 在个人的 NCBI 账号的过滤器中，设置本校所购买的全文数据库对应的过滤器。

5. 分别用 SpringerLink 和国道专题数据库，查出有关哮喘(asthma)的药物治疗(drug therapy)方面的文章，将检索结果保存到文件中。

6. 查找发表于 *Respiratory Research*(期刊名)的、有关哮喘(asthma)的文章。

7. 查出有关阿司匹林(aspirin)的药品信息，将检索结果保存到文件中。查找"再生障碍性贫血(aplastic anemia)遗传机制"方面的文献。

(1) 检索 2006 年以来出版的有关电子健康档案用于社区卫生服务的英文综述文献。

(2) 检索肝癌患者肝移植的免疫学研究方面的文献。

8. 利用 ProQuest 的基本检索，查询 2009 年 10 月 1 日以后有关"国庆阅兵"的文章，查看其中一篇的全文，并将该文献翻译成中文(简体)。利用 ProQuest 的出版物检索，检索以 China 命名的刊物有哪些，列举两种。

9. 利用 ScienceDirect 的"Browse by subject"，写下你的专业在该数据库中的"Subject"。

Your major:(in English) ______________________,

Subject: ______________________________________.

在 ScienceDirect 数据库中单击查看最热门文章排行，选择你感兴趣的学科，查看排名第一的文章。你选择的学科是(in English): ______________。写下排在首位的文章的篇名、来源出版物、作者、卷期号、页码分别是 ______________________________。

10. 利用 Wiley Interscience 高级检索查找收录在该库中的你所在学校师生发表的期刊论文。你选择的检索字段是(in English): ______________；检索词是(　　　　)；检索结果有(　　　　)条。

11. 华人科学家高锟等获得 2009 诺贝尔物理学奖，利用 SpringerLink 高级检索查找该库中收录的高锟的论文。你选择的检索字段是:(　　　　)；检索词是(　　　　)；检索结果有(　　　　)条。

12. 国道的检索方式有哪几种？其中，奖项导航能够查到哪些奖项？

第四章　特种医学文献信息检索

特种文献是指图书、期刊以外的各种文献资料，即非书非刊资料，是一种出版形式比较特殊的文献，也被称作“灰色文献”，包括学位论文、会议资料、专利文献、技术报告、技术标准、政府出版物、产品样本、产品说明书等。其特点是种类繁、内容广、数量多、报道快、参考价值大，是重要的信息源。本章主要介绍了学位论文、会议文献、专利文献、标准文献的检索工具、检索途径和检索方法。通过本章的学习，学生能够了解各种类型特种文献的表现特征，熟悉不同特种文献类型检索工具的主要用途、检索途径和方法步骤，重点掌握网络检索特种文献资源的途径和方法。

第一节　学位论文检索

一、学位论文概述

1. 学位论文的概念

学位论文是高等院校或科研单位的毕业生为获得学位，在导师的指导下撰写完成的，向有关方面呈交的体现其学术研究水平并供审查答辩用的学术性研究论文。学位论文除具有科研论文的科学性、学术性、新颖性等特性外，还有绝大多数不公开发表或出版等特点。学位论文作为一种特殊类型的学术信息资源，其选题新颖（一般都是某一学科比较重要且具有前沿性的理论或应用方面的课题），讨论问题专深、系统，从研究背景、技术线路、实验方法到数据获取、分析结论等阐述充分详尽，且有丰富的参考文献；对相应研究领域的现状有系统深入的综述，具有较高的学术研究价值和实用价值，是科研人员借以了解当前最新学术动态、掌握科技信息、研究学科前沿问题的有效途径之一。

学位论文在英国称“thesis”，美国则称为“dissertation”。学位制度起源于中世纪的欧洲。1180 年巴黎大学授予第一批神学博士学位。学位论文答辩制度是由德国首创的，以后各国相继效仿。凡经答辩通过的学位论文，一般都是具有独创性的研究成果，能显示论文作者的专业研究能力。

从内容来看，学位论文可分为两种类型：一种是作者参考了大量资料，进行了系统的分析、综合，依据充实的数据资料，提出本人的独特见解，称为综述性论文；另一种是作者根据前人的论点或结论，经过实验和研究，提出进一步的新论点，称为实验性或研究性论文。

由于各国教育制度规定授予学位的级别不同，学位论文也相应有学士学位论文、硕士学位论文、博士学位论文之分，其中博士学位论文具有较高的学术价值。在检索意义上一般指博士和硕士学位论文。

2. 学位论文的特点

1）论文质量有保障

首先每位研究生在确定自己的研究课题、撰写学位论文时，都得从课题的先进性、创新性、实用性及可行性等方面进行论证；其次，学位论文是在导师的严格审核和直接指导下，用2～3年时间才完成的科研成果，还必须通过院校或研究所的专家评审答辩才能通过。

2）具有一定的独创性

学位论文是通过大量的思维劳动而提出的学术性见解或结论。收集材料和进行研究的过程都是在具有该课题专长的教师指导下进行的，这些人都是本单位本学科的学术带头人，目前，正从事或指导较高水平的科研工作，所获得的科研成果在国内本学科中处于领先地位，所以学位论文探讨的问题比较专一，对问题的阐述较为详细和系统，特别是博士、硕士论文能反映某一学科当前的水平而成为科学研究的重要学术信息源。

3）参考文献多、全面，有助于对相关文献进行追踪检索

研究生在撰写论文的过程中，往往要查阅大量的国内外文献资料。因此，研究生撰写的课题综述部分，不仅提供一系列尚待解决的问题，而且几乎概括了该课题的全部信息，可以说学位论文是一篇很好的三次文献，而论文后的参考文献更是不可忽视的二次情报源，有助于对相关文献进行追踪检索。

4）学位论文一般不公开出版

学位论文除一部分在答辩通过后发表或出版外，多数不能出版发行。作为内部资料，只在授予学位的院校或研究机构的图书馆和按国家规定接受呈缴本的图书馆保存有副本。由于学位论文是向校方提供的，它不像其他公开出版物那样广泛流传，印数有限，且一般内部流通，获取困难。

5）学位论文的质量参差不齐

学位论文也像其他文献一样，其质量千差万别。作者水平和品位的不同，使得学位论文存在差异，有的论文具有一定的独到之处，其论点在本学科专业领域里具有前沿性或超前性，但也有的论文在学术水平或写作水平上或多或少存在着一些缺点和不足。

6）学位论文处于无序传播状态

学位论文的产生和分布过于分散，并呈多头管理趋势，从校科研处、研究生处、教务处到各院系教研室、资料室乃至个人，学位论文无处不有，处于乱、散、滥的状态，自行收藏，自行处理，自行交换、赠送，致使大量学位论文无序传播。

3. 学位论文的管理

多数国家对学位论文进行集中管理，如英国学位论文统一存储在不列颠图书馆，不外借，只对外提供原文的缩微胶片；日本的学位论文也由日本国立国会图书馆统一管理。中国自1978年恢复学位教育制度以来，由中国科学技术情报研究所（现名中国科学技术信息研究所）与国家图书馆负责统一收藏和管理学位论文。国务院学位办指定的全国学位论文收藏单位是：国家图书馆（收藏全国所有文理科硕、博士学位论文及博士后科技报告）、中国科技信息研究所（收藏全国的理工科的硕、博士学位论文）、中国社科院文献中心（收藏全国的社会科学的硕、博士论文）。

二、国内学位论文检索

学位论文探讨的课题比较专业，一般都具有独创性，有较高的学术价值，是一个不可忽视的信息源。目前，网络越来越成为便捷地检索并获取学位论文的主要渠道。一般可以利用网络搜索引擎(Google、Baidu)进行检索和下载学位论文的题录或摘要。如果用户在相关数据库权限范围内，则可直接链接到所需论文的全文。

1. 中国知网优秀博硕士学位论文全文数据库

1) 概况

中国知网优秀博硕士学位论文全文数据库(网址为 http://www.cnki.net)是中国知网(简称 CNKI)系列数据库之一，是目前国内相关资源最完备、高质量、连续动态更新的中国优秀博硕士学位论文全文数据库，收录 1984 年至今全国 416 家博士授予单位的博士学位论文和全国 645 家硕士授予单位的优秀硕士学位论文，累积博硕士学位论文全文文献 219 万多篇(论文主要来自全国“985”“211”工程等重点院校)。按学科划分为基础科学、工程科技Ⅰ、工程科技Ⅱ、农业科技、医药卫生科技、哲学与人文科学、社会科学Ⅰ、社会科学Ⅱ、信息科技、经济与管理科学 10 个专辑，168 个专题和近 3 600 个子栏目，数据每日更新。

2) 检索方法

该系统提供快速检索、高级检索、专业检索、科研基金检索、句子检索等途径，快速检索只需要在检索框中输入检索词，没有任何限制。高级检索最常用。专业检索需要构造检索表达式，适合专业检索人员使用。下文以该系统的高级检索为例介绍其检索方法。

中国知网优秀博硕士学位论文全文数据库高级检索界面如图 4-1 所示。其检索方法如下。

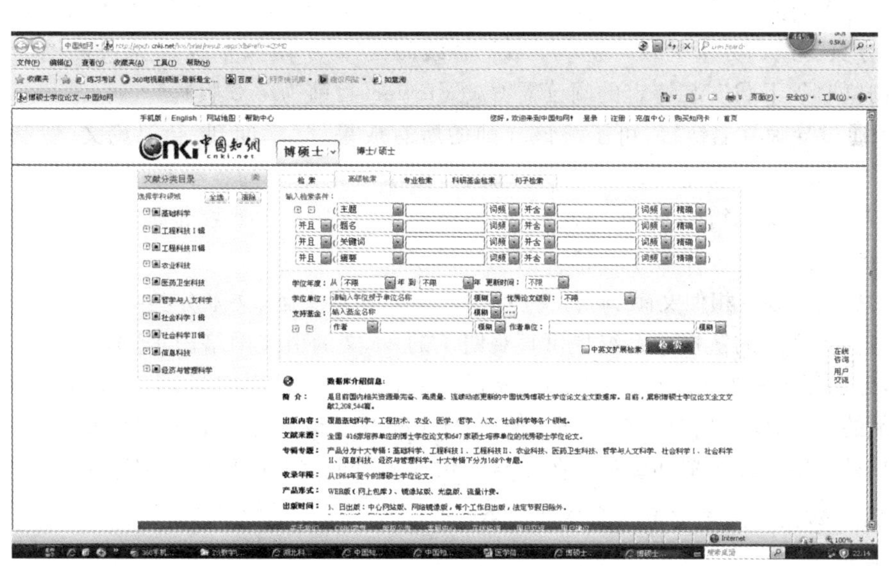

图 4-1　中国知网优秀博硕士学位论文全文数据库高级检索界面

(1) 选择学科领域。默认为全部学科领域，也可根据课题需要，选择特定的一个或多个专辑、一个或多个专题范围检索。

(2) 设置检索控制条件。检索控制条件包括学位单位、学位年度、更新时间、支持基金、

作者、作者单位。默认全部范围内检索。

(3) 设置内容检索条件。检索字段包括主题、题名、关键词、摘要、目录、全文、参考文献、中图分类号、学科专业名称等。如果检索较复杂的课题,用户可使用检索入口左侧的"+"增加检索条件,进行逻辑组合检索。用户还可选择检索词匹配方式,如精确匹配或模糊匹配。检索结果显示页面还提供二次检索功能。

(4) 单击"检索"按钮,显示检索结果。

3) 检索举例

检索 2005 年中国医科大学授予的病理学专业博士论文。其基本步骤如下:

(1) 进入中国知网主页后,选择中国优秀博硕士学位论文全文数据库;

(2) 在其检索项中选择"学位单位"检索词为"中国医科大学",时间"2005",检索后获得相关记录 177 条;

(3) 重新选择检索项为"学科专业名称",检索词为"病理学",单击"在结果中检索",获得相关记录 3 条。

4) 检索结果管理

检索结果可以按摘要和列表两种格式显示,也可按学科类别、学位授予单位、研究资助基金、导师、学科专业、研究层次、中文关键词、学位年度等进行筛选、分组浏览检索结果,还可按发表时间、相关度、被引频次、下载频次、浏览频次、学科授予年度排序结果。

(1) 题录、摘要下载。中国优秀博硕士学位论文全文数据库检索结果的题录和摘要可以免费下载。在结果显示界面,选择本页全部或部分题录,单击"存盘",进入结果输出界面,下载输出格式(默认为简单格式),单击"打印"或"预览"、"输出到本地文件"。输出格式包括简单格式、详细格式、引文格式、自定义格式、查新格式、RefWork 格式、EndNote 格式等。

(2) 全文浏览与下载。在检索结果显示界面,单击论文题名链接,进入结果细览页面,可选择"分页下载""分章下载""整本下载""在线阅读"。中国优秀博硕士学位论文全文数据库全文浏览时须下载安装特定的阅读器 CAJViewer(目前为 7.2 版)。

(3) 通过导师姓名链接,可了解该导师的所有成果(学术期刊、会议论文、专利、科技成果、报纸等数据库)。通过学位授予单位链接,可了解该单位的各学科门类名称、一级学科数、导师人数、论文总篇数、总被引次数、总下载次数、总基金文献数等详细信息。通过"攻读期成果"链接,可了解该作者学位论文前期科研情况。

(4) 系统还提供相似文献、同行关注文献、相同导师文献、文献分类导航、相关作者文献等与本文相关文献的链接。系统提供直观明了的"本文的引文网络图示"即系统以该文为节点文献,分别标出其参考文献、二级参考文献、共引文献、同被引文献、引证文献、二级引证文献等文献的篇数,便于用户了解该研究之前的情况及在该研究之后又有哪些进展。这些无疑为用户最大限度地了解和掌握相关信息提供了尽可能完备的检索和浏览功能。

2. 万方数据中国学位论文全文数据库

1) 概况

万方数据中国学位论文全文数据库(网址为 http://www.wanfangdata.com.cn)是万方数据资源系统之一,由国家法定学位论文收藏机构——中国科技信息研究所提供,委托万方数据加工的国内最早、最全的学位论文数据库。收录自 1980 年以来哲学、经济学、法学、文学、医学、农学、理学、工学、军事学及管理学等学科领域各高等院校、研究生院和研究所的硕士、博士及博士后论文共计 294 万余篇。其中“211”高校论文收录量占总量的 70%以上，每年增加约 30 万篇。内容涵盖自然科学、医药卫生、农业科学、工业技术、人文等学科领域，是我国收录数量较多的学位论文全文数据库。该数据库时效性强，2000 年以后的论文占 96%以上，数据按周更新。

2）检索方法

系统提供简单检索、高级检索、专业检索和按学科专业分类、按学校所在地浏览检索等途径。检索界面如图 4-2 所示。

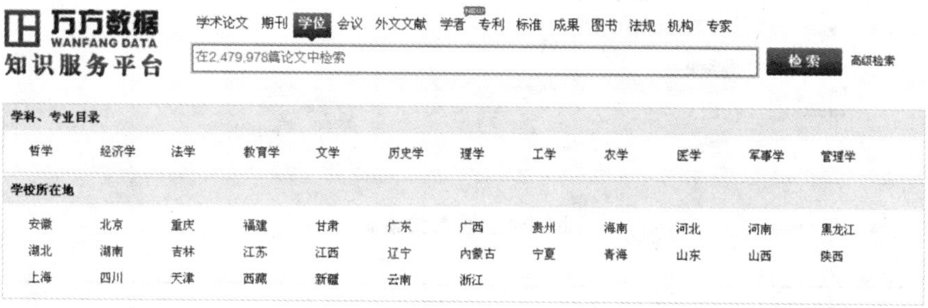

图 4-2 万方中国学位论文全文数据库检索界面

(1) 基本检索：类似于 CNKI 学位论文库的快速检索。

(2) 高级检索：与 CNKI 学位论文库的标准检索类似，提供主题、题名或关键词、题名、关键词、作者、导师、学校、专业等多个检索途径。根据课题需求，检索时选择查询字段，输入检索词，设定论文发表时间，设定结果排序方式、每页显示记录数，单击“检索”按钮，如图 4-3 所示。

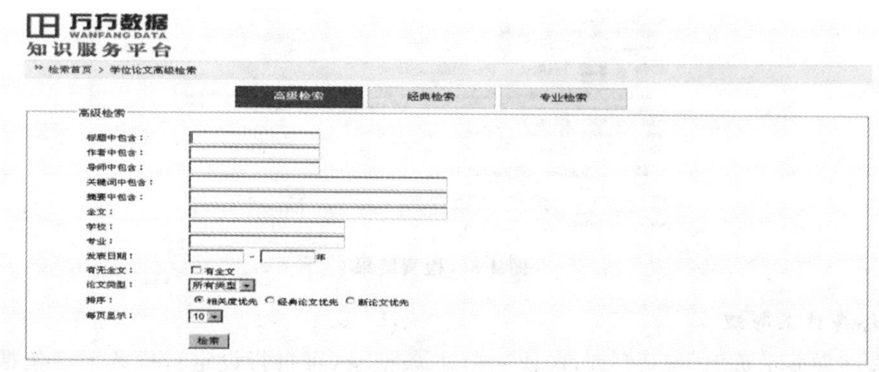

图 4-3 万方中国学位论文全文数据库高级检索界面

(3) 专业检索：与 CNKI 学位论文库的专业检索相同。

3）检索举例

(1) 检索 2005—2006 年复旦大学的外科学专业的硕士学位论文，输入检索词，如图 4-4 所示。

(2) 检索结果，如图 4-5 所示。

(3) 查看、下载全文，如图 4-6 所示。

万方数据
WANFANG DATA
知识服务平台
» 检索首页 > 学位论文高级检索

高级检索 | 经典检索 | 专业检索

高级检索

标题中包含：
作者中包含：
导师中包含：
关键词中包含：
摘要中包含：
全文：
学校：复旦大学
专业：外科学
发表日期：2005 - 2006 年
有无全文：□有全文
论文类型：硕士
排序：◉相关度优先 ○经典论文优先 ○新论文优先
每页显示：10
检索

图 4-4　输入检索词

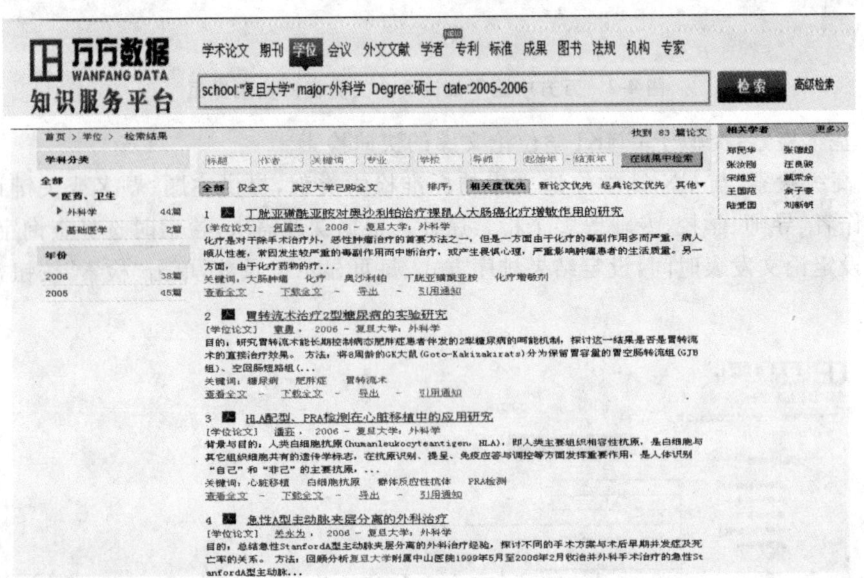

图 4-5　检索结果

4）检索结果管理

检索结果显示页面，每页显示 10、20 或 50 条记录（可自行设定），每条记录包括论文题名、作者、授予学位时间、授予单位、专业、摘要、关键词及查看全文链接等信息。可按照年份、论文类型（硕士、博士）分组浏览结果。

3. 国家科技图书文献中心(NSTL)学位论文数据库

1）概况

国家科技图书文献中心（NSTL）学位论文数据库（网址为 http://www.nstl.gov.cn）包括中文学位论文数据库和外文学位论文数据库。中文学位论文数据库主要收录 1984 年至今我国高等院校、研究生院及研究院所发布的硕士、博士和博士后论文 147 万余篇。只提供题录和文摘。学科范围涉及自然科学各专业领域，并兼顾社会科学和人文科学。每年增加

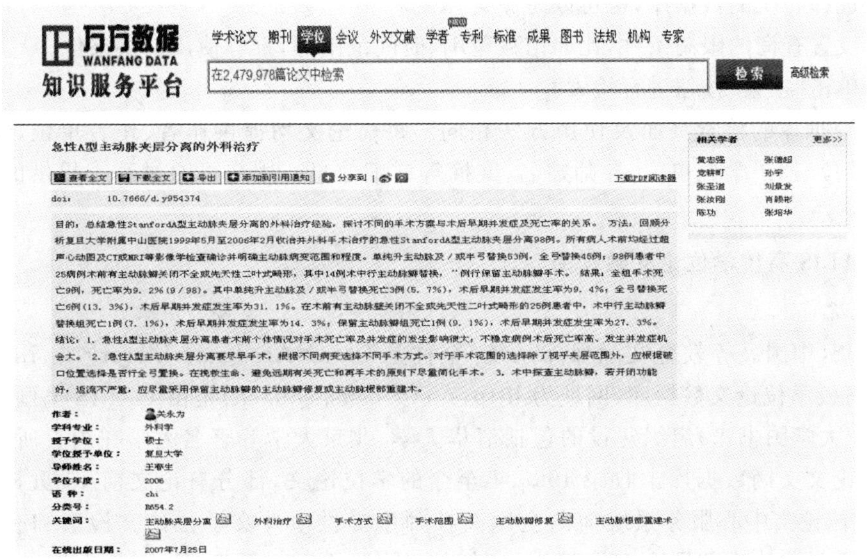

图 4-6　查看全文

论文 6 万余篇，数据每季更新。

目前，外文学位论文数据库收录了美国 ProQuest 公司博硕士论文资料库中 2001 年以来的优秀博士论文近 20 万篇。学科范围涉及自然科学各专业领域，并兼顾社会科学和人文科学。每年递增约 2 万篇最新博士论文，更新时间为每年年底。

2）检索方法

在 NSTL 首页单击“学位论文”的“中文学位论文”或“外文学位论文”链接，直接进入相应的数据库普通检索页面。图 4-7 所示为中文学位论文库检索界面。

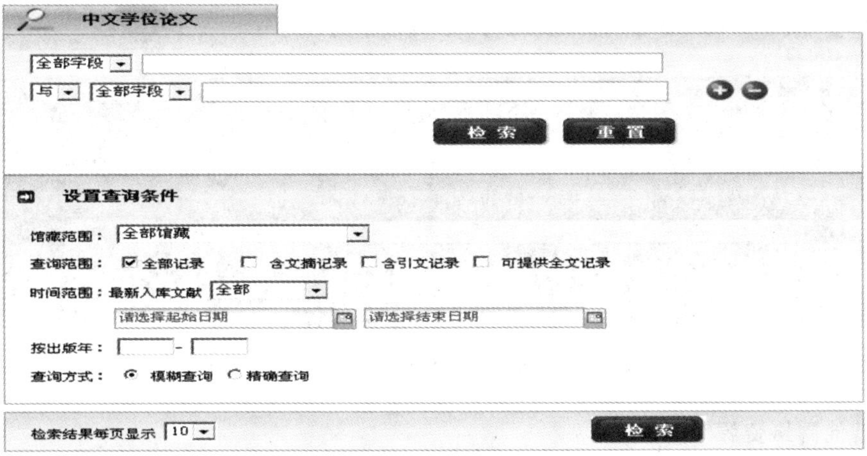

图 4-7　国家科技图书文献中心(NSTL)中文学位论文数据库检索界面

检索流程如下。

(1) 选择检索字段，输入检索词，各检索词之间可进行 and、or、not 运算，比如(computer or PC)and design。

(2) 选择相应的数据库,也可以跨库选择。

(3) 设置查询的限制条件,比如馆藏范围、时间范围等,推荐使用默认条件。

(4) 单击“检索”按钮进行检索。

两个数据库的检索页面及使用方法相同。每篇论文均提供作者、作者单位、学位授予年、授予学位、授予学位单位、导师姓名、文摘等详细信息。用户可通过系统提供的“代查代借”获得全文。

4. CALIS 高校学位论文数据库

1) 概况

CALIS(中国高等教育文献保障系统)全称是 China Academic Library & Information System,高校学位论文数据库(网址为 http://etd. calis. edu. cn)是由 CALIS 全国工程文献中心(清华大学图书馆)组织建设的包括清华大学、北京大学等著名大学在内百所高校的博硕士学位论文文摘数据库。收录 1995 年至今的学位论文,部分有论文前 16 页扫描图像。CALIS 学位论文中心服务系统面向全国高校师生提供中外文学位论文检索和获取服务。目前博硕士学位论文数据逾 384 万条,其中中文数据约 172 万条,外文数据约 212 万条,数据持续增长中。

2) 检索方法

该系统采用 e 读搜索引擎(见图 4-8),检索便捷灵活,提供简单检索和高级检索两种途径,可进行多字段组配检索,也可从资源类型、检索范围、时间、语种、论文来源等多角度进行限定检索。系统能够根据用户登录身份显示适合用户的检索结果,检索结果通过多种途径的分面和排序方式进行过滤、聚合与导引,并与其他类型资源关联,方便读者快速定位所需信息。

图 4-8 CALIS 高校学位论文数据库检索界面

5. 其他网络资源

(1) 国家图书馆博士论文库(文摘),网址为 http://mylib. nlc. gov. cn/web/guest/boshilunwen。国家图书馆收藏博士论文达 20 多万种,还收藏部分院校的硕士学位论文和部分海外华人华侨学位论文等。免费提供论文目录和前 24 页,不可下载、打印。可利用文献传递服务获取全文。

(2) 香港大学 HKU Theses Online(HKUTO)(全文库),网址为 http://sunzi1. lib.

hku. hk/hkuto/index. jsp。

(3) 台湾大学电子学位论文服务(摘要库),网址为 http://etds. lib. ntu. edu. tw/main/index。

三、国外学位论文检索

1. ProQuest 博硕士论文数据库

1) 概况

ProQuest 公司是世界上最早及最大的博硕士论文收藏和供应商。ProQuest Dissertations & Theses(简称 PQDT,原名 PQDD)由美国 ProQuest 公司(原 UMI)出版,收录 1861 年以来欧美 700 余所大学及世界其他国家和地区高等院校,涵盖文、理、工、农、医等领域的博士、硕士学位论文文摘、索引和引文 240 万余篇,缩微胶片全文 190 万余篇,PDF 格式全文 100 万余篇。大多数论文可提供纸本或缩微胶片形式的全文副本。1997 年以后发表的绝大部分论文除提供 PDF 全文外,还可以免费预览论文的前 24 页。每年新增论文 6 万余篇,数据每周更新。PQDT 已成为世界上最大的、广泛被使用的国际性学位论文资源。

2) 检索方法

PQDT 提供英、法、中、日、韩等 18 种检索界面语言,可与 ProQuest 平台的其他数据库进行跨库检索。提供基本检索、高级检索两种途径,提供题录和文摘、文摘、导师、作者、学位等 18 个字段及"更多检索选项"供用户选择。此外,系统还提供按学科专业、按国家和地区进行浏览的功能,并提供内容提示、建立 RSS 等个性化服务。

3) 检索举例

检索美国华盛顿大学(University of Washington)近 5 年医学专业的学位论文,可通过以下方式获得:

选择高级检索途径,分别在两个检索框中键入检索词"medicine""university of washington",选择相应字段"Subject name/code""School name/code",限定检索时间"Last 5 years",单击"Search"按钮,完成检索操作,如图 4-9 所示。

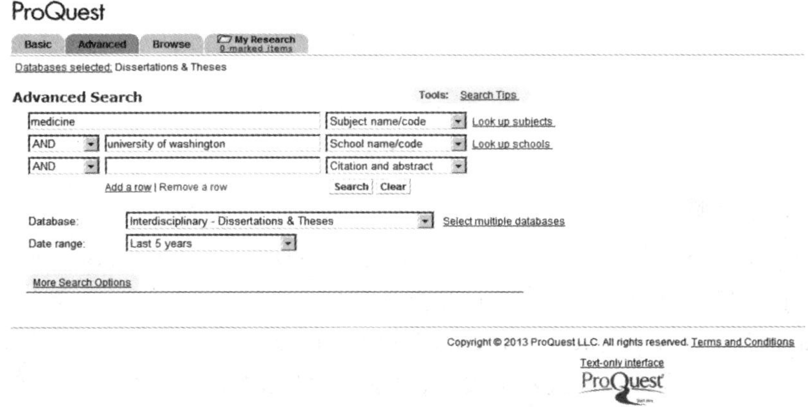

图 4-9 ProQuest 博硕士论文数据库高级检索

为满足国内对欧美博士论文全文的需求,自 2002 年起,由教育部 CALIS 组织国内部分

高校、学术研究单位及公共图书馆近130个成员馆，联合采购ProQuest的部分学位论文全文(PDF格式)，建立了ProQuest学位论文全文数据库。该库目前已收录21万余篇全文，包括自然科学和社会科学各领域。成员馆可通过CALIS全国文理中心(北京大学图书馆)、中国科学技术信息研究所和上海交通大学图书馆三个镜像站，共享各成员馆订购的资源。

2. NDLTD(网络博硕士学位论文数字图书馆)

NDLTD(网址为http://www.ndltd.org)全称是Networked Digital Library of Theses and Dissertations，是由美国国家自然科学基金支持的一个网上学位论文共建共享项目，为用户提供免费的学位论文文摘及部分可获取的免费学位论文全文。目前全球已有200多所大学的图书馆、7个图书馆联盟、29个研究机构加入，收录美国、加拿大、澳大利亚、德国、中国等国家和地区的学位论文。NDLTD的目的是创建一个支持全球范围内电子论文的创作、标引、储存、传播及检索的数字图书馆，任何人都可以通过网络免费浏览和检索其所收录的学位论文，以此促进研究生教育的发展。

NDLTD目前为用户免费提供论文文摘及部分论文全文(分为无限制下载、有限制下载、不能下载几种方式)，可作为国外学位论文的补充资源。NDLTD针对不同的用户提供不同的检索入口。如为研究者提供学位论文检索(Find ETDs)，为作者提供论文提交(Submit ETDs)，为机构提供论文管理(Manage ETDs)，如图4-10所示。

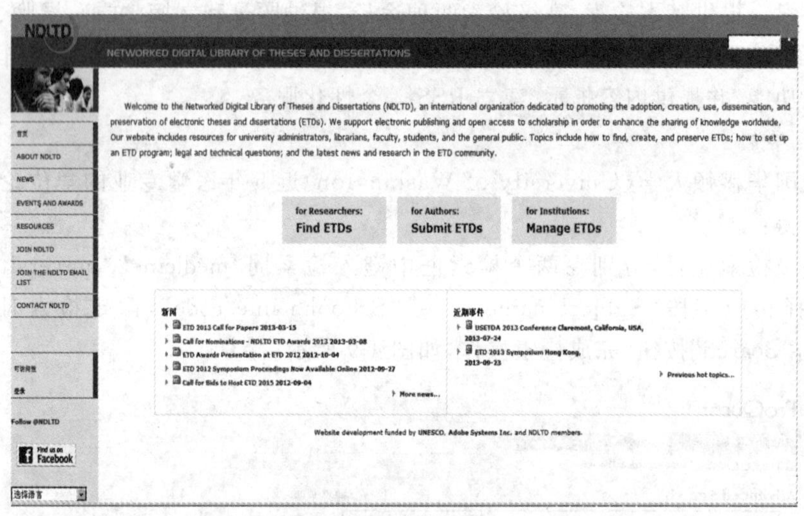

图4-10 NDLTD首页

3. 其他网络资源

(1) Academic Archive On-line(网址为http://www.diva-portal.org/index.xsql?lang=en)，提供北欧17所大学学位论文入口和全文下载。

(2) Australian Digital Theses Program(网址为http://adt.caul.edu.au)，即澳大利亚高校学位论文索引，目前被新南威尔士大学、墨尔本大学、昆士兰大学、悉尼大学、澳大利亚国立大学等多所高校认可，多数论文提供PDF格式全文。

(3) Theses Canada(网址为http://www.collectionscanada.ca/thesescanada/index-e.html)，部分提供全文，高级检索可依据学位或学校查询。

(4) EthOS(网址为 http://www.ethos.ac.uk),于 2008 年 12 月 9 日启动试运行,开放 5 335 条记录并目标增添包含 90 余所英国高等院校所提供的 11 000 余条记录。

第二节　会议文献检索

一、会议文献概述

会议是人们交流知识信息的重要渠道之一。学术会议为从事类似研究工作的学者提供了接触和交流的机会、场所,通过在会议上的论文宣读及参会者之间的讨论交流,加速了信息的传递,许多重大发现往往首先在学术会议上公布。因此,会议文献是一种比期刊文献传递新信息更快的文献类型。会议文献是最新研究成果报道的一种主要方式。

1. 会议文献的概念

会议文献(conference literature)一般是指在各种学术会议上发表的学术报告、会议录和论文集。会议文献包括会前文献和会后文献两种。会前文献包括会议日程报告、征文启事等,预报了会议内容及召开的时间、地点等,为科研人员及时了解和掌握世界范围的专业会议信息、撰写会议论文并参加会议提供了帮助。会后文献是指会议结束后出版的会议文献,包括会议录、专题论文集、会议论文汇编、会议论文集、会议出版物及会议纪要。

会议文献的出版形式有很多,常见的有图书、期刊、科技报告、在线会议等,既有正式出版物,也有各种非正式出版物。会议文献的表达形式也比较多样化,给揭示、检索都带来一定的困难。所以说,在各类文献中,会议文献是比较难以收集和检索的文献。

会议文献的名称包括会议录(proceeding)、讨论会、研讨会文集(symposium series)、学术报告、讨论会论文集(colloquium papers)、会议论文汇编(transactions)、会议记录(records)、会议报告集(reports)、会议论文集(conference papers)、会议出版物(publications)、会议辑要(digest)等。

2. 会议文献的特点

由于重要的医学会议都会有一些国内外的行业领军人物、主要专家学者参加并作大会主题报告,医学会议文献往往针对的是当今生物医学领域的重大课题,包含了许多新问题、新见解、新成果和新进展,具有专业性,针对性强,连续性强,反映某一专题各阶段的研究重点和发展趋势,内容新颖,学术水平高,信息量大,涉及的专业内容集中,可靠性高,及时性强,出版发行方式灵活(出版形式不确定,信息载体形式多样,出版不规律,印刷数量少),收集困难大等特点。因此,会议文献在目前的十大科技信息源中,其利用率仅次于科技期刊。对于医学工作者来说,医学会议文献是获取最新医学信息、掌握学科前沿动态的重要信息源。

二、国内会议文献检索

1. CNKI 中国重要会议论文全文数据库

1) 概况

CNKI 中国重要会议论文全文数据库(网址为 http://www.cnki.net)是中国知网(简称

CNKI)的会议论文数据库，重点收录1999年以来(部分重点会议文献回溯至1953年)中国科协及国家二级以上学会、协会、研究会、科研院所、政府举办的重要学术会议、高校重要学术会议、在国内召开的国际会议上发表的文献。其中，全国性会议文献超过总量的80%。目前，已收录出版国内外学术会议论文集23 162本，累积文献总量2 158 116篇。产品分为十大专辑：基础科学、工程科技Ⅰ、工程科技Ⅱ、农业科技、医药卫生科技、哲学与人文科学、社会科学Ⅰ、社会科学Ⅱ、信息科技、经济与管理科学。十大专辑下分为168个专题。数据每日更新。

2）检索方法

系统提供了快速检索、高级检索、专业检索、作者发文检索、科研基金检索、句子检索、来源会议检索方式，还可以使用学科领域分类导航、会议导航、论文集导航、主办单位导航等浏览检索。

CNKI数据库的高级检索界面如图4-11所示。其检索方法如下。

(1) 选择学科领域。默认全部学科领域，也可根据课题需要，选择特定的一个或多个专辑，在一个或多个专题范围内检索。

(2) 设置检索控制条件，包括会议时间、更新时间、会议名称、会议级别、支持基金、论文集类型、作者、第一作者、作者单位等。默认全部范围内检索。

(3) 设置内容检索条件。检索字段有主题、篇名、关键词、摘要、全文、会议集名称、中图分类号、参考文献等。“+”按钮可用来增加检索式，多条检索式可进行组配检索。

(4) 单击“检索”按钮，显示检索结果。

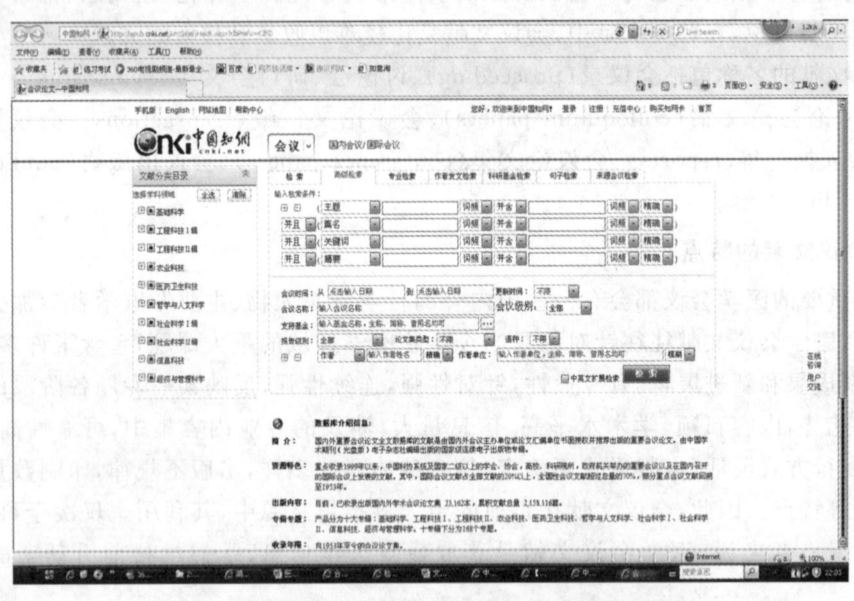

图4-11　中国重要会议论文全文数据库高级检索界面

3）检索举例

某医师从事高血压病的研究，欲了解国内本学科最新研究进展，如何满足该医师的需求？

(1) 进入中国知网主页后，选择“中国重要会议论文全文数据库”；

(2) 在高级检索界面限定会议时间，会议级别选择“全国”；

(3) 高级检索界面下方的内容检索条件输入框，如图 4-12 所示，选择检索项为“主题”，检索词为“高血压”，单击“检索”按钮。

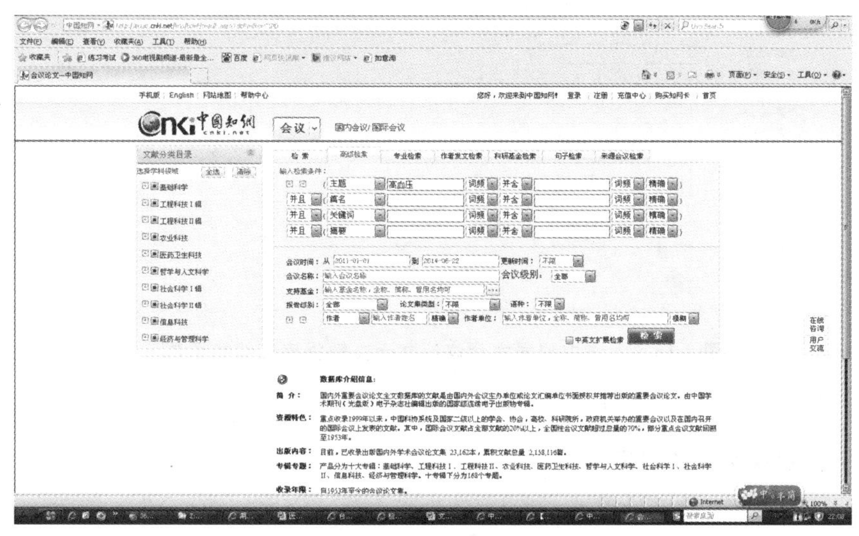

图 4-12　CNKI 中国重要会议论文全文数据库检索举例

4）检索结果管理

(1) 检索结果显示方式。有摘要显示、列表显示两种方式，每页记录数有 10、20、50 三个选项。

(2) 分组浏览。可按学科类别、会议论文集、主办单位、研究资助基金、研究层次、文献作者、作者单位、关键词、发表年度分组浏览。

(3) 排序。可按会议召开时间、相关度、被引频次、下载频次进行排序。

(4) 结果存盘。结果存盘方法同中国优秀博硕士学位论文全文数据库的存盘方法。

2. 万方中国学术会议论文全文数据库

1）概况

中国学术会议论文全文数据库（网址为 http://www.wanfangdata.com.cn）是国内具有权威性的学术会议论文全文数据库，收录了 1985 年至今的国家一级学会在国内组织召开的全国性学术会议，是目前国内收录会议数量最多、学科覆盖最广的数据库，是掌握国内学术会议动态必不可少的权威资源。目前收录数据达 223 万余条，内容覆盖自然科学、工程技术、农林、医学等各个领域。

2）检索方法

系统提供简单检索、高级检索、专业检索、学术会议分类浏览、会议主办单位浏览检索等方式。高级检索界面如图 4-13 所示。

检索方法是根据课题需求，选择查询字段，输入检索词，设定论文发表时间、设定结果排序方式、每页显示记录数，单击“检索”按钮。可选字段包括论文标题、作者、会议名称、摘要、关键词、全文、主办单位。排序方式包括相关度优先、经典论文优先、最新论文优先。

3）检索结果管理

检索结果显示页面，每页显示 10 条记录，每条记录包括论文题名、作者、时间、会议论文

图 4-13　万方中国学术会议论文全文数据库高级检索界面

集名、摘要、关键词等信息。可按照年份分组浏览结果。

3. NSTL 会议论文数据库

1）概况

NSTL 会议论文数据库(网址为 http://www.nstl.gov.cn)由国家科技图书文献中心(NSTL)提供,包括中国会议论文数据库和外文会议论文库。中国会议论文数据库收录了1985 年以来我国国家级学会、协会、研究会及各省、部委等组织召开的全国性学术会议论文。数据库的收藏重点为自然科学各专业领域,每年涉及 600 余个重要的学术会议,年增加论文 4 万余篇,每季或每月更新。外文会议论文数据库主要收录了 1985 年以来世界各主要学会、协会、出版机构出版的学术会议论文,部分文献有少量回溯。学科范围涉及工程技术和自然科学各专业领域。每年增加论文约 20 余万篇,每周更新。免费检索可查看会议论文的文摘。获取全文文献须付费或进行原文传递。

2）检索方法

进入 NSTL,单击首页上的"中文会议"或"外文会议"进入检索界面,如图 4-14 所示。

图 4-14　NSTL 会议论文数据库检索界面

NSTL 提供题名、作者、关键词、会议时间、会议名称、ISBN、文摘等检索项供选择，检索词之间的关系通过“与”“或”“非”“异或”等检索条件加以限制。

4. 读秀会议论文频道

读秀会议论文频道收录了国内外各种会议论文，用户可以分别进行检索并获得文献的题录信息。该数据库所提供的会议文献检索途径仅标题、作者、关键词、会议名称和全字段五个选择，论文信息也非常简单，无内容摘要，外文提供了论文标题、作者、会议信息、会议地点、会议时间信息，中文则只有论文标题、作者、会议名称和会议录名信息。但这些信息对辨别特定论文是足够的，数据库提供了文献传递功能，方便用户获取部分论文全文。较之于其他检索会议文献的数据库，读秀中有大量境外国际会议的文献信息。

三、国外会议文献检索

1. Web of Science 的 CPCI

CPCI 为文摘索引型数据库，汇集了世界上最新出版的会议资料，提供 1990 年以来重要会议、讨论会、研讨会等的会议论文的文摘、出版信息、相关会议信息等内容，同时还收录了 1999 年至今的文后参考文献。参考文献类型包括图书、期刊、科技报告、出版商或学会出版的连续出版物、预印本、国际会议录等。会议论文内容涉及自然科学、社会科学艺术与人文科学的各个领域，数据每周更新。

2. 国家科技图书文献中心外文会议论文库

该数据库主要收录了 1985 年以来世界各主要学协会、出版机构出版的学术会议论文，部分文献有少量回溯。学科范围涉及工程技术和自然科学各专业领域。目前会议论文量达 4 963 007 篇，每年增加论文 20 余万篇，每周更新。免费检索可看到会议文摘，获取全文文献须付费或原文传递。

四、国内外医学会议信息检索

参加学术会议有助于促进学术交流、共享科研成果、掌握专业发展动态，为进一步的专业研究和学术交流积累信息。及时获悉学术会议信息，即获取学术会议召开的时间、地点、主题和会议征文通知等内容，是撰写学术会议论文、参加学术会议的指南。

随着因特网的产生与迅猛发展，网络为获取文献信息提供了新的方式。目前，在因特网上检索各种会议信息都十分方便快捷，可通过医学搜索引擎和综合性搜索引擎及医学专业网站来获取医学会议信息。

1. 通过搜索引擎检索

可以在 Yahoo、Google、百度、搜狐、新浪等搜索引擎的检索框内输入会议的关键词，对不同专业的医学会议信息进行搜索。例如：查找 2008 年关于癫痫方面的学术会议，在检索框中输入“癫痫 2008 会议”，即可找到相关信息。如果检索结果不理想，可以把会议一词换成“学术会”“研讨会”“会讯”等再进行检索。英文会议一词可使用 meeting、proceeding、conference、congress、symposium、proseminar 等词检索。还可使用高级检索，检索结果会更加符合需要。

另外，也可以利用分类目录检索。单击各搜索引擎如 Sohu(搜狐)或 Yahoo(雅虎)的

Health(卫生与健康)类目下的 Conferences(会议与展览)类目，逐层展开检索，可获取到会议的中英文信息。但这类常规网络检索工具，检索的信息较分散。

2. 通过专业网站检索会议信息

提供医学会议信息的网站很多，这些网站报道会议预报信息较全面、系统、及时，只要及时跟踪就可以及时了解各种会议信息及会议文献内容。

1) 医学会议在线

医学会议在线(网址为 http://www.medig.com.cn)汇集了大量的国内外医学会议信息，数据每日更新。医学会议在线主页设有会议搜索、最新会议、近期会议、会议报道、会议微博、会议调研、管理会议等栏目，提供按科室归类会议信息的学科分类导航及会议信息的检索功能。用户可在首页的检索框中输入检索词，选择会议类型和会议地点等进行检索操作。网站还为注册会员提供发布会议信息、在线会议报名、在线提交会议论文等个性化服务。

2) 中国学术会议在线

中国学术会议在线(网址为 http://www.meeting.edu.cn)是经教育部批准，由教育部科技发展中心主办，面向广大科技人员的科学研究与学术交流信息服务平台，有国内外学术会议预报、会议评述、报告视频、经验交流等内容，提供模糊检索、会议检索、视频检索、会议论文摘要检索等，或者按学科分类查询相关专业的学术会议。查询结果包括会议所属学科、会议名称、会期、会址、论文拟被收录情况、论文摘要截止时间等，记录的详细信息还有会议主办单位、协办单位、承办单位、会议主席、组委会、嘉宾、全文截稿日期、联系人、联系电话、会议注册费、会议网站、会议背景介绍、征文范围及要求、会议视频等。

3) 医生指南会议资源中心

医生指南会议资源中心(Doctor's Guide:Congress Resource Centre，简称 CRC)网址为 http://www.docguide.com，是著名的美国医学网站 Doctor's Guide 的一个预报医学会议信息的栏目。它专门提供正在召开的和即将召开的世界各国医学会议信息，可浏览、检索会议信息。

CRC 提供三种检索方式。一是基本检索，在检索框中输入关键词或时间、地址名词，便可检索到相关的会议信息，如在检索框输入"China"，可检索出即将在中国召开的会议信息。二是浏览检索，可按会议所属专业、会议日期、会议地点逐层浏览会议信息。三是高级检索，可用逻辑运算符 AND、OR、NOT，加引号("")实现短语检索，运用 *、? 进行截词检索。在检索框内输入检索词或者检索表达式后进行检索，可获得所需要的会议名称、开会日期、会议地点、联系人、联系电话及 E-mail 地址等会议信息。此外，每一条会议信息下都有会议召开地点的天气、航班、旅游、饮食、住宿、订票、货币汇率等信息。

4) 学术会议网医学会议预报

学术会议网医学会议预报(网址为 http://www.medical.theconferencewebsite.com)提供免费查询国际上医学会议信息及继续医学教育课程，设有简单检索和高级检索两种途径。高级检索界面如图 4-15 所示，检索字段包括关键词、会议名称、会议地点、会议日期等。例如检索在中国召开的有关糖尿病的会议信息，可通过高级检索途径，选择专业"Endocrinology and Diabetes"，在检索框中输入检索词 diabetes，在会议地点输入框键入 China，单击"Search"即可。

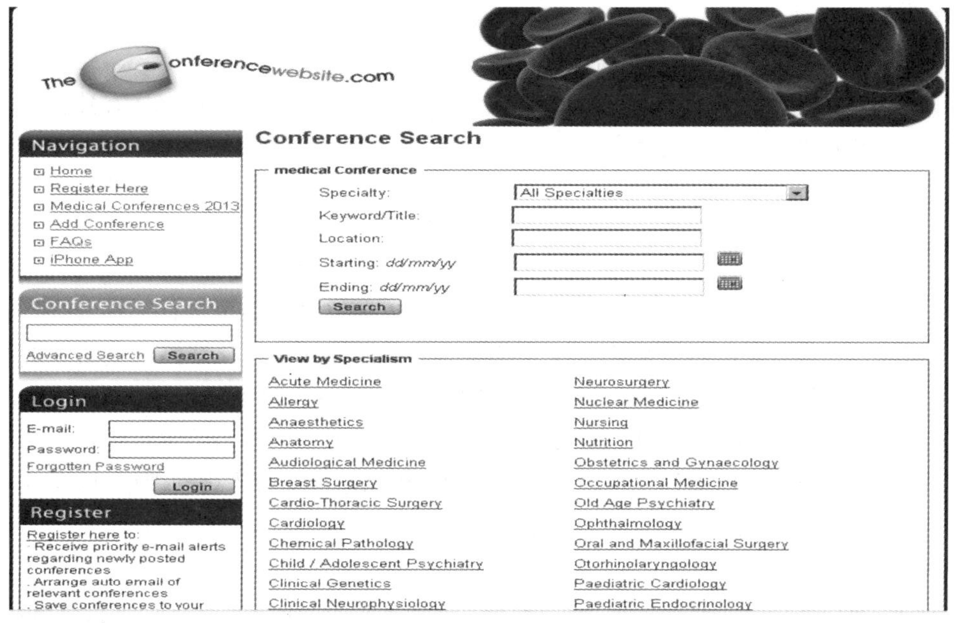

图 4-15 学术会议网医学会议预报高级检索界面

第三节 专利文献检索

专利信息反映全球所有技术领域的最新发展动态和最活跃的创新技术。据世界知识产权组织(World Intellectual Property Organization，WIPO)统计，世界上每年诞生的新技术中90%～95%记载于专利文献中，这比出现在一般杂志、会议报告等刊物上的时间要早上一两年。专利文献是集技术、法律、经济信息于一体的信息资源，新产品的开发、新课题的立项、申请科研基金、科研课题鉴定等都需要检索专利文献。运用好专利信息，可以节约40%的科研开发经费和60%的科研时间。尤其是医学、化学专业，对专利的重视程度更是高于其他学科。目前，世界主要国家都在网上公告专利文献，这使我们可以通过互联网查询和获取专利文献，而且大多数都是免费的。

一、专利概述

1. 专利的含义

专利是专利权的简称，是指国家以法律形式授予发明人或其权利继受人在法定期限内对其发明创造享有的专有权。专利一词包含以下三层含义。

(1) 从法律角度来看，专利是指专利权，即专利权人在法律规定的期限内对其发明创造所享有的独占权或专有权。

(2) 从技术角度来看，专利是指专利技术，即受法律保护的发明创造的内容。

(3) 从情报学角度来看，专利是指专利文献，即实行专利制度的国家及国际性专利组织在受理、审批专利过程中产生的各种文件及出版物的总称。

2. 专利的属性

专利权属于知识产权，具有独占性、地域性和时间性。

(1) 独占性，也称专有性或排他性。一项发明的专利只能授予一次，具有独占性，专利权人对专利产品的制造、使用、销售等具有独占性。

(2) 地域性，指一个国家授予的专利权，只在本国有效，对其他国家没有约束力，任何国家都没有保护别国专利的义务。

(3) 时间性，指任何专利的保护都有一定的法律期限。专利权人对其发明创造所拥有法律赋予的专有权只在法律规定的期限内有效。多数国家自专利申请日之日起，发明专利的保护期限是 20 年，实用新型和外观设计专利的保护期限是 10 年，药品专利可适当延长。美国规定 FDA 批准的药品专利保护期限可延长 5 年，但不超过产品上市之日后的 14 年。欧共体规定自 1993 年 1 月 2 日以来，药品专利在获得有关卫生部门的生产许可后，如果专利保护期不足 15 年，可以延长 5 年。日本对专利保护期的规定与美国的类似，最多可延长 5 年。

3. 专利的类型

专利类型的具体划分各国不尽相同，我国分为发明专利、实用新型专利和外观设计专利三种类型。

(1) 发明专利，是指对产品、方法或其改进提出的新的技术方案。具有较高技术水平的发明创造，是专利法主要的保护对象。发明专利权的有效期各国不同，我国对发明专利权有效期的规定为自申请之日起 20 年。

(2) 实用新型专利，是指对产品的形状、构造或其结合所提出的适合于实用的新的技术方案，是技术水平较低但实用价值较高，具有一定技术效果的小发明创造。在我国实用新型专利权的有效期为自申请之日起 10 年。

(3) 外观设计专利，是指对产品的形状、图案、色彩或其结合所做出的富有美感、适于工业上应用的新设计，它不涉及技术上的发明创造。在我国外观设计专利权的有效期为自申请之日起 10 年。

4. 专利文献

专利文献是指记录有关发明创造的文献，是实行专利制度国家、地区及国际专利组织在审批专利过程中产生的官方文件及其出版物的总称。它有广义和狭义之分。狭义专利文献是指专利说明书；广义专利文献包括专利公报、专利文献、专利索引、专利分类表和专利书刊报纸等。其中专利说明书是专利文献的核心部分，是申请人向政府递交说明其发明创造的书面文件，上面记载着发明的实质性内容及付诸实施的具体方案，并提出专利权范围。它报道的发明内容具体、可靠，附图详细，对制订设计方案和技术路线，解决具体技术问题很有参考价值，是检索专利文献的重要情报源。

5. 国际专利分类法

国际专利分类法(International Patent Classification，IPC)是国际上公认的分类体系，由世界知识产权组织控制，由专利局分配给每一个专利文档。IPC 是根据 1971 年签订的《国际专利分类的斯特拉斯堡协定》编制的，是各国专利文献获取统一分类的工具。IPC 每 5 年修订一次，目前使用的是第八版。许多专利检索系统都提供了 IPC 分类检索的途径，掌握

IPC 的分类体系能极大地提高检索效率。

6. 专利检索的主要方法

1）基本检索方法

基本检索是一种基于某一特定检索字段进行的简单检索，即检索人利用已知的、确定的检索条件，输入到某一检索入口中，查找所需专利信息。

（1）号码检索，主要通过申请号、专利号等检索特定的专利文献。已知某一专利的专利号后，可以通过该号码检索该专利的文摘或全文，并可以进一步获得该专利的分类号、优先权等信息，扩大检索。通过申请号和专利号还可以检索该专利的同族专利或等同专利。

（2）人名检索，主要通过发明人、专利权人的姓名查找特定的专利文献。

（3）主题检索，主要通过选取主题词、关键词查找相关技术主体的专利。通过主题途径检索的专利文献，可以对某一技术领域进行跟踪监视，及时了解和掌握该领域的技术现状及发展动态。权利要求书是说明发明专利或者实用新型专利的技术特征，清楚和简要地表述请求保护的范围，通过选取权利要求书字段进行检索，可以直接明了地了解法律对该专利保护的范围。

（4）分类检索，是从分类角度（如国际专利分类或 Derwent 专利分类）检索专利文献的方法。因此检索时，要求检索人必须清楚产品、技术所属的领域，通过分析技术主题查出相应主题对应的分类号，利用分类号检索相关的专利信息。

（5）优先权检索。优先权是指同族专利中基本专利的优先申请号、优先申请国家、优先申请日期。由于同族专利或等同专利都具有相同的优先权，因此通过优先权可以方便、快速地检索出同一发明的全部同族专利或等同专利。

2）法律信息检索

法律信息检索主要是对专利的时效性和地域性信息进行检索的。

（1）专利时效性检索。专利保护的法律效力是有时间限制的，大多数国家专利法规定发明专利自申请日起保护 20 年。专利期满后，该专利即失去法律效力而不受法律保护，成为社会公共财产，任何人均可无偿使用。专利时效性检索是指检索一项专利或专利申请所处的法律状态，从而了解该项专利是否有效。可利用专利申请号或文献号查找该专利何时申请、何时授权，并通过专利期限计算该授权专利何时失效，从而确定其目前是否有效。

互联网上的一些专利数据库为计算专利所处法律状态提供了便利条件，如中国国家知识产权局网站、美国专利商标局网站、日本特许厅网数字图书馆（IPDL）及欧洲专利局（esp@cenet）等。通过这些网站可免费查询一些国家专利的有效性信息。

（2）专利地域性检索。专利地域性检索是指对一项发明创造在哪些国家和地区申请了专利，并获得授权的检索，其目的是确定该项专利获得保护或提交申请的国家范围。专利地域性检索实际上就是同族专利检索，指以某一专利或专利申请为线索，查找与其同属于一个专利族的所有成员的过程。专利地域性检索主要使用欧洲专利局的 esp@cenet 数据库检索专利地域性或同族专利，方法一是利用专利（公开）号检索，方法二是利用专利的优先权申请号进行检索。

二、国内专利检索

检索国内专利常用的网站有七个，包括中华人民共和国国家知识产权局网站、中国知识

产权网、中国专利信息中心的中国专利数据库检索系统、中国专利信息网、万方数据资源系统专利数据库、CNKI 中国专利数据库、国家科技文献资源网络服务系统等。

1. 中华人民共和国国家知识产权局专利检索系统 SIPO

1）概况

中华人民共和国国家知识产权局专利检索系统 SIPO（网址为 http://www.sipo.gov.cn）是由国家知识产权局提供的网上免费专利检索系统，收录自 1985 年 4 月 1 日公布的第 1 件专利申请以来已公布的全部专利信息，包括著录项目及摘要，各种说明书全文及外观设计图形，提供单页 TIF 格式的专利全文下载。网站新开通的专利检索与服务系统，检索功能更强大，采用表格检索并支持检索项的逻辑关系运算，同时提供专利的全文图像格式下载和专利著录项目下载，单页显示检索条数，系统还开设了专利的统计分析功能。国家知识产权局网目前收录了 103 个国家、地区和组织（如中国、美国、日本、韩国、英国、法国、德国、瑞士、俄罗斯、欧洲专利局和世界知识产权组织）的专利数据。国家知识产权局网可以直接链接到国外主要国家和地区的知识产权组织或管理机构的官方专利网站及国内地方知识产权局等网站，可提供同族查询、引文查询、法律状态查询等功能。

国家知识产权局的专利数据库更新快，专利信息公开全面，且免费提供，对普通的专利用户和专业人员来说是了解专利信息、阅读并下载专利全文较好的选择，但该平台专利检索速度和全文下载速度较慢。

国家知识产权局网无须注册即可进行专利检索操作，但只有正式注册用户才有权限使用检索历史、文献收藏夹、批处理管理和批量下载等服务。操作步骤是：进入国家知识产权局网站，选择其中的“专利检索与查询栏”，跳转到“专利检索与查询”的新页面，单击“中国专利查询”项进入“公众查询”，单击专利检索与服务系统（公众部分）项进行专利检索。

2）检索方法

专利检索与服务系统（公众部分）于 2011 年 4 月 26 日正式上线，主要包括专利检索和专利分析两部分。专利检索主要提供常规检索、表格检索、概要浏览、详细浏览、批量下载等功能。

（1）常规检索，提供一个输入框，六个检索入口，分别为检索要素（指在摘要、标题、权利要求和分类号中检索）、申请号、公开（公告）号、申请（专利权）人、发明人、发明名称。用户可以根据已知条件，将内容输入到相应的检索字段后的对话框中，单击“检索”按钮，就可检索到相应的专利。执行检索后在检索结果列表中系统会显示检索结果的概要信息，在检索历史列表中显示此次检索的相关信息。

（2）表格检索，界面如图 4-16 所示。

在表格检索页面，提供了 14 个检索字段及输入框，各输入框的输入格式与常规检索界面相应字段的输入格式相同，并且在多个字段支持模糊检索。其中，字符“?”代表 1 个字符；模糊字符“%”代表 0 至 n 个字符。提供组合检索，可以对所选字段进行不同的逻辑组合，检索词之间可以使用“AND”“OR”“NOT”“（ ）”算符组配构建检索式。

● 输入规则。用户输入多个关键词，中间用空格分隔，系统按照多个关键词是“OR”的关系进行检索；用户输入一个中间带空格词组，则需要在词组两边加英文的双引号，系统会检索包含该词组的文献信息。用户输入保留关键字，则需要在保留关键字两边加英文的双引号。申请号格式为文献的申请国＋申请流水号；公开（公告）号格式为文献的公开国＋公

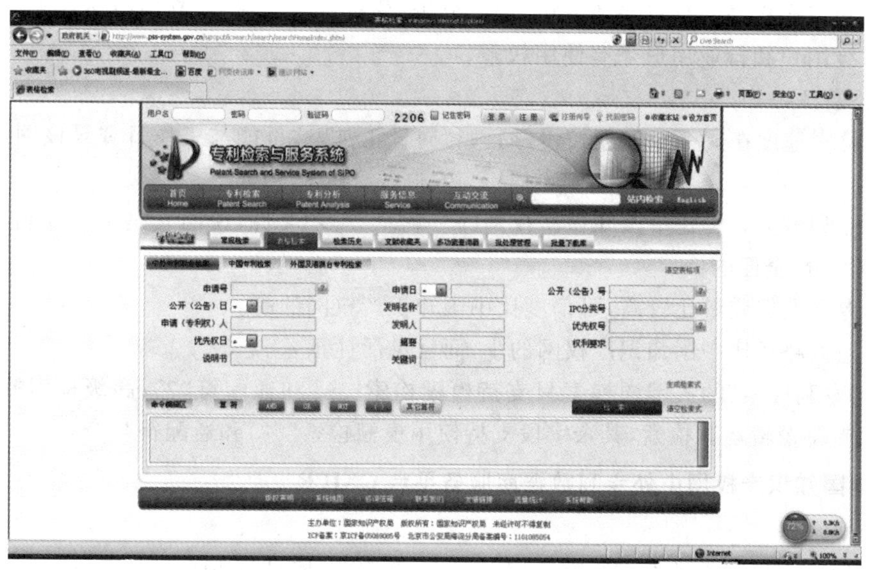

图 4-16　中华人民共和国国家知识产权局专利检索系统表格检索界面

开流水号＋公布级别。

● 技巧。将鼠标在输入框上方停留 1 秒钟，页面将会自动出现针对此检索字段的输入示例；用鼠标双击已经输入过关键词的字段名称，可以在任何时候登录“逻辑检索”中的“历史表达式”查看和使用已经保存的检索表达式。

● 注意。当使用关键词进行技术方案的检索时，为了使检索结果尽量全面，只能选择摘要字段进行检索。由于发明名称含有的技术信息相对有限，因此，在名称字段进行技术方案的检索会造成漏检。同时，由于各字段间是固定的逻辑“与”的关系，如果同时在摘要和名称字段进行检索，则会进一步缩小检索结果的范围。

(3) 法律状态检索。在网站主页的右侧中部单击“法律状态查询”链接，可用来查询专利目前所处的法律状态。在检索框中分别输入申请(专利)号、法律状态公告日、法律状态信息进行检索，字段之间默认为逻辑“与”关系。

3) 检索举例

检索 2005 年至 2013 年公开的关于“超声治疗肿瘤”方面的专利。其操作步骤如下：

(1) 进入表格检索界面，在公开(公告)日中输入“20050101”“20131231”；

(2) 在名称中输入“超声 肿瘤”；

(3) 单击“检索”按钮。

4) 检索结果管理

国家知识产权局网使用常规或者表格检索后，检索结果会显示在检索结果列表页面中。提供申请号、申请日、公开(公告)号、公开(公告)日、发明名称、IPC 分类号、申请(专利权)人、发明人、优先权号、优先权日等字段相关信息，用户可以根据关注内容，选择字段进行显示设置。单击查看文献详细信息、查看同族信息、查看引文信息、查看对比文献、查看法律状态、查看申请(专利权)人基本信息等。勾选选定专利，在页面下方选择浏览文献，可以进行摘要信息阅读及查看专利全文图像。当前检索结果列表页面存在已选择的记录时，使用加入文献收藏夹功能，可以将选择的记录加入文献收藏夹。

国家知识产权局网具有快速分析、定制分析、分析日志和报告、高级分析功能，但高级分析只有高级用户和行业用户才有使用权限。

5）检索结论

（1）检索速度在周一至周五较慢，周六和周日正常，这可能与工作日登录该网站的人数多有关。

（2）专利数据总量比中国知识产权网的专利总数多 64 件，说明它是中国专利数据库中数据量最大、最全面的。

（3）专利数据质量比较高，可信度比中国知识产权网的高。

（4）检索路径比中国知识产权网的少，而且灵活性稍差。

（5）“专利搜索”的关键词检索只支持模糊检索“%”和通配符“?”，高级检索摘要字段、名称字段支持逻辑运算检索，其余字段支持使用模糊检索“%”和通配符“?”。

2. 中国知识产权网中外专利数据库服务平台 CNIPR

1）概况

中国知识产权网中外专利数据库服务平台 CNIPR（网址为 http://www.cnipr.com）由国家知识产权局知识产权出版社创建，主要提供中国专利和国外（美国、日本、英国、德国、法国、加拿大、瑞士、EPO、WIPO 等 90 多个国家和组织）专利的检索。

2）检索方法

中国知识产权网中外专利数据库服务平台支持逻辑运算符“AND”或用“＊”代替“AND”，不支持空格替代。有关键词检索、高级检索和快速通道检索三种检索方式。

（1）关键词检索，如图 4-17 所示。

图 4-17 中国知识产权网中外专利数据库服务平台关键词检索界面

有“名称，摘要”“申请（专利）号”“申请日”“公开（公告）号”“公开（公告）日”“申请（专利权）人”“发明（设计）人”“主分类号”等 8 个字段供选择。检索式支持“AND”“＊”“OR”“NOT”“（ ）”。

（2）高级检索，包含两部分功能，即菜单检索、表达式检索。

① 菜单检索。菜单首先给出 6 个限制检索结果范围的功能选择，发明专利（亦即“发明专利申请”）、实用新型、外观设计这三项是默认的，发明授权、台湾地区专利、失效专利这三项可由检索者根据需要选择。菜单检索实际也是字段检索，有 17 个字段供检索，字段之间的逻辑关系为“AND”。“申请（专利）号”“公开（公告）号”“名称”“摘要”“申请（专利权）人”“发明（设计）人”“优先权”“地址”“专利代理机构”“代理人”“权利要求书”“说明书”字段支持模糊检索，以“?”代替单个字符，以“%”代替多个字符；支持字段内各检索词之间进行 AND、OR 运算，“名称”“摘要”字段还支持 NOT 运算。

② 表达式检索，针对高级检索菜单内字段间的非逻辑“与”关系而设计。表达式检索在菜单表格的下方，支持运算符，例如手机 OR（电池 AND 充电）。

3）检索结论

（1）高级检索“说明书”字段检索范围过宽，检准率较低，一般不推荐使用。只有当其他特定字段检索结果为零时，为了扩检，才尝试使用它。

（2）关键词检索由于只能选择一个字段进行检索，对于涉及多个条件限制的专利检索无能为力，只能使用高级检索。

（3）关键词检索时，可以选择“名称，摘要”字段，实际上是名称和摘要两个字段的复合字段，其检索结果比高级检索时选择“名称”或“摘要”字段时检出的可能要多。对于通过限定专利内容的检索来说，关键词检索的这一复合字段检索结果最全面。

（4）CNIPR检索功能完善，二次检索、过滤检索、同义词扩检、检索式保留等功能是所有中国专利网站中最完备的。表达式检索中支持的运算符也比其他专利数据库检索系统要完备，可以满足专业检索的需要。

（5）CNIPR子数据库完备，具有其他网站都没有的台湾地区专利数据库、中国药物专利数据库和行业专利专题数据库，方便用户有针对性地检索。

3. Patentics专利智能检索系统（需注册）

Patentics专利智能检索系统（网址为http://www.patentics.com）是一种智能化的专利搜索和分析系统，2009年1月上线，收录了自1985年4月以来的中国专利，又将国外专利数据库检索集成到平台中，方便国内用户的专利检索和筛选。其特点是在智能语义搜索、中英双语自动翻译搜索、智能分类功能的基础上，提供中国专利、美国专利、美国申请、欧洲专利、世界专利等专利数据，按公司（专利权人）、专利分类（美国分类CCL）、索引词、国际分类的时间分布统计分析，也能实现专利技术按专利权人进行统计的空间分布；同时基于美国专利分类及国际专利分类的技术内容研究等专利情报的在线智能分析，能实现对竞争对手的实时监测及智能专利预警等功能。Patentics数据范围不断扩展，新增韩国专利全文数据（英文全文），日本专利（英文全文），中、美外观专利等，目前Patentics已经成为全球专利全文数据最大供应商。

该网站具有以下特点：具有最全的专利数据，多于EPO＋USPTO＋SIPO全文，并及时更新；具备常用的检索功能，比如关键词、分类号、语义/概念检索；高效的语义排序功能，能在检索结果非常多的情况下，将与本申请最相关的文献排在所有结果的最前面，提高浏览效率；不需要复杂的检索式，用户能够很容易地使用，甚至仅仅输入专利的公开号就可能获得影响新颖性或创造性的对比文件。

4. 其他可检索中国专利的网站

（1）中国专利信息中心，网址为http://www.cnpat.com.cn。

（2）万方资源系统专利，网址为www.wanfangdata.com。

（3）CNKI专利检索，网址为www.cnki.net。

（4）NSTL专利检索，网址为www.nstl.gov.cn。

（5）“专利之星”专利检索系统，网址为http://search.cnpat.com.cn/cprs2010。

（6）中国药物专利数据库检索系统，网址为http://chmp.cnipr.cn/chineseversion/login/index.asp。

（7）专利搜索引擎，网址为http://www.soopat.com。

三、国外专利检索

1. 欧洲专利局 esp@cenet 专利数据库

1）概况

欧洲专利局 esp@cenet 专利数据库（网址为 http://ep. espacenet. com）是欧洲专利局于 1998 年 10 月正式开通的免费专利数据库，汇集世界上 90 多个国家或地区的 7 000 多万篇专利文献，不仅可以免费检索欧洲专利局成员国各种语言的专利文献，还可以检索世界其他主要国家和地区的专利信息，有英语、德语、法语界面，是目前网上最大的免费专利信息检索系统。它可以帮助用户了解世界专利的最新情况，以及查询已有的专利信息。利用该系统可以实现对多个国家专利信息的一次性检索，数据每周更新。该系统覆盖面全、检索方便。

数据库资源分三部分。一是世界专利数据库（worldwide），收录 90 多个国家或地区的专利，多为题录信息，部分有全文。二是欧洲专利局数据库（EP database），收录最近 24 个月欧洲专利局公布的专利全文（超过 24 个月的入 Worldwide 库），数据每周三下午更新。三是世界知识产权组织数据库（WIPO database），收录最近 24 个月 PCT 公布的专利全文（超过 24 个月的入 Worldwide 库），专利公布后两周后入库。可选择任意一个数据库进行检索。esp@cenet 系统中收录不同国家的专利信息（数据范围和数据类型均不同），包括题录、文摘、文本式的说明书及权利要求、扫描图像的说明书全文（PDF 格式）等。

2）检索方法

系统提供快速检索、高级检索、号码检索、分类检索等 4 种检索方式，支持逻辑检索和截词检索。esp@cenet 系统在不同检索方式下提供的可检索字段不同，在高级检索方式下提供的可检字段最多。

(1) 快速检索：适用于简单查询。方法是：选择数据库（WIPO、Worldwide 和 EP 三个库中任选其一，系统默认为 Worldwide）→选择检索入口（专利名称/摘要、个人/机构）→输入相应的检索词（关键词、人名或公司名称，系统不区分大小写）→单击“Search”按钮，完成检索。

(2) 高级检索：可以对多个字段进行组合检索，各字段间的逻辑关系为逻辑“与”，高级检索界面如图 4-18 所示，提供的检索字段有题名、题名或关键词、申请号、优先权号、申请人、发明人、公开号、IPC 号等。查询方法是：选择数据库（默认为 Worldwide）→在相应的检索字段中输入检索词→单击“Search”按钮。

每个字段最多可输入 10 个检索词；整个检索式最多有 20 个检索词和 19 个检索符。

(3) 号码检索：以专利号、申请号、公开号、优先权号等为检索入口进行检索。

(4) 分类检索：利用以 IPC 为基础的欧洲专利分类（ECLA）号进行检索。可直接输入相应的分类号检索，也可先输入关键词查找相应的分类号后再检索相关专利。

3）检索举例

查找关于“中药治疗艾滋病”的专利文献，其步骤如下：

(1) 选择高级检索方式；

(2) 选择世界专利数据库（Worldwide）；

(3) 在 Title or abstract 下的输入框中输入"Chinese traditional medicine" and aids；

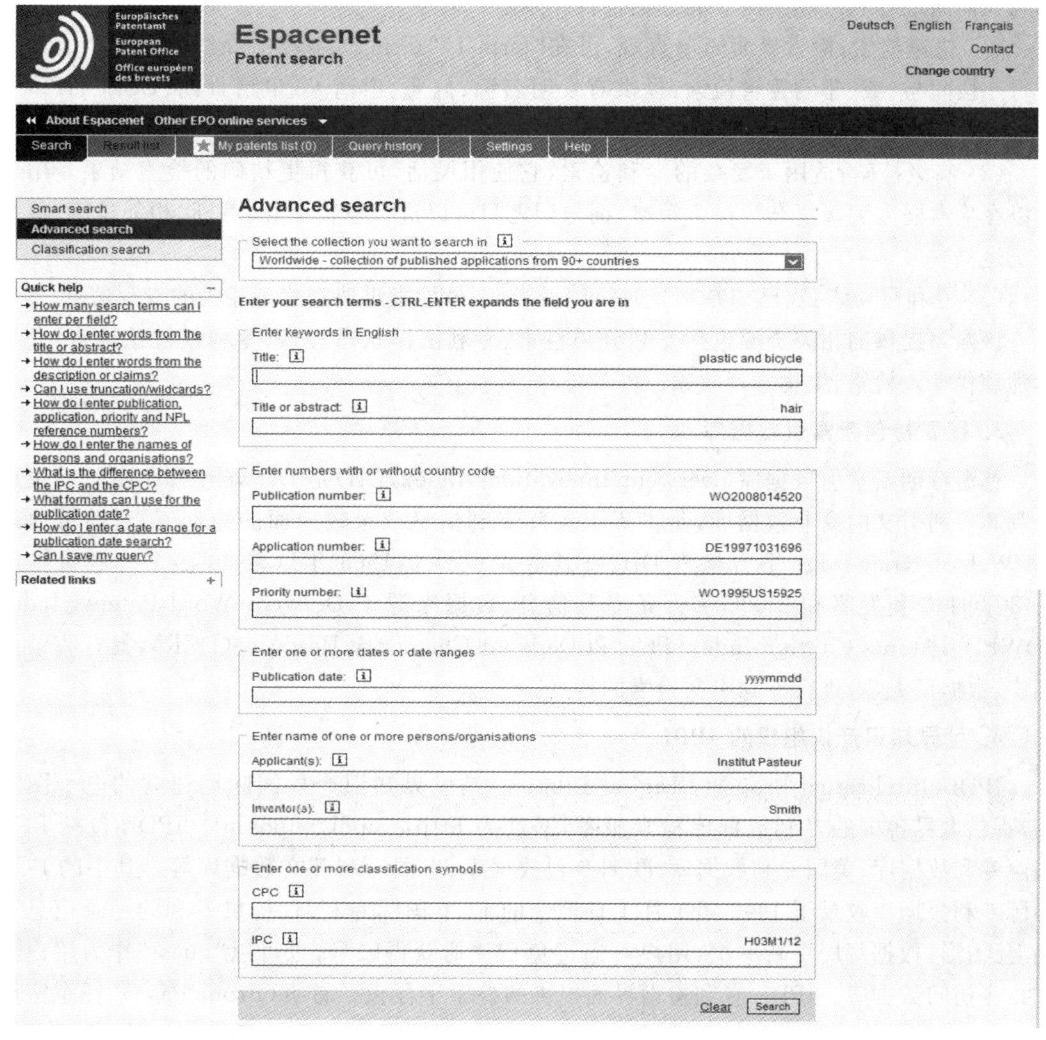

图 4-18　esp@cenet 高级检索界面

(4) 单击“Search”按钮，完成检索。

4) 检索结果管理

检索结果包括著录项目（专利基本信息）、文本式说明书、权利要求书、专利附图、专利说明书全文（以 PDF 文件的形式提供，但不能以整个文件的形式下载，只能单页下载和打印）、法律状态信息等。

2. 美国专利商标局专利数据库

1) 概况

这是美国专利与商标局建立的网站（网址为 http://patft.uspto.gov），包括专利授权数据库和专利申请数据库两部分，可提供 1790 年至今的全文图像说明书及 1976 年至今的全文文本说明书，数据库每周更新一次。

2) 检索方法

系统提供了快速检索、高级检索、专利号检索三种检索方式。但 1790—1975 年之间的

专利只能通过专利号和美国专利分类查找。

(1) 快速检索:检索界面简单直观,可在"term 1""term 2"字段中分别输入1个检索词进行字段间与、或、非的逻辑检索,提供有发明名称、摘要、申请人、申请日期、USPC、IPC等30个检索入口,还可限定检索的年度。

(2) 高级检索:适用于复杂的专利检索,它使用灵活,可获得更精确的检索结果。用户可以在检索框内编辑复杂的检索策略,词与词之间可以进行逻辑运算、截断、相邻运算、单词修正运算。

(3) 专利号检索:当已知专利号时,可通过专利号检索迅速查找到相关的专利信息。

该网站提供的相关资源包括专利分类检索、专利法律状态检索、专利权转让检索、专利律师和代理人检索、生物序列检索。

3. 德温特创新索引数据库

德温特创新索引数据库(Derwent Innovations Index,DII)是Derwent公司出版的报道专利和专利引文的商业数据库,是世界上国际专利信息收录较全面的数据库,目前可通过ISI Web of Knowledge平台检索DII。DII收录世界上1963年以来40多个专利机构的1 480万件专利发明和3 000多万条专利信息,数据来源于Derwent Word Patents Index(DWPI)、Patents Citation Index(PCI)和Derwent Chemistry Resource(DCR),具有收录范围广、数据量大、可进行专利引文检索的特点。

4. 世界知识产权组织的IPDL

IPDL(Intellectual Property Digital Library)是世界知识产权国际局建立的电子图书馆,提供世界各国的专利数据库检索服务,网址为http://ipdl. wipo. int。IPDL包括PCT国际专利数据库、美国专利数据库、欧洲专利数据库、中国专利英文数据库等。其中的PCT国际专利数据库收录了1997年1月1日至今的PCT国际专利,仅提供专利的题录信息与摘要、图形,数据每周更新一次,用户可通过免费注册获得账号,也可以"guest"作为用户名和口令访问数据库。IPDL专利检索界面提供的检索字段包括首页(Front Page)、任意字段(Any Field)、全文(Full Text)、号码(ID/Number)、国际分类号(Int. Classfication/IPC)、名称(Names)、日期(Dates)。

5. Freepatentsonline检索

Freepatentsonline是一个功能强大的免费专利查询网站,目前提供美国专利和专利申请、部分欧洲专利、日本专利和WIPO(世界知识产权组织)专利的查询与下载。个人用户在该系统注册建立个人账号即可以下载该网站的内容。主题范围涉及计算机、化学、电子、成像、医药、材料等。Freepatentsonline以其收录范围广、检索字段丰富等特点展现了其在全文检索方面的优越性,而且其也可以仅使用摘要字段进行快速检索,以了解某一技术领域的发展概况。

6. 其他国外专利网站

(1) 英国专利,网址为http://www. ipo. gov. uk。

(2) 日本专利,网址为http://www. jpo. go. jp。

(3) IBM知识产权信息网,网址为http://www. ibm. com/ibm/licensing。

(4) GOOGLE专利检索,网址为http://www. google. com/patents。

第四节　标准文献检索

一、标准概述

随着经济全球化的发展，标准已经成为国家经济发展、国际经济竞争、企业发展水平的重要标志和组成部分。特别是我国加入 WTO 以后，标准、法规已成为世界各国发展贸易、技术创新和推动技术进步的重要手段，标准在经济和社会发展中发挥着越来越重要的作用。

标准文献作为一种重要的科技出版物，是获取工程技术信息的重要信息源。利用标准文献有助于了解各国的经济与技术政策、生产水平、资源状况、标准水平，采用先进的标准可以改进产品质量，提高工艺水平和技术水平。标准文献是现代化生产不可缺少的文献资料。

1. 标准和标准文献的概念

(1) 标准，是公认的权威机构批准的标准化工作成果，是科研、生产、交换和使用的技术规定，也是质量管理和质量保证的依据。技术标准是具有法律效力的文件，是标准文献的主体。

按照标准适用的对象，标准可以分为技术标准、管理标准和工作标准三大类。按照标准的约束效力，标准分为强制标准和非强制性标准两类。按照标准的适用范围和颁布单位，标准分为国际标准、国家标准、行业标准、地方标准和企业标准五类。按照标准的状态，标准又可分为现行标准、即将实施标准、被替代标准、废除标准等类别。

(2) 标准文献，是指按照规定程序编制并经权威机构批准发布，供一定范围内广泛而多次适用的，包括一整套规格、定额、规则和要求的文件。标准文献具有较强的权威性、规范性、法律性和时效性，需要定期修订。

2. 标准文献的特点

(1) 标准文献技术成熟度高，约束性强。标准的技术成熟度很高，它以科学、技术和实践经验的综合成果为基础，经相关方面协商一致，由主管机构批准，以特定形式颁布。同时，标准分为强制性标准和非强制性标准两类。在产品生产、工程建设、组织管理中，作为国家和行业共同遵守的准则和依据，具有很强的约束性。

(2) 标准文献有自己独特的体系。标准不同于其他文献，它结构严谨、统一编号、格式一致，其中标准号，是标准文献区别于其他文献的重要特征，还是查找标准的重要入口。标准还有自己的分类法，在我国，采用《中国标准文献分类法》(CCS)，国际上采用《国际标准分类法》(ICS)。并且标准在编写格式、审批程序、管理办法、使用范围上都自成体系。

(3) 标准具有期龄，需要复审。自标准实施之日起，至标准复审重新确认、修订或废止的时间，称为标准的有效期，又称标龄。由于各国情况不同，标准有效期也不同。各国的标准化机构都对标准的使用周期及复审周期做了严格规定。以 ISO 为例，ISO 标准每 5 年复审一次，平均标龄为 4.92 年。我国在《国家标准管理办法》中规定国家标准实施 5 年，要进行复审，即国家标准有效期一般为 5 年。

(4) 标准文献是了解世界各国工业发展情况的重要科技信息源之一。一个国家的标准反映着该国的经济技术政策与生产水平，科研人员研制新产品，改进老产品，都离不开标准

文献。

二、国内标准文献检索

互联网是获取标准信息的重要来源，国际和国内著名的标准化组织，在互联网上大多建立了自己的Web网站，报道最新的标准信息。相对传统文本型的标准信息源而言，网上的标准文献信息具有更新速度快、查找方便、查询范围广等特点，为标准文献工作带来了革命性的变化，彻底解决了困扰多年的标准文献信息查找不方便的问题。计算机检索标准文献有正式出版的标准文献数据库和网络免费资源等。

1. 中国标准服务网

1）概况

中国标准服务网（网址为 http://www.cssn.net.cn/pages/nv_search/index.jsp）是国家标准门户网站、国家标准文献共享服务平台，提供中外标准文献的检索、标准文献全文传递和在线服务。该平台由国家质量监督检验检疫总局牵头，中国标准化研究院建设、维护，其标准信息主要依托于国家标准化管理委员会、中国标准化研究院标准馆及院属科研部门、地方标准化研究院（所）及国内外相关标准化机构。它提供中国标准文献的题录信息。检索的标准文献包括国家标准、行业标准、地方标准，各种国际标准，各国的国家标准及国外各行业的标准等。注册并登录后可以使用全部功能。检索中外标准及免费阅读强制国家标准，全文传递等服务有偿。

2）检索方法

中国标准服务网提供简单检索、高级检索、专业检索和分类检索四种方式。高级检索提供八个可检字段（关键词、标准号、国际标准分类、中国标准分类、采用关系、标准品种、年代号、标准状态）进行组配检索。关键词的选择，少用通用词汇，如“试验方法”。

（1）简单检索：在网站首页有一个检索框，可以按标准号或关键词查询。这里的关键词检索是在中文标题、英文标题、中文关键词、英文关键词字段查询，如果输入的多个查询词之间用空格分隔，系统默认为逻辑“与”检索。

（2）高级检索：其检索功能更强大、更灵活。在此可以利用系统提供的八个可检字段进行组配检索，而且可以选择不同字段之间关系来提供查全率或查准率。中国标准服务网高级检索界面如图4-19所示。

（3）专业检索：编制检索公式，结合标准品种进行检索。

（4）分类检索：提供按“国际标准分类”或“中国标准分类”来浏览相关的标准。

3）检索举例

已知标准号为GB19301—2010，检索该标准并阅读全文。

在标准号字段可以输入 gb19301-2010，可查出此标准名称是“食品安全国家标准 生乳”，单击名称链接即可阅读。

4）检索结果处理

查询结果以题录方式显示，内容包括标准号、中文标题、英文标题。单击名称链接可以浏览该标准的详细信息（用户经注册成为会员后可免费检索到相关的题录信息，但要获取全文还需缴纳一定费用）。

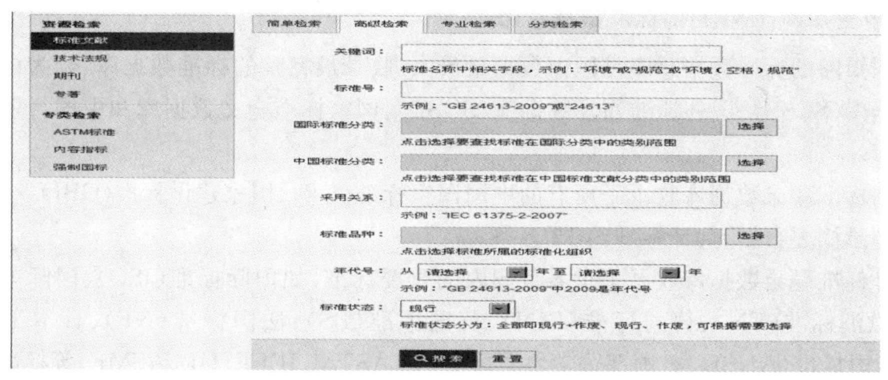

图 4-19　中国标准服务网高级检索界面

2. 万方数据资源系统的中外标准数据库

1）概况

万方数据资源系统的中外标准数据库（网址为 http://www.wanfangdata.com.cn）收录了国内外的大量标准，包括中国 1964 年至今国家发布的全部标准、某些行业的行业标准及电气和电子工程师技术标准；收录了国际标准数据库、美英德等国的国家标准及国际电工标准；还收录了某些国家的行业标准，如美国保险商实验所数据库、美国专业协会标准数据库、美国材料实验协会数据库、日本工业标准数据库等。数据每月更新。

2）检索方法

系统提供简单检索、高级检索两种检索方式。万方中外标准数据库的高级检索界面如图 4-20 所示，检索字段包括标准编号、任意字段、标题、关键词、发布单位、起草单位、标准分类号、发布日期、实施日期等。

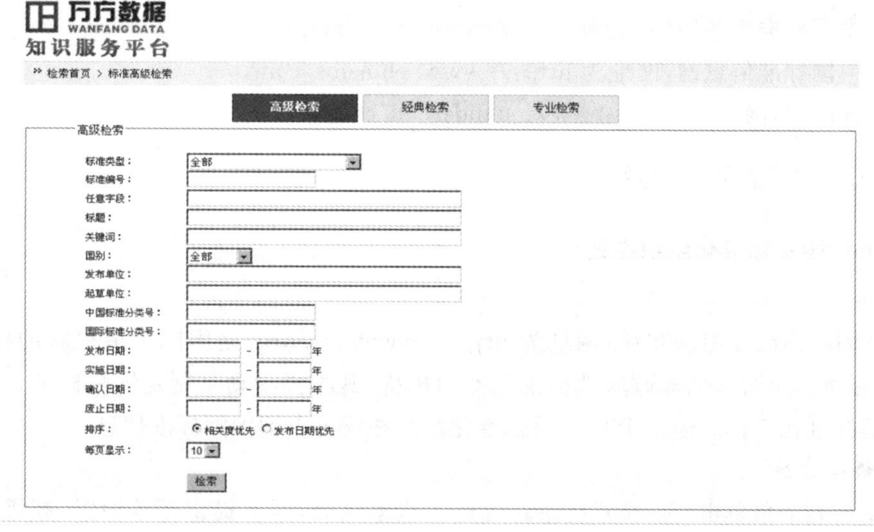

图 4-20　万方中外标准数据库的高级检索界面

3. 中国知网(CNKI)的标准数据总库

中国知网的标准数据总库是国内数据量最大、收录最完整的标准数据库，分为中国标准题录数据库(SCSD)、国外标准题录数据库(SOSD)、国家标准全文数据库和中国行业标准全文数据库。

中国标准题录数据库收录了所有的中国国家标准(GB)、国家建设标准(GBJ)、中国行业标准的题录摘要数据，共计标准约13万条。

国外标准题录数据库收录了世界范围内的重要标准，如国际标准(ISO)、国际电工标准(IEC)、欧洲标准(EN)、德国标准(DIN)、英国标准(BS)、法国标准(NF)、日本工业标准(JIS)、美国标准(ANSI)、美国部分学协会标准(如ASTM、IEEE、UL、ASME)等标准的题录摘要数据，共计标准约31万条。

国家标准全文数据库收录了由中国标准出版社出版的、国家标准化管理委员会发布的所有国家标准，占国家标准总量的90%以上。

中国行业标准全文数据库收录了现行、废止、被代替及即将实施的行业标准，全部标准均获得权利人的合法授权。标准的内容来源于中国标准化研究院国家标准馆，相关的文献、专利、成果等信息来源于CNKI各大数据库。可以通过标准号、中文标题、英文标题、中文关键词、英文关键词、发布单位、摘要、被代替标准、采用关系等检索项进行检索。

4. 国家科技图书文献中心标准数据库

国家科技图书文献中心标准数据库包括中国标准数据库、国外标准数据库和计量检定规程三部分。

5. 其他可检索中国标准的网站

(1) 中国标准网，网址为 http://www.zgbzw.com。

(2) 中国标准咨询网，网址为 http://www.chinastandard.com.cn。

(3) 中国标准服务网，网址为 http://www.cssn.net.cn。

(4) 中国标准信息网，网址为 http://www.chinaios.com。

(5) 标准网，网址为 http://www.standardcn.com。

三、国外标准文献检索

1. ISO国际标准化组织在线

1) 概况

ISO国际标准化组织在线(网址为 http://www.iso.org)是国际上最权威的标准制定单位，也是世界上最大的非政府性标准化专门机构，其主要活动是制定国际标准、协调世界范围内的标准化工作。通过ISO国际标准化组织在线可查询国际标准信息。

2) 检索方法

在主页右上角单击“Search”按钮就可进入检索页面，网站提供简单检索、高级检索、分类浏览与扩展检索等方式。

高级检索如图4-21所示，可选择检索范围包括颁布标准、即将实施标准、撤销标准、废除标准，检索字段包括关键词或短语、ISO标准号码、文档类型、语种、日期、标准委员会等。

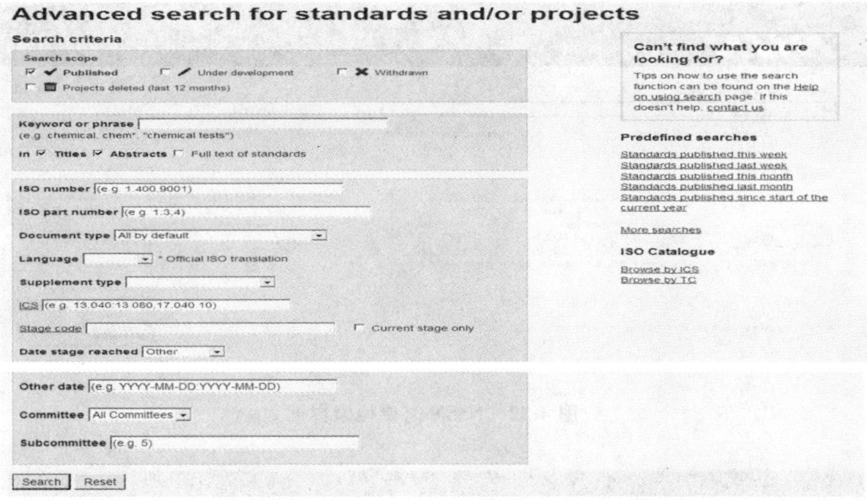

图 4-21 ISO 国际标准化组织在线高级检索界面

3）检索结果处理

检索结果提供相关标准的类号、标准名称、标准号、版次、页数、编制机构、订购全文的价格等信息。如果需要订购全文，则要单击相应的图标，并填写相关的个人资料、付款方式及全文的传递方法。

2. NSSN 网站

1）概况

NSSN（National Resource for Global Standards）是由美国国家标准学会（ANSI）管理、维护的一个全球标准文献搜索引擎，网址为 http://www.nssn.org。可以利用它免费查询世界上 600 多个标准组织制定的 30 多万个标准。NSSN 提供标准全文的获取信息（包括联系电话、标准组织的网址等，用户可以在线购买标准全文），还提供标准的跟踪服务（需登录）。

2）检索方法

NSSN 网站检索标准文献有简单检索和高级检索两种方式。

① 简单检索。在网站的首页有一个检索框，输入检索词，选择检索入口：Find Title、Abstract or Keyword（默认为此检索入口）或者 Find Document Number，前者是在标准名称、摘要、委员会、开发者、关键词等中查询，后者是在标准号字段中检索。在前者中检索时，系统会自动搜索检索词及其变化形式；若输入的多个检索词之间以空格分隔，默认为逻辑“与”检索；可以使用双引号进行短语检索；系统不区分字母的大写。在标准号字段检索时，可以输入完整的标准号，也可以输入标准号的一部分（见图 4-22）。

② 高级检索。NSSN 高级检索提供了多个检索选项，包括选择检索字段（包括标准号、标准名称、全部字段，若选择全部字段，则在标准号、标准名称、摘要、委员会、关键词中查询）；选择检索词的匹配方式（全部词、任一词、短语、布尔逻辑检索）；限定标准的制定者及标准的范围等。可以设置检索结果返回的最大记录量及每页显示的记录数量（见图 4-23）。

3）检索结果处理

检索结果以题录形式显示，包括 document #（标准号）、title（标准名称）、developer（制定

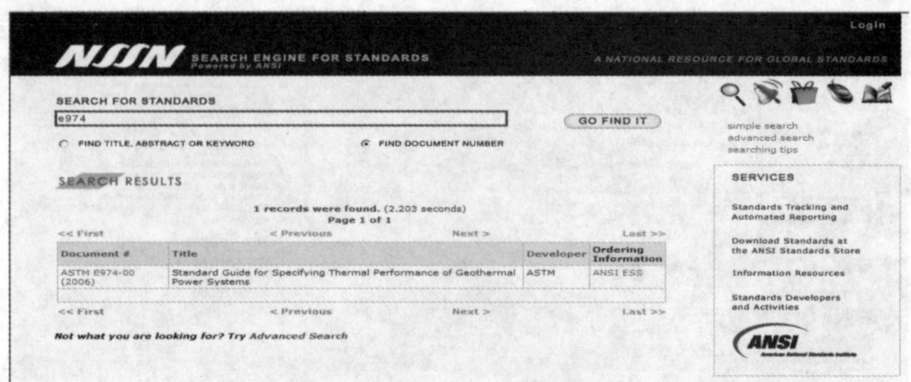

图 4-22　NSSN 简单检索界面

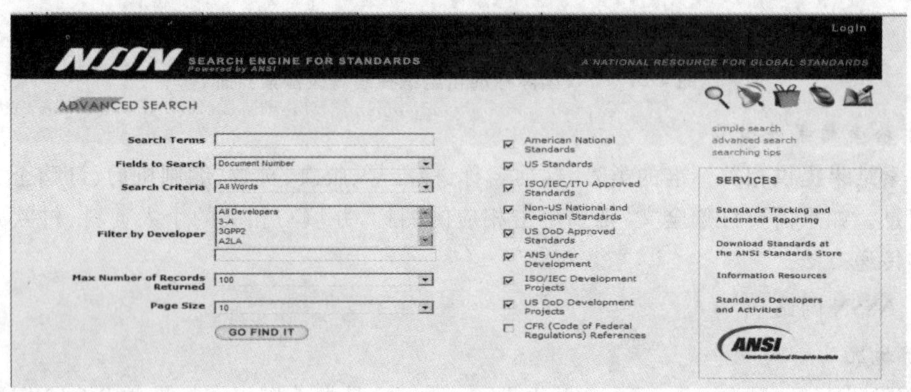

图 4-23　NSSN 高级检索界面

者)、ordering information(订购信息)。单击表格上的名称可以对检索结果按相应的项目排序。例如单击 title,结果会按标准名称排序。

思考题

1. 学位论文的特点是什么？检索国内外学位论文常用的数据库有哪些？常用的检索字段有哪些？

2. 检索有关中医药治疗鼻炎的学位论文,写出其中 1 篇的论文篇名、作者、导师、学位授予单位、学位授予时间。

3. 检索近 3 年有关脑损伤与细胞凋亡关系的学位论文。

4. 检索国内外会议文献常用的资源有哪些？常用的检索字段有哪些？

5. 检索国内外近 2 年召开的糖尿病研究的会议文献。

6. 利用医学会议在线等专业网站浏览明年即将召开的学术会议信息,记录其中 1 条会议名称、主办单位、地点、时间。

7. 检索国内外专利文献常用的资源有哪些？常用的检索字段有哪些？

8. 使用中国专利检索系统检索有关肝炎疫苗的专利,任选一项专利浏览其说明书全文。

9. 检索最近2年青岛海尔股份有限公司在欧洲申请的专利。

10. 检索中国专利申请号为00816456.8的专利的法律状态。

11. 利用美国专利商标局网站的专利数据库，检索我国上海药物研究院在美国申请专利的情况。

12. 试查找最近5年与下列问题相关的中外学位论文、会议论文、中外专利：①有关“生物法处理废水”方面的；②有关“中药治疗艾滋病”方面的；③有关“汽车安全措施”方面的。

13. 检索最新的有关血管支架的国家标准和国际标准。

14. 检索标准号为GB7714—2005的标准，其主要内容是什么？

15. 试查找与下列问题相关的现行中外标准：①有关“医疗废物处理”方面的；②有关“室内空气质量甲醛检测”方面的；③有关“地下水质量”方面的。

第五章　网络医学文献信息检索

第一节　网络医学信息资源概述

一、网络医学信息资源的定义

1. 网络信息资源的定义

网络信息资源(network information resource)是随着因特网在全球的崛起而迅速发展起来的无限、无序的信息空间，是指以数字形式记录，以多种多媒体形式表达，存储在网络计算机磁介质、光介质及各类通信介质的信息集合。

2. 网络医学信息资源的定义

网络医学信息资源(network medical information resources)是指以电子数据的形式将生物医学相关的文字、图像、声音、动画等多种形式的信息存放在光磁等非印刷型的载体中，并通过互联网、计算机或终端等方式再现出来的信息资源。按其发布形式分为数据库资源、电子出版物资源、医学新闻资源、生物医学软件资源、医学教育资源、市场信息资源、循证医学资源和参考信息资源。

二、网络医学信息资源的特点与类型

20世纪80年代以来，网络技术发展迅速，信息资源日益丰富。特别是Internet和World Wide Web(WWW)的出现，使网络资源更易于获取。种类繁多的医学信息资源呈现在网络上，在很大程度上改变了人们的工作和学习方式。

1. 网络医学信息资源的特点

与传统信息资源相比，网络信息资源在数量、结构、分布、传播范围、类型、载体形态、控制机制和传递手段等方面，都有着明显的差异，呈现出许多新的特点。

(1) 信息量大，涵盖了各学科领域，网络信息资源极为丰富，生产速度快，覆盖面广。

(2) 信息层次多，品种多样。网络信息资源的层次众多，有一次信息、二次信息和三次信息，它包括各种数据库、电子期刊、电子报纸、搜索引擎/分类指南、BBS和新闻组等资源，覆盖了各地域、各语种的信息资源。多媒体技术在网络资源中的利用，使文字、图形、声音、动画和三维图像等相结合，提供了丰富多彩、生动逼真的信息，大大拓展了信息的获取和传播范围，使用户更容易理解和接受。

(3) 传播速度快，时间性强。网络信息资源由于网络的动态更新和快捷的实时传递，在充分发挥信息的时效价值方面有着无可比拟的优势。例如，美国PubMed数据库、中国

CNKI 期刊全文数据库等都是每日更新，检索者能很快检索到最新的数据信息。

(4) 共享性强，检索方便快捷。与传统文献相比，电子资源使多个用户可在同一时刻下共享同一信息源。

(5) 内容庞杂，缺乏社会监督，无序现象严重。在网络上，任何人或机构都可以发布信息，没有严格的发布审查程序，不需要经过出版机构的编辑、审核，缺乏社会监督，缺乏必要的过滤和质量控制，所以网络信息的内容非常庞杂，无序现象严重。正式出版物和非正式出版物交织在一起，科技信息、学术信息、商业信息、个人信息与一些不健康的信息混为一体，既有大量国际水平的研究成果，又有许多难登大雅之堂的信息和许多虚假信息，信息质量良莠不齐。

2. 网络医学信息资源的类型

Internet 上的信息资源内容丰富多彩，涉及所有学科和专业，表现形式多种多样。按不同的分类方式，其类别也不同。

1) 按网络信息服务方式分类

按网络信息服务方式分类，网络医学信息资源分为 WWW 医学信息资源、FTP 医学信息资源、Telnet 医学信息资源、USENET/Newsgroup 医学信息资源、Listserv/Mailing List 医学信息资源五类。

① WWW 医学信息资源。WWW 是当前因特网上最受欢迎和最新的基于 Internet/Web 结构的信息检索服务系统。WWW 利用超文本标记语言(hyper text markup language，HTML)和“统一资源定位器”(universal resource location，URL)来描述和定位存在于网络上某台计算机上的信息资源，方便用户查询。

② FTP 医学信息资源。FTP(file transfer protocol)称为文件传输协议，是历史悠久和应用广泛的网络工具。它允许人们通过协议连接到网络上的一台远程主机，读取所需文件，并下载到自己的计算机上。传送的文件可以是文本、图像、声音、多媒体、数据库和可执行二进制代码。从某种意义上来说，FTP 就相当于在网络上两个主机间复制文档，目前互联网上有大量的 FTP 资源库。但要查找所需文件和主机地址、目录路径和具体文件名，就需要特定的检索工具。

③ Telnet 医学信息资源。Telnet 是计算机网络的远程登录协议，允许用户将自己的计算机作为某一网络主机的远程终端与该主机相连，从而使用该主机的硬件、软件和信息资源。许多机构都建立了可供远程登录的信息系统，如各类图书馆的公共目录系统、信息服务机构的综合信息系统、政府和公共事业部门的信息系统、商业化数据库系统等。用户可以通过 Telnet 进行查询，如通过远程登录检索美国 MEDLARS 系统数据库等。

④ USENET/Newsgroup 医学信息资源。USENET 是一种网络应用软件，用于提供新闻组(newsgroup)服务。在这个服务体系中，有众多的新闻服务器，它们作为主机运行的服务器(news server)软件，接收和存储有关主题的消息，供自己的用户查阅。用户在自己的主机上运行新闻组阅读软件(news reader)，申请加入某个新闻组，并从服务器中读取新闻组消息或将自己的意见发送到新闻组中。用户可查阅别人的意见并予以回复，可以进行反复讨论，所以新闻组又称“电子论坛”。

⑤ Listserv/Mailing List 医学信息资源。网上进行交流和讨论的工具主要有 USENET/Newsgroup(新闻组)、Listserv(电子邮件群)和 Mailing List(用户邮件群)三种。

这三种工具的原理和使用方法非常相似，均用于网络用户间的信息交流。

2）按信息内容表现形式和用途分类

① 网络数据库，是网络医学信息资源的主要形式之一，主要是指出版商和数据库生产商在网络上发行的数据库。它可以是电子图书、电子期刊和电子报纸等一次文献数据库，也可以是文摘、索引和目录等二次文献数据库。网络数据库经过订购后直接通过 Internet 或以本地镜像站点访问检索，同时依托网络发行传递的快捷方便，将信息检索、原文传递和最新文献报道等服务融为一体。

题录型数据库中最著名的是美国国立医学图书馆（National Library of Medicine，NLM）免费提供的 PubMed 数据库，TOXNET、CANLIT、美国专利数据库、中国期刊题录数据库、中国专利数据库等也都提供免费检索。商用数据库如著名的联机检索系统 Dialog 和 STN 都通过网络提供多种医学数据库查询。OCLC First Search 检索系统提供 3 000 多万条书目数据库和文献数据库服务；ISI Web of Knowledge 资源系统提供 Web of Science、Science Citation Index Expanded、BIOSISPreview、ISI Chemistry 等数据库检索服务。国内有中国生物医学文献数据库（CBM）、中文生物医学期刊数据库（CMCC）及中国科技文献数据库（CSTDB）等题录型数据库，可以对光盘塔局域网或网上注册的用户提供服务。

全文型医学数据库目前主要有 ProQuest Medical Library、OVID、Science Direct 全文检索系统、EBSCO 数据库及中国知网（CNKI）提供的清华全文期刊数据库等，这些数据库大都需付费或注册使用。

网络中的数值事实型数据库主要包括基因库、核酸序列、蛋白质结构库等分子生物学数据库，以及毒理学、药物方面的事实型数据库。如美国 NCBI（National Center for Biotechnological Information）提供的 GeneBank、Nucleotide Database、Protein Structure，TOXNET 提供的 HSDB、IRIS 等。

多媒体数据库包括化学物质或药物三维立体结构数据库、各种医学图谱库、医学影像库（X 线片、CT 片、磁共振图像）、病理切片库等，如美国国立卫生研究院的“可视人计划”数据库、TOXNET 中的 NCI-3D 和 HSDB 结构库等。

② 电子出版物资源。电子出版物主要包括电子期刊、电子报纸、电子图书和电子法规等，在网上浏览、订购该类出版物已成为一种发展趋势。与印刷型的图书、参考工具书相比，网络上的图书和参考工具书内容更丰富，使用更方便，数据更新颖。Merck 公司在网上提供默克（Merck）诊断治疗手册、药物手册及医学信息手册的部分内容，可免费利用。Freebook 网提供包括医学健康在内的免费图书。超星公司对国内 40 万种图书进行数字化加工，并开展网上阅览服务，其中生物医学图书有上千种。

除了以上介绍的全文数据库外，目前网上免费生物医学期刊主要有斯坦福大学的 Highwire 网站，收录 400 多种医学期刊和电子出版物。此外，一些著名学会的出版物也可通过登录学会网站获取，如美国医学会出版的 JAMA 及系列进展性刊物、美国微生物学会出版的 10 种学会出版物。目前我国部分期刊有自己的网站，提供目次、摘要及部分全文。例如万方数据资源系统和中国学术期刊网提供数字化的期刊，有近 2 000 种科技期刊全文在网上供注册用户使用。

目前，上网的报纸已有几千种。各大报纸有自己的网络版，与印刷版报纸相比，有不受时间和地域的限制，大多提供免费阅览的优点。如国外有 Science Daily、Physiweekly、International Medicine World Report 等，国内有《健康报》《中国医学论坛报》《中国中医药报》等报纸网络版。

③ 网络医学信息资源搜索引擎和馆藏联机目录。除了常规的综合性搜索引擎，如 Google、AltaVista、Infoseek、Lycos 等，还有多元搜索引擎、医学专业搜索引擎，如 Medical Matrix、MedWebplus、Medfinder 等。多数的网络检索工具同时具有关键词检索和目录检索。

馆藏联机目录是各图书馆馆藏文献的检索系统，在揭示馆藏文献内容和提供检索、馆藏利用和馆际互借、资源共享等方面发挥着非常重要的作用。目前，全球 600 多所著名的公共图书馆、大学图书馆以及 400 多个学术机构将其馆藏目录通过 Internet 向公众免费开放。这些图书馆馆藏目录检索系统称为联机公共目录查询（Online Public Access Catalog, OPAC）。用户利用目标图书馆 URL，可以不受时间和空间的限制，查询世界各地图书馆的馆藏。例如，美国国立医学图书馆在网上提供馆藏目录检索。我国的中国高等教育文献保障系统（China Academic Library and Information System，CALIS）和国家科技文献图书中心（NSTL），通过网络提供中外文书刊联合目录和会议学位论文的检索、馆际互借和文献传递服务。世界上最大的联机图书馆文献数据中心 OCLC 系统也连入互联网，它拥有 3 700 余万条编目记录和世界各地 25 000 余所成员馆的 6 亿条馆藏目录，还收录了 800 万篇文献，内容涉及科技、医学、人文科学和社会科学。越来越多的图书馆在提供联机馆藏目录的同时，开始提供流通服务，读者可联机提出借阅请求，图书馆可将图书或文献寄给读者。

④ 网络医学教育信息资源。医学教育资源包括针对医学从业人员的职业教育资源和针对普通大众及患者的普及教育资源。前者主要为医学院校网站中的继续教育内容，以及分散在各类网站上的医学教育资源。如想详细了解整个医学继续教育情况，可登录医学继续教育联盟网站（Alliance for CMC），获得医学继续教育机构信息、适用对象、教育专题及所提供的资源类型等。美国医学教育资格认证委员会（ACCME）网站可浏览全美 680 多个获认证资格的教育机构的详细信息。目前，许多生物医学网站都专门设有针对患者及普通大众的医学信息，如美国癌症学会、美国内科医师学会、美国癌症研究所的 PDQ 都提供丰富可靠的病人教育资源。一些权威协会、期刊的网页中也提供病人教育信息，包括各种疾病的病因、诊断、治疗标准和预后等详细易懂资料。

⑤ 网络循证医学资源。循证医学（Evidence-Based Medicine，EBM）是遵循科学证据的临床医学。1979 年英国 Archie Cochrane 提出以系统综述来总结和更新医学各科临床随机对照实验结果，并于 1993 年成立世界 Cochrane 中心协作网。迄今 Cochrane 协作网已发展成为包括六大洲 13 个国家，有 15 个中心的世界性组织。

⑥ 其他医学信息资源。网络信息几乎囊括了医学科研、临床、商务和学习的各个方面，其他医学信息资源主要包括医药市场信息资源，生物医学软件资源，医院、医学院和医生信息资源，科研基金申请，求职信息等。

3）按医学信息专业内容分类

大多数医学信息的组织管理者按照医药卫生的学科属性进行分类，将网络医学信息资源分为基础医学、临床医学、传统医学、预防医学、护理学、药学等。许多网站使用自创的分类体系，如 Medical Matrix 将各种医学信息分为专业（Specialties）、疾病（Diseases）、临床实践（Clinical Practice）、文献（Literature）、教育（Education）、卫生保健和职业（Healthcare and

Professionals)、医学计算和互联网技术(Medical Computing &Internet Technology)、市场(Marketplace)等八大类。每一大类下再根据内容的性质分为新闻(News)、全文和多媒体(FullText/MultiMedia)、摘要(Abstracts)、教科书(Textbooks)、主要网址和主页(Major Sites/Home Pages)、操作手册(Procedures)、实践指南和问题解答(Practice Guidelines/FAQS)、病例(Cases)、影像、病理/临床(Images、Path/Clinical)、患者教育(Patient Education)、教育资料(Educational Materials)等亚类。

此外,一些网站使用传统的图书分类法,如《美国国会图书馆图书分类法》(Library of Congress Classification,LC)、《杜威十进分类法》(DC或DDC)、《国际十进分类法》(Universal Decimal Classification,UDC)等已经被应用于网络信息资源的组织和检索。还有一些网站应用主题词表构建主题目录,如CliniWeb International采用NLM医学主题词树状结构表的结构体系,将所有的临床Web地址分为解剖学,有机体,疾病,化学制品和药品,分析、诊断和治疗技术及设备,精神病学和心理学,生物科学等七大类。

三、网络医学信息资源的评价

1. 网络医学信息资源评价的目的

开展网络医学信息资源评价,有助于用户选择、利用网络信息。通过网络医学信息资源的评价,可以了解某学科、专业、主题领域内的信息资源分布及质量水平等情况,从而为有关信息的取舍提供判断依据,以便在最短时间内帮助用户选择或直接为其提供最有针对性的信息。此外,通过对网络医学信息资源评价还可以帮助网络管理部门、服务部门及网络建设单位评定和建设"核心网站/网页"。

2. 网络医学信息资源评价的对象

从检索的角度看,网络医学信息资源表现出不同的层次性,主要分为医学网站、医学网页及网页内部信息单元。网络医学信息资源评价的对象也依据不同的评价目的和研究对象划分为这三个不同的层次。例如著名的医学搜索引擎Health Web和Medworld Best Sites就是对所收集的生物医学网站进行评价。通常用评估和确定"核心网站"的办法来替代对网络信息资源评价。核心网站的信息内容一般质量高,其可信度、可靠性均较强,但具体到某一条信息或某一篇文章,应谨慎对待,因为并非核心网站上的所有信息都是高质量的。针对这一问题,不少研究者提出了与之不同的网络信息资源评价体系,这些体系主要是为学术性需要服务,既涉及信息内容本身的评价,如准确性、可靠性、及时性、广度、深度等,也涉及其他因素的评价,如界面设计、相关链接、费用等。医学搜索引擎OMNI和Medical Matrix就是对搜集到的某一主题的网页加以评价,并链接相关的信息来源,属于面向网页的医学信息资源评价。面向网站和面向网页的评价之间有着十分紧密的联系,评价的依据存在一定的交叉重复。面向网页内容信息单元的网络医学信息资源评价必须由学科专家进行。例如对有关临床治疗信息的内容需要评价其临床试验证据水平,而网络医学信息内容对读者(患者)造成的影响则需要采用临床流行病学的方法进行评价分析。

3. 网络医学信息资源评价的指标

以信息内容为导向的网络医学信息资源评价指标比普通的网络信息资源评价指标更为具体。目前,国外制定的网络医学信息资源评价标准已经较为成熟。综合国内外的研究成果，网络医学信息资源的指标主要分为内部特征指标和外部特征指标。

1）内部特征指标

内部特征指标反映信息资源的内容质量，通常需要进行比较分析。主要包括：

① 可靠性（可信度），是最重要的评价指标。可通过以下问题评估信息的可靠性：网站是否提供作者及编者的姓名、所属机构的名称？信息提供者是否为领域的权威人士？是否提供作者相关职务/资历？作者是否发表过相关领域的著作或论文？是否提供作者的联系方式？是否列出了信息的参考资料及来源？所引用的文献是否值得信赖？是否有编辑评审过程或同行评议？信息的出版机构是否为专业学术机构或大学？

② 准确性。可通过以下问题评估信息的准确性：作者是否提供支持其论点的证据（事实）？是否有临床试验的数据及临床试验证据的等级如何？研究方法和数据处理是否科学合理？提供的信息是否前后矛盾、层次混乱、缺乏逻辑？文字、语法是否正确？词语含义是否模糊，有如“可能”“也许”之类的词？

③ 新颖性（时效性）。新颖性的评判指标有：是否提供最新的研究资料？作者提供的是原始信息，还是二次信息（信息报道或综述）？信息所涉及的主题、作者表达的思想和观点是否新颖独特？提供信息在学科范围、形式、手段等方面是否有独到、创新之处？

④ 相关性。信息的实用与否和网站的宗旨及用户对象密切相关，不同的用户对象对信息的深度和广度的要求具有很大差别。因此，判断信息的相关性应该以用户对象的需求为基础。一般来说，相关性包括：是否已明确声明提供信息的目的？信息的目标读者是否清楚，是针对专业人士还是普通读者？信息的报道范围是否明确，是学术文献、商业信息，还是科普常识？信息是否有参考利用价值？链接的内容是否与主题相关？观点的表达是否充分？信息的深度（信息的具体与详细程度）是否符合需求？信息的广度（信息的覆盖范围）是否符合需求？信息的难易程度是否符合目标读者的要求？

⑤ 客观性。作者的观点是否客观、公正？作者对待事物的态度是否无主观偏见？

2）外部特征指标

外部特征指标主要反映信息资源的外表状态，用户可以直观地判断。

① 易用性：是否有读者反馈交互功能？是否有联机帮助？网页的下载时间是否过长？信息是否可免费获得？信息能否稳定与可靠地提供浏览与使用？链接是否经常更新，以保证链接对象能够使用？用户界面设计是否简洁、美观？网站是否有导航系统、网站地图或内置的搜索引擎？

② 规范化：是否注明信息内容的发布时间或更新时间？是否注明版权信息？是否充分揭示网站目的、所有者情况、资金来源、广告政策？是否公布隐私政策？是否声明信息内容仅供参考？

4. 网络医学信息资源的评价方法

网络医学信息资源的评价方法可分为定性评价和定量评价两大类。

1）定性评价方法

定性评价方法一般是指结合不同站点的收录信息原则，参照国外权威机构的评价研究标准，对不同站点信息进行收录（学科、地区）范围、内容的准确性、权威性（是否有同行专家评审、是否有专业学会背景）、时效性、独特性、用户友好性、是否提供与其他网址的链接及链接稳定性等诸方面的定性评价。对于学术性强的医学信息资源评价多采用用户评价、专家

评价和第三方评价等方法。

① 用户评价法，主要是由网络医学信息资源评价机构向用户提供相关的评价指标体系及方法，由用户根据其特定信息需求从中选择符合其需要的评价指标和方法。在这种方法中，评价机构仅将其选择的指标体系和评价指南告知用户，帮助或指导用户进行评价，而不是代替用户评价。

② 专家评价法，是邀请有关学科专家、医学信息资源管理者、医学信息专家等依照一定的指标体系对网站进行投标评比，将评比结果相加后，依高分向低分顺序排列，或按星级进行评级。如 Health Web、Medical Matrix 对信息资源的选择、评价是由医学信息专家和医学专家共同参与进行，有较严格、详细的评价准则。

③ 第三方评价法，是由第三方根据特定的信息需求，建立符合需求的信息资源评价体系，按照一定的评价步骤，得出网络信息资源的评价结论。第三方评价法是目前较为普遍的网络信息资源评价方法，一般针对学术信息资源评价，专业性较强，采用的评价指标体系多侧重于信息内容，且考虑网络信息的权威性、学术性。例如 URAC 提供网站质量认证服务。

2）定量评价方法

传统的以专家评价意见为主要依据的第三方评价法存在诸多缺点：如人工评价不可避免地受到主观因素影响；各评价机构采用的评价标准和评价指标体系不尽相同，在一定程度上影响评价结果的客观性，也降低评价的可信度；评价过程花费时间过多等。为克服定性评价方法的缺陷，有学者提出了根据网络信息资源自身规律进行定量网络评价的思路。由此产生一个新的研究领域——“cybermetrics”或称“webmetrics”，即网络计量法。

网络计量法是应用文献计量学、科学计量学及信息技术来分析各种信息媒介、信息交流的一种方法，可为网络信息资源评价提供依据。网络计量法在一定程度上克服了第三方评价法和用户评价法的主观性、价值偏向性，为人们提供了一个系统、客观和规范的数量分析方法，评价结果直观、具体，是网络信息评价的一个发展方向。有人提出运用文献计量学的方法寻找并评价“核心”医学网址，并研究了利用链接关系评价网络信息的可行性。

采用定量方法相对于第三方评价法或专家评价法来说，具有方便快速、客观公正、评价范围广等优点。但是评价方法有局限性。目前，网络医学信息资源评价适宜的做法是定性与定量的评价方法相结合。

5. 互联网上开展医学信息资源评价的主要机构及其工作

国外许多互联网医学信息质量评价工具（internet health information quality initiatives）开展了以信息质量为导向的互联网医学信息资源评价服务，为用户选择有价值的医学信息，以下介绍几个典型的互联网医学信息质量评价工具。

1）电子卫生道德行为准则

电子卫生道德行为准则（eHealth Code of Ethics）网址为 http://www.ihealthcoalition.org/ethics/ehcode.html，是互联网卫生保健联盟（Internet HealthCare Coalition）在 2000 年 5 月 24 日公布的医疗保健网站的道德行为规范（Code of Conduct）。其内容包括公正、诚实、隐私、专业、责任等。目的是确保不同实体之间的公平性和相互协作，避免网络使用者受到伤害，创建良好的信息环境。

互联网保健联盟是非营利组织，其任务是通过宣传教育和在线交流来提高互联网医学信息资源及服务质量。该组织成员包括保健信息出版商、科研教育机构、医学图书馆及数据提供商、主要医学专业团体、病人维权机构、医药公司、互联网保健信息服务公司。资金来源为会员费、捐助、会议和活动经费。互联网保健联盟的领导成员参与制定国际范围的医学网站质量标准。在其网站上有多语种和 PDF 格式的“eHealth Code of Ethics”，在宣传和推广道德行为准则方面发挥了重要作用。

2）医学互联网道德规范

医学互联网道德规范（Health Internet Ethics，Hi-Ethics）网址为 http://www.hiethics.com/Principles/index.asp。这是 Hi-Ethics 公司在 2000 年 5 月 7 日公布的医学商业网站的道德行为准则。其内容包括：提供值得信赖的、最新的信息内容，清楚标明网上广告，公开影响服务的赞助者或其他财经关系，保证个人信息隐私安全，对任何个人健康信息事先做出警告。目的是反映高质量和道德标准的互联网医学服务，保护个人隐私，帮助消费者辨别是否遵守准则的在线医疗服务，维护 Hi-Ethics 公司成员网站的声誉。

3）eEurope2002：医学网站质量标准（eEurope2002：Quality Criteria for Health Related Websites）

网址为 http://europa.eu.int/information_society/eeurope/ehealth/qualit/index_en.htm。欧洲委员会于 2001 年 6 月制定的医学网站质量标准。目的是为欧盟成员国产生关于互联网医学信息服务指南的通信协议。其内容包括 EC 指导成员国构建本国医学网站自愿遵循的行为准则。其内容包括透明性、保密性、时效性、可说明性等六个方面。

4）URAC 医学网站认证程序（Health Web Site Accreditation Program）

网址为 http://webapps.urac.org/websiteaccreditation/portal/consumer/Standards.asp。URAC 于 2001 年创建了医学网站认证程序。URAC 成立一个由医学信息专家和其他网络医学信息受益者代表组成的网站质量工作组，制定出标准的 URAC 工作程序，并邀请专家讨论医学网站主题范围和内容安全的标准，其内容包括 8 个方面，53 条标准。通过质量认证的医学网站可以在其网页上显示 URAC 质量标志。

5）HON 医学网站道德行为准则（HONcode）

网址为 http://www.hon.ch/HONcode/Conduct.html。1996 年联合国非官方机构网络健康基金委员会（HON）在其网站上公布了 HONcode。HONcode 是最早的互联网医学信息质量评价工具。HONcode 为网站建设者提供基本的道德行为准则，并帮助信息消费者确信知道所读信息的来源和目的。HON 为互联网医学网站提供关于信息来源、用途范围、隐私性、完整性和时效性、客观性、方便性、资金来源和广告政策等方面的 8 条基本的道德行为准则（HONcode）。遵循准则的网站允许在主页显示活动 HONcode 图标。

6）组织医学网络信息（Organizing Medical Networked Information，OMNI）

网址为 http://omni.ac.uk。OMNI 创建于 1996 年，是 BIOME 网关的核心部分之一。OMNI 为医学生、研究人员、学者和执业医师提供经过评价的高质量的互联网生物医学信息资源，并帮助信息消费者制定医学网络信息质量的评价标准。OMNI 为保证 OMNI 网上信息评价标准能够全面、有效地建立，成立了一个由卫生学和生物医学领域专家组成的“评价标准咨询组”（Advisory Group for Evaluation Criteria）。由咨询组制定“评价方针”（Evaluation Guidelines），再由专家评价和选择收集到的网络医学信息，按 BIOME 的“分类方针”（Cataloguing Guidelines）描述和分类资源，并使用标准的网页界面来编排经过综述的资源类目。OMNI 的资源选择评价标准包括信息资源的规模、目标用户、权威性、出处、内容可用

性、是否收费、收费标准、对用户的硬件和软件是否有特殊要求、版权情况等。

7) DISCERN

网址为 http://www. discern. org. uk/discem_instrument. htm。DISCERN 创建于 1999 年，是英国牛津大学医学研究所公众健康和基础医疗部 DISCERN 项目组研发的疾病治疗选择信息评价系统。由英国国家医疗服务行政研究和发展计划资助。目的是帮助消费者判断疾病治疗选择信息的质量，并推动产生高质量的循证医学信息。用户利用预先设置的综合评价问卷调查来评估有治疗信息的网站。

8) 医学和卫生信息网站指南——管理 AMA 网站的准则

网址为 http://jama. ama-assn. ore/cgi/content/full/283/12/1600。创建于 2000 年，是美国医学会(AMA)为管理下属网站和 Medem 网站而制定的工作准则(Guidelines for Medical and Health Information Sites on the Internet-Principles Governing AMA Web Sites)，也可作为其他医学信息的发布者的指南。该文件提供管理医学网站内容、广告与资助、隐私和机密性及电子商务 4 个方面的主要原则。

9) HSWG 评价互联网医学信息质量标准:IQ 工具

网址为 http://hitiweb. mitretek. ore/iq/default. asp。1998 年，美国卫生信息技术研究所下属的全国卫生高层工作组(HSWG)专家组讨论并制定了医学信息质量评价指标，并开发了评价互联网医学信息质量的 IQ 工具(Criteria for Assessing the Quality of Health Information on the Internet:IQ tools)。这是带有加权评分系统的评价标准，包含可信度、内容、意图、链接、交互性、警告等 7 个部分。用户可以利用该工具对医学网站进行评价，必须完成调查问卷才能得到评价的质量分数。

6. 网络医学信息资源评价的发展趋势

尽管互联网医学信息资源工作存在各种问题和障碍，但经过医学信息专家的不懈努力，国外的评价工作正在逐渐完善，具体表现如下。

(1) 评价的主体从个人发展到正规的机构，政府也参与其中。最初的评价主体大多数是个人，评价的方法、角度和侧重点存在很大差异，甚至产生矛盾的评价结果。继而信息服务机构如图书馆等进行了相关研究，并将研究成果在实际中应用，如 OMNI。一些大公司和商业网站也先后加入到互联网医学信息质量评价的行列，如 Hi. Ethics。随着互联网信息质量问题受到社会越来越广泛的关注，政府机构也参与了信息质量标准的制定和实施。

(2) 评价标准正在趋向统一和协调。所有评价人员都呼吁制定能够全面评价互联网医学信息质量的“黄金标准”，这样的评价标准既考虑到互联网医学信息资源的共性，又兼顾每类资源的特性。2002 年的 eEurope 就是欧洲和美国的医学信息专家、政府部门、知名的评价网站主管及医学专家共同参与制定的医学网站质量标准。

(3) 评价对象从医学网站和医学信息内容向多元化发展。医学信息工作不仅关注互联网医学信息资源的外在形式和内容，评价了医学网站及网页内容，而且关注其对广大人民群众的潜在影响和危害，用随机对照试验来测量互联网对患者的影响。

(4) 评价方法与先进的信息技术相结合可缩短评价时间，使评价更为客观。互联网医学信息资源评价不仅采用卫生统计学方法，而且利用网络计量学方法，利用链接关系评价网上医学信息。现在还应用元数据技术进行评价，减少了评价的主观因素，大大提高了评价的效率。

第二节　搜 索 引 擎

Internet 的飞速发展，网上资源日新月异，呈爆炸性增长，而且网络信息浩瀚庞杂，缺乏整体过滤机制的网络信息未免鱼龙混杂，泥沙俱下。面对浩如烟海又繁杂无序的信息资源，如何高效、准确地找到自己所需的信息已成为用户迫切关心的问题。为此，各种网络信息检索工具应运而生。

网络信息检索工具是一种对分散、无序的网络信息资源进行有效控制的工具，具有数据组织机制和信息检索机制，它对庞大的网络信息资源进行收集、记录、标引，形成索引数据库，提供检索功能，指向相关网站或其中的相关资源。早期的网络检索工具有：用于查找 Telnet 资源的 Telnet 工具，针对检索 FTP 资源的 Archie，专门检索 Gopher 资源的 Veronica 和 Jughead，检索网络新闻组的 DeJa News，以及检索整个 Internet 网上文本信息资源的 WAIS 检索工具等等。随着 WWW 逐渐成为 Internet 信息服务的主流，针对 WWW 资源的各种检索工具搜索引擎也逐渐成为检索工具的主流。目前，借助搜索引擎访问检索 WWW 资源，已成为用户查找网络信息最常用、最便捷的途径。

一、搜索引擎概述

搜索引擎，广义上是指一种基于 Internet 的信息查询系统，包括信息存取、信息管理和信息检索；狭义上是专指伴随着 WWW 信息资源出现的、为搜索 Internet 上的信息而设计的检索软件。搜索引擎具有检索面广、信息量大、信息更新速度快，特定主题的检索专指性强等特点，被誉为网络信息检索的导游。

1. 搜索引擎的原理

搜索引擎的原理可以分为数据采集、数据组织和数据检索三部分。

1）数据采集

搜索和采集网页资源，有人工采集和自动采集两种方式。人工采集由专门信息人员跟踪和选择有用的网页，并按规范方式进行分类标引。自动采集则是通过软件如 Spider 程序自动访问互联网，并沿着任何网页中的所有 URL 抓取其他网页，重复这一过程，并把抓取到的所有网页收集回来。

2）数据组织

由分析索引系统程序对搜集的网页进行分析，提取相关网页信息，根据一定的相关度算法进行大量复杂计算，得到每一个网页针对页面内容及超链接中每一个关键词的相关度（或重要性），然后用这些相关信息建立网页索引数据库。索引数据库中的一条记录对应于一个网页，记录的内容包括网页标题、关键词、生成时间，网页摘要及 URL 等信息。

3）数据检索

根据用户检索要求，从索引数据库中检索出符合用户需要的网页，按相关度数值从高到低排序，再由页面生成系统将搜索结果的链接地址和页面内容摘要等内容组织起来返回给用户。

2. 搜索引擎的分类

（1）搜索引擎按其检索方式分为主题分类指南和关键词搜索引擎两类。

① 主题分类指南:按某种分类依据(如学科分类),建立主题树分层浏览体系,由搜索引擎抓取网上信息之后,对信息进行标引,并将标引后的信息放入浏览体系的各大类或子类下面,使这些信息呈现出上下位关系。用户将其层层展开,最终进入浏览"树"的叶子节点,找到自己所需的信息。这类搜索引擎体现了知识概念的系统性,查准率高,但由于人工分类标引的干预,查全率低。这类搜索引擎分类体系的科学性和标准性也存在问题。国外典型的主题分类指南有 Yahoo、Open Directory Project(DMOZ)、LookSmart、About 等。国内的搜狐、新浪、网易搜索都属于这一类。

② 关键词搜索引擎:是在前台提供一个检索入口,用户通过入口提交查询请求(关键词),系统再将检索结果反馈给用户。这类搜索引擎交互性强,通常具备二次检索功能,以便用户逐步接近检索结果。它适合于查找目的明确,并具备一定的数据库检索知识的用户。国外代表性的关键词搜索引擎有 Google、AltaVista、Inktomi、Teoma、WiseNut 等,国内的如百度、天网属于此类。

(2) 搜索引擎按搜索内容覆盖范围分为综合型搜索引擎和专题型搜索引擎两类。

① 综合型搜索引擎:信息采集不受主题限制,包罗万象,包括各个学科,如 Yahoo、Google、百度、搜狐和新浪等。

② 专题型搜索引擎:信息的采集限制在某一学科或某一主题,如医学专业搜索引擎 MedicalMatrix、Cliniweb、Medscape 等。

(3) 搜索引擎按检索机制可以将搜索引擎分为独立搜索引擎和元搜索引擎两类。

① 独立搜索引擎:拥有自己的索引数据库,可向用户提供基于自身索引库的查询服务,并根据数据库的内容反馈出相应的查询信息或链接站点。较有影响力的独立型搜索引擎有 AltaVista、Excite、Google、百度等。

② 元搜索引擎:基于搜索引擎的搜索引擎,它自身不建立数据库,而是在接受用户查询请求的同时在其他多个引擎上进行搜索,并将结果返回给用户。国外著名的元搜索引擎有 Mama、Allonesearch、Dogpile、Metacrawler、InfoSpace、Vivisimo 等。国内元搜索引擎很少,有网络灯塔、万维搜索等。

3. 搜索引擎的发展趋势

近年来,搜索引擎的一个发展趋势是尽可能集更多的功能于一身,既提供关键词检索,又有主题分类指南,如 AltaVista 最初仅提供关键词检索,后来发展了主题分类指南的功能。即使如此,其检索功能方面仍只是保持某一种功能的优势,并非各方面都很完善,如 Yahoo,尽管增加了关键词的检索,仍然以其分类检索指南的功能最出名。搜索引擎的发展趋势呈现以下几个特点。

(1) 分类检索与主题检索相结合。传统的检索经过长期理论与实践的发展,在信息内容特征方面的检索形成了分类与主题两种类型。分类的族性检索和主题的特性检索反映了人类思维的两个不同侧面。搜索引擎同时具备分类和主题检索两种功能,相互弥补,形成分类主题一体化将有利于用户更充分地利用网络信息资源。

(2) 各种搜索引擎工具正在不断地走向融合。各种搜索引擎技术并不是一种并行发展的过程,而是一个不断融合不断自我完善的过程。元搜索引擎的出现便是一个典型的例子。目录式搜索引擎的优点是信息准确,缺点是信息量少,目录的维护耗费的人力资源多;机器人搜索引擎的优点是信息量非常大,耗费的人力资源很少,但精确度差;而元搜索引擎则集中了两者的优点，但目前的元搜索引擎遇到复杂的提问时容易出错。

(3) 服务的个性化和全面化。以前的搜索引擎基本上属于第一代互联网的技术，是一种被动的技术，业务功能单一，主要提供检索服务。随着 Internet 的蓬勃发展，搜索引擎将向着提供全面服务的方向发展，进一步提供新闻、公共信息等全方位的服务；提高搜索精确度的途径是提供个性化的搜索引擎工具，也就是将搜索建立在个性化的搜索环境之下，通过对用户的不断了解、分析，使得个性化的搜索引擎工具更适合每一个用户的需求。

(4) 搜索引擎的专业化。由于社会的分工越来越细，用户从事的职业不同，用户对信息搜索也往往有自己的专业要求。综合性的搜索引擎收录各方面、各学科、各行业的信息，因而搜索到不相关的信息也很多，而专业化搜索引擎则只面向某一特定的专业，专注于自己的特长和核心技术，能够保证对该领域信息的完全收录与及时更新。因此，基于专业领域的专业化搜索引擎开始成为搜索引擎发展的一个新趋势。

(5) 新的网络检索技术的应用。

① 基于 Web 的文本信息挖掘技术，将数据挖掘的思想应用到 Web 的文本信息处理中，它涉及文本分类、索引、聚类、查询匹配等各项技术，能提高文本分类的准确度、文本索引对文本描述的全面性及用户查询匹配的精确度，在 Web 个人浏览辅助工具中有着广泛的应用。

② 基于全文检索功能的搜索引擎技术，是采用对站点的页面文字内容进行全面检索的一项技术。它提供了全新的强大的检索功能，可以直接根据文献资料的内容进行检索，支持多角度、多侧面地综合利用信息资源。全文检索技术是发现信息、分析和过滤信息、信息代理、信息安全控制等应用的主要技术基础。以全文检索为核心技术的搜索引擎将成为网络时代的主流技术之一。

③ 基于 XML 语言的搜索引擎技术。XML 提供一种独立运行程序的方法来共享数据，它是用来自动描述信息的一种新的标记语言，简化了网络中的数据交换和表示。

网络检索新技术还有模糊逻辑、概念检索、智能检索等。

二、综合型搜索引擎

1. Google 搜索引擎(http://www.google.com)

Google 是美国斯坦福大学两位博士生 Larry Page 与 Sergey Brin 于 1998 年 9 月创办的。Google 是互联网上最大的搜索引擎，也是第二代搜索引擎和关键词搜索引擎。据统计，通过 Google 可以搜索 80 多亿个网页及其网页快照，以及 4 亿多张图片。Google 功能强大、特点突出、技术先进、服务优良，成为搜索引擎的代表，广受用户喜爱。

Google 支持多语种检索，可在提问框内输入英、法、德、日、俄，中文等 35 种语言中任一种语言的关键词进行检索，系统默认为在所有语种网页中查找。“手气不错”按钮直接链接到 Google 推荐的最佳相关网站。图 5-1 所示为 Google 中文简体检索界面。

1) Google 的特色

① 网页级别技术，是 Google 检索结果的一种排序算法，即根据网页被其他网页链接的次数来评定某一网页的重要性(级别)，决定其结果的排名次序，更为客观公正。

② 超文本匹配分析技术，是 Google 的一种匹配技术，它不仅仅根据关键词在网页上出现的次数，还对该网页的内容及该网页所链接的内容进行全面筛查，来决定该网页与检索需

图 5-1 Google 中文简体检索界面

求的匹配程度。

③ 手气不错，为定位检索功能，能将用户直接带到与提问词最相关的网站或网页，节约用户时间。

④ 网页快照，将用户浏览过的网页存储在服务器上，并用不同颜色突出显示检索词，用于在无法访问或找不到原来的网页时使用，但目前在国内此功能无法正常使用。

⑤ 使用偏好，可将界面语言设置为中文简体，跨越了语言障碍。

⑥ 提供中文繁简体转换、英文单词解释和网页翻译功能。在 Google 中能方便地进行中英文单词互译：只需输入一个关键词（"翻译"或"fy"）和要查的中（英）文单词，Google 返回的网上字典链按显示要查的词的英文（或中文）翻译，如"fy kidney"和"翻译 肾脏"。

另外，Google 地图、学术搜索等都为人们的工作、学习和生活提供了极大的便利。

2）检索规则

① 布尔逻辑。逻辑"与"用空格表示，最多可输入 10 个检索词；逻辑"或"用大写的 OR 连接多个同；逻辑"非"则在检索词前加上减号，减号前要留空格。如检索肾移植方面的文献，但不要儿童的，则输入 kidney transplantation -child。

② 短语检索。可以通过添加英文双引号来进行短语搜索。

③ 指定范围检索。检索词后面用位置代码（Site 为网站限定；Link 为链接指向某个 URL 地址的网页；Intitle 为标题限定；Filetype 为文件类型限定）加冒号（冒号后不用留空格），可限制检索词出现在相应的位置。如输入"新闻 site：www. google. com"表示"在 Google 站点上查找新闻"；为提供最准确的资料，Google 不使用词干法，也不支持通配符（＊）搜索；也就是说，Google 只搜索与输入的关键词完全一样的字词。

除此外，Google 对大小写不敏感；无截词功能，若要检索单复数等不同词型的词，用 OR 连接；Google 还可自动进行拼写检查，当输入出错时提示拼写建议；对一些无助于检索的词诸如"the、of、的、是"等 Google 自动忽略，列为禁用词，如需强制检索，用短语检索方法表达。

2. 百度

百度公司于 1999 年年底成立于美国硅谷，是由资深的信息检索技术专家李彦宏与好友徐勇共同创建的，2000 年回北京中关村发展。百度的起名，来源于"众里寻他千百度，蓦然回首，那人却在灯火阑珊处"的灵感。百度（网址为 http://www. baidu. com）搜索简单方便，是集新闻、网页、贴吧、知道、MP3、图片、视频、地图、百科、文库等搜索为一身的综合性搜索引擎（见图 5-2）。

图 5-2　百度检索界面

1）百度搜索

在百度主页搜索框内输入检索词，单击“百度一下”按钮即可。下面介绍一下百度支持的搜索功能和语法应用。

① 布尔逻辑检索。在百度搜索中，不支持“AND”“＋”符号的使用，逻辑“与”用空格表示，语法是“A B”；逻辑“非”用“-”来表示，语法是“A-B”（-之前必须留一空格）；逻辑“或”用“|”（管道搜索）来表示，语法是“A | B”。

② 字段限定检索。在百度搜索中，可以限定在标题中、网站内、URL 中查找所要的信息。

在标题中搜索：在检索词的前面加上“intitle:”，可以限定只搜索网页标题中含有检索词的网页。例如：“intitle:中国大学”表示标题中含有检索词“中国”和“大学”的网页（intitle 后面的冒号必须是英文状态下输入的）。

在网站内搜索：在一个网址前加“site:”，可以限定只搜索某个具体网站或某域名内的网页。例如：“基因治疗 site:emuch. net”表示在 emuch. net（小木虫学术论坛）网站内搜索和“基因治疗”相关的资料。

在 URL 中搜索：在检索词前面加上“inurl:”，可以限定只搜索 URL 中含有这些文字的网页。例如：“祖国 inurl:mp3”表示“mp3”必须出现在网页 URL 中，“祖国”可以出现在网页的任何位置。

③ 精确匹配。使用双引号把检索词括起来，可以精确匹配检索词进行搜索。例如，搜索湖北科技学院，如果不加双引号，检索词可能被拆分，但加上双引号后，“湖北科技学院”就不会被拆分了。

使用书名号把检索词括起来，有两方面的功能：一是书名号出现在搜索结果中；二是被书名号括起来的内容不会被拆分。

④专业文档搜索。互联网上的许多资料，不是以普通网页的形式出现，而是以 Word、PDF、TXT 等格式存在的文档。百度支持对这些文档（如 Word、Excel、PowerPoint、PDF、TXT、RTF 等）进行全文搜索，只需在检索词后加一个“filetype:”进行文档类型的限定，ALL 则可以表示搜索所有文档类型。例如要搜索“信息检索”的 PowerPoint 文档，只需在搜索框中输入“信息检索 filetype:ppt”即可；查找个人文献管理软件 EndNote 的使用教程，可在检

索框中输入“endnote(教程|使用|技巧|指南|攻略|手册) filetype:PDF”,可查找到关于EndNote软件学习的PDF文档。

2）百度的特色功能

百度提供百度百科、百度知道、百度快照、图片、视频、MP3、文库、国学等特色服务，下面简单介绍几种。

① 百度百科，是百度2006年4月推出的一部内容开放、自由的网络百科全书，提倡网络面前人人平等，所有人共同协作编写百科全书，让知识在一定的技术规则和文化脉络下得以不断组合和拓展。为用户提供一个创造性的网络平台，强调用户的参与和奉献精神，充分调动互联网所有用户的力量，汇聚上亿用户的头脑智慧，积极进行交流和分享，同时实现与搜索引擎的完美结合，从不同的层次上满足用户对信息的需求。百度百科的目标是成为全球最大中文网络百科全书。

② 百度文库，是供网友在线分享文档的开放平台，百度文库与95家专业出版机构达成正式版权合作意向。

用户首先需要注册一个百度账号，就可以在线阅读和下载涉及课件、习题、考试题库、论文报告、专业资料、各类公文模板、法律文件、文学小说等多个领域的资料。平台所累积的文档，均来自热心用户上传，百度自身不编辑或修改用户上传的文档内容。用户通过上传文档获得平台虚拟的积分奖励，但下载上传用户已标价的文档，需付出虚拟积分(也有免费文档，用户登录后即可下载)。百度文库已实现对iPhone手机终端的支持，对.doc、.ppt、.pdf、.txt、.xls等多种文档格式的兼容和批量上传功能的完善。

③ 百度知道，是一个基于搜索的互动式知识问答分享平台，于2005年6月21日发布，并于2005年11月8日转为正式版，2012年3月31日发布百度知道台湾版。“百度知道”是用户自己根据具体需求有针对性地提出问题，通过积分奖励机制发动百度知道界面其他用户来解决该问题的搜索模式。同时，这些问题的答案又会进一步作为搜索结果，提供给其他有类似疑问的用户，达到分享知识的效果。百度知道也可以看作是对搜索引擎功能的一种补充，通过对回答的沉淀和组织形成新的信息库，其中信息可被用户进一步检索和利用。这意味着，用户既是搜索引擎的使用者，同时也是创造者。

三、学术搜索引擎

学术搜索引擎是垂直搜索引擎的一种，在技术上与普通搜索引擎是一样的，只是设定的搜索范围不同而已。学术搜索引擎以网络学术资源为索引对象，一般涵盖互联网上的免费学术资源和以深层网页形式存在的学术资源，通过对这类资源的爬行、抓取、索引，以统一的入口向用户提供服务。学术搜索引擎把用户从面对海量、异构的学术资源不知如何下手的困境中解脱出来，使用户可以通过一个简单的界面访问多种异构分布的资源。

1. Google Scholar

Google Scholar(谷歌学术搜索)是Google公司2004年推出的一个可以免费搜索学术文章的网络搜索引擎，2006年1月面向中文信息的Google学术搜索正式上线(见图5-3)。Google学术搜索的资料来源主要有下面几个方面：一是网络免费的学术资源，包括论文预印本、会议论文、调研报告等；二是开放获取的期刊网站；三是付费电子资源供应商；四是图书馆链接。Google学术搜索的检索功能灵活、强大，尤其是支持多种字段检索、特定文件类型检索等功能，并可以按用户的习惯设置检索界面。

图 5-3 Google 学术搜索检索界面

1）检索范围与类型

Google Scholar 涉及医药、物理、经济及计算机科学等多个领域，搜索的文献类型包括学术性刊物文章、研究机构论文、技术报告、摘要等。Google 学术搜索推出后，可帮助用户搜索到万方数据资源系统，维普资讯，主要大学发表的学术期刊，公开的学术期刊，中国大学的论文以及网上可以搜索到的各类文章、技术报告和摘要等中文学术资料。

2）检索功能

Google Scholar 提供基本检索和高级检索两种检索模式。

（1）基本检索模式为默认模式，使用简单、快捷。在搜索框中输入关键词，即可以搜索到与之相关的各种文献等；如果要检索某作者的文章，则可按“author：关键词”格式进行输入，其中“author：”是操作命令符。例如要查 Witten 写的文章，在搜索框中输入“author：Witten”即可。

（2）高级检索提供更多的用户选项。

通过四个检索框分别规定检索词在检索结果中出现的规律：有全部出现、至少出现一个、禁止出现、精确匹配供选择。

按作者查询：可以有效地获得特定学者的学术文献。

按出版物查询：可针对特定出版物检索相关主题。

按出版日期查询：适用于检索某一时间段或最新的学术文献。

限定检索词出现的位置：可限定在文章标题或全文中进行检索。

逻辑组配检索：可直接在检索框内输入逻辑表达式，支持 AND、OR、NOT(＊、＋、－)等布尔算符及其他一些运算符号。

主题内容限定检索：可限定检索在全部主题或其中某几个主题中进行(中文版尚未提供该选项)。

此外，还可以设置个性化检索界面，包括界面语言、检索语言、单页检索结果显示条数、文献管理软件等。

2. 百度学术搜索

2014 年 6 月初，百度学术搜索(见图 5-4)上线。百度学术搜索是百度旗下的提供海量中英文文献检索的学术资源搜索平台，涵盖了各类学术期刊、会议论文，旨在为国内外学者

提供最好的科研体验。百度学术搜索可检索到收费和免费的学术论文，并通过时间筛选、标题、关键字、摘要、作者、出版物、文献类型、被引用次数等细化指标提高检索的精准性。百度学术搜索频道还是一个无广告的频道，页面简洁大方保持了百度搜索一贯的简单风格。

图 5-4　百度学术搜索检索界面

在百度学术搜索页面下，会针对用户搜索的学术内容，呈现出百度学术搜索提供的合适结果。用户可以选择查看学术论文的详细信息，也可以选择跳转至百度学术搜索页面查看更多相关论文。

在百度学术搜索中，用户还可以选择将搜索结果按照"相关性""被引频次""发表时间"三个维度分别排序，以满足不同的需求。

3. BASE

BASE(Bielefeld Academic Search Engine，比勒费尔德学术搜索引擎，网址为 http://www.base-search.net)是德国比勒费尔德大学图书馆开发的一个多学科的学术搜索引擎，提供对全球异构学术资源的集成检索服务。它整合了德国比勒费尔德大学图书馆的图书馆目录和开放资源 3000 多个(超过 6200 万个文档)的数据。

4. OJOSE

OJOSE(Online Journal Search Engine，在线期刊搜索引擎，网址为 http://www.ojose.com)是一个强大的免费科学搜索引擎，通过一次检索，能查找、下载或购买到近 60 个数据库的资源，包括期刊、论文、研究报告、图书等信息。

现有的免费综合性学术搜索引擎还有 Socolar(网址为 http://www.socolar.com)、Infomine(网址为 http://infomine.ucr.edu)、Information Bridge(网址为 http://www.osti.gov/bridge)、化工引擎(网址为 http://www.chemyq.com)、CNKI 学术搜索(网址为 http://scholar.cnki.net)等。

四、医学专业搜索引擎

网上医学文献资源内容极其丰富，善于利用网上专门的医学搜索引擎是高效获取所需医学信息和资料的捷径。Google 等综合型的搜索引擎比较适合用于一些通用问题的查找，但对专题的查找，应用综合型搜索引擎易查出大量冗余信息，学术价值良莠不齐，给信息的筛选增加了难度。所以，对于专题信息的查找，首先应考虑使用专题型的搜索引擎。

在 Google 或百度中输入"医学搜索引擎"或"intitle:医学专业搜索引擎"或"intitle:medicine search engine"便可查到中外文医学专业的搜索引擎。

1. 国外常用医学专业搜索引擎

1) Medical Matrix(医源)

Medical Matrix(网址为 http://www.medmatrix.org)是一种医学索引和目录，1994 年

由堪萨斯大学建立，现由美国 Medical Matrix LLC 主持，是目前最重要的医学搜索引擎。它的最终用户是医生及工作在医疗第一线的卫生工作者。医源目前是收费网站，提供 24 小时免费注册使用，每台计算机只能免费注册一次。Medical Matrix 提供了分类目录检索和关键词检索两种途径。

2）Medscape（医景）

美国 Medscape（网址为 http://www.medscape.com）于 1995 年 6 月创建，是面向医学专家、专业医师和所有医疗卫生工作者，提供更新快、涵盖专业广、信息量大的专业医学信息资源库，可提供图像、声频、视频资料检索，是目前最大的免费提供临床医学全文和继续医学教育资源的站点。利用 Medscape 网站的资源需要注册成为其成员，注册是免费的，可根据个人的需要定制自己的 Medscape 界面或直接进入某一专业的界面。

Medscape 内容丰富，设有每日医学新闻，刊载 MedscapeWire 新闻和路透社医学新闻；临床实践指南；各类继续医学教育 CME 资源；电子杂志全文，其中包含有 American Heart Journal、American Journal of Clinical Pathology、Chest、Diabetes Care 等期刊；医学会议摘要和时间表；检索循证医学文摘数据库 ACPClub；检索 Medline 数据库；同时提供网络医学词典和回答用户咨询等。Medscape 提供分类和关键词检索两种途径。

3）The Health on the Net Foundation（HON）

HON（网址为 http://www.hon.ch）是 1995 年创建于瑞士的一个非营利性国际组织，主要为职业医师和普通用户提供实用、可靠的网上医药卫士信息资源，并制定了医药卫生网站开发者的道德规范；HON 网站有英文和法文版，提供了丰富的资源和特色服务，包括两个医学专业的搜索引擎（Medhunt 和 HONsclcct）、多媒体资源（HONmedia）、国际医学会议信息（Conferences&Events）、医学新闻（DailyNews）、HON 项目（HONproject）及 HON 档案（HONdossier）等。一般说来，若检索相应的医学站点、医院等信息可选择 Medhunt，若检索相应的医学主题、医学期刊、医学多媒体等信息，可选择 HONselect。

Medhunt 是 HON 于 1996 年建立的一个检索型免费全文医学搜索引擎，由人工和机器人 Marvin 建立起医学信息的索引数据库（Honoured database 和 Auto-Indexed database），专供医学工作者使用；该引擎提供关键词或自然语言的查询，检索界面采用表单形式，可选择逻辑组配的方式，有 all the words（AND）、any of the words（OR）、adjacent words（NEAR），同时可对 Honoured database 进行限制，例如限制范围在医院、事件，限制检索的地理位置或域名（北美、欧洲、南美、商业、政治、军事等），检索结果按相关性从高到低排列。

HONselect 是一个多语种、智能型的搜索引擎，主要检索 MeSH 词、权威医学论文、新闻、网站和多媒体等资源。采用美国国立医学图书馆（NLM）的 MeSH 词表组织网络医学信息资源，提供 33 000 多个 MeSH 词的释义和等级结构。HONselect 提供分类目录和关键词两种检索方法。

4）MedSite

MedSite（网址为 http://www.medsite.com）是由美国 Medsite publishing 公司于 1997 年 7 月在 WWW 上建立的著名医学搜索引擎，共收集了 10 000 多个医学及与健康相关的站点，收录范围主要以美国、加拿大为主，提供医学主题的分类目录浏览和站点检索的功能。

5）HealthWeb

HealthWeb（网址为 http://www.healthweb.org）是美国中西部地区的健康科学图书

馆合作开发的健康相关资源指南系统。该系统收集了全球范围的医学信息资源，提供按医学主题词浏览相关资源站点和按关键词检索相关资源站点的功能。

6）HealthAtoZ

HealthAtoZ(网址为 http://www.healthatoz.com)是美国 Medical Network 公司于1996 年建立的健康与医学专业搜索引擎。该引擎收集了全球范围的网上生物医学资源(以美国为主)，资源类型有 Web、FTP、Gopher、讨论组和新闻组等，所有资源都经过医学专业人员人工分类和标注。

7）MedExplorer

MedExplorer(网址为 http://www.medexplorer.com)是由加拿大人 Marlin Glaspey 在 1996 年 3 月建立的医学信息资源搜索引擎。该引擎主要收录了美国和加拿大的医学资源，有少量其他国家和地区的资源，收录不丰富，提供分类目录浏览和目录检索功能。

8）Med Engine

Med Engine(网址为 http://www.themedengine.com)是由美国 Goldberger & Associates 公司在网上建立的生物医学信息资源的专业搜索引擎。它提供分类目录浏览和网站检索的功能，收录范围是全球网站的医学信息资源，是网上生物医学资源搜索引擎的引擎或导航系统。

其他国外医学专业的搜索引擎还有 Biomednet(网址为 http://www.bmn.com)、Cliniweb International(网址为 http://www.ohsu.edu/cliniweb)等。

2. 国内医学专业搜索引擎

1）360 良医搜索

360 搜索推出专业的医疗、医药、健康信息的子垂直搜索引擎良医搜索(网址为 http://ly.so.com)，意在帮助网民在搜索医疗医药信息的时候，不受到虚假医疗广告、虚假医疗信息的侵扰，从而保障网民放心看病、放心就医。

2）120ask 有问必答

120ask 有问必答(网址为 http://www.120ask.com)是放心医苑网的有问必答，在线解答您的问题，给所有网友提供一个解决问题、共享答案的地方。

3）好大夫在线

好大夫在线(网址为 http://www.haodf.com)，目前已经收录了全国 3 200 多家重点医院、8 万多个医院科室、30 余万名医生，详尽展现了这些医生的专业方向和门诊信息。其中，针对患者最关心的热点医院，可以做到每天 19 点发布第二天停诊预报，已经成为质量最高、覆盖最全面、更新最快速的门诊信息查询中心。

4）120 健康搜索

120 健康搜索(网址为 http://www.120so.com)提供疾病搜索、医院搜索、医生搜索、药品搜索、资讯搜索、网站搜索。

5）39 健康搜

39 健康搜(网址为 http://search.39.net)是面向广大网友的健康资讯检索系统，提供全文检索、标题检索、简介检索三种检索方式，通过主题词(关键词)匹配查询所需信息。

6）中国中医药文献检索中心

中国中医药文献检索中心(网址为 http://www.cintcm.ac.cn)由中国中医研究院信息

中心制作，提供中医药方面的Web界面文献检索服务。

第三节　网络医学参考工具书

一、网络参考工具书概述

1. 网络工具书的概念

工具书是根据一定社会需要，全面系统地汇集一定范围内的文献资料，经审定整理或概括，用简明易查的方法加以组织编排，提供某一方面的基本知识或资料线索，专供查检和查考的特定类型的图书。工具书因其易检性、参考性、概括性、知识性和权威性等众多优点一直是指示读书门径、学习和研究不可或缺的助手。

网络工具书从狭义上讲，是指将传统的印刷型工具书数字化后形成的网络版。从广义上看，网络工具书指一切用来查检和查考的数字型资料，如百度百科、金山词霸、爱问知识人等。

2. 网络版参考工具书的特点

传统的印刷型工具书，尤其是大型工具书，存在体积大、使用时相对困难等缺点，难以充分发挥其作用。随着现代信息技术的不断发展，因特网上涌现出越来越多各种类型的网络版参考工具书。与传统的印刷版参考工具书相比，网络参考工具书有如下优点。

1）*内容更丰富*

由于存储容量大，在印刷版的基础上增加了许多新的内容。普遍使用多媒体，具有视频、音频等多媒体效果，具有动态性和即时性，如在某些电子百科全书中查询“心脏”这个条目，可以见到心脏的血流变化图，并听到心音。

2）*使用更方便*

读者可以随时随地地联网使用，并可实现多用户共享。利用先进的检索技术增加了许多新的检索功能和检索途径，提高了检索速度，从而方便各类读者都能够瞬间找到所需资源。

3）*数据更新颖*

网络版工具书的更新速度都比印刷型工具书快。一般网络版工具书是按天、按周、按月或按季度更新的，因此在新颖性方面占有更大的优势。

3. 网络工具书的类型

网络工具书本质上是一种网络检索工具，以网络为门户，具有突出的“工具”性质，是工具书与现代信息技术相结合的产物。其在多方面克服了印刷版的不足，符合大众的要求，逐渐成为检索的主要工具。网络工具书大体可分为三种类型。

1）*衍生型工具书*

它是指传统工具书数字化形成的网络版。这类工具书以印刷版工具书为蓝本，完全不改变传统工具书的内容、体系，只是增加了相关条目之前的联系。如商务印书馆的“工具书在线”。

2）集成型网络工具书

它包括两种情况，一种是多种工具书的集成整合网站，如知识在线（www. Db66. com）；另一种是以某一知名工具书为基础并整合其他资源，既保留了原有工具书的权威性、科学性与内容特色，又集成了其他工具书，同时对网络资源进行筛选与提供，如不列颠在线（Britannica Online）。

3）开放型工具书

它是指使用维基（Wiki）技术的网上免费参考工具书，也称维基百科。Wiki 是一种超文本系统，这种超文本系统支持面向社群的协作式工作，不但可以在 Web 的基础上对维基文本进行浏览，还可以任意创建和更改。也就是说，每位访问者可以同时扮演读者和作者的双重角色。

二、网络医学参考工具书举例

1. 词典

字典、词（辞）典是最常用的参考工具书，网络中有许多国内外著名的医学字典、词（辞）典。例如：

1）《道兰插图医学词典》（**Dorland's Illustrated Medical Dictionary**）

印刷版初版于 1900 年，是世界著名的权威性医学词典。该词典收词广泛、释义精确、补充新词及时。编有医学词源，附有插图和缩略语。网址为 http://www. mercksource. com，可免费使用。

2）《斯特得曼医学词典》（**Stedman's Medical Dictionary**）

印刷版于 1911 年初版，27 版收编 104 000 个医学术语，近 1 500 个图像。有词的定义、发音、语源学、表格和动画等。网址为 http://www. stedmans. com。

3）在线医学词典（**On-line Medical Dictionary，OMD**）

它由 Graham Dark 博士创建，收录 46 000 多条医学术语，内容涉及生化、细胞生物、化学、临床医学、分子生物学、生物物理、植物生物学、放射学和技术等学科。网址为 http://cancerweb. ncl. ac. uk/cgi. bin/omd? On. 1ine＋Medical＋Dictionary。

4）中医词典

它收集有 20 000 余条古今中医词汇、古今中医名家及其介绍等内容。所有条目按词汇发音的字母顺序排列。网址为 http://www. windrug. com/index3003. php。

5）中药词典

唐汉中医药网站中的资讯博览中有中药词典和中医词典，可采取笔画查询和条目查询两种方式。网址为 http://www. chinesemedicines. net/zxbl/zycd/index. asp。

6）**Medical Dictionary Online**

医学名词术语、药物、卫生保健仪器、卫生状况、医学设备、专业名词和医学缩略语的免费联机医学词典搜索引擎。除医学词典以外，还有 Medical Conditions（医学现状）、Medical News（医学新闻）、Legal Dictionary（法律词典）、ComputerDictionary（计算机词典）等免费词典。网址为 http://www. online. medical. dictionary. org/contactus. asp。

2. 百科全书

百科全书“是人类知识的总结”，号称“工具书之王”，收集了各个学科领域的知识信息，有名词、术语、人物、事件等内容条目，叙述概括精练，提供有关学科领域的一般性知识。国内外知名度高、学术性与权威性较强的综合性百科全书有：

1)《不列颠百科全书》(The Encyclopaedia Britannica)

《不列颠百科全书》原名《大英百科全书》，印刷版 1768 年初版发行，是著名的 ABC 三大百科全书之"B"，是世界公认的最具权威性、知识性、大容量性的经典百科全书。2001 年秋季发行全新改写的 32 卷印刷版 Encyclopaedia Britannica，网络版于 1999 年推出，可使用的内容包括《韦氏大字典》与《大英百科全书》，可免费使用 14 天，继续使用每月要支付 5 美元。但其中的一些资料，可以从大英百科网站看到，网址为 http://www.britannica.com。

2)《美国大百科全书》(The Academic American Encyclopedia)

《美国大百科全书》是著名的 ABC 三大百科全书之 A。印刷版 1829 年出版。Grolier 的联机核心产品百科全书，就是基于 The Academic American Encyclopedia。网站提供 284 000条以上相互链接的条目，通过其 Internet 索引，可将自身网站中 310 000 条以上的收藏内容链接于 WWW 中 40 000 个以上的站点，有 30 天免费试用期。网址为 http://Nauth.grolier.com。

3)《哥伦比亚百科全书》

《哥伦比亚百科全书》是著名的 ABC 三大百科全书之 C。该书印刷版于 1935 年由哥伦比亚大学出版社首次出版，1950 年和 1963 年曾两次大幅修订，现版本为第六版，2000 年印刷。书中有 51 000 个条目，总计 650 万个词。网络上有该百科全书的数个不同的网络版，且不需要付费。网址为 http://www.encyclopedia.com。

4) 微软电子百科全书

微软的 Encarta 网络版百科全书，免费使用，每年更新。可查询 4 500 多个有关世界知识的条目。网址为 http://encarta.msn.com。

5) A.D.A.M. 卫生插图百科全书(The Adam Health Illustrated Encyclopedia)

在美国国立医学图书馆的 MEDLINEplus 网页中有 A.D.A.M. 公司制作的医学百科全书，可免费查询，内容可靠，由医生评述的 4 000 条以上有关疾病、试验、综合征、损伤和外科方面的条目。还有大量医学照片和插图，多达 10 000 页。查询按照概念相关性进行。网址为 http://www.nlm.nih.gov/medlineplus/encyclopedia.html。

6) 生命科学百科全书(Nature Encyclopedia of Life Sciences, Nature ELS)

Nature 于 2001 年 4 月推出，自称是最全面的生物科学参考工具。其最后更新时间是 2003 年 12 月 12 日，新增 25 个新条目，改写 118 条。从发布至今已新增 437 条，改写 561 条。总条目几乎达到 3 000 条。事业机构注册后可免费试用。网址为 http://www.els.net/els/public/home/default.asp? sessionid=public。

3. 年鉴

年鉴按照年度编辑出版，全面汇集一年内的大事、进展、成果、统计数据。权威性年鉴出版单位编辑报道的最新资料、科研动态和发展趋势，可信度高。例如：

1) 急症医学年鉴

急症医学年鉴是美国急救医师协会(American College of Emergency Physicians, ACEP)的官方出版物，对 ACEP 成员免费提供网站内容。该刊由 Mosby 公司出版。适用于急救的临床研究、小儿科急救护理、伤害预防等。网址为 http://www.acep.org/11560.html。

2）内科年鉴

1927年创刊，双月刊，美国内科医师学会主办。栏目有《原始论文》《技术札记》《综述》《公共医学问题》《读者来信》《进展》等。网上可以免费阅读1993年来的文献全文。

4. 手册

手册一般汇集某专业学科领域内较成熟稳定的知识和经验，简明实用。可归在此类工具书的还有指南、便览、必备、大全等。例如默克诊疗手册，印刷版1899年问世，该手册致力于提供可靠的、简单易用的医学信息，是世界上最为广泛使用的医学参考书，有14种语言的版本，由美国Merck公司出版。详述了内科、儿科、老年病、眼科、耳鼻喉科、妇科、精神病科及其他特殊科目的疾病信息，为临床医生、护士、牙科医生、医生助理及医学生和其他健康从业者提供了有用的、经过仔细核查的信息。网址为http://www.merck.com。

第四节　学科导航

目前，从网上查找学术信息资源已经成为科研人员获取信息资源的重要途径，由于缺少对网上资源的学术质量评价和规范描述，利用搜索引擎获取某一学科有价值的信息就较为困难。学科导航是一种网上学术信息资源组织和开发的新模式，它把有价值的学术类的网络资源按照学科分类进行搜集归类，帮助用户按照学科、主题或知识门类来浏览各类学术资源，提供简洁、方便且与学科直接相关的检索。

国外学科资源导航的研究起步较早，从20世纪90年代中期开始从事这方面的专门研究和建设，早期的学科资源导航建设大多由一些大型科研项目开发并资助，之后逐渐发展为高校图书馆、科研机构的大规模建设，已建立了基于各种学科的上百个学科资源导航。具有代表性的导航有英国的INTUTE（前身是RDN）、欧洲的DESIRE、德国的SSG-FI、美国的INFO-MINE、LII等。

国内学科资源导航建设始于2000年CALIS重点学科资源导航项目，随后，中科院国家科学数字图书馆和北京雷速科技有限公司陆续启动了CSDL学科信息门户和方略学科导航系统建设。

一、CALIS重点学科网络资源导航门户

CALIS重点学科网络资源导航门户（网址为http://navigation.calis.edu.cn/cm/）是“211工程”立项高校图书馆共建项目。其目的是将因特网中相关重点学科的最优秀的网站信息提供给读者，帮助高校科研人员快速、准确地获取所需的相关权威机构、出版物、专家、学术动态等信息。当时作为“九五”CALIS重点建设项目之一的导航库由上海交通大学牵头承建，共有48个图书馆参加，完成了217个重点学科的导航库建设，基本覆盖了我国高校主要重点学科，数据库粗具规模，为相应重点学科的教学和科研工作提供了较大的帮助。

“十五”期间，CALIS依然将导航库作为重点建设的子项目之一，由西安交通大学牵头承建。经CALIS管理中心批准，成立了由北京大学图书馆、清华大学图书馆、上海交通大学图书馆、南京大学图书馆、武汉大学图书馆及厦门大学图书馆组成的项目管理小组，西安交通大学图书馆为组长单位。管理小组主要负责系统平台的协作开发、导航库相关标准规范

的制定及导航库资源建设的协调工作等。“十五”期间共有 54 家高校图书馆参与导航资源的建设。在 CALIS 管理中心的领导下和项目管理组及各参建馆的共同努力下，“十五”导航库项目从 2003 年 10 月正式启动，到 2006 年 6 月在北京通过 CALIS 专家组验收，历时两年多，顺利完成了预期目标和建设任务，成为率先在网上向读者提供信息服务的 CALIS 子项目之一。

CALIS 导航库的学科分类体系使用教育部颁布的《授予博士、硕士学位和培养研究生的学科、专业目录》作为构建导航库分类体系的依据。该分类体系由 12 个学科门类构成，囊括社会科学和自然科学所有学科领域，导航库使用除“军事学”之外的 11 个学科门类，包括哲学、经济学、法学、教育学、文学、历史学、理学、工学、农学、医学、管理学，每个学科门类下包含若干一级学科，一级学科下又根据需要分为不同数量的二级学科。

导航库设有快速检索、高级检索、分类浏览、分类检索四种检索功能。登录主页数据库默认为快速检索界面，在该界面检索框旁边设有其他检索方式链接按钮。快速检索：用户直接在检索框中输入检索词，进行快捷检索。高级检索：用户根据检索系统提供多个检索点任意组配进行检索，可以最多选择三个检索点进行组合检索。分类浏览：用户根据系统提供的分类体系进行浏览。分类检索：先选定学科，然后输入检索词在特定学科内检索。

二、方略学科导航系统

方略学科导航系统主页（网址为 http://www.firstlight.cn）如图 5-5 所示，该系统是雷速公司创办的一个包括哲学、经济学、法学、教育学、语言学、文学、历史学、旅游学、文化学、理学、工学、农学、医学、军事学、管理学等 15 大门类，108 个一级学科，600 多个二级学科在内的新型、综合性的学科网站集群，每个学科网站以收录各个学科灰色文献为主。

图 5-5　方略学科导航系统主页

该系统可通过单击学科类目名称进行浏览查找，也可利用检索框进行检索查找。检索查找又分为精确检索和模糊检索两种方式。精确检索是指搜索完成后，搜索结果中包含输入条件的记录，并且这个条件没有被拆分或者被截断。而模糊检索是指搜索完成后，搜索结果中只要含有输入条件的记录，不管条件是否被拆分或者被截断都可以被检索出来。

得到检索结果后，界面搜索栏后面有《核心站点》《核心学者》两个栏目链接(这两个栏目下的记录是通过星级评判得出来的结果，比如只有 5 星级的学术人物才能够在《核心学者》栏目中被显示出来)，单击链接后可以看到某一学科门类下的核心站点或核心学者的记录列表。

在检索结果中，每条记录都包括文章的标题、关键词、日期、摘要或者简介，在这里可以通过单击每条记录的标题等进入原网站查看记录的详细信息，还可以通过"存档文本"来查看方略整理的原生态文本。如果单击"存档文本"的同时弹出了提示安装雷速 SDF 文件阅读器，这时候您只需按照窗口上的提示进行下载安装，安装成功后刷新页面，就可以正常浏览了。需要注意的是该系统阅读原文需要下载安装 SDF 文件阅读器，才能阅读全文。如果原网站因为各种原因打不开了，这时候"存档文本"就起到了关键作用，如果某条记录带有附件，在详细信息那一行将出现"存档附件"，这时候直接单击它即可浏览或者下载。

三、国内医学资源导航

(1) 中国医学生物信息网导航，网址为 http://cmbi. bjmu. edu. cn，由北京大学医学部建立，其基础医学信息导航独具特色，是国内优秀的导航网站。

(2) 中国医学科学院、协和医科大学图书馆网站导航，网址为 http://www. imicams. ac. cn。

(3) 导医搜索，网址为 http://www. daoyi. net，为全中文的导医搜索引擎，可检索到医疗方面的网站资料。

四、美国 INFOMINE 学科导航系统

INFOMINE 项目是为大学教师、学生和研究人员建立的网络学术资源虚拟图书馆。它始建于 1994 年，由加利福尼亚大学、威克福斯特大学等多家大学或学院的图书馆联合建立，其主页(网址为 http://infomine. ucr. edu)如图 5-6 所示。

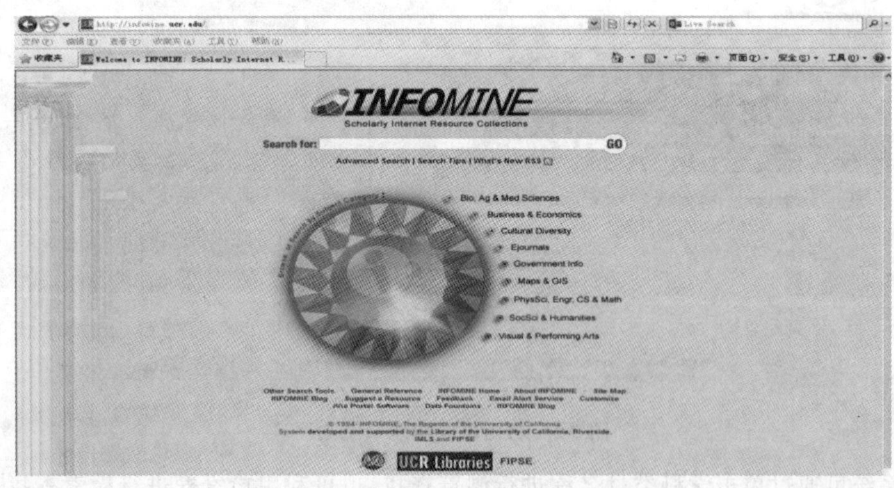

图 5-6 INFOMINE 学科导航系统主页

INFOMINE 对所有用户免费开放，但是它提供的资源站点并不都是免费的，能否免费使用，取决于用户所在的图书馆是否拥有该资源的使用权。

INFOMINE 拥有电子期刊、电子图书、公告栏、邮件列表、图书馆在线目录、研究人员人名录，以及其他类型的信息资源 40 000 多个，共包括生物、农业和医学数据库，商业和经济数据库，多样性文化及种族资源数据库，电子期刊、政府信息数据库，教育资源数据库等 12 个数据库。

INFOMINE 著录内容包括资源名称、简介、URL、相关资源链接、人工选择或专家选择、收费情况，并为用户提供了对资源发表评论的平台。

INFOMINE 的检索界面友好，检索功能包括基本检索、高级检索和浏览三种方式。

1. 基本检索

在 INFOMINE 首页的检索框中直接输入检索词（主题词、作者、关键词等），单击“Search”按钮或按回车键就可以检索出相关资料。

2. 高级检索

在高级检索界面通过组合使用菜单和下拉菜单，可以限定检索字段范围，如关键词、主题词、资源描述、作者、标题等，限定检索的数据库范围，限定资源的类型和路径，以及检索结果的显示方式，每页显示的检索结果数和检索结果的排序方式。另外还可在输入检索词时，使用逻辑检索（AND、OR、AND NOT）或特定符号[* 、()、“”等]来扩大、缩小检索范围。

3. 浏览

INFOMINE 在基本检索、高级检索和每个数据库的页面下，都提供了浏览功能，可以从目次表、美国国会主题词表、标题、关键词和作者等途径进行浏览，查找所需的资料。

五、英国 INTUTE 学科导航系统

INTUTE 是英国最大的学科信息门户网站（网址为 http://intute.org），始建于 1994 年。INTUTE 最初名为——网络资源发现门户 RDN（Resource Discovery Network），由英国七所大学合作构建，2006 年 7 月，RDN 更名为 INTUTE，其主页如图 5-7 所示。

图 5-7 INTUTE 学科导航系统主页

该网站整合了英国社会科学信息门户（SOGIG）、生命科学资源导航（BIOME）、物理科

学信息门户(PSIigate)、工程数学计算机信息门户(EEVL)、地理学与环境科学信息门户(GE-source)、人文科学信息门户(Humbul)、艺术与人文信息门户(Artifact)及社会科学门户(Al-tis)等八个非常有名的学科信息资源门户,分为科学技术、人文艺术、社会科学、健康与生命科学四个服务模块。

INTUTE的检索功能包括基本检索、高级检索和分学科浏览三种方式。INTUTE支持布尔逻辑运算,可以用“AND”“OR”“NOT”进行组配,检索词可以是题名、关键词或领域描述。

第五节　国内外重要医学网站

网络上有许多医学网站,从内容看有的是综合性的,有的是专科性的;从创办单位来说,有医学科研机构、医学协会或医药院校创办的网站,医药公司或信息咨询公司创办的网站及个人网站等。医学科研机构、协会或各院校创办的网站专业性较强、学术水平较高,有较好的稳定性;医药(咨询)公司创办的网站内容比较丰富;个人网站有一定特色,但稳定性较差。

网上综合性医学网站的共同特点是栏目众多、内容丰富,既有面向医务人员的专业性学术资源,又有面向大众的科普性医疗保健信息。下面选取几个影响力较大的综合性医学网站加以介绍。

一、国内医学专业网站

(1) 37℃医学网,网址为 http://www.37c.com.cn。

37℃医学网注重科学性、实用性和时效性,及时、全面、快速地将与医学有关的信息、广大用户喜欢的资料在互联网上发布。采用先进的科学分类方法,有美好的全中文界面,有方便的网上查询,还有独特的关键词搜索等,这些都为中文用户提供了一种全新的、方便的、快捷的医学信息获得手段,并为广大医务工作者、普通患者和众多网民提供一个学术探讨、经验交流、沟通信息、互相促进、共同提高的平台。37℃医学网也为医药界的企业提供相关服务,包括医院、医药厂商、公司药店、学校杂志社等。37℃医学网已经成为医学专业领域企业形象宣传、医药商业信息查询的专业站点。

(2) 三九健康网,网址为 http://www.999.com.cn。

(3) 中国医业网,网址为 http://www.yiyee.cn。

(4) 医学空间网,网址为 http://www.medcyber.tom。

(5) 中国医学生物信息网,网址为 http://cmbi.bjmu.edu.cn。

(6) 好医生,网址为 http://www.haoyisheng.com。

(7) 医药英才网,网址为 http://www.heahhr.com。

(8) 中国医学网,网址为 http://www.medchina.net。

(9) 寻医问药网,网址为 http://www.xywy.com。

(10) 中华急诊网,网址为 http://www.cem.com。

(11) 医学护理网,网址为 http://www.huliw.com。

(12) 医学考研网,网址为 http://www.medkaoyan.net。

(13) 生物通,网址为 http://www.ebiotrade.com。

(14) 中国医药信息网，网址为 http://www.cpi.gov.cn。

(15) 中国生物信息，网址为 http://www.biosino.org。

(16) 迈博健康资讯，网址为 http://www.medboo.com。

(17) 医学在线，网址为 http://www.cn-mol.com。

(18) 中国中医药信息网，网址为 http://www.cintcm.ac.cn。

(19) 中国医学科学院、协和医科大学图书馆，网址为 http://www.imicams.ac.cn。

二、国外医学专业网站

1. 世界卫生组织

世界卫生组织(World Health Organization，WHO)创立于 1948 年，是指导协调国际卫生工作的权威机构，总部设在日内瓦。其宗旨是“使全世界人民获得可能的最高水平的健康”，主要职能包括：促进流行病和地方病的防治；提供和改进公共卫生、疾病医疗和有关事项的教学与训练；推动确定生物制品的国际标准。

WHO 主页(网址为 http://www.who.int)的设置及主要功能：WHO 主页的顶部为主目录和搜索栏。主目录有六个链接，分别指向健康专题(Health Topics)、数据及统计分析(Data and statistics)、媒体中心(Media centre)、出版物(Publications)、成员国(Countries)、项目(Programmes and projects)。

2. 美国国立卫生研究院

美国国立卫生研究院(National Institutes of Health，NIH)创始于 1887 年，隶属于美国卫生与人类服务部，是国际著名的生物医学科研机构。NIH 的使命是揭示新知识以促进人类健康。NIH(网址为 http://www.nih.gov)设有“卫生信息”(Health Information)、“科研资助”(Grants and Funding Opportunities)、“新闻与事件”(News&Events)、“科学资源”(Scientific Resources)、“NIH 研究所，中心和办公室”(Institutes，Centers&Offices)及“NIH 介绍”(About NIH)等部分。

1) Health Information

Health Information 提供卫生信息的检索方式和相关卫生资源。检索方式共有四种，Quick Links(按主题的快速链接)、Health Topics A～Z(按卫生专题的首字母浏览检索)、Search Health Topics(关键词检索)和 Browse Categories(分类目录)。页面下半部的“相关资源(Related Links)”分健康信息数据库(Health Databases)、健康热线(Health Hotlines)和联邦卫生机构(Federal Health Agencies)。

Health Databases 提供几个免费的数据库，有 Clinical Trials、MedlinePlus、PubMed、Health Finder 和国际食品强化信息目录数据库(International Bibliographic Information on Dietary Supplements Database，IBIDS)。例如：临床试验数据库(网址为 http://www.clinicaltrials.gov)提供有关美国国内临床试验的详细信息，以及进行临床试验的参考资料，它不仅是患者寻求治疗机会的信息窗口，也是临床医生和药物开发研究人员重要的信息来源。这些信息虽然缺少研究结论，但信息快且新，对临床医生和临床试验设计者具有一定的参考启示作用。该数据库的检索途径有 Basic Search、Focused Search 和 Browse 三种。

① Basic Search：在“Search Clinical Trials”的检索框中输入检索词，用逗号连接单词或

短语表示 AND 关系，如检索有关洛杉矶市主持的心脏病发作的临床试验，可在检索框输入"Heart Attack，Los Angeles"。

② Focused Search：可以对疾病名称、治疗方法、试验地点、年龄组、试验阶段、资助资金来源、项目编号进行组合检索。检索方法：在"Diseases or Condition"中输入疾病名，在"Experimental Treatment"中输入试验应用的药物、设备仪器、疫苗名，在"Trial Location"中输入试验地点，在"Additional Terms"中输入一些附加信息(如初步试验等)，在"Age Group"中选择年龄组如儿童(0～17 岁)、成人(18～65 岁)、老人(66 岁以上)，在"Study Phase"中选择试验阶段，在"Supported By"中选择 NIH 或其他资金来源，在"Study ID Number"中输入项目编号。如检索"有关 NIH 资助的成人红斑狼疮临床试验项目"，可在疾病名栏中输入 Lupus Erythematosus，在年龄组中选择成人，资助资金来源中选择 NIH，可检索出相关记录。

③ Browse：浏览途径分为疾病浏览(Browse by Condition)、研究主持单位浏览(Browse by Sponsor)和招募志愿者情况浏览(Browse by Status)三种。

Browse by Condition 可按字母顺序(Alphabetically)查到疾病名，也可先点击 By Disease Heading 得到疾病分类名(共 23 个)，再从某分类中得到具体的疾病名。

Browse by Sponsor 的主持单位分为 National Institutes of Health、Other Federal Agency(联邦政府的其他机构)、Industry(制药公司等企业)和 university/Organization(大学/组织)四个选项，继续点击，可从具体的机构名称得到该机构主持研究的临床试验项目。

Browse by Status 的志愿者招募情况分仍未招募(Not yet Recruiting)、正在招募(Recruiting)、不再招募(No Longer Recruiting)和已完成(Completed)四种。

2）Grants and Funding Opportunities

它提供有关 NIH 科研基金申请的详细情况，如提供 NIH 资助项目信息、对申请科研基金的指导、基金申请的有关规定、专家审批程序及科研合同签订等，可获取 NIH 及其 27 个下属机构的培训项目的内容。

3）News and Events

它提供 NIH 科研新闻、特别报道、学术会议信息、讲座、研讨会的日程安排。

4）Science Resources

其内容有 NIH 院内研究新闻、NIH 院内研究进修信息、热点科研专题资源、特别兴趣小组、实验动物的基因等信息，NIH 及下属单位图书馆目录查询(包括 NLM 的馆藏目录 LocatorPlus)，NIH 共享数据库，NIH 实验室信息和计算机资源信息等。

5）Institutes Centers and Offices

它提供 NIH 下属 27 个研究所及中心的网页链接、各专业医学信息资源。

总之，NIH 是世界一流的生物医学科研中心，其网站内容丰富，是医学科研人员需要充分利用的重要综合医学网站之一。

3. 英国国立卫生保健电子图书馆

英国国立卫生保健电子图书馆(The National electronic Library for Health，NeLH)是英国国家医疗服务部(NHS)建立的指导性网站(网址为 http://www.nelh.nhs.uk)，旨在为医学专业人员提供医疗专业知识和技术，为大众提供医疗保健知识。其特色是提供多个经专家评审过的临床实践指南、丰富的数据库和循证医学资源、期刊论文、综述等信息。

NeLH 网站的栏目设置及主要功能。

1）Know-How

它提供卫生保健促进委员会（Healthcare Commission）、助产科学信息及资源服务（Midwives Information and Resource Service，MIDIRS）、NeLH 指南检索（NeLH Guidelines Finder）、保健护理路径数据库（Protocols and Care Pathways）、初级保健的临床指南数据库（PRODIGY）等。

2）Knowledge

它提供 Bandolier 数据库（对原始实验论文进行系统综述，为专业人员或患者提供有关疾病治疗方面的科学依据）、Clinical Databases（临床指南数据库）、Clinical Evidence（循证医学数据库）、Cochrane Library（Cochrane 图书馆）、Drug and Therapeutics Bulletin（药物治疗公告）、Electronic Publishing（电子出版物）、Full-Text Journals（全文期刊）、Health Care Needs Assessment（卫生保健需求评价）、成本-效益分析数据库（NHS Cost & Effectiveness Reviews）、卫生技术评估项目（NHS R&D Health Tech. Program）、OMNI Reviewed Internet Resources（OMNI 评价的 Internet 资源）、电子科技文献数据库（ZETOC）等。

3）Hitting the Headlines

它提供有关医学保健、新药及其作用、疾病治疗的新方法和新技术等方面的新闻报道，以事实为依据，快速、准确分析新闻报道的真实性、科学性和可靠性，并提供 NHS 专家撰写的综述。

4）Document of the Week

每周介绍一种最新出版的医学专著，侧重于流行病学、图书馆学、患者和公众的健康信息、与医学临床实践和决策相关的资源、以证据为基础的决策和研究方法。它不同于传统的书评，而是采用结构式的书目摘要格式，提供书名、作者、出版者、价格、页码、适用对象、章节标题、相关医学书籍的链接等内容。

4. 美国国立医学图书馆

美国国立医学图书馆（National Library of medicine，NLM）是世界上最大且最著名的医学图书馆，隶属于美国国立卫生研究院。NLM 网站（网址为 http://www.nlm.nih.gov）资源丰富，提供了包括 Medline 在内的几十种生物医学数据库给全世界的用户免费使用。NLM 网站的主要栏目集中在主页的左栏，分三大部分。

1）馆藏资源及数据库

（1）Health Information：集中最常用的生物医学数据库。

① MedlinePlus，是 NLM 于 1998 年 10 月推出的一个旨在向大众解答各种医疗卫生问题的综合型纯学术性数据库，资源丰富，信息准确、权威，数据每日更新，深受用户欢迎。MedlinePlus 提供的信息包括卫生专题信息、药物信息、医学百科全书、医学词典、最近一个月新闻、医生和医院名录、医疗机构及组织、地区图书馆等。卫生专题超过 650 个，检索途径可按专题字顺浏览检索，也可按分类浏览，类目有 Body Location/Systems（按人体部位分类）、Demographic Groups（按人口分类）和 Health and Wellness（按健康与保障分类）等。

② ClniealTrials.gov，即临床试验数据库。

③ NIHSeniorHealth，是 NIH 开发的专门针对老年人的卫生信息数据库。

④ TOX TOW，提供一系列毒理学、环境化学、有害化学物质和相关领域的事实型和书

目型数据库。

⑤ Household Products Database，即家庭日用品卫生保健信息数据库。

⑥ Genetics Home Reference(GHR)，提供有关遗传和基因方面的信息，包括描述疾病的症状、诊断过程和治疗选择。

⑦ Medline/PubMed-Biomedical Journal Literature，最著名的医学专业题录型数据库，收录 4 300 种生物医学专业期刊。

⑧ AIDSinfo，网址为 http://www. aidsinfo. nih. gov，提供有关艾滋病预防治疗指南、药物治疗、疫苗和临床试验的信息。

(2) Library Catalogs&Services，即图书馆书目及提供的服务。

① Library Catalog(LocatorPlus)，NLM 馆藏目录数据库，收录了 NLM 收藏的 80 万条图书、期刊、声像资源目录信息，可以通过选择不同信息类型进行馆藏目录检索。

② Reference and Customer Services，医学图书馆提供的参考咨询服务项目。

③ Accessing the Collections at NLM，提供图书馆可检索的不同类型生物医学数据库，包括 LocatorPlus Online Catalog(馆藏目录)和 NLM's Databases & Electronic Information Sources(数据库与电子资源)的完整列表，有题录型数据库、全文数据库、档案资料及图像数据库。如 Bioethics、Clinical Alerts、Drug Information、DIRLINE@、Entrez、Visible Human Project@等。其中的 NLM Gateway 是 NLM 开发的"一站式"检索系统，即通过一个检索界面可以检索 NLM 多个检索系统或数据库，包括 Medline/PubMed、OLDMEDLINE、LocatorPlus、AIDS Meeting、Health Services Research Meetings、HSRProj、MEDLINEplus 及 DIRLINE，通过单词或短语进行检索，也可在指定类目中进行检索。

④ Medical Subject Headings(MeSH)，医学主题词表，帮助数据库标引和选择规范化检索词的可控制词汇表。

⑤ Publications by NLM，提供 NLM 出版的有关报告、计划、通讯、书目及其他出版物。

⑥ Leasing NLM Data，租用 NLM 数据库，介绍如何使用 NLM 数据库和下载 NLM 数据。

(3) History of Medicine，医学及相关科学的历史资料。

2) 生物信息数据库

(1) Human Genome Resources，即人类基因组资源。

(2) Biomedical Research&Informations(生物医学研究与生物信息学)，提供检索生物医学的数据库和医学图书馆正在从事的各种研究项目的信息，如计算机分子生物学(Computational Molecular Biology)、数字图书馆(Digital Library Research and Initiatives)、远程医学(Telemedicine)、可视人计划(Visible Human Project)、一体化医学语言系统(Unified Medical Language System，UMLS)、通信工程(Communications Engineering)、下一代因特网(Next Generation Networking)。

(3) Environmental Health & Toxicology(环境健康与毒理学信息)，包括毒理学与卫生方面的数据库集合 TOXNET、毒理学数据库 TOXLINE、有毒化合物与疾病数据库 Haz-Map、查找化合物名称和结构的数据库、毒理学方面的自学资料、新闻相关网页链接。

(4) Health Services Research&Public Health(公共医疗卫生服务研究和公共卫生)，提供公共卫生保健相关的数据库、合作项目及培训资料等，包括数据库 HSRProj(Health Services Research Projects in Progress，是 1966 年以来由联邦政府和各基金会资助的正在进行中的或刚完成的医疗卫生研究项目的数据库）和 HSTAT(Health Services/Technology Assessment Text，有关临床准则和帮助医疗保健决策的全文数据库)。

3）NLM 的相关介绍

（1）About the National Library of Medicine，介绍 NLM 的概况、常见问题回答、开放时间、新闻、展览消息、学术会议日程、NLM 站点等。

（2）Grants&Funding，提供由美国国立卫生院和国立医学图书馆资助的基金和奖学金。

（3）Training&Outreach，NLM 的教育培训材料。

（4）Network of Medical Libraries，简介美国医学图书馆网络。

5. 美国国立癌症研究中心

美国国立癌症研究中心（National Cancer Institute，NCI），网站网址为 http://www.cancer.gov，是 NIH 的下属研究机构，处于全美肿瘤学研究的前沿。

（1）Cancer Information Announcements，提供 NCI 最新肿瘤学会议信息及报告。

（2）CancerNet，提供有关肿瘤学的详尽信息，可选择不同主题进入，如肿瘤类型、统计数据、临床试验等。

① Types of Cancer，提供按字顺排列的各种肿瘤信息，选择特定肿瘤类型，可得到有关该肿瘤的详细资料。如点击 Lung Cancer，可得到 Lung Cancer 的一般介绍、统计数据、治疗、临床试验、遗传、病因、危险因素及预防、检查、肿瘤文献、相关信息等各方面的资料，如同一本有关 Lung Cancer 的完全参考手册。

② PDQ(Physician Data Query)，是 NCI 提供的有关肿瘤最新治疗、普查、预防、遗传、支持疗法及临床试验信息数据库。

A. PDQ Cancer Information Summaries，提供最新肿瘤信息，由肿瘤学专家每月更新。

B. Clinical Trials，提供大约 1 800 个正在进行的及 12 000 个已完成的有关肿瘤学治疗、普查、预防等临床实验的相关信息。

③ Cancer Literature，提供 NCI 题录数据库、期刊及肿瘤学文献。

A. CANCERLIT，创始于 20 世纪 60 年代，由 NCI 的国际癌症信息中心负责，搜集来自 4 000 余种生物医学期刊、会议录、图书、报告及博士论文中的逾 1 500 万篇文献，每月更新文献 8 000 条以上。

B. Journals of the National Cancer Institute，包括 NCI 面向病人、普通用户、医学专业人员的多种出版物，可免费订阅不超过 20 种出版物。

思考题

1. 简述网络医学信息资源的特点与类型。

2. 搜索引擎分为哪些类型？

3. 利用百度或 Google 检索有关"大学生面试技巧"的 ppt 格式的文件。

4. 你如何知道医学搜索引擎有哪些？列举几个重要的国内外医学专业搜索引擎。介绍一下学术搜索引擎的收录情况和检索方法。

5. 列出国内外的医学学科导航。这些学科导航对你的科研有什么帮助？

6. 网络医学参考工具有哪些？它们的类型和作用是什么？

第六章　专类医学文献信息检索

第一节　药学文献信息资源检索

一、药学文献信息概述

药学是一门多学科交叉的科学，与人民生命健康息息相关，对人类生存繁衍、提高人口素质起着极为重要的作用。药学科学与基础自然科学各学科有着密切的联系，药学与现代信息技术的结合，促进了药学学科的发展，并产生了巨大的社会效益及经济效益。Internet作为目前世界上最大的信息资源库，拥有无尽的信息资源，其中蕴藏着大量的药学信息。

药学信息包含药学领域所有知识数据，既包括药物信息，也包括与药物简介相关的信息，如疾病变化、耐药性等，还包括药品流通信息、药政信息等，涉及药学科研、生产、临床、教育、管理等诸多方面的有关信息。按信息资源表现形式划分，网络药学信息资源有数据库、网站、电子出版物、动态信息、电子论坛等。

网站是因特网在各领域应用的重要载体，集中体现了 Internet 所具有的多数功能。随着因特网的影响日益广泛和深入，互联网上药学网站的发展如雨后春笋，大大促进了药学信息的交流。药学网站按创建者不同，大体可分为以下五类。

1. 学术研究型

学术研究型药学网站是由药学院校、研究院所、图书馆等相关机构设立的专业网站，主要为学术、科学研究及教育服务，提供一些药学科学研究和药学发展方面的信息，有的还设有相关的数据库，此类网站数量不多，但学术性强，对药学学科的发展起着指导和促进作用。

2. 公司企业型

公司企业型药学网站是由制药或医药经营企业设立的商业网站。由于互联网商业化功能的驱动，几乎所有较大的制药和医药公司都设立了自己的网站。此类网站数量较多，除了世界著名制药公司的网站内容较为丰富外，其他网站的内容都局限于本单位介绍、产品介绍及药品和物资供求信息等，侧重于广告宣传和药品营销，实用性强，药学科学研究的信息不多。

3. 政府机构型

政府机构型药学网站是由政府部门设立的与药学相关的官方网站。随着我国政府对互联网的高度重视，政府有关部门也充分利用互联网的功能建立了药学官方网站，为社会提供相关政策法规、通知公告、新药信息、药品商情等信息。

4. 商业服务型

商业服务型药学网站是由网络服务公司与药学机构联合设立的专业网站。此类网站将网络服务公司的网络技术与药学机构的丰富信息资源结合起来，提供大量新颖、实用的药学信息。此类网站信息更新速度快，商业性强，是目前国内提供网络药学信息资源的主力军。

5. 个人网站

个人网站是由药学人员建立的个人网站。此类网站比较活跃，网站内容一般是经过编辑加工再现的医药信息，内容虽有重复，但更新快，注重表现个人风格。由于个人能力、财力、精力有限，后续发展受限制，有的与网络服务公司合作，转变为商业网站。

二、药学信息资源检索

Internet 是一个数量大、更新快的信息资源网。通过对 Internet 上各种搜索引擎、数据库和网站等的检索，能获取丰富的信息资料。现着重介绍化学与药学部分信息资源检索方法、重要网站及资源库的检索和应用。

1. 通用搜索引擎

通用搜索引擎是一类综合性的信息搜索引擎。常用的这类搜索引擎有雅虎、搜狐、百度、Google、Webcrawler、Infoseek、Lycos、Excite 等。检索方法包括分类途径和关键词途径。

1）分类浏览

分类浏览是通过门户网站（如雅虎、网易、新浪等），顺网站的树枝状索引所提供的链接，按搜索者的兴趣，一层一层地寻找目标网站。以雅虎网站为例，进入雅虎中国（网址为 http://www.yahoo.com.cn），通过“健康与医药/药学/组织”，一步步指向中国药学会网站 http://www.cpa.org.cn。再如搜狐（网址为 http://www.sohu.com），进入搜狐主页后，点击其分类目录下的“健康”，进入搜狐健康（网址为 http://health.sohu.com），单击“药品常识”，就可以查询药品。

2）关键词检索

在 Google 或百度中输入“药学网站”，可检索到国内外医药学网站大全之类的文档或网站介绍。输入“医学搜索引擎”或“intitle:医学搜索引擎”就会找到医学专业的中外文搜索引擎。

2. 医药专业搜索引擎

1）医学专业搜索引擎

由于这类搜索引擎对医学专业进行优化，因此信息比较集中具体，获得有价值的专业信息较多。常用的医学专业搜索引擎见第五章相关内容。

2）化学与药学搜索引擎

这类引擎收录的多为医药学组织、杂志、政府机构等的网页信息，检索结果相关性好、可靠性高。常用的化学与药学搜索引擎主要有以下几个。

① 药学专业搜索引擎 PharmWeb，网址为 http://www.pharmweb.net。

PharmWeb 是世界著名的大型药学综合性网站，创建于 1994 年，基本涵盖了 Internet 上的各种药学信息资源，有人也称之为药学专业搜索引擎。PharmWeb 将所有信息按不同类别进行分类，在“Site Contents”列出各类的链接。其主要内容包括会议、世界各地的药学

院校、PharmWeb 论坛、PharmWeb 虚拟图书馆、病人信息、PharmWeb 世界药物警报、PharmWeb 网站黄页、团体组织、继续教育、PharmWeb 索引、药学与 Internet。

② 中国医药网医药搜索，网址为 http://www.pharmnet.com.cn/search/medicine。

③ 一丹医药搜索引擎，网址为 http://www.ydyyw.com/search2。

④ 中国化工搜索，网址为 http://www.chem.cn。

⑤ 化学工业搜索引擎，网址为 http://www.chemindustry.com。

⑥ 化学深层网统一检索引擎，网址为 http://www.chemdb-portal.cn。

这方面类似的网站很多，可在实践中收集选择。

3. 学术搜索引擎

这是科研常用的搜索引擎，具体使用方法见第五章相关内容，以下只列举几个常用的搜索引擎。

Google 学术搜索，网址为 http://scholar.google.com。

Scirus 科学搜索引擎，网址为 http://www.Scirus.com/srsapp。

在线杂志搜索引擎，网址为 http://www.ojose.com。

NEC 研究院建立的学术论文数字图书馆 CiteSeer，网址为 http://citeseer.ist.psu.edu。

雅虎谷歌，网址为 http://www.gahooyoogle.com。

Search4science，网址为 http://www.Search4science.com。

科学搜索引擎与目录，网址为 http://www.Sciseek.com。

除此以外，由北京大学开发的天网（网址为 http://e.pku.edu.cn）使用起来也非常方便；Google Book Search（网址为 http://books.google.com）除了可以搜索到平时难以得到的外文书籍，还提供对这些书籍的全文查询功能。因而在科研工作和日常生活中，这两个引擎也颇为引人注目。

4. 学科信息门户

学科信息门户（Subject Based Information Gate Ways）是针对学科的网络信息的深层组织模式，是图书情报界为解决搜索引擎检准率低的局限性而开发的一种学科网络资源指南。学科信息门户网站对特定学科领域网络资源提供权威可靠的导航，为科研人员、工程技术人员、高等院校的师生提供大型专业数据库、经过筛选的网络上各种类型的高质量信息资源等全面的学科信息和多样化的一站式服务。它兼有目录式检索工具和搜索引擎的特点并具有优于以上两种的检索性能。正因为如此，新的学科信息门户在国外不断地涌现。2001 年年底正式启动的中国科学院国家数字图书馆已建立起数理、化学、环境、生命科学、图书情报系统等学科信息门户。中国的化学学科信息门户（网址为 http://chin.csdl.ac.cn）面向化学学科，从动态及相关信息、日常工具、机构信息、信息源知识、其他资源搜寻工具、专题、学科分类、链接 CHIN 站点八个方面提供权威和可靠的化学信息导航，并提供站内关键词检索。

5. 访问重点院校图书馆

在重点院校图书馆的主页上一般都提供一批有用的网址。如北京大学医学图书馆主页上有“医海导航”的超链接，指向国内外主要医学网站、图书馆、电子期刊、医药图协和医学搜索引擎，供进一步检索。

三、药学信息数据库

(一) 药学相关的题录文摘型数据库

药学相关的题录文摘型数据库主要有中国生物医学文献数据库(CBM)、中文生物医学期刊文献数据库(CMCC)、中国中医药文献数据库、PubMed 数据库、NLM Gateway 系统、ISI Web of Science、BIOSIS Preview、ISI Chemistry、SciFinder 等,其中最值得一提的是网络版《化学文摘》SciFinder。其具体检索方法参见第三章相关内容。

(二) 药学相关的全文型数据库

药学相关的全文型数据库主要有中国期刊全文数据库、万方数据资源系统的数字化期刊、SDOS 全文数据库、SpringerLink 全文数据库、Blackwell Synergy 全文数据库、Swets Wise 全文数据库、EBSCO host 全文数据库、ProQuest Medical Library 全文数据库、cnpLINKer 在线数据库检索系统和联机计算机图书中心 OCLC、FirstSearch 等。另外,通过一些免费期刊,读者也可以获得部分全文,最常用的免费期刊是美国 Science(科学)杂志(网址为 http://intl. sciencemag. org)、High Wire Press(网址为 http://intl. highwire. org/)和 Free Medical Journals(网址为 http://www. freemedicaljournals. com/htm/index. htm)。除此之外,国家科技图书文献中心(网址为 http://www. nstl. gov. cn/index. html)中 Current Issue 列出了最新出版物,每月更新一次,可供读者免费浏览全文、免费打印、发送给其他人及发表评论。

(三) 专门的药学专业数据库

除了前面介绍的综合性和医学专业数据库以外,还有专门的药学专业数据库。

1. Rxlist 数据库

1) Rxlist 简介

Rxlist(网址为 http://www. rxlist. com)是美国处方药物索引网上数据库,该数据库含有 5 000 种以上药物,它的一大特点是列出了美国处方药市场每年度前 200 种高频使用药,占美国处方中处方药出现次数的 2/3。对其品种的分析,可以给国内医药工业科技人员带来很多启发,同时,该网站对具体药物有极为详细的介绍,为医院药师快速了解新药市场提供了便利。可以通过 CNKI 知网,查该数据库中文献资料。

2) 检索方法

Rxlist 站点内容无须登录,对每一个品种的访问目前均是免费的:进入 Rxlist 主页后,可在快速检索框中输入药物名称检索相关的药物信息。如药物的商品名和常用名,其中大部分的常用名和商品名可以链接到该药物的详细资料,包括描述(description)、临床药理(clinical pharmacology)、适应证(indication)、剂量和用法(dosage and administration)、包装(how supplied)、警告(warnings)、禁忌(contraindications)、注意事项(precautions)、副作用(adverse reactions)、药物相互作用(drug interactions)、过量(overdosage)、病人信息(patient information)等方面。在每一部分的介绍文字中嵌有大量的链接点,对文中涉及的名词术语加以解释。

此外,Rxlist 还提供 Advanced Search(高级检索)功能,可以输入药品的商品名、常用名、疾病症状、副作用、在版代码、药物代码(NDC)等,甚至药名片断(词尾模糊部分可用 * 代替，但 * 不可用于词头）进行检索，并支持布尔逻辑算符 AND、OR、NOT。例如：ampi *；headache and bleed；capsule or inject。

3）其他内容

① TOP200。这是该网站最具特色的部分。TOP200 基于美国 30 亿张处方统计得出，有一定代表性。

② Rxlist Alternatives。通过检索或浏览目录查找相关问题，目录的内容包括 WESTERN HERBS、CHINESE HERBALREMEDIES、HOMEOPATHICS。

2. TOXNET(Toxicology Data Network)

TOXNET（网址为 http://www.toxnet.nlm.nih.gov）数据库由美国国立医学图书馆（NLM）开发建立，是一个化合物毒性相关数据库系列，目前主要包括毒理学、有害化学物质及其相关领域的九个数据库。

1）TOXNET 主页

TOXNET 主页（见图 6-1）有三个组成部分：左栏为各数据库列表，中间栏为检索所有数据库区域，右栏为其他 NLM 资源及帮助信息。

图 6-1　TOXNET 主页

2）TOXNET 各数据库简介

① HSDB(Hazardous Substances Data Bank)，主要内容是具有潜在危险化学药品的毒理学研究、工业卫生、急救处理程序、环境发展及相关领域。所有数据均来源于核心权威图书、政府公文、技术报告及主要期刊。

② IRIS(Integrated Risk Information System)，包含人类健康危险评价数据，由美国环境保护局（EPA）编辑，主要侧重于危险物质鉴定和剂量依赖性评价，EPA 致癌剂分类、个体危险、口服参考剂量和吸入参考浓度，并经 EPA 科学家审评一致通过。

③ ITER(International Toxicity Estimates for Risk)，提供化学风险评价数据，这些信息来源于美国环境保护局（EPA）、美国毒物与疾病登记局（ATSDR）、加拿大卫生部、荷兰公共卫生与环境研究所等世界权威机构。

④ GENE-TOX，由美国 EPA 创建，内容包含由专家审核的 3 000 余种药品的基因毒理学文献数据。

⑤ CCRIS(Chemical Carcinogenesis Research Information System),由 NCI 发展至今,包含 8 000 余种有关化学药品的致癌性、诱变性、肿瘤生成、肿瘤抑制等数据信息。数据来源于主要期刊、NCI 报告并由精通致癌作用及诱变作用的专家审核。

⑥ TOXLINE,收集了美国国立医学图书馆在线书目信息的扩展部分,涉及药物及其他化学药品的生物化学、药理学、生理学及毒理学作用,引用了 300 多万条书目信息,包含了文摘、检索关键词及 CAS 登录号。TOXLINECORE 数据库收录许多毒理学期刊文献,是生物医学文献数据库 Medline 的较大分支。

⑦ DART/ETIC(Developmental and Reproductive Toxicology/Environmental Teratology Information Center),是有关毒理学的书目数据库。它涉及了畸胎学及毒理学,包含从 1965 年至今的 10 万余条参考文献。由美国环境保护组织国家环境健康科学组织毒理学研究中心及 NLM 提供资金。

⑧ TRI(EPA's Toxic Chemical Release Inventory,1995—2000),内容包括每年排放到环境中的有毒化学药品量。此数据由 EPA 收集提供。数据包括空气、水和土地,而且包括废弃物的转移处理方法及资源减少及再利用。

⑨ ChemlDplus,包含 368 000 余条化学物质记录,其中 206 000 余种有化学结构式,并提供许多相关数据库的链接。

3) TOXNET 检索方法

TOXNET 数据库有多种检索方式:可以检索单个、若干个或所有数据库。检索所有数据库时,显示每一个 TOXNET 数据库中命中记录数并可单击浏览每一条检索结果。而且此数据库具有很好的交互性,是链接到其他具多用途检索特征专业数据库和 NLM 资源的起点。不论何种检索方式,用户均可在检索框中输入化学物质名称、数字、CAS 登记号、词(组)等检索词。除基本检索外,系统还支持截词检索,利用双引号("")实施短语的精确检索及支持逻辑组配检索功能。

现以 TOXLINE 为例说明其检索方法:在 TOXNET 主页左侧的数据库列表中,点击"TOXLINE"进入 TOXLINE 检索界面(见图 6-2),在检索框中输入检索词,与 PubMed 一样,在输入检索词时可在检索词后加上字段标志进行字段限制检索,如 Lung neoplasms [mesh](见图 6-3)等,检索并点击查看需要的文献篇名,如 Genetic Alterations in Lung Cancer,进入查看到 Genetic Alterations in Lung Cancer 的文摘。此外,在 TOXLINE 检索界面中点击"Limits",可对标题、作者、出版时间、语种等进行字段限制检索,还可将检索范围限制在最近几个月新增的记录中。

3. CancerLit(CancerLiterature,癌症文献数据库)

1) CancerLit 简介

CancerLit(http://www. cancer. gov/search/cancer_literature/)始创于 20 世纪 60 年代,由美国国立癌症研究所(National Cancer Institute,NCI)国际癌症信息中心负责制作,是世界重要的癌症医学文献题录型数据库。其收录范围主要包括 1963 年至今的实验与临床癌症的治疗信息,化学、病毒等与癌症病因相关因素信息及致癌物质运行机制和与癌症有关的生物化学、免疫学、生理学、诱导有机体突变的物质、生长素的研究等信息。其数据主要来源于 4 000 余种生物医学期刊、图书、政府报告、会议论文、学位论文及研究报告等相关资料。

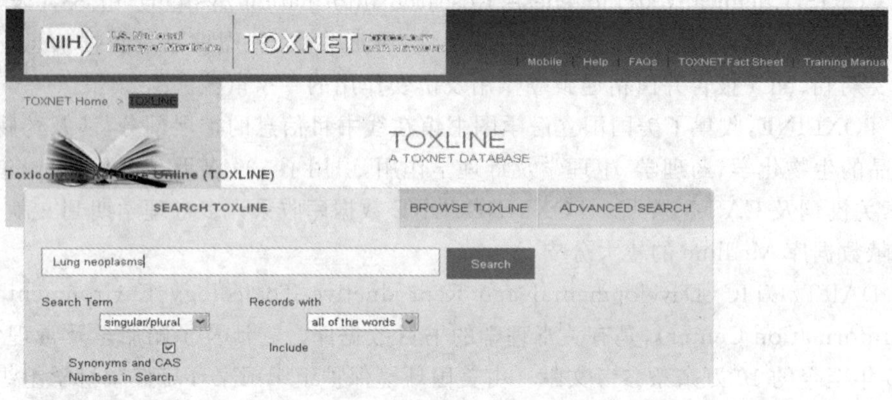

图 6-2 TOXLINE 检索界面

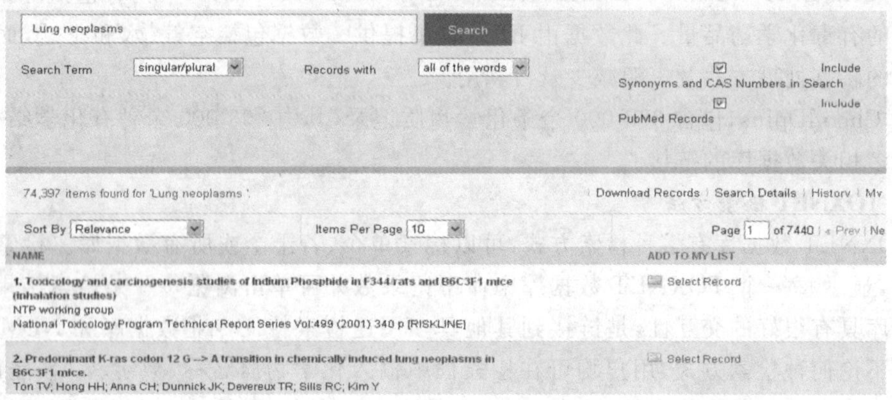

图 6-3 TOXLINE 检索结果

2）CancerLit 检索方法

① NCI Publications。该页面主要提供 NCI 出版物的浏览和检索：CancerLit 将其出版物按一定的类别进行了分类，如肿瘤类型，治疗方式、临床试验、营养、遗传、肿瘤处理、危险因素、吸烟等。此外，还可通过输入检索词的方式检索其出版物中有关内容。

② Cancer Literature in PubMed。点击"Cancer Literature in PubMed"链接，系统进入 PubMed 癌症相关文献检索页面。该页面主要提供两种检索范围，一种是将检索范围限制在 PubMed 癌症相关文献中，另一种是限制在 PubMed 收录的全部文献中。点"Cancer Topic Searches"链接，系统进入癌症主题检索界面。CancerLit 对癌症进行了分类，目前共分 17 大类，即艾滋病相关肿瘤、乳腺肿瘤、肿瘤遗传学、心血管肿瘤、内分泌肿瘤、胃肠肿瘤、妇科肿瘤、头颈肿瘤、白血病/淋巴癌、男性生殖系统肿瘤、转移癌、神经系统肿瘤、肉瘤、皮肤癌/黑色素瘤、胸部肿瘤、烟草及泌尿系统肿瘤。点击选定类别，即可实现对某种或某些癌症相关文献的检索。

③ Other Resources。PDQ(Physician Data Query)，主要提供临床试验方面的资料，检索时可对肿瘤类型、试验类型(治疗、筛选、遗传、支持性护理、预防及诊断等)进行限定，并可输入邮政编码，将试验数据限制在该地区某一范围内，并提供其他重要癌症文献相关网站链接。

4. MedlinePlus Drug Information

MedlinePlus(网址为 http://www.nlm.nih.gov/medlineplus/druginformation.html)是美国NLM开发的信息检索系统,包括Health Topics、Drug Information、Encyclopedia、Dictionary、News、Directories、Other Resources七个部分,其中Drug Information是一个药品信息数据库,数据来源于《美国药典药物信息分册》(USPDI),有9 000多种处方药和OTC药的详细资料。按照药品的通用名或者商品名的首字母浏览,可查到药品的商品名、类别、一般介绍、药物作用、应用范围、适应证、用药前后注意事项及药物副作用等内容。

5. 其他药学数据库

1) MicroMedex 医药信息系统

MicroMedex公司主要提供药品、毒理学、药理学、急诊医学、临床用药等方面的电子信息产品。MicroMedex医药信息系统(网址为 http://micromedex.com)由来自20多个国家的450名临床专家编辑,其信息来源于世界3 000多种医学期刊及多个著名临床医学专家、药品制造商、药剂咨询中心、有毒物质控制中心等。每条信息均由临床医师、临床毒物专家、药剂师、护士等专业人员经过严格的评价、整理、编译而成,准确性高,时效性强。目前,该系统已成为全世界医务人员广泛使用的信息资源系统。

2) Bentham Science 数据库

Bentham Science出版公司,作为全球范围内主要的科技和医学出版商之一,出版106种期刊和200多种开放式阅读期刊及相关纸本和在线图书,为从事药物学、生物医学及医学研究的人员提供最新的信息。其数据库网址为 http://benthamscience.com。

目前,Bentham通过"BENTHAM OPEN"推出200多种开放式阅读期刊,这些免费阅读期刊涵盖科学、技术和医学的所有主要学科。

其他的化学和药学数据库还有Chemical Information of the NLM Specialized Information Services、美国FDA系列数据库、在线PDR、Beilstein化合物数值与事实数据库、NAPRALERT、国际药学文摘数据库、中国医药信息网系列数据库、中国中医研究院开发的多库融合事实型数据库系统、中国国家中药保护品种数据库、上海化学化工数据中心的数据库群等。

四、药学专业网站

目前,国内外医药学网站众多,其类型主要有政府机构、学术团体、综合性网站及医药专业搜索引擎等。本节仅介绍一些具有一定影响且相对稳定的国内外医药网站。

1. 政府机构网站

1) 美国食品药品管理局网站

其网址为 http//www.fda.gov。美国食品药品管理局(Food and Drug Administration,简称FDA),是由美国国会授权,专门从事食品与药品管理的最高执法机关。FDA是一个由医生、律师、微生物学家、药理学家、化学家和统计学家等专业人员组成的致力于保护、促进和提高美国国民健康的监控机构。该网站设有食品、药物、化妆、医疗设备、药物批准列表等板块。

2) 国家食品药品监督管理总局网站

其网址为 http://www.sda.gov.cn/WS01/CL0001。国家食品药品监督管理总局是监督食品、保健品、化妆品安全管理和主管药品监管的直属机构,负责对药品的研究、生产、流通和使用进行行政监督和技术监督;负责食品、保健品、化妆品安全管理的综合监督、组织协调和依法组织开展对重大事故查处;负责保健品的审批。该网站提供信息查询和网上办公功能,设有最新动态、机构介绍、工作动态、法规文件、公告通告、数据查询、办事指南、在线服务等栏目,是查找国内药品法律法规信息的首选网站。

3) 国家中医药管理局网站

其网址为 http://www.satcm.gov.cn。国家中医药管理局主要职责包括拟订中医医疗机构管理的有关法律、法规、政策,并组织实施:拟订中西医结合、民族医疗机构评审的有关政策、办法、标准;组织、协调和指导地方中医立法工作;拟订中医、中药基础研究发展规划和计划,确定重点发展领域;组织实施并管理国家级、局级中医、中药基础研究项目的协作攻关;负责中医、中药重大科技成果的鉴定与推广等。国家中医药管理局网站主页设有综合管理、医药卫生体制改革、医政管理、科研管理、教育管理、中药管理等 10 余个栏目。

4) 中华人民共和国国家卫生和计划生育委员会网站

其网址为 http://www.nhfpc.gov.cn。中华人民共和国国家卫生和计划生育委员会是我国卫生管理最高行政机构,负责拟订卫生执法监督工作规范、程序和有关规章制度;组织研究卫生改革与发展的宏观政策、综合性卫生体制改革方案;指导全国疾病预防控制机构建设与发展;研究拟订卫生事业中长期发展规划,指导区域卫生规划工作,统筹规划与协调全国卫生资源配置,并负责卫生部 WTO 办公室工作。其网站主页设有综合管理、人事管理、规划信息、财务管理、法制建设、卫生应急、药政管理和疾病防控等栏目。

2. 医药学(协)会、学术团体网站

1) 美国医学会网站

美国医学会(AMA)的学会杂志 JAMA 在国际上具有十分重要的影响,网站(网址为 http://www.ama-assn.org)内容非常丰富。主页设有 Physicians Medical Students、Patients 两个导航,每个导航下设有医生、患者和医生查寻三个频道,主要内容包括 AMA 介绍、临床实践工具、学会出版物、医学教育、医学会议、医学新闻、公共卫生等,其中学会出版物是最有实用性的内容,包括 12 种杂志,通过 Physicians 频道下拉菜单中的 Journals 可获得这些医学杂志的题录、文摘甚至全文信息。

2) 美国药剂师协会网站

美国药剂师协会(The American Pharmacists Association,APhA),成立于 1852 年,是美国最早也是最大的职业药剂师学会,现有药剂师、药物学家、药学学生、药物技术人员等各类成员 5 万多人。其网站(网址为 http://www.pharmacist.com)主页设有每日新闻、教育、APhA 基金、药学治疗、图书/产品、会议信息、政府事务、撤销药物/FDA 警告、药学生等 10 多个栏目。其特色栏目主要有:Tdav's Lead Stories、Pharmaceutical Care、Professional/Practice Development、JAPhA(该学会刊物《The Journal of the American Pharmacists Association》的网络版)、Pharmacy Today(今日药学,为该学会出版的新闻月刊,报道药品市场信息、综合立法、社会经济新闻等,可下载全文)、Science and Research、Link(分类列出药学相关网络资源,如有关药学实践信息网站、有关医疗信息网站、联邦政府网站、附属各州药学会网站、药学教育网站等)。

3) 药品信息协会网站

药品信息协会(DIA)成立于1964年,是一个非营利性会员制科技组织,现拥有27 000多个来自世界各国医药界、政府机构及学术界的各种会员。其主要任务是将医药与相关卫生健康科技的新发现、发展、评估与应用等信息以一个中性的立场促进其全球性的交流与传播。其网站网址为http://www.diahome.org。

4) 中华医学会网站

中华医学会是全国医学科学技术工作者组成的学术性团体,成立于1915年,现有78个专科分会及321个专业学组,约45万会员和70种医学学术类期刊。其网站(网址为http://www.cma.org.cn)主页设有学会介绍、学会动态、医学新闻、会员社区、医学园地、继续教育、学术活动、对外交流、科技评审、医疗事故鉴定、系列杂志、信息导报等栏目。

5) 中国药学会

中国药学会成立于1907年,是由全国药学科学技术工作者自愿组成依法登记成立的学术性、公益性、非营利性的法人社会团体,是中国科协的组成部分。学会下设7个工作委员会,13个专业委员会,主办15种学术期刊。这15种期刊是《药学学报》《中国药学杂志》《中国临床药理学杂志》《中国中药杂志》《药物分析杂志》《中国医院药学杂志》《中国新药与临床杂志》《中国海洋药物》《中国现代应用药学》《中国药物化学杂志》《中国药学(英文版)》《中国新药杂志》《药物生物技术》《中国临床药学杂志》《药物流行病学杂志》。其网站(网址为http://www.cpa.org.cn/Index.html)主页设有最新动态、政策法规、学术交流、学习园地、合理用药、新药快讯、市场透视等栏目,并设热点专栏,内容丰富,学术性强,是药学科技人员经常访问的站点之一。

6) 中国药理学会网站

中国药理学会最早是由中国生理科学会和中国药学会的药理专业委员会联合组成的我国药理学家进行学术交流的群众组织,1985年由国家民政部正式批准成立为国家一级学会。其网站网址为http://www.cnphars.org。

3. 医药综合信息网站

1) 中国医药信息网

中国医药信息网(网址为http://www.cpi.gov.cn)是由国家食品药品监督管理局信息中心主办的医药行业权威性专业网站,主要面向全国医药行业和药品监督管理系统,提供各类医药技术、经济、市场、管理、法规、公告信息及多种科技与经济类型数据库的联机检索服务,提供信息和服务。

2) 中国中医药信息网

中国中医药信息网(网址为http://www.cintcm.com/opencms/opencms)由国家中医药管理局中国中医药文献检索中心建立,主要提供有关中医药方面的信息资源。其主页设有最新动态、数据库检索、中医药刊物、中医药成果、基因组学、网络与远程医学、循证医学等栏目,其数据库检索栏目提供中医药文献检索系统、生物医学文献数据库、美国替代医学数据库、Medline数据库、美国专利数据库、美国化学文摘数据库、荷兰生物医学数据库的检索服务。

3）药品资讯网

药品资讯网(网址为 http://www.chemdrug.com/databases)是集医药招商(药品招商)、医药中间体、仪器设备、药包材、药辅料、制药机械、试剂试药等信息发布及医药文献、药品标准、药物合成数据等医药信息检索为一体的医药网站。

4）其他著名的综合性医药网站

其他著名的综合性医药网站主要还有 Pharmaceutical Information Resources(pharminfo)、三九健康网、四月蒿药学网、MEDcyber、37℃医学网等。

4. 商务网站

1）中国金药网

金药网(网址为 http://www.gm.net.cn)是一个专业化、信息化的医药卫生电子商务平台服务提供商，是迄今为止提供医药招商、代理、供求及医疗设备和医疗耗材招标最大的网络平台。

2）中国制药机械网

中国制药机械网是由中国制药装备行业协会(网址为 http://www.phmacn.com)主办的网站，包含了制药机械企业和药机产品的相关信息，可供药房购买制药机械参考之用。

3）中国医药对外贸易公司

中国医药对外贸易公司网址为 http://www.sino-pharm.com。

4）中国食品制药化工装备网

该网站(网址为 http://www.syjxzb.com)提供制药机械及医药化工设备最新产品信息，为制药厂和药机生产厂提供一个结构完整、内容丰富的信息资源。

5）其他著名的商务网站

其他著名的商务网站有中国医药卫生电子商务网、全国医药技术市场网、中国中药材网、全国医药统计网、中国医药经贸网、百姓寻医问药网、中国医药市场信息网等。

五、医药学论坛

论坛资源的使用，实际是对网络背后的人力资源的使用。通过论坛，不但可以在他人帮助下获得网上资源，还可能获得网上没有的额外资源。专业论坛的交流其实就是专业人员对话，人们在此可以通过发帖、上传文件或图片等多种方式来分享心得、交流经验、共同探讨行业技术难题，这些功能是其他互联网资源无法比拟的。

在 Google 或百度中输入“药学论坛”，便会找到丁香园论坛、西部药学论坛、药学论坛、药学考研论坛、临床药学论坛、蒲公英药学论坛等著名药学专业的论坛。

1. 丁香园论坛

丁香园论坛(网址为 http://www.dxy.cn/bbs/)是目前国内较著名的医学论坛之一，该论坛中的“药学讨论区”包括新药与信息讨论版、制剂技术讨论版、临床试验及药理讨论版、合理用药与药物不良反应讨论版、中药与保健食品讨论版、药物化学讨论版、分析技术讨论版、制药设备/器械/原辅料/医药知识产权讨论版和医药产品经理专版，基本涉及药学R&D的各个方面。

2. 药学论坛

药学论坛(网址为 http://www.yaojia.org/forum.php)是制药者论坛、生物制药论坛、药家网。

3. 药王谷论坛

药王谷论坛(网址为 http://bbs.spulon.com)是专业药学论坛,提供药学中药学专业信息、就业前景、科研进展、资源工具、论文、出国、专业知识、试题、医药考试、讲座交流等。

4. 西部药学论坛

西部药学论坛(网址为 http://www.westyx.com/bbs)中的版块更加细化,包括西部药学、药品、制药、医药、药品检验、色谱、新药、药品生产、原料药、中间体,制药机械、药用辅料、中药材、医药招商等,是药学人员交流和获取信息的重要场所。

5. 其他的医药相关的论坛

国外医药界新闻和有关新药信息等的论坛(网址为 http://www.pslgroup.com/newdrugs.htm)、生物科学网(BIOSCI)新闻组(网址为 http://www.bio.net/archives.html)、Google 论坛(网址为 http://groups.google.com)、中国医药论坛、生物学和生物医学科学、中医药信息、中国医药卫生论坛、药师在线论坛、中国药学论坛、小木虫论坛、童加巷 24 号药胞联盟、药师网等。

第二节　基础医学文献信息检索

一、基础医学文献信息概述

基础医学属于基础学科,是研究人的生命和疾病现象的本质及其规律的自然科学。其所研究的关于人体的健康与疾病的本质及其规律为其他所有应用医学所遵循,是作为临床医学的理论基础。基础医学文献信息随着医学科学的不断发展而剧增,基础医学研究出现了既高度分化,又高度综合的局面。学科分支逐渐增多,且各分支之间相互交叉渗透,造成边缘学科和新兴学科不断涌现。基础医学文献信息已成为医学工作者学习、科研、创新等有力工具和重要法宝。基础医学文献信息是医学的重要组成部分,活力之源。

网络基础医学信息资源的分类和分布与其他医学信息资源的一样,既包括数据库,也包括网站、论坛等。

二、基础医学信息资源检索

(一) 通过搜索引擎查找

利用目录型搜索引擎如 Yahoo 和搜狐的目录,或者在搜索引擎(包括目录型搜索引擎和全文性搜索引擎如 Google、百度、搜狗等)的输入框中输入"基础医学网""intitle 基础医学网""basic medicine""intitle:basic medicine"等检索词,便可查到基础医学网站和各高校的基础医学院及科研研究所。也可直接输入具体的基础医学学科名词,如"解剖学网"等。

(二) 常用的基础医学信息资源网站

1. 综合性的基础医学资源网站

(1) 基础医学科学数据共享网作为国家科技基础条件平台建设下医药卫生共享项目的

子项目,其主要目的就是实现我国网络环境下的基础医学资源整合。基础医学科学数据共享网(网址为 http://www.bmicc.cn,或 http://www.bmicc.cn/web/share/home,以下简称"共享网")自 2004 年正式投入建设,目前共享网共整合了来自清华大学、北京大学、中科院生物物理所、中国医学科学院、军事医学科学院等 10 多家单位的 25 个数据库资源。根据数据内容的不同,共享网将整合的 25 个数据库分为以下 4 类:①人群调查及人体数据资源;②分子机制类数据资源;③模式生物类数据资源;④实验材料数据资源。

(2) 基础医学教学资源网,网址为 http://www.basicmed.com/Bindex.aspx。

(3) 基础医学网址大全——金叶天盛医学导航,网址为 http://www.meddir.cn/cate/135.htm。

(4) 基础医学——医学论坛网,网址为 http://www.cmt.com.cn/slist/124.html。

(5) 医学全在线下载,网址为 http://qikan.med126.com。

(6) 中国健康网,网址为 http://www.69jk.cn/jcyx/。

(7) 基础医学——首席医学网,网址为 http://www.9med.net/literature/list.php?catid=251。

2. 国外基础医学各学科网站

1) The American Association Anatomists(美国解剖学家协会,AAA)网站

美国解剖学家协会是美国最大的解剖协会,1888 年始建于美国华盛顿,初始目的在于促进解剖科学的发展。其成员来自世界各国的相关专业,包括医学基础教育、医学图像工作、细胞生物学、遗传学、分子发育学、内分泌学、组织学、神经科学、法医学、显微镜、自然人类学等。今天它已成为那些致力于解剖学形态、功能的研究及教育人员的家园。其网站(网址为 http://www.anatomy.org)主页(见图 6-4)中的中心位置为"Anatomy links"内容,列出重要消息,例如:与解剖学相关的最新学术进展,各有关协会即将召开的会议摘要,相关机构最新动态,最新推荐的免费论文全文,最新研究课题及资助项目信息等。

主页左侧菜单栏中有:About AAA(关于美国解剖学会)、Awards/Grants(奖励和基金)、Meeting(会议)、Membership(会员)、Publications(出版物)、Public Policy(公共政策)、Resources(资源)、Education& Teaching Tools(教育与教学工具)等。其中 Resources 比较有情报检索价值,包括了工资和培训调查、求职中心、资源链接和 Web 档案等内容。

2) American Physiological Society(美国生理学会,APS)网站

美国生理学会创建于 1887 年,是一个致力于提升生理学领域教育、科研和推广的非营利性组织,现拥有超过 10 500 名会员。绝大多数会员都拥有生理学、医学或其他卫生领域的博士学位。学会出版 14 种专业期刊和学会通讯,以及生理学系列丛书和手册,涵盖生理学领域所有研究主题。其网站网址为 http://www.the-aps.org 或 http://www.physiology.org。

3) College of American Pathologists(美国病理医师学会,CAP)网站

美国病理医师学会的主页为(网址为 http://www.cap.org/apps/cap.portal)。CAP 是世界上最大的由病理医师组成的联合会,包括世界各国 1 500 多个会员及实验室团体。学会致力于临床实验室步骤的标准化和改进,所产生的影响超过了其他任何一个组织,因此被公认为是实验室质量保证的领导者。

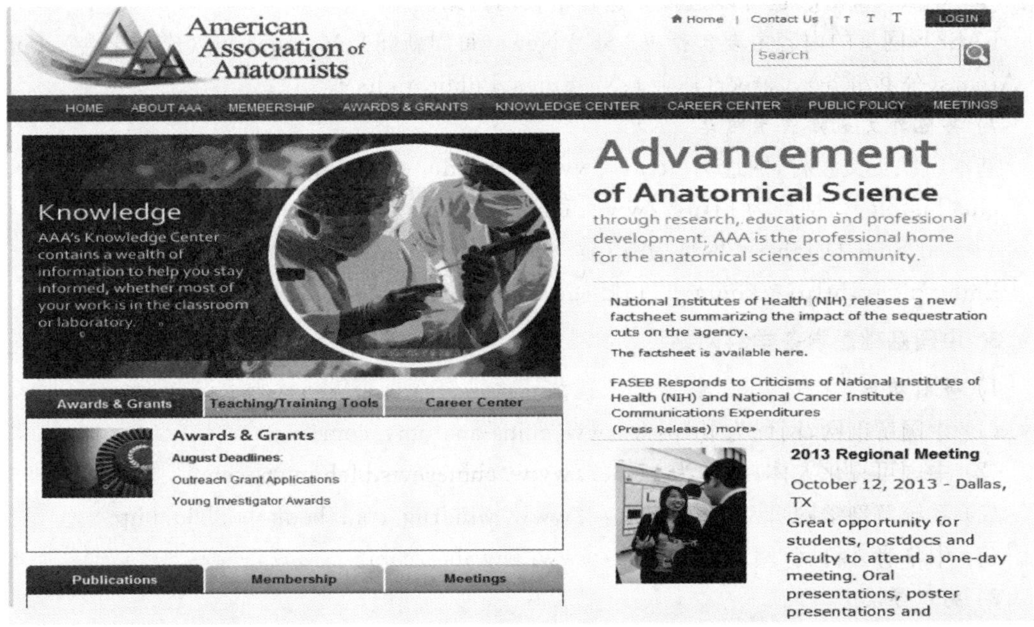

图 6-4　AAA 网站主页

4）American Society for Pharmacology and Experimental Therapeutics（美国药理学与实验治疗学学会，ASPET）网站

美国药理学与实验治疗学学会成立于 1908 年，目前有 4 800 名成员，其中包括药学研究领域、医药工业和政府代表，以对抗疾病致力开发新药与治剂为宗旨。该网站（网址为 http://www. aspet. org）内容主要包括会议与产品、出版物、药理学教育资源、药学资源链接、培勘计划、政府与公共事务等，其中出版物包括该学会的 5 种期刊。

5）American Society for Biochemistry and Molecular biology（美国生物化学与分子生物学会，ASBMB）网站

美国生物化学与分子生物学会成立于 1906 年，是一个非营利性的科学与教育组织，拥有来自学院、大学、政府研究室及等研究机构的会员 10 000 多人。学会的目标是通过出版物、学术会议和人才培养促进生物化学与分子生物学的发展。该网站（网址为 http://www. asbmb. org）的内容主要包括 Membership（成员信息）、Publications（出版物）、Meetings（会议）、Public Affairs（公共事务）、Education（教育）、Minority Affairs（少数民族事务）。

6）Federation of American Societies for Experimental biology（美国实验生物学联合会，FASEB）网站

美国实验生物学联合会成立于 1912 年。FASEB 的主要使命是通过研究人类的健康状况、思想及工作能力来促进生物医学和生命科学的发展。FASEB 是一个独立的学会成员联盟，包括美国生理学会（APS）、美国生物化学与分子生物学会（ASEMB）、美国药理学与实验治疗学会（ASPET）、美国研究病理学会（ASIP）、美国营养科学学会（ASNS）、美国免疫学家协会（ASI）、美国解剖学家协会（AAA）、美国人类遗传学会（ASHG）、生物物理学会（BS）、蛋白质学会（PS）、美国骨与无机物研究学会（ASBMR）、美国临床研究学会（ASCI）、内分泌学会（ES）、发育生物学学会（SDB）等二十余个主要成员学会。通过 FASEB 网站（网址为 ht-

tp://www.faseb.org)也可以链接到这些学会的网站。

FASEB网页的内容主要包括FASEB News(每周新闻)、Membership(成员学会)、Public Affairs(公共事务)、Career(职业)、Meetings、Publications等。

7)其他外文基础医学网站

基本组织英文教材,网址为 http://www.sru.edu/pages/5908.asp。

blue histology,网址为 http://www.lab.anhb.uwa.edu.au/mb140/default.htm。

Virtual Slide Database,网址为 http://www.path.uiowa.edu/virtualslidebox。

Embryology,http://konig.la.utk.edu/embryo.htm。

3. 中国基础医学各学科网站

1)解剖学类

(1) 中国解剖网,网址为 http://www.china-anatomy.com。

(2) 中国可视化人体,网址为 http://www.chinesevisiblehuman.com。

(3) 系统解剖学网页,网址为 http://www.windrug.com/book/book85.php。

(4) 中华骨外科网,网址为 http://www.guwaike.com。

2)病理学类

病理网站(经典),网址为 http://www-medlib.med.utah.edu/WebPath/webpath.html。

中国病理网(中文),网址为 http://www.pathology.org.cn。

联合病理,网址为 http://www.allpath.cn。

北京协和医院病理科,网址为 http://cn-pathology.com。

病理读片网站,网址为 http://medlib.med.utah.edu/WebPath/COW/COWPREV.html。

中国远程病理中心,网址为 http://www.cipc.org.cn。

病理医学网,网址为 http://www.moticpathology.com。

中华病理技术网,网址为 http://www.dingw.com。

病理学家,网址为 http://pathol.wx-e.com。

3)组胚学类

上海第二医科大学,网址为 http://basic.shsmu.edu.cn/hisemb。

中国医科大学,网址为 http://www.cmu.edu.cn/education/undergraduate/histology/index.htm。

4)微生物学类

中国科学院微生物研究所信息网络中心,网址为 http://micronet.im.ac.cn/sdinfo。

微生物馆_中国科普博览,网址为 http://www.kepu.net.cn/gb/lives/microbe。

微生物-维基百科,自由的百科全书,网址为 http://zh.wikipedia.org/wiki/%E5%BE%AE%E7%94%9F%E7%89%A9。

5)诊断学类

朱文锋《中医诊断学》教学片(全集),网址为 http://www.youku.com/playlist_show/id_3269626.html。

中国实验诊断学杂志社,网址为 http://zgsyzd.qikann.com。

医学教育网——诊断学精品课程、电子图书，网址为 http://www.med66.com/web/zhenduanjichu。

一些医科大学的网站还有各种基础医学，如医学免疫学、生药学、解剖学等精品课程网站或图库、视频等信息，在此不再赘述。

第三节　临床医学文献信息检索

一、临床医学文献信息概述

临床医学是研究疾病的病因、诊断、治疗和预后，提高临床治疗水平，促进人体健康的科学。它根据病人的临床表现，从整体出发结合研究疾病的病因、发病机理和病理过程，进而确定诊断，通过预防和治疗以最大限度减轻病人痛苦、恢复病人健康、保护劳动力。临床医学是直接面对疾病、病人，对病人直接实施治疗的科学。现代临床医学随着基础医学的发展不断进步。基础医学的众多学科日益深入地阐明了疾病的病因、发病机制和病理生理改变，推动了临床医学的进一步发展和提高。经过多年的拓展，逐渐形成了临床专业的许多分支学科。

临床医学文献信息也随着医学活动而产生、积累、传递、利用和发展。临床医学文献信息是重要的载体，是医学科学中研究临床疾病的各专业学科的依据。临床医学文献信息为医学工作者求知、实践、科研、开拓新的科学领域提供了强有力的保障。

二、临床医学信息资源检索

（一）通过搜索引擎查找

利用目录型搜索引擎如 Yahoo 和搜狐的目录，或者在搜索引擎（包括目录型搜索引擎和全文性搜索引擎如 Google、百度、搜狗等）的输入框输入中"临床医学网""intitle 临床医学网""clinical medicine""intitle:clinical medicine"等检索词，便可查到临床医学网站和各高校的临床医学院及科研研究所、学会等。也可直接输入具体的临床医学学科名词，如"内科学""儿科学""intitle:pediatry"等。

（二）常用的临床医学信息资源网站

1. 国外临床医学信息资源网站

1) Internal MDLinx（内科医学网）

MDLinx（网址为 http://www.mdlinx.com）由近 40 个专业网站组合而成，Internal MDLinx（网址为 http://www.mdlinx.com/internal-medicine）只是其中的一个关于内科学的网站。该网站由内科临床医师自发组织创建，主要为内科医师提供一次到位的全面的服务，提供最集中的专业信息资源。该网站的主要功能是为内科医生提供关于各种内科疾病的诊断、治疗等临床信息。其主要读者对象为临床医师、护士。网页定期更新，用户可在网页左侧的目录中选择所需内容来查看最新的消息、文摘或全文（部分全文是免费的），同时还可输入关键词进行检索。

2) American College of Physicians-American Society of Internal Medicine(美国医师学会-美国内科学会,ACP-ASIM)

美国医师学会-美国内科学会成立于1915年,是美国最大的医学专业协会。它的宗旨是通过在医师中间培养高超的行业水平和职业的医学道德来促进国民的健康水平。其网站(网址为 http://www. acponline. org)的主要读者对象为内科医生和内科各专业的医务人员,包括心血管学、胃肠病学、肾病学、肺病学、内分泌学、血液学、风湿病学、神经学、肿瘤学、传染病学、变态反应和免疫病、老年病学等学科。该网站提供的服务很多,内容涉及临床、科研和教育各方面,主要栏目有Clinical Information(期刊)、实践、Education & Recertification(教育与认证)、Residents & Fellows(住院医师)、Medical Students(医学生)、Patients & Families(患者与家庭)。

3) The Merck Manual of Diagnosis and Therapy(默克诊疗手册)

默克诊疗手册(网址为 http://www. merck. com/mmpe/index. html)作为美国默沙东公司(在美国称为默克公司)对医疗界提供的非营利性服务。纸质版《默克诊疗手册》自1899年出版第一版以来至今已再版了17版。并翻译成16种语言,发行量超过了一千万本,它也是英语中连续出版的最古老的医学参考书。《默克诊疗手册》为临床医生、护士、牙科医生、医生助理及医学生和其他健康从业者提供了有用的、经过仔细核查的信息。这本书详述了内科、儿科、老年病、眼科、耳鼻喉科、妇科、精神病科及其他特殊科目的疾病信息。由于内科学疾病在该书中所占篇幅非常大,且内容非常权威,因此我们把它放在此部分介绍。读者可免费阅读全文。此外,还可输入关键词对该书进行检索。中文版可登录 http://www. msdchina. com. cn/manual/index. html 查阅。

4) American Heart Association(美国心脏协会,AHA)

美国心脏协会是美国全国性的非政府卫生机构,是国际学术影响较大、历史悠久的心血管学术团体,致力于降低心血管疾病的致残率和死亡率。该协会网站(网址为 http://www. americanheart. org)提供了丰富的科研、医疗、教学资源和信息。网页主要栏目有:Heart Attack/Stroke Warning Signs(心脏病发作/中风先兆体征)、American Stroke Association(ASA)、Diseases & Conditions(具体疾病)、Heart Disease & Health、CPR&ECC(Cardiopulmonary Resuscitation & Emergency Cardiovascular Care)、Healthy Lifestyle(健康生活方式)、Advocacy:You're the Cure、Heart and Stroke Encyclopedia(心脏和中风百科全书)、Science & Professional(专业知识)。

5) American College of Cardiology(美国心脏病学会,ACC)

美国心脏病学会网站(网址为 http://www. acc. org)的主要功能是为心血管专业人员提供高质量的继续教育机会,并为心血管疾病的治疗提供权威的临床实践指南、治疗标准和最新信息,以促进心血管疾病的基础和临床研究。ACC最初作为教育机构于1949年成立,1977年会址定于马里兰州贝塞斯达(Bethesda),现拥有会员超过26 000名,通过对医务人员的专业教育、促进研究、制定指导方针和健康政策,提高心血管病的治疗和预防水平。该网站提供的主要服务包括临床实践、继续教育和信息服务三个方面。

6) National Heart, Lung and Blood Institute(美国国立卫生研究院心肺血液研究所,NHLBI)

美国国立卫生研究院心肺血液研究所是美国国立卫生研究院的下属机构之一,是世界最大的心肺血液研究机构，其网站（网址为 http://www.nhlbi.nih.gov）为患者和专业医学人员提供关于心脏、血管、肺脏、血液的研究和睡眠障碍的内容。另外还有链接到关于NHLBI基础研究、临床试验和教育计划等内容。NHLBI提供的信息资源包括会议消息、临床诊疗指南、临床试验病例、最新信息、NHLBI下属各实验室的科研情况等。

主要栏目有 Patients and public、Health professionals、Clinical trials、Information for researchers等。此外该网站还提供下载或阅读很多图书的PDF格式文件和纯文本文档。

7）The Cardiothoracic Surgery Network（心胸外科网，CTSNet）

心胸外科网（网址为 http://www.ctsnet.org）由心胸外科专业的三个主要学会，即胸外科医师学会（The Society of Thoracic Surgeons）、美国胸外科协会（American Association for Thoracic Surgery）、欧洲心胸外科协会（The European Association for Cardio-Thoracic Surgery）主办，其他30多个心胸外科组织协办。该网站的主要用户为临床心胸外科医师及其相关专业人员，同时也向患者及家属介绍心、肺、食管等疾病的诊治信息。

CTSNet是一个开放的综合性的网络知识库，蕴涵了极丰富的临床医学资源，目前在世界范围内拥有会员13 000余人。该网站信息包罗万象，如相关的学术机构、会议消息、期刊及图书出版物、病例影像资料、产品信息、求职信息等。因其为用户提供全方位的服务，被认为是心胸外科第一大网站。该网站主要包括以下几个重要栏目：Organization（机构组织）、Clinical Resources（临床资源）、Journal & Book（图书和期刊）。

8）The Society of Thoracic Surgeons（胸外科医师学会，STS）

胸外科医师学会是一个非营利性组织，成立于1964年，目前由全世界5 400多名会员，包括外科医生、研究员及专家等，该学会目的是通过教育、科研及倡导以提供医学的能力，该网站（网址为 http://www.sts.org）在促进学科发展方面起着举足轻重的作用。其主要栏目如下：Patient Information（患者信息）、Member Services（会员服务）、Education（教育）、STS National Database（数据库）、Government Relations（政府相关）、Resources（资源）、Search（检索）。该网站提供其学会杂志《The Annals of Thoracic Surgery》（胸外科纪事）的链接，该刊是权威的胸外科综合性期刊，内容覆盖整个胸心血管外科，多为本学科及心内、儿外、普外、麻醉、肿瘤、放射等相关学科的最新进展、手术方法及有争议的话题。

9）American Association for Thoracic Surgery（美国胸外科协会，AATS）

美国胸外科协会重视其教育职能，举办的年会、学会等在专业领域内享有较高声誉。在网站首页（网址为 http://www.aats.org）上提供了此方面的大量信息，如在华盛顿举行的第81届、82届年会、2001年度报告等。在第81届年会出版物中设7个专题列出相关文献，即成人心脏外科、先天性心病、胸外科总论、科技全会、住院医师论坛、急症抢救与技术论坛和争鸣等。该协会的网页设计比较简洁，一目了然，主要栏目如下：What's New（最新信息）、Events（大事纪要）。

此外，还有 Scholarships and Fellowship 奖学金、Members（会员信息）、Commuttees（委员会成员信息）、Search（检索）、Feedback（反馈）等栏目。

2. 国内临床医学部分网站

以下只列举了国内临床医学专业的部分综合性网站。

(1) 临床医学网址大全——金叶天盛医学导航，网址为 http://www.meddir.cn/cate/952.htm。

(2) 临床医学——医学论坛网,网址为 http://www.cmt.com.cn。

(3) 医学全在线下载,网址为 http://qikan.med126.com。

(4) 中国健康网,网址为 http://www.69jk.cn。

(5) 临床医学——首席医学网,网址为 http://www.9med.net/literature/list.php?catid=305。

(6) 临床智库——中国最大的医学资源免费共享平台,网址为 http://www.cicaline.com。基于共享互助和智点激励机制,旨在帮助临床工作者获取所需信息知识,一站式满足在线查阅文献、寻求专业帮助和交流学习需要的医学网站。

第四节　循证医学文献信息检索

一、循证医学概述

1. 循证医学概念

循证医学(evidence based medicine,EBM)又称为"证据医学""实证医学"和"求证医学",即遵循证据的临床医学。循证医学创始人之一 David Sackett 教授在《怎样实践和讲授循证医学》一书中,强调循证医学定义为"慎重、准确和明智地应用当前所能获得的最好的研究依据,同时结合医生的个人专业技能和多年临床经验,考虑病人的价值和愿望,将三者完美地结合,制定出病人的治疗措施"。EBM 强调最好证据与医生临床实践的结合。最好的证据来自医学基础学科和以病人为中心的研究,临床实践是指医生应用临床技能和经验,确定每一个病人的健康状况、对疾病的诊断、治疗措施的利弊等。

循证医学的实践包括三个步骤:首先是提出问题,即决定找什么样的证据;其次是寻找证据,即如何检索有关证据;最后是利用证据解决问题,包括评价证据并如何用于解决临床问题。因此如何获取证据及证据的质量就成为开展 EBM 的关键。最好的研究证据主要指来自临床基础的研究,尤其是以病人为中心的临床研究,包括三个方面:准确的诊断性临床试验研究(包括临床检查),预后指标的强度研究,治疗、康复、预防措施的有效性和安全性研究。优秀的临床医生制定治疗方案时应能有机地结合上述三类要素,缺一不可,并保持知识的不断充实和更新,才能接受医学模式转变的挑战和适应现代医学的发展。同时也不应该仅仅是阅读医学文献,还必须学会如何追踪和鉴别医学文献,才能保持知识的不断充实和更新。

2. 循证医学的重要性

随着临床流行病学、医学统计学、计算机网络等科学技术的迅速发展,现代医学模式正逐步从经验医学向循证医学转化,人们越来越深刻地认识到旧的医学模式的诸多弊端。目前 EBM 的具体概念已成为医学界的主流思潮,它的开展将对临床医学的发展起到不可估量的促进作用。作为专业人员,我们想提供最好的治疗;作为病人,也想得到最好的治疗。开展循证医学就是为了寻找最好的证据用于临床实践,最终受益者是病人。

与传统医学相比,循证医学注重科学研究的证据。传统医学是以医师个人经验为主,有诸多弊端。如部分临床研究缺乏严谨的研究方法,带有片面性,因而忽略了一些真正有效的疗法；在疗效判断上注重实验室、仪器等中间指标，而忽略了病人的最终结局，即终点指标；过多地迷信专家的经验而忽略了最新、最好的研究成果。循证医学不仅注重临床技能、临床经验、临床资料及医学基础知识，更重视将医疗决策建立在最佳科学研究的证据基础上。EBM 的出现并不意味着它会单纯地取代传统医学，EBM 并不否认权威与专家长期积累的实践经验和敏锐的洞察力，因为对病人准确的观察和正确的判断是 EBM 的基础和前提。EBM 既重视个人临床经验又强调采用现有的最好证据，尤其是指临床研究证据，二者缺一不可。现代医学的迅速发展导致大量医学文献的出现，新的医学证据不断产生。这些医学证据只有被临床医师掌握和应用，才能对临床决策产生影响。而临床医师很难抽出大量的时间来阅读文献。循证医学采用最严格的科学评价，从浩瀚的医学文献海洋中提炼出约 10%具有科学证据的系统综述和实践指南，为广大医师临床实践和制定临床决策提供科学的依据。

3. Cochrane 协作网

Cochrane 协作网是一个国际性的非营利的民间医疗保健学术团体。Cochrane 协作网为全世界范围的用户提供信息、论坛和联络点，鼓励用户参与制作、保存、传播和更新医疗卫生领域的防治措施，以促进系统评价在医疗实践、健康保健等方面的广泛应用，促进 21 世纪的临床医学从经验医学向循证医学转变。

Cochrane 协作网的主要任务是搜集、整理研究依据，尤其是临床治疗的证据，建立资料库——Cochrane 图书馆，以光盘形式一年四期向全世界发行。Cochrane 协作网数据已成为公认有关临床疗效证据最好的二次加工信息源，是循证医学实践的可靠证据来源之一。从 1998 年起，Cochrane 协作网同时更加深入地进行方法学研究，以提高研究依据的质量，将研究依据应用于临床实践及医疗决策。目前正在加强与循证医学、卫生技术评估、上市药物后效评价等组织和研究项目的合作与相互渗透，更注重系统评价对临床实践、政府卫生决策产生的影响，因而对循证医学的作用已更加深入广泛。

4. 循证医学证据的级别

循证医学证据主要以临床医学中研究疾病的病因、诊断、药物、治疗和预后出现的事实为依据，医疗中的证据是核心问题，全部的诊疗活动都是围绕科学证据的搜集和运用进行的。证据是循证医学的基石，遵循证据是循证医学的本质所在。临床研究者和应用者应尽可能提供和应用当前最可靠的临床研究证据是循证医学的关键。循证医学证据的级别，依据诊疗过程中不同环节和要求，按医治质量和可靠程度大体可分为以下五级。

一级：按照特定病种的特定疗法收集所有质量可靠的随机对照试验后所做的系统评价或 Meta 分析。

二级：单个的样本量足够的随机对照试验结果。

三级：设有对照组但未用随机方法分组的研究。

四级：无对照的系列病例观察，其可靠性较上述两种降低。

五级：权威专家凭自己的经验和学识做出的判断。

循证医学证据的级别标准将随着医学的发展而发展。

二、循证医学文献信息检索的特点与方法

1. 循证医学资源的主要类型

(1) 循证医学资源按其资源类型可分为原始资源和整合资源两类。

① 原始资源，是指能够提供原始研究证据的文献和信息，如美国 Medline 数据库、荷兰 EMBASE 数据库、中国生物医学文献数据库(CBMdisc)等提供了大量的生物医学原始研究信息。原始资源是进行医学循证不可缺少的基本资源。

② 整合资源，是对原始研究证据进行了处理的二次研究证据资源，如 Cochrane 图书馆、EBMR、ACP Journal Club 等，它们集合了以随机对照试验(Randomized Controlled Trails, RCT)、荟萃分析(Meta-analysis)等主要研究方法进行的诊断性研究、疗效研究、病因学研究和疾病预后研究的信息，能够为临床实践提供直接证据。可以说，整合资源是供循证医学使用的主要的证据来源。

(2) 循证医学资源按资源作用可分为系统评价和临床实践指南两类。

① 系统评价，是针对某一具体的临床问题，系统全面地检索文献，用统一的科学评价标准，筛选出符合标准、质量好的文献，通过综合分析和统计学处理，得出可靠的结论，用于指导临床实践。同时随着新的临床研究结果的出现及时更新。系统评价与一般的文献综述是有区别的。一般的文献综述是就某一专题在一段时期内发表的文献进行分析研究，归纳整理，做出具有作者倾向性结论的综合描述，反映某一专题的研究概况和发展方向。系统评价收集文献的全面程度、对文献质量的要求及综合资料的定量分析方法均优于一般的文献综述。

② 临床实践指南，是以系统评价为依据，经专家讨论后由专业学会制定。临床实践指南具有权威性，带有实践指导意义。

2. 循证医学文献信息检索的特点与方法

随着生物医学的发展，新观点、新创造、新方法也在不断涌现。目前世界上约 2 万种以上的生物医学期刊，每年发表文献 200 多万篇，其中有科学证据的医学文献仅为 15%～20%。循证医学运用严格的科学评价，迅速准确地提供证据。这些证据，为医疗实践或制定医疗科学决策提供依据。

1) 循证医学文献信息检索的特点

循证医学已成为国际临床医学界倡导的学科发展趋势，我国正逐步引入循证医学的思想、理念及研究和实践方法。循证实践的一个重要前提是要有充分的临床研究证据，快速便捷的检索并获取尤其显得十分重要。与其他医学文献信息检索一样，目前循证医学文献信息的检索主要为计算机检索，包括光盘检索、镜像和网络信息检索。其特点为：

① 资源丰富。有关循证医学的网站、数据库、电子期刊等收录了丰富的循证医学信息，从常用的医学光盘数据库中如 CBMDisc、Medline、Embase，或网络数据库如 PubMed、NLM Gateway、ClinicalTrials. gov 等也可获得大量有关 EBM 的信息。

② 来源广泛。从其来源可将循证医学证据分为三类：提供原始证据的为一级来源，如 CBMDisc、Medline 等常用检索数据库；对原始研究证据进行了处理的数据库、期刊或指南为二级来源，如 Cochrane 图书馆，循证医学杂志(EBM)等；与一、二级来源有方便链接的综合

性检索数据库如 TRIP、SUMSearch 等为三级来源。

③ 方法灵活多样。不同的数据库和系统有不同的检索途径和界面，不能只局限于某一种或几种检索方法。灵活使用检索技术，掌握多种检索方法，是提高查全率与查准率的关键。

2）循证医学文献信息检索的方法

针对某一临床问题，检索有关循证医学的信息和文献，首先要了解国内外是否已有关于该方面的系统综述或实践指南报道，然后再就该问题的诊断、治疗、病因或预后方面做全面、无偏倚的检索。为了方便用户检索，许多数据库专为检索循证医学信息设置了各种不同的方式。现以 PubMed 为例，说明检索有关循证医学文献的主要途径（参见 PubMed 数据库）。

① 查找有关临床问题的系统评价或实践指南。使用 MeSH Database，找出相关主题词并组配副主题词，查出所有相关文献；然后通过出版类型将结果用 meta-analysis 和 practice guideline 限定，必要时也可用 randomized controlled trial 限定。

② 通过临床咨询中查找有关文献。Clinical Queries 是专为临床全科医师设计的查找循证医学资源的最佳途径，分为两种方式：一是临床咨询（clinical queries using research methodology filters），可选择治疗、诊断、病因、预后；二是系统评价（systematic reviews），可查出系统评价和分析的文献。不论选择何种方式，用户只需在下方的检索框输入检索内容然后单击“GO”即可。

三、循证医学检索系统及数据库

1. Cochrane 图书馆

Cochrane 图书馆（网址为 http://www. cochranelibrary. com）之所以被认为是循证医学的重要资料库，是因为它是目前得到日益广泛关注和重视的最全面的系统综述资料库，是卫生保健疗效可靠证据最好的和唯一的来源，是易于不断得到更新和接受评论，修改错误，从而保证质量，增强结论的可靠性的电子杂志。它适于临床医生、临床科研和教学工作者、医疗卫生行政部门等有关人员查阅。

Cochrane 图书馆包括以下几个数据库：

- Cochrane Database of Systematic Review，CDSR（系统评价数据库）；
- Database of Abstracts of Reviews of Effectiveness，DARE（疗效评价文摘库）；
- Cochrane Central Register of Controlled Trials，CCTR 或 CENTRAL（临床对照试验资料库）；
- Cochrane Database of Methodology Reviews，CDMR（系统评价方法学库）；
- Health Technology Assessment Database，HTA（健康技术评价数据库）；
- The NHS Economic Evaluation Database，EED（NHS 经济学评价资料库）。

2. 系统性综述（数据库）

1）Best Evidence

Best Evidence 是一个收录 ACP Journal Club（网址为 http://www. acpjc. org）和 Evidence-Based Medicine（网址为 http://ebm. bmjjournals. com 或 http://www. evidencebasedmedicine. com）两种期刊的光盘。ACP Journal Club 由美国医师学会主办，收集了来

自 100 种以上期刊中的临床研究论文，并对其方法的可靠性、临床相关性等进行鉴别和评价，文章质量高。目前收集有 1991 年以来的电子版。

Evidence-Based Medicine 是由英国 BMJ Publishing Group Ltd 编辑出版，是一个专门收集与临床治疗、诊断、预后、病因、经济等系统评价的期刊，其编辑人员多由流行病学家和医学检索人员组成。主要收集来自 130 余种医学杂志中的内、外、儿、妇及精神病学方面的文章。

2）Effective Health Care Bulleting

Effective Health Care Bulleting（网址为 http://www.york.ac.uk/inst/crd/ehcb.htm）是由英国国家卫生服务部下属的评价与传播中心（NHS Center for Reviews & Dissemination）主办的双月刊，是为决策者考查多种卫生保健干预的有效性而设立的。有系统评价和临床综合研究，后者主要包括临床作用、费用-效果分析及卫生服务干预的可接受性。从 1992 年至今已出版了 8 卷内容，包括 48 个专题内容。

3）NLM Clinical Trials Database

NLM Clinical Trials Database（网址为 http://clinicaltrials.gov）由美国国立卫生研究院（NIH）通过其下属的医学图书馆（NLM）同 NIH 其他的研究所和美国食品与药品管理部门共同合作，主要为医学专业人员、患者和其他人员提供有志愿者参加的多种疾病的临床试验最新信息，包括试验目的、参加人员、地点等。从 2000 年 2 月建立以来，该数据库已积累了约 8 200 个临床研究项目，世界各地约 99 000 多个经销商和制药企业加盟共同维护。数据库的研究项目主要在美国和加拿大实施，但试验地遍及世界 90 多个国家。差不多每月增加 300 万页内容，其主页每天的访问人数超过 12 000 人。

该数据库可直接在检索框中使用疾病名称进行查找，也可使用数据库提供的专业信息检索界面，输入已知内容如疾病名、试验地点、资助者等进行查找，还可使用浏览器按疾病分类、字顺或资金来源进行浏览。

4）SUMSearch

SUMSearch（网址为 http://sumsearch.uthscsa.edu）由美国 Texas 大学的卫生科学中心建立并维持，主要特点为检索功能强大，文献来源可靠，原文链接方便。SUMSearch 同时使用多个搜索引擎如 G02Net、Dogpile 和 SavvySearch 检索，将结果依其来源的权威性和可靠性顺序整合。首先出现的是一些能够免费获得全文的国际知名的期刊，如新英格兰医学杂志、BMJ 中的综述和述评文章；接着是临床实践指南，如 National Guideline Clearinghouse（美国医学会主办）、Medline；最后是 PubMed 收录的原始论文。结果中的每一篇文献都有全文、摘要及相关文献链接（Related Articles）。

5）TRIP Database

TRIP Database（Turnmg Research into Practice Database，网址为 http://www.tripdatabase.com）1997 年建立，用户可由此在 Internet 上得到循证医学资源。凭借用户的帮助，TRIP Database 发展非常迅速，既可直接检索出二级研究杂志上的系统评价，也可对一些网上重要的原始医学期刊进行检索。其数据内容包括题目、URL、出版日期及相关信息。2003 年 4 月增加了一个新的版本——TR 真 PPlus，它是一个有着强大检索功能的数据库，按月更新，设有临床等方面的内容，内容覆盖医学综述性期刊、影像学期刊和患者信息等。

该数据库提供分类浏览和关键词检索两条检索途径。其 Clinical Areas 下列有 13 个分类专题目录，如 Cancer Cardiovascular 等，用户可以点击浏览相关内容。关键词检索分为简单检索、高级检索两种方式。简单检索方式下只需在检索框中输入关键词、词组或检索式，单击“GO”按钮即可得到检索结果，检索式不能用括号、引号和截词符。高级检索在简单检索的基础上增加出版时间、出版类型、关键词、来源字段等范围的限制。

6）OMNI

OMNI（Organizing Medical Networked Information，网址为 http://omni.ac.uk）是一个为大学生、研究人员、医学教育人员和临床医师提供高质量健康与医学科学资源的网络数据库，是由英国诺丁汉大学（University of Nottingham）医学图书馆的一些信息专家和医学专家共同开发的。它提供基本检索和高级检索两种方式，检索结果可通过资源类型（Resources Type）中的实践指南（practice guideline）和系统评价（systemic reviews）进行限定。

7）中国循证医学中心数据库

中国循证医学中心数据库（网址为 http://www.chinacochrane.org）为用户提供的信息资源主要分为临床证据、用户网络和知识窗三种类型。临床证据主要提供国际 Cochrane 协作网的系统综述的摘要，目前收集有心脏病组、急性呼吸道组、新生儿组等 18 个系统评价组的内容，是我国临床医生获得临床证据的最佳来源。每一条目包括 CSR 题目、系统评价者、背景、目的、检索策略、纳入标准、资料收集与分析、主要结果、评价者结论及引文。用户网络是以用户教育为主，包括用户参与循证医学、用户需要的最新医学证据、热门话题、用户健康资源四个栏目。知识窗则是以提供循证医学相关知识为主，如循证医学、Cochrane 协作网、系统评价的概念等。

四、医学实践指南信息资源

1. NGC

NGC（National Guideline Clearinghouse，网址为 http://www.guideline.gov）由美国卫生健康研究与质量管理机构（Agency for Healthcare Research and Quality，AHRQ）、美国医学会（American Medical Association，AMA）和美国卫生健康计划协会（American Association of Health Plans，AAHP）联合制作。1998 年建立，主要是为临床医师、护士、其他卫生技术人员、保健及管理人员等提供较详细的临床实践指南和相关证据，以便提高医疗服务的品质。NGC 检索浏览包括：

1）Search（检索）

检索包括基本检索和高级检索两种方式。基本检索可在输入框中输入单词、词组（加引号）或检索式等进行检索，也可使用截词符“*”、逻辑算符或括号构建检索式。高级检索包括了多种方法，如使用关键词、疾病/状态、治疗、干预、出版日期、指南类别、临床专业等进行组配检索。

2）Browse（浏览）

该功能提供了“Disease/Condition”“Treatment/Interventioney”及“Organization”三种不同的浏览功能。在 Disease/Condition 浏览中，可使用 Diseases 和 Mental Disorder 两种浏览方式。在 Treatment/Interventioney 浏览中，可使用化学物质 & 药物，分析、诊断、治疗技术及设备，行为学科与活动三种浏览方式。如浏览有关抗变态反应的药物，点击“Chemicals Drugs”，在抗变态及呼吸系统药物（Anti-allergic and Respiratory System Agents）中可获得

13 条记录。该数据库的指南都采用相同的格式，使用非常方便。

3）Compare（比较）

该系统还有对多篇指南的各项参数进行比较的功能。在进行相关内容的检索或浏览后，选择检索结果中的欲比较的指南（最多 6 篇），点击“Add to My Collection”后，再选择点击“Compare Checked Guideline”即可进行。比较的内容主要有题目、出版时间、适用范围、疾病名称、临床特性及收集证据使用的方法等多项。

2. HSTAT

HSTAT（Health Services Technology/Assessment Text）由美国国立医学图书馆的 Lister Hill Center 开发，是一个收集了大量全文的临床实践指南、技术评价和健康信息的综合信息系统，可以进行关键词、主题词、类目词的检索，也可以选择具体的数据库进行浏览和检索。它收集了 AHCPR Archived Guideline 等 13 个不同的数据库，并不断更新和完善。

3. 加拿大医学会临床实践指南

加拿大医学会临床实践指南（网址为 http://www.cmaj.ca/misc/service/guideline.html）有快速检索和高级检索两种检索方式。其快速检索主要通过著者、关键词及出版年、卷、页码检索，键入其中的某一内容或多项内容进行检索；其高级检索沿用了美国斯坦福大学的 HighWire 界面，主要有关键词、著者、刊名等检索途径。

4. 实践指南国际网络

实践指南国际网络（网址为 http://www.guidelines-internationals.net）是一个由德国 Enigma 出版有限公司建立的实践指南网络，提供世界范围内最新的信息，包括组织机构的信息。该网络促进了临床实践指南的不断发展，并使其从应用研究发展为实践。

五、循证医学期刊介绍

1. Bandolier

Bandolier（网址为 http://www.medicine.ox.ac.uk/bandolier），单月刊，由英国国立卫生服务部（NHS）主办，主要提供干预疗效方面的最佳证据。

2. EBM

EBM（British Medical Journal，网址为 http://ebm.bmjjournals.com），是最早介绍循证医学的权威医学期刊，由英国 BMJ 和美国内科医师协会联合主办，双月刊，为医疗卫生工作者在大量的国际性医学杂志中筛选和提供全科、外科、儿科、妇产科方面的证据，在网上免费使用。

3. ACP Journal Club

ACP Journal Club（网址为 http://www.acponline.org/Journals/acpjc），由美国内科医师协会主办，旨在通过筛选和提供已出版的研究报道和文献综述的详细文摘，使医疗卫生工作者及时掌握治疗、预防、诊断、病因、预后和卫生经济学等方面的重要进展。

4. Bandolier

Bandolier（网址为 http://www.jr2.ox.ac.uk/banolier），由英国 Oxford HS P&D Directorate 1994 年创办，1995 年开发网络版，可免费获取原文，收录有 1994 年至今的全部期

刊，用户可以按期浏览，也可在检索界面的输入框中使用检索词进行检索。

5. Journal Club On the Web

该刊（网址为 http://www.journalclub.org）是由 Michael Jacobson 于 1995 年 11 月创办，它定期对 JAMA、Lancet 等四种医学期刊中的最新医学文献进行概述或评价，并附有读者的评论。

6. 中国循证医学杂志

该杂志（网址为 http://www.chinacochrane.org/zazhi）由中国循证医学院中心与四川大学承办，创刊于 2001 年 6 月，是国内最早的有关循证医学的刊物。

六、Ovid 系统循证医学数据库检索

1. Ovid 平台医学数据库简介

Ovid 公司（Ovid Technologies Inc）是 1984 年创建于纽约的一家世界著名的数据库提供商，2001 年 Ovid 公司与银盘公司（Silver Platter Information）合并后成为 Kluwer 公司的子公司。Ovid 公司目前出版发行各学科全文电子期刊、图书和包括 Medline、Embase、BIOSIO、JPA 等在内的 200 多个数据库，内容涉及自然科学、人文及社会科学等各个学科，其中生物医学数据库占较大比重。Ovid 网址为 http://www.ovid.com。

（1）Journal of Peking Union Medical College@Ovid，包括了 404 种电子期刊，其中来自世界第二大医学出版社——LWW 将近 300 种医学电子期刊，以及来自 OUP（牛津大学出版社）的 50 余种高质量生物医学电子期刊，检索的结果全部提供全文。

（2）Journals@ Ovid——电子期刊，收录近 1 000 种由 60 多个出版商提供的医学电子期刊，检索结果可提供免费文摘，购买后可直接提供全文。

（3）BIOSIS Previews——BP 数据库，包括了生物学文摘 BA、BA/RRM 中的生物学信息，是世界著名生物学信息检索工具。库中约有 67% 期刊是 Medline 和 Embase 库没有收录的。

（4）EBM Reviews——EBMR 数据库，收录 100 多种著名循证医学期刊的循证医学文献信息，目前由 CDSR（Cochrane Database of Systematic Review，Cochrane 系统评价数据库）、CCTR（Cochrane Controlled Trials Register，Cochrane 临床对照试验资料库）、DARE（Database of Abstracts of Reviews of Effectiveness，Cochrane 疗效评价文摘库）及 ACP Journal Club 四个重要数据库组成，是指导临床实践和研究的较好的证据来源。

（5）MEDLINE，包含来自 70 多个国家、3 900 多种期刊的生物医学文献题录，Ovid 中 Medline 的检索结果可与各种全文电子期刊数据库建立链接，如 Elsevier、John Wiley、EBSCO、LWW 等。

（6）Books@Ovid——电子图书，目前，国内较多购买其中一本循证医学电子书——Clinical Evidence，主要供临床医师进行临床实践研究决策参考使用。

2. Ovid 数据库检索指南

1）进入 Ovid 数据库（选择界面）

点击任一 Ovid 链接或者在浏览器地址栏输入 Ovid 的网址后，即可进入 Ovid 的数据库选择页面（见图 6-5）。单击任一数据库名即可进入检索，如需在多个数据库内检索资料，请

复选数据库，然后点击“Open selected resources”(打开选定的资源)按钮。

Select a database to begin searching:

Open selected resources >>

Browse Your Journals@Ovid
Browse All Journals
Browse Books
Clin-eguide

Books@Ovid September 17, 2009
Journals@Ovid Full Text September 25, 2009
Fudan University - Full Text

Clin-eguide
EBM Reviews - ACP Journal Club 1991 to September 2009
EBM Reviews - Cochrane Central Register of Controlled Trials 3rd Quarter 2009
EBM Reviews - Cochrane Database of Systematic Reviews 3rd Quarter 2009
EBM Reviews - Cochrane Methodology Register 3rd Quarter 2009
EBM Reviews - Database of Abstracts of Reviews of Effects 3rd Quarter 2009
EBM Reviews - Health Technology Assessment 3rd Quarter 2009
EBM Reviews - NHS Economic Evaluation Database 3rd Quarter 2009
EBM Reviews Full Text - Cochrane DSR, ACP Journal Club, and DARE
All EBM Reviews - Cochrane DSR, ACP Journal Club, DARE, CCTR, CMR, HTA, and NHSEED
BIOSIS Previews 1994 to 2007
EMBASE Drugs & Pharmacology 1991 to 3rd Quarter 2009
Ovid MEDLINE(R) 1950 to Present with Daily Update
Ovid MEDLINE(R) 1996 to Present with Daily Update
Ovid MEDLINE(R) In-Process & Other Non-Indexed Citations September 25, 2009
Ovid OLDMEDLINE(R) 1948 to 1965

图 6-5　Ovid 的数据库选择页面

2) Clineguide 检索指南(临床指南平台)

打开数据库，主要分 CLINICAL SEARCH、Evidence-Based Guidelines、DRUG INFORMATION、Nursing Advisor、Patient Handouts 五个界面。

(1) CLINICAL SEARCH(临床检索)。打开数据库后，首先进入的界面是 CLINICAL SEARCH 界面，也是 Clineguide 的默认界面，界面分四部分(见图 6-6)。

① 整合 Clineguide Evidence-Based Guidelines、5-Minute Clinical Suite、Books、EBM Articles、Facts & Comparisons Drug Information、MEDLINE 1996-present、National Guidelines 的资源，在每一部分前面有复选框，读者也可以随意选择其中的数据库。在检索框内输入检索词或短语，单击“Search”按钮即可得到检索结果。

② 可以输入某些疾病的症状等在 5-Minute Clinical Suite 中进行快速查找，可以切换到 ICD9-CM 界面，查找国际疾病分类法临床修改版(ICD9-CM)编码，比如输入 asthma，即可匹配，显示编码；也可输入短语，如输入 family history of asthma，即可匹配，显示其编码。另外还提供一些常用的临床计算器等。

③ FDA 等组织最近发布的一些重要新闻。

④ 快速检索药物、食物等之间的相互作用，比如在检索框输入“warfarin，aspirin”则可检索出这两种药物之间的相互作用。

(2) Evidence-Based Guidelines(临床诊断与治疗指南)。它提供综合全面的诊断，操作及治疗的可行方案。此外还推荐一系列诊断、疾病操作、药物治疗方面的快速准确问答。

(3) DRUG INFORMATION(药物信息)。用户可以在检索区输入药物名称、疾病名称

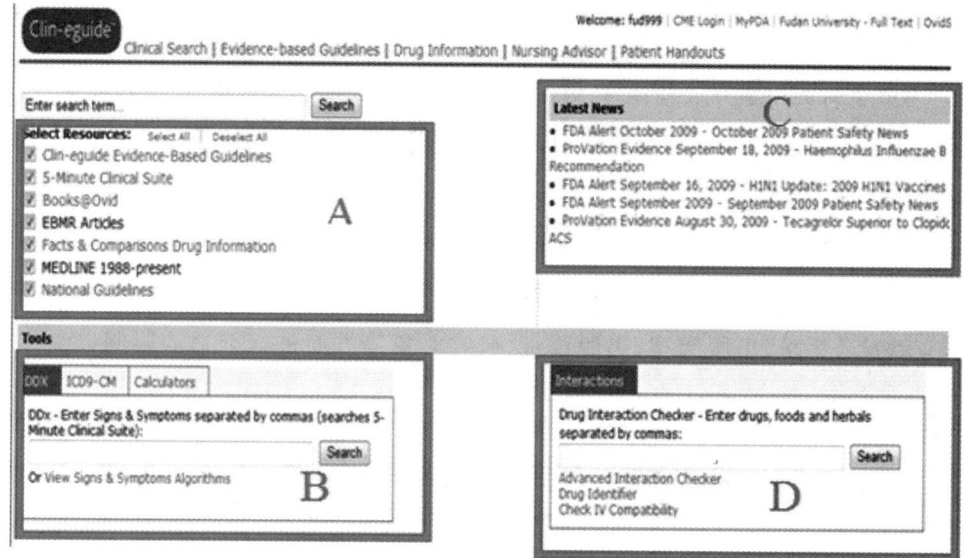

图 6-6　CLINICAL SEARCH 界面

或症状进行快速检索，也可以选择右侧的链接进行某一项目检索，常用的主要有以下三部分。

① Drug Identifier(药物标识符)，拥有药物的彩色图像超过 5 000 幅，属性包括名称、版本、颜色、清晰度、剂型等。这个完整的电子工具，帮助用户快速识别药物。

② Drug Interactions(药物相互作用)。输入所要检索的药物名、药物过敏特性和疾病/症状，该系统可识别一些商品名，但最好输入所属的药物名。

③ A to Z Drug Facts。它是一个易于使用的药物的参考资料，整合删节药物与病人护理准则的资料。专论部分包括药理学、药代动力学、管理和剂量、药物相互作用、不良反应、警告和预防措施等。它包括 1 200 多种最新的专著，附件材料包括表格和图表等。点击菜单，出现的子菜单是按药物的开头字母顺序排列的，选择所要查找的药物的开头字母，浏览相关资料。

(4) Nursing Adviser(护理顾问)。既可以在检索框中输入关键词，进行检索，在检索结果中选择所需要的内容，也可以通过主题查找模式进行检索。

(5) Patient Handouts(病人须知)。既可以在检索框中输入关键词，进行检索，在检索结果中选择所需要的内容，也可以通过主题查找模式进行检索。

3) OvidSP 检索指南

打开数据库，默认界面是高级检索界面，页面从上至下分为导航区、检索历史区、检索窗口和条件限制栏四个部分。

(1) 导航区。导航区的主要功能有：①数据库指南(Database Field Guides)；②馆员咨询(Ask a Librarian)；③技术支持(Support & Training)；④使用帮助(Help)；⑤登出(LOGOFF)；⑥更改检索数据库(change database)；⑦期刊浏览(Your Journals@Ovid & All Journals)；⑧图书浏览(Books)；⑨Ovid 临床指南平台(Clin-eguide)；⑩个人账号(Personal Account)；⑪保存检索式/定期提醒(Saved Searches/Alerts)。

(2) 检索历史区。检索历史区有检索序号、检索策略、检索结果及检索结果显示按钮。

(3) 检索窗口。输入所需查询的字词或短语后，单击“Search”按钮开始检索。

① Ovid 支持的检索方式有：a. 高级检索；b. 基本检索；c. 题录检索；d. 字段检索；e. 关键词检索；f. 作者检索；g. 篇名检索；h. 期刊名检索；i. 个人账号。

② Ovid 支持的检索字符有：a. 逻辑检索(AND、OR、NOT)；b. 字段检索；c. 短语检索；d. 邻近检索；e. 无限截词符；f. 有限截词符；g. 截词符/通配符；h. 强制通配符；i. 可选通配符；j. 词频限制。

(4) 条件限制栏。对检索结果进行条件限制，可以产生更加精确的结果。读者可根据需要对文献发表年份、出版类型、出版语言、研究对象等方面进行合适的限制以缩小检索范围。

第五节　生物信息数据库检索

一、生物信息数据库

伴随着人类及其他生物基因组计划的实施，生物信息学迅速成为生命科学的前沿领域。生物信息学是生物学与物理学、化学、数学、信息科学及计算机科学交叉的学科，在医学领域中得到广泛运用。它对各种医学和生物学的信息、资料、数据进行搜集、存储、整理、计算和分析，为医学科学的发展提供全方位的支持。数据是医学生物信息学的基础，建立以疾病为中心，贯穿病理、药理、基因、蛋白、调控等方面数据的数据库是医学生物信息的核心。数据库中的生物信息的主要内容，各种数据库几乎覆盖了生命科学的各个领域。

国外具有影响的三个大型可共享的公共数据库存储着大量的核酸和蛋白质序列，它们分别是位于 Bethesda 美国国家生物技术信息中心(NCBI)的 GenBank，日本的 DNA 数据库(DDBJ)，以及由位于英格兰 Hinxton 的欧洲生物信息研究所(EBI)所维护的 EBML—Bank 数据库。1988 年 EMBL-Bank、GenBank 与 DDBJ 共同成立了国际核酸序列联合数据库中心(International Nucleotide Sequence Database Collaboration，简称 INSDC，网址为 http://insdc.org)。这三个数据中心各自搜集世界各国有关实验室和测序机构所发布的序列数据，而且每天都将新发现或更新过的数据通过计算机网络进行交换，以保证这三个数据库序列信息的完整性，因此，对特定的查询，三个数据库的响应结果是一样的。

为满足需要，还有一些公司还开发了商业数据库，如 MDL 等。

二、基因和基因组数据库

NCBI 是一个多学科的研究小组，由计算机科学家、分子生物学家、数学家、生物化学家、实验物理学家和结构生物学家等组成。GenBank 库是由美国国立生物技术信息中心(NCBI)1982 年建立和维护的，收录几乎所有已知的核酸和蛋白质序列，序列来源于所有公开的、可获取的 DNA 序列，包括测序工作者提交的序列数据、测序中心提交的大量 EST 序列和其他测序数据，以及与其他数据机构协作交换的数据。GenBank 是 NIH 遗传序列数据库，在世界各国可以公开获得的 DNA 序列的简要描述，如它的科学命名、物种分类名称、参考文献、序列特征表及序列本身。GenBank 同日本和欧洲分子生物学实验室的 DNA 数据库共同构成了国际核酸序列数据库合作组织。这三个组织每天交换数据。GenBank 以指数形式增长，核酸碱基数目大概每 14 个月就翻一倍。最近，GenBank 拥有来自 47 000 个物种的 30 亿个碱基。其中 56%是人类的基因组序列(所有序列中的 34%是人类的 EST 序列)。

孟德尔人类遗传(OMIM)，包括三维蛋白质结构的分子模型数据库(MMDB)，唯一人类基因序列集合(UniGene)，人类基因组基因图谱，分类学浏览器，同癌症研究所合作的癌症基因组剖析计划(CGAP)。

Entrez 是 NCBI 为用户提供整合的访问序列、定位、分类、结构数据的搜索和检索系统。Entrez 同时也提供序列和染色体图谱的图形视图。Entrez 是一个用以整合 NCBI 数据库中信息的搜寻和检索工具。这些数据库包括核酸序列、蛋白序列、大分子结构、全基因组和通过 PubMed 检索的 Medline。Entrez 的一个强大和独特的特点是具有检索相关的序列、结构和参考文献的能力，图 6-7 是 Entrez 系统的各个子数据库及其相互关系。杂志文献通过 PubMed 获得，PubMed 是一个网络搜索界面，可以提供对在 Medline 上的杂志引用的访问，包含了链接到参与的出版商网络站点的全文文章。NCBI 的网址为 http://www.ncbi.nlm.nih.gov。

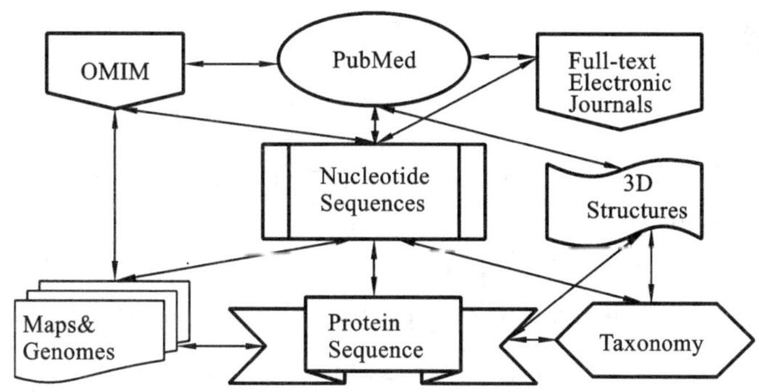

图 6-7 Entrez 系统的各个子数据库及其相互关系

三、EMBL 核酸序列数据库

EMBL 核酸序列数据库由欧洲分子生物学实验室(European Molecular Biology Laboratory)于 1982 年创建，其名称也由此而来，目前由欧洲生物信息学研究所(EBI)负责管理，由于与 GenBank 和 DDBJ 的数据合作交换，并通过计算机网络每天都将新发现或更新过的数据进行交换，保证了这三个数据库序列信息的完整性。该数据库由 Oracal 数据库系统管理维护，查询检索可以通过因特网上的序列提取系统(SRS)服务完成。向 EMBL 核酸序列数据库提交序列可以通过基于 Web 的 WEBIN 工具，也可以用 Sequin 软件来完成。数据库的网址为 http://www.ebi.ac.uk/embl。SRS 的网址为 http://srs.ebi.ac.uk。WEBIN 的网址为 http://www.ebi.ae.uk/embl/Submssion/webin.html。

四、DDBJ 数据库

DDBJ 是 1987 年日本国立遗传学研究所建立的日本 DNA 数据库(DNA Data Bank of Japan)，由于与 GenBank 和 EMBL 核酸库合作交换数据，也是一个全面的核酸序列数据库。可以使用其主页上提供的 SRS 工具进行数据检索和序列分析。可以用 Sequin 软件向该数

据库提交序列。DDBJ 的网址为 http://www.ddbj.nig.ac.jp。

五、人类基因组数据库

人类基因组数据库(The Genome Database,GDB)于 1990 年初建于美国约翰·霍普金斯大学,以支持国际合作的人类基因组计划,是一个专门汇集存储人类基因组数据的数据库,其中包括了全球范围内致力于人类 DNA 结构和 100 000 种人类基因序列研究的分析成果。对从事相关领域的研究人员具有重要的参考作用。GDB 的目标是构建关于人类基因组的百科全书,除了构建基因组图谱之外,还开发了描述序列水平的基因组内容的方法,包括序列变异和其他对功能和表型的描述。目前 GDB 中有:①人类基因组区域(包括基因、克隆、Ampliners PCR 标记、断点、细胞遗传标记、易碎位点、EST 序列、综合区域和重复序列);②人类基因组图谱(包括细胞遗传图谱、连接图谱、放射性杂交图谱、Contentcontig 图谱和综合图谱等);③人类基因组内的变异(包括突变和多态性,加上等位基因频率数据)。GDB 数据库以对象模型来保存数据,提供基于 Web 的数据对象检索服务,用户可以搜索各种类型的对象,并以图形方式观看基因组图谱。GDB 的网址是 http://www.gdb.org。

六、蛋白质数据库

1. PDB

蛋白质数据仓库(Protein DataBank,PDB)是国际上唯一的生物大分子结构数据档案库,由美国 Brookhaven 国家实验室建立。PDB 收集的数据来源于 X 光晶体衍射和核磁共振(NMR)的数据,经过整理和确认后存档而成。目前 PDB 数据库的维护由结构生物信息学研究合作组织(RCSB)负责。RCSB 的主服务器和世界各地的镜像服务器提供数据库的检索和下载服务,以及关于 PDB 数据文件格式和其他文档的说明。使用 Rasmol 等软件可以在计算机上按 PDB 文件显示生物大分子的三维结构。RCSB 的 PDB 数据库网址为 http://www.rcsb.org/pdb。

2. SWISS-PROT

SWISS-PROT 是经过注释的蛋白质序列数据库,由欧洲生物信息学研究所(EBI)维护。数据库由蛋白质序列条目构成,每个条目包含蛋白质序列、引用文献信息、分类学信息、注释等,注释中包括蛋白质的功能、转录后修饰、特殊位点和区域、二级结构、四级结构、与其他序列的相似性、序列残缺与疾病的关系、序列变异体和冲突等信息。SWISS-PROT 中尽可能减少了冗余序列,并与其他 30 多个数据库建立了交叉引用,其中包括核酸序列库、蛋白质序列库和蛋白质结构库等。利用序列提取系统(SRS)可以方便地检索 SWISS-PROT 和其他 EBI 的数据库。SWISS-PROT 只接受直接测序获得的蛋白质序列,序列提交可以在其 Web 页面上完成。SWISS-PROT 的网址是 http://www.ebi.ac.uk/swissprot。

3. COG

蛋白质直系同源簇(Clusters of Orthologous Groups of proteins,COGs)数据库是对细菌、藻类和真核生物的 21 个完整基因组的编码蛋白,根据系统进化关系分类构建而成的。COG 库对预测单个蛋白质的功能和整个新基因组中蛋白质的功能都很有用。利用 COGNITOR 程序,可以把某个蛋白质与所有 COGs 中的蛋白质进行比对,并把它归入适当的 COG

簇。COG 库提供了对 COG 分类数据的检索和查询，基于 Web 的 COGNITOR 服务，系统进化模式的查询服务等。COG 库的网址是 http://www. ncbi. nlm. nih. Gov/cog。下载 COG 库和 COGNITOR 程序的地址为 ftp://ftp. nebi. nlm. nih. gov/pub/cog/cog。

4. PIR 和 PSD

PIR 是由美国生物医学基金会 NBRF(National Biomedical Research Foundation)于1984 年建立的，其目的是帮助研究者鉴别和解释蛋白质序列信息，研究分子进化、功能基因组，进行生物信息学分析。PIR 提供一个蛋白质序列数据库、相关数据库和辅助工具的集成系统，用户可以迅速查找、比较蛋白质序列，得到与蛋白质相关的众多信息。目前，PIR 已经成为一个集成的生物信息数据源，支持基因组研究和蛋白质组研究。PIR 和 PSD 的网址为 http://pir. georgetown. edu。数据库下载地址为 ftp://nbrfa. georgetown. edu/pir。

5. SCOP

蛋白质结构分类(Structural Classification of Proteins，SCOP)数据库是由英国医学研究委员会(Medical Research Council，简称 MRC)的分子生物学实验室和蛋白质工程研究中心开发和维护。该数据库对已知三维结构的蛋白质进行分类，并描述了它们之间的结构和进化关系，把蛋白质分成许多层次，但通常将它们分成家族、超家族和折叠类型。当然，不同层次之间的界限并不十分严格，但通常层次越高，越能清晰地反映结构的相似性。SCOP 还提供一个非冗余的 ASTRAIL 序列库，这个库通常被用来评估各种序列比对算法。此外，SCOP 还提供一个 PDB-ISL 中介序列库，通过与这个库中序列的两两比对，可以找到与未知结构序列远缘的已知结构序列。SCOP 的网址是 http://seop. mrc-lmb. cam. ac. uk/scop。

6. PROSITE

PROSITE 数据库现由瑞士生物信息学研究所 SIB 维护，收集了生物学有显著意义的蛋白质位点和序列模式，并能根据这些位点和模式从而推测出一个未知功能的蛋白质序列可能属于哪一个蛋白质家族。有的情况下，某个蛋白质与已知功能蛋白质的整体序列相似度很低，但由于功能的需要保留了与功能密切相关的序列模式，这样就可能通过 PROSITE 找到隐含的功能 motif，因此 PROSITE 是序列分析的有效工具。PROSITE 中涉及的序列模式包括酶的催化位点、配体结合位点、与金属离子结合的残基、二硫键的半胱氨酸、与小分子或其他蛋白质结合的区域等；除了序列模式之外，PROSITE 还包括由多序列比对构建的 profile 能更敏感地发现序列与 profile 的相似性。PROSITE 的主页上提供各种相关检索服务。PROSITE 的网址为 http://www. expasy. ch/Prosite。

七、功能数据库

1. KEGG 数据库

KEGG(京都基因与基因组百科全书)是基因组破译方面的数据库。在后基因时代一个重大挑战是如何使细胞和有机体在计算机上完整地表达和演绎，让计算机利用基因信息对更高层次和更复杂细胞活动和生物体行为做出计算推测。为达到此目的，人们建立了一个在相关知识基础上的网络推测计算工具。在给出染色体中一套完整的基因的情况下，它可以对蛋白质交互(互动)网络在各种细胞活动中起的作用做出预测。KEGG 的网址为 http://www. genome. ad. jp/kegg。

2. TRRD 数据库

转录调控区域数据库 TRRD 是由俄罗斯科学院细胞和遗传学研究所建立的。TRRD 是一个关于基因调控信息的集成数据库，该数据库搜集真核生物基因转录调控区域结构和功能的信息。每一个 TRRD 的条目对应于一个基因，包含特定基因各种结构和功能特性。TRRD 的网址为 http://www.mgs.bionet.rise.ru/mgs/dbases/trrd4。

3. ASDB 数据库

可变剪接数据库(ASDB)包括蛋白质库和核酸库两部分。ASDB(蛋白质)部分来源于 SWISS-PROT 蛋白质序列库，通过选取有可变剪接注释的序列，搜索相关可变剪接的序列，经过序列比对、筛选和分类构建而成。ASDB(核酸)部分来自 GenBank 中提及和注释的可变剪接的完整基因构成。ASDB 数据库提供了方便的搜索服务，其网址为 http://ebcg.nersc.gov/asdb。

4. DIP 数据库

相互作用的蛋白质数据库(Database of Interacting Proteins, DIP)收集了由实验验证的蛋白质相互作用。数据库包括蛋白质的信息、相互作用的信息和检测相互作用的实验技术三个部分。用户可以根据蛋白质、生物物种、蛋白质超家族、关键词、实验技术或引用文献来查询 DIP 数据库。DIP 的网址为 http://dip.doe-mbi.ucla.edu。

5. TRANSFAC 数据库

TRANSFAC 数据库是关于转录因子、它们在基因组上的结合位点和与 DNA 结合的 profiles 的数据库。TRANSFAC 及其相关数据库可以免费下载，也可以通过 Web 进行检索和查询。TRANSFAC 的网址为 http://transfac.gbf.de。

除了以上提及的数据库之外，还有许多专门的生物信息数据库，涉及了目前生命科学研究的各个层面和领域，国内也有一些公司开发国产汉化基因数据库及分析管理系统。

第六节　图谱信息资源检索

一、图谱信息资源概述

图谱(atlas)是以图像与文字来表现实体的参考工具书。其主要特点是直观、形象、简明清晰。医学图谱是用图像配以文字来表现医学实体、表达操作规程或反映疾病的地理分布情况的工具书。

医学图谱品种繁多，主要有医药图谱(包括解剖图谱、病理组织学图谱、细胞图谱、诊断图谱、寄生虫图谱、手术图谱、药物图谱)、医学地图集、医学大事年表、医学专用表等，用于查找医学图片、实物照片、医林人物肖像等资料。网络图谱与印刷本图谱相比具有容量大、可检索、可交换操作等优点，图像更加形象直观。在线医学图谱(Medical Atlas Online)是因特网上描述医学实体的图像数据库。有些图谱采用了多媒体技术，使得图像能够动态显示，对于解剖学、病理学、放射学等的教学和研究帮助极大。网上医学图谱资源主要有实体相片、计算机模拟图片、显微镜下图片、各种放射学图谱等，按内容可分为解剖学、生理学、病理组织学、寄生虫学、内科疾病、外科手术、内镜、眼科学、放射学、综合类等，涉及医学基础和临床各学科。近年来，随着数字化技术的应用普及，在线医学图谱的数量剧增，品种繁多，已成为医学生和医务人员重要的学习参考资源。

二、图谱信息的检索途径

网上的免费医学图谱非常丰富，用途也极为广泛，如果加以筛选和整理，更利于医务工作者和科研人员的学习参考。下面简要介绍一些医学图谱的网络获取途径与方法。

1. 搜索引擎法

因特网上蕴含着丰富的医学图谱资源，其提供者既包括众多的医学图谱专业网站，也包括其他医学网站。这些资源一般可通过普通搜索引擎（如 Google、Yahoo、MetaCrawler、百度、搜狗等）或医学专业搜索引擎（如 MedExplorer、MedFinder、Medscape、MedWebPlus、Medical World Search、Medical Matrix、Medsite、HON 等）来查找。在搜索引擎的搜索栏里输入“医学图谱”“图谱”或者“medical atlas”，将会搜到许多有关图谱，但要进行逐一筛选，比较费时费力，以下是利用搜索引擎查找医学图谱的举例。

（1）通过 Yahoo 或 Google 查找。可采用分类与输入关键词相结合的方式，其具体检索步骤是：打开网站 http://www.yahoo.com 或 http://www.google.com→单击“Directory Search”或“Directory”按钮→进入 Health 分类表，在检索框内输入“atlas”进行检索，可获得许多医学图谱的站点链接，然后从中筛选。

（2）通过中国雅虎查找。在地址栏输入 http://yahoo.com.cn 后，进入中国雅虎首页，单击“健康”标签，进入“中国雅虎健康”的主页面，在检索框内输入“图谱”关键词，单击“网页搜索”按钮，得到含“图谱”关键词的网页，再从中筛选出所需要的图谱。如果已知具体的在线图谱名称，可在网络检索工具的检索提问框内输入图谱名查询，例如输入“中草药图谱”“病理图谱”等。

（3）通过医学专业搜索引擎查找。MedExplorer 是由加拿大人 Marlin Glaspey 在 1996 年 3 月建立的免费全文型医学信息资源搜索引擎，主要收录了美国和加拿大的医学资源，有少量其他国家和地区的资源，主要提供医学信息检索，还可提供 250 多个医学新闻组信息和世界各地召开的会议消息检索，同时提供与 HealthGuide 的连接。它集分类检索和关键词检索于一体，采用关键词检索时大小写无差别。近 30 个类目按字顺排列，并通过下拉式菜单提供亚类。在地址栏输入 http://www.medexplorer.com，进入 Medexplorer 首页，在检索框内输入“atlas”，选择“Medexplore”，单击“Search”按钮，即可获得许多医学图谱的站点链接。

2. 专业的医学图谱网站

1) The Visible Human Project(可视人计划)

可视人计划（网址为 http://www.nlm.nih.gov/research/visible）由美国国立医学图书馆（NLM）在 1986 年首先提出，旨在建立一个医学图像图书馆，供生物学工作者使用。经过 3 年的论证，1989 年正式确定建立一个完整的男性和女性的测量体积数据的数字图像数据集，即可视人计划。它是人类第一个网上数字化图像文库，提供了人体横断面、冠状面和矢状面数字化解剖图谱、MRI 图像和 CT 图像。用户使用可视人图谱库要与美国国家医学图书馆签署协议，说明使用此图谱的目的，方可免费从因特网上下载并使用，目前已有 43 个国

家的 1 400 多个用户签订了该图谱库的使用协议。在 NLM 网站的相关页面中(网址为 http://www. nlm. nih. gov/researeh/visible/getting—data. html)介绍了获得使用可视人数据集的授权许可的方法。

2) Whole Brain Atlas(全脑图谱)

全脑图谱(网址为 http://www. med. harvard. edu/AANLIB/home. html)是 1995 年由哈佛大学医学院的 Keith A. Johnson 和麻省理工学院的 J. Alex Becker 创建的中枢神经系统影像资源库,把脑的正常和病理结构图像(MRI、CT、核医学影像、血管解剖)与临床信息整合在一起,比较全面地介绍了正常脑图和一些常见疾病的脑图,其最大优点是可以随意动态截取断层观看各层特征,还辅有临床实例介绍,用户主要通过分类浏览的方式来逐级查看图谱。"全脑图谱"的主体内容分五个部分:Normal Brain(正常脑),Cerebrovascular Disease (stroke or"brain attack")(脑血管疾病),Neoplastic Disease(brain tumor)(脑肿瘤),Degenerative Disease(退行性病变),Inflammatory or Infectious Disease(炎症或感染性疾病)。例如,从 Normal Brain 部分的 Top 100 Brain Structures 链接,得到 100 个(实际为 106 个)正常人脑不同部位结构名称一览。点击其中的脑部位结构名称,可得到有文字标注的特定部位系统的脑横断面图像。在脑疾病影像中,除可用不同成像技术观察不同的脑部位,还可观察到发病后不同时间(包括用药前后或手术前后)采集到的不同脑病理影像,因为有些影像数据集是按一定时间间隔采集而来的。

3) The Internet Pathology Laboratory for Medical Education(网上病理学实验室,即 WebPath)

其网址为 http://www. 1ibrary. reed. utah. edu/WebPath/webpath. html。它由美国犹他大学病理学部创建,是一个公共网络图像资源。其内容包括疾病状态的病理学图片、图表、文本、指南、实验室练习和自测考试题等。每张图片都附有简短的说明。用户可通过对疾病基本机理的描述浏览图片,也可通过器官系统浏览图片。在 WebPath 主页上普通病理学、系统病理学、测试、指南、艾滋病病理学、周病例等类目可供用户直接选择。其中普通病理学图片主要包括动脉粥样硬化症和血栓、细胞损伤、法医病理学、肿瘤、儿科、产科病理学、胎盘病理学图片等,系统病理学图片主要包括骨和关节病理学、胸部病理学、心血管病理学、中枢病理学、胃肠道病理学、血液病理学、肝脏病理学、男性生殖道病理学、肺部病理学和肾脏病理学图片等。WebPath 最近推出了 10 张新版光盘,提供 5 000 多张图片、3 600 多个试题、55 个实验室实例、45 个指南。放射线部分包括了 1 200 张相关 X 光照片,另外推出的 2.0 版神经病理学光盘含 1 500 多张图片,这些图片包括有中枢神经系统和骨骼病理过程的文本说明,内容有退行性疾病、脱髓鞘疾病、发展性疾病、肌肉疾病、赘生性疾病、围产期疾病等,还包括神经解剖学指南和神经放射学部分。

4) Dermatology Information System(在线皮肤病学图谱)

在线皮肤病学图谱(网址为 http://www. dermis. net/dermisroot/en/home/index. htm)由德国皮肤病学家 Thomas L. Diepgen 和计算机科学家 Andreas Bittorf 于 1994 年研制开发,是一个含有图谱、疾病定义、疾病名称同义词、UMLS 术语、征询调查、相关网站链接等信息的皮肤病学教学数据库。该数据库含有 4.5 万多幅高质量图像,涉及 600 多种皮肤病的诊断和鉴别诊断,每天访问量达几千人次。其主页上有三个检索入口,即关键词检索、按字顺进入和按人体部位进入。按人体部位进入图谱,无文字注释,供复习测试用,通过关键词检索可快速得到所需要的图谱。

5）Virtual Hospital（虚拟医院）

虚拟医院（网址为 http://www. uihealthcare. com/vh/）由美国 IOWA 大学创建，是一个著名的医学教育网站，该网站上有四个教学用的人体解剖学图谱和十几个放射学方面的图谱。进入该网站中人体解剖图谱的链接路径是：登录 http://www. vh. org→选择 Anatomy Resources→得到四个人体解剖图谱，即 Atlas of Human Anatomy（人体解剖图谱）、Atlas of Human Anatomy in Cross Section（人体横断面解剖图谱）、Atlas of Microscopic Anatomy 和 Illustrated Encyclopedia of Human Anatomic Variation（人体解剖变异图解百科全书）。进入放射学图谱的链接路径是：登录 http://www. vh. org→选择 Radiology Resources→得到的放射学图谱链接有"胃肠道核医学图像""三维重建""肌肉损伤图像""胸片图像数据库""正常放射解剖学：X 射线、CT、MRI、超声""胸部 X 射线与腹部 X 射线"等。

6）Geneva Foundation for Medical Education and Research（日内瓦医学教育研究基金会）

日内瓦医学教育研究基金会（www. gfmer. ch）提供了大量医学图谱供大家查阅，可以免费下载。检索入口是"Databases，Links"（数据库和各种链接）→"Images"（图像）。

7）HONmedia 医学图片和视频数据库

它（网址为 http://www. hon. ch/cgi—bin/HONmedia）是由瑞士健康在线基金会（Health on the Net Foundation）资助的一个免费医学信息门户网站。HONmedia 除了提供医学新闻、会议等媒体信息栏目以外，还专门设有医学图片栏目，是维护着一个拥有医学图片和视频的数据库，全部图片和视频都采用 MeSH（医学主题词表）标引。该数据库并不在本地服务器中保存所有图片和视频，而是对最初提供图片的作者所提供的地址做一个链接，作者有权利随时修改或者删除图片信息，因此从这种意义上来说，该库的资源具有不稳定性。所以，在链接 HONmedia 的医学图片和视频资源时，应注意及时记录和保存。用户可以按照主题词字母顺序来浏览特定主题词下的图片和图谱，也可以在检索提问框内输入主题词或关键词来检索，还可以按照网站提供的主题分类浏览的步骤依次检索：首先在下拉列表中选中分类（包括解剖、有机体、疾病、化学品和药物、分析诊断和治疗技术、神经和精神病学、生物学等），接着在出现的下拉列表中选择二级分类，比如解剖学下就包括各个器官系统的 11 个二级分类，最后一步就是直接选择具体的主题词，查看该主题词下的图片或视频及其文字说明。

8）Dermatology Atlas（皮肤病学图谱）

其网址为 http://www. meddean. 1uc. edu/lumen/MedEd/medicine/dermatology/melton/atlas. htm。美国芝加哥 Loyola 大学医学教育网提供的免费皮肤病学彩色图谱 234 张。图谱按图谱名称的字母顺序排列，每张图片下面都有解释性文字。

9）Atlas of Hematology

它（网址为 http://www. Hematologyatlas. com）是由 Nivaldo Medeiros 医学博士创建的反映正常血细胞和疾病血细胞形态学的图像数据库。包括红细胞的改变、贫血、白血病、寄生虫与真菌等多个栏目，点击其栏目标签，即可进入其子栏目，直接点击图标，即可获取相关图谱。

10) Oral Pathology Image Database(口腔病理图谱)

进入该网站(网址为 http://www.uiowa.edu/__oprm/AtlasHome.html)的主页需选择浏览平台 Macintosh 或 Windows,用户根据自己使用的操作系统进行选择。进入下一个窗口后,左侧是各种口腔疾病的索引,此网站共提供了 73 种口腔疾病的图谱,点击左侧的疾病,右侧的窗口就会显示相关疾病的图片和病理学图谱,点击上面窗口的小图片可以在下面的窗口中获得放大的图片及注释。

11) 细胞组织学图谱

该图谱(网址为 http://www.kumc.edu/instruction/medicine/anatomy/histoweb/)资料是堪萨斯州立大学医学教育中心医学教育资源的一个子集,包括细胞结构(洋葱根尖、骨髓涂片、大肠、肝脏和精液)图谱、上皮细胞图谱等。

12) 中国数字化可视人体

其网址为 http://www.chinesevisiblehuman.com。首例中国数字化可视人体(CVH)由重庆第三军医大学于 2002 年 1 月完成,目前我国已经完成了第六例中国数字化可视人体数据集的采集和分析,已在因特网上发布供用户利用和参考。CVH 数据库分为六个数据集(3 名男性、3 名女性)。每个数据集下包括 CT 图片、MRI 图片、3D 模型库、超声等图片,这些数据集可以单独或联合检索。

13) CNKI 中国知网在线医学图谱

CNKI 中国知网在线医学图谱(网址为 http://medmap.cnki.net)是全球最大的医学图谱在线服务网站,收录了 200 余部医学图谱,约 15 万张图片,提供有关解剖、生理、病理、药理、生化、中药等方面的医学图片和照片,并附文字说明,所收录的医学图谱均为权威专家所编写。其检索途径有关键词检索、高级检索和书目索引等。

14) 大众医药网医学图谱

大众医药网医学图谱(网址为 http://www.51qe.cn/index3002.php)是国内较有名的医学网站之一,该网站提供大量医学图谱相关资料,包括中草药图谱、手术图谱、系统解剖图谱和皮肤病与性病图谱,涉及系统解剖学、局部解剖学、病理学、微生物学、普通外科学、骨科学、神经外科学、妇产科学、耳鼻喉科学、眼科学、儿科学、中医学、皮肤性病学、肿瘤学等,并有相当丰富的药学知识,功能比较齐全,值得借鉴。网站上多数图谱为手工绘制。

15)"生物谷"网站的图库专业平台

其网址为 http://www.bioon.corn/figure。它有丰富的医学图谱资源,以栏目导航的形式提供,子栏目包括医学影像学图谱、疾病图谱、外科手术图解、皮肤病性病图谱、解剖图谱、组织学图库、病理学图库、心血管图库、检验学图库、寄生虫学图库、微生物图库、中医学图库等。此外,还设有绿色荧光蛋白、细胞凋亡、细胞周期、细胞因子信号、免疫系统信号通路、发育信号通路、中草药图谱、肿瘤信号、细胞代谢等专题栏目。

16) 医学空间网的病理图谱数据库

该数据库网址为 http://www.medcyber.com/resource/photo/index.php,收录了 1 700多张有关人体疾病状况的病理图片(肉眼观察和显微镜观察),配有比较详细的文字说明。该库分普通病理、器官系统病理、解剖学和组织学及艾滋病病理四部分。

17)"中华骨科网"的骨科专业图像资料库

该数据库网址为 http://www.orthochina.org/bbs/bbsList.jsp? className=典型图

片，该库包括骨科手术图谱（上肢）、实用骨科解剖图谱、骨科手术图谱（下肢）、长骨骨折内固定图谱、关节镜彩色图谱、关节镜手术彩色图谱、骨肿瘤诊断图谱等内容。该网站定位于骨科医生，需注册后参加该网站的学术交流活动，获得一定积分后才能获取骨科专业图谱。

第七节 人物与机构的检索

人与机构信息是随因特网发展起来的较为新颖的信息类型，也是人们工作、学习、生活和社会交流中经常获取的重要信息之一。比如，在医学科研过程中，需要某一专家的咨询意见，抑或在医学毕业生求职的过程中，需要了解某医疗卫生机构的地理位置、人力资源需求、联系方式等相关信息，查询人或机构信息的目的可能有：与同行进行学术交流、向著者索取原始文献、寻找科研合作伙伴和进修机会、求职求学、产品咨询等。人员信息的查询结果通常是个人职务、E-mail 地址、电话号码、居住地等；而机构检索则可能获得机构概况、机构地址与电话、机构网址、机构产品服务介绍等信息。寻找这些信息，有助于了解人或者机构的资源分布、服务项目、研究动态、发展方向、知识背景等，以便进行同行间的合作与交流。这对于全方位地掌握涉及人力、管理资源状况信息是有意义的。

一、人物信息检索

1. 人物信息资源概述

人物信息是关于人的信息，是在社会生活中产生和被广泛利用的一种信息，它既可以是诸如姓名、性别、职业、出生年月、从业单位等简单的身份确认信息，也包括较为详细的生平或传记资料。

网上人物信息的作用及特点：人物信息的检索是信息检索的一个重要方面。网上有着海量的古今中外人物信息，随着网络信息的飞速增长，利用网络检索人物信息已经越来越方便。因特网人物信息有多种用途，例如学术研究、网络营销、网上追踪、网上打假、期刊审稿等。网上人物信息具有以下特点；其一，广泛性。各行各业，古今中外的信息都有涉及。其二，热点性。名人、明星的信息特别丰富。其三，模糊性。信息噪音大，要靠使用者分析鉴别。广大网民虽然知道利用网络查找人物信息，但查全率和查准率较低，网络上的人物信息还没有被充分利用。

因特网上的人物信息有不同的存在方式，只有清楚地了解各种人物信息存在于何处，并选择恰当的检索工具和检索方法来查找，才能取得良好的检索结果。

2. 人物信息的网上检索

互联网诞生之前，人物信息的检索主要使用相关的工具书，或通过论文著者索引和图书馆著者目录等查找，由于工具书和其他印刷型检索工具的出版周期和时滞性限制，人物信息的传播时空较小，检索利用极为不便。随着互联网的产生与普及，信息的产生、传播和利用呈指数增长，以网络为载体的人物信息空前丰富，其检索利用也更加快捷和方便。

1）网页搜索

网页搜索是利用搜索引擎的网页搜索功能查找一般网页中的人物信息，适用于公众人物、知名人士或新闻人物、成功人士、专栏作家等简单身份信息的查找。

网页搜索是搜索引擎的主要和常用功能,不同的搜索引擎对网页索引的深度与范围不同,收录网页的文种和数量各异,适用的逻辑算法、搜索语法和对关键词的规定等亦各有差别,因此有效的网页人物信息搜索,要求对搜索引擎有较为全面的了解,掌握相应的检索方法和技巧。就关键词的选取而言,单纯的人名搜索往往检准率较低,必须附以必要的"特征关键词"(特征关键词是指在内容描述中与主题关键词同时出现且位置较近的名词、量词、形容词等进一步说明和限定主题关键词的词语,特征关键词可以有效地缩小搜索范围,使结果排序更加趋前)或限定性搜索语法才能收到事半功倍的效果。

以 Google 网页搜索为例,查找俄罗斯总统普京的个人信息,仅用"俄罗斯总统普京"或"普京"搜索,返回的结果数以十万计,且前三页无适用结果,而附以特征关键词"简历"或"档案"搜索,结果首页的首项即可满足检索需要,以"普京 身高"为检索式搜索,还可以获得官方资料不载的罕见信息。

又如查找第十一世班禅额尔德尼·确吉杰布的出生年月和认定、坐床经历的资料,使用限定性搜索语法"intitle:"(仅在限定的网页标题中搜索)构建检索式"intitle:额尔德尼·确吉杰布 出生",可以明显而有效地缩小检索范围,且首页检索结果大多都满足要求。

查找一般网页中的人物信息,要注意"特征关键词"的斟酌和选用,通常多使用"籍贯""出生""毕业""简历""档案"或行业名称、职务称谓等描述性词语进行限定性搜索。例如,在网页搜索中出现同姓名过多且结果数量太大的情况下,只有附加如"图书馆""副研究馆员"等特征关键词,才能在众多相同姓名的搜索结果中快速找到特定人物的信息。

2) 专用搜索引擎

顾名思义,专用搜索引擎是专门用于搜索某一方面信息的搜索引擎。查找网络人物资料的搜索引擎主要有个人信息搜索引擎、电话号码搜索引擎、E-mail 搜索引擎、黄页及白页搜索引擎、公众信息搜索引擎等类型。此类网络检索工具国内尚不多见且功能难如人意,而在欧美国家则十分流行,从 Yahoo 的"Phone Numbers and Addresses""Background Verification"和 About 的"Free People Search"等目录可见一斑,用"People Search"搜索更是多不胜数。其中,查找美国个人信息常用"Yahoo! People Search"(网址为 http://people.yahoo.com/)、"Lycos People Search"(网址为 http://www.whowhere.com/)、"People Search"(网址为 http://www.peoplesearch.com/)等搜索引擎,这些搜索引擎功能强大且信息详尽,包括了姓名、性别、年龄、住址、电话号码、电子信箱、信用与犯罪记录,以及广泛的"背景"资料等。而 Find a Person & Email Search(http://person.langenberg.com/)则是一个极为实用的人物信息集成搜索引擎,它在同一页面提供 Whowhere/Lycos(Phonebook Search)、Zoom Info(Person Finder)等 15 个专用搜索引擎的检索入口,并超链接至源搜索引擎的主页,是查找国外人物信息的便捷工具。

国内较有影响的人物搜索引擎有 Ucloo 搜人(http://www.ucloo.com/)。Ucloo 搜人号称"全球最大的中文搜人引擎"它使用自动索引技术,从网络资源(包括网站、出版物、电子文书等)中收集和分析与人物有关的信息,其独特的算法使搜索器能在极短的时间内收集到最大数量的信息并进行分析、匹配、归类和及时的更新。查找诸如联系方法、个人简历、教育工作背景、个人照片、网上口碑、评价评分、留言等极为方便快捷。

国内虽少有人物信息专用搜索引擎,但借助诸如新闻搜索引擎、百度图书搜索(网址为 http://book.baidu.com/)和百度国学搜索(网址为 http://guoxue.baidu.com/)等其他专用搜索引擎，也可以在一定程度上查找到某些方面的人物信息。例如利用新闻搜索引擎可以查找新闻人物的简介、动态信息和背景资料，百度图书搜索的“简介”较为详细，尤其传记类图书多有传主的事迹或生平介绍，百度国学搜索查找历史人物快捷方便且资料翔实可靠。

3）传记网站

传记网站是查找人物信息的主要网络资源。综观网络资源，人物生平和传记资料数量庞大、广为分散，但按主题或分类建立的高质量的网站却相对较少，系统而完备的中文传记网站与英文传记网站相比更是少而又少。利用传记网站查找人物资料，首先要掌握人物姓名的正确书写或拼写形式及人物的大致定位，查找历史人物和著名人物首选综合性传记网站，查找现代人物和某领域、学科的知名人士多使用专科性传记网站。

① 古今中外人物(网址为 http://www. 1-123. com/index1. asp)。古今中外人物按时代和学科分为远古、夏商周、秦汉、魏晋南北朝、隋唐五代、宋朝、元朝、明朝、清朝、政治、军事、经济、科教、哲学、宗教、文学、艺术、其他等 18 类，介绍近 2 000 位中外名人，资料来源于网络文献，除按时代和学科检索外，其“古代人物索引”“现代人物索引”“外国人物索引”还提供人名音序检索。

② 文化人物(网址为 http://www. shtvu. edu. cn/ccwindows/page/renwu. htm)。上海电视大学《中国传统文化》的人物专栏，分为医学人物、哲学人物、文学人物(先秦两汉作家、魏晋作家、南北朝作家、隋唐五代作家、宋代文学家、辽金作家、元代作家、明代作家、清代及近代作家)、美术家、神仙人物、史学人物、古代语文学家、古代宗教人物、古代经学家、古代科学家、20 世纪文化人物等 11 类，介绍人物近千名，可分类查找或以人名检索。

③ Biography. com(网址为 http://www. biography. com/)。此网站收录了从古至今的 25 000 位杰出人物传记，所有资料来自《剑桥百科全书》数据库、《美国传记剑桥词典》和《A&E 传记》，可按姓名和关键词检索，也可按姓名字顺浏览查找。

④ Biographical Dictionary(网址为 http://www. s9. com/biography/)。它收录了古今 28 000 多位杰出人物的传记，提供生年、卒年、身份、职业、文学和艺术作品、成就以及其他关键字等多种检索途径。

⑤ Biography Center(http://www. biography- center. com/)。它是多语种传记索引，目前收录了 27 867 位人物的传记资料，其中英文传记 10 989 篇，可按姓名字顺查找，也可分语种进行关键词检索。

⑥ Catalog of the Scientific Community;16th and 17th Centuries(网址为 http://galileo. rice. edu/lib/catalog. html)。它收录 1473 年至 1680 年出生的近千位科学家的详细生平资料，数据库检索功能完善，可从生平资料的 20 个方面进行检索。

⑦ The Nobel Prize Internet Archive(网址为 http://nobelprizes. com/nobel/nobel. html)。历年诺贝尔奖得主介绍，包括主要成就、出生日期、教育背景、联系地址、E-mail、著述和相关资源链接，可按学科查找和关键词快速检索。

⑧ the American Presidency(http://ap. grolier. com/)。历届美国总统、副总统、第一夫人传记，按届别检索，按资料来源分别查看。

⑨ The largest guide to posthumous(http://amillionlives. com/)。已故名人传记，收录美国、加拿大、澳大利亚、西班牙、新西兰、拉丁美洲数千位已故名人传记资料，按姓名字顺，或地区、行业等分类检索，并有大量传记站点链接，由于资料多、分类细，检索前须阅读“How

to Use this Site”。

4）百科全书网站

百科全书是知识密集型的治学工具，包含着大量的人物资料，以网络为载体的百科全书是查找人物信息便捷而有效的途径。

① 中华百科全书，其网址为 http://living.pccu.edu.tw/chinese/index.asp。

中华百科全书是多位专家学者参与编制的百科全书，分为 38 个类别、10 525 个档案，内容丰富，图文并茂，其中“传记”类几乎囊括了中国古、近、现代名人翔实的资料，按“部别”检索。

② 维基百科，其网址为 http://zh.wikipedia.org/[中文]和 http://wikipedia.org/[英文]。

维基百科是包含 200 多种语言 7 000 000 篇文章的百科全书。维基百科 2002 年 10 月推出中文版，查找人物信息用人名作为关键词检索。由于它是任何人都可以参与编辑的开放性百科全书，其中文版的条目管理多受指责，网站时常被封。

③ Encyclopedia Britannica，其网址为 http://www.britannica.com。

《不列颠百科全书》网络版，包括《不列颠百科全书》《简明不列颠百科全书》和《韦氏词典》三部分，1994 年正式发布，是互联网上第一部百科全书，可检索词条达到 98 000 多个，可链接的优秀网站 200 000 多个，提供关键词、字顺索引、主题分类索引等多种检索方法。

④ Encyclopedia.com，其网址为 http://www.encyclopedia.com。

它提供《简明哥伦比亚电子百科全书》2001 年第 6 版 50 000 多篇文章的全文检索，每篇文章均有相关链接，以人名为关键词可以检索所有收录文章中人物资料。

5）人物资料数据库

人物资料数据库是有关机构或个人为特定目的编制的专门用于人物资料检索的事实型数据库。数据库是可供计算机快速检索的、有组织的、可共享的数据集合。就查找人物资料而言，利用数据库是最为简捷和有效的途径。

① 地方志人物传记索引数据库，其网址为 http://www.nlc.gov.cn/newpages/database/dfzrw.htm。

它由国家图书馆编制，提供 1949 年以后新编地方志中所见人物的姓名、性别、民族、生活朝代、生卒年、字、号、别名、籍贯、身份类别及本条资料出处等方面的信息检索。现有数据量 3.2 万余条，年增数据量 1 万条。

② 中国人物库，其网址为 http://www.bjinfobank.com/IrisBin/Select.dll? Special?db=RW。

它由中国资讯行编制，提供详尽的中国主要政治人物、工业家、银行家、企业家、科学家及其他著名人物的简历和有关的资料，其内容主要根据对中国八百多种公开发行刊物的搜集而生成。

③ 中国科学家门户，其网址为 http://www.cqvip.com/zuozhekj。

中国科学家门户是维普资讯依靠其强大的文献数据库摘取论文作者信息编制而成的，提供详细的分科浏览查找和多字段检索，个人条目下不但有姓名、所在机构、主要研究方向、个人专长、社会职务、出生年月等简要信息，还有收录在维普数据库中的“已发表论文”目录。

④ 人民数据——中国重要事件、人物库，其网址为 http://data.people.com.cn/

111.jsp。

它由人民日报社网络中心(人民网)与金报电子出版中心联合编辑制作，资料来源于人民网丰富的新闻资源，内容权威、可靠，检索方便。用户需注册才能使用该数据库资源。

⑤ 搜狐经济人物库，其网址为 http://business.sohu.com/7/0304/57/column219615768.shtml。

搜狐经济人物库设有人物库分类导航(官员、经济学家、企业家、经理人、国际人物、经济传媒人、业界人士、专栏作家)，提供分类浏览、姓名拼音字顺查找和关键词快速检索。

6) 网络传记辞典

传记辞典由来已久且种类繁多，近年来随着网络的飞速发展，可在线阅读的传记辞典不断增多，其中英文传记辞典最为人称道。例如我们可以在 dmoz(网址为 http://www.dmoz.org/)中检出 47 种 biographical dictionary(传记辞典)，Yahoo“Directory”(网址为 http://search.yahoo.com/dir)中列举了 97 类与“Biographical Dictionary”(英文双引号为短语精确匹配)相关类目、lii(网址为 http://lii.org/)推荐了 24 类 31 种 Biographical Dictionary 等。我们可以通过搜索引擎对传记辞典的数量有一个大致的了解，在搜索结果中选择自己需要的网络传记辞典。

使用网络传记辞典前，需要认真阅读其简介或编制说明，了解其创制时间、资料收录种类和时限、学科或地域范围，以及检索入口、检索式要求等，如 Biographical Dictionary(网址为 http://www.s9.com/)1997 年上线，收录 33 000 多位世界范围内从古至今的著名人物，可以用姓名、出生与去世日期、职位、职业、学术成就等作为关键词进行检索；4 000 years of women in science(网址为 http://www.astr.ua.edu/4000ws/4000WS.html)可按姓名字顺和历史时期两种途径查找全世界 4 000 年来的女性科学家的生平资料，而其图像资料则要从“Photographs”中检索。

查找人物信息及其详细资料的途径有多种，方法各异，除上述介绍外，我们还可以利用论文数据库收录的论文多有作者姓名、性别、职称、单位、学术简介，同学录提供省市、学校、班级、姓名、性别、年龄等信息，博客展示个人多方面的动态信息的特性，获得简要的用于确认身份的个人信息。此外，还可以利用网页搜索引擎，以“XX 人物或名人”(XX 为地区、学科或历史时期称谓，如“河南人物”“河南名人”“IT 名人”“历史人物”“三国人物”等)、“* * 传记”(* * 为 Google 通配符)等为关键词搜索出许多有关人物信息的网页和检索工具。再则，利用搜索引擎的互动问答平台，如百度知道(http://zhidao.baidu.com/)、雅虎知识堂(http://ks.cn.yahoo.com/)、Yahoo！奇摩知识+(http://tw.knowledge.yahoo.com/)、爱问知识人(http://iask.sina.com.cn/)、Yahoo Answer(http://answers.yahoo.com/)等的“搜索答案/知识”“search answer”(即查询已解答过的问题)功能，也是查找人物信息不可忽视的有效捷径。

7) 个人信息查询的注意要点

① 个人信息查询结果中经常会遇到同名同姓不同人的情况，试用个人地址、机构、年龄、E-mail 地址中所含的机构信息来鉴别。

② 查不到所需个人信息的原因可能是：个人未曾在所查网站上注册；个人有关信息未发布于因特网；所用的网络检索工具未搜索到有关网页；姓名输入方式与检索系统的规则不一致。遇此情况可多用几种方式查询，或更换查询途径。

二、机构信息检索

1. 机构信息的一般检索

在从事科学研究、外事活动及读书看报过程中经常会遇到涉及有关国内外某机构组织的问题，因而需要了解这些组织机构的情况。例如，某同学准备去美国留学，想知道哪一所大学设立了自己选择的专业；或者想知道某企业的基本情况等，凡此种种，都可以通过查找名录来解决。“名录”是对于有名称的事物，按照一定规律排列的一种记录，或是书，或是其他的形式。这种按照一定系统编排，提供给人们查询某机构组织的目录就是机构名录。机构名录又叫“名录”“指南”“便览”“行名录”“名鉴”“总览”“概览”等，英文多以“directory”命名，有时也称“encyclopedia”“yearbook”“manual”。

通过查找机构名录途径，主要可获得以下信息：一是某机构的名称、地址、电话号码、邮编等通信联系信息；二是某机构的历史、现状、宗旨、业务范围、规模、实力等；三是某机构的资本额、产品种类或服务项目；四是某机构的负责人或法人代表，成员组成或出版物，等等。

1）机构名录的特点

机构名录具有信息密度大、时效性强、检索途径多等突出特点。首先，机构名录的信息都是最简明扼要、最具体、最基本的事实和数据，有时还大量使用缩写、符号和代码；其次，由于新的机构不断出现，原有机构在地址、名称、电话号码等方面经常发生变动，或者在激烈竞争中破产或被收购，因此作为反映机构信息的机构名录每年内容都需要更新大约30%，大多数印刷版的机构名录需要逐年修订再版；再次，机构名录提供了足够的检索途径，或按机构名称（后附分类或主题索引），或按分类或主题检索，或附有地区索引和人名索引等。

机构名录在现代社会的作用越来越大，从商业经营到科学研究，都需要查阅机构名录。同时，机构名录为机构之间的交流、联系和协作提供了方便。仅就出版物而言，国外的名录在各种工具书中已居榜首，而且形成了一些专门从事名录出版的出版商。

2）机构名录的类型

机构名录大体有三种类型，即国际性、国家地区性和单一性。如《美国政府研究中心名录》（Government Research centers Directory）、《世界大学名录》《中国高等学校简介》《中国图书馆名录》《中国农业科学研究机构》《中国科学研究与开发机构名录》等。按机构类型划分，机构名录又可分为政府机构名录、教育科研机构名录、商业性机构名录三种。按照名录载体划分，机构名录除了传统的印刷版外，还有光盘版和网络版。随着网络的发展，很多著名名录的出版商都设立了网络平台，网络版名录更新更快，检索入口更多，因而通过一些数据库及网上电子版的名录查找机构成为一种更为理想的方法。

除名录外，查找机构信息的另一大途径是查询黄页信息。黄页原是国际通用的按照企业性质和产品类别编排的工商电话号码簿，相当于一个城市或地区的工商企业的户口本。除了印刷型的黄页，网上黄页更是以内容广泛、服务功能多样化日益受到青睐。网上黄页除了电话号码外，还提供如公司名称、地址、传真、邮编、E-mail、网址、产品、行业和公司简介等信息，因而网上黄页发挥着商业名录的作用。

2. 机构信息的网上检索

1）WWW 域名检索法

由于 WWW 域名在 Internet 上对于一个机构具有专指性和唯一性，国内外许多知名机构都在 Internet 上注册了相应的 WWW 域名。域名检索法就是通过在地址栏中输入待查机构在 Internet 上注册的 WWW 域名，实现对该机构信息的检索。例如：需要检索 IBM 公司，在地址栏中输入该公司注册的 WWW 域名：www. ibm. com，按回车键，系统便自动进入该公司主页，在该主页下设有“About IBM”“Products”“Services”等若干目录，用户再根据自己的需要进行选择，并可逐步通过链接进入下一个网页，直到满意为止。在检索中，用户可以发现，WWW 网页上信息的详细程度和新颖性都是传统式机构名录类工具书（包括机构名录、手册、指南）无法比拟的。由于 WWW 域名对于其注册机构是专指和唯一的，所以采用 WWW 域名检索法进行机构信息检索时，要求用户必须准确输入该机构的 WWW 域名，如果错输、漏输或多输，都不能得到需要的检索结果。同时，还要求待检机构一定是在 Internet 上注册了 WWW 域名的机构。因为有这样的要求，给一般用户检索带来了困难。

2）搜索引擎检索法

搜索引擎检索法分为分类浏览检索法和主题词检索法两种。其中分类浏览检索法是根据各搜索引擎的分类，通过超链接逐级往下检索，直到获得满意的检索结果。主题词检索法是在搜索引擎的搜索框中输入需要检索信息的主题词，按回车键即可。如在 Sohu 主页的检索栏中输入“北京大学”，即可获得有关“北京大学”的所有条目，进一步选择需要了解的入口目录，便可进入该机构的主页，进而可以浏览其相关信息。如果利用 Yahoo 检索“武汉大学 2013 年研究生招生情况”，则在 Yahoo 搜索引擎自动进入 WWW 系统界面后，直接在搜索器中键入“武汉大学”，再通过屏幕的提示和网页的多层链接，即可查到所需的信息。采用该法检索机构信息时，一方面由于有时检出结果的数量比较庞大，需要用户反复筛选、查找，才能得到满意的结果；另 方面要求待检机构一定要登录所使用的搜索引擎，否则，无论是采用分类浏览法还是主题词检索法，都得不到检索结果。

3）通过机构导航系统或指南，顺其链接查询机构信息

① DIRLINE（Directory of Information Resource Online）。其网址为 http://dirline. nlm. nih. gov，由美国国立图书馆创建，可查询美国和其他国家卫生与生物医学相关的机构信息。DIRLINE 供检索的机构类型有：各级政府部门、信息中心、专业学会、民间组织、研究（院）所、基金会、学校、医院、图书馆、博物馆、出版社、公司、信息系统等。用户可通过直接输入机构名称或主题词（MeSH）两个途径进行检索。检索结果包括机构名称、机构隶属单位、机构地址与电话、E-mail、机构网址、机构介绍、机构类型，为机构标引的 MeSH 主题词、机构其他关键词等。通过 DIRLINE 主页上的 Suggestion Form，可推荐机构信息入 DIRLINE。

② Scholarly Societies Project（网址为 http://www. 1ib. uwaterloo. ca/society/overview. html）。它可提供世界范围内的 1994 年至今的 4 157 个学术机构的 3 832 个网址信息。学术机构中包含了“生物学和环境”“卫生和医学”机构。检索方法有：搜索引擎搜索、主题浏览、国家浏览、语言浏览、成立日期浏览、老学术团体浏览，此外还有其他浏览栏目。

③ Braintrack（网址为 http://www. braintrack. com）。瑞士苏黎世的 Braintrack 公司创建于 1996 年，有来自于世界上 194 个国家 10 000 个高等教育机构的站点链接，自称为国际上最完整的高等教育机构名录。

④ 中国教育和科研计算机网（CERNET）（网址为 http://www. cernet. edu. cn）。CERNET 是由国家投资建设，教育部负责管理，清华大学等高等学校承担建设和管理运行的全国性学术计算机互联网络。它主要面向教育和科研单位，是全国最大的公益性互联网络，目

前已建成了一个大型的中国教育信息搜索系统，是中国最权威的教育门户网站，是了解中国教育的对内、对外窗口。网站提供关于中国教育、科研发展、教育信息化、CERNET等新闻动态，其网页上有国内外大学网站链接点。

4) 通过在线黄页检索

① Switchboard。进入Switchboard（网址为 http://www.switchboard.com）的 Find a Business（即 Yellow Pages），输入机构名称，即可获得被查询机构的地址、邮编、电话号码、网址、地图等信息。另外可按机构分类和位置进行查询。

② 中华大黄页。中华大黄页（网址为 http://www.chinabig.con）于1997年在北京创办，是中国最大的在线黄页，全面收录了我国（包括香港、澳门、台湾）19大行业约300多万家商业机构名录和商业信息，它具有关键词搜索和分类搜索功能，可方便快捷地根据公司名称、产品分类、公司地址等多种方式进行查询。

③ 中国电信黄页。中国电信黄页（网址为 http://www.locoso.com）由中国电信集团黄页信息有限公司负责开发、运营和维护，是中国电信最具专业性和权威性的黄页信息查询网站。人性化检索功能强大、分类科学、包罗万象，提供城市黄页、全球黄页、黄页书店等服务。

④ 中国网上114。中国网上114（网址为 http://www.China-114.net）自称是中国最全面、最专业及最权威的“信息查询、信息发布及个人求职为一体”的中国企事业单位信息资讯类综合网站，是面向海内外开放的公众免费查询中心，通过该网站不但能够查询全国乃至全世界各单位的电话号码，而且能够查询单位的名称、联系人、传真、邮编、职工人数、主要产品（或服务）、E-mail及Web Site等详细资料。

思考题

1. 简述药学文献信息的基本概念及其特点。
2. 为什么说药学文献检索重要？
3. 中文药学主要的期刊分哪几种类型？
4. 简述药学学科类的主要期刊收录的特色。
5. 药学学科类的主要核心期刊以什么为标准？（自查）
6. 药学工具书的作用和特点是什么？
7. 常用的药学索引、词典、药典有哪些类型？试各举三例说明之。
8. 百科全书的特点是什么？国内重要的药学类百科全书有哪些？
9. 简述手册、图谱、年鉴的定义。国内出版的医药类手册、图谱、年鉴有哪些？
10. 外文药学主要的期刊分哪几种类型？
11. 简述化学学科类的主要期刊所包含的内容及重点范围。
12. 简述生物学科类的主要期刊在药学学科中的主要作用。
13. 中外文医药学数据库在检索中包含哪些内容？
14. 利用PubMed数据库检索下列题目：查出有关冠心病（coronary heart disease）的药物治疗（drug therapy）方面的文章，查出其中的综述（reviews），将检索结果保存到文件中。

（自查）

15. 查出有关哮喘(asthma)的药物治疗(drug therapy)方面的文章，将检索结果保存到文件中。（自查）

16. 查出有关阿司匹林(aspirin)的药品信息，将检索结果保存到文件中。（自查）

17. 熟练操作使用常用药学网站，深入了解它们在检索中起到哪些作用。

18. 如何了解国内外最新的医药信息动态？免费医药信息资源获取的方式有哪些？

19. 中外文医药学网站在检索中包含哪些内容？起到哪些作用？

20. 我国有哪些主要的学位论文网站？（自查）

21. 如何在网上检索国外学位论文？（自查）

22. 如何利用有关网站检索会议文献和会议信息？

23. 基础医学文献信息资源的学科杂志门类有哪些？

24. 简述学科杂志创建的时间、宗旨，学科杂志包括的内容、主要栏目、侧重研究的学科。

25. 临床医学文献信息资源的学科杂志门类有哪些？如何在线阅读全文？

26. 什么是循证医学概念，为什么循证医学侧重运用网络医学资源？

27. 简述循证医学网站涵盖的内容、特点。

28. 生物信息数据库可检索人类哪些重要生命信息？

29. 基因和基因组数据库包含多少学科？获取其资源的方式是什么？

30. 查阅参加人类基因组计划研究的国家有多少个？这些国家在各自首都举行的新闻发布会。

31. 在中国生物信息网站(http://www.biosino.org)进行检索操作。

32. 查阅“生物信息学”“基因组信息学”“蛋白质组学”的主要知识点。

33. 网络医学图谱的获取途径和方法有哪些？

34. 如何查询个人信息？个人信息查询应注意哪些问题？

35. 机构信息查询有哪些方法？

第七章 引文检索

科学研究是一个承前启后、不断继承与发展的过程，同时也是一个信息不断积累与更新的过程，人类历史上每一次突破性的重大发现在很大程度上都是前人研究成果的继续延伸，任何一项科学研究都是在综合和借鉴前人研究成果和研究方法的基础上完成的。引文检索就是从被引用文献查到引用文献的过程。全世界每年发表几百万篇科技文献，这些文献都不是孤立的，文献之间相互影响、相互联系、相互引用，构成一个巨大的文献网，为人们提供关联度极高的文献资源空间。引文（参考文献）作为科技论文的重要组成部分，为科研工作者获取知识，查找信息提供了新思路。

第一节 引文检索概述

一、基本概念

1. 引用文献

引用文献是指文献后附有参考文献的文献，其著者称为引用著者。

2. 被引用文献

被引用文献指列于文献末尾的参考文献。被引用文献的作者称为被引作者。

3. 引文

引文通常指被引用的文献，即学术论著中引用的参考文献，是撰写或编辑论著而引用的相关文献资料，是学术论著的重要组成部分，通常以脚注或尾注的形式出现。

4. 来源文献

来源文献指引文索引或引文数据库收录的文献，对应引用文献。引文数据库中的文献引用与被引用信息都是从来源文献中获得的。

5. 引文检索

引文检索通常指参考文献检索，通过检索被引著者姓名、刊名、论文题名，可以获得著者被引、刊物被引、论文被引等数据。

6. 引文索引

引文索引是按文献之间引证关系建立起来的索引，是提供引文检索的工具。如著名的《科学引文索引》(Science Citation Index，SCI)。

7. 引文数据库

引文数据库指含有引文检索的数据库。引文数据库除了提供引文检索外，还提供篇名、作者、来源出版物等常规检索途径。

8. 自引和他引

自引分作者自引和期刊自引两种。作者自引指作者引用自己发表的文献;期刊自引指同一期刊上文献的互相引用。非同一作者之间和非同一期刊之间的引用称为他引。在考察科研人员学术水平时,作者自引通常不计。

二、引文检索的作用

文献的相互引证直接反映学术研究之间的交流与联系。通过引文检索可以查找相关研究早期、当时和最近的学术文献,进而有效地揭示过去、现在和将来的科学研究之间的内在联系。其作用主要有以下几个方面。

1. 检索同一主题相关的新文献

由于被引文献和引用文献在内容上或多或少有关联,因此通过一位知名学者、或一篇较有质量的文献进行引文检索,常常可以获得一系列主题相关、内容上有所继承和发展的新文献,当然也可能检索到个别持商榷反对意见的文献。

2. 用于评估学术论文的影响力

某篇特定文献一经发表,其后的参考文献数是永远不变的,但被引用次数可能会从零逐渐变多,尤其是有质量的原创文献。论文被其他文献引用,尤其是正面引用,是其学术观点和研究成果被人参考借鉴的例证。被引用频次越高,表示论文的影响力越大。例如我国韩启德院士于 1987 年发表在《Nature》上的一篇关于肾上腺受体方面的开创性研究论文,截至 2010 年 2 月被引次数高达 532 次。

3. 用于评估研究人员的学术水平

文献质量与文献被引次数成正比已被广泛认同。在晋升职称和引进人才之前,目前常见的做法是请具有检索资质的图书馆出具查收查引报告,用文献被权威数据库收录和被他人引用频次作为被考查者学术水平高低的依据之一。

4. 用于评估机构或国家的科研实力

文献被引频次主要取决于文献发表量和文献本身的学术质量。对一个科研机构乃至一个国家,文献被引频次在一定程度上能反映该机构、该国家科研的总体实力。这类评估可通过专门的课题研究来完成,也可通过引文数据库的副产品 ISI Essential Science Indicator (ISI 基本科学指标)等来查询某一机构或某一国家论文被引次数的排名情况。

5. 用于评价学术期刊的质量

学术期刊质量的评价因素很多。目前国际上统一采用的计量指标是期刊的影响因子,以及即年指数和被引总频次等,这些数值数据都是从引文数据库中统计得出的。了解学术期刊质量的用途有:图书馆可用有限的资金选购相对重要的期刊,读者可用有限的时间关注本学科的核心期刊,作者可据期刊学术档次和本人撰稿质量来决定投稿方向。

6. 为学科发展研究提供计量数据

在观察学科之间的渗透交叉、测定学科文献老化速度、研究文献引证规律、进行文献计量研究等方面,引文数据库及其副产品"期刊引用报告"等是不可缺少的工具。

引文检索在评价科研人员学术水平和期刊学术质量方面所起的作用毋庸置疑，但也存在局限性。例如有争议的论文易被引用等，使文献的被引频次虚高；SCI 收录期刊大多数质量较高，但也有影响因子小于 0.01 的；有一定学术质量，但未被 SCI 收录的期刊，尤其是非英语期刊，在引文检索中易受冷落；部分期刊过度自引影响了本刊影响因子的真实性。因此，引文检索和引文数据可作为科研绩效评价的依据，但不能作为唯一的依据，这已成为学术界和科研管理部门的共识。

第二节　国内引文数据库检索

中文引文数据库有中国科学引文数据库、中国引文数据库、中文社会科学引文索引。含有引文检索功能的其他中文数据库还有中国生物医学文献数据库、中国学术期刊网络出版总库、重庆维普的中文科技期刊数据库。

一、中国科学引文数据库

1. 概况

中国科学引文数据库(Chinese Science Citation Database，简称 CSCD，网址为 http://sdb.csdl.ac.cn/search.jsp)是我国自行开发的第一个引文数据库。由中国科学院国家科学图书馆于 1989 年创建，收录我国数学、物理、化学、天文学、地学、生物学、农林科学、医药卫生、工程技术、环境科学和管理科学等领域出版的中英文科技核心期刊和优秀期刊千余种。

中国科学引文数据库分为核心库和扩展库，数据库的来源期刊每两年评选一次。核心库的来源期刊经过严格评选，是各学科领域中具有权威性和代表性的核心期刊。扩展库的来源期刊也经过大范围遴选，入选者是我国各学科领域较优秀的期刊。2010—2011 年 CSCD 共遴选了 1 124 种期刊，其中英文期刊 110 种，中文期刊 1 014 种；核心库期刊 751 种(以 C 为标记)，扩展库期刊 373 种(以 E 为标记)。目前已积累从 1989 年到现在的论文记录 350 万条，引文记录近 3 592 万条。年增长论文记录 20 余万条，引文记录近 250 余万条。CSCD 检索系统除具备一般的检索功能外，还提供新型的索引关系——引文索引，使用该功能，用户可迅速从数百万条引文中查询到某篇科技文献(专著、期刊论文、会议文献、专利、学位论文等)被引用的详细情况，还可以从一篇早期的重要文献或著者姓名入手，检索到一批近期发表的相关文献，对交叉学科和新学科的发展研究具有十分重要的参考价值。系统还提供了数据链接机制，支持用户获取全文。

CSCD 凭借其建库历史悠久、专业性强、数据准确规范、检索方便等特点，被誉为“中国的 SCI”，已经在我国科研院所、高等学校的课题查新、基金资助、项目评估、成果申报、人才选拔及文献计量与评价研究等多方面作为权威文献检索工具获得广泛应用。CSCD 主要包括：中国科学院院士推选人指定查询库；自然基金委国家杰出青年基金指定查询库；第四届中国青年科学家奖申报人指定查询库；自然基金委资助项目后期绩效评估指定查询库；自然基金委国家重点实验室评估查询库；众多高校及科研机构职称评审、成果申报、晋级考评指定查询库；教育部学科评估查询库；教育部长江学者查询库；中科院百人计划查询库。该库自提供使用以来，深受用户好评。2007 年中科院国家科学图书馆与美国汤姆森科技信息集团合作，中国科学引文数据库 2009 年已见于 Web of Knowledge 平台上(限订购用户使用)。

中国科学引文数据库是 ISI Web of Knowledge 平台上第一个非英文语种的数据库。检索 CSCD 可登录中国科学文献服务系统平台（网址为 http://sdb.csdl.ac.cn）和 CSCD-ISI Web of knowledge 平台进行检索。

2. 检索方法

CSCD 的检索方法主要有简单检索和高级检索两种。简单检索分为引文检索和来源文献检索，如图 7-1 所示。

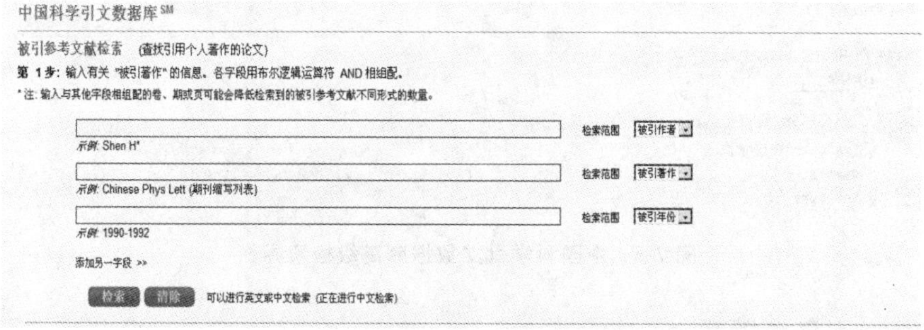

图 7-1　中国科学引文数据库简单检索界面

1）引文检索

引文检索中的字段选项有被引作者、被引第一作者、被引来源、被引机构、被引实验室、被引文献主编。最多能同时选择三个字段进行检索，用“与”或者“或”对检索词进行逻辑组配，可以限定论文被引和论文发表的时间范围。检索词添加双引号（“”）表示精确检索，反之则是模糊检索。

检索技巧如下。

① 个人学术论文检索。一般选择引文检索的“被引作者”或者“被引第一作者”字段。英文文献作者姓名的键入一般为姓、名的全拼，或姓全拼、名首字母的缩写方式。为了提高检索结果的查全率，CSCD 作者引文检索一般通过第一作者检索获取引文信息。

② 科学出版物检索。一般选择引文检索的“被引来源”字段。在该字段输入文献刊名、书名、会议录、专利号或其他一些名称的缩略式。

③ 机构引文检索。选择引文检索的“被引机构”字段，在该字段输入要检索的机构名称的各种变化，可以使用逻辑算符“OR”和其他字段组合检索。

2）来源文献检索

系统默认为来源文献检索，来源文献检索的字段包括作者、第一作者、题名、刊名、ISSN、文摘、机构、第一机构、关键词、基金名称、实验室。单击“+”可增加检索词输入框，用逻辑运算符“与”或者“或”对检索词进行组配，也可以用双引号（“”）来区分是精确检索还是模糊检索，可对论文发表时间和学科范围进行限定。

3）高级检索

高级检索也提供来源文献检索和引文检索，系统默认为引文检索，如图 7-2 所示。高级检索界面的检索框中可供输入的内容由字段名称、检索词及布尔逻辑运算符构造的检索表达式组成，默认检索为模糊检索，如果在字段名称后加入-EX，表示精确检索。高级检索可使用截词符号，%代表多个字符，? 代表一个字符。

中国科学引文数据库SM
高级检索
使用字段标识、布尔逻辑运算符、括号和检索式引用来创建检索式。结果显示在页面底部的"检索历史"中。
示例 TS=(nanotub* SAME carbon) NOT AU=LIANG JI
#1 NOT #2 更多示例 | 查看教程
检索 可以进行英文或中文检索（正在进行中文检索）
通过下面的任意选项或所有选项限制检索结果
All languages English Chinese Unspecified
All document types Article Review Short Paper
布尔逻辑运算符：AND、OR、NOT、SAME、NEAR
字段标识：
TS=主题
TI=标题
AU=作者［索引］
RID=ResearcherID
SO=出版物名称［索引］
PY=出版年
AD=地址
OG=机构
SG=下属机构
CI=城市
PS=省/州
CU=国家/地区
ZP=邮政编码
SU=研究方向
IS=ISSN
UT=入藏号
当前限制：(要永久保存这些设置，请登录或注册。)
时间跨度
所有年份 (更新时间 2013-02-15)
从 1989 至 2013 (默认为所有年份)
引文数据库：中国科学引文数据库 (CSCD)
调整检索设置
调整检索结果设置

图 7-2　中国科学引文数据库高级检索界面

二、中国引文数据库

1. 概况

中国引文数据库(Chinese Citation Database，简称 CCD，网址为 http://ref.cnki.net)是中国知网中的一个子数据库，引文数据来源于中国学术期刊网络出版总库、中国博士学位论文全文数据库、中国优秀硕士学位论文全文数据库、中国重要会议论文全文数据库、中国重要报纸全文数据库、中国图书全文数据库、中国年鉴全文数据库等。数据可回溯到 1979 年，每天更新。引文检索所具备的引文索引关系可以迅速从数百万条引文中查询到某篇科技文献被引用的详细情况，还可以从一篇早期的重要文献或著者姓名入手，检索到一批近期发表的相关文献，对交叉学科和新学科的发展研究具有十分重要的参考价值。该数据库的主要优点是具有引文检索的中间步骤，可以方便地检索某篇文献被哪篇文献所引用。

2. 特色

(1) 中国引文数据库的检索项细分为 12 个选项，即被引题名、被引作者、被引第一作者、被引关键词、被引摘要、被引单位、被引刊名、被引年、被引期、被引基金、被引 ISSN、被引统一刊号，可满足不同角度的引文检索要求。

(2) 收录范围广，揭示了期刊、学位论文、会议论文、图书、专利、标准、报纸、年鉴等各种类型文献之间的相互引证关系。

(3) 有多种有用的检索统计功能。①作者统计：包括发文量、各年被引量、下载量、H 指数、期刊分布统计、作者被引排名、作者关键词排名。②机构统计：包括发文量、下载量、H 指数。③期刊统计：包括引文统计、引用期刊排名、作者统计、基金论文统计、被引统计、发文量、下载量、H 指数、其他经典指标(包括 Price 指数、影响因子、扩散因子、即年指标)。④专题统计：包括发文量、各年被引量、引用专题排名、被引专题排名、下载量。⑤基金统计：包括发文量、各年被引量、下载量。⑥出版社统计：包括发文量、各年被引量、下载量。

3. 检索方法

中国引文数据库的检索方法提供快速检索和高级检索两种检索方式。

1）快速检索

快速检索为该数据库的默认检索页面，根据需要选择某一数据库（如期刊），检索提问框内可输入被引作者、被引刊名或书名、被引题名等，检索结果显示被引文献题录，可继续进行“二次检索”。点击被引文献篇名，得到被引文献的参考文献、相似文献、同行关注文献、相关作者文献、相关机构文献等信息。

2）高级检索

高级检索分为源文献检索和引文检索两种，如图 7-3 所示。

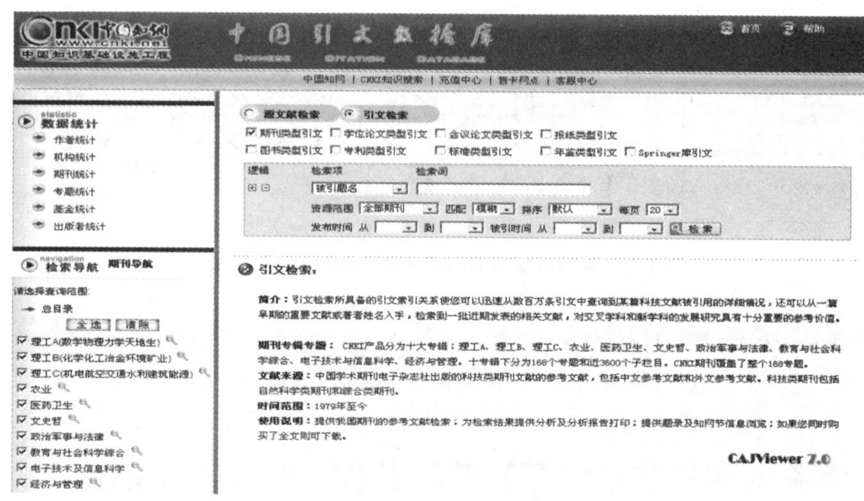

图 7-3　中国引文数据库高级检索界面

① 引文检索的步骤。首先根据需要选择某一文献类型的引文（如期刊类型引文），然后选择检索项（有被引作者、被引题名、被引关键词等 12 个字段），选择资源范围、发布时间、被引时间等限制条件，用逻辑算符和增加限制字段进行逻辑组配检索。

② 源文献检索的步骤。选择检索项（有主题、篇名、关键词等 16 个字段），输入关键词，选择发布时间等限制条件，用逻辑算符与增加限制字段进行组配检索。

4. 检索举例

通过高级检索查吴孟超 2004 年发表于《中华医学杂志》上《原发性肝癌伴门静脉癌栓的外科治疗》一文被引情况。

检索步骤是：进入网站 http://ref.cnki.net，单击“高级检索”，输入检索词，限制运算符（见图 7-4），单击“检索”按钮，单击返回结果中的“被引频次”，得到引用文献清单（见图 7-5）。

三、其他中文数据库中的引文检索

1. 中国生物医学文献数据库中的引文检索

中国生物医学文献数据库（CBM）也提供引文检索。引文检索时检索入口中的字段选“参考文献”，输入的检索词是在被引文献作者、被引文献题名和被引刊名书名中检索。

例如，检索吴孟超《腹部外科学》一书被引情况，检索步骤是：检索字段选“参考文献”，输入吴孟超 and 腹部外科学，单击“检索”按钮，得到 200 多篇引用文献。

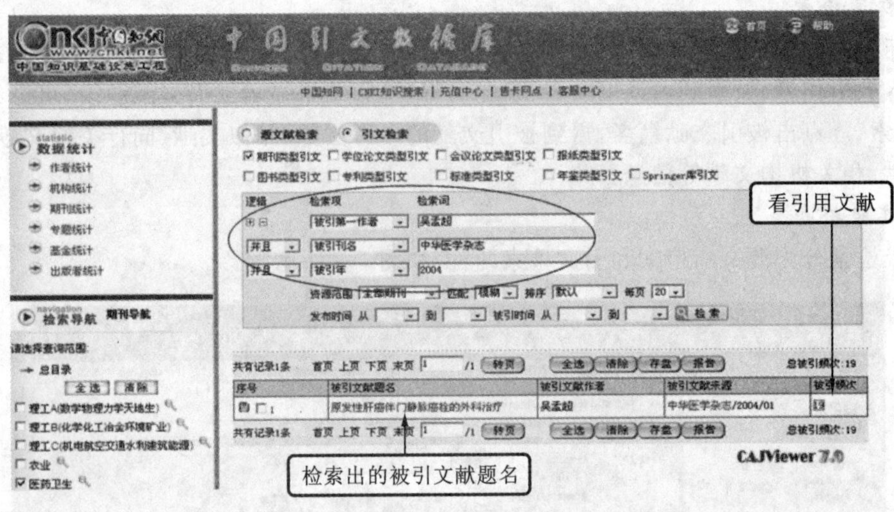

图 7-4　中国引文数据库高级检索中的引文检索

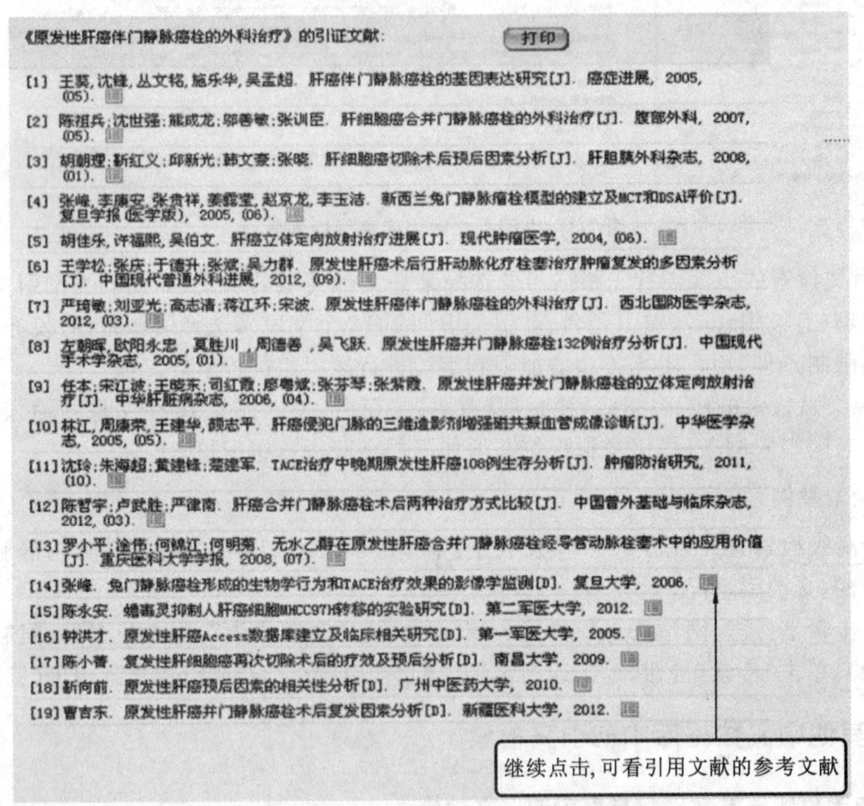
《原发性肝癌伴门静脉癌栓的外科治疗》的引证文献:　打印

[1] 王葵,沈锋,丛文铭,施乐华,吴孟超. 肝癌伴门静脉癌栓的基因表达研究[J]. 癌症进展, 2005, (05).

[2] 陈祖兵;沈世强;熊成龙;邬善敏;张训臣. 肝细胞癌合并门静脉癌栓的外科治疗[J]. 腹部外科, 2007, (05).

[3] 胡朝理;靳红义;邱新光;韩文泰;张晓. 肝细胞癌切除术后预后因素分析[J]. 肝胆胰外科杂志, 2008, (01).

[4] 张峰,李康安,张贵祥,姜霞堂,赵京龙,李玉洁. 新西兰兔门静脉瘤栓模型的建立及MCT和DSA评价[J]. 复旦学报(医学版), 2005, (06).

[5] 胡佳乐,许福熙,吴伯文. 肝癌立体定向放射治疗进展[J]. 现代肿瘤医学, 2004, (06).

[6] 王学松;张庆;于德升;张斌;吴力群. 原发性肝癌术后行肝动脉化疗栓塞治疗肿瘤复发的多因素分析[J]. 中国现代普通外科进展, 2012, (09).

[7] 严琦敏;刘亚光;高志清;蒋江环;宋波. 原发性肝癌伴门静脉癌栓的外科治疗[J]. 西北国防医学杂志, 2012, (03).

[8] 左朝晖,欧阳永忠 ,莫胜川 ,周德善 ,吴飞跃. 原发性肝癌并门静脉癌栓132例治疗分析[J]. 中国现代手术学杂志, 2005, (01).

[9] 任本;宋江波;王晓东;司红霞;廖粤斌;张芬琴;张紫霞. 原发性肝癌并发门静脉癌栓的立体定向放射治疗[J]. 中华肝脏病杂志, 2006, (04).

[10] 林江,周康荣,王建华,颜志平. 肝癌侵犯门脉的三维造影剂增强磁共振血管成像诊断[J]. 中华医学杂志, 2005, (05).

[11] 沈玲;朱海超;黄建锋;蔡建军. TACE治疗中晚期原发性肝癌108例生存分析[J]. 肿瘤防治研究, 2011, (10).

[12] 陈哲宇;卢武胜;严律南. 肝癌合并门静脉癌栓术后两种治疗方式比较[J]. 中国普外基础与临床杂志, 2012, (03).

[13] 罗小平;涂伟;何锦江;何明菊. 无水乙醇在原发性肝癌合并门静脉癌栓经导管动脉栓塞术中的应用价值[J]. 重庆医科大学学报, 2008, (07).

[14] 张峰. 兔门静脉癌栓形成的生物学行为和TACE治疗效果的影像学监测[D]. 复旦大学, 2006.

[15] 陈永安. 蟾毒灵抑制人肝癌细胞MHCC97H转移的实验研究[D]. 第二军医大学, 2012.

[16] 钟洪才. 原发性肝癌Access数据库建立及临床相关研究[D]. 第一军医大学, 2005.

[17] 陈小普. 复发性肝细胞癌再次切除术后的疗效及预后分析[D]. 南昌大学, 2009.

[18] 靳向前. 原发性肝癌预后因素的相关性分析[D]. 广州中医药大学, 2010.

[19] 曹吉东. 原发性肝癌并门静脉癌栓术后复发因素分析[D]. 新疆医科大学, 2012.

图 7-5　中国引文数据库的引文检索结果

2. 中国学术期刊网络出版总库中的引文检索

中国学术期刊网络出版总库的标准检索和专业检索都提供引文检索。在标准检索中,在“输入内容检索条件”下拉菜单中选“参考文献”字段,在检索提问框内输入被引作者,或被引文献题名词，或被引文献的刊名书名，如图 7-6 所示。

图 7-6　中国学术期刊网络出版总库中的引文检索界面

例如，通过标准检索，查吴孟超于 2004 年在《中华医学杂志》上发表的《原发性肝癌伴门静脉癌栓的外科治疗》一文被人引用的情况，字段选参考文献，检索词分别用"吴孟超""中华医学杂志""原发性肝癌伴门静脉癌栓"，运算符用"并且"，单击"检索"按钮，得到 12 条引用文献。

3. 中文科技期刊数据库中的引文检索

维普的中文科技期刊数据库的传统检索和高级检索也都提供引文检索，引文检索的检索词可以是被引作者、被引刊名和书名，或被引文献题名词，其检索方法与其他中文数据库中的引文检索大同小异。

例如，检索手外科专家顾玉东发表于《中华手外科杂志》1999 年第 15 卷第 2 期上《足趾移植中的血管分型及其临床意义》一文被引用情况，检索步骤是：进入传统检索，检索入口中选字段"Y＝参考文献"，在检索框内输入"顾玉东 * 中华手外科杂志术 * 足趾移植中"，单击"检索"按钮，得到 20 多篇引用文献。

第三节　国外引文数据库检索

SCI（科学引文索引）、EI（工程索引）、ISTP（科技会议录索引）（ISTP 从 2008 年 10 月 20 日起更名为 CPCI-S）是世界著名的三大科技文献检索系统，是国际公认的进行科学统计与科学评价的主要检索工具，其中以 SCI 最为重要。

一、SCI 及其检索

1. SCI 简介

SCI 是美国《科学引文索引》的英文简称，其全称为 Science Citation Index，它是世界三

大检索系统(SCI、EI、ISTP)之一,是由美国科学情报研究所(Institute for Scientific Information,简称 ISI)1961 年创立并出版的一部世界著名的期刊文献检索工具。其出版形式包括印刷版期刊和光盘版及联机数据库,现在还发行了 Web 版数据库。

SCI 是学术界公认的权威性科技文献检索工具,收录全世界出版的数、理、化、农、林、医、生命科学、天文、地理、环境、材料、工程技术等自然科学各学科的核心期刊约 3 500 种。ISI 通过它严格的选刊标准和评估程序挑选刊源,而且每年略有增减,从而做到 SCI 收录的文献能全面覆盖全世界最重要和最有影响力的研究成果。尤其是它的引文索引表现出独特的科学参考价值,在学术界占有重要地位。许多国家和地区均以被 SCI 收录及引证的论文情况来作为评价学术水平的一个重要指标。SCI 是目前衡量国内大学、科研机构和科学工作者学术水平的最重要的依据。

SCI 从来源期刊质量划分为 SCI 和 SCI-E。SCI 指来源刊为 SCI 印刷版和 SCI 光盘版(SCI Compact Disc Edition,简称 SCI CDE)的核心期刊,涵盖了全世界范围内各学科领域内的最优秀的科技期刊。SCI-E(SCI Expanded)是 SCI 的扩展版,收录了超过 8 533 种来源期刊(1900 年至今),可通过国际联机或因特网进行检索。SCI 的功能主要体现在两个方面,即文献检索、引文分析与评价。

2. SCI-E 的网络检索

SCI-E 是全球权威的引文数据库,收录了来自 80 多个国家和地区,世界权威的、高影响力的学术期刊,内容涵盖自然科学、生物、医学、农业、工程技术等学科领域。SCI-E 网络版通过 Web of Science 提供服务。SCI-E 数据库有一般检索、按作者姓名检索、被引参考文献检索、化学结构检索、高级检索和按检索历史检索等六种检索途径,如图 7-7 所示。现在 SCI-E 还可对 Researcher ID 进行检索。

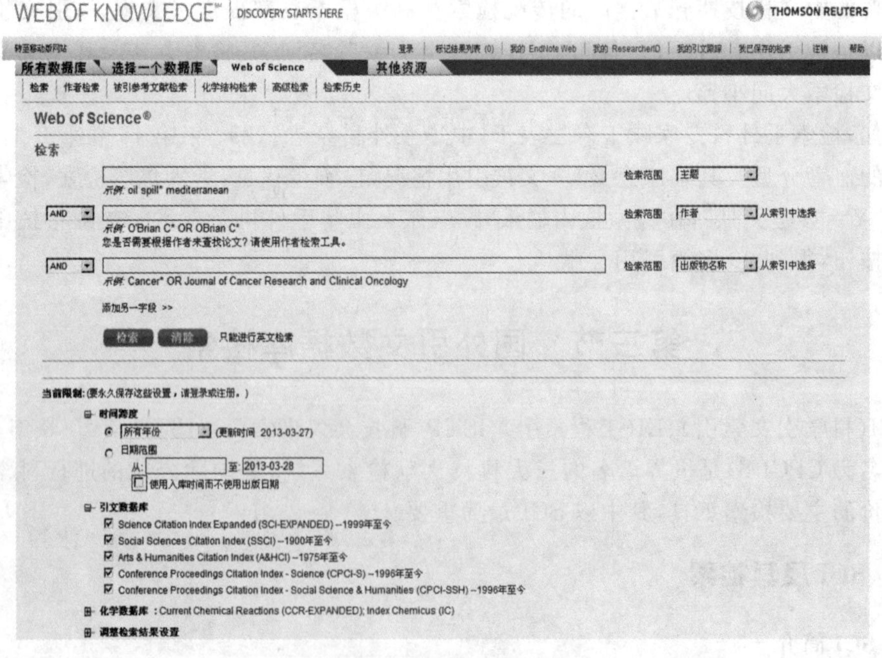

图 7-7　SCI-E 检索界面

1）一般检索

进入 Web of knowledge 平台后，选择 Web of Science，进入一般检索界面。该检索界面默认可输入三个检索字段，单击“添加另一字段”可以添加 N 个字段。匹配方式有逻辑与、逻辑和、逻辑或，可以在主题、标题、作者等 11 个检索范围进行选择。每选择一种检索范围，系统就会自动显示输入框应该输入内容的示例，如选择主题进行检索，系统显示“示例：oil spill＊ mediterranean”，如果选择检索范围是作者，系统则显示“示例：O'Brian C＊ OR OBrian C＊”，为了使用户提高查准率和查全率，系统还提醒用户可以使用“作者甄别”检索方式——“您是否需要根据作者来查找论文？请使用作者检索工具”。为了更快地查到所需文献，可以对收录的文献进行时间限定。而且，数据库系统还特别提醒用户，本数据库“只能进行英文检索”。可以说本检索方式是非常人性化的“傻瓜式”检索方式。

例如，检索广西大学 2011 年在 SCI-E 数据库中收录的论文。

首先在检索框内输入“guangxi univ”（大小写不论），检索范围选择“地址”，在“当前限制”的“时间跨度”选择“从 2011 至 2011”年，然后单击“检索”按钮，排序方式按出版日期（降序）。即能检索到地址中包含有“guangxi univ”的结果共 559 条。

一般检索注意事项如下。

① 通过主题途径检索文献。可选用逻辑运算符（AND、OR、NOT）、邻近算符（SAME、SENT）、截词符和通配符（?、＊、? ＊）等进行检索。使用位置算符（SAME 或 SENT）比 AND 更准确；

② 可用 SAME 连接机构与地点或机构与系部。如 xiamen univ same math＊（大小写不论）；地理位置检索时可用国家、省或邮政编码，可采用逻辑运算符。如 Xiamen Univ，Xiamen 361005，Peoples R China。

2）按作者姓名检索

作者的姓名以“姓全称＋空格＋名首字母缩写”的格式输入，如 Arthur B Smith，按“Smith AB”输入。如果对作者的名字不确定，可将截词符“＊”放在作者名首字母缩写的后边进行检索，如输入“Smith”，可将所有以 Smith 为姓的作者的文章都检索出来；输入 Smith A＊，可将所有以 Smith 为姓、名首字母为 A 的作者的文章检索出来。

也许是考虑到中国人不了解用英文表达时该把姓氏放在前还是名在前的缘故，系统明确地告诉用户，第一格填写作者的姓，第二格填写作者的名，名字的第一个字母大写，如果名有两个到三个字的话，只能用每个字的首个字母，而且第二格所填字母不能超过四个。比如，查找李小明被 SCI-E 收录的文章，请直接在第一个输入框输入“Li”，在第二个输入框输入“XM”，可以选择“仅限精确匹配”，然后单击“完成检索”按钮，得出检索结果如图 7-8 所示。

按作者姓名检索的优点是查全率极高，不足之处在于无法进行条件限定，所以查准率低。

3）被引参考文献检索

被引参考文献检索即查找引用个人著作的论文。提供被引作者、被引著作、被引年份三个检索字段进行检索。检索步骤如下：第一步，输入有关“被引著作”的信息。系统规定各字段用布尔逻辑运算符 AND 相组配。而且如果输入与其他字段相组配的卷、期或页，可能会降低检索到的被引参考文献不同形式的数量，但是查准率会提高。如查找 Li Zhili 2008 年

图 7-8　SCI-E 作者检索界面

以来的文章被引用情况。在检索框输入“Li zhili”(不分大小写),时间限定为 2008 年至今。然后单击“检索”按钮。第二步,查看“查看记录”,确定该文章是否为所查找的作者,确定后,选择被引参考文献并单击“完成检索”按钮,即能得到该作者的被引信息。第三步,将检索结果进行处理,一般有显示、打印、下载和 E-mail 发送等形式。

注意事项如下。

① 数据的年代指文献信息进入 ISI 数据库的时间,不是文献出版的时间。

② 地址检索项中常采用一些缩写词。ISI 规定,不允许单独用这些缩写词检索。例如:在地址字段中输入 UNIV 一个词检索是无效的,输入 xiamen univ(不分大小写)有效。

③ 最多显示结果数受系统设置的限定,一般为 500 条,所以当满足检索要求的结果数目太多,可能无法看到全部结果。

3. 检索词的输入规则

1) 检索运算符

SCI 的运算符有 AND、OR、NOT、SAME 和 SENT。在 SCI 中,AND、OR 和 NOT 的用法与在 Medline 中的用法相同。这里,SAME 用来连接两个检索词,可将检索结果定在凡是同一个句子中包含这两个检索词的命中文献。AND、OR、NOT、SAME 和 SENT 可用于简便检索中的主题、地名检索,以及一般检索中的主题和地址检索;AND、OR 和 NOT 可用于简便检索中的人名检索和一般检索中的作者检索;OR 可用于一般检索中的来源刊名检索,以及被引文检索中的被引作者、被引作品和被引年代检索。

2) 截词符

SCI 的截词符包括有限截词符“?”和无限截词符“*”。一个有限截词符只代表一个字符,一般用在检索词中间;一个无限截词符可以代表零至数个字符,一般用在检索词末。用“*”作为截词符,可将一个单词的不同拼写形式检索出来,如用“ENZYM*”检索,可检索到 ENZYME、ENZYMATIC 等所有词首含有“ENZYM”的单词。

3) 检索词的大小写

检索词可大写、小写或大小写混用。

4) AND、OR、NOT、SAME、SENT

当 AND、OR、NOT、SAME 或 SENT 不是作为运算符而是作为检索词的一部分时,要用双引号将其引起来，否则，系统会把它当作运算符。例如要检索由 William Or 撰写的文章，则输入""OR"W"；要检索由 O. R. Koechli 撰写的文章，用"KOECHLI "OR""。

5）其他符号

自 1998 年输入的数据开始，非字母数字字符和人姓名的空格都被存储在数据库的不同字段中，如果要检索几年的文献，则必须要确定所输入的检索词是否能将数据库中以不同方式表达的词汇检索出来。例如，要检索由 C. D. O'Brian 撰写的文章，要用检索式 O'BRIAN CD OR OBRIAN CD，这样，才能把所要检索的文献查全。带有"-"连字符的单词或短语的检索，可通过使用运算符 OR，将不带连字符和用空格代替连字符的两种形式连接起来检索，以达到较高的查全率。

二、EI 及其检索

1. EI 简介

美国《工程索引》(Engineering Index，EI)由美国工程信息公司(The Engineering Information Inc)1884 年创刊，是世界知名的工程技术类综合型检索刊物，是覆盖所有工程领域的、全世界技术文献的文摘类出版物，可以用来检索全世界的工程技术发展情况。EI 收录范围涉及生物工程、土木、地质、环境、矿业、石油、冶金、机械、燃料工程、核能、汽车、宇航工程、电气、电子、控制工程、化工、食品、农业、工业管理、数学、物理和仪表等。EI 报道的文献多是应用价值较大的工程技术论文，对基础理论或专利文献则不报道。EI 是全世界最早的工程技术类综合性检索刊物。

现在 EI Compendex 提供三种版本：①《工程索引》(EI)印刷版，它是由美国工程信息公司(Engineering Information Inc)于 1884 年创刊的；②《EI》CD-ROM 光盘版，于 1984 年推出，每年收录的文献内容压缩在一张光盘上；③《EI》网络版 EI Compendex Web，同时开始研究基于 Internet 环境下的集成信息服务模式，数据库收录 2 600 种工程期刊、会议录及报告，数据每月更新。

EI Village 2(以下简称 EI)为 EI Village 第二代产品，它的核心数据库 EI Compendex Web 是世界著名的检索工具，目前已成为评价一个国家、一个科研机构、一所高等学校、一本期刊乃至一个研究人员学术水平的一项重要指标。它对查找工作的要求相对较高，要有很高的查全率和查准率，不能漏检和错检。

EI 在文献收录的过程中对作者姓名和机构名称没有专门的加工和规范，数据存在一些问题，这给用户的检索带来不便，有可能出现漏检现象。下面针对用户使用 EI 检索文献的常用途径，分析不同检索途径的主要特点和使用难点，给出查找收录文献时相应的检索技巧以及 EI 中两种数据类型的鉴别方法。

2. EI 的网络检索

EI Village 2 主要有以下三种检索方式，分别是快速检索、专家检索和叙词检索，如图 7-9所示。

1）快速检索

快速检索是最常用的检索方式，也是系统默认的检索方式。快速检索有三个检索框，可以用 AND、OR 和 NOT 对两个不同检索框中的检索式进行逻辑运算。在检索框中输入检

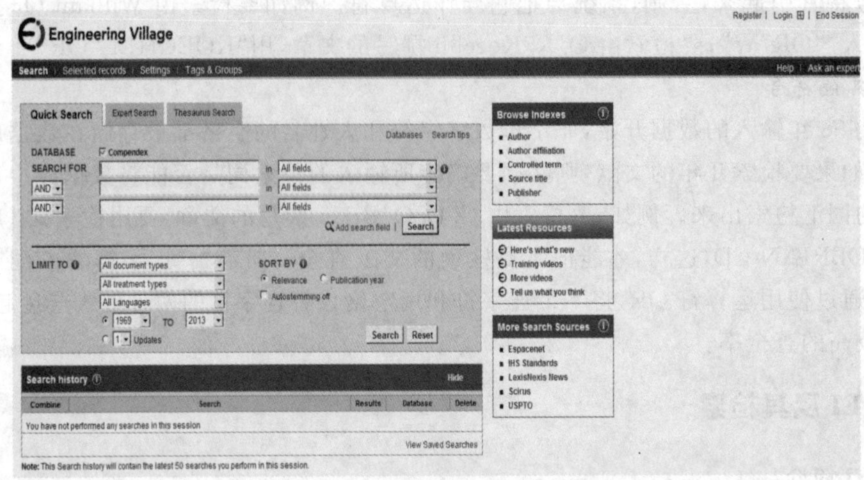

图 7-9　EI 检索界面

索词，单击“Search”按钮就可以进行相应的检索，用户若要清除前面的检索结果，可以单击“Reset”按钮。

① 检索限定：可进行文件类型限定、处理类型限定、语种限定、时间限定。使用此方法，使用户的检索结果更为精确。

② 检索结果排序：快速检索的检索结果可以选择两种排序方式，分别是按 EI 出版时间或者相关度排序，系统默认按相关度排序。

③ 字段限定：快速检索提供 16 种检索字段，可以选择某个检索字段作为检索入口，也可以在所有字段中检索。

2）专家检索

专家检索，只有一个检索框，要求用户输入检索表达式，检索词之间使用逻辑运算符连接，可以在全字段检索，也可以在某个字段内检索。检索框下面的“Search Codes”栏中有各字段的代码列表。高级检索提供更强大而灵活的功能，用户既可用单一字段进行检索，也可以通过逻辑运算符对多个字段进行组合检索。用户可以直接在检索框中对文件类型、处理类型、语种进行限定。

在专家检索模式下，系统不会自动进行词干检索，检索出的文献结果将严格与输入的检索词匹配。若要进行词干检索，需在检索词前加“＄”符号。

3）叙词检索

选择“Thesaurus Search”标签即可进入叙词检索界面。从 1993 年起，工程信息公司彻底放弃了原标题词检索语言，采用新的叙词语言 EI thesaurus(EIT)，代替 SHE 词表和 EI 其他索引出版物的标引工具。EIT 全部主题词仍按字顺排列，检索时不再受主副标题词固定组配的羁绊，大大增加了寻找主题词的自由度。

4）检索结果

在检索结果页面，单击每条信息下面的“Detailed”可查看该文的详细信息，如果感觉有保留价值，可以单击右上角的“E-mail”“Printer”“Download”或“Save to Folder”进行发送、打印、下载或保存。

5）检索小技巧

① 分步检索。简化检索式，对基本概念进行限制，从简单到复杂，分步进行，逐渐缩小检索范围，直到检索出满意的结果。这样一旦出现问题，可以随时返回上一步重检，同时尽量避免使用概念宽泛的词，如“engineering”或“software”等，以免出现检索结果过多的情况。

② 省略虚词。选择关键词字段作为检索入口时，尽量不使用 of、the、or、from 等词，一般情况下系统会自动忽略这些词，但也有可能检出意料之外的结果。

③ 增加同义词。如果所选词检不到文献，可以使用 EI 的同义词典功能，增加一些同义词，或者参考相关文献中的主题词重新检索。

④ 拼音检索中文刊名。检索中文期刊时，优先使用拼音进行检索。因中文刊名在 EI 数据库中的著录方式为：中文刊名拼音/英文刊名。例如，《清华大学学报》的刊名为：Qinghua Daxue Xuebao/Journal of Tsinghua University。

三、ISTP 及其检索

1. ISTP 简介

ISTP 是 Index to Scientific & Technical Proceedings 的简称，即《科技会议录索引》，创刊于 1978 年，是美国科学情报研究所出版的重要数据库之一，专门收录世界各种重要的自然科学及技术方面的会议，包括一般性会议、座谈会、研究会、讨论会、发表会等的会议文献，所收会议文献达 1 100 多种。美国科学情报研究所(ISI)基于 Web of Science 的检索平台，将 ISTP(《科学技术会议录索引》)和 ISSHP(《社会科学及人文科学会议录索引》)两大会议录索引集成为 ISI Proceedings，也就是现在的 ISTP。该会议索引收录生命科学、物理化学、农业生物和环境科学、工程技术、管理信息、教育发展、社科人文和应用科学等学科的会议文献，会议录的文字种类不仅仅限制于英文，还包括其他种类的文字。

SCI、EI、ISTP 是世界三大重要检索系统，其收录文章的状况是评价国家、单位和科研人员的学术水平及进行奖励的重要依据之一。目前国内已把进入这三大检索系统的论文数量作为衡量高校、科研单位甚至个人学术水平的重要标志。在 ISTP、EI、SCI 这三大检索系统中，SCI 最能反映基础学科研究水平和论文质量，该检索系统收录的科技期刊比较全面，可以说它是集中各个学科高质优秀论文的精粹，该检索系统历来成为世界科技界密切注视的中心和焦点。ISTP、EI 这两个检索系统评定科技论文和科技期刊的质量标准方面相对 SCI 较为宽松。

2. 进入 ISTP 数据库

在浏览器里面直接输入网址 http://isiknowledge.com，打开网页后，单击左下部的“ISI PROCEEDINGS”，即可进入该数据库的主页面。

注意：ISTP 数据库采用 IP 控制使用权限，请确认自己的单位图书馆是否已经购买此数据库，否则无法使用。

3. ISTP 数据库的检索方法

系统提供全面检索(Full Search)和简单检索(Easy Search)两种检索界面。

全面检索：提供较全面的检索功能，通过主题词、作者名、期刊名、会议或作者单位等途径检索，可限定检索结果的语种、文献类型、排序方式，可存储/运行检索策略。

简单检索:检索功能相对简单,可以对感兴趣的特定主题、人物、地点进行检索。

1) 全面检索

进入数据库后,点击"Full Search"进入 Full Search 检索界面。检索前先进行选择。

① 选择数据库:科学技术会议录索引(Conference proceeding Citation Index-Science)或社会科学及人文科学会议录索引(Conference proceeding Citation Index-Social Sciences & Humanities),默认为两库都选。

② 选择年代范围:可以选择某年或最近几周上载的数据,默认为 All years(1998 年至今)。

点击"General Search"进入检索词输入界面后,根据需要在以下五个字段中输入检索词,检索词间可用逻辑算符(AND、OR、NOT、SAME)连接。

TOPIC:主题词,在文献篇名、文摘及关键词字段检索,也可选择只在文献篇名中检索。

AUTHOR:作者姓名,标准写法为姓氏全拼+名的缩拼。如检索张小东就输入 zhang xd(不分大小写)。

SOURCE TITLE:来源出版物全名。

CONFERENCE:会议信息,包括会议名称、地点、日期、主办者等,如 AMA and CHICAGO and 1994。

ADDRESS:作者单位或地址。例如:输入 IBM SAME NY 检索作者地址为 IBM's New York facilities 的会议文献。

注意事项如下。

① 截词符为 *,例如输入 automat * 可以检索到 automation、automatic 等词。

② 作者单位名称常常用缩写,例如 Univ Sci & Technol Beijing,如果不能确定缩写名称,可以用 Univ * and Beijing and Tech * 等来检索。

③ 逻辑算符 SAME 表示检索词出现在一句话中。

输入检索词后,单击"Search"按钮检索,单击"Clear"按钮清除输入框中所有内容。

Full Search 方式还在输入框下方提供三组限定选项(用 Ctrl-Click 可以进行多项选择):

① 文献语种选项——默认为所有语种"All Languages"。

② 文献类型选项——默认为所有文献类型"All document types"。

③ 命中结果排序选项——可以根据收录日期、相关性、第一作者姓名字顺、来源出版物名称字顺、会议名称字顺排序。默认为"Latest Date"即根据文献的收录日期排序。

2) 简单检索

与全面检索类似,首先选择数据库范围,然后选择需要查找的信息类型——主题、人物,地点,分别进入各自的检索界面。

① Topic Search(主题检索):在篇名、文摘及关键词字段通过主题检索文献,步骤如下。

● 输入描述文献主题的检索词,用逻辑算符(AND、OR、NOT)连接。

● 选择结果排序方式——Relevance(相关度)或 Reverse chronological order(年代倒序)。

● 单击"Search"按钮,开始检索。

② Person Search(人物检索):对特定人物进行检索,步骤如下。

● 输入要检索的人名，标准写法为姓氏全拼＋名的缩拼。如检索张小东就输入 zhang xd(不分大小写)。

● 选择是检索该人物撰写的文献还是有关该人物的文献记录。

● 单击“Search”按钮，开始检索。

③ Place Search(地址检索)：从著者所在机构或地理位置角度进行检索，步骤如下。

● 直接输入著者所在机构(如大学或公司名称中的关键词)或地理位置(如国别或邮编)。

● 单击“Search”按钮，开始检索。

思考题

1. 什么是引文检索？引文检索有哪些作用？
2. Web of Knowledge 中提供引文检索的数据库有哪些？
3. Web of Science 由哪几个子数据库构成？有哪些检索途径？有哪些分析工具？
4. 如何查询一本期刊的影响因子？
5. 与其他中文引文数据库相比，中国科学引文数据库的特色是什么？

第八章　免费医学信息资源检索

本书前面几章所介绍的数据库主要是基于因特网的商业学术资源，即用户必须付费（如所在单位购买使用权或者个人订购）才能访问使用的资源。实际上，除此之外，因特网上还有相当丰富的免费学术资源值得利用。随着网络技术的发展及科学技术的广泛开展，许多政府机构、国际组织、出版发行机构、图书馆、数字图书馆、学会及协会、各类教育科研机构网站、数据库网站、个人等越来越多的组织机构通过网络为用户提供免费信息资源。互联网上免费信息资源的类型丰富多样，种类繁多，大致可分为：书目信息，各种工具书，联网数据库，电子或电子化的图书、报纸、期刊等。本章主要介绍网上免费医学相关期刊资源。网上期刊包括两种类型，一是印刷型杂志的电子版，另一种是全新的网上电子杂志。网络免费信息资源成倍增长，与商业学术资源形成共存互补的局面。免费学术信息资源在互联网上的比例并不大，但互联网容量大，因而互联网上学术资源的绝对数量并不少。较商业数据库而言，这些资源信息量大，可谓无所不包，且界面简洁明了、使用方法简单易学，最重要的是不收费，因而受到广大用户的普遍欢迎。

第一节　免费网络学术资源概述

一、免费网络学术资源概念

免费网络学术资源是指在互联网上可以免费获得的具有学术研究价值的社会科学或自然科学领域的电子资源，它可以是数据库、电子图书、电子期刊、电子公告栏、电子论坛、电子预印本系统、网上书店和政府、高校、信息中心、协会或组织网站，以及专家学者个人主页、博客等。

二、免费网络学术资源类型

随着因特网的发展和普及，网上信息资源呈爆炸式增长，免费网络学术资源也越来越多。免费网络学术资源的类型按不同标准划分有不同的类型。

1. 按交流方式划分

免费网络学术资源可分为正式出版资源（电子图书、电子期刊、数据库、软件、图书馆公共查询目录等）、非正式出版资源（电子邮件、电子公告、论坛、博客等）、开放获取资源（开放获取资源、知识库、机构库、电子印本资源）、学术资源搜索门户网站。

2. 从内容加工角度划分

免费网络学术资源可分为一次信息（网上图书、期刊、报纸、专利、政府出版物、会议资料等)、二次信息(文摘索引数据库、搜索引擎、网站导航等)、三次信息(百科全书、手册指南等参考型网站)。

3. 按传输方式划分

免费网络学术资源可分为 WWW、Telnet、FTP、Usenet/Newsgroup、LISTSERV/Mailing List、Gopher、WAIS。

4. 从信息的发布者来划分

免费网络学术资源可分为政府机构官方网站、科研机构和学会组织、数字图书馆项目成果、出版发行机构网站、专家学者的个人主页等。

三、免费网络医学信息资源

免费网络医学信息资源是指在互联网上可以免费获得的具有学术研究价值的生物医学及其相关学科领域的电子资源,它可以是数据库、电子图书、电子期刊、电子公告栏、电子论坛、电子预印本系统、网上书店,以及政府、高校、信息中心、协会或组织网站,也可以是医学软件、博客、WiKi、百科词典等。它的类型包括搜索引擎资源、开放存取资源、电子印本资源、学术资源搜索门户网站、交互学习资源、消费者健康信息网站等。其中,搜索引擎资源参见第五章第二节。

第二节　开放存取资源

一、开放存取资源概述

开放存取(open access,简称 OA)活动和互联网的发展相伴而生,它是国际学术界、出版界、图书情报界为打破商业出版者对学术信息的垄断和暴利经营而采取的活动,这种活动可以推动用户通过互联网免费或低价、自由地利用科研成果。其目的是促进学术信息的广泛交流和资源共享,促进用户利用互联网进行学术交流与出版,提高科学研究成果的传出率,使世界各国的研究人员都能平等、有效地利用人类的科技文化成果。

《布达佩斯开放存取计划》(Budapest Open Access Initiative,BOAI)对开放存取的定义是通过公共网络可以免费获取所需要的文献,允许任何用户阅读、下载、复制、传递、打印、检索及获取在线全文信息,允许对论文全文进行链接、建立索引,只要是合法用途,就不受经济、法律和技术方面的限制。唯一的限制就是要求保护作品的完整性,同时要求读者在参考、引用其中的作品时应在读者作品中注明相关的引用信息。开放存取包括两层含义:一是指学术信息免费向公众开放,它打破了价格障碍;二是指学术信息的可获得性,它打破了使用权限障碍。

开放存取出版模式兴起于 20 世纪 90 年代末,它的兴起有着深刻的时代背景。

1. 出版商垄断和控制学术期刊的出版

学术交流是科学研究的重要组成部分,而科学期刊论文又是学术交流的主要形式。由于期刊订购费用不断上涨,图书馆在年年追加期刊订购经费的同时,被迫年年删减期刊的订购品种。虽然图书馆尝试利用馆际互借、集团采购等方式来减轻期刊订购的压力,但并没有

从根本上解决学术交流的障碍。学术期刊购置费持续高涨阻碍了正常的学术交流活动，基于此，北卡罗来纳州大学图书馆员 Pegg E. Hoom 在《谁来唤醒沉睡中的巨人》中呼吁教师、大学共同合作，取回学术出版的主导权。

2. 学术期刊的网络化出版，降低了出版成本

互联网带来了创作方式、编辑方式、出版方式、发行方式和阅读方式的深刻变革，把传统的编辑、出版、印刷和发行整合为一体，大大降低了出版成本。尽管如此，出版商采取传统的订阅模式，并通过 IP 地址限制和用户密码等方式对用户的访问权限进行严格控制，还进行捆绑销售，图书馆不能随意选择自己所需要的具体刊物。结果是出版商利用电子期刊的低廉成本获取了更为巨大的利润，并没有真正满足学术交流的需要。

基于上述原因，在国际上出现了抵制商业化知识的运动，即通过开放存取来传播学术资源。开放获取作为一种新型的学术交流理念和机制，这些年来得到了长足的发展，开放获取的信息资源类型已经不仅仅限于最开始的学术期刊，还包括电子印本、电子图书、学位论文、会议论文、研究报告、专利、标准、多媒体、数据集、工作论文、课程与学习资料等。此外，还包括一些带 Web 2.0 特征的微内容，如论坛、博客、维基、RSS 种子及 P2P 的文档共享网络等内容。

二、开放获取期刊信息资源

在学术界、出版界、图书馆界等的共同努力下，支持学术成果的开放访问、推动科学信息广泛传播的开放存取潮流正在涌动，以开放存取期刊为代表的开放存取资源日益增加。开放存取期刊有两种运作模式：一种是有专项资金资助的模式，其出版和使用都不发生任何费用；另一种是商业化运作模式，由作者支付一定费用（这项费用实际多由项目基金或机构支付）给出版商，用以平衡同行评审和出版的成本，用户免费使用。

当前，开放存取期刊已逐渐被一些重要的文摘索引数据库所接纳。比如，据 ISI 网站 2004 年 10 月发布的引文分析报告显示，2003 年度被 ISI 引文库（Web of Science）收录的开放存取期刊达 239 种，其中某种期刊的影响因子和即时指数甚至超过同类著名期刊。ISI 的这篇报告还显示，开放存取期刊的种数，按学科领域划分，较多的为医学、生命科学，其次是物理、工程技术与数学、化学，而社会科学和人文科学都较少，增长也较缓慢。下面主要介绍综合类和生物医学及相关学科开放存取期刊。

1. 国外主要开放获取信息资源

1) DOAJ

(1) 简介。开放存取期刊目录（Directory of Open Access Journal，DOAJ）是瑞典 Lund 大学图书馆于 2003 年 5 月推出的开放存取期刊目录检索系统（http://www.doaj.org），目前该系统已提供 9 755 种开放期刊的访问，其中 5 682 种支持论文级检索，收录论文总量达 1 644 828篇（数据截止到 2014 年 5 月）。图 8-1 所示为 DOAJ 首页面。

DOAJ 期刊品种和论文数量都在持续增加，内容涉及所有学科。DOAJ 是一个为全球研究和教育领域提供服务的、最大的开放获取期刊目录，收录主题包括农业及食品科学、美学及建筑学、生物及生命科学、经济学、化学、地球及环境科学、一般主题、健康科学、历史及考古学、语言及文学、法律及政治学、数学及统计学、哲学及宗教学、物理及天文学、一般科

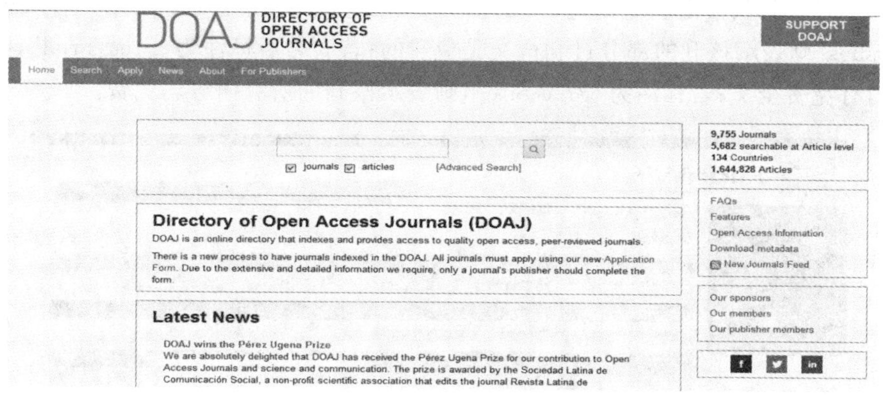

图 8-1　DOAJ 首页面

学、社会科学、工程学等 17 种主题及若干小主题。DOAJ 提供的生物医学相关文献有生物学(124 种刊)、生命科学(53 种刊)、化学(76 种刊)、健康科学(417 种刊)、口腔科学(36 种刊)、医学(261 种刊)、护理(22 种刊)、公共卫生(98 种刊)。

(2) 使用方法。

① 论文检索。通过网站首页左侧导航区 Find Articles 可以通过输入关键词检索期刊论文的标题、作者、关键词、文摘、期刊名称、ISSN 或以上全部字段进行检索，提供两个逻辑组配。检索结果记录为论文题录，点击对应的题录浏览详细记录，点击相应的链接获取全文。

② 期刊检索。开放获取期刊浏览，有两种浏览模式：一种是通过期刊名称首字母进行浏览；另一种是通过学科领域进行浏览。点击 Expand Subject Tree(扩展学科树)能看到更细分的学科和期刊种数。期刊的检索和浏览结果的记录是期刊的简单信息，点击期刊名进入对应的期刊页面(离开 DOAJ)。

针对期刊的检索可以直接在网站首页的期刊检索框中输入关键词，在全部字段中进行检索(等同 All fileds)。全部字段包括期刊名称、关键词、所属学科、ISSN、出版者、语种、国家等字段。也可以点击左侧导航区 Find Journals 进入专门的期刊检索与浏览页面。

2) HighWire Press

(1) 简介。HighWire Press(http://highwire.stanford.edu)是全球较大的提供免费全文的网站，由美国斯坦福大学 HighWire 出版社于 1995 年建立。该网站主要负责开发和维护生物医学和其他学科重要期刊的网络版，内容涉及生命科学、医学、物理科学、社会科学方面的期刊及一些非期刊性质的网络出版物。截止到 2014 年 5 月，该网站收录了来自 130 个学术性出版社出版的期刊、图书等 600 多万篇文献的免费检索，其中的 190 多万篇全文开放获取(全文为 PDF 格式或 HTML 格式)，这些数据仍在不断增加，内容覆盖生命科学、医学、物理学和社会科学。

(2) 使用方法。HighWire Press 网站为 Free Online Full-text Articles 提供了检索和浏览两种功能，其中检索功能包括基本检索和专门检索，浏览功能包括学科主题浏览和刊名、出版商等浏览方式。此外，可以免费注册获得个性化服务，如订阅快讯、收藏期刊等。

① 浏览。

a. 期刊浏览。网站首页下方“Browse”条目下提供期刊的浏览途径有：按刊名首字母浏

览期刊、按标题浏览、按出版商浏览、按主题浏览、其他列表，如图 8-2 所示。若刊名后标注“Free Issues”则表示该刊的部分过刊全文是免费的；若刊名后标注为“Free Trial”，则该刊在试用期内有免费全文；若标注为“Free Site”，则表示该刊的所有内容均免费。

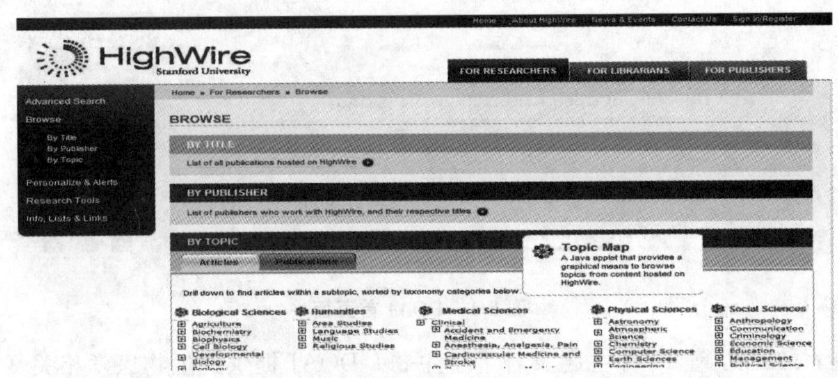

图 8-2　HighWire Press 浏览方式

b. 论文浏览。在平台首页“Browse”栏目下，选择“Articles”选项卡，进入学科分类浏览论文页面。系统提供用户从四个学科大类入手浏览论文，每个学科下又可继续细分至二级、三级学科类目，如社会科学部分细分为人类学、传播学、犯罪学、经济学、教育、管理、政治学、心理学、研究方法和社会学等 10 个二级类目。用户可逐级展开类目，直至论文题录列表。

② 检索。该系统提供了快速检索和高级检索两种检索方式。

a. 快速检索。检索可以限制期刊的年、卷、页码。期刊范围有三个选项："High Wire—hosted journals"为 HighWire Press 协助出版的期刊；"My Favorite Journals"是用户选择的自己感兴趣的期刊(需注册)；"ALL"为所有期刊，用户在进行任何一项检索时可选择其中的一项。用户可以在全文、作者或年卷页中输入检索条件进行检索。

b. 高级检索。在平台首页单击“more search option”进入高级检索界面。与快速检索不同的是，高级检索设置了全字段(Anywhere in Text)、题名 & 文摘(Title&Abstract only)、题名(Title only)、作者(Author)四个检索字段。各个字段框后面有 any、all、phrase 三个选项；其中“any”代表检索结果与输入的任一关键词匹配都行，相当于布尔逻辑运算符中的 OR；“all”为命中输入的全部关键词，相当于 AND；“phrase”为词组检索，检索结果与输入的词组匹配，相当于关键词加引号。

③ 个性化服务。单击首页“Alert”用有效的电子邮件进行免费注册后，可以享受网站提供的个性化服务。在网站首页单击“My HighWire Press”进入个性化服务页面。该系统主要提供的个性化服务有以下几个。

My Favorite Journals(个人定制期刊)：用户可从 HighWire Press 协助出版的期刊中定制自己感兴趣的期刊组。

My SiteBar：一种帮助快速获取和使用自己定制的期刊组的简易工具。

My eTOC：Alerts 用户可通过电子邮件定制最新目次、新增期刊等信息，还可以定制期刊出版商发布的一些消息等。

My Cite Track：当系统新增内容中有与用户跟踪的主题、作者或者文章相匹配的内容时，以电子邮件方式通告用户。

My PDA Channel：个别 HighWire 期刊通过“HighWire Remote”设备向用户传送期刊最新目次、文摘和部分全文信息。

RSS Feeds：用户可定制期刊的最新目次和文摘信息。

My Access：用户可大致了解可以获取使用的资源情况。

3）Free Medical Journals

Free Medical Journals（2007 年 Amedeo Community 测评的优秀医学网站排名第 6 位）是由法国的 Bernd Sebastian Kamps 建立的免费医学期刊信息网站，目的是促进网上免费医学期刊的利用。Free Medical Journals 目前收录 1 000 余种免费全文医学期刊，分 English、French、German、Spanish、Portuguese 及 other language 列出，杂志一般是一年后可免费获取，也有三至六个月后可免费获取的，该网站根据检索者的不同需要按照专业分类（70 多个专业，每个一专业后在括号内用数字表明该专业免费期刊数）、语种（同一语种下按期刊字母顺序排列）进行分类，用户根据需求通过点击链接即可浏览相关文献。

用户也可以在该网站登记，定期通过电子邮件获得网上免费医学期刊的信息。通过该网站也可以链接到全文医学电子图书，读者下载浏览。免费医学期刊网址为 http://www.freemedicaljournals.com，免费医学电子图书网址为 http://www.freebooks4doctors.com。

4）PubMed Central

PubMed Central（2007 年 Amedeo Community 测评的优秀医学网站排名第 5 位）是美国国立医学图书馆提供的免费数字化生命科学期刊文档，收录了由出版商提供的电子期刊全文 390 余种，用户可不受任何限制免费利用这些期刊的全文。所有论文在 PubMed 中都有相应的记录。PubMed Central 采取自愿加入的原则，一旦加入，必须承诺期刊出版后一定时期内（最好 6 个月，不超过 1 年）将其全文提交给 PubMed Central，由 PubMed Central 提供免费全文供用户检索和访问。这些期刊免费全文访问的时间延迟是出版后 0～12 个月，并且由 PubMed Central 直接提供全文。此系统检索方法与前面提到的 PubMed 相似，通过 PubMed 也可以检索此数据库。PubMed Central 网址为 http://www.pubmedcentral.nih.gov。

5）Biomed Central

Biomed Central（BMC，2007 年 Amedeo Community 测评的优秀医学网站排名第 15 位）是一个独立出版商，提供网上即时免费查阅经过同行评议的生物医学研究资料。BMC 众多的在线刊物组成了 BMC 刊物集团，内容囊括生物学和医学，此外还有许多其他在线或印刷刊物，其中包括 Journal of Biology、Genome Biology 及 Arthritis Research。BMC 刊物刊登的所有文章大多数内容均经过同行评议以保证有效的质量控制。目前 BMC 有 200 多种生命科学和医学方面的期刊，这些期刊分三种类型（可以免费阅读全部全文、可免费阅读部分全文、需注册付费才能阅读全文）。所有发表在 BMC 刊物上的研究文章可随时在网上免费任意查阅，无其他任何限制。

BMC 还提供快速检索与高级检索功能，但用户使用本功能需先免费注册。Biomed Central 网址为 http://www.biomedcentral.com。

6）PLOS

公共科学图书馆（PLOS）是一家由众多诺贝尔奖得主和慈善机构支持的非营利性学术

组织,旨在推广世界各地的科学和医学领域的最新研究成果,使其成为一种公众资源,科学家、医生、病人和学生可以通过这样一个不受限制的平台来了解最新的科研动态。PLOS 出版了八种生命科学与医学领域的期刊,所有论文保存在 PubMed Central,可以免费获取全文。每种期刊提供刊内检索,另有检索网站信息的检索入口。PLOS 网址为 http://www.plos.org。

7) SciELO

SciELO(Scientific Electronic Library Online,科技电子图书馆在线,网址为 http://www.scielo.org)1997 年在巴西成立,其主要目标是:遵循开放存取模式,也就是免费获取全文,出版巴西在线科技期刊,提高国家及国际期刊显示度。目前,SciELO 运动已经在拉丁美洲和加勒比国家广泛展开,开放期刊数量达已达 600 多种,20 多万篇文章,内容覆盖农业、生物、化学、数学、地球科学、建筑、工程、健康科学、人文、法律、语言、艺术、海洋、社会科学等学科。

SciELO 同大多数开放获取期刊系统一样,首页有文章检索和期刊检索入口,也提供期刊的多种浏览模式(按期刊名称首字母、按学科、按出版单位)。

8) JMIR

JMIR(医药健康学术期刊,网址为 http://www.jmir.org/index)是顶级的电子健康和医药健康方面的同行评论期刊,影响因子是 4.7,主要收录医疗信息学、健康科学、健康服务研究方面的论文。

9) 美国电子预印本

美国电子预印本文献库 arxiv(http://www.arxiv.org)是美国国家科学基金会和美国能源部资助的项目,1991 年 8 月在美国洛斯阿拉莫斯(Los Alamos)国家实验室建立。2001 年起,该文档库转由康乃尔大学进行维护和管理。目前,涉及的学科领域有物理学、数学、非线性科学、计算机科学和定量生物学等五个学科领域。美国电子预印本文献库中的论文没有评审程序,研究人员按照一定的格式将论文排版后,按学科类别上传到相应的库中即可。论文作者在将论文提交给预印本库的同时,也可将论文提交给学术期刊,如果论文在期刊上正式发表,则在相应的论文记录中加入正式发表期刊的卷期信息。截至 2014 年 5 月,预印本库收入的论文有 940 895 篇。美国电子预印本文献库除在美国的主站点外,还在俄罗斯、德国、日本、英国等 17 个国家或地区设立了镜像站点,在我国的站点设在中科院理论物理研究所(网址为 http://cn.arxiv.org)。

10) Socolar

(1) 简介。Socolar(开放获取资源一站式检索服务平台,网址为 http://www.socolar.com)是由中国教育图书进出口公司开发的,于 2007 年 4 月推出测试版。Socolar 首页如图 8-3 所示。Socolar 收集整理了世界上重要的开放获取期刊和开放获取仓储,并提供这些开放获取资源的统一检索和全文链接服务。内容涵盖所有学科,信息资源类型包括学术论文、会议录、预印文稿、讲义、学习札记、新闻稿等。开放获取期刊数 11 739 种,包含文章数 1 348 万多篇。开放获取仓储数 1 048 个,包含文章数 1 038 万多篇。

(2) 检索与应用。Socolar 文章的检索提供两种检索方式,即基本检索和高级检索。基本检索提供篇名、作者、关键词和摘要的检索途径。高级检索除提供基本检索的功能外,还提供逻辑组配检索和年限、是否同行评议、学科的选项限制。由于收集的主要是外文信息资源，推荐用英文词检索。检索结果页中，文章（或期刊）后有“Peer-Reviewed”标注的表示是有一定质量控制的同行评议文章（或期刊）。

Socolar 还提供期刊的检索与浏览。期刊的检索途径有刊名、ISSN、出版社等。期刊的浏览有按照学科和刊名首字母浏览两种模式。

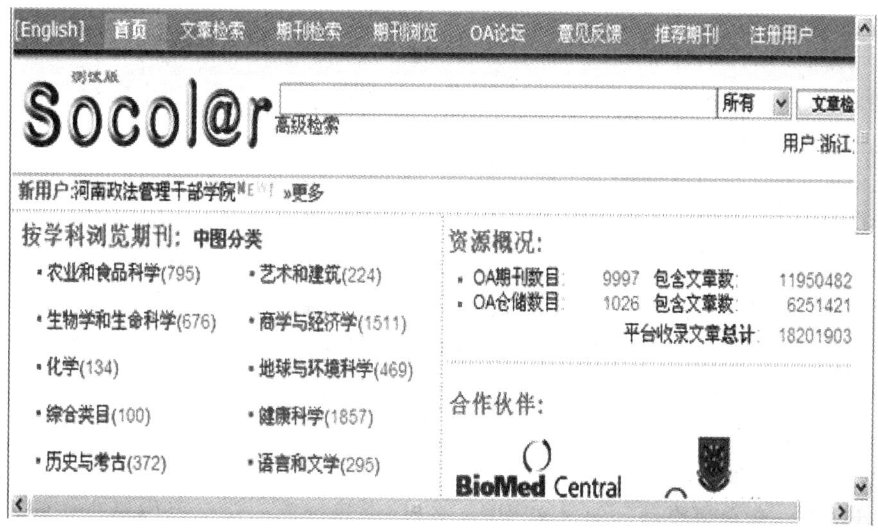

图 8-3　Socolar 首页

11）CNPLINKER

（1）简介。CNPLINKER（中图链接服务，网址为 http://cnplinker.cnpeak.com），是由中国图书进出口（集团）总公司开发并提供的国外期刊网络检索系统。CNPLINKER 首页如图 8-4 所示。目前共收录了国外 3 万余种期刊（其中 2 万多种是开放获取期刊）的 650 多万的目次和文摘数据，并保持实时更新。除为用户提供快捷灵活的查询检索功能外，电子全文链接及期刊国内馆藏查询功能也为用户迅速获取国外期刊的全文内容提供了便利。截至 2012 年 3 月，收录期刊 35 290 种，其中开放获取期刊 22 177 种，文章总数量 1 479 万多篇。

图 8-4　CNPLINKER 首页

(2) 检索与应用。CNPLINKER 提供了丰富的文章检索、期刊浏览与检索等功能。

① 文章检索功能提供基本检索、高级检索、专家检索等功能实现对文章的快速查询定位。

基本检索：简单明了、条件精简的检索模式，适合对文章进行模糊检索。结果可以按时间和首字母排序。可在前次检索结果中进行二次检索。

高级检索：多条件组合检索，适合对所检索文章及期刊有比较准确的相关信息后进行检索，检索项可限定为关键字、文摘、文章题目、作者、卷期、刊名、ISSN 和出版社名称。结果可以按时间和首字母排序。

专家检索：为熟悉通过直接书写检索表达式来检索文章的专家用户提供的检索功能。

历史记录检索：提供检索操作历史保存功能，使用户可以方便地回到历史检索结果中。

② 期刊浏览功能。通过按刊名首字母、出版社及类别方式浏览期刊，可以为用户提供一个方便的通过期刊→卷期→文章的方式定位文章的途径。

③ myLINKer 个性化服务功能。有“我的链接”和“我的订单”。“我的链接”中有文章收藏、全文收藏和期刊收藏服务功能，读者可以把检索到的文摘、文章和期刊收藏起来。“我的订单”提供订阅推送、订单查询等功能，主要为图书馆订购服务。

④ 电子全文链接。在“期刊浏览”菜单下的“本馆期刊”项目中，可以查看图书馆所订购的原版期刊，并可查看免费期刊的全文(PDF 格式)。通过标注年代提供用户访问基于 Web 的全文电子期刊的链接通道。

⑤ 国内馆藏查询。在篇名目次后面的“馆藏”提供期刊目前在国内各大图书馆的馆藏情况说明，用户可了解到该刊在国内的馆藏，从而选择借阅或文献传递服务。

2. 国内开放存取和免费网络资源

1) 中国预印本服务系统

中国预印本服务系统(网址为 http://prep.istic.ac.cn 或 http://prep.nstl.gov.cn)是由中国科学技术信息研究所与国家科技图书文献中心联合建设的以提供预印本文献资源服务为主要目的的实时学术交流系统。

2) 奇迹电子文库

奇迹电子文库(网址为 www.qiji.cn/eprint)是由一批中国年轻的科学、教育与技术工作者创办，非营利性质的网络服务项目。

3) 中国医学生物信息网(CMBI)

中国医学生物信息网(网址为 http://cmbi.bjmu.edu.cn/)由北京大学心血管研究所、北京大学人类疾病基因研究中心及北京大学医学部信息中心协作、赞助和开发为综合性、非商业化、非营利性医学生物信息网。

4) 中国科技论文在线

中国科技论文在线网址为 http://www.paper.edu.cn。

5) 开放阅读期刊联盟

开放阅读期刊联盟(网址为 http://www.oajs.org/)是由中国高校自然科学学报研究会发起的，期刊出版后，在网站上提供全文免费供读者阅读，或者应读者要求，在 3 个工作日之内免费提供各自期刊发表过的论文全文(一般为 PDF 格式)。读者可以登录各会员期刊的网站，免费阅读或索取论文全文。现共有期刊 29 种，其中医学期刊 5 种(西安交通大学学报医学版、第四军医大学学报、南方医科大学学报、成都医学院学报、实用医学杂志)。

6) 中国学术会议在线

中国学术会议在线(网址为 http:// www. meeting. edu. cn)是面向全国学术群体,最具权威性、公益性、互动性的国家级学术会议交流平台,由教育部主管,教育部科技发展中心主办,于 2005 年 1 月开通试运行。该平台提供国际国内学术会议预报及在线服务、视频直播、点播、交互式会议系统等功能。

开放获取运动影响越来越大,许多机构在整理和促进信息资源的开放获取。开放获取期刊会持续增多。以下是其他部分综合类、医学及相关学科开放获取期刊资源的列表。

J-STAGE(综合),网址为 http://www. jstage. jst. go. jp。

OpenJGate(综合),网址为 http://www. openjgate. org/。

SciELO(综合),网址为 http://www. scielo. org/。

Free Full-Text Journals in Chemistry(化学),网址为 http://www. abc. chemistry. bsu. by/current/fulltext. htm。

PLOS 生命科学、医学,网址为 http://www. plos. org/journals/index. php。

PMC Open Access List 生物、医学(来自 Blackwell Online Open、Springer Open Choice),网址为 http://www. pubmedcentral. nih. gov/about/openftlist. html。

sciencedirect(科学直通车),网址为 http://www. sciencedirect. com。

三、开放学术资源门户

1. 学术信息资源开放目录

学术信息资源开放目录(网址为 http://odp. nit. net. cn/),是宁波市数字图书馆重点研究项目。学术信息资源,自然科学、社会科学,采用国家学科分类标准进行组织,实现按照学科分类浏览、专题浏览(资源类型)。

2. 学科导航站

学科导航站(open data info link,简称 ODIL,网址为 http://www. odil. lib. tzc. edu. cn/)收集、分享国内外的学术资源,可免费检索,涵盖自然科学、农业科学、医药科学、工程与技术科学、人文社会科学和多学科综合。“我为人人,人人为我”是学科导航站用户系统建设的基本原则,欢迎并感谢参与资源共享的用户。其首页如图 8-5 所示。

四、开放存取教学资源

随着网络的日益普及,网络教育也在世界各地蓬勃地开展起来。一种秉承知识共享精神和网络资源开放观念的开放课程也在世界范围内得到了长足的发展。比较著名的开放教学资源如下。

1. 中国开放式教育资源共享协会开放式教育资源

中国开放式教育资源共享协会(China Open Resources for Education,简称 CORE,网址为 http://www. core. org. cn),是 2003 年 11 月在 MIT OCW 的启发下,由美国 IET 基金会发起,并联合北京交通大学创建的非官方机构。目前,我国的成员大学有北京大学、清华大学、大连理工大学、中南大学、上海交通大学、西安交通大学、中央广播电视大学、四川大学、

图 8-5 学科导航站 ODIL 首页

南京大学和哈尔滨工业大学等 11 所大学。CORE 以推进中美两国高校之间的紧密合作与资源共享为使命，向中国高校免费提供以美国麻省理工学院为代表的国内外大学的优秀开放式课件、先进教学技术、教学手段等教学资源，以提高中国的教育质量。同时，将中国高校的优秀课件与文化精品推向世界，促成教育资源交流和共享。通过几年卓有成效的工作，CORE 已为广大教育者及求知者打造了一个世界优秀教育资源的平台，通过该平台用户可以访问以下资源。

1) MIT OCW 中国镜像网站

目前，旨在推广应用 MIT 开放课程的镜像网站已在中国建立，该网站网址为 http://www.core.org.cn/OcwWeb/index.htm。高等学校联合机构“中国开放式教育资源共享”负责该网站的维护。中国学生可以直接登录该网站，免费获取 MIT 开放课程信息。http://www.Core.org.cn/OcwWeb/Global/all-courses.htm 集成了 MIT 部分英文原版课程及正在陆续翻译上线的中文版课程（网址为 http://ocw.mit.edu/courses/translated-courses/simplified-chinese）。为方便国内用户利用，CORE 组织了志愿者对站点课程进行翻译。同时，台湾地区也有相应的开放式课程计划，该计划网站（网址为 http://www.myoops.org/twocw/mit）已全部将课程翻译成中文。该网站收录的日本的大学（包括东京工业大学，京都大学，大阪大学，早稻田大学等）开放课程比较多。

2) 国际精品课程导航

国家精品课程是教育部 2003 年 4 月提出的《2003—2007 年教育振兴行动计划》“高等学校教学质量和改革工程”的重要内容之一。国家精品课程建设计划用五年时间（2003—2007 年）建设 1 500 门国家级精品课程，打造具有一流教师队伍、一流教学内容、一流教学方法、一流教材、一流教学管理等特点的示范性课程的开放性平台，以实现优质教学资源共享，提高高等学校教学质量和人才培养质量。2003—2007 年，教育部计划每年评审一次国家级精品课程，目前，教育部已经完成了 2005 年度的精品课程评审工作，精品课程总数已达 750 门。这 750 门精品课程的课件正陆续上网（网址为 http://www.core.org.cn/OcwWeb/

Global/all-courses.htm)。

2. 美国麻省理工学院开放式课程

1999年，美国的麻省理工学院提出了“开放式课程网页”(Open Course Ware，简称OCW，网址为http://ocw.mit.edu/index.html)的概念，向全世界的学习者无偿提供世界级的优秀课程资源。MIT先导网站在2002年9月对外界公开，上面有18门麻省理工学院的课程，同年12月，又增加了18门课程，2003年秋天MIT有500门课程上线，2007年年底之前，世界知名学府美国麻省理工学院(MIT)全部约1 800门课程将向全世界开放。学习者足不出户就可在互联网上学习，并且一切免费。这些课程包括了麻省理工学院5个领域的33个不同学科的课程。

第三节　医学下载资源

医学下载资源种类繁多，包括论文、电子图书、软件、课件、图谱等。本节所列出的资源仅为部分精选资源，网络上的资源不断在变化，读者在阅览本节的同时可以尝试通过搜索引擎搜索相关资源。

一、医学软件网站

在Internet上有很多专门的医学软件下载网站。其提供的软件包罗万象，有各类临床应用的诊断和治疗类软件及医院管理软件，还有各类医学基础学习应用分析软件；有共享软件、免费软件和开放源代码软件。这些软件对医学临床和基础工作及科研教学工作的开展起着非常重要的支持作用。

1. 杰软医学软件园

杰软医学软件园(网址为http://www.yn8888.com.cn/)是昆明杰软科技有限公司自行研制开发的系列医学软件，达50多种，其中包括视频影像系统工作站、数字影像系统工作站(DICOM)、三维影像系统工作站、PACS影像系统、HIS医院管理软件等。“试用下载”提供了各类软件的免费试用。

2. 金叶天盛医学导航

金叶天盛医学导航(网址为http://www.meddir.cn/cate/21.htm)提供各种医学软件网址，如图8-6所示。

3. 医学全在线

医学全在线(网址为www.med126.com/)致力于为中国医务工作者提供动力，专注于各类医学考试，覆盖医学考研、执业医师考试、执业药师考试、执业护士考试、卫生资格考试等，提供及时医学资讯，考试信息，免费医学资源下载等。医学全在线医学软件包括最新中国药品通用名称roboword免安装版、体表面积计算工具、听诊考核v2.02.0、生命的奥秘、精诚中草药查询大全5.1105绿色特别版等医学软件，如图8-7所示。

4. 生物谷网站——生物软件下载

生物谷网站——生物软件下载(网址为http://www.bioon.com/Soft/)提供生物软件、

图 8-6 金叶天盛医学软件界面

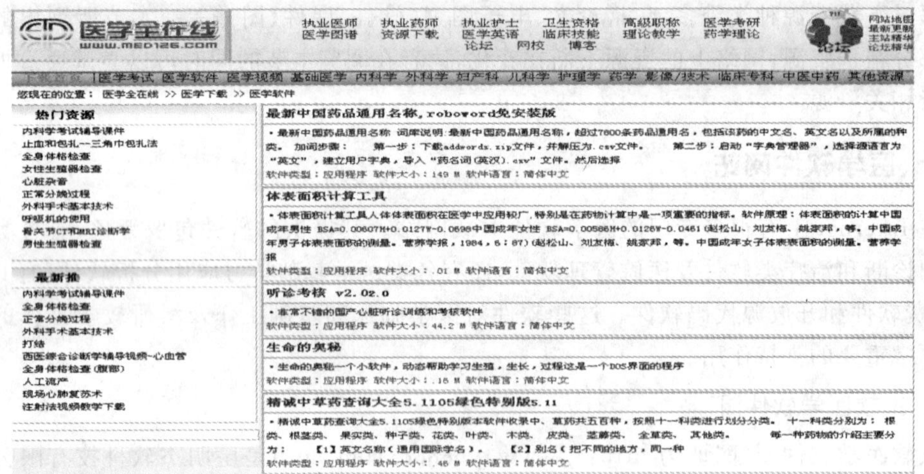

图 8-7 医学全在线

医学软件、工具软件、英语软件、电子书、多媒体等资源的下载。

软件的下载方法：当知道软件名称及网址时，可直接从网上下载相应的软件；当不知道软件下载网址时，可以通过 Internet 上的各类搜索引擎进行搜索，以软件名称进行特定的搜索查询，或以其他关键词，如在 Google、百度中输入"molecular biological software"或"医学软件 下载"进行广泛的搜索，即可查询到相关软件。如果网上有软件的最新版本或升级版本，应该下载最新版本或升级版本。

二、医学软件举例

1. 字词典、文献管理工具类

1) 新编全医药学大词典

新编全医药学大词典是北京金叶天盛科技有限公司开发的系列医学专业软件之一。作为国内第一款医学专业电子词典，新编全医药学大词典功能强大，包括即指即译、智能取词、智能拆词、全文检索等，在 2009 新版中还增加了一些新功能：基于本地医学词库的全文汉化功能(同文献王汉化功能)、支持图片取词、支持在 Google 浏览器中取词等。

2) 中医方剂金典 V1.0.126 个人版

中医方剂金典是一款中医药实用软件。它是使用 VB 6.0(SP5)编写而成的。采用微软 Access 2000 数据库,通过 ADO 数据控件操纵 Jet 4.0 引擎实现对数据库的访问。数据库包括以下字段:方名、出处、分类、组成、方诀、功用、主治、用法、禁忌、方义、化裁、附方、附注、文献、研究、运用。

3) 医学文献王

医学文献王 V3.0 是面向医生、医学研究生、医学科研工作者的个人信息管理工具,它能为使用者保存和管理整个职业生涯的文献资料,在检索文献、管理文献、获取全文、写作论文的整个流程中都提供帮助。医脉通用户均可免费使用医学文献王,但是部分功能受限,如需使用全部功能,使用激活码将医学文献王激活为专业版即可。

4) 医学助手软件

医学助手是成都医安苑软件有限公司专为医生所设计的一款免费工具软件,包含医生所常使用的各种医学、药学、ICD-10、医学主题词表(MeSH)、文献管理、RSS 订阅和个人事务管理等多个功能,强大的树状结构浏览模式和多字段检索模式,操作简单方便,是医药专业工作者不可或缺的工具。

5) 精诚中草药查询大全 5.1105 绿色特别版

它收录中草药共五百种,按照十一科类进行分类。十一科类分别为根类、根茎类、果实类、种子类、花类、叶类、木类、皮类、茎藤类、全草类、其他类。

6) 新编临床用药参考

新编临床用药参考收录了国家食品药品监督管理局(SFDA)和制药企业提供的药品说明书 11 000 余份,最新的国家基本药物信息,7 万余种中西药名称等,所有资料来源于国家食品药品监督管理局、药品生产企业、药典、临床药学权威专著及医药学核心期刊,并经中国药学会组织的临床药学专家组审核,具有相当的权威性和准确性。

7) 循证医学 RevMan(Review Manager)

RevMan 软件是国际 Cochrane 协作网制作和保存 Cochrane 系统评价的一个程序,是最常用的循证医学中做系统评价和分析的软件,由北欧 Cochrane 中心制作和更新。协作网的系统评价人员均使用 RevMan 软件制作系统评价。该软件的主要特点是可以制作和保存 Cochrane 系统评价的计划书和全文;可对录入的数据进行 Meta 分析,并以森林图的图表形式展示;可对 Cochrane 系统评价进行更新;可以根据读者的反馈意见不断修改和完善,是循证医学人员必不可少的软件。

8) 听诊考核 v2.02.0

它是非常不错的国产心脏听诊训练和考核软件。

2. 生物信息学类

1) DNAStar Lasergene 7.1

它是全面的生物医学软件,用作 DNA 和蛋白质序列分析、重叠群拼接和基因工程管理。它包含 SeqBuilder(可视化和序列编辑)、SeqMan Pro(序列集结和 SNP 发现)、MegAlign(序列组合)、PrimerSelect(Oligo primer 设计)、Protean(蛋白质结构分析和预测)、GeneQuest(基因查找)、EditSeq(导入特殊文件工具)七个模块。

2）Beacon Designer 7.70（生物软件）

它是实时荧光定量 PCR 分子信标（Molecular beacon）及 TaqMan 探针设计软件。该软件可以设计内嵌染料探针、TaqMan 荧光探针、FRET 荧光探针和分子信标探针来测试 PCR 产品的实时多元反应。官方下载地址为 http://www.premierbiosoft.corn/molecular_beacons/index.html。

3）ChemBioOffice Ultra 2008 V11.01（终极化学生物设计软件）

它是世界上最优秀的化学生物设计软件，化学家和生物学家所需要最终极的化学与生物学设计软件，集强大的应用功能于一身。其允许科学家高效率地跟踪他们自己的工作，获取对数据更加深刻的理解，并关联生物活动以化学结构，能更加专业地和高效率地提出相关科学报告。

4）Chemwindow 6.0

Chemwindow 6.0 是一款简便易用的化学分子式及立体结构的绘图软件，可运行于 Windows 3.x、Windows 9x、Windows 2000，体积小，无须安装，绿色软件。使用过程中，默认保存为 *.cw2 文件，也可通过复制的方法直接转到 Word 中，在 Word 6.0 至 Word97 版本中，它自动转为 Office 绘图做成的图形，可以直接双击的方式在 Word 中编辑，而不用启动 Chemwindow，也可以再复制到 Chemwindow 中编辑。

5）Vector Xpression 3.1（基因表达分析）

它用于基因表达的分析和图形化。Vector Xpression 是 InforMax 出品的一个直观灵活、价格适中的分析工具，使科学家可以同时研究数千个基因的表达水平。Vector Xpression 为用户提供了一整套最新的和业内认可的微阵列基因表达数据分析工具，同时具有目前市场上最容易使用的图形界面和显示图层。

6）Molecular Devices GenePix Pro V6.0.1.27（生物芯片扫描分析）

GenePix Pro 6.0.1.27 是由 Axon Instruments（www.axon.corn）公司所开发的快速且具高品质的 DNA 微数组扫描工具，也提供微数组资料的获取和分析。

7）GenePix Pro 6.0

它提供的比例影像值包括中位数比值、平均数比值、比例的百分位数、比例的中位数、比例的平均数及回归比例。

8）CN3D 4.1

CN3D 是 See in 3D 的缩写。它允许使用者在线作为客户端可视并交互地观察 NCBI Entrez 数据库的立体蛋白序列，也可用来离线观察蛋白序列与序列排序。它可读取 MMDB 格式文件，不能读取 PDB 格式文件，但可以将文件输出为 PDB 格式。

9）SimVector 4.01（质粒图绘图软件）

质粒图绘图软件，绘制发表质量的质粒图与序列、载体图。

10）ArrayVision 7.0

它是一款功能强大的商业版基因芯片分析软件，不仅可以进行图像分析，还可以进行数据处理，管理功能强大。

11）凝胶定量软件 Quantity One v4.62

Bio-Rad 的 1D 凝胶定量软件 Quantity One 是一款优秀的凝胶电泳图像处理软件。

12）8. OSIRIS

它能够处理各种符合 DICOM 3.0 的医学图像软件(如 CT、MRI 等)，是医学图片处理的著名工具软件。

3. 统计分析类

1）SYSTAT Suite V 13

SYSTAT 是一款强大的统计软件，具有进行高效的数据分析时所需要的各种统计功能，提供从基础的描述性统计到基于高端算法的高级统计方法的各种功能。

2）Matlab 7.01

Matlab 是美国 MathWorks 公司开发的用于概念设计、算法开发、建模仿真、实时实现的理想的集成环境，作为和 Mathematica、Maple 并列的三大数学软件。其强项是其强大的矩阵计算及仿真能力。

3）SigmaStat 3.5

智能统计软件，具有"专家系统"，可引导使用者对数据进行统计分析。可与 SigmaPlot 结合生成高质量数据图。与 Office 完全相容，也可以与 Excel、SigmaPlot 系列产品直接互动，3-way ANOVA 多重回归、绘图能力增强。SigmaStat 是第一个也是唯一的内附专家系统的统计软件。软件操作简单，并附有范例档及使用操作手册，适合对统计知识了解不多的人使用。

4）NoSA

它覆盖了绝大部分常用的统计分析方法，嵌入了当代数据处理技术，能满足从事各类研究的专家、学者对数据做统计分析的需要，是各专业研究生、本科生统计学教学的优秀课件。它提供的 20 万字的在线帮助使您运用自如。从数据录入与管理、统计分析、绘图，到结果管理，NoSA 风格独特，核心算法(广义线性模型建模)是创制组全体成员数十年探索的结晶，计算结果通过了 SAS、SPSS 的验证。

4. 考研、卫生资格考试等资源下载

(1) 易下载，网址为 http://www.eytcm.corn;

(2) 广东省医药卫生信息资源下载中心，网址为 http://dl.medste.gd.cn/Soft/ShowClass.asp;

(3) 医学全在线，网址为 http://www.med126.com/yisoft;

(4) 中国卓医网医学资源 FTP 版，网址为 http://www.zuol.com/forum-82-1.html;

(5) 临床智库医学资源，网址为 http://ziyuan.cicaline.corn;

(6) 百慕社区·BT、FTP 资源版，网址为 http://bbs.biomsn.corn/forum-124-1.html;

(7) 医学全在线·考研·卫生资格考试，网址为 http://www.med126.corn;

(8) 执业药师考试资源下载，网址为 http://www.med126.com/yisoft/kaoshi/basehs。

第四节　博客资源

一、博客

"博客"译自英文 weblog/blog，中文意思是"网络日志"，后来缩写为 blog，而博客(blog-

ger)就是写 blog 的人，一般我们习惯将博客(blogger)和所写的 blog 混称为博客。博客是一种个人的网络空间，是一种表达个人思想、网络链接、内容，按照时间顺序排列，并且不断更新的出版方式。博客蕴藏着丰富的知识、精妙的言论和思想的火花。博客既是重要的信息交流平台，同时也是不可忽视的网络资源。

二、博客搜索

随着博客的兴起，各大搜索引擎纷纷推出了博客搜索功能。博客搜索一般有三种途径：①利用分类搜索引擎(如 Sohu 等)找到博客网站列表，然后进入博客网站，使用站内搜索查找具体的博客；②通用搜索引擎(如谷歌、百度等)选用适当的关键词，配合特定语法(如 inurl:blog 等)，直接搜索具体的博客；③使用博客专用搜索引擎，采用分类浏览或关键词搜索的方法，查找某类或某一博客。三种方法各有特点和利弊，应根据具体查询要求灵活运用。

博客专用搜索引擎既有单一关键词搜索功能的，也有同时提供分类和关键词搜索的。不同博客专用搜索引擎收录博客网页的数量和辅助功能不同，搜索结果和搜索效率也有很大区别。

主要的中文博客搜索引擎有：有道博客搜索(http://blog. youdao. corn)、谷歌中文博客搜索(http://blogsearch. google. cn)、百度博客搜索(http://blogsearch. baidu. com)、搜狗博客搜索(http://blogsearch. sogou. com)。

主要的外文博客搜索引擎有：Ask 博客搜索(http://www. ask. com/? Tool=bls)、英文谷歌博客搜索(http://blogsearch. google. com/? Hl = en&tab = wb)、博客欧诺玛(http://www. blogarama. com)、博客搜索(http://www. blogsearchengine. com)、费根博客搜索(http://www. faganfinder. com/blogs)等。

1. 有道博客搜索

有道博客搜索分为博文搜索和博客搜索两种，博文搜索即在博客日志标题与内容中搜索，博客搜索是在博客的名称中搜索。搜索结果以博客卡片的形式呈现。结果显示的内容包含博客名称、作者、头像和博客描述信息和各种统计信息(如博客的活跃度和关注度、被引用的数量，平均发文间隔等)。另外，还可以通过单击博客“所有文章”，看到博客的文章列表。

2. 谷歌中文博客搜索

谷歌中文博客搜索借鉴了谷歌资讯的经验，在谷歌搜索的首页左侧提供热门博文的类别，在右侧的谷歌博客搜索页面，列出了最热门的新闻事件或者娱乐八卦，并针对某一事件的所有博文自动聚合、归类、滚动更新。

关键词搜索结果显示内容包含博文标题、作者、发布时间、博客描述信息、博客名称与地址。其检索策略与谷歌一般检索的策略相同。

3. Ask 博客搜索

Ask 博客搜索提供搜索、订阅、新建和分享博客及新闻聚合等服务。网站可以按照相关度、时间和在 Bloglines 的被关注程度排列搜索结果。可以按照话题或搜索关键词创建自己的博客聚合，也可以在 Bloglines 及其他博客或 RSS 聚合阅读器上订阅搜索结果。

4. 博客搜索

博客搜索是基于“蜘蛛”程序专门抓取博客网页的搜索引擎。有 blog 关键词搜索和分类搜索，同时提供工具条下载。搜索结果可以检索到多种语言博客。

5. 费根博客搜索

费根博客搜索是一个集成的博客搜索引擎，分为 Search for Blogs、Search in RSS Feeds、Search in Blogs、Search for RSS Feeds 四类，并罗列出相关搜索引擎，单击相关链接可直接进入不同搜索引擎去检索。该搜索引擎简单易用，功能强大。

三、医学专业博客网站

1. 丁香博客

丁香博客(http://www.dxyer.cn)是国内规模最大、最受专业人士(以临床医生为主)喜爱的生物医药技术行业网络传媒平台，其博客按行业、专业、地域进行分类。

2. 中国医学博客

中国医学博客(http://www.drblog.com.cn/index.html)内容包括骨科、内科、外科、眼科、妇产科、皮肤科、中医、皮肤、肿瘤、美容、麻醉、管理、营销等。版主主要是临床医务人员和管理人员。其博客搜索以博文和作者为入口进行搜索。

3. 生物谷博客

生物谷博客(http://blog.bioon.com)是专业生物医学与药学博客平台。版主以生物医学和制药人员为主。学科范围涉及生物科学、医学研究、新药研发、生物产业、医药产业、生物工程、中医中药及医药营销等领域。

4. 口腔博客网

口腔博客网(http://www.yake123.com)提供关于口腔牙科新闻、口腔保健知识等方面的内容。

5. 检验医学博客

检验医学博客(http://www.labblog.com)是检验医学专业博客托管机构。

第五节　交互学习资源

交互学习资源就是指利用多媒体计算机技术和网络技术，借助多媒体课件或网上资源，由学习者自主进行的一种双向交流式学习方法。网络上有各种各样的交互式学习资源，包括论坛、博客、维基百科、互动百科等，在交互式网站上读者可以相互交流，也可以与系统之间进行互动。

一、论坛

1. 丁香园网站

丁香园网站(http://www.dxy.cn)成立于 2000 年 7 月 23 日，包括临床医学讨论一至

五区、基础医学讨论区、药学讨论区、生命科学讨论区、实验技术讨论区、预防医学与卫生学讨论区、科研与学习交流区、考试交流区、检索求助区等。

2. 医学教育论坛

医学教育论坛(http://bbs.med66.corn)是正保教育集团旗下的一家大型医学教育网站，是一家负责医学考试培训的专业网站。其论坛包括医师考试、执业药师考试、卫生资格考试、医学考研论坛、临床医学讨论区、中医讨论区、药学讨论区等，论坛读者群主要是全国的专业医师和医学生，是医学专门人才考试信息教育与学习的理想论坛。

3. 鸭绿江论坛

鸭绿江论坛(http://forum.e2002.com)分为检索资源区、科研交流区、医学交流区、药学交流区、理工交流区等。该论坛需要注册，注册用户可以参与讨论交流，而未注册用户仅能浏览部分帖子。

4. 好医生论坛

好医生论坛(http://bbs.haoyisheng.corn)是一家为中国医务人员提供全方位服务平台的企业，目前主要服务领域包括教育培训、医学信息、信息技术及其他医学和信息技术相结合的衍生服务。好医生网站是卫生部、国家食品药品监督管理局和教育部批准的非学历专业医学教育机构，是目前中文领域最大的医学专业信息服务网站，拥有200多万名注册会员。

5. 检验医学论坛

检验医学论坛(http://www.clinet.corn.cn/clinetforum/cgi-bin/leobbs.cgi)是检验医学信息网的一个子网站，其内容涉及临床检验医学的各个方面，包括质量控制论坛、专业学术论坛(检验与临床、检验与免疫、检验与生化、检验与微生物、检验与分子生物学、检验与体液、检验与血液、血站论坛、实验室管理与信息化等栏目)，读者可以在该网站上进行相关技术、信息、动态、经验交流、疑难咨询、学术讨论等方面的教育与学习，是检验医学方面的交互式学习资源论坛。

6. 中国中西医肾病论坛

该论坛(http://www.shen39.com)是由肾脏病专家建立的非营利性公益网站，仅供相关医学专业人士交流使用，是肾脏相关疾病交流学习的重要论坛。论坛分为最热门的版块、论坛一区、二区、三区和特色区等，包括肾脏病理、护理、尿路感染、基础研究、循证医学、肾脏病中医药专区、临床工作资料、治疗标准与进展、科研论文、考试与学习、专家论坛等子栏目，囊括了肾脏疾病的各个方面，是肾脏相关疾病交互式学习的重要交流平台。

7. 湘雅诊断学论坛

该论坛(http://www.xydiagnostics.com/6kbbs)是由湘雅医学院建立的全国最大的临床医学学科教学论坛，属于湘雅的国家精品课程诊断学远程开放教育网的一部分，该网站提供教学课件、考试资料、资源下载、论坛等栏目，适合于在校医学生的诊断学学习和考试等。

8. 其他论坛

其他药学论坛参见第六章第一节相关内容。

二、维基百科网站

1. 维基百科

维基百科(http://zh.wikipedia.org)是一个全球性的综合性维基网站，其界面语种包括英语、中文等，其在全世界享有一定的声誉，使用方式包括检索、索引导航两种方式，用这两种方式均可以找到医学资源。

2. 互动百科

互动百科(http://www.hudong.corn)是全球最大的中文百科网站，致力于为数亿中文用户免费提供海量、全面、及时的百科信息，并通过全新的维基平台不断改善用户对信息的创作、获取和共享方式。截止到 2009 年 11 月，互动百科已经发展成为由超过 190 多万用户共同打造的拥有 392 万词条、43.4 亿文字、300 多万张图片的百科网站。

3. 医学维基网

医学维基网(http://www.yixuewiki.com)的栏目有中医学、临床医学、基础医学、医学考试、整形整容、药品宝典等，其内容丰富。

4. 百度知道

百度知道(http://zhidao.baidu.com)是一个基于搜索的互动式知识问答分享平台，见第五章第二节相关内容。

三、其他交互学习网站

1. 医学交互式多媒体动画

该网站(http://www.9biostr.washington.edu)是由华盛顿大学结构信息学团体创建的，该团队由计算机科学家、工程师和生物学家组成，其职能主要是对机体的机能组织应用医学信息学方法进行展示、管理和可视化等研究。目前已经完成了神经解剖学交互图谱、神经学可视化互动图谱、胸腔可视化互动图谱、膝关节可视化互动图谱等。读者可以点击三维立体的可视化图片直观地认识人体解剖结构。

2. 中国医师协会网

中国医师协会网(http://www.cmda.gov.cn)由中国医师协会主办，负责中国医师协会信息化工作的管理、统筹规划和信息资源开发利用，充分发挥和利用互联网的优势，促进中国医师协会快速发展。其网站栏目包括协会动态、热点话题、医学快讯、医师维权、医师培训、视频中心。医师通过该网站可以了解医学发展的动态，在行医过程中的一些维权知识与案例分析、继续教育、在线培训(视频)等。

3. 汕头大学医学院临床技能中心

汕头大学医学院临床技能中心(http://cstc.med.stu.edu.cn/NEWCSTC1/index.asp)下属三个网站：技能中心网、精品课程网和临床实验教学示范中心网。网站提供大量资料给学生学习和复习，弥补了诊断学单纯以课堂文字讲授和见习的不足，同时也扩展了同学对诊

断学各个主题内容的认识，使学生了解到临床实践知识的博大精深，激发学生的学习兴趣，使学生的学习产生互动的效果，同时技能协会精心建设的技能论坛，是学生和教师及网友共同讨论学习问题的园地，学生可以提供和参与病例讨论，交流临床经验和教训，共享学习心得和资料，各个栏目中的版主（多为高年级同学和研究生，少数为网友）对表现好的参与者给予虚拟钱币的奖励，使整个网站的运行和使用体现互动性和学术性。

4. 医学考试网

该网站是医学考试的专业网站（http://www.pmed.cn），其栏目包括执业医师、执业药师、卫生资格、医学考研、医学资源、医学论坛等，其内容涉及历年各种考试的真题、练习题、各种复习资料、考生之间的学习交流，特别是在医学考研方面提供了考生最为关心的全国各地区的相关高校情况（重点学科、名师、研究生待遇），论坛参与者提供各个学校的复试经历、复试题目、近年录取分数、录取比例等，是医学考试方面的特色网站。

5. 精品课程

(1) 北京市精品课程资源网，网址为 http://jpkc.bjedu.cn。

(2) 国家精品课程资源网，网址为 http://www.jingpinke.corn。

(3) 清华大学精品课程建设工程，网址为 http://166.111.92.13。

(4) 北京大学精品课程，网址为 http://www.jpk.pku.edu.cn/pkujpk。

(5) 复旦大学精品课程，网址为 http://jpkc.fudan.edu.cn。

(6) 厦门大学精品课程，网址为 http://xmujpkc.xmu.edu.cn。

(7) 武汉大学金牌课程，网址为 http://jpkc.whu.edu.cn。

(8) 第四军医大学精品课程，网址为 http://jingpin.fmmu.edu.cn/jpkc/jpkcjs.jsp。

(9) 四川大学精品课程，网址为 http://219.221.200.61。

6. 电子图书下载

(1) NCBI Bookshelf，网址为 http://www.ncbi.nlm.nih.gov/books。

(2) Free Medical Books，网址为 http://www.freebooks4doctors.com。

(3) EBOOKEE，网址为 http://www.ebookee.net/Biomedical-Photonics-Handbook-dl。

(4) DISEL ebook store，网址为 http://www.diesel-ebooks.corn。

(5) Bite my bytes，网址为 http://vidmar.net。

(6) EBOOK 3.0，网址为 http://ebook30.corn。

第六节　消费者健康信息网站

健康教育是健康教育学的一个核心概念，是旨在帮助对象人群或个体改善健康相关行为的系统的社会活动；是在调查研究的基础上采用健康信息传播等干预措施促使人群或个体自觉采纳有利于健康的行为和生活方式，从而避免或减少暴露于危险因素，帮助实现疾病预防、治疗、康复，达到提高健康水平的目的。

本节主要介绍一些政府相关部门（如卫生部）、制药公司、医院、健康教育公司等提供的针对普通人群的健康教育信息。

一、政府相关部门及组织

1. 中华人民共和国卫生部

中华人民共和国卫生部(http://www.moh.gov.cn)主要发布政府卫生相关政策信息，其栏目有政策法规、健康教育、医疗监督、卫生监督、数据查询等，通过该网站相关栏目可以查询相关政策法规、执业医生情况、药典、药品是否正规、医疗卫生监督等相关信息，减少患者上当受骗现象。

2. 中国健康教育网

中国健康教育网(http://www.nihe.org.cn)由卫生部新闻宣传中心(中国健康教育中心)主办。其宗旨是加强中国健康教育中心对全国健康教育科研与业务工作的指导作用，加强中国健康教育中心与全国各级省、区(市)健康教育机构的信息交流和业务联系；加强健康教育行业与国内外其他相关学术团体、机构和组织之间的信息沟通和交流；促进健康教育与健康促进工作的信息化建设，促进我国健康教育与健康促进事业的发展。其主要内容包括国内外健康教育与健康促进最新信息和动态；突发公共卫生事件；疾病控制信息；健康与卫生知识；中心工作动态与项目工作介绍(包括亿万农民健康促进行动、联合国儿童基金会健康促进合作项目、世界卫生组织健康促进学校项目、全球基金结核病项目等的工作进展与动态等)；全国各省市自治区健康教育与健康促进工作信息报道与经验交流；与本行业相关的政策法规介绍；相关培训工作介绍；所编印出版的健康教育宣传材料、音像制品、书籍介绍等。

3. 中国健康促进与教育协会

中国健康促进与教育协会(http://www.cahep.corn)是全国各界健康教育工作者自愿结成的非营利性专业学术团体。该网站的健康管理和高血压管理中心两个栏目便于使公众了解如何进行健康管理及高血压管理。

4. 香港政府一站通

香港政府一站通是香港特别行政区政府的一站式入门网站，让市民轻松方便地获取所需的公共信息和服务。网站(http://www.gov.hk/tc/residents/health/healthedu/index.htm)自2007年推出以来，不断加入网上服务及强化内容，务求贯彻一站通的宗旨，服务市民大众。其健康教育专栏的栏目包括家庭计划(计划生育)、孕育小生命、儿童健康、青少年健康、男士健康、长者的健康护理、急救、预防意外及药物安全、运动与营养、口腔健康、心理健康、安全性行为、控烟、药物滥用等。

5. 公众健康教育网

公众健康教育网(http://www.szhe.corn)正式开通于2001年，是深圳市健康教育研究所主办的本地化健康教育平台。网站将政府丰富的资源通过互联网的整合，提供专业、完善的健康信息服务、网上健康社区、专业健康数据库和健康教育视频。其栏目主要包括心理健康、职业健康、饮食健康、时尚健康、孕育健康、疾病健康、论坛、专家专栏等。

二、健康教育专业媒体网站

1. 健康报网

《健康报》是 1931 年创刊于江西瑞金的中华人民共和国卫生部主管的最具影响的全国性卫生行业报。健康报网是《健康报》网络版(http://www.jkb.com.cn),其知识健康、医问药、医生论坛、用药咨询、治病顾问、知识与健康等栏目为患者服务,为读者寻医问药铺路架桥。

2. 家庭好医生网

家庭好医生网(http://www.jtysb.corn.cn)由家庭医生报主办。网站依托家庭医生报专业的健康资源优势,利用专家、医院及一大批各学科领域的专家作者队伍,面向广大读者提供健康类资讯及服务,为广大读者提供最专业最准确的医疗、医药信息,倾力打造集医学科普、医疗资讯、健康时尚、专题讲座、视频、医患互动交流平台等综合型的一流的健康门户网站。其栏目包括学点医学、家庭门诊、保健养生、家庭用药。中医大观、男性健康、女性健康、优生优育、健康关注等。

三、医院、医药公司健康教育网站

1. 中国糖尿病治疗中心

该网站(http://www.tangniaobin9999.net.cn)是由中国中医研究院科技合作中心创建,主要通过糖尿病的研究进展,糖尿病的治疗方法介绍、专家介绍、健康访谈、就医指南等栏目,对患者了解糖尿病知识、相关专家、就医等进行指导。

2. 重庆糖尿病中心

该网站(http://www.cqtnb.com)是由重庆医科大学附属第一医院内分泌科创建的,其栏目有科室介绍、专家介绍、典型病例、新药介绍、患者教育、就医指南、专家答疑等,网站由该科室的专家进行维护,内容新颖、贴近患者需要,是糖尿病患者健康教育的重要网站。

3. 诺和关怀患者教育

诺和诺德(中国)制药有限公司是一家主要生产治疗糖尿病的相关药物与装置的制药公司,其网站(http://www.novonordisk.com.cn)的诺和关怀患者教育的主要内容是普及糖尿病知识,包括饮食、运动、口服药、胰岛素、自我管理等,让患者了解自身的病情发展,从而更好地配合医生治疗,提高生活质量。

四、其他健康教育网站

1. 生殖就医指南网

生殖就医指南网(http://www.91zn.cn)是一个针对患者生殖健康教育的资源网站,内容包括生殖系统健康、疾病及优生优育、妇科疾病等,以及各种生殖疾病就医指南、视频,告诉患者在就医时的注意事项、相关法律法规等方面的知识。

2. 口腔患者交流网站

口腔患者交流网站(http://bbs.kq88.com)是口腔患者和医生专门交流的平台,其论坛分为口腔患者、口腔医生专业两大模块，口腔患者和口腔医生可以在相应栏目发表自己的看法，进行交流与学习，患者也可以就关心的问题向医生提问。

3. 全民健康网

全民健康网(http://www.qml20.com)专注于大众健康，提供综合的医学健康资讯，是医生与患者相互交流的专业平台。其栏目分为女性、男性、育儿、居家、饮食、急救、避孕、中医、测试、专题、问吧、新闻、美容、整形、减肥、健身、食疗、心理、护理、保健、情感、图库、疾病、社区等栏目。

思考题

1. 简述开放存取运动概况。国内外重要的开放存取网站有哪些?

2. 简述预印本定义。国内外重要的开放存取预印本网站有哪些?

3. 国内可用的开放存取资源统一检索平台有哪些?

4. 简述美国国立医学图书馆提供哪些数据库供读者免费使用。

5. 简述美国国立生物技术信息中心提供哪些数据库供读者免费使用。

6. 分别登录我国三个较有影响的预印本门户(中国预印本服务系统、中国科技论文在线、奇迹文库预印本)，了解相关信息资源状况。从中下载相关的一篇论文，并下载、查阅有关评论信息，了解提交论文过程。

7. 从香港科技人学OA仓储(或者其他开放获取仓储)中分别找到一篇论文(会议论文、学位论文、科技报告)和一个PPT演示稿全文，并下载。

8. 尝试用学术搜索引擎检索相关的论文，看看学术搜索引擎有什么特点。

9. 从开放获取信息资源中找到相关的期刊，记录下期刊网络地址，并下载一篇论文全文。

10. 通过FTP搜索引擎下载相关的教学资源(如PPT课件、多媒体课件、讲义、大纲等)，或学习资料(如英语学习、软件、计算机方面的教程等)。

11. 列举几个著名的医学专业博客、医学论坛和健康教育网站。

12. 医学软件有哪些?如何查找并利用免费的医学软件?

第九章　医学信息分析利用

第一节　医学信息分析

一、医学信息分析概述

信息分析是一种对信息定向选择和科学分析的研究活动，即按特定的需要有目的地对信息进行深度加工的过程。所谓信息加工的过程，就是对信息进行鉴别、评价、筛选、揭示、整序、分析、提炼、组织和综合研究等，使信息从无序到有序，给信息重新定位的过程，也是创造新信息系统和赋予信息新价值的过程。通过信息分析，可以达到去伪存真、净化信息环境和排除信息干扰的目的，同时也可以集合信息和加速信息交流。信息分析产生于科技领域，是科技、经济和信息工作发展到一定阶段的产物。随着社会的不断进步和发展，医学信息资源的开发利用已成为医学进步和发展的重要推动力量，同时医学信息分析已逐步渗透到医学的各个领域。

1. 信息分析的含义

关于信息分析的含义，有很多代表性的说法。

说法一：信息分析旨在通过已知信息揭示客观事物的运动规律，其任务就是要运用科学的理论、方法和手段，在对大量的信息进行搜集、分析、整理和价值评价的基础上，透过由各种关系交织而成的错综复杂的表面现象，把握其内容本质，从而获取对客观事物运动规律的认识。

说法二：信息分析就是对不确定的知识或消息进行分析、比较、判断，得出结论，帮助或支持人们决策。

说法三：信息分析是指以社会用户的特定需求为依托，以定性和定量研究方法为手段，通过对文献信息的搜集、整理、鉴别、评价、分析、综合等系列化加工过程，形成新的、增值的信息产品，最终为不同层次的科学决策服务的一项具有科研性质的智能活动。

综上所述，信息分析是以社会需求为基础，以先进的信息技术和方法为手段，以形成增值的知识产品为决策科学化服务为主要目的的一种知识生产活动。面对信息爆炸的今天，要求有行之有效的方法与之相适应，才能从大量无序信息中提炼出有价值的信息。

2. 学习信息分析的意义

信息分析是利用文献信息的主要手段之一，学习信息分析具有重要的实际意义。

(1) 从人才培养的宏观角度来说，信息分析能力是大学生整体素质重要组成部分之一。正如本书第一章所介绍的"信息素养"是 21 世纪大学生必备的素质之一。作为信息素养的有机组成部分，在了解医学信息检索基本知识和基本过程，掌握各种医学文献数据库的检索技能之后，更应注重文献信息分析能力的培养。

(2) 从个人专业发展的微观角度来说，对于从事医学科学研究和医疗实践的医学生而言，要进行有效的学习和实验，掌握信息分析技能是其未来生存和发展的基础。只有这样，才能对信息的价值进行判断，迅速选取有用的信息资源，发现文献信息中隐含的相互关联，从而掌握相关学术领域知识，提高自己的学术水平。

(3) 从生存发展环境的客观角度来说，在当今信息爆炸的时代里，文献信息数量呈指数方式增长，医学专业人员面临着海量的信息，如何利用信息分析技术，从大量的文献信息中获取自己所需要的那部分信息，日益成为医学专业人员需要掌握的重要技能之一。

3. 信息分析的内容

信息分析的目的主要是为决策服务。它既可为战略决策服务，也可为战术技术发展服务；既可为科研服务，也可为生产、教育或其他事业服务，并且越来越成为国家经济发展决策的一个重要依据。总的说来，信息分析研究的主要内容包括以下几个方面：一是科技发展的动态信息的分析研究；二是专业、学科或单项和综合技术信息的综合分析研究；三是科技、经济发展决策和管理信息的分析研究；四是技术经济信息的分析研究；五是市场信息的分析研究。

4. 信息分析的类型

由于信息分析涉及社会的方方面面，采用了各种各样的研究方法，因而根据不同的划分标准，可以将信息分析分为各种不同的类型。

1) 按领域划分

一项信息分析任务，总是由各种相互联系的不同领域的信息构成的。这些领域大致可以分为政治(含外交)、经济(含产业)、社会、科学技术、交通通信、人物、军事等。当然就某个具体领域而言，进行信息分析时要考虑各自不同的要素，同时还要考虑这些领域之间的相互关系。

2) 按内容划分

从信息分析的研究内容上看，信息分析主要有跟踪、比较、预测和评价等几种类型。

① 跟踪型信息分析。跟踪型信息分析是基础性工作，无论哪个领域的信息分析研究，没有基础数据和资料都难以开展工作。跟踪型信息分析又可分为两种，即技术跟踪型和政策跟踪型。常规的方法是搜集和加工信息，建立文献型、事实型和数值型数据库作为常备工具，加上一定的定性分析。这种类型的信息分析可以掌握各个领域的发展趋势，及时了解新动向和新发展，从而发现问题和提出问题。

② 比较型信息分析。比较型信息分析是决策研究中广泛采用的方法。只有通过比较，才能认识不同事物间的差异，从而提出问题、确定目标、拟订方案并做出选择。比较可以是定性的，也可以是定量的，或者是定性与定量相结合的。

③ 预测型信息分析。预测型信息分析涉及的范围非常广泛，大到为国家宏观战略决策进行长期预测，小到为企业经营活动提供咨询的短期市场预测，其工作方法大致可以分为定性预测和定量预测两大类。所谓预测，就是利用已经掌握的情况、知识和手段，预先推知和判断事物的未来或未知状况。

④ 评价型信息分析。评价型信息分析一般需要经过以下几个步骤：前提条件的探讨、评价对象的分析、评价项目的选定、评价函数的确定、评价值的计算和综合评价等。评价方法有多种多样，如层次分析法、模糊综合评价法等。评价是决策的前提，决策是评价的继续。评价只有与决策联系起来才有意义，评价与决策之间没有绝对的界限。

3）按方法划分

信息分析的类型也可以按照所采用的方法来划分，一般可以分为定性分析方法和定量分析方法两种。定性分析方法一般不涉及变量关系，主要依靠逻辑思维功能来分析问题；而定量分析方法肯定要涉及变量关系，主要是依据数学函数形式来进行计算求解。定性分析方法有比较、推理、分析与综合等；定量分析方法有回归分析法、时间序列法等。由于信息分析问题的复杂性，很多问题的解决既涉及定性分析，也涉及定量分析，因而定性分析和定量分析方法相结合的运用也越来越普遍。

5. 信息分析的功能

（1）整理功能：对信息进行搜集和组织，使之由无序变为有序。

（2）评价功能：对信息价值进行评定，以达到去粗取精、去伪存真、辨新、权重、评价和荐优的目的。

（3）预测功能：通过对已知信息内容的分析，获取未知或未来信息。

（4）反馈功能：根据实际效果对评价和预测结论进行审议、修改和补充。

6. 信息分析的特点

1）研究课题的针对性与灵活性

研究课题的针对性体现在两个方面：一是研究课题来源和研究本身具有目的性，即研究人员要根据社会需要和特定的委托，确定研究课题和研究目标；二是最终产品对用户的适用性，如在产品的内容、制作方式和传递渠道上适合特定用户在不同场合和不同时间的实际情况需要。

同时，信息分析工作又具有一定的灵活性。在选择课题时，根据社会需要可以有多种选择。在一次选择中，又可以根据课题性质、急迫性与重要性、信息可获得性、人员与设备条件等做出选择。对于委托研究项目，对委托方提出的研究课题和目标，要从全局和实际情况出发，对研究内容和目标进行必要的调整。搜集信息与选择研究方法时，应根据工作条件、课题要求、目标、费用与时间要求等进行灵活处理。在研究工作过程中，有时会发现新事物、新情况和新问题，以至于需要调整研究目标和研究方向，研究人员需要在仔细核对、综合平衡和向委托者进行充分说明之后，调整研究课题，以使研究工作与目标更有价值和更富有成就。

2）研究内容的综合性与系统性

信息分析工作通过系统的加工整理，可以使分散的、片面的、无序的、零星的知识系统有序和完整。实际上，这一过程是以分析为基础的信息综合和再创造的过程。信息分析的综合性和系统性除表现为所涉及的大量相关信息的系统性外，还有其他表现，如采用的方法及手段的综合性和系统性，所应用的学科知识的综合性和系统性，所需要研究的因素的综合性和系统性等。

3）研究方法的科学性与特殊性

信息分析工作是一项科学工作，它建立在科学理论与方法的基础上，具有科学研究活动的一般特性。具体表现在以下几方面。

① 采用科学的研究方法。在具体研究工作中，信息分析常使用包括数学、逻辑和系统分析等多种定性和定量的研究方法，其研究工具常借助于计算机，其研究结果要通过科学手段进行检验并在检验中修正和改进。

② 数据的客观性和结论的准确性。信息分析是以大量文献信息为对象的，它们客观地记录了各种数据和事实。根据这些客观事实和数据，信息分析人员进行客观分析，通过辨别真伪、去粗取精和去伪存真，从而得出正确的结论。

③ 研究的相对独立性。这是科学研究的基本要求，否则容易使信息分析失去科学性。信息分析的研究内容决定了其研究方法的特殊性：一是基本上不采用实验和实验手段；二是搜集的资料比一般科学研究要广泛而且系统；三是作为对象而搜集的不仅仅是文献，还包括实物信息和口头信息等；四是搜集方式多样化，不仅通过正规交流渠道获得文献和数据，还可以通过参观、访问、讨论会和发放调查表等非正规交流渠道来搜集信息。

4）研究工作的预测性和近似性

信息分析是科学管理的一个重要组成部分。信息分析要为决策提供依据，就不能不对未来做出预测，或者对已发生事件的未知状态的估计和推断。这些预估和推测，尽管有科学的依据、科学的态度和科学的方法作基础，但毕竟是简约化后对事物发展变化实际情况的一种近似反映。由于受到各种不断变化着的因素的影响，同实际情况相比，信息分析与预测结果往往会出现一定的偏差，因而只是一个近似值。

5）研究成果的智能性和创造性

信息分析是对各种相关信息的深度加工，是一种深层次或高层次的信息服务，是一项具体研究性质的智能活动。对一项具体的信息研究工作来说，研究人员总是面对新情况、新问题和新事物，需要在全面搜集有关信息的基础上，通过创造性的智力劳动，然后提出对有关问题和事物的正确认识和看法，发现事物的规律和未曾被认识的方面，为认识与实践活动提供有创见的和具有一定价值的指导意见。最终完成的信息分析产品是智力劳动的产物，是不同于原来信息的新的知识。因而信息分析工作具有鲜明的创造性，也正是这一特点使得该工作具有重要的社会价值。

6）研究结论的局限性

信息分析人员对研究对象的认识，往往受到其学识、经验、观察分析能力的限制，受到所搜集到的原始信息的质和量的限制，受到信息处理方式的限制。因此，信息分析与预测有时并不够深刻和全面，其结果往往具有一定的局限性。

正确认识信息分析的上述特点，有助于客观公正地看待信息分析的结果。在实际工作中，应采取既相信又不迷信的态度，具体问题具体分析。只有这样，才能很好地发挥信息分析与预测对科学决策、市场开拓等活动的支持作用。

二、信息分析方法与步骤

目前，对于研究方法的分类尚无统一的标准，从不同的角度可以进行不同的分类。同任何科学研究一样，医学信息分析也要采用各种方法，对方法的合理使用是决定信息分析水平和效率及信息分析质量和效益的重要因素。医学信息分析方法是指医学信息分析研究过程中所采取的一切方法和技巧的总和。医学信息分析是信息分析的重要组成部分，遵循信息

分析的活动规律。

1. 信息分析方法的来源

信息分析是一项综合性很强的学科。它与自然科学、社会科学、管理科学、决策学、系统工程等诸多学科相互联系和交叉。这种特点决定了信息分析几乎没有自己专用的研究方法，所用的方法多数是从自然科学、社会科学和某些边缘学科的研究方法中借鉴过来的。信息分析主要有以下六个来源。

(1) 逻辑学的方法：如分解与综合、归纳与演绎、比较与分类、联想与反驳等都要借助于逻辑工具，这些定性思维主要用到形式逻辑和辩证思维。

(2) 系统分析的方法：如关联树法、环境扫描 OSA 方法等。

(3) 图书情报学的方法：如目录学方法、文献检索方法、文献计量学方法、文献综合加工方法等，特别是文献计量学方法中的引文分析法和内容分析法，已发展成为信息分析中具有独特功能的和有效的专门方法。

(4) 社会学的方法：如社会调查方法等。

(5) 统计学的方法：如相关分析、回归分析、聚类分析、确立模型等具体的专门方法，大多来源于统计学，主要是数理统计学。

(6) 未来学(预测学)的方法：如趋势外推法、特尔菲法等。

从原则上讲，信息分析方法的来源是广泛而不受限制的。上述六个领域是其主要来源，对理解和学习信息分析是最基本的，也是对信息分析方法的框架影响最大的和最相关的六个领域。因此，这些领域的有关知识对信息分析方法的形成是重要的，是掌握信息分析方法的背景知识。除此之外，信息分析已进入计算机辅助的新阶段，对计算机辅助信息分析而言，软件技术及有关的计算机应用技术使信息分析的方法和手段产生某些重大的甚至是意想不到的变化，故也应该予以高度的关注和重视。

2. 信息分析的基本方法

信息分析是在吸收和移植其他学科的研究方法过程中不断发展起来的，一方面逐步形成了信息分析的基本方法，另一方面信息分析方法向多元化方向发展，从而促使信息分析方法体系的研究也呈现出多元化的趋势。

1) 信息分析方法的种类

信息分析的方法很多，大致可归纳为定性分析、定量分析和定性定量分析三大类。

定性分析是在逻辑分析、判断推理的基础上发展起来的，是传统的信息研究的主要方法。定性分析是运用比较、分析、类比、分类和综合、归纳与演绎等逻辑学方法对信息进行分析研究，从而得出研究对象质的特征的一类方法。常用的定性分析方法有综合分析法、比较分析法、相关分析法、典型分析法和专家调查法等。

定量分析是运用数学方法对研究对象的本质特征进行量化描述与分析的方法。量化描述主要通过数学模型来实现，定量分析也可以说是利用数学模型进行信息分析与研究的方法。其核心技术是数学模型的建立、求解和对模型解的评价判定。常用的定量分析方法有文献计量分析法、趋势外推法、回归分析法、时间序列法、聚类分析法和主成分分析法等。

定性定量分析也称半定量分析，是指定性分析和定量分析两者相结合的一种分析方法。常用的定性定量分析方法有内容分析法、层次分析法和模糊评价法等。

2）几种比较常用的信息分析方法

(1) 比较分析法，是确定事物之间差异点和共同点的逻辑方法，是对所搜集的信息资料进行比较、鉴别和判断的一种方法，也是信息分析中最常用、最基本的一种定性分析方法。在信息分析与研究中，常见的比较对象有科学研究水平、发展条件和发展特点的比较，社会发展的条件及历史背景的比较，某一学科或技术发展历史和现状的比较，工业技术水平的对比，技术方案和决策方案的比较，市场需求与销售情况的比较等多个方面。根据不同的标准和角度，比较分析法可归纳为纵向比较法和横向比较法。

① 纵向比较法：对同一事物不同时期的状况进行比较，如数量、质量、性能、参数、速度和效益等特征进行比较，认识事物的过去、现在和未来发展趋势，提示事物的发展过程。由于这是同一事物在时间上的比较，所以又称为动态比较。

② 横向比较法：对不同区域比较，如对不同国家、地区和部门的同类事物进行比较，找出差距，判明优劣。这种方法主要用于同时期内科学研究、科学技术和管理决策等方面水平的比较。由于这是同类事物在空间上的比较，所以又称为静态比较。

对比分析法通常采用三种方式进行对比，即数字对比、图示对比和文字描述对比。应用比较分析法必须抓住主要矛盾，要注意在时间、空间范畴等方面的可比性，防止认识上的片面性，避免表面化。

(2) 相关分析法，是指事物之间或者事物内部各个组成成分之间经常存在某种关系，比如现象与本质、原因与结果、目标与途径、事物与条件等关系，通过分析这些关系，可以从一种或几种已知的事物来判断或推知未知的事物，这就是相关分析法。相关分析法涉及研究对象的质和量两个方面，包含定性分析和定量分析两项内容。这种分析方法的特点是由此及彼、由表及里，应用非常广泛，尤其适用于军事技术、专利及其他难得到的技术情况的研究。例如，利用相关法分析专利文献发表数量，预测技术的发展阶段。在各类文献信息中，专利文献是显示科学技术发展的最敏感的指标。如果对有关某项技术的专利文献进行全面的调查统计，并按照时间顺序画出专利文献量的变化曲线，那么这条曲线一般能够准确地反映出该项技术的兴起、发展、全盛和衰落。

(3) 综合分析法，又称综合归纳法，把与研究对象有关的情况、数据和素材进行归纳与综合，把事物的各个部分、各个方面和各种因素联系起来考虑，从错综复杂的现象中探索他们之间的相互关系，以达到从整体的角度通观事物发展的全貌和全过程，从而获得新的认识和新的结论的目的，是一种常用的定性分析方法。在信息分析研究中，经常应用综合法。例如，产品信息分析总是先调查国内外同类产品材质、结构和性能，搜集并分析各项技术参数，然后对各家的优点进行综合，把技术的先进性同本企业技术水平、能源、材料、设备能力、人员状况、市场销售潜力及企业管理水平等各方面综合起来，最后提出对新产品开发或技术改造的具体建议。

(4) 引文分析法，是文献计量分析中的一种经典方法，也是应用广泛的方法之一。文献计量分析法是以文献为对象，以数学和统计学为手段，用量的概念表述科学现象的一种宏观研究方法。它是集数学、统计学和文献学为一体，对文献信息进行定量分析的一门交叉学科。构成文献计量学核心的几个规律是文献增长率、文献老化率、文献离散定律、文献引用定律和论文作者分布定律，在文献计量过程中可依据这些经验规律分析研究被研究对象的定量特征。例如，利用文献增长定律可以帮助掌握某项技术发展的动态过程和所达到的水平；研究文献老化定律可以帮助判断某项技术的发展速度、适用时间及可能被淘汰的年限；运用文献离散定律及其等级排列技术和分析方法可进行学科幅度比较，判断有关学科领域范围的大小及发展的成熟程度；利用文献引用定律可研究学科的分类和发展问题等。引文分析法就是从引文入手，利用数学、统计学等方法和比较、归纳、抽象、概括等逻辑方法，对科学期刊、论文和著者等各种分析对象的引用与被引用现象进行分析，以便揭示其数量特征和内在规律的一种文献计量分析方法。

① 引文测度的测度指标概念，主要包括：

a. 引文率。期刊引文率等于被测期刊中参考文献的数量除以载文量。

b. 期刊载文量。在抽样时间内，被测期刊登载论文的数量。

c. 期刊被引量。在抽样时间内，被测期刊被其他期刊引用的数量。几种不同的计算方法：一是凡属被测期刊的论文一经引用，就算作一个单位，即使是同一篇来源文献重复引用该篇文献，均作独立次数计算。二是期刊被引量只包括引用被测期刊的来源论文的数量，同一篇来源论文如果引用被测期刊的多篇文献，即使不同也只能计算为一个单位。三是期刊被引量就是被测期刊的论文被引用的次数，但同一篇来源论文重复引用的同一参考文献只作一次计算，实际上是被引用的期刊论文数。

d. 期刊引用量。期刊引用量是与期刊被引量相对应的指标，即被测期刊引用其他期刊的次数。

e. 影响因子。影响因子是指一种期刊中论文的平均被引率，等于期刊论文被引量与可引论文总数之比。

f. 学科影响因子。学科影响因子与影响因子相类似。所不同的是影响因子是测度某一给定期刊中论文的平均被引次数，而学科影响因子则是测度某刊中论文被某一学科的核心期刊所引用的平均次数。

g. 当年被引指数。当年被引指数是用于测度期刊被利用速度的指标，也是衡量期刊重要性的一种判据，一般为期刊某年发表的论文的当年被引用的平均次数。

h. 引证系数和被引证系数。引证系数和被引证系数是各种期刊或各学科文献之间引用关系的测度，可从引用或被引用的角度反映出科学文献相互引用的分类结构和关系。

② 引文分析的类型。引文分析的类型可以从多个角度进行划分。从引文的出发点和内容来看，引文分析分为三种基本类型：一是从引文的数量进行分析，用于评价期刊、论文；二是从引文间的网状和链状关系来分析，用于揭示学科的发展及联系；三是从引文的主题相关性方面分析，用于揭示科学结构、学科的相关程度和进行文献检索。从文献引证的相关程度来看，引文分析分为自引分析、互引分析和三引分析等类型。

③ 引文的主要指标分析。科学引文的指标分析，对于改善文献信息工作和管理，提高文献信息定量研究的水平都具有重要意义。引文指标分析包括引文年代、引文语种、引文类型、引文国别、引文作者和引证经典著作等的分析。

a. 引文年代分析。从时间的角度对引文分布规律进行分析是引文分析的主要内容之一。它可以反映出被引文献的出版、传播和利用情况，特别是在文献老化和科技史的研究中，引文年代分布的分析更是一种广泛应用的有效方法。许多研究表明，引文的分布随时间呈现出一定的规律性，即一般来说，随着年度的由远而近，引文量呈增长趋势，即时间愈近，被引用的文献愈多。

b. 引文语种分析。被引用文献是由不同语种的文献构成的，某一语种的文献被引用量愈大，则说明该语种具有比较重要的地位和较高的常用性。同时，引文语种分布还有一个明显特点，即对不同学科或专业来说，引文语种分布是不尽相同的。考察和分析引文语种的分布，对人们有计划地引进外文文献、译文选题和外语教育等都很有参考价值。

c. 引文类型分析。科学研究中引用的文献面很广，有期刊、图书和特种文献等。一般来说，在被引文献中，期刊论文所占比例最大，其次是图书，特种文献中的专利说明书、科技报告、会议文献、技术标准、产品样本和学位论文等类型的被引率近年来有上升的趋势，说明这些文献信息日益得到人们的重视。

d. 引文国别分析。由于科学研究的需要，任何一个国家的科技工作者都不可避免地要引用别国的科学文献，这样就形成了引文按国家分布的情况。对引文的国别分析，特别是各国文献互引情况的统计分析，可以探明各国互引文献的状况，弄清国际文献交流的数量和流向。这对于我们研究各国的科学发展水平和技术实力，制定合理的技术引进政策，都具有较为重要的意义。

④ 引文分析的评价。引文分析的评价主要在于：一是可以测定学科的影响和重要性；二是研究科学结构；三是反映成果的学术价值和期刊的学术地位，确定核心期刊；四是研究科学交流和情报传递规律，研究文献老化和情报利用规律，指导文献收藏；五是研究情报用户的需求特点；六是评估某一组织结构、国家及地区的科学能力和学术水平，以及评价人才。

⑤ 引文分析的局限性。引文分析的应用范围虽然比较广泛，但它也有自身无法克服的局限性，具体表现在以下几方面。

a. 文献被引用并不完全等于重要，而复杂的引用动机造成引文重要程度不均衡。某些有错误观点、结论或有争议的论文，后人对其批评商榷，被引次数可能很高。有些文献被引用次数少，也不能一概认为不重要，可能受到所发表的刊物、时间等因素的影响。有的重要论著因问题过于专深，曲高和寡，被引用率也很低。

b. 著者选用引文会受到各种因素(如可获得性)的影响。美国著名的情报学家兰开斯特曾指出："用户对情报源的选择几乎是唯一性地建立在可接近性的基础之上。"许多研究者也发现，作者选用的参考文献一般以占有、方便为准，引文并不一定是最好的，它们还要受到作者的情报能力(如检索能力、外语水平、理解能力、评价能力)和情报保障(即有关的图书情报部门能否提供有效服务)等因素的影响。

c. 在引用关系上假联系也会影响到引文分析。引用和被引用文献的关系比较复杂，有的引用量多，有的引用量少；有的引用方法，有的引用结论。其引用的程度和内容不相同，引文与原著的关系就不一样。在引文分析实践中，一般只是根据引文的数量来考察，而不管其引用性质如何，不加区分，同等对待。

d. 在文献引用方面始终存在着马太效应的影响。某种期刊因为发表了名人的论文而为众人所引用，以致引起连锁反应，结果被引用率很高。有时"引用"也会成为一种风气，并非是论著的实际需要，这些都会掩盖和影响文献引用的真实性。

(5) 专家调查法，是以专家作为索取信息的对象，依靠专家的知识和经验，通过专家调查对问题作出判断、评估和预测的一种方法。实质是在缺乏足够统计数据和原始资料的情况下，对定性问题作定量估价的方法，能反映出政策和社会影响等因素。专家调查法采用函询调查，对所研究预测问题有关的领域的专家分别提出问题，而后将他们回答的意见综合、

整理、归纳并匿名反馈给各个专家，再次征求意见，然后再加以综合、反馈。这样经过多次反复循环，最后得到一个比较一致且较可靠的结论。

专家调查法又可分为专家个人调查法、专家会议调查法、头脑风暴法、德尔菲法和交叉影响法等。其中，德尔菲法是最重要的一种，又称规定程序专家调查法，按一定程序向有关领域的专家进行调查，通过专家判断和定性、定量的综合分析，经几次反复，最后得出预测结果。德尔菲法是一种广为适用的研究预测方法，并逐步成为一种重要的决策工具。特别重要的是调查表的制定，调查表的优劣将决定调查意见的准确性，因而调查表制作要注意以下几点：一是对德尔菲法做出简要说明；二是问题要集中；三是避免组合时间；四是用词要确切；五是调查表要简化；六是要限制问题的数量。

(6) 内容分析法，是一种对文献内容做客观系统的定量分析的专门方法，其目的是弄清或测验文献中本质性的事实和趋势，揭示文献所含有的隐性情报内容，对事物发展作情报预测。它是一种半定量分析研究方法，其基本做法是把媒介上的文字、非量化的有交流价值的信息转化为定量的数据，建立有意义的类目分解交流内容，并以此来分析信息的某些特征。

① 内容分析法的优点，主要包括：

a. 比较客观的研究方法。内容分析法是一种规范的方法，类目定义和操作规则十分明确与全面，要求研究人员根据预先设定的计划按步骤进行。研究人员的主观态度不容易影响研究的结果，不同的研究人员或同一研究人员在不同时间里重复这个过程，都会得到相同的结论。如果出现不同，就要考虑研究过程存在什么问题。

b. 结构化研究。内容分析法的目标明确，对分析过程高度控制，所有的参与者按照事先安排的方法程序操作执行。结构化的最大优点是结果便于量化与统计分析，便于用计算机模拟与处理相关数据。

c. 非接触研究。内容分析法不以人为对象而以事物为对象。研究人员与被研究事物之间没有任何互动，被研究的事物也不会对研究人员做出反应，研究人员主观态度不易干扰研究对象，这种非接触性研究比接触性研究的效果好。

d. 定量与定性结合。内容分析法最根本的优点是定量与定性相结合。它以定性研究为前提，找出能反映文献信息内容的一定本质的量的特征，并将其转化为定量的数据。但定量数据只不过是把定性分析已经确定的关系性质转化成数学语言，不管数据多么完美无缺，仅是对事物现象方面的认识，不能取代定性研究。因此，这种优点能够达到对文献信息内容所反映"质"的更深刻、更精确和更全面的认识，得出科学、完整和符合事实的结论，获得一般从定性分析中难以找到的联系和规律。

e. 揭示文献信息的隐性内容。内容分析法可以揭示文献信息内容的本质，查明几年来某专题的客观事实和变化趋势，追溯学术发展的轨迹，描述学术发展的历程，依据标准鉴别文献信息内容的优劣。同时，可以揭示宣传的技巧和策略，衡量文献信息内容的可读性，发现作者的个人风格，分辨不同时期的文献信息体裁类型特征，反映个人与团体的态度和兴趣，获取政治、军事和经济情报，揭示人们关注的焦点等。

② 内容分析法的步骤。运用内容分析法进行研究大致可分为以下六个步骤，其中分析单元和内容分类是两个关键步骤。

a. 确定研究问题或假设。内容分析必须有严密周到的思索，通过反复阅读文献信息，增益思维，形成研究问题或假设。这种假设也可以来自个人预感和常识，也可以从已有的理论、原先的类似研究结果或实际问题中得出。

b. 抽取样本。先要选择信息源，考虑对本课题关系最密切、信息含量大、系统连续和学术价值较高的文献信息。如果资料众多，还必须对它们进行抽样。研究人员要熟悉资料结构及群体特征，选定适当的抽样方法。一般分层随机抽样与多阶段随机抽样的使用较为普遍。

c. 界定分析单元。分析单元是实际计算描述或解释的最小元素，是内容分析要具体统计的对象，其关系重大，也是最难解决的问题。分析单元可以通过查找专业词表、主题字顺索引及分类类目表或通过分析基本文献信息来确定，可以是词语、句子、整篇文章等。要注意的是分析单元应彼此独立和排斥，并合在一起应能反映研究课题的基本思想内容。

d. 对分析的内容进行分类。这是内容分析的核心工作，常见的一些分类标准是题材、倾向性、价值观、主题等。分类类目要能回答研究的问题或验证假设，方便研究要分析的问题，同时还可以借鉴别的研究标准。

e. 建立量化系统，对内容评分。量化系统通常包括“定序尺度”和“比率尺度”等，采取何种量化方法也要依据具体的问题，有时会采用两种或两种以上的标准，以便取长补短。评分时一般要制定表格，认真填好分析单元分布表，对表中所列内容不能主观臆断，特别是那些隐含的观察单元，一定要搞清含义再归类计数。

f. 分析资料，做出解释与推论。依照量化系统的特性，确定资料处理分析方法。一般可采用描述性统计分析，然后做出解释。

③ 内容分析法的类型。关于内容分析法的种类，可以从不同角度划分。其中，美国内容分析专家贾尼斯作了简洁而有实质意义的划分，他将内容分析区分为实用的、语义的和符号的三种类型。如果从内容分析所采用的分析单元来区分，则主要有词频分析和篇幅分析，其中词频分析又包括主题词词频分析和指示词词频分析。

a. 主题词词频分析。主题词词频分析是指用主题词作为分析单元，从统计所分析的对象中有关主题词出现的频次为基础进行分析和推断。所用的主题词取自主题词表或数据库的叙词表，因而是用现成的、通用的高度规范的词汇作为分析单元。使用这种规范的分析单元比较可靠和方便，但有可能难以揭示一些特定的内容，因而要求熟悉文献标引和有关专业的知识。

b. 指示词词频分析。指示词词频分析是用特定的指示词作为分析单元，根据其频次进行分析判断。指示词是文献信息内容中能反映特定概念的实义词，是依据具体的分析对象和分析目标专门选定的，因而指示词是非标准或非规范的。用指示词作分析单元，其最大的优点是有可能满足特定的分析需要，较为灵活，便于解决一些专门性的问题，但由于无法利用现成的规范的文献标引，要在所选定的指示词的基础上专门建立有关的数据库，往往工作量要大得多。

c. 篇幅分析。篇幅分析是以具有独立意义的内容篇幅作为分析单元，根据对有关内容的比重结构及数量变化等进行分析和推测。内容篇幅的统计以标准页或单篇报道等作为单位。一般来说，进行篇幅分析的工作量比较大。

④ 内容分析法的局限，主要表现在以下几个方面。

a. 不是所有的文献都能运用内容分析法进行分析。作为内容分析法的对象，一般应满足下列两个条件：一是形式化原则，即从所研究的文献信息中能够抽取便于可靠统计的、具有单义特征的分析单元。二是统计原则。要求有一定数量的文献信息集合,以便保证内容分析时达到足够的统计量和相遇频数。单篇文献或少量资料都不能作为内容分析法的对象。

b. 内容分析法的方法背景是归纳法,所以内容分析法只能从已有的事实、数据等信息中产生出原先未发现的或不明显的新的信息或趋势,而不可能超越和脱离所分析的文献得出或提出完全新颖的问题或因素。换言之,内容分析法依赖客观,而不是一种发挥想象的开放式的方法。

c. 内容分析法实施的工作量较大,所需投入的时间也较长。特别在一些长期跟踪或大范围扫描的内部分析工作中,对人力和时间的要求更加突出,手工操作不易胜任,因而需要尽可能采用计算机辅助分析。

⑤ 内容分析法的应用。内容分析法的适用范围比较广泛。一方面,就研究材料的性质而言,它适合任何形态的材料,包括文字记录形态类型的材料和非文字记录形态类型的材料(如广播与演讲录音、电视节目、动作与姿态的录像等)。另一方面,就研究材料的来源而言,它既可以对用于其他目的的许多现有材料进行分析,也可以为某一特定的研究目的而专门搜集有关材料,然后再进行评判分析。同时,就分析的侧重点来讲,它既可以着重于材料的内容,也可以着重于材料的结构,或对两者都予以分析。内容分析法的适用范围虽然较广,但适合它的内容一般应具有能重复操作、被人的感官体验、意义明显和可以直接理解等特征。通常对不具备这些特点的、潜在的和深层的内容不适于采用内容分析法进行研究,否则难以保证结果的准确性和客观性。

3. 医学信息分析的步骤

信息分析与其他科学研究一样,是人类认识世界和改造世界的活动。对于一个具体的医学研究课题,从选题开始到研究工作的结束,是认识不断深化和逐步提高的过程。一个完整的信息分析与研究过程,一般包括课题选择、制定分析研究计划、医学信息搜集、医学信息整理与鉴别、医学信息分析研究、撰写分析研究报告等几个环节。

1) 课题选择

选题是医学信息分析的第一步,既关系到信息分析研究的方向,也关系到信息分析研究的结果,是决定课题成败的关键。如果选题不当,不管搜集到的信息资料多么完整,报告多么精练,也只能是事倍功半。医学信息分析的范围极其广泛,研究的课题也是多方面的。因此,如何发现问题、提出问题、形成课题、选择课题就成为医学信息分析的关键步骤。

(1) 课题来源。从课题提出这个角度来划分,医学信息分析课题一般来源于三个方面,即上级下达的指令性课题、信息用户委托的课题和信息研究人员自选的课题。

① 上级下达的指令性课题。各级主管部门根据某一时期本地区或本部门医学发展过程中需要解决的重点问题,直接向其下属信息分析机构下达调研课题。这类课题针对性很强,不仅任务要求明确具体,而且时间性强,大部分是一次性任务,没有连续性。此外,各级主管部门有时也根据当前医学科学技术发展的特点及当时当地的具体条件,向下属信息分析机构提出一些笼统的带有方向性的课题范围。信息分析人员按照这个课题方向寻找突破口,确定具体课题。不同级别的主管部门提出的研究课题涉及的范围也不相同,有的课题是宏观的、带有战略性的,关系到国家政策的制定或地方医疗卫生事业的发展。有的则是微观性的课题,只涉及某种产品的更新换代,某项技术的改革,或者为了配合技术引进和出国考

察等等。

② 信息用户委托的课题。这类课题主要是科学研究和生产实践中出现的需要解决的问题。随着医学科学的飞速发展，信息用户委托的课题正在逐年增多，这也是信息分析机构课题的主要来源。各类医学信息用户由于进行临床诊疗、科研和教学等活动，常会出现对医学信息分析的需求，而我国医疗卫生单位的信息工作普遍比较薄弱。因此，用户会以各种形式提出信息分析课题，委托信息分析机构帮助解决。典型做法是在信息供求双方之间的往来中注入市场机制，以经济杠杆平衡供求比例、品种和质量。信息用户一般将这类课题以咨询委托书的形式提交给信息分析机构，咨询委托书的内容包括咨询内容和要求、形式、进度和经费等项目。这种信息供求模式具有灵活性、开放性、竞争性和高效性特点，因而广受信息用户和信息分析机构的青睐。

③ 信息研究人员自选的课题。这类课题主要是信息分析人员根据长期积累和主动调查，针对医学发展的实际需要总结出来的。由于信息分析人员长期从事信息分析活动，不仅积累了大量的源信息，熟悉社会信息需求，而且涉猎领域广、思路开阔，能在总体上把握某一学科或某一领域当前的动态、存在的问题、解决的办法和发展的趋势，因而由他们替代用户超前提出信息需求形成课题是完全可能的。

(2) 选题原则。在确定课题之前，应遵循以下几个原则。

① 政策性原则。信息分析是为国民经济和社会发展各领域的科学决策服务的，其选题首先应当以国家的各项政策为依据，在政策指导和约束下的信息分析课题必定具有方向性和前瞻性，尤其是一些宏观课题的选择，更要带有战略性和预测性。

② 必要性原则。信息分析课题的选择应该是必要的，而不是重复和可有可无的。一般来说，只要与国民经济和社会发展需要相吻合、与用户需求相一致的选题就是必要的。

③ 可行性原则。信息分析课题的选择不仅要根据用户的客观需要，还应当根据信息分析机构的自身条件来考虑完成课题的可行性，即从人力、财力、物力和时间等方面考虑是否能够顺利完成课题。

④ 效益性原则。从经济学角度分析，投入与产出是相辅相成的，只有投入没有产出的信息分析选题是没有经济效益的，它直接影响到信息分析机构的生存；从社会学角度分析，没有社会效益的信息分析选题不会被社会所接受。因此，选题的效益性原则就是指信息分析的课题应当做到经济效益和社会效益相结合，当两者发生冲突时，应当将社会效益放在第一位。

(3) 课题类型。医学信息分析的领域十分广泛。大到宏观政策与规划的制定，小到临床或医学科研中的某些具体问题，都可以构成医学信息分析的课题。目前，医学信息分析的课题主要有以下几个方面。

① 为制定政策进行信息分析。通过搜集各方面的信息，为政策和计划的制定提供可靠的依据。

② 配合科研项目的课题。科研工作要想取得新的突破和进展，必须以别人研究的重点作为自己的起点。为此，在确定科研课题之前，必须先进行相关方面信息的调查分析，确定这个课题是否已经有人做过，目前已经进行到何种程度，还有哪些方面值得进一步深入研究或者哪些问题没有解决，以便少走或不走弯路，节省资源。

③ 配合大型工程项目的课题。大型工程项目的建设，必须进行认真细致的调研论证，

分析其技术的先进性、经济的合理性和社会的可行性等。

④ 配合技术与设备引进的课题。在引进技术设备之前，必须掌握国内外该项技术或设备的性能、特点、技术经济指标和适用范围等，并对各国同类技术或设备的各项指标进行比较。

⑤ 配合产品开发的课题。必须对国内外的产销情况、同类产品的水平及某国某地区的风俗人情等进行调查分析。通过对已有市场信息的分析，挖掘出新的商机，开发适应市场的新产品，从而赢得时间，占领市场，获得巨大的经济效益。

⑥ 配合管理活动的课题。管理必须依靠对信息的充分掌握和及时的分析预测。没有信息依据，管理是句空话；没有分析和预测，管理是滞后的。管理水平的高低在很大程度上取决于管理人员的信息素质，其对信息的敏感程度和重视程度将直接影响其管理理念。

(4) 选题程序。不论是哪种类型的课题，其目的都是满足用户的需求。因此，选题应严格遵循科学研究和社会实践活动的规律，按照科学的程序进行。

① 课题提出。对于上级主管部门和信息用户委托的课题，在开始提出的时候往往是目标不够明确、任务范围不够具体，信息分析人员在这一阶段的主要工作是对提出的课题进行形式上的整理、归纳和粗略的分析研究，以使课题明确化，如初步明确其目的、意义、要求、内容、难度、费用和完成期限等，必要时要与上级主管人员或信息用户进行交流和洽谈，以便准确地把握课题内容和要求。对于信息分析人员自己提出的课题，在很大程度上取决于信息分析人员的思路、知识、经验、风险意识和创新精神，取决于信息分析人员的求知欲望，以及能否敏锐地发现问题并以适当的形式揭示出来。

② 课题分析与论证。这一阶段的主要任务是进一步明确课题目的、范围、对象、意义、要求、难度、费用和完成期限，并对课题实施的政策性、必要性、可行性和效益性等进行初步论证。这项工作以大量详细的资料为前提，因而信息分析人员首先要围绕课题展开调查，采集信息资料和样本。有了大量翔实的信息资料和样本后，信息分析人员就可以进行分析研究。如果分析研究结果还进一步表明该课题的材料太多，范围太广泛，则需要考虑是否应在选题范围、完成期限和费用上做出相应的改变；如果材料极少或国内已经有人选择并研究过同一课题，则应当考虑是否放弃该课题或者调整该课题的研究方向和角度。

③ 课题选定并写出开题报告。经过分析论证的课题一般不止一个，这就需要筛选和确定。对于某些耗资多、费时长和工作量大的重大课题，还要写出开题报告，以争取外部对课题的支持或认可。开题报告的一般内容包括选题背景、选题目标（一般是综合性和总体的）、研究内容（常用工作框图表现其结构和流程）、拟解决的关键问题、技术路线、国内外研究现状和研究基础等七个方面。此外，开题报告还包括工作进度或计划、课题组成员及分工、拟邀请的协作单位和协作人员情况、用户单位基本情况、经费预算、论证意见（选题的必要性、目标的先进性和现实性、方案实施的可能性、课题组成员组成的合理性、经费预算的经济性）、论证结论、相关部门审查意见和论证组成员名单等。除了内容上的完备，开题报告还必须注意通过形式审查的相应要求。因此，必须重视阐述课题内容的角度和形式，严格按要求去表明有关内容。开题报告经确认后，如果是上级主管部门下达或信息用户委托的课题，则双方还应当就课题有关事项签订书面合同，即课题合同书。

(5) 选题注意的问题：

① 对国家的有关科学技术、经济和国防建设方针政策应有较深的领会，依据这些方针

政策来确定课题。

② 要多做实际调查，在深入了解相关领域的国内外发展状况和用户的实际需要的基础上选定课题。

③ 选题除注意客观需要外，还要特别注意完成选题的条件和实际可能性。

④ 要注意掌握时机。时机对选题很重要，决策者冥思苦想而难以决定的、大家普遍关注或普遍忽视的问题都是信息分析的好课题。课题初步确定后，应请熟悉业务的领导和专家审核。

2）制订分析研究计划

计划是行动的指南，它可以把人们的思想和行动纳入一个共同的轨道，保证研究工作有条不紊地进行。因此，研究课题确定以后，分析研究工作正式开始前的一项重要工作就是制订分析研究计划。课题越大，时间越长，参加的单位和人员越多，就越需要有一个周密而详尽的计划。对于一个大型研究课题，制订分析研究计划主要包括以下几个方面的内容。

(1) 明确课题的目的。为了使课题组成员准确把握研究工作的目标，课题计划应以简洁而清晰的文字阐明课题目的、课题提出的背景、课题拟解决的主要问题、课题服务的对象和研究成果可能取得的经济效益等。

(2) 拟定详细的调查大纲。调查大纲可以统一信息分析人员对调研目标的不同理解，决定素材搜集的范围和深度，使调研活动能按部就班地正常进行。调查大纲的具体内容一般包括调查方式、调查范围、调查步骤、调查的深度和广度等。

(3) 预计采用的研究方法。对信息进行分析的方法有很多种，不同的方法对信息采集有不同的要求。因此，要根据课题性质和研究条件，对照不同研究方法和技术的特点，预计可能要采用的合适的研究方法和技术，这样就能提高研究工作的效率。

(4) 预计分析研究的成果形式。根据调研目的和用户要求，初步设想一下研究成果的形式，是系统资料还是综合报告，是简单建议还是可行性论证，是一次性报告还是分阶段或主附件报告等。调查开始时要粗略地估计一下成果的形式，对于确定资料搜集的广度和深度，合理使用人力和科学安排时间等都有好处。

(5) 调研人员的具体分工。根据课题组成员的能力和知识结构及调研大纲的具体要求，给每一成员分配一些能够发挥其特长和优势的合适的、具体的工作任务。分工不分家，在调研过程中，各成员之间应该保持密切联系，互相协作，以保证整个研究计划顺利进行。

(6) 完成时间与实施步骤。为了检查计划的执行情况，以便发现问题及时补救，通常把调研活动划分为几个阶段，并且提出各阶段任务的预计完成时间与拟实施的步骤。

(7) 完成整个调研工作所需的条件、费用及研究成果的出版、交流等事项。

(8) 列出课题计划表。课题研究计划制订以后，还要求列出一张格式化的课题计划表，用简单明了的文字和醒目的表格，把课题名称、主要内容、完成期限及进度安排、研究条件、研究方法和技术路线、经费预算、课题负责人、协作单位或协作人、人员分工、机器设备使用情况等表示出来。课题计划表实际上是一种简单化和规格化的调研计划。

3）医学信息搜集

信息搜集是信息分析与研究工作中十分重要的一个基础环节。搜集和掌握全面的、扎实的有关研究课题的信息，是展开信息分析的根本依据。在医学信息分析预测中，需要搜集的信息可以分为文献信息和非文献信息两种类型。文献信息又根据载体的不同，分为印刷

型、缩微型、机读型和声像型四类;根据编辑出版形式不同,可以分为图书、期刊、报纸、研究报告、会议文献、专利文献、标准文献和政府出版物等类型。非文献信息可细分为实物信息和口头信息两类。由于各类信息具有不同的特点,所以要通过不同的渠道进行搜集。医学信息搜集的方法一般可以分为文献调查和实际调查两种,前者是针对文献信息的调查方法,后者是针对非文献信息的调查方法。

(1) 文献调查。手工检索与计算机检索是搜集文献信息的主要渠道,即以描述文献信息内容特征或外部特征的检索标识(如分类号、主题词、著作者、书刊名、篇名等)为检索突破口,通过检索工具(如目录、索引、文摘、文献指南、数据库等)来全面查找有关文献。手工检索的结果多是文献信息的线索,如果需要原始文献,还需要进行二次检索;计算机检索(包括脱机、联机、光盘和网络检索)则不仅能检索到文献信息的线索(如书目数据库检索),还能直接检索到原始文献(如全文数据库检索)和原始文献信息(如事实型和数值型数据库检索)。

在医学信息分析中,最常用的文献检索方法有常规法、顺查法和倒查法、追溯法、纵横法等。常规法就是以主题和分类等作为检索点,通过检索工具去获取文献。常规法适用于检索工具齐备的情况。从时间上看,如果是从与课题相关起止年代由远而近地开始查找,则是顺查法;如果是由近而远地查找,则是倒查法。当要对某一课题的产生历史、应用范围、发展概况做全面系统的了解时,通常采用顺查法检索文献;当检索目的比较明确,检索课题相对狭小时,通常采用倒查法来获取文献,以保证信息的新颖性。在检索工具不齐备的情况下,通过文章后面所附的参考文献为线索,追踪查寻,不断扩大线索,从而获得有关文献,这种方法称为追溯法,一般作为一种辅助手段使用。由于这种方法的检索面太窄,所以获得的文献不能反映课题全貌。而纵横法则是以研究课题中有代表性的作者为线索,通过检索工具向纵横两个方向扩大来获取文献。这种方法要求信息分析人员能够掌握某一领域的代表性作者,是信息分析人员在长期实践中摸索出来的一种经验性方法。纵向扩大是通过检索工具的著者索引,以时间为纵坐标,查出代表性作者的一批文章,尤其是课题研究最活跃时期撰写的文章;横向扩大是指在这些代表性作者的文章所属类别下,以学科类别为横坐标,查找出一批其他作者的文章。

对课题进行计算机检索,是既省力、省时和快捷,又有很高查全率和查准率的搜集文献信息的方法。作为信息分析人员,在医学信息分析研究中要十分重视网络信息资源的获取,应根据课题需要,熟悉该学科、专业和专题研究范围所检索的网络资源,以便迅速方便地获取信息,避免浪费查询时间。同时,经过一定时间的积累,建立网上学科、专业和专题信息引导系统,为用户提供学科信息导航,使网络信息资源学科化、专业化和专题化。

(2) 实际调查,主要包括非文献信息搜集的渠道和实际调查方法。

① 非文献信息搜集的渠道。非文献信息搜集的渠道包括口头信息搜集渠道和实物信息搜集渠道两种方式。

a. 口头信息搜集渠道。口头信息实际上是一种零次信息,主要源自国内外各种专业会议、座谈会、展览会、交易会、技术鉴定会、产品展销会、信息发布会及现场调查、个人专访和人际交谈等活动。口头信息具有速度快、内容新、针对性强和灵活生动的优点,可以弥补文献信息的不足。但同时也具有信息容易失真、搜集和保管困难、传播范围小的缺点。

b. 实物信息搜集渠道。实物信息是指以实物为载体的信息。作为实物信息载体的实物有双重使用价值:一是体现在承载信息上;二是实物本身可以直接消费,满足人们的物质需求。实物信息在其设计与生产过程中凝聚了人类的思想、知识和智慧。通过对实物质地、外观、规格、颜色、运动规律和发生装置等方面的分析研究，利用反向工程，可以推测出生产者的设计思路和加工制作方法。实物信息的搜集，一是通过参加各种信息发布会，与口头信息的搜集同步进行；二是通过参观考察来搜集。在参观考察中，被参观的单位为了扩大影响和宣传自己的产品，除了向参观者发放“情况介绍”“产品说明书”等信息外，有时还会免费赠送一些小型样品。

② 实际调查方法。实际调查是一切以信息搜集为目的的社会实践活动的总称。实际调查应该遵循客观、全面和深入的原则，才能取得良好的效果。与文献调查方法相比，实际调查方法具有针对性强，互动性好，直观性强，原始数据多，内容新，速度快，形式多样，渠道广泛等特点。实际调查具体可分为以实地参观和参加会议为代表的现场调查，以直接面谈和电话访谈为代表的访问调查、样品调查、问卷调查等四种形式。

在上述四种实际调查形式中，问卷调查是实际调查的主要方法。问卷调查是信息分析人员向被调查者发放格式统一的调查表并由被调查者填写，通过调查表的回收获取所需要的信息。其中，调查表设计得好坏直接影响到调查的质量和效果。调查表是以提问的方式搜集信息的，问什么和如何提问是调查表设计时必须考虑的。问什么是指提问的内容应包括哪些方面。至于如何提问，应从提问的方式、提问的顺序、提问的数量和难易程度、提问的语言等方面考虑。提问的方式一般有四种，即自由式、封闭式、事实性和态度测量式。提问的顺序会影响到调查表应答和回收效果，可以遵循“先大后小”原则、“先易后难”原则、“先一般后敏感”原则、“先趣味性后实质性”原则、时间性原则和相关性原则来安排所提的问题。提问的数量一般以 25 个以下为宜，答题时间控制在半小时左右，同时提问的难度应以被调查者凭经验、记忆稍加思考就能回答为宜。调查表设计时还应注意所用的提问语言，提问语言应简练、清楚和准确，避免使用模糊或双关词汇，避免引导性、假设性或一般化问题。

随着 Internet 的不断普及和网络技术的日益发展，网上调查的方法越来越得到人们的重视，并常运用于信息分析工作中。按照采用技术的不同，网上调查的方法可以分为以下几种：一是站点法，它是将调查问卷附加在一个或几个站点的网页上，由浏览这些网站的用户自愿回答问题，这是网上调查的基本方法。二是 E-mail 法，它是调查者以 E-mail 的形式将问卷发送给一些特定的网上用户，由用户填写后再以 E-mail 的形式反馈给调查者。三是随机 IP 法，它是以一批随机 IP 地址作为样本的调查方法，其理论基础是随机抽样。四是视讯会议法，它是基于 Web 的计算机辅助访问，即将分散在各地的被调查者通过 Internet 视讯会议功能虚拟地组织起来，在主持人的引导下讨论调查问题，相当于将座谈会搬到网上进行。网上调查既适合个案调查，也适合大量观察；既适合于信息服务业的营利性调查，也适合政府机构和社会团体的非营利性调查，具有广泛的应用领域。因此，网上调查方法和技术的发展无疑是实际调查方法的一场革命，有着很好的发展前景。

任何一种信息搜集渠道都有其自身的局限性。在进行课题研究的过程中，应该结合课题的性质有选择地采用各种搜集渠道。对于大型而且重要的课题，应将各种渠道与方法综合运用。

4) 医学信息整理与鉴别

通过各种方式搜集来的原始信息通常是杂乱无章的，难以作为分析研究直接利用的素材，必须进行整理与鉴别，并以便于研究的形式表达和存储起来。整理的过程是信息组织的

过程,使信息从无序变为有序,成为便于利用的形式。鉴别的过程就是将质量低劣、内容不可靠、偏离主题或者重复的资料剔除,同时也是区别重要信息与次要信息的过程,以便在选用信息资料时做到心中有数。

(1) 医学信息整理。医学信息整理一般包括形式整理与内容整理两个方面。

① 形式整理。使用不同方法、由不同人员经过不同渠道搜集来的原始信息大多数是分散和零星的,彼此之间没有内在的联系,在形式上也是多种多样的。形式整理基本上不涉及信息的具体内容,而是凭借某一外在依据,进行分门别类的整理,是一种粗线条的信息初级组织。按承载信息的载体分类整理,形式整理通常可以分为纸张、光盘、缩微品、视听材料和实物等几大类。按使用方向分类整理,形式整理包括围绕眼下正在进行的某项课题进行针对性的信息搜集,即将开展的研究课题或信息分析人员自身比较感兴趣的研究领域有关系的一些信息资料,这是为今后的研究工作做铺垫和积累的信息材料。按内容线索分类整理,并没有统一的规定具体分多少类及分哪几类,应根据课题性质和原始信息的内容而定。

② 内容整理,主要指对信息的分类、数据的汇总、观点的归纳和总结等,分别称为分类整理、数据整理和观点整理。分类整理把原始信息的内容进行细分的依据是课题所包含的对象、内容范畴、领域、主题及时空等。数据整理是在内容整理过程中,要特别注意一些连续性的数据的整理,在进行比较、鉴别、换算、订正和补遗之后制成相应的统计表和图形,以便于直接观察和分析其变化特征。在观点整理这一过程中,要注意各种观点和事实的比较,包括矛盾的观点或事实的剖析、不同观点或事实的列举、相近观点或事实的归并、相同观点或事实的去重等。

(2) 医学信息鉴别。搜集来的信息质量如何,既关系到信息本身是否有用,又关系到最终研究成果的水平。信息通常从可靠性、先进性和适用性等几个方面加以鉴别。对信息的鉴别并不仅仅贯穿于信息整理过程之中,还可以回溯到信息搜集的环节。

① 信息的可靠性。信息的可靠性主要指信息能够客观、真实地反映科学研究与医疗实践活动。判断可靠性是指信息的真实、完整与准确程度。鉴别信息的可靠性具体可从以下几方面着手。

a. 从信息提供者的身份判断。著名的专家学者、高层管理人员和专业人员,高等院校、科研机构、学术团体、行业协会、国际组织、各级各类政府部门和行业主管机关等发布的信息可靠性大。同时,由著名出版社和杂志社编辑出版的文献信息也比较可靠。

b. 从文献信息的类型判断。专业书刊比科普读物论述严密、系统和可靠;会议文献和学位论文比较新颖和科学,但不够系统和完整;作为科技活动原始记录的技术图纸和实验报告可信度高,具有一定法律效力的标准文献比专利文献可信度高;政府部门颁布的法规、文件比较可靠;百科全书、年鉴和词典等工具书虽不及时,但资料翔实、完整可靠。

c. 根据外界对信息的反应判断。引用率和文摘率高的文献信息已应用于实际工作中的理论与技术,通过或获得某一级别鉴定和奖励的科研成果都具有较高的可信度。

d. 从信息的内容判断。通过确定信息内容是否观点鲜明、论据充分、论证严密、逻辑性强和表述清楚,数学运算是否准确,图表是否规范和准确,判断其可靠性。

e. 通过信息对比。通过将文献信息本身的论点和论据相比较,将正在阅读的信息和已确认可靠的信息相比较,把宣传性广告和产品目录相比较等,可以确定信息正误和优劣。通过对比学术界的不同观点,可以发现信息的不足之处,甚至错误之处。

② 信息的先进性。在时间上，信息的先进性表现为信息内容的新颖性；在空间上，则可以按地域范围分为多个级别，如世界水平、国家水平、地区水平、行业水平等。判断信息是否先进可从以下几方面着手。

a. 从资料的外部特征判断。从资料产生的时间顺序上看，最近发表的文献比较新颖；从文献类型上看，实验报告、科技报告、期刊论文、专利文献较新颖和先进。

b. 从资料的内容特征判断。与同类型文献对比，判断是否对原有理论和技术有所改进，是否提高了技术参数、改进了结构和增强了性能，是否扩大了应用领域。

c. 从信息产生的社会背景判断。一般来说，某地区、某单位或某些专业人士在所擅长的学科专业内产生的信息比较先进，结合本地、本单位优势进行的研究、开发比较先进，较长历史时期形成的传统技术和项目比较先进。

③ 信息的适用性。信息是否适用在很大程度上受到用户条件和身份等多方面因素影响，可以依据信息的来源背景、条件是否与利用者实际用途相近，以及与医学科研发展是否处于相近水平进行鉴别。一般认为，在社会政治、经济和科技发展水平上处于同一层次、同一发展阶段的国家和地区，其智力资源和人员素质大体相同，往往可以相互借鉴彼此的技术。一些受自然条件制约的科技成果，则往往要求地理环境、自然资源或气候条件基本相似才能相互借鉴。适用性判断的基础是可靠性与先进性，要将信息的发生源与信息使用方在各方面的情况加以对比，找出异同，最终确定可以“消化吸收”的能力。信息适用性是决定其价值的重要因素。

5）医学信息分析和研究

搜集的信息资料进行消化和整序后，就应着手对所掌握的素材进行分析加工和综合研究以至对信息进行再创造。医学信息分析和研究阶段是整个医学信息分析流程中最重要的一环，是前述医学信息的搜集、整理和鉴别的自然延续，也是后续报告编写的基础。医学信息分析和研究阶段是一项综合性很强的思维活动，需要运用各种方法、手段将获得的经过整理和鉴别后的信息进行定性或定量分析，从中找出新的理论、知识和经验规律，提出观点和得出结论，形成新的增值的信息产品。医学信息分析的创造性和智能性的特点正是通过本阶段才充分体现出来。它侧重于相关分析、理论构架的形成、研究方法的选择与比较、模型的建立、评估和优势分析、预测分析等。通过以上这些具体分析，实际已得出主要结果。加上对这些结果的一些自我评价，就可以着手撰写初步分析研究报告。

6）撰写分析研究报告

信息分析与研究成果的表现形式多种多样，最有代表性的是研究报告。编写分析研究报告是医学信息分析工作的最后一道工序，也是很重要的一个工作环节。信息分析与研究报告撰写得好坏，直接关系到信息分析和研究成果的交流和利用。

(1) 研究报告的类型。研究报告的内容和写作方法，必然因读者对象的不同而有所区别。根据不同的读者群，研究报告可以分为供领导参考的研究报告和供专业人员参考的研究报告两类。

① 供领导参考的研究报告。这类研究报告在技术和专业方面的叙述不必太多和太细，要避免使用过于专业的术语，尽量将数据融合在文字中，同时采用绝对数和百分比，以加强文字表达效果。文字叙述要简练，观点要鲜明，条理要清楚，以增强说服力。关于新产品、新设备和新仪器等方面的研究报告，可以采用以图片为主，附加说明的方法，做到图文并茂。

② 供专业人员参考的研究报告。这类研究报告除了要求有一定的专业深度以外，还要考虑其广度，引入相邻学科和技术，详细地罗列出数据和表格，以便专业人员能从中受到启发，开拓新的研究课题，或者从新的角度去研究原有问题。

如果同一份研究报告，既要供领导决策参考，又要给专业人员使用，则应把全文分为主件和附件两部分。主件应文字精练，旗帜鲜明，列举主要的观点和论据。而详细的并牵涉大量专业技能的原始数据、表格、计算方法和基础性资料则放在附件中。主件是建立在对所有调查资料整理分析的基础之上的，是从大量数据信息中提炼出来的精华，领导看主件就能了解报告的主要内容，也可参考附件中的详细情况。

(2) 研究报告的结构。研究报告的一般结构主要由题目、绪言、主体(正文)、结论、附录、参考文献等几部分组成。

(3) 研究报告的撰写程序，主要包括：

① 确定主题。主题是研究报告所要体现的总体意图或基本观点。一篇好的报告，其主题应当具有深刻、独创、集中和鲜明的特点。

② 选择材料。主题必须通过一定的材料来表现。材料是为了写作而搜集的用以表现主题的各种事例、数据和观点等。研究报告所用的材料主要有查阅文献时摘录的实验数据、图、表、公式及论点，实际调查中所了解到的情况，自己做实验的方法、原材料、过程和结果，参加学术会议时记录的笔记，与研究课题有关的通信等。选择材料应当遵循必要而充分、真实而准确、典型而新颖的原则。

③ 设计结构。结构是报告各组成部分的总体布局和全部材料的具体安排，包括层次、段落、过渡、呼应、开头和结尾等内容。报告的结构应当遵循三条原则：一是符合规律，严谨自然；二是表现主题，完整协调；三是适应体裁，灵活多样。

④ 拟订提纲。拟订提纲的过程，就是对这种逻辑关系的再认识过程。把设计好的报告结构写成提纲，就能看出各部分的安排是否合理，逻辑关系是否正确，材料配备是否恰当，层次是否清晰，结构是否均衡等等。拟订提纲与搜集、整理和研究材料是同步进行的。

⑤ 撰写初稿。初稿可以由一人单独完成，也可以由多人分头撰写。撰写初稿时，对材料要敢于取舍。报告的主要章节和次要章节要有详略之分，目的是突出主题。对于个别一时难以得出明确结论或答复的问题，可以在报告中加以说明，留待以后继续研究。

⑥ 修改报告。对研究报告的修改，就是一个反复排除错误、不断完善初稿的过程。一般先从结构上修改，以框架结构为修改目标，再对内容进行修改(删、并、减、增、校)，最后对文字和格式等形式加以修改。

三、医学信息分析工具

信息分析方法和工具都是开展信息分析的重要技术支撑，是提高信息分析质量和效率的重要保障。文献信息分析工具主要包括网络版文献信息分析数据库和单机版分析软件两大类。

1. 国内常用的文献信息分析工具

1) 文献信息分析数据库

国内开发的文献信息分析数据库主要是可用于引文分析的数据库，如中国科学引文数据库(CSCD)、中国科技论文与引文分析数据库(CSTPCD)、中文社会科学引文索引(CSS-

CI)、中国引文数据库(CCD)、中国生物医学期刊引文数据库(CMCI)、中国科学文献计量指标数据库(CSCD ESI Annual Report)、维普的中国科学指标数据库 CSI、万方的科技文献分析数据库等。此外，国内生物医学领域权威数据库——中国生物医学文献服务系统(Sino Med)也提供了基本的文献信息分析功能。由于本书前面章节已对这些数据库进行了详细介绍，这里仅对中国科学文献计量指标数据库和中国生物医学文献服务系统的分析功能进行简单介绍。

① 中国科学文献计量指标数据库(CSCD ESI Annual Report)由中国科学院文献情报中心基于科学计量学和网络计量学的相关方法，以中国科学引文数据库(CSCD)和科学引文索引(SCI)为基础开发研制。该库自 1999 年开始，对每年度我国科技论文产出和影响力的宏观状况进行客观统计和描述，可用于辅助科研管理部门、科研人员了解我国科技发展动态。从宏观统计到微观统计，展示了我国各省市地区高等院校、科研院所、医疗机构、科学研究者的论文产出和影响力，并以学科领域为引导，显示我国各学科领域的研究成果，揭示不同学科领域和研究机构的分布状态。

② 中国生物医学文献服务系统(SinoMed)是由中国医学科学院医学信息研究所开发研制的集检索、开放获取、个性化定题服务和全文传递服务于一体的生物医学中外文整合文献服务系统，其主体为中国生物医学文献数据库(CBM)。SinoMed 不仅具有强大的检索功能，而且提供检索结果的统计分析，其结果分析界面类似于 ISI Web of Science，可对作者、出版时间、作者单位、来源期刊、加权主题词和文献类型等六个字段进行分析。最多可分析 30 000条文献记录，最多显示前 50 条结果。分析完成后，通过选择、点击“记录浏览”可查看指定结果的详细内容，同时可对其结果进行二次分析。

2) 文献信息分析软件

国内尚没有商业化的可用于文献信息分析的专业化软件，通过文献调研仅发现一些情报分析专家及其课题组自行研发的工具，如中国医科大学崔雷教授等开发的文献计量学共引分析软件、南京理工大学王曰芬教授等开发的文献计量与内容分析综合应用软件等，由于这些软件未被公开或商业化，在此不做介绍。

2. 国外常用的文献信息分析工具

1) 文献信息分析数据库

国外开发的文献信息分析数据库主要包括基于引文分析的数据库，如科学引文索引(SCI)、社会科学引文索引(SSCI)和基本科学指标数据库(ESI)，Scopus 数据库、Scival Spotlight 和 Scival Funding，以及 GoPubMed 数据库。这里主要介绍 ESI、Scival Spotlight 和 GoPubMed。

① 基本科学指标数据库(ESI)是由美国汤姆森路透科技信息集团于 2001 年推出的衡量科学研究绩效、跟踪科学发展趋势的基本分析评价工具，是基于 SCI 和 SSCI 收录的全球 8 500多种学术期刊的 1 000 多万条文献记录而建立的计量分析数据库。该库通过 ISI Web of Knowledge 提供服务，是 ISI 网络集成服务平台的一个重要组成部分。

ESI 从引文分析的角度，针对 22 个专业领域，包括计算机科学、工程学、材料科学、生物学与生物化学、环境科学与生态学、微生物学、分子生物学与遗传学、社会科学总论、经济学与商学、化学、地球科学、数学、物理学、空间科学、农业科学、植物学与动物学、临床医学、免疫学、神经科学与行为科学、药理学与毒物学、精神病学与心理学、综合交叉学科等。ESI 分

别对国家、研究机构、期刊、论文和科学家进行统计分析和排序，主要指标包括论文收录数、论文被引频次和论文篇均被引频次等。用户可以从该数据库中了解近十年来总被引次数排名前1%的科学家及研究机构(大学)、排名前50%的国家(地区)和学术期刊，确定关键的科学发展，评估研究绩效，掌握科学发展的趋势和动向。

作为一种基本的科学计量分析评价工具，ESI具有以下评价功能：一是分析某个公司、研究机构、国家及某种期刊的科学研究绩效；二是跟踪自然科学和社会科学领域内的研究发展趋势；三是分析评价员工、合作者、评论家及竞争对手的能力；四是测定某一专业研究领域内科学研究成果的产量和影响力。

② Scival Spotlight 于2009年6月29日对外发布。Scival Spotlight 基于 Scopus 数据库，对 Scopus 收录的近5年内发表的610万篇文章和200万篇参考文献进行分析，应用创新的可视化技术生成图谱，从可视化的角度衡量一个机构多年来在科学领域的研究表现。通过确定机构的主要研究优势、识别各领域的顶尖研究人员和分支机构，辅助科研决策者优化资金分配、指导人才聘用与科研合作决策。

③ GoPubMed 是于2005年合作研发的一种基于知识本体、对 PubMed 进行数据挖掘的免费生物医学专业搜索引擎(http://www.gopubmed.com)。

GoPubMed 利用基因本体(Gene Ontology，GO)、医学主题词表(Medical Subject Headings，MeSH)和蛋白质数据仓库(Universal Protein Resource，UniProt)三个知识本体，对检索结果进行统计并将其对应到相应的主题分类导航目录，辅助用户快速找到自己所需的文献。由于 GO 和 UniProt 覆盖了微观的生物基因序列和蛋白质结构领域，MeSH 覆盖了宏观的所有生物医学领域，因此 GoPubMed 同时选择 GO、UniProt 和 MeSH 作为其检索结果的语义分类工具，保证了分类结果的细致性和广泛性。GoPubMed 不仅可以将检索结果进行基本统计并对应到三个知识本体的树状结构中，还可以对检出的相关文献中的热点术语、核心作者、核心期刊、年度分布、合作网络、著者城市分布和国家分布进行可视化统计分析。GoPubMed 作为一种结果可视化和后处理类型的智能搜索引擎，在生物医学领域具有广阔的应用前景。

2) 文献信息分析软件

随着信息技术的飞速发展，以计算机图形学、图像处理、计算机辅助设计为依托的各种信息分析工具逐渐增多，一般可分为三类：一是通用信息分析软件；二是基于文献计量的分析软件；三是基于社会网络的分析软件。下面将对国外常用的文献信息分析软件进行介绍。

(1) 通用信息分析软件。这里主要介绍 SPSS、SAS 和 MATLAB。

① SPSS(Statistical Product and Service Solutions，统计产品与服务解决方案)是于20世纪80年代初开发的大型统计学软件包。SPSS 虽然早期名为社会学统计软件包，但实际上在社会科学、自然科学的各个领域都能发挥巨大作用，并已应用于经济学、生物学、教育学、心理学、医学及体育、工业、农业、林业、商业和金融等多个领域。SPSS 具有完整的数据输入、编辑、统计分析、报表和图形制作等功能，其内嵌的相关距离分析、因子分析(主成分分析)、多维尺度分析和聚类分析功能是进行文献信息分析必不可少的多元统计分析工具。

② SAS(Statistical Analysis System，统计分析系统)是于1966年开发的统计分析软件。SAS 是一个模块化、集成化的大型应用软件系统，由数十个专用模块构成，主要包括数据访问、数据存储及管理、应用开发、图形处理、数据分析、报告编制和预测等功能。SAS 是专业

级、程序级的强大统计分析工具，能完成各种复杂的统计分析和最终结果的展现。

③ MATLAB(Matrix Laboratory，矩阵实验室)是于1967年开发的商业数学软件，主要包括MATLAB和Simulink两大部分。MATLAB具有强大的矩阵分析处理能力，在可视化图谱绘制过程中的矩阵数据(如相关矩阵、引文矩阵等)导入、多元统计分析、数据挖掘、结果展现及导出方面具有强大的优势，能满足文献信息分析的多种要求。

(2) 基于文献计量的分析软件。国外基于文献计量的分析工具应用较多的有Bibexcel、Thomson Data Analyzer(TDA)、CiteSpace、HistCite、DIVA等，由于DIVA需要MATLAB编程工具的支持且较难掌握，这里主要介绍Bibexcel、TDA、CiteSpace、HistCite这四种工具。

① Bibexcel是由瑞典科学计量学家皮尔逊(Persson)开发的文献计量学免费软件，主要功能包括基本统计分析、引文分析、共引分析、引文耦合分析、聚类分析和绘制图谱等。Bibexcel可支持的数据源主要有Web of Science、Scopus等，其自带数据格式转化功能(Misc/Convert to Dialog/Convert from Web of Science/Scopus)可以将Web of Science和Scopus等数据库的文献数据格式转化为Bibexcel可识别的格式。

② Thomson Data Analyzer(TDA)是文本信息分析和可视化商业软件。应用该软件可以对文献信息和数据进行整理、分析和汇总，尤其数据处理过程中的数据清洗功能是其他信息分析软件所不具备的。该软件可实现多种信息分析方法，不仅可用于分析英文文献还可用于分析中文文献，是目前较为强大的文献信息分析可视化工具。其主要功能如下：

a. 数据导入。TDA可分析ISI Web of Knowledge提供的各种数据库，可兼容MS Excel、Delphion、STN、Aureka、Dialog等数据格式。

b. 数据清理。TDA软件内部设置多个可维护的叙词表(Thesaurus)，可对分析数据中的作者、发明人、研究机构、专利授权人和国际专利分类号等字段，以及主题的同义词进行清理，同时允许用户建立自己的叙词表并进行数据清理，以保证分析结果的准确性。

c. 数据分析。可对数据中的各个字段开展基于数量的统计分析，并可利用其"Co-Occurrence"功能生成共现矩阵，并转化成相似矩阵。

d. 数据图谱。将数据分析的结果可视化，如将主成分分析和相关性分析的结果以Map的方式表达出来，揭示国家、机构和科研人员间或各类技术间的关系。

e. 报告生成。TDA预置了15种报告，可快速生成多种技术报告，为决策者更快、更好地做出决策提供依据，如可生成公司报告、公司间的比较报告和对某一技术的深入分析报告等。

③ CiteSpace是由美国德雷克塞尔大学信息科学与技术学院的陈超美博士基于Java环境开发的用于科学知识可视化分析的软件，可供在线免费使用(网址为http://cluster.cis.drexel.edu/～cchen/citespace)。CiteSpace的特色功能主要包括：

a. 识别研究前沿。采用Kleinberg突变检测算法从题名、摘要、主题词/关键词和文献记录的标识符中抽取突发专业术语(Burst Terms)，用于揭示研究前沿及其发展趋势。突变检测算法强调的是词频的变化，而不在于文献被引次数。

b. 突出共引网络的时效(Timelineness)，主要包括两个方面：一是显示时区视图(Time Zone Views)。CiteSpace除可以生成标准的有向图外，还可生成强调研究前沿和其知识基础间的顺时模式时区视图。时区视图由一系列表示时区的条形区域组成，时区按时间顺序

从左向右排列，由知识基础指向研究前沿。二是引文年轮。CiteSpace 用不同大小和不同颜色的圆环组成的引文年轮来表示节点（文献、作者、国家）的被引频次和被引年份，用不同颜色的连线来表示节点共被引用的年代。

c. 寻找关键节点。CiteSpace 将 Pathfinder 关键路径算法引入网络分析，帮助识别研究方向转变过程中的关键节点。同时依据中间中心性原则，在 CiteSpace 中用紫色的圈对关键点进行突出显示，辅助用户快速辨认研究领域关键点，并发掘不同研究前沿间的联系。

④ HistCite 是由美国 ISI 创始人加菲尔德及其同事开发的一款文献信息分析可视化工具，主要作用是对文献搜索的结果进行分析，从而了解各个学科发展的峰谷趋势、历史重大事件及各大学、研究所和作者的科研文章的产出数量等。HistCite 的主要功能包括：

a. 数量统计分析。可统计某个作者、单位或期刊在搜索结果中出现的频次。

b. 显示文献时间分布图。可获知某个学科领域的峰谷时期。

c. 搜索单词在文章题目出现的频次。了解某个国家或研究单位的文章产出量及其他趋势。

d. 搜索研究文章间的引用关系。辅助用户确定引用次数较多的文章、作者、单位及全球分布规律，从而把握该领域的核心研究人员及其研发方向。

e. 生成引文矩阵。在引文矩阵中，每个文献节点都列出了它引用的文献集合内的文献节点序号及引用它的文献节点的序号，可用于共引可视化分析。

f. 生成引用编年图。可显示某个专业领域内的关键事件，以及它们之间的年代顺序及相互影响。

(3) 基于社会网络的分析软件。社会网络分析是研究社会关系的一种新兴研究方法，基于社会网络的文献信息分析与可视化工具在分析学科研究领域、科研合作网络中起着重要作用。目前，国外应用较多的社会网络分析工具主要有 Paiek 和 Ucinet。

① Paiek 是一款基于 Windows 的大型网络分析和可视化软件，由斯洛文尼亚卢布尔雅那大学 A. Mrwar 和 V. Batagelj 应用 Delphi(Pascal)语言于 1996 年开发。该软件仅限非商业用途，可通过网络免费获取最新版本（网址为 http://vlado. fmf. uni-lj. si/pub/nctworks/pajek）。Paiek 的主要功能包括：

a. 灵活处理大型数据集和多种网络。Paiek 专门为处理大型数据集而设计，输入方式比较灵活，可以直接定义一个小网络，也可以从外部导入数据生成网络，除了本身的数据格式外，它还支持多种其他软件数据格式的导入。

b. Paiek 中的每个数据对象都拥有自己的描述方法。很多方法可以用于描述网络、实例、度的计算、深度、核心或类、中心度、发现关系类型（强、剥、连接、对称）、路径或流、结构空洞和对两个网络的二元操作。Info 菜单给出了每种数据结构的特征。

c. Paiek 对它所有的数据结构均有操作选择权。如网络可以被颠倒顺序，由有向图变成无向图，可以添加或删除联系，通过减少类或删除角色使网络简化。另外，还有丰富的特征变化方式等。

d. Paiek 能够同时处理若干网络，也包括双模式网络及时间事件网络（Time Event Network）。软件结构建立在几种数据结构（网络、分区、转置、群、层级和向量）上，提供纵向网络分析功能。在特定的观察过程中，角色在网络中存在的时间标识可以包含在数据文件中，另外用户能够生成一系列局部交叉的网络进行分析。

② Ucinet，是目前最流行的社会网络数据分析集成软件。Ucinet 为商业化软件，有 60 天的全功能免费试用期（网址为 http://www. analytictech. com/）。Ucinet 的主要功能包括：

a. 集成多种分析工具。Ucinet 集成了分析一维与二维数据的绘图软件 NetDraw，正在发展应用的三维展示分析软件 Mage，以及用于大型网络分析的免费应用软件 Pajek。

b. 能够读取多种不同形式的数据。Ucinet 可以读取文本文件、KrackPlot、Pajek、VNA 和 Excel 等多种格式的文件。此外，Ucinet 还可将数据转化为其他软件能够识别的格式。

c. 分析功能强大。Ucinet 可以处理大型数据，最多可支持 32 767 网络节点，还包括很强的矩阵分析功能，如矩阵代数和多元统计分析。

四、信息分析的应用与案例

1. 信息分析的主要应用

利用科学的分析方法和先进的分析工具对大量文献信息数据进行快速、有效的挖掘，一方面可以辅助科研管理人员、科技政策人员进行科研管理和科研评价，另一方面可以辅助医学科技研究人员、科技政策人员揭示医学科技研究热点和研究前沿，确定科研选题方向、把握医学科技研究现状和制定国家科技规划，为科技决策提供支持服务。下面对文献信息分析的主要应用进行简要介绍。

1）科技评价分析

科技评价是对科技活动及其效果的评价和估计。科技评价主要对被评对象的质和量进行评价，文献信息分析的产生和发展使得科学活动的量化评价成为可能。

科技评价的内容是多方面的，根据分析对象的不同可分为三个层次：一是宏观评价，指国家、地区或省市的科技水平和科技实力评价，以及学科评价等。二是中观评价，指机构或单位（如大学、研究所等）的评价。三是微观评价，指科技人才评价和科技期刊评价等。目前，开展科技评价常用的定量文献分析方法主要有基本统计分析、引文分析等。

2）科技战略信息分析

科技战略信息分析是围绕国家科技发展的决策需要，在掌握有关信息的基础上，运用现代技术手段和战略信息分析方法，揭示科技发展规律和发展态势，预测科技发展趋势和未来前景，提出科技发展的政策和对策建议，从而形成能满足国家科技战略决策需要的情报信息的研究过程。

根据战略信息分析的内容和层次，可将科技战略信息分析划分为科技发展态势监测分析、科技发展趋势预测分析和科技发展战略对策分析。科技发展态势监测分析是科技发展趋势预测分析和科技发展战略对策分析的基础，为预测分析和对策分析提供关于科技发展战略方面的监测信息和态势情报。科技发展趋势预测分析是科技发展对策分析的基础，为对策研究提供关于科技发展未来趋势的分析情报，使对策研究在时间维度上有了关于未来发展样式的判断。科技发展战略对策分析以科技发展态势监测分析和科技发展趋势预测分析为基础。从这一意义上来说，科技战略信息分析三种类型的区分是相对的。开展科技战略研究除采用定性分析方法外，还常用定量的文献分析方法，如共词分析、共引分析和聚类分析等。

3）学科热点分析

学科热点分析在学术研究中起着重要作用，可以为管理决策人员的科学决策提供参考，为学科研究人员确定研究方向和研究内容提供学科情报依据。

国内外针对学科热点分析主要着重于学科热点主题演化分析和学科热点跟踪研究，且均采用定性分析和定量分析相结合的方法进行。定性分析法是由领域专家依靠熟悉的专业知识、丰富的研究经验和综合分析判断的能力，根据已掌握的研究资料，对学科研究的热点主题随时间的发展变化情况做出判断。定量分析是通过计量统计方法量化不同时期的主题网络的演化情况。定性和定量相结合的方法可以弥补定性分析的缺点和不足，更加准确、深入判断不同时间段学科主题网络的继承演化情况，跟踪、探究学科主题网络的时间演化关系，并为揭示学科主题时间演化规律、预测学科主题未来发展走势提供更好的手段。目前，开展学科热点分析常用的定量文献分析方法主要有词频分析、共词分析、共引分析和聚类分析等。

4）科技前沿分析

在全球科技竞争日益加剧的今天，如何能够科学、准确地把握科学研究前沿，已经成为各个科学技术领域内的专家们进行技术预测时关注的焦点，更成为各国政府制定科技发展战略时面临的一大问题。

目前，研究前沿并没有统一的认识和定义，一般认为研究前沿是科学研究中具有前瞻性、先导性和探索性，对学科未来发展有重大影响和引领作用的领域，是培育学科创新能力的主要基础。前沿领域与热点领域有密切的关系，但它不等于热点领域。有些热点只是人们关注的主题，并不具有前瞻性、先导性和探索性，不具备前沿领域的本质特征。国内外科技前沿分析除采用定性分析方法外，还采用共词分析、共引分析和耦合分析等方法。

2. 医学信息分析的案例

以下主要通过对三篇文献的分析，着重对引文分析法和内容分析法等方法的应用进行分析说明。

(1) 运用引文分析法，了解某学科利用文献的特点、与其他学科的联系。

运动医学是一门研究运动及缺乏运动对机体生理、病理影响的综合性学科。它与体育类、医学类等其他学科之间既有共同之处，也有自身特点。罗艳蕊在《我国运动医学领域研究生论文引文特征分析》一文中，运用引文分析的方法，以 1994—2004 年的《中国运动医学杂志》(国内唯一运动医学类中文核心期刊)刊载的论文引文为对象进行了研究，以了解我国运动医学领域研究者在研究工作中利用参考文献的一般规律与吸收和利用科技文献的实际状况，从而揭示运动医学学科的特点。

结果发现，篇均引文 13.68 条，比 1982—1992 年的篇均引文 8.04 条有了明显的提高，这一指标显著高于体育类核心期刊《北京体育大学学报》1995—2000 年篇均引文 6.12 条。中文引文占全部引文的 29.61%，外文引文占 70.39%(外文引文中 99.71%为英文引文)，这个比例远远高于《体育科学》《北京体育大学学报》等综合性体育类核心期刊，同时也高于体育类其他领域如田径等引文的中外文引文比例。这个结果表明：我国运动医学研究者吸收和借鉴外文文献的能力比较强，同时也体现了运动医学自身的特点，即运动医学是一门运用医学、生物学等领域的研究成果对运动进行研究的交叉学科。

在中文引文中，数量最多的是期刊，占中文引文总量的 72.80%；图书位于第二，占引文总量的23.33%；论文集列第三，仅占1.96%；其他还有学位论文、工具书、报告等。作者对高频被引中文期刊和图书进行了分析。3 969条中文期刊引文来自561种期刊，其中引文频次前20位的期刊占中文期刊总量的3.57%，其被引用的频次占中文期刊引文总频次的59.84%，体现了布拉德福的文献集中与离散规律。前20种期刊中有19种期刊分别为体育类、生物类和医药卫生类的核心期刊，其中《中草药》是中国医学特有的期刊。高频引用的中文期刊涉及体育类、生物类和医疗卫生类的核心期刊，显示了运动医学交叉学科的特点。1 272条中文图书引文来自709种中文图书，其中《实用运动医学》的被引用频次最高，达100次，占全部中文图书引文的7.86%。这些著作主要涉及生理、生化基础理论的研究和循环、内分泌、骨骼、康复等领域，体现了我国运动医学研究内容既具有一定的广泛性，又相对集中于与运动关系最为密切的几个领域。中文引文的半衰期为6.06年，外文引文的半衰期为8.92年，这比体育类期刊和田径领域引文的半衰期分别为6年、6.9年相对较长，但与我国医学期刊中文文献5～8年、外文文献较中文文献长2.43年的半衰期相一致，说明运动医学属于基础研究与应用研究并重的学科。

(2) 运用内容分析法，把握学科领域研究的热点与趋势。

为了对医疗服务质量管理研究有一个整体的认识，刘智勇等在《基于词频与内容分析的医疗服务质量管理研究的重点与热点分析》一文中，从主题词和关键词词频分布角度对医疗服务质量管理研究的文献进行了分析，通过内容分析对近年来研究的重点和热点进行归纳，并对未来医疗服务质量管理进行了展望。

具体方法是以中国生物医学文献光盘数据库和中国期刊全文数据库为检索数据源，检索2000—2005年关于医疗服务质量管理的中文文献。共检出文献639篇，其中涉及主题词472个，累计频次为1 282次；选取累计数量在10次以上的主题词作为高频主题词，共24个。虽然关键词的准确性和普遍性较主题词差，但仍可作为主题词统计的有力补充。在639篇文献中，共涉及关键词727个，累计频次为1 541次，选取出现次数在5次以上的关键词进行统计，共40个。

结果发现，在医疗服务质量管理研究文献中，出现次数为10次及10次以上的高频主题词累计频次达到了60%以上，病人满意度、护理工作、门诊医疗、评价研究和临床路径等居前24位。结合关键词统计表，可以看出以上几个方面的研究和讨论占据了现今医疗服务质量管理研究文献的主要部分，也就是当前医院医疗服务质量管理研究的主要内容。此外，在639篇文献中共涉及16个副主题。副主题词既可以反映某一学科领域文献的研究角度，也可以反映学科的研究重点和热点。频次统计发现，近6年医疗服务质量管理的研究主要是从组织管理、标准、统计学和数值数据、方法、预防和控制等几个角度进行的。这说明近几年关于医疗服务质量管理的研究，主要集中于如何更好地组织管理医院、医院管理标准体系的可行性和合理性的研究，以及通过统计学方法研究、分析、评价医疗服务质量等方面。

综合主题词、关键词和副主题词的频次统计，得出了近年来医疗服务质量管理研究的重点和热点主要集中于以下几个方面：评价研究（包括病人满意度）、质量管理标准和方法、护理工作质量、病案管理、临床路径在提高医疗质量中的应用等。此后，作者结合对文献内容的具体分析，对近年来医疗服务质量管理研究的重点进行了总结与评述，并在此基础上，对未来医疗服务质量管理进行了展望，该领域未来的研究方向有可能会在以下两个方面展开：一是开展医疗质量实时监控，将终末质量评价与环节质量控制有效地结合；二是拓展医疗服

务质量管理的内涵，重视以病人为中心的生物—心理—社会医学模式，从而在多方面提高病人的满意度等。

(3) 综合运用引文分析、聚类分析法、内容分析等信息分析方法。

为了解幽门螺杆菌感染与胃癌关系的研究现状和研究热点，王孝宁等在《幽门螺杆菌感染与胃癌发病关系的文献计量学分析》一文中，采用引文分析方法对有关该主题的重要文献进行了调查分析，并用 SPSS 对高频被引文献进行聚类分析，根据各个类中的文献内容，分析了研究的热点。这项研究综合运用了引文分析法、聚类分析法和内容分析法等。

这项研究以美国科学情报研究所出版的大型综合性数据库科学引文索引(Science Citation Index,SCI)为样本来源，以“Helicobacter pylori AND gastric cancer”为检索策略，检索到 2001 年至 2006 年 7 月的相关文献 1 547 篇。将全部相关文献的引文(即参考文献，共 65 457条)套录下来，统计每一篇参考文献的出现频次，并由高到低进行排序。再截取其中出现频次高于 60 次的论文作为高频被引文献，高频被引文献共有 42 篇。

结果发现，这些高频被引文献大多数发表在世界著名的综合性刊物上，如 *Nature*、*Science*、*New England Journal of Medicine* 等，共 20 篇(47%)；发表于肿瘤学核心期刊上，如 *Cancer Research* 等，共 9 篇(21%)；发表于胃肠病学核心期刊上，如 *Gastroenterology*、*Gut* 等，共 9 篇(21%)；其余共 4 篇(10%)。这些高频被引文献是本专业领域的研究人员在进行幽门螺杆菌(pylori)感染与胃癌关系这一主题研究中最为关注的论文，也是该主题的核心文献。因此，对这些核心文献的分析，可以反映出当前研究的热点。

为了反映这些核心文献之间的内在联系，该项研究还采用了同被引分析方法，即两篇文献如果同时被后来的某一篇或多篇文献引用，则称这两篇文献为同被引。同被引次数越多，说明引用者认为它们越具有共同的特点。因此，根据论文的同被引次数，可以分析出论文之间的亲疏关系，运用统计分析软件 SPSS 对这些高频被引文献进行聚类分析。由此形成这些高被引论文的聚类树图，再根据各个类中的文献内容分析当前幽门螺杆菌感染与胃癌关系研究的热点。根据聚类分析的结果，将 42 篇论文分为五个类别分别进行内容分析，结果如下：一是幽门螺杆菌感染与胃癌流行病学研究；二是幽门螺杆菌感染与胃癌动物模型的研究；三是幽门螺杆菌感染的根除与胃癌关系的研究；四是幽门螺杆菌感染、宿主细胞因子多态性与胃癌易感性研究；五是幽门螺杆菌致病相关基因的研究。从而可以确定这五个方面就是当前幽门螺杆菌感染与胃癌关系的研究热点。

第二节　个人文献信息管理

一、个人文献信息管理概述

由于科学研究的继承性与连续性，医学科研完成后要不断积累大量的文献资料，这些文献构成研究工作的基础。研究人员发表研究成果时需要引用参考文献，这些参考文献用于介绍研究背景，对研究方法做出说明，对研究成果做出解释或进行讨论。如何高效率管理这些海量参考文献信息，能够在需要时随时调用，成为科研人员面临的问题。此外，研究人员投稿时应注意不同期刊对参考文献的格式有不同的要求，要按照稿件要求标注引文和编排参考文献列表。传统的文献信息管理主要是通过笔记、卡片和复印等方式进行。笔记是积累科学研究资料或教学参考资料的一种方法，有助于提高写作和阅读能力、锻炼思考和培养揭示问题本质的能力及准确简练表达自己思想。科研人员尽量积累齐全自己的科研课题资料。对搜集到的个人专题文献予以阅读、标记和做笔记，并加以卡片式的编排以备查找，一直是科学研究和个人文献组织管理的经典方法，但这种传统的文献管理方式比较耗时耗力，效率不够高。

随着科学研究的不断深入，科技工作者需要搜集、管理和利用的文献信息越来越多。当搜集的文献信息达到一定数量时，仅凭个人大脑已难以实施有效管理，迫切需要从这种烦琐、低效、事务性的工作中解脱出来，专心致力于科学研究。因此，科研人员在从事科学研究而面对大量的文献信息时，如果没有一个好的管理工具，仅凭个人的记忆来进行分类管理比较困难，迫切需要一种高效、方便和准确地管理与利用参考文献的工具。现代文献信息管理方式——文献管理软件，为个人的文献信息管理和利用提供了解决的方法。

1. 个人文献信息管理

个人文献信息管理是个人为实现一定目标而对各种文献信息进行获取、组织、维护、检索和利用的行为过程。自 20 世纪 80 年代诞生以来，它经历了从手工式管理到单机环境，再到网络化的历程，也从仅供个人使用扩展到集体共享。狭义上，个人文献信息管理可理解为对个人计算机中的文献信息进行管理的过程；广义上，还包括对非个人计算机中存储的与个人学习、工作和生活等有关信息的管理过程。个人文献信息管理的对象为个人文献信息，这里主要指个人保存并能满足个人需求的文献信息，它具有交流渠道多样和信息提供者众多等特点。通过一定的方法和工具，科研人员可将存储的个人文献信息整合为个人文献数据库，方便以后进行检索与利用。

个人文献信息管理的整个流程包括信息的积累、获取、加工、整合、共享与创新等(其中包括信息处理和知识吸收)。个人文献信息管理具体包含以下三个层次：

(1) 对自己拥有的文献资料进行整理，使之条理化和有序化。

(2) 对自己的知识结构进行评估，开展建构性学习。

(3) 加强个人隐性知识的管理与开发，及时转化为显性知识，从而激发个人知识的创新。

文献管理软件正在帮助构建个人书目资料库，将个人拥有的显性知识导入并使之有序化，方便随时检索与利用。

2. 文献管理软件

文献管理软件又称为书目管理软件，是一种具有文献检索与整理、引文标注、按格式要求形成参考文献列表等强大功能的软件，可嵌入文字处理软件中使用，还可以直接通过在线数据库下载文献题录并对其进行统计分析。国外文献管理软件较多，主要有 EndNote、ProCite、Reference Manager、RefViz、RefWorks、BibTex、Biblioscape 等。国内的文献管理软件主要有 NoteExpress、医学文献王、PapenⅣorks 免费参考文献管理软件、PowerRef 参考文献管理系统、文献之星等。这些文献管理软件的基本功能相似，主要包括以下几个功能。

(1) 建库：将本地计算机或远程数据库的参考文献信息导入到资料库中。

(2) 储存：按照一定的格式存储参考文献，以满足随时调用的需要。

(3) 管理:可去重、排序、分类组织参考文献等。

(4) 检索:可按特定数据字段(作者、期刊等)搜索资料库。

(5) 输出:对参考文献的标引自动按照格式要求进行编排。

3. 现代个人文献信息管理的特点

现代的文献信息管理方法是在继承传统的文献信息管理方法的基础上,与计算机技术、电子文献和网络技术相结合发展而来的,其搜集、积累、组织和管理文献的手段更加丰富多样,其特点主要体现在以下几个方面。

(1) 文献信息搜集高效化。读者借助个人计算机、网络通信和网络数据库,可将大量的二次文献数据通过个人文献管理软件直接检索和导入个人文献管理软件;可以直接下载网页、PDF 等一次文献;可以识别出文献的标题、作者等字段;导入文件时自动根据内容创建题录建立数据库。个人文献管理软件可支持不同二次文献数据格式、支持批量导入。读者的心得笔记可以写入文献管理软件,并支持计算机自动检索。

(2) 文献信息管理智能化。由于借助计算机管理文献,整个文献的添加、删除、编辑、排序、去重等管理高度自动化,另外自动分组、统计分析等智能化管理标志了文献管理已经初步具有智能化的特征。

(3) 引用写作一体化。自动化办公软件和文献管理软件关联,达到用户撰写文档时就能直接从文献管理软件数据库中搜索到指定文献,并以欲投稿期刊的参考文献格式插入文中指定位置,而无须手工输入,节省了时间,也降低了手工输入的错误率。另外,还提供多种期刊的全文模板,方便用户创作新的作品。

(4) 资源中心化和交流、共享网络化。个人文献管理软件突破传统管理文献资源的限制,成为可以有效管理文档、图片、电子资源及视音频资料的个人多媒体资源中心,即个人图书馆。

基于网络的文献管理软件与个人单机版文献管理软件的无缝连接,二者之间既相互独立也可以互传数据同步更新,把文献与文献、文献与活动、文献与人连接起来,在人际交流的互助互动过程中通过文献与知识共享,运用群体的智慧进行创新,以赢得竞争优势。

二、个人文献信息管理工具和使用

国内外常用的文献信息管理软件有 EndNote、RefViz、QUOSA、Biblioscape、NoteExpress、医学文献王等。它们从最初的单一文献管理软件,发展为集文献搜集、整理、阅读、分析和创作为一体的软件,能帮助用户高效、方便和准确地管理和利用参考文献。以下介绍几种国内外有代表性的文献信息管理软件。

1. NoteExpress

NoteExpress 可轻松导入各类文件并对文件进行有序管理。一方面,它具备文献信息检索与下载功能,可用来管理各种文献的题录并以附件方式管理文献全文或任何格式的文件,可按各种期刊的要求生成目标格式参考文献,可支持多语言格式化输出。另一方面,它具有笔记功能,可实现隐性知识的显性化管理。

1) NoteExpress 的特点

NoteExpress 的特点主要表现在:①导入文献资料的速度快;②除管理参考文献资料

外，还可以管理硬盘上其他论文或文件；③可用于获取文献信息的互联网数据源非常多，如可直接在软件中检索 PubMed、Library of Congress、ISI Web of Science、中国知网等；④同一参考文献信息或笔记（论文）可以属于多个目录，但只需要在数据库中保存一条记录；⑤支持绝大多数流行的参考文献的导入格式；⑥支持多语言格式化输出；⑦可以标记文献的阅读状态、显示题录所在文件夹等。

2）NoteExpress 软件安装

NoteExpress 主页地址为 http://www.reflib.org/或 http://www.scinote.com/，用户可在该主页下载其最新版本。在 NoteExpress 安装目录下有几个重要的文件夹。

① Connections 文件夹：在线数据库链接文件夹，打开后可以看到带有在线数据库名称的链接文件，同一数据库（如 CNKI）存在多个链接文件（文件后缀为 nec）。

② Filters 文件夹：数据库的过滤器文件夹，打开后可以看到带有数据库名称的过滤器（过滤器文件为 nef 格式）。

③ Styles 文件夹：期刊参考文献样式文件夹，内含 3 490 个中外文期刊样式（期刊样式文件为 nes 格式）。

④ Templates 文件夹：新增功能，提供 180 多种国外期刊的论文手稿模板，方便国际期刊的论文撰写及投稿。

建立个人的题录数据库是 NoteExpress 的核心功能之一。题录即由论文标题形成的目录，通常包含参考文献的标题、作者、出版刊物和年卷期等信息。建立题录数据库，一方面可以通过看摘要节约科研的时间，另一方面在写作过程中可以方便地插入需要的参考文献。

3）建立个人数据库

NoteExpress 安装完毕后首次启动，默认界面（见图 9-1）为系统自带的 Sample 示例数据库，该数据库存放在“我的文档”目录下，供练习使用。使用时可建立自己的个人数据库，方法是在 NoteExpress 主程序的“文件”菜单中选择“新建数据库”命令，在弹出的对话框中选择保存位置并命名即可。

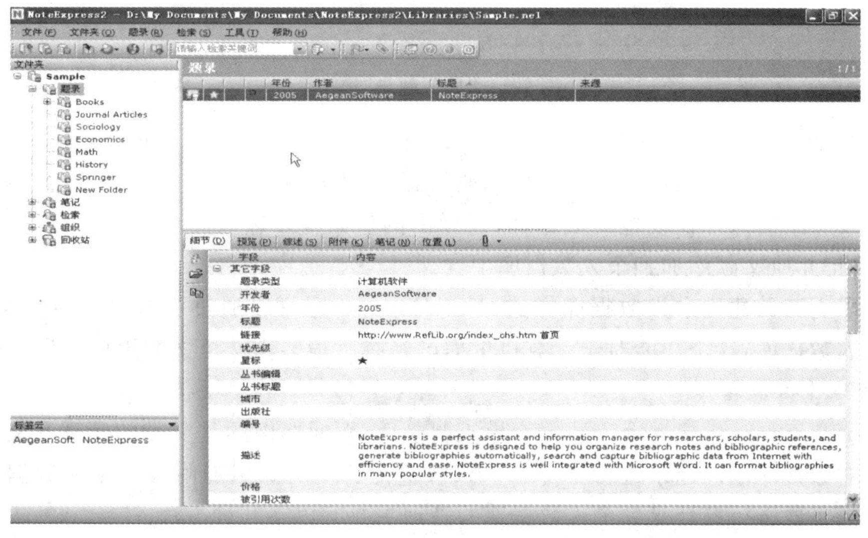

图 9-1　NoteExpress 默认界面

新建数据库后可以向数据库中添加新的题录,新建题录有三种方式,即手工建立、检索结果批量导入和从在线数据库检索后直接导入。

① 手工建立。对于一些零散而少量的文献,或者无法从电子数据库中获得题录的文献,可选择手工建立题录。方法是选择个人数据库中的某一专题文件夹,在右方题录列表右击,选择"新建题录"命令,然后选择题录类型,输入作者、标题和期刊等信息后保存即可。

② 检索结果批量导入。用户通常习惯于在中外文数据库中直接检索文献,或者检索环境并非个人计算机,或者从其他的文献管理软件中导入已有的文献题录,这时需要用到NoteExpress的批量导入功能。方法是从CNKI或PubMed等数据库检索出结果后,将题录信息输出到剪贴板或者文件(如txt、ris格式文件)中,然后在NoteExpress中选择相应专题数据库,在"文件"菜单中选择"导入题录",选择相应的过滤器,导入题录到当前数据库中。以PubMed为例,在PubMed中检索,检索结果显示为Medline格式,复制检索结果。打开NoteExpress,在打开的"导入题录"窗口(见图9-2),选择"来自剪贴板"(如果PubMed中检索结果保存到文件,此处选择"来自文件"),过滤器选择"PubMed",单击"开始导入"按钮即可。

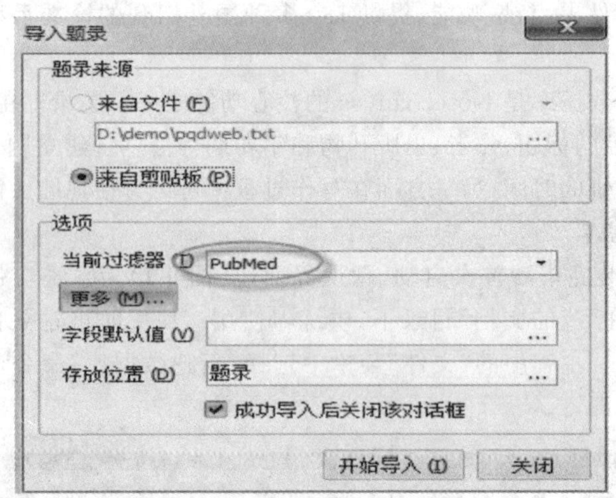

图 9-2 "导入题录"窗口

③ 从在线数据库检索后直接导入。NoteExpress集成了网上数据库(Amazon)、中国知网(CNKI)、北京大学图书馆等在线数据库或信息源,用户可在NoteExpress工具栏单击"检索"→"在线检索",选择在线检索数据库,在弹出的检索框中输入检索条件,直接检索,保存题录,即可把相应文献添加到个人数据库中。

除了以上三种建立个人数据库方式,NoteExpress还可以通过直接导入本地文件的方式建立个人数据库,这个功能对于计算机里面已经有了很多论文全文的用户尤为有用。

4) 管理个人数据库

在NoteExpress中建立个人数据库导入题录后,下面要做的是文献的管理和阅读利用。用户可以对数据库中的题录进行排序、查重、做笔记、做标记、添加附件和个人数据库检索,以及按不同字段进行统计等。个人数据库的管理主要有以下几种方法。

① 排序与查重。单击题录区某字段(如年份、作者)标题栏,即按照该字段排序;再次单击该字段,则按照该字段倒序排列;第三次单击该字段,则取消按照该字段排序。通过各种

方式入库的题录都可能产生重复的题录，重复的数据不但浪费系统的物理空间，也给数据的维护带来麻烦。NoteExpress 提供了数据查重和快速删除的功能，打开“工具”菜单下的“查找重复题录”窗口，选择待查重的文件夹和查重依据后，即可开始查重。对查出的重复数据利用键盘 Delete 键或单击“从文件夹删除”按钮，即可将重复的题录全部删除。

② 检索功能。撰写论文时，常常需要检索某篇阅读过的文献，可以利用 NoteExpress 的检索功能快速检索到所需的文献。选中要检索的文件夹后，在工具栏的快捷检索栏中输入关键词并按回车键即可进行快速检索，还可选择“检索”菜单下的“在个人数据库中检索”命令，进行高级检索。输入检索词语，限定检索范围（全数据库、当前文件夹或子文件夹），单击“检索”按钮开始检索。检索后，在左侧“最近检索”文件夹下会自动形成以关键词命名的新文件夹，选中该文件夹，单击“保存检索”按钮，可以永久保存检索结果。该文件夹的内容会自动更新，以后新添加到系统的题录如果满足该搜索条件，即会自动在该文件夹中出现，这对于追踪某一专题的发展趋势很有用。

③ 以附件形式管理全文。在科研中，研究人员常常困惑于如何有序管理个人收藏的大量论文全文，NoteExpress 的附件功能正好能够满足这个需求。在 NoteExpress 中，文献全文或任何格式的文件均可以通过添加附件的形式与题录关联起来管理，形成个人的文献信息资料库。附件添加的方法是右击要添加附件的题录，选择“添加附件”命令，选择添加附件的类型（文件、文件夹、网络链接或笔记等）后，选择要添加的文件完成添加（见图 9-3）。一条题录可以添加多个附件，此后查看题录时，如想查看附件内容，双击附件就可将其打开。

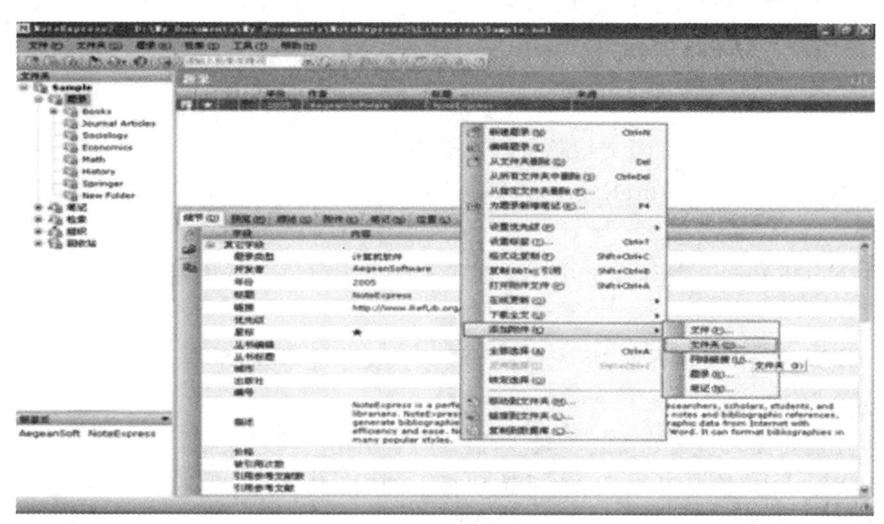

图 9-3　为题录添加附件

④ 笔记功能。NoteExpress 的笔记功能可以很方便地让研究人员把自己的阅读心得及时地记录下来，并与相关的题录建立链接加以管理。用户选中笔记的文件夹后，在笔记列表上右击可以创建一个新的笔记，也可以在选中的题录上右击，选择“为题录新增笔记”来增加一条笔记。对于创建的新笔记，用户可以将其链接到题录，此后在查阅题录文献时，单击题录列表下方的“笔记”按钮即可看到。

⑤ 数据统计和分析。在某一专题研究中，研究人员常常要对研究该专题的文献进行定量分析，如统计文献的年度分布、作者分布和期刊分布的情况等，以把握该专题的研究状况

和发展趋势。利用 NoteExpress 的"文件夹信息统计"功能可以快速地实现以上目标。用户只需在系统中建立一个文件夹,把要统计的专题数据导入该文件夹,在该文件夹上右击,选择"文件夹信息统计"命令,就可以按照年份、期刊和作者地址等字段内容分别进行统计,结果瞬间可得,把其另存为一个新的文本文件后转入 Excel 中,即可利用 Excel 的作图功能对结果进行直观的分析,找出信息间的内在联系。

⑥ 回收站。回收站分为题录和笔记两部分。删除的题录和笔记均会出现在回收站中,可以直接从回收站中进行恢复,这样最大限度保护了数据安全。在回收站中右击某条题录或笔记,选择"恢复"命令,即可将删除的题录和笔记恢复到原位置。

5) 利用 NoteExpress 撰写论文

NoteExpress 可以将参考文献题录作为文中注释插入文章中,并且在文章末尾按照各期刊的格式要求自动生成参考文献列表。这样处理既精确又快速,节约了研究人员的宝贵时间。安装 NoteExpress 的同时,会自动在 Word 中安装一个插件(见图 9-4),如果在 Word 中该插件没有安装成功,请选择 NoteExpress 菜单"选项"→"扩展"命令,重新为 Word 安装 NoteExpress 插件。

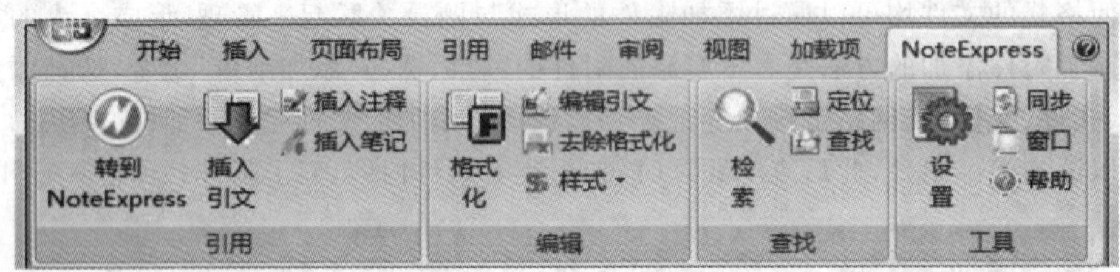

图 9-4 在 Word 2007 中的 NoteExpress 插件

在 Word 文档中插入参考文献题录的步骤如下:

① 在 Word 中,单击 NoteExpress 选项板上的按钮"转到 NoteExpress",启动 NoteExpress 软件。

② 在 NoteExpress 主界面选中"题录"文件夹,然后单击选中右侧题录列表中的某条题录。

③ 切换到 Word 文档界面,将光标移至要插入文中注释处,单击 NoteExpress 选项板上的"插入引文"按钮。

④ 可在需要插入引文处重复步骤②,插入所有引用的参考文献。

⑤ 在 Word 中,单击 NoteExpress 选项板上的"格式化"按钮,在弹出的对话框中单击"浏览"按钮,选择要使用的输出样式,单击"确定"按钮,即可自动完成引文格式化。用户还可在文中插入引文处,单击"编辑引文"按钮以编辑引文的格式,单击"样式"按钮以设置引文的输出样式等。

⑥ 参考文献设置完成后,如不再修改,则可单击 NoteExpress 选项板上的"去除格式化"按钮;再单击"清除域代码"按钮,断开与 NoteExpress 的关联。执行此步操作时,应先关闭 NoteExpress 软件。

6) 参考文献题录的导出与交换

NoteExpress 的题录可以导出,便于多个用户之间共享数据。具体操作步骤:首先在题录列表界面中选中需要导出的题录,然后选择"文件"菜单下的"导出题录"命令,选择导出题录数据的样式。为方便与其他文献管理软件交换数据，建议选择“RefMan(Ris)”样式。如果在 NoteExpress 用户之间交换题录，可以选择默认的 NoteExpress 样式，然后选中要输出的题录，选择“文件”菜单下的“导出题录”命令，导出选中的题录。

2. 医学文献王

医学文献王是北京金叶天盛科技有限公司开发的国内第一款医学文献管理软件。它具有智能化网上检索、强大的本地检索、专业化文献管理和自动化嵌入参考文献等四大特点，集文献检索、文献管理、全文求助、论文写作等功能于一体，主要用于整理、调用无序分布在不同信息源的各类文献数据，实现对文献的管理。其主页地址为 http://www.medscape.com.cn/。用户可在该主页下载其最新版本。

1) 医学文献王主界面

医学文献王 3.0 主界面分为三个部分，左边的是功能区窗口，右上方的是题录列表显示窗口，右下方的是题录内容显示窗口，如图 9-5 所示。

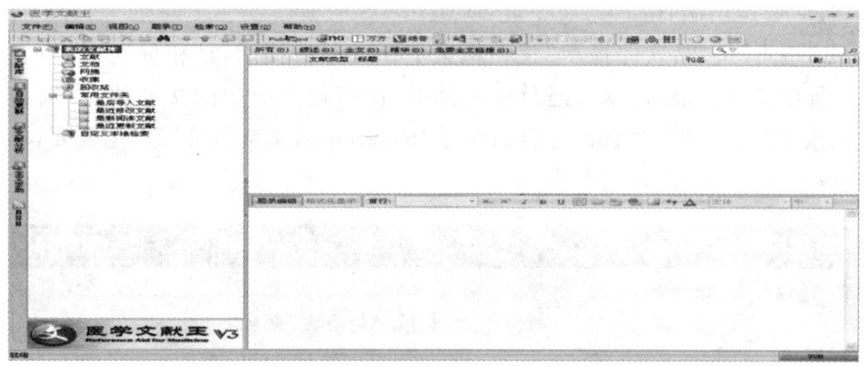

图 9-5　医学文献王 3.0 主界面

① 功能区窗口，即功能分类显示区，分为文献库、自动更新、文献分析、全文求助和 RSS，单击不同的标签即可进行相应的操作。

② 题录列表显示窗口，不仅可以显示同一个目录中的所有题录信息，还可以对这些题录信息进行标签标记、排序和查重等操作。

③ 题录内容显示窗口，包括题录编辑显示窗口和格式化显示窗口，前者主要是为方便用户编辑题录内容而设置的窗口，后者主要是为方便用户浏览题录内容而设置的窗口。

2) 文献数据库的创建

医学文献王提供了六种创建文献数据库的方法，能导入不同来源和不同格式的参考文献。

(1) 通过远程检索数据库建立文献库。这里以 PubMed 数据库为例介绍远程检索数据库的方法，而 CNKI、万方、维普等的检索数据库的方法与 PubMed 的检索方法类似，不再赘述。

例：检索并导入 2005 年至 2010 年中有关“英夫利西单抗(infliximab)治疗类风湿关节炎(rheu-matoid arthritis)”的论文。

① 启动 PubMed 检索，通过单击工具栏中的“PubMed”按钮或选择“检索”菜单中的“PubMed 检索”命令，弹出“Pubmed 检索工具”对话框(见图 9-6)。

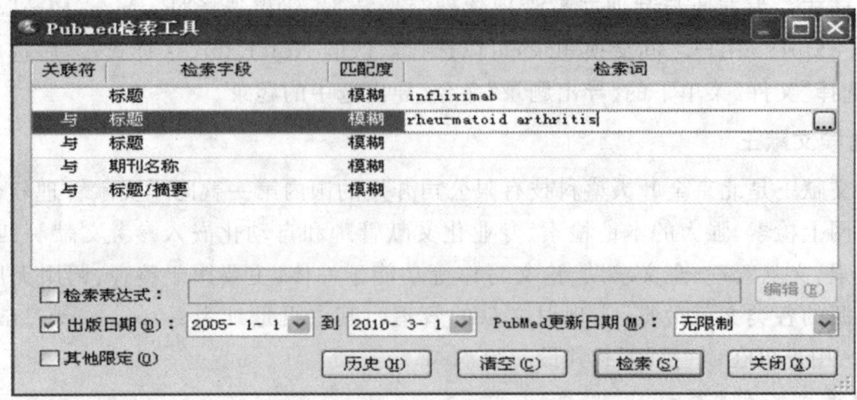

图 9-6 “Pubmed 检索工具”对话框

② 在这个对话框中，单击选择 PubMed 检索字段（本例选择“标题/摘要”），然后输入相应检索词，最后设定出版日期为 2005 至 2010。

③ 单击“检索”按钮，软件提示“正在检索 PubMed 数据库，请稍候”。待检索完成后弹出如图 9-7 所示窗口。根据“输入记录获取范围”说明检索命中的文献数（本例共有 902 篇文献符合检索条件）。软件默认的保存目录是“Reference\文献”，可以根据需要，单击“选择”按钮，新建或选择其他目录进行保存。

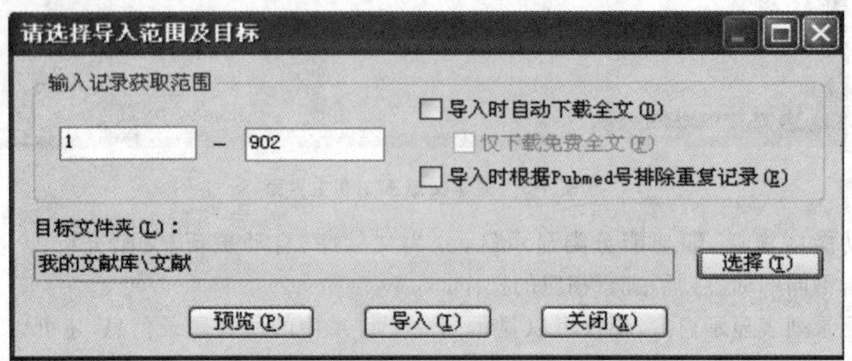

图 9-7 “请选择导入范围及目标”对话框

④ 单击“导入”按钮，弹出下载的进度条。待 PubMed 检索结果下载完成后，单击“完成”按钮，即可在医学文献王题录列表框显示从 PubMed 下载的文献信息（见图 9-8）。

(2) 将数据库检索结果导入文献库。医学文献王支持全文与题录数据导入，可提供国内外 54 个文献数据库的过滤导入。这里以维普中文期刊全文数据库为例介绍数据库题录的导入。

① 维普检索结果保存。在维普数据库检索结果显示界面，单击“下载搜索结果”，打开“文本记录下载管理”窗口，选择“全记录”，最后单击“确定”按钮，将检索结果保存到本机硬盘上。

② 检索结果文件导入。单击工具栏中的“导入”按钮，或者选择“文件”菜单中的“导入”命令，调出数据导入窗口（见图 9-9），选择过滤器“维普数据库”，导入文献并建立文献库。

(3) PDF 文档智能识别导入。打开“数据导入窗口”，在过滤器下拉菜单中选择“PDF 文

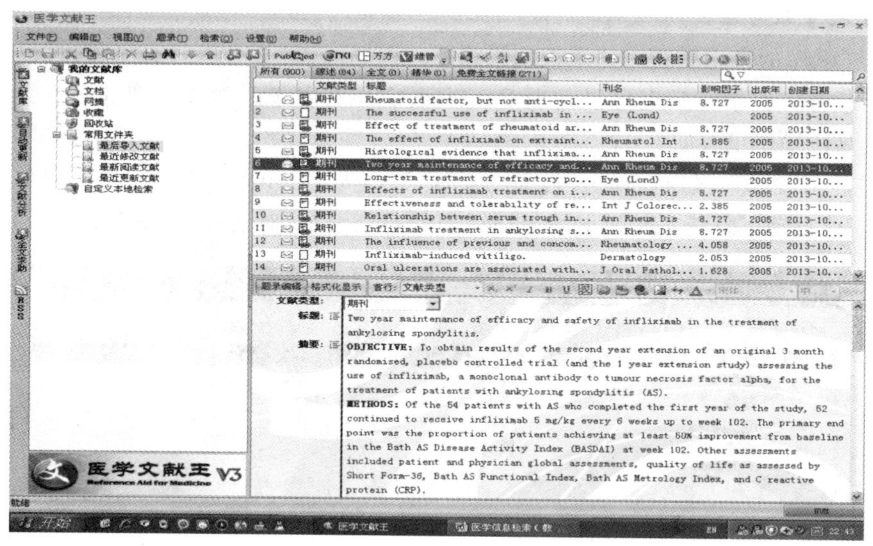

图 9-8　从 PubMed 下载的文献信息

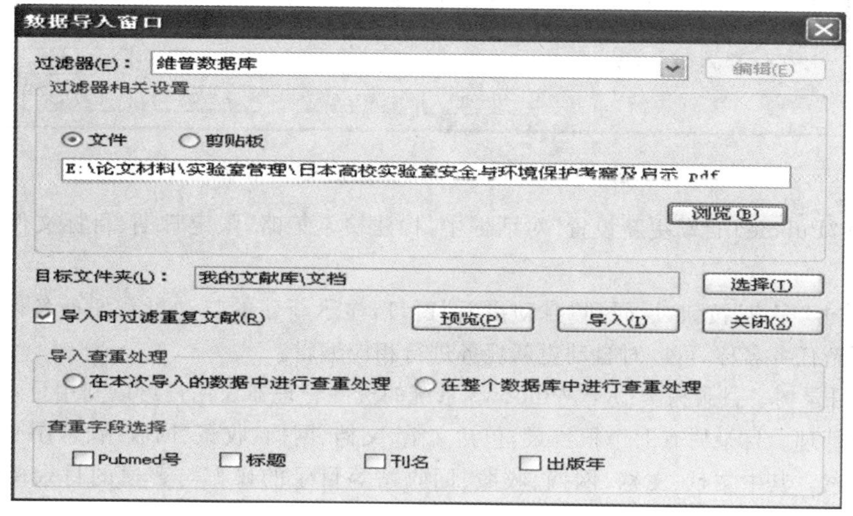

图 9-9　数据导入窗口

件智能导入插件”，单击“浏览”按钮，选择一个或多个 PDF 文件之后单击“确定”按钮，最后单击“导入”按钮。

(4) 普通文档批量导入。打开“数据导入窗口”，选择过滤器 MyDoc，用户可以一次导入多个文件(包括 PDF、DOC、TXT 等不同类型的文件)。

(5) 与其他文献管理软件的文献交换。选择过滤器 RIS，医学文献王可实现与 EndNote、Reference Manager 等多个文献管理软件的文献交换。

(6) 手工录入文献。对于少量文献，如果在文献数据库中找不到对应的题录信息，还可以手工录入。方法是选择一个目录，在工具栏上单击“新建”按钮，或者选择题录列表右键菜单中的“新建项”命令，然后将标题、摘要、关键词和作者等信息逐一输入对应字段即可。

3）文献管理与应用

（1）文献库的自动更新。如果长期跟踪某一课题，或对某一内容有兴趣，可以建立一个自动更新任务。医学文献王可以实现 PubMed、CNKI、中华医学会期刊等多个数据库的自动更新。具体操作步骤如下：

① 在主界面功能区窗口单击“自动更新”标签，右击“PubMed 自动更新”，再单击弹出窗口中的“新建自动更新任务”，弹出“Pubmed 自动更新设置”对话框（见图 9-10）。

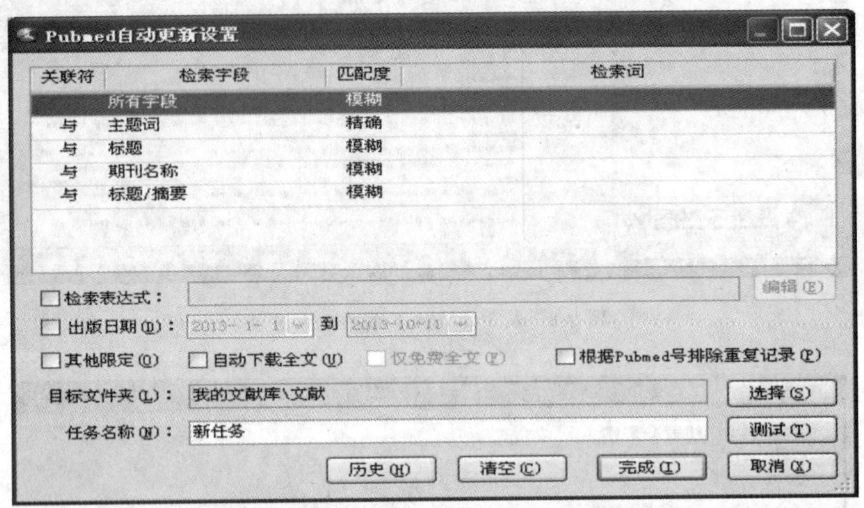

图 9-10 “Pubmed 自动更新设置”对话框

② 在“Pubmed 自动更新设置”对话框中，构建检索策略，限定日期、目标文件夹及任务名称。

③ 单击“完成”按钮，返回到“自动更新”窗口，显示新建的自动更新任务名称。同样右击自动更新任务名称，可以对自动更新任务进行相应编辑。

（2）目录树。目录树类似于 Windows 系统的资源管理器。用户可以利用目录树对文献进行分类管理。目录树有七个根目录，包括文献、文档、网摘、收藏、回收站、常用文件夹和最近本地搜索。其中文献、文档、网摘、收藏、回收站等目录的操作与普通的目录树操作没有区别。

（3）题录列表框。题录列表框是用来显示题录主要信息的列表框。单击左侧目录树的目录，右侧的题录列表框就会显示该目录（不包括子目录）所有的题录信息。默认情况下，题录列表框由八列组成。用户可以根据自己的需要对题录列表框进行是否显示及显示顺序的自定义设置。

（4）题录编辑。题录编辑窗口包括题录编辑和格式化显示两项。题录编辑是为方便用户对题录信息进行编辑而设计的一种显示方式，用户可以直接在各个字段（如标题、摘要等）进行编辑操作，也可以把对该文献的意见统一写入一个字段（如笔记等）。格式化显示是为方便用户阅读题录而设计的一种显示方式。

（5）排序。排序包括简单排序和高级排序两种。

① 简单排序只能根据一个字段的内容进行排序。操作步骤是单击列标题，列标题右边出现一个三角符号，单击第二次，三角符号将倒转。正三角 表示题录按升序排序，反三

角 则按降序排序。

② 高级排序可以同时针对多个检索字段，按照这些字段的优先级进行排序。操作步骤是单击工具栏中的 ，或者选择题录菜单中的排序选项，弹出高级排序窗口，选择“出版年”“刊名”等，然后单击“排序”按钮即可看到题录信息先按照出版年，再按照刊名进行排列。

(6) 查重/除重。查重指按照查重设置调出同一个文献库中重复的题录信息，除重指将重复题录信息从数据库中删除。操作方法是单击工具栏中的按钮 ，或者选择“题录”菜单中的“查重/除重”命令。

(7) 文献导出。文献导出是把文献按照某种定义的格式输出到数据库之外。操作步骤是选择文献库中需要导出的数据，然后单击工具栏中的导出按钮 ，选择输出格式。默认显示五种导出格式，分别是简洁输出格式、详细输出格式、RAL 输出格式、RIS 输出格式和全文输出格式。

(8) 汉化显示。医学文献王汉化以《新编全医药学大词典》和《英汉医学词典》为基础，采用英汉对照翻译技术，在保留原文风格的同时，完成对医学专业词汇的翻译。汉化显示是针对医学专业人士而设立的一项特别功能，为其他同类软件所不具备。因此，这可以说是这款软件的一大特色。操作步骤是单击题录编辑工具栏中的汉化按钮 ，或者选择“题录”菜单中的“汉”命令。

(9) 期刊检索。期刊检索可在本地检索国内外 2 万多种医药学学术期刊信息，包括期刊的影响因子、MED 缩写、ISO 缩写、SCI 缩写等多种属性。

(10) MeSH 检索。MeSH 检索指在本地检索 2008 年 MeSH 词表的所有数据，包括该主题词的副主题词、相关主题词和树状结构等，并且含有主题词的中文翻译。

4）辅助论文写作

自动生成文中标识和文末参考文献著录格式是医学文献王主要的功能之一。医学文献王能够自动生成文中标识和文末参考文献著录格式，提高参考文献著录格式的准确率，减少撰写论文的时间。

在安装完医学文献王之后，会在 Word 文档界面自动生成医学文献王的工具条。利用医学文献王工具栏中的查找引文、插入选中引文、编辑文中引用、选择著录格式等按钮，将帮助自动生成文中标识和文末参考文献著录格式。

(1) 查找引文。

① 打开要编辑的 Word 文档，单击工具栏上的“查找引文”按钮，弹出如图 9-11 所示的对话框，进行相关设置，查找文献库中的特定文献。例如，查找当前文献库中发表在期刊 *Lancet* 上的论文。选择检索字段“刊名”，检索词为“Lancet”，单击“查找”按钮。

② 检索完成之后，窗口下方显示检索结果(见图 9-12)。

③ 单击“插入”按钮，即可在 Word 文档光标处插入参考文献，结果如图 9-13 所示。

(2) 插入参考文献。在文献库中首先选择要插入的参考文献，打开 Word 文档，选择插入参考文献的位置，单击“插入参考文献”按钮，即可在文档引用位置自动生成文中标识和文末参考文献著录格式。

(3) 著录格式及布局。国内医学期刊虽然以《文后参考文献著录规则》为指南，但不同的期刊在某些细节问题上有部分调整。单击“著录格式及布局”按钮，弹出选择著录格式的

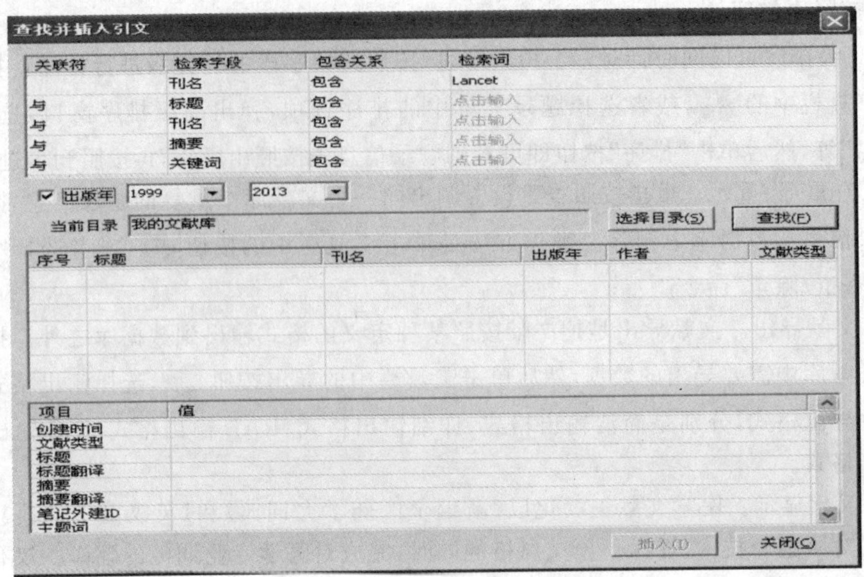

图 9-11 “查找并插入引文”对话框

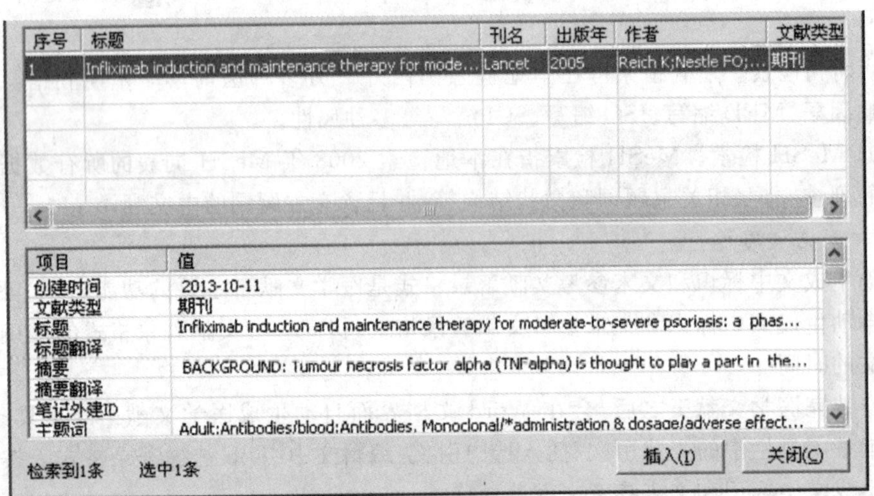

图 9-12 检索结果

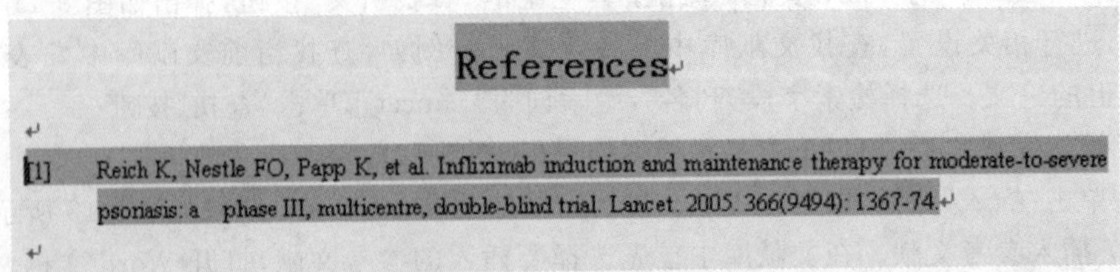

图 9-13 插入参考文献结果

选择窗口。著录格式及布局包括三个部分，即选择参考文献著录格式(文献格式)、设置文末参考文献和设置文中引用。

① 选择参考文献著录格式(文献格式):选择引用文档和投稿杂志的著录格式。

② 设置文末参考文献:主要用来设置参考文献标题、文末参考文献的起始编号(一般情况下,起始编号为阿拉伯数字 1)、参考文献编号和参考文献著录之间间隔的字符。

③ 设置文中引用:主要设置文中引用的字体、字号等。

(4) 快速格式化。当对文中标识或者文后参考文献著录格式进行编辑,而程序不能自动调整当前状态时,单击"快速格式化"按钮,可以恢复当前的文中标识和文末参考文献著录格式。

(5) 从数据库同步。从数据库同步操作可将医学文献王中的数据立刻更新到 Word 文档中。

(6) 编辑库中的参考文献。把光标移至文中标识处,单击工具栏上的"编辑库中的参考文献"按钮,即可返回到医学文献王主界面,在题录列表框中列出当前被引用文献的题录信息。在该窗口对题录信息进行编辑修改,保存之后,Word 文档中的参考文献将根据修改自动进行相应的调整。

(7) 编辑文中引用(编辑文中标识)。如果想删除某一篇引文或者对引用文献进行编辑,通过"编辑文中引用"按钮即可实现该项操作。

(8) 添加新的引文。手动录入未被医学文献王管理的引文文献。

(9) 删除域代码。删除控制文中标识和文后参考文献著录格式的域代码。一旦域代码被删除,则无法继续对文中标识和参考文献的著录格式进行编辑。因此,只有确定"论文完成"之后,才能删除域代码。

5) 文献分析

文献分析是指对医学文献王数据库里的文献,按作者、出版年等字段进行统计,从而得出相应的结果。通过此功能,可以对数据库中文献的总体情况有所把握。

(1) 选择菜单"设置"→"选项"命令,在"选项"对话框中选择"文献分析",对"文献分析"选项进行设置(见图 9-14)。

(2) 选择要进行分析的文献库。

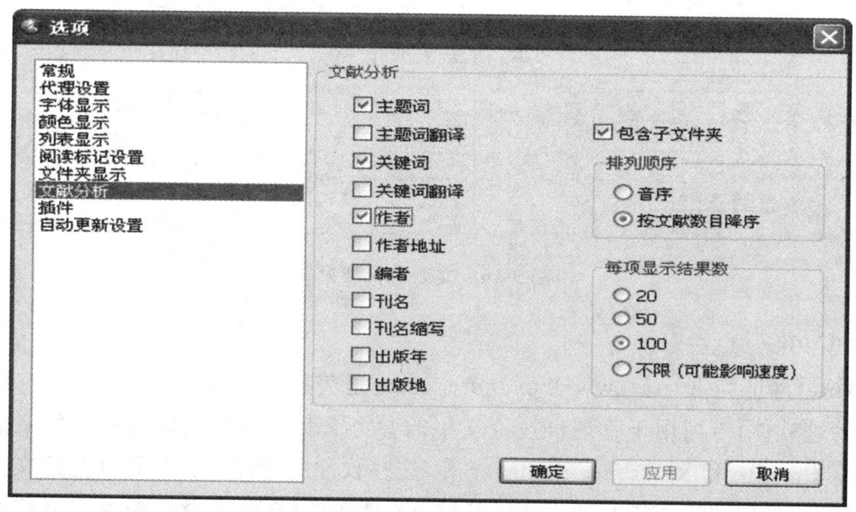

图 9-14　设置"文献分析"选项

(3) 单击左侧功能区的"文献分析"标签页，结果如图 9-15 所示。

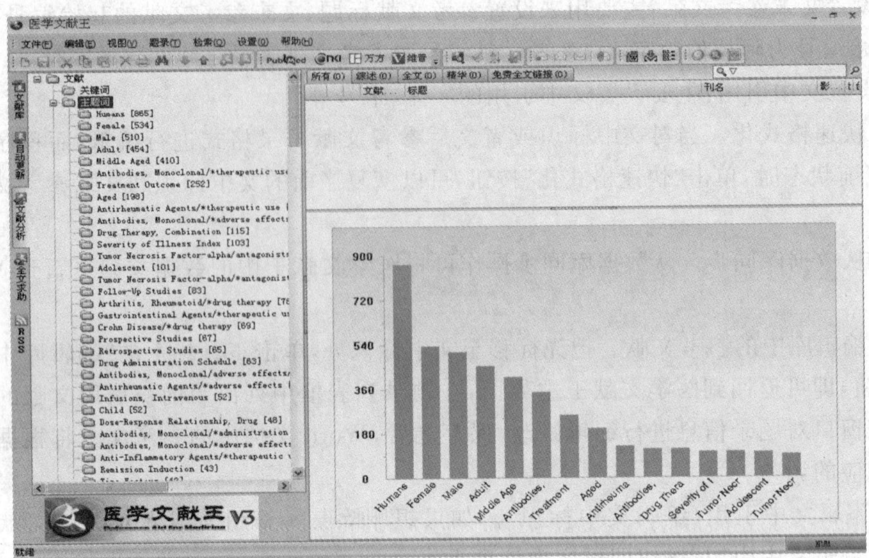

图 9-15　文献分析结果

(4) 图 9-15 所示界面左侧目录树区域显示分析的目标文件夹是"文献"，分析项目为"主题词"。选中"主题词"目录后，右侧出现统计图，对每个主题词在多少篇文献中出现的次数进行统计。选中某个主题词后，右侧显示使用该主题词的所有文献(见图 9-16)。

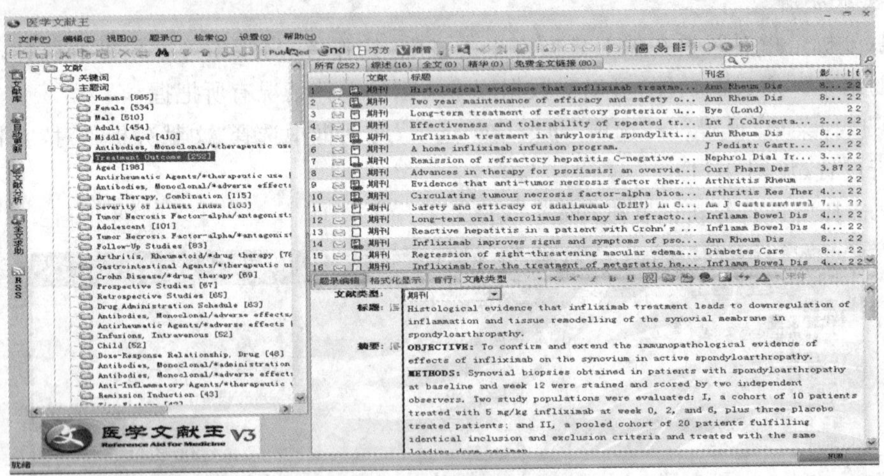

图 9-16　文献分析结果

3. EndNote

EndNote(网址为 http://www.endnote.com)是美国 Thomson Research Soft 公司开发的文献管理软件，专门用于管理科技论文中的参考文献。该公司研发的其他文献目录管理软件还有 ProCite 和 Reference Manager 等，这些软件用于提高文献管理与论文撰写的效率，协助研究人员加快论文撰写和发表。EndNote 帮助用户建立个人参考文献数据库并轻松管理参考文献，而且通过插件方便地在 Word 中插入所引用的文献。

1）EndNote 的主要功能特点

（1）英文文献兼容性好。用户可以直接在线检索 PubMed 后，将文献信息保存到数据库中或者导入 Web of Science 等文献数据库检索结果。

（2）辅助写作。与通用的文档编辑软件如 Microsoft Word 协同支持撰写论文。安装了 EndNote 后，自动在 Word 中建立了一个快捷工具栏，包括插入引文、格式化引文等功能。论文中引文标识（如数字标号外加中括号的形式，或者是作者名加年代的形式等）及文章后面参考文献列表的格式都可自动随意调整。

（3）自动调整参考文献格式。参考文献数据库一经建立，以后在不同论文中引用时，既不需要重新录入参考文献，也不需要手工调整参考文献的格式，软件可根据期刊的要求自动调整参考文献格式。此外，对论文中的引用进行增、删、改及位置调整都会自动重新排好顺序。

（4）建立个人参考文献与图像数据库。可保存、管理和检索个人书目文献数据，组织包括图、表、数据表等图像资料，查找起来很方便。

2）EndNote 数据库主界面

打开 EndNote，新建空白数据库，新建的空白数据库默认名称为“My EndNote Library”，也可以重新命名，建立. enl 文件。EndNote 文献数据库主界面如图 9-17 所示，共分为以下五部分。

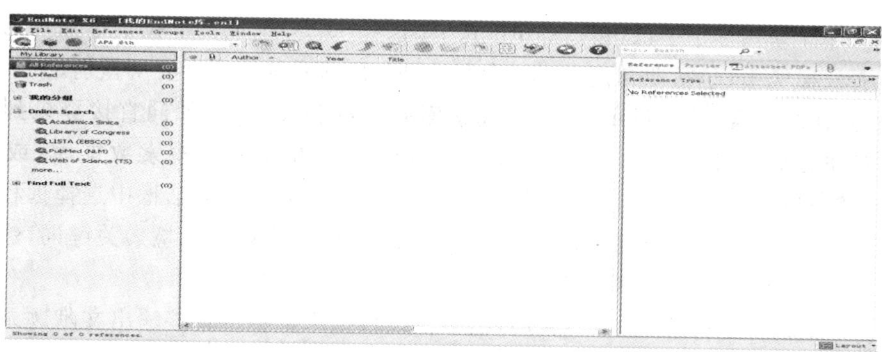

图 9-17　EndNote 主界面

① 导航窗口：提供参考文献信息的组织分类导航，包括 EndNote 预设的群组和自定义的群组集。

② 题录显示窗口：供用户浏览参考文献信息，最多显示五个字段。

③ 字段栏：显示字段可以定制。例如，可以显示图片、作者、年份、标题和链接等，点击字段名可以按该字段顺序或逆序排列记录。

④ 预览窗口：点击文献，可以在预览窗口中查看文献详细信息。信息显示格式可以在工具栏中即时切换，缺省时有 Annotated、Author-Date、Numbered、Show All 等四种显示格式，显示格式也可以自定义。

⑤ 检索窗口：预览窗口上面提供预览与检索切换的选项卡。点击检索选择卡，显示检索窗口，可以设置检索范围与检索字段，输入检索词后进行检索，检索结果显示在题录显示窗口中。

3）建立参考文献数据库

建立 EndNote 数据库的方法有四种，即手工输入、直接在线检索、在线数据库检索结果导入和格式转换。

① 手工录入。手工添加通常适用于添加本地计算机中零散的、在网上不易获得的文献信息，可在题录信息模板各字段中输入信息并添加附件。EndNote 不仅提供通用的题录信息著录模板，还提供针对不同类型的信息资源的专用模板。在打开的数据库界面上单击工具栏图标 New Reference，或者选择“References”菜单下的“New Reference”命令，都将弹出“New References”窗口（见图 9-18）。

图 9-18　EndNote 的“New References”窗口

每条文献记录由多个字段（包括 Author、Year、Title 等）组成。下拉菜单显示的是文献类型。选择文献类型（包括期刊论文、书、专利）不同，所显示的字段会有所差别。

② 直接在线检索。EndNote 提供在线检索并下载相关信息，如同直接登录到网站一样，可以方便检索。在左侧的 Online Search 目录树下选择远程检索数据库，或者选择“Tools”菜单下的“Online Search”→“New Search”命令，在弹出的对话框中选择远程检索的数据库（见图 9-19），在检索词输入框中选择检索字段、逻辑运算符和检索关键词，然后单击“Search”按钮开始自动远程链接到数据库进行检索。

③ 在线数据库检索结果导入。目前，很多在线数据库都提供直接输出文献题录到文献管理软件的功能，如 Scopus、Embase、ScienceDirect 等。例如，Embase 检索结果显示页面提供输出功能，选中想要输出的题录单击输出按钮后，就可以在格式选择对话框中选择 EndNote 支持的记录输出格式，将输出结果保存下来，用 EndNote 直接打开即可。

④ 格式转换。有些数据库（如光盘数据）不能用前两种方法建立 EndNote 书目数据库，只能采用格式转换（特定过滤器导入）的方法。把光盘数据库的检索结果保存为文本，选择“File”→“Import”命令，弹出“Import”对话框，选择导入文件，在“Import Option”中选择“Other Filters”，接着弹出“Import Filter”对话框，选择相应的光盘数据库 Filter，完成格式转换过程。

4）EndNote 数据库管理

① 使用群组。通过群组能够将大的数据库细分成小的组便于浏览，有两种类型群组，一种是 EndNote 产生的群组（包括 All References、Unfiled 和 Trash），另一种是自定义的群组和自定义的群组集。其中 Unfiled 和 Trash 为临时群组，在关闭程序后消失，而自定义群组将保留。一个数据库中用户最多自定义 500 个群组。通过“Create Smart Groups”自建智能群组动态将数据库中的题录分配到智能群组中。

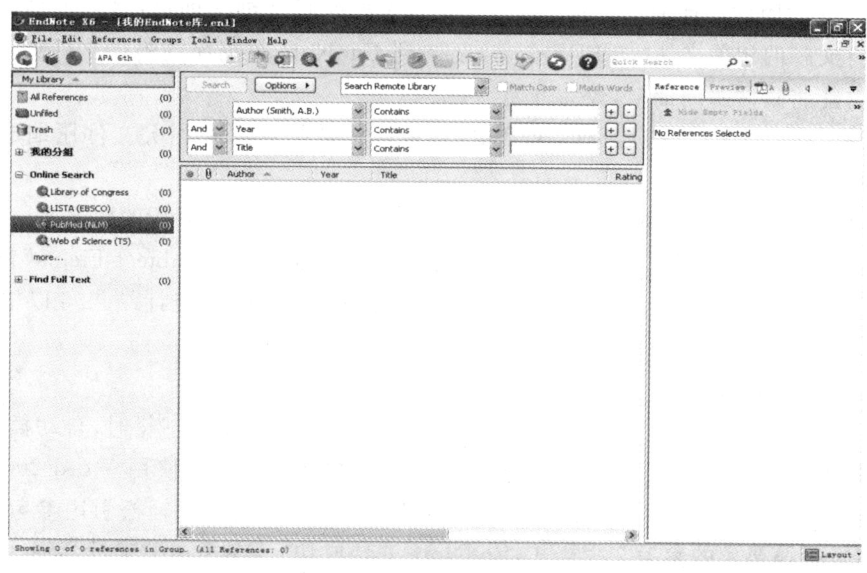

图 9-19 选择远程检索的数据库

② 排序。对于 EndNote 数据库中的文献可以按几个字段用升序或降序进行排序，选择"Tools"→"Son Library"命令，可以对排序的字段和排序方式进行设置，也可以直接点击题录显示窗口相应的字段栏位进行某个字段的升序或降序排列。

③ 查找去除重复文献。在建立数据库的过程中，会因不同数据库来源和不同检索方法而得到重复的文献。EndNote 提供消除重复文献的功能，选择"References"→"Find Du Duplicates"命令，可以发现重复文献，在重复文献对比视窗中可以删除不需要的文献。选择"Edit"→"Preferences"→"Duplicate"命令，可以对查找重复文献的标准进行设置。

④ 数据库内搜索。选择"Tools"→"Search Library"命令，界面右下角显示检索窗口，其中搜索范围下拉菜单中自动显示"Search Whole Library"(见图 9-20)，可改变搜索范围。在检索界面中可以选择搜索的字段与搜索条件、内容等，还可以选择布尔逻辑运算符、匹配程度，单击"Search"按钮开始在已建的数据库中进行搜索。

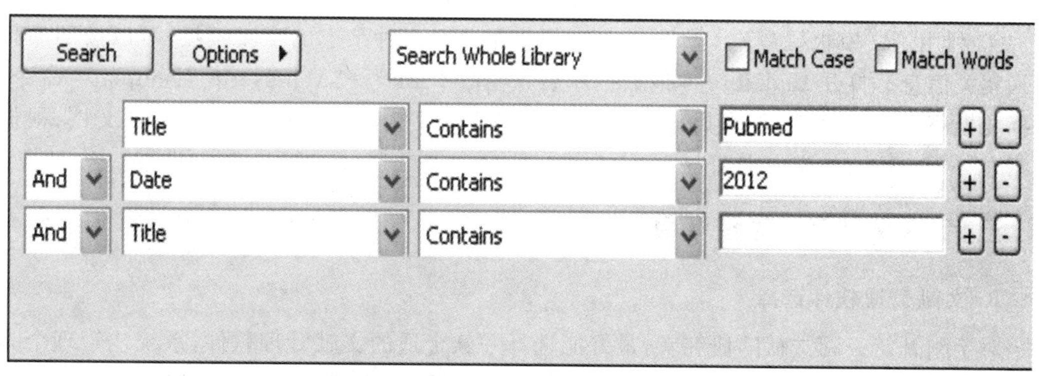

图 9-20 EndNote 数据库内检索界面

⑤ 附件管理。EndNote 数据库包括的文献信息为题录和摘要等，需要以附件的形式管理 PDF 全文、相关图表或网络链接等。EndNote 管理附件的方式有两种，一种是通过超链

接的形式(URL)附件的地址记录在 EndNote 中,需要时打开链接即可;另一种是以添加附件的形式将文献的相关文件(如 PDF 全文)复制到 EndNote 数据库的附件文件夹下。在数据库转移时能将附件一同带走,较为方便。

⑥ 压缩。EndNote 支持数据库压缩功能,可以将数据库所在相关文件压缩成一个文件,便于复制与移动。

⑦ 统计。EndNote 可对主题进行一定的统计分析。打开需要分析的数据库,选择全库或者某一群组,选择"Tools"→"Subject Bibliography"命令,打开"Subject Fields"窗口。可以选择某一个字段或多个字段进行统计分析,并给出统计结果,统计结果可以输出到文件中。

5) EndNote 辅助写作

① 自动插入参考文献。EndNote 可以帮助作者在撰写论文或书籍时,自动插入、编排参考文献即所谓"边写边引"(Cite While You Write,CWYW)。在使用 Word 2000、Word 2003 或 Word 2007 撰写论文时,使用 EndNote 的 CWYW 功能可以轻松引用参考文献、图表、输出符合投稿要求的参考文献格式,EndNote 安装成功后,在 Word"工具"菜单中自动添加 EndNote 子菜单。同时,在工具栏可以显示出 EndNote 的快捷工具。打开 EndNote 数据库后,在 Word 中将光标指在要插入文献的位置,在数据库中找到需引用的参考文献题录单再单击"Insert Selected Citation(s)"即可。

EndNote 软件自动根据文献出现的先后顺序编号,并根据指定的格式将引用的文献附在论文的最后。如果在论文中间插入了引用的新文献,软件将自动更新编号,并将引用的文献插入论文最后参考文献中的适当位置。

② 转换参考文献著录格式。当论文作者改投另外一种期刊时,需要根据期刊投稿要求,对参考文献著录格式进行修改。EndNote 提供格式化参考文献著录格式的功能,可以将 Word 文档的参考文献按照设定的期刊参考文献格式自动编排好。单击快捷工具栏中的"Format Bibliography",在弹出的期刊选择窗口中选择某一期刊要求的输出格式,确定后 Word 中参考文献的格式重新进行编排。

③ 消除域代码。投稿前杂志社通常要求消除 EndNote 域代码,单击快捷工具栏中的图标即可实现,把消除代码的文档另存为其他名字,保存未消除代码的文档供以后编辑。

④ 利用论文模板撰写论文。EndNote 提供了 200 多种杂志的全文模板,可以按照模板输入相关信息。打开 EndNote 本地数据库后,选择"Tools"→"Manuscript Template"命令,选择要投稿的期刊模板,自动弹出向导,按要求输入论文内容后,自动生成 Word 文档,根据提示在[…]内输入相应内容即可。

三、个人文献信息管理利用

1. 文献管理软件选择

对于刚开始查阅文献的研究者,最好能选择一款合适的文献管理软件,系统地管理个人的文献信息。国内外文献管理软件众多,我们结合这些软件的特点,特推荐如下:

(1) 对于阅读文献多是外文文献的研究者,可以优先考虑使用 EndNote 及 EndNote Web 软件。如果没有经费购买正版的 EndNote,而所在机构已购买 ISI Web of Knowledge 使用权的研究者,可以考虑使用 EndNote Web。

(2) 社会科学类的研究者，可以优先考虑使用 NoteExpress 软件，对中文支持较好，对中文数据库题录管理方便。

(3) 对于医学科研的用户，可以考虑使用 NoteExpress 或医学文献王，根据自己的喜好及软件获取是否方便加以选择。如很多高校已经购买了 NoteExpress 的校园版，对在校生来说，选用 NoteExpress 比较方便。

2. 个人文献信息管理实例

以 NoteExpress 为例，建立个人的"关于骨质疏松预防的专题数据库"。

(1) 在 NoteExpress 数据库里，选择"文件"→"新建数据库"命令，将数据库命名为 Osteoporosis，在数据库的题录子目录下新建两个文件夹，命名为 PubMed 和 CNKI。如果想查询更多的数据库，可在此处建立多个文件夹。

(2) 分别登录 CNKI 数据库和 PubMed 数据库，CNKI 数据库用关键词"骨质疏松和预防"，PubMed 用"osteoporosis/prevention and control"主题词检索。具体检索策略以自己的要求为准，此处只是举例。在 PubMed 中检索尤其要注意，检索结果要显示或保存为 Medline 格式。为了保证检索结果的完善，不推荐在 NoteExpress 中直接在线检索。

(3) 登录 NoteExpress，分别单击 CNKI 和 PubMed 文件夹，按特定的过滤器导入 CNKI 数据库和 PubMed 数据库的数据。

(4) 拥有了这个包含很多关于骨质疏松的预防题录的小型数据库后，可以在 NoteExpress 题录窗口下方工具栏，单击"综述"，浏览文献的摘要。对于需要的论文，可以单击"题录"，下载全文(要有数据库的权限)，或直接到数据库中下载全文添加附件。在阅读中，可以做笔记和做标注，供以后撰写论文使用。

(5) 在 Word 中撰写论文，根据插入引文的方法，选择合适的参考文献格式，实时插入参考文献。

第三节　医学科研选题与项目申报

科学研究是探求客观事物的本质和规律性的活动，其内容就是观察新的现象，发现新的规律，创造新的理论、新的发明和新的产品。而科研选题是科学研究中首先必须面临的问题，也是科学研究的关键性的一步，一个科研课题选定得恰当与否，直接关系到以后的研究成功与否。爱因斯坦说过："提出一个问题，往往比解决一个问题更重要，因为解决问题，也许仅仅是数学上或实验上的技能而已。而提出新的问题，新的可能性，从新的角度去看旧的问题，都需要有创造性的想象力，而且标志着科学的真正进步。"对科研人员来说，一个好的科研课题的选定，需要相当的知识储备、科学素养和丰富的想象力，同时也要掌握选题的原则、方法、课题的来源和项目的申报等相关知识。

一、医学科研选题的意义与原则

1. 医学科研选题的意义

1) 科研选题的定义

科研选题就是指形成、选择和确定所要研究和解决的课题。从广义上讲，科研选题包括

确定研究方向和选择研究课题两个方面。研究方向是研究人员在一个较长时期内从事研究活动的领域。确定研究方向是预测科学研究发展的总趋势，探寻科学发展新的生长点，决定科学探索的主攻方向，必须使研究工作具有连续性和积累性，才能够取得较丰硕的成果。研究课题是在众多科学问题中，为实现某一特定的目标所需要研究的一个或一组科学课题。选择所要研究和解决的科研课题的过程，就是选择研究课题。研究方向和研究课题是相辅相成的，课题指示方向，方向限定课题。一般来说，研究方向是根据某一具体研究课题取得成功后，开拓出来的；而研究方向又能作为选择研究课题的线索和范围。

2）科研选题的重要性

科研选题是科研工作的起点，也是在整个研究过程中具有战略意义的首要环节，它关系到科研工作的全局。科研选题在科学研究中的意义，主要表现在以下几个方面。

① 科研选题制约科学研究的方向、目标和主要内容。只有在明确的、相对稳定的研究方向和目标的指导下，才能在一个时期集中主要精力，在一定范围内展开和进行科学事实搜集、整理等科学研究，并取得成果。如果方向和目标不明确，则面对广阔的未知领域和无数的科学问题，就无法开始着手研究，而正是科学选题指示了科学研究的方向和目标。此外，科研选题也规定了研究的主要内容，并且在一定程度上确定了研究内容所包含的事物现象、过程和规律等研究对象。

② 科研选题直接影响科学研究的途径和方法。科学研究的途径和方法直接受到所选课题的影响，不同的课题所要求的解决途径和方法不同。例如，对生命起源的研究，由于该过程要历经几百万年，而且已经时过境迁了，因而不可能通过直接的观察来研究，只能用模拟方法和理论思维的方法来解决。

③ 科研选题决定着科学研究的前途和价值。科研选题选择得当，但并不意味着科学研究就一定一帆风顺。而课题选择是否得当，在很大程度上决定着科学研究工作的成败。

2. 医学科研选题的基本原则

选题是科研工作的第一步，集中体现了研究者的科学思维、学术水平、研究能力及其预期目的。科研选题是一个复杂和艰巨的环节，也是创造性的思维过程。科学研究的目的是探求未知现象，发现和研究事物的发展规律，促进科学技术的发展和社会的进步。选择好的科研课题除了依靠科研人员的学识和经验外，还需要遵循以下几项基本原则。

1）需要性原则

这种需要包括开拓科学的领域、更新科研理论和改进科研方法等，以及社会生产和生活中亟待解决的问题等。选定的课题要符合社会、生产和科学发展的需要，即具有现实的意义和价值，包括经济价值和社会价值。因此，科研工作应从我国的国情出发，选择那些国家或社会急需的课题从事研究，选定课题和确定项目时既要从社会和经济发展的根本需要出发，优先选择在市场经济发展中所遇到的、迫切需要解决的关键性课题，同时也要兼顾科学技术自身的要求。

2）科学性原则

科学性原则是指选择课题要具有一定的科学理论根据和科学事实根据，课题的理论要符合客观实际。也就是说，科研选题要以被科学实践反复证实的客观规律为基础，要符合自然界、社会、思维及客观现实的规律和本质。因此，科学性原则要求选题要尊重事实，具有真实性和科学性，既接受已有理论的指导，又要敢于突破传统的束缚。

3）创新性原则

科学研究的灵魂在于创新，具有创新性的课题应该是具有新颖性、先进性和独创性的课题，即别人没有提出过、没有解决及没有完全解决的课题，把别人尚未解决的问题作为自己研究的起点，避免简单重复别人已经做过的研究。

要遵循创新性原则，必须努力做到：①要有创新意识。创造需要有强烈的好奇心，旺盛的求知欲，迫切的进取心，需要有攀登险峰和独辟蹊径的勇气。创新的意识越强烈，创造积累越大，创造性想象越丰富，越有可能选择出创造性的课题。②要善于学习和进行比较。对所要选择的课题进行横向和纵向比较，熟悉并学习别人已进行过的工作，明确前人或他人尚未弄清或尚未涉及的课题所蕴含的实质内容，以避免重复他人的劳动。③加强情报信息工作，掌握科技动态。④选好学科领域，包括不同学派激烈争论的领域、科学技术的空白区域、学科前沿和学科交叉领域等。

4）可行性原则

可行性原则要求所选的课题应与主客观条件相适应，体现了科研工作的条件性。主观条件主要是指研究者是否具有完成课题所需要的素质和能力，包括知识结构、研究能力、技术水平和科研兴趣等。客观条件是指客观上是否具备完成课题所必需的社会条件、经济条件和科学技术条件，包括必要的资料、设备、物资、经费、合作者的特长、实验技术、相关学科的发展和市场情况等。选定课题要切合实际，要充分考虑研究对象和研究环境的主客观条件，考虑研究所需的设备条件、课题组人员的科研水平与能力，以及课题是否已具备研究基础。同时，选题时既要防止不顾主客观条件，贪大图新，好高骛远，选择缺乏条件、难以完成的课题；又要防止只讲条件，无视人的主观能动性，害怕困难的保守思想。

5）效益性原则

效益是指经济效益、社会效益和生态效益等。坚持经济效益原则的基本要求是：①完成课题所需的人力、物力和财力必须是经济合算的，应该尽可能做到以最小的人力、物力和财力，获得最理想的科研成果；②课题必须有利于发展社会生产力，提高劳动生产率，有利于科学技术的发展，给社会和人类带来良好的效益。坚持选题的效益性原则，既要选择那些“短、平、快”的课题，又要重视具有长远意义和经济、社会和生态效益的课题进行研究。

上述各原则既有区别，又有联系。需要性原则规定了科研的方向，效益性原则体现了科研的社会功利性，创造性原则反映了科学的本质特征，科学性原则体现了科学研究的依据，可行性原则体现了科研的求实精神。这些原则中的任何一项都是正确选题所必须遵循的，同时满足这些基本原则的选题，才是最佳的和最有希望获得成功的选题。

二、科研选题的方法与步骤

1. 科研选题的方法

1）从实践积累中选题

医务人员在医学实践工作中，积累了大量的经验和资料，经常会遇到各种实际问题，这就为选科研课题提供了有利条件。在日常工作中，要注意观察并记录自己经手的基础实验过程数据和临床资料，当量积累到一定程度时，就可以进行整理和归纳，能很容易提出新问题。遇到实际问题，要大胆提出设想，特别是多次遇到某种现象，而现有知识又不能圆满解释，就意味着有未知的规律和原理值得探究。对工作中原有方法或理论不满意，也可设计加

以改进和创新。还可以在研究工作中不断探究新出现的问题，提出深入的设想，从而寻找到一系列新题目。总之，实践中遭遇的难点、疑点、奇点都可以设计出带有普遍指导意义的实用的课题。

2）从科学的内部矛盾中选题

许多研究课题是从科学的内部矛盾中找到的，例如，某些学科存在着不同观点、理论和学派。当人们对同一事物有不同的看法，形成各种学派的争论时，表明各派在理论上都还有缺陷或难以克服的困难，或各有其片面性，或各有其适用的条件和范围，或其中有的理论是错误的等。分析这些矛盾，就能比较容易地把握前人研究达到的水平，发现知识的空白区，抓住需要解决的问题，从而提出研究课题。

3）从科学技术发展的主流方向选题

科学技术发展日新月异，只有适应其发展趋势，把握住科技发展的主流，选择的科研课题才是最有价值的。如科学技术由宏观层次向微观层次、由低能量水平向高能量水平方向发展，这就要求我们到已经开拓和正在开拓的层次和水平中去找课题。

4）从学科交叉领域中选题

科学被分解为许多单独的门类，形成了不同的学科，而在各学科之间又形成了许多交叉的领域。交叉领域是学科与学科之间的接触点，是知识的空白区。例如，在两门相邻学科的边缘地带寻找结合点，在结合点上研究把两门学科结合起来的方法，从而建立新的边缘学科；或探索一门学科的理论和方法，去研究另一门学科的研究对象，从而建立交叉学科；或运用多学科的理论、知识和方法，去研究某一特定的客体，从而建立综合性科学。再如，寻找自然科学和社会科学的渗透区和接触点，把自然科学与社会科学的多种学科综合起来，建立新的综合学科等。

5）从研究课题中选题

在实验研究过程中，会发现一些新的、原来设计没有想到的、以往观察没有见到的意外现象，甚至是细枝末节上的差异。如能敏锐地观察和捕捉这些偶然出现的现象和差异，就有可能有所发现，以意外现象出现作为新研究课题，也就扩大了选题范围。此外，同样一个题目可以从新的角度去研究它，包括从新的侧面去分析，应用新材料、新工艺和新方法，进而得到新的实验结果、新解释和新规律；或者改变研究对象、改变处理手段、改变实验指标，力求理论认识上“出新”。同时，科研过程往往要经历许多失败，有意留心每一次成败所提供的经验教训，其中可能有选题的重要线索，在失败中可能发现一些没有预料到的新现象和新因素，而正是这种东西孕育着新的发现和新的突破。

6）从理论积累中选题

要持久、系统地搜集资料和查阅文献，坚持跟踪了解国内外对类似选题的研究动向和进展情况，深入做好资料的积累工作。只有精通所从事专业的国内外进展情况，才能得到有价值的选题。例如，选择新近发展较快而尚未被熟悉和重视的新颖、前沿的课题。通过文献启发选题，列出自己专业领域及相关领域的权威期刊长期阅读，选出自己特别关注的专题持续追踪。阅读文献时注意培养自己科学的、具有独立个性的思考方式，并要常以逆反的、发散的思维去捕捉瞬间灵感，得到启发就记录下来，经过积累和筛选就会有良好的选题。例如，可以针对文献本身的课题加以质疑或验证，这是一种简单的选题。当然，必须是该题有重复的价值并在科学研究上有延伸扩展的空间。又如，阅读文献时可以跨越原题的范畴，延伸开去，提出新见解和论点，并进行假设和论证。这样设计出的选题常是很有创意的，但要注意进行初步和必要的检索工作，以认定自己的设想有无实际价值，再深入开展工作。

7）从各级招标项目中选题

政府主管部门依医学卫生事业发展的需要，而下达的课题具有权威性，一般可保证科研选题的正确方向，而且内容广泛和切合实际。政府卫生部门发布的科研项目指南都明确提出鼓励研究的领域和重点资助范围，详细提出一系列可供选择的研究项目和课题。

8）从其他学科领域中选题

移植和引用其他学科领域的新成果、新技术和新方法，是科研选题的重要方法之一。它是把应用于某疾病、某学科、某专业，甚至某领域的先进方法和技术等移植过来，应用于另一疾病、学科、专业或领域，为己所用。例如，医学影像学大量地引用、移植物理学和计算机技术领域的成果，如今已发展成为临床医学的最重要的辅助学科之一。

2. 科研选题的步骤

1）课题调研

调研与考察是对有关课题的历史、现状及发展趋势进行调查研究，要掌握前人对有关课题已做了哪些工作，还存在什么问题，问题的关键在哪里，已经得出什么结论，有什么经验和教训，以便在新的起点上选择课题。

2）课题选择

根据调研和实际考察的结果，初选出多个科学问题，认真分析其在科技发展中的地位、作用、社会经济效益及制约科研能否顺利进行的其他因素等。运用选题原则，从多个问题中优选出一个适宜的课题，然后进一步研究如何进行课题研究工作，拟出初步的研究计划和几种可行的研究方案，提出开题报告。开题报告一般包括以下内容：课题来源，研究目的和意义，国内外现状和发展趋势，主要研究内容所应用的方法，完成课题的主客观条件，研究周期和所需要的经费，需要有关部门解决的问题等。开题报告是有关部门组织同行专家对课题进行可行性研究和审批课题的重要依据。

3）课题论证

课题论证是指对课题进行全面的评审，看其是否符合选题的基本原则，并分别对课题研究的目的性、根据性、创造性和可行性进行论证，以确定选题的正确性。课题论证一般采取同行专家研究评议与管理决策部门研究评议相结合的方式进行。评议内容包括：课题研究目的和预期的成果是否符合社会实践和科技发展的需要；对国内外现状和发展趋势分析是否正确，课题执行的论据是否充分和可靠；课题的科学技术意义和经济价值如何；课题所采用的初步研究计划和技术路线是否先进、合理和可行；课题的最后成果是否会给社会造成诸如污染环境、破坏生态平衡等不良后果；课题负责人和课题组人员能否胜任课题的研究任务；提供该课题所需条件的必要性和实现的可能性等。

4）课题确定

经过课题论证之后，该课题若通过，即课题确定。若没通过，该课题则被淘汰，需再按照选题的程序和原则，另行选定其他课题。

三、科研选题的来源

1. 指令性课题

指令性课题是指上级部门下达的课题任务。国家、省市及各种学术团体会定期提出许多科研课题，如国家、部、省、市的重点规划课题和年度课题等，这些课题一般具有较重要的理论意义和现实意义，是选题的重要来源，通常被称为纵向课题。

2. 委托课题

委托课题是指受相关部门委托而接受的课题，目的是借助受委托单位的技术和人才优势进行新产品、新技术和新方法的开发和研制。如工厂企业委托高校完成的科技攻关项目等。

3. 自选课题

自选课题是指研究人员通过自己的科研活动、日常工作而产生和形成的研究课题。常见的选题方式有以下几种。

1）从实践中选题

人们在现实生活和社会实践工作中会遇到各种各样的问题，需要研究、探索和寻求解决问题的办法。大至世界政治、经济和文化艺术等，小至日常生活中的吃、穿、住、用、行，选题的内容极为广泛，只要深入思考和探索，就会发现有许多值得研究的课题。

2）从文献记载中选题

科学研究人员在研究过程中，会遇到或发现理论上或者实践中的某些问题，但由于受当时的科学技术水平和理论知识，以及所处的环境、研究条件或专业知识结构的限制而无法解决；或者对研究中发现的某些现象提出了一些假说，这些问题会被记载在文献中。因此，科研人员可以根据文献的记载，结合自身的研究基础，选择研究课题。

3）从学术交流和学术争鸣中选题

学术交流是指同行专家对某一特定的学术问题，在研究方法、结果和存在的问题等方面所做的探讨、交流。而研究人员对于某些学术问题会从不同的角度观察、研究和评价，因而会有不同学术观点，这些不同学术观点之间的碰撞则为学术争鸣。学术交流和学术争鸣对科研课题的选择非常有意义，研究人员根据学术交流和学术争鸣中谈到的问题，涉及的某些事实与理由，从中发现问题，并选定研究课题。

4）从学科交叉、渗透中选题

学科的交叉、渗透是科学在广度和深度上发展的一种必然趋势，科学的交叉和渗透必然导致新的学科及新的研究领域的诞生，如比较学科、边缘学科、软科学、综合学科和超科学等的诞生。

5）从直觉思维、意外发现中选题

科研人员对研究对象富有浓厚的探索兴趣，也是科研选题的一个重要来源。大量值得研究的选题，首先表现在各种社会现象和偶然事件中。这时，选题常常得益于科研人员的想象、灵感和直觉，以及对这些直觉、现象的思维和捕捉。例如，詹纳（Edward Jenner）由挤奶女工不患天花的现象，研究和发现了预防天花的牛痘疫苗。又如，郭沫若在对郑成功事迹的追踪调查中，意外发现了郑成功铸造的钱币，使中国自铸钱币的历史向前推进了将近 200

年，并进一步发现了郑成功的财政政策和复国宏图，推进了晚明史的研究。

四、医学科研选题案例

1. 案例简介

某科研课题组拟进行“食管癌与 microRNA 关系的研究”。该案例的研究背景：microRNA 又称 miRNA、微小 RNA、微 RNA，2002 年 12 月 19 日被 *Science* 杂志评为 2002 年世界十大科技突破第一名。miRNA 是真核生物细胞中固有的一类长度约为 22 个核苷酸且不编码蛋白的小分子 RNA。miRNA 广泛参与动植物生命活动的调控，如生长发育、营养物质的代谢和激素的分泌等。近年的研究表明 miRNA 通过调控细胞增殖、凋亡和分化，在肿瘤的发生和发展中起着重要的作用。研究 miRNA 与肿瘤的关系将为肿瘤的诊断和治疗提供新的思路。该课题组有从事食管癌和遗传学研究背景，因而希望开展食管癌与 miRNA 关系的相关研究。

2. 案例信息检索和分析

在此案例中，该课题组确定的研究方向为食管癌与 miRNA 关系的研究。以下按照医学科研选题中有关信息获取利用的一般步骤，进行案例信息检索和分析。

1）分析确定检索词

（1）中文检索词。①食管癌。食管癌相关的中文关键词为食管癌、食道癌、食管肿瘤、食道肿瘤，而对应的主题词为“食管肿瘤”。②microRNA。microRNA 相关的中文关键词为 microRNA、miRNA、micro-RNA、mi-RNA、微小 RNA、微 RNA、microRNAs、miRNAs、micro-RNAs、mi-RNAs，而对应的主题词为“微 RNAs”。

（2）英文检索词。①食管癌。食管癌相关的英文关键词为 esophageal cancer、esophageal cancers、esophageal carcinoma、esophageal carcinomas、cancer of esophagus、cancers of esophagus、carcinoma of esophagus、carcinomas of esophagus、esophageal neoplasm、esophageal neoplasms，而对应的主题词为“Esophageal Neoplasms”。②microRNA。microRNA 相关的英文关键词为 microRNA、miRNA、micro-RNA、mi-RNA、microRNAs、miRNAs、micro-RNAs、mi-RNAs，而对应的主题词为“microRNAs”。

2）检索国内外核心检索系统

先查找中英文核心检索系统，这里主要以 CBM、PubMed 和 Embase 为例进行本案例的相关检索。

（1）CBM 数据库。在 CBM 数据库中共检索出 5 篇文献，其中相关文献 4 篇，这 4 篇文献均为综述性文献，未见相关研究性文献报道。在科研选题时，可参考这 4 篇综述性文献，初步了解 microRNA 与食管癌的相关研究进展。在这 4 篇相关文献中，有 2 篇标注了资助基金，均为国家自然科学基金。由此可见，我国近年也在关注并资助 microRNA 与食管癌关系的研究，为本课题组进行科研选题提供参考。

（2）PubMed。在 PubMed 数据库中共检索出 19 篇文献，均为相关文献，其中 2 篇为综述性文献，其他为相关研究性文献，包括食管癌的 microRNA 表达谱的研究等。在这 19 篇相关文献中，有 3 篇为中国学者发表的相关论文，所在机构分别为第四军医大学西京医院、清华大学医学系统生物学研究中心、台湾的成功大学基础医学研究所。由此可见，国内相关

机构也开展了 microRNA 与食管癌的研究。因此，在进行科研选题时，可以参考相关机构的研究现状进行合理的选题。同时，在这 19 篇相关文献中，文献发表年代集中在 2008—2009 年，其中有 11 篇标注了资助基金，其中 7 篇为美国 NIH 基金资助。由此可见，美国近年来非常重视 microRNA 与食管癌关系的研究。

(3) Embase。在 Embase 数据库中共检索出 41 篇文献，其中相关文献 22 篇。将 PubMed 和 Embase 中检索出的相关文献均输出到文献管理软件中，可进行去重处理和分析。

3）检索国内外全文数据库平台

这里主要以中文全文数据库包括 CNKI、万方和维普为例进行本案例的相关检索。

(1) 在 CNKI 数据中，共检索出相关文献 6 篇，其中 4 篇为期刊文献，另外 2 篇分别为会议论文和专利。

(2) 在万方数据中，共检索出文献 8 篇，其中 6 篇相关文献，在 6 篇相关文献中，1 篇为学位论文。

(3) 在维普数据库中，共检索出相关文献 3 篇。

在上述全文数据库检索中，既补充了最新的相关文献，又补充了学位论文和会议论文等特殊类型的相关文献，还可将相关文献的全文下载下来，在科研选题中进行阅读参考。

4）检索国内外在研项目数据库

由于近年来国内外关注 microRNA 的相关研究，因而可以检索国内外在研项目数据库，了解国内外正在进行的有关食管癌与 microRNA 关系的相关基金资助的科研项目。这里就以我国的国家自然科学基金网站、美国的“NIH 研究组合在线报告工具资助和结果 RePORTER(NIH Research Portfolio Online Reporting Tool Expenditures and Results)”网站为例，演示本案例相关在研项目检索。

(1) 国家自然科学基金网站。在国家自然科学基金网站(http://www.nsfc.gov.cn)上，可免费检索 1999 年至今的国家自然科学基金资助的相关项目信息。该网站检索功能较简单，需要进行多步骤检索操作。以本案例为例，经过多步检索，共整理出 2008—2009 年间国家自然科学基金资助相关项目 7 项。由此可见，我国自 2008 年起开始重视 microRNA 与食管癌关系的研究，其中中国医学科学院、第二军医大学、第三军医大学、西安交通大学、汕头大学、东南大学均获得了基金资助。因此，在科研选题之中，还可密切跟踪关注这些相关机构及项目负责人所发表的相关文献。

(2) REPORTER。美国“NIH 研究组合在线报告工具资助和结果 REPORTER(NIH Research Portfolio Online Reporting Tool Expenditures and Results)”网站(http://projectreporter.nih.gov/reporter.cfm)上能检索有关 NIH 拨款和合同的全面资助信息。该网站系统采用强大的搜索引擎，将 NIH 的项目数据库和资助记录、PubMed 文摘、PubMed 中心全文及美国专利商标局办公室的信息整合在一起，方便使用者沿着已注明 NIH 资助的研究结果查到 NIH 资助项目的具体情况和资助细节。该网站检索功能也较为简单，需要多步骤操作。以本案例为例，经过多步检索，共检索出 2008—2009 年间 NIH 资助相关项目 3 项。

5）利用文献管理软件进行整理

将以上检索出来的相关文献等信息导入文献管理软件中进行归纳整理。这里以 NoteExpress 软件为例，导入文献后进行去重，整理出国内相关文献 11 篇，国家自然科学基金项目 7 项，国外相关文献 19 篇，REPORTER 基金项目 3 项。

6）其他信息获取途径

为今后更进一步了解食管癌与 microRNA 的关系，还可进行文献定制推送和引文跟踪等。这里以 ISI Web of Science 为例，说明本案例的引文跟踪。在 Web of Science 中检索出 20 篇文献，其中相关文献 18 篇，用注册的账号和密码登录后，即可对指定的文献的引用情况进行跟踪，方便科研人员后期进行科研跟踪。

7）整理分析和科研选题

在对国内外有关“食管癌与 microRNA 关系”的相关医学信息进行检索、归纳和整理后，发现国内外于近两年开始关注此方面研究，并投入资金进行资助。因此，课题组可根据自身的成员、技术力量和前期研究基础等情况，选择合适的切入点进行科研选题，也可关注和联系国内外正在开展相关研究的机构，考虑进行合作研究等。

3. 案例思考

通过案例检索分析表明，在医学科研选题的信息获取利用时，需要全方面地查找、分析和利用相关信息资源。因此，在信息检索中，要以查全为主，通过多个数据库和网站等资源获取国内外最新研究论文、学位论文、会议资料和在研基金资助项目等信息，为开展科研选题提供参考。同时，对检出的医学信息资源，还需要进行合理的利用和跟踪，将相关信息资源导入文献管理软件，对所查找的信息资源进行管理，并利用医学科技信息跟踪方法，对科研信息进行及时跟踪，以确保科研选题的目的性、可行性、合理性和创新性。

五、医学科研项目申报

1. 科研项目类型

科研项目类型有许多，分类的方法也不尽相同。高校科研项目主要是指学校申请获准的纵向科研项目、横向合作科研项目及校级科研项目。按照项目来自校内外的不同，科研项目可分为校外科研项目和校内科研项目两类。按照项目主管部门与合作单位的不同，校外科研项目又可分为纵向科研项目和横向科研项目。纵向科研项目是指列入国家各级科研主管部门科研发展计划的项目。按照项目立项批准单位级别不同，纵向科研项目可分为国家级、省部级与厅市级科研项目，校级科研项目是指校级立项项目。横向科研项目是指接受省内外企事业单位委托，或与企事业单位合作的应用研究和开发研究项目。按照项目合作方来自国内外的不同，横向合作科研项目可分为国际合作项目和国内合作项目。

2. 科研项目来源

科研项目按项目下达部门的级别可分为国家级、部省级和厅局级三个级别。

（1）国家级：如国家自然科学基金、国家社会科学基金、国家科技支撑计划等。

（2）部省级：如教育部科研项目、卫生部科研项目、各省科技计划等。

（3）厅局级：如各省教育厅和卫生厅科研项目、各市科技局科研项目等。

3. 主要科研项目介绍

1）国家自然科学基金

1986 年初，国家自然科学基金委员会成立，负责组织、实施、管理国家自然科学基金（http://www.nsfc.gov.cn/，NSFC）项目，并根据国家发展科学技术的方针、政策和规划，以及

科学技术发展方向，面向全国资助基础研究和应用研究，基金主要来自国家财政拨款。采取竞争机制，以资助“项目”和“人才”的方式，择优重点支持我国具有良好研究条件、研究实力的高等院校和研究机构中的科技工作者从事自然科学研究。国家自然科学基金委员会运用同行评议法遴选优秀项目予以支持，项目申请一般都要经过同行通讯评议和专家评审组会议评审两极评审。

自然科学基金按照其资助类别可分为面上项目、重点项目、重大项目、重大研究计划、国家杰出青年科学基金、海外和港澳青年学者合作研究基金、创新研究群体科学基金、国家基础科学人才培养基金、专项项目、联合资助基金项目及国际(地区)合作与交流项目等。这些资助类别各有侧重，相互补充，共同构成自然科学基金资助体系。

国家自然科学基金各个类别的项目申请，通过基金委所属的七个科学部受理并组织同行专家进行通讯评议和会议评审，项目批准后由各个科学部受理。七个科学部分别是数理科学部、化学科学部、生命科学部、地球科学部、工程与材料科学部、信息科学部和管理科学部。

① 面上项目:自然科学基金资助体系中的主要部分，包括自由申请、青年科学基金和地区科学基金三个亚类，其资助经费占自然科学基金项目总经费的60%以上，主要支持科技工作者在国家自然科学基金资助范围内自由选题，开展创新性的科学研究，促进各学科均衡、协调和可持续发展。资助期限一般为 3 年，受理时间一般为每年 2 月 15 日至 3 月 31 日。

② 重点项目:国家自然科学基金资助体系中的另一个重要层次，主要支持从事基础研究的科学技术人员针对已有较好基础的研究方向或学科生长点开展深入、系统的创新性研究，促进学科发展，推动若干重要领域或科学前沿取得突破。重点项目基本上按照五年规划进行整体布局，每年确定受理申请的研究领域和发布“指南”引导申请。重点项目的申请要体现有限目标、有限规模和重点突出的原则，重视学科交叉与渗透，利用现有重要科学基地的条件。一般情况下，由一个单位承担，确有必要时，合作研究单位不超过两个。研究期限一般为 4 年。

③ 重大项目:定位是面向国家经济建设、社会可持续发展和科技发展的重大需求，选择具有战略意义的关键科学问题，汇集创新力量，开展多学科综合研究和学科交叉研究，充分发挥导向和带动作用，进一步提升我国基础研究源头创新能力。重大项目采取统一规划、分批立项的方式。研究期限为 4 年。

④ 人才项目:自然科学基金委员会资助格局中的另一重要部分，主要由国家杰出青年科学基金(含外籍)，海外青年学者合作研究基金，香港、澳门青年学者合作研究基金，创新研究群体科学基金和国家基础科学人才培养基金组成。人才项目资助期限和费用各亚类不同，其中国家杰出青年科学基金资助期限为 4 年。

⑤ 国际(地区)合作交流项目:资助体系将整合归纳为四类资助项目，即国际(地区)合作交流项目(将原来的国际合作研究项目、留学人员短期回国工作讲学合并)、国际会议项目(包括在华国际会议项目和组织间双/多边学术会议项目)、国际(地区)合作研究项目(包括重大国际合作研究项目和组织间协议合作研究项目)及外国青年学者研究基金项目。

⑥ 联合资助基金项目:自然科学基金委员会为推动产学研结合，引导其他政府部门或产业界在双方共同关心的领域或方向上投入经费，支持基础研究和应用基础研究，以解决实际应用中的基础科学问题而共同出资设立的资助类别。联合基金分为联合资助基金和联合

资助项目两种类型，前者是在一定时间内，每年按照“指南”资助一批项目，后者是对某一特定项目共同出资资助。

⑦ 专项项目：自然科学基金委员会为专门支持或加强某一领域或某一方面而设立的专款资助项目。目前包括数学天元基金、科学仪器基础研究专款和重点学术期刊专项基金等，其中数学天元基金项目不参加各类项目的限项检索，科学仪器基础研究专款项目计入重点项目的限项范围。

2）国家社会科学基金

国家社会科学基金（http://www.npopss-cn.gov.cn）是在全国哲学社会科学规划领导小组的领导下的社科研究领域层次最高、权威性最强的研究基金项目，实行三级管理体制。全国哲学社会科学规划办公室全面负责国家社科基金项目的管理；各省（自治区、直辖市）社会科学规划办公室和在京委托管理机构受全国社科规划办的委托，管理本地区和本系统的国家社科基金项目；项目负责人所在单位在上级管理机构的指导下，具体负责管理本单位的国家社科基金项目。面向全国，资助哲学社会科学研究，其资助类型分别为重大项目、重点项目、一般项目、青年项目、自筹经费项目、后期资助项目、特别委托项目、西部地区社科研究项目等，每年评审一次。成果形式为研究报告、论文、专著等，其中研究报告、论文的完成时限一般为1年，专著一般为2～3年。除重要的基础研究外，鼓励以研究报告、论文为项目的最终成果形式。年度课题指南发布时间在上一年的第四季度，自年度课题指南发布之日起开始受理申报，期限一般为三个月。

3）高技术研究发展计划(863计划)

高技术研究发展计划（http://www.863.gov.cn/）是一项具有明确国家目标的国家科技计划。1986年11月国家批准启动了以跟踪国际高技术水平、缩小同国外的差距、力争在我国有优势的高技术领域有所突破为目标的“国家高技术研究发展计划”，简称“863计划”。863计划是解决事关国家长远发展和国际安全的战略性、前沿性和前瞻性高技术问题，发展具有自主知识产权的高技术，统筹高技术的集成和应用，引领未来新兴产业发展的计划。863计划施行政府主导，同时鼓励企业参与，科技部和总装备部是其组织实施部门。

① 资助类型。资助类型主要分为两类：一类以前沿技术创新研究为主要目标（A类课题），科研、企业单位科研人员可以自由申报，资助强度一般不超过100万元；另一类主要面向重大关键核心技术的研发，强调应用和产业化（B类课题），须以企业为主申请，或由企业联合申请，资助强度较高。目前，863计划共有8个领域，20个主题。

② 专题与项目。863计划重点支持信息技术、生物和医药技术、新材料技术、先进制造技术、先进能源技术、资源环境技术、海洋技术、现代农业技术、现代交通技术和地球观测与导航技术等10个高技术领域38个专题的研究开发工作，通过专题和项目两种方式组织落实。专题课题通过公开发布指南方式落实，专题课题申请指南主要通过科技部和863计划网站公开发布，原则上每年发布一次，发布时间在每年的3月份。项目分为重大项目和重点项目，重大项目主要是围绕国家战略需求，以原型样机或重大技术系统为目标；重点项目是瞄准特定的技术方向，以核心技术或单项战略产品为目标。重大项目和重点项目任务通过定向委托、公开发布指南、招标（邀标）、定向发布指南等方式落实。

4）国家重点基础研究发展计划(973计划)

1997年6月4日，原国家科技领导小组第三次会议决定要制定和实施《国家重点基础研

究发展规划》,随后由科技部组织实施了国家重点基础研究发展计划,简称 973 计划(http://www.973.gov.cn/)。973 计划主要是对国家的发展和科学技术的进步具有全局性和带动性,需要国家大力组织和实施的重大基础性研究项目。973 计划的战略目标是加强原始性创新,在更深的层面和更广泛的领域解决国家经济与社会发展中的重大科学问题,以提高我国自主创新能力和解决重大问题的能力,为国家未来发展提供科学支撑。

项目的立项要按照"统观全局,突出重点,有所为,有所不为"的指导思想,在现有基础研究工作部署的基础上,鼓励优秀科学家和研究集体面向我国未来经济建设和科学技术发展的需要,开展多学科综合研究和学科交叉研究,提供解决重大关键问题的理论依据和形成未来重大新技术的科学基础。项目实行首席科学家领导下的项目专家组负责制,首席科学家对项目的执行全面负责。项目研究期限一般为五年,项目中设置课题,课题数一般不超过 8 个。资助类型依照资助强度分为三类,A 类为 3 000 万元以上,B 类为 1 500 万～3 000 万元,C 类为 1 500 万元以下。办理时间可见每年 973 计划指南。

5) 国家科技支撑计划(即原科技攻关计划)

国家科技支撑计划(http://program.most.gov.cn/)是面向国民经济和社会发展需求,重点解决经济社会发展中的重大科技问题的国家科技计划,于 2006 年起设立。国家科技支撑计划项目根据支持的方向和作用,分为重大项目和重点项目,按项目、课题两个层次组织实施,项目由若干课题构成。项目采取有限目标、分类指导、滚动立项、分年度实施的管理方式,实施周期为 3～5 年,申报时间见每年指南。

6) 教育部科研项目

教育部的科研项目主要是面向全国高等学校实施的优秀人才计划项目,形成了定位明确、层次清晰和相互衔接的三个层次的优秀人才培养和支持体系。第一层次以"长江学者奖励计划"为主,吸引、遴选和造就一批具有国际领先水平的学科带头人和学术大师,长江学者特聘教授构成两院院士的一支后备梯队。第二层次以"高校青年教师奖"和"新世纪优秀人才培养计划"为主,培养和造就新一代优秀年轻学术带头人,作为长江学者特聘教授的后备梯队。第三层次以"优秀青年教师资助计划""高等学校骨干教师资助计划"和"留学回国人员科研启动基金"等项目为主,吸引、稳定和培养一批有志于高等教育事业的优秀青年骨干教师。

(1) 长江学者奖励计划。为延揽海内外中青年学界精英,培养造就高水平学科带头人,带动国家重点建设学科赶超或保持国际先进水平,1998 年 8 月,教育部与李嘉诚基金会共同筹资合作并启动实施了跨世纪高层次创造性人才计划。长江学者奖励计划(http://www.changjiang.edu.cn/)主要立足国内,通过实施高校特聘教授、讲座教授岗位制度和"长江学者成就奖",吸引国内外中青年各界精英投身高校重点学科建设,赶超国际先进水平,培养和造就一批具有国际领先水平的学术带头人,以迅速提高我国高校在国家创新体系中的能力和在国际上的学术地位。

(2) 新世纪优秀人才支持计划。新世纪优秀人才支持计划(http://www.moe.edu.cn/)是教育部设立的专项人才支持计划,支持高等学校优秀青年学术带头人开展教学改革,围绕国家重大科技和工程问题、哲学社会科学问题和国际科学与技术前沿进行创新研究。每年评审一次,资助规模为每年 1 000 人左右,资助期限为 3 年,资助强度为自然科学类 50 万元,哲学社会科学类 20 万元。按数理、化学化工、农业、能源、信息、人口健康、资源环境、材料、先进制造、管理和人文社会科学等 11 个领域。

(3) 留学回国人员科研启动基金。留学回国人员科研启动基金(http://www.cscse.edu.cn/)资助对象是具有博士学位，在外留学一年以上，年龄在 45 岁以下，回国后在教学、科研单位从事教学、科研工作的留学回国人员，符合以上条件的留学回国人员在回国后两年内均可申请。

(4) 高等学校科技创新工程重大项目培育资金项目。高等学校科技创新工程重大项目培育资金项目(http://www.dost.moe.edu.cn/)是教育部为促进高等学校科学技术水平不断提高与科技创新能力不断增强，为解决国民经济和社会发展中的重大科学技术问题做出更大贡献，而设立的项目。其以国家中长期科学和技术发展规划为指导，注重与国家重点基础研究发展规划、高技术研究发展计划、国防等国家科技计划的衔接，充分发挥国家重点实验室、国家工程(技术)研究中心等研究基地的作用，其目标是推动原始性创新，培育一批具有创新能力和发展潜力的科技创新团队和学术骨干，全面提高高等学校承担国家各类重大科学技术项目的能力，推动我国高等学校科学研究乃至国家科学技术事业的全面发展。资助额度一般为：培育资金项目不超过 40 万元；重大项目不超过 50 万元；重点项目直属高校不超过 10 万元，地方及部门高校不超过 2 万元。

(5) 高等学校博士学科点专项科研基金。高等学校博士学科点专项科研基金(http://www.cutech.edu.cn/)前身是国务院 1982 年批准对中央有关部门所属 88 所重点高等学校增拨的 2 000 万元科研经费。1985 年，随着科技体制改革的深入，该项经费实行基金制管理，定名为“高等学校博士学科点专项科研基金”，并成立了基金办公室，该办公室设在教育部科技发展中心。基金资助范围限于经国务院学位委员会批准的高等学校博士学科点的基础研究和应用基础研究工作。高等学校中在科研第一线工作，经有关部门正式批准具有指导博士生资格的教授，均可申请资助。为了加强国家重点学科点，国家重点实验室学术梯队建设，造就一批年轻的学术带头人和学术骨干，高等学校博士学科点专项科研基金使用少量经费资助国家重点学科、国家重点实验室中年龄在 45 岁以下的正、副教授。面上课题、优秀年轻教师课题单项申请经费最高不超过 20 万元，重点课题单项申请经费最高不超过 50 万元，博士点基金资助课题的完成周期一般为 3 年。

(6) 霍英东教育基金。霍英东教育基金(http://www.hydef.edu.cn/)于 1986 年由香港著名实业家霍英东先生出资一亿港元，与教育部合作设立。旨在鼓励中国高等院校青年教师脱颖而出和出国留学青年回国内高校任教，对从事科学研究和在教学与科研中做出优异成绩的青年教师，进行资助和奖励。基金会设立高等院校青年教师基金，为优秀青年教师从事研究工作，每项提供 5 000～20 000 美元的资助；设立青年教师奖，为在教学和科研工作中做出突出贡献的青年教师个人进行奖励，每项奖金 1 000～5 000 美元。为鼓励高等院校青年教师结合国民经济与社会发展的需要进行科学研究，霍英东教育基金会从 2003 年开始，设立“优选资助课题”，每项课题资助 2 万美元左右。

(7) 优秀青年教师资助计划。原国家教委为支持和鼓励我国留学人员学成后回国创业，在高等学校培养和造就一批年轻的骨干教师和学科带头人，1987 年设立了“国家教委优秀年轻教师基金”，2000 年更名为教育部“优秀青年教师资助计划”(http://www.moe.edu.cn/)。主要支持高校青年教师从事基础研究和新兴学科、交叉学科的前瞻性研究，鼓励青年教师从事跨学科、跨单位的国内或国际合作研究，对边远地区或艰苦条件下的高校青年教师

给予优先资助。每年支持 200 人左右。

(8) 教育部科学技术研究项目。教育部科学技术研究项目(http://www.moe.edu.cn/)是教育部主要为资助部属高校在理工农医领域及与之相关的交叉领域开展的科学和技术研究而设立的。项目分为科学技术研究重点项目和科学技术研究重大项目两类。项目采取限额申报、专家评审和择优支持的基本原则。重点项目由申请者自主选题申报,重大项目须由申请者根据教育部发布的申请指南申报。重点项目于每年 9 月份申报;重大项目于每年 4 月份发布申请指南,5 月份申报。项目执行期限原则为 2~3 年。

(9) 教育部人文社会科学研究项目。教育部人文社会科学研究项目(http://www.sinoss.net/)是教育部面向全国普通高等学校设立的各类人文社会科学研究项目的总称,主要包括三类:①重大课题攻关项目,指以课题组为依托,以解决国家经济建设与社会发展过程中具有前瞻性、战略性和全局性的重大理论和实际问题,以及人文社会科学基础学科领域重大问题为研究内容的项目。选题由教育部向全国高等学校、科研院所及实际应用部门征集,面向全国高等学校招标。②基地重大项目,指为普通高等学校人文社会科学重点研究基地设立的、围绕基地学术发展方向进行研究的重大项目。选题由重点研究基地根据基地中长期规划确定,并经基地学术委员会审议通过后,报教育部统一组织招投标。③一般项目即规划项目,含规划基金项目、博士点基金项目和青年基金项目,经费由教育部资助;自筹经费项目经费由申请者从校外有关部门和企事业单位自筹。选题由申请人根据教育部社科研究中长期规划和个人前期研究积累自行设计。鼓励申请人从实际应用部门征得选题,并获得经费资助。

7) 卫生部科研基金资助项目

① 临床医学科研专项资金。临床医学科研专项资金(http://www.cma.org.cn/)主要用于支持具有国际水平或在国内处于领先地位、社会效益好和需要继续发展的临床学科领域;目前暂未具有国际水平或国内虽未处于领先地位,但学科基础好和有发展前途,且社会需求量大,给予支持便能很快处于领先水平的临床学科领域;已获得过临床学科重点项目建设资金资助,项目执行认真和进展顺利,并取得突破性进展,或有良好发展前景,渴望取得突破性进展的临床学科领域。立项单位(项目执行单位)确定申请项目后,每年向上一级主管单位(项目主管单位)提交临床学科重点项目申请。项目周期原则为 1~3 年。

② 卫生行业科研专项经费。卫生行业科研专项经费(http://www.moh.gov.cn/)重点支持《国家中长期科学和技术发展规划纲要(2006—2020)》提出的有关卫生行业发展中所面临的共性科技问题研究,支持推动卫生行业持续性发展的培育性、实用性、应急性和科技基础性工作研究。项目承担单位一般为中国境内具有独立法人资格的科研院所、高等院校、内资或内资控股的医疗卫生机构及企业。卫生行业科研专项经费适度向科研优秀团队(优秀科技人才所形成的优势技术集群)和研究基地(具备良好设备条件、优秀人才队伍和扎实研究基础的机构)倾斜。

8) 人事部基金项目

人事部基金项目有中国博士后基金(http://www.chinapostdoctor.org.cn/)。它创立于 1985 年,用以鼓励和支持博士后研究人员中有科研潜力和杰出才能的年轻优秀人才,使他们顺利开展科研工作,迅速成长为高水平的专业人才。对基础性、原创性和公益性的研究给予适当倾斜。在面上资助的同时,增加特别资助的方式,对在站期间取得了重大自主创新研究成果和在研究能力方面表现突出的博士后，给予一次性的特别资助经费。

9）省级科研项目

① 各省自然科学（或社会科学）基金：面向本省，资助自然科学（或社会科学）中的基础研究和应用基础研究工作。资助的项目分为重点项目、面上项目和青年基金等层次。

② 各省科技厅计划：主要资助技术含量高和创新性强，对本省经济发展等产生重大影响，技术水平处于国内先进水平以上，有较好的经济效益和社会效益的项目。资助领域包括电子与信息、新材料、先进制造技术、生物与医药、农业新技术、资源与保护、新能源高效节能等。计划类别又分为重大专项项目、重点项目、产业化专项项目和一般项目等。

③ 各省教育厅科学研究项目：面向本省省属普通高等院校，着眼于高校科技创新能力的增强、创新人才和创新团队的培养，主要支持其根据当地经济社会发展需要所开展的应用技术开发研究，可分为重点项目、优秀青年项目和一般项目等。

4. 科研项目申报程序

1）研读指南

从主管部门或者网络获取各招标项目或资助渠道的指南，认真理解和掌握各项目指南的要求，对照项目指南的优先资助领域，了解支持方向和重点，结合自身研究基础，选准研究领域并严格按照指南要求申报。在国家级科研项目评议中，不仅要重视立项依据、创新性、研究方法和技术路线、预期成果等，而且要求严格遵守申报项目指南规定，避免申请书在形式审查中就被否决。对于国家支撑计划和公益性行业科研专项等项目首先会向地方征集备选项目建议，应积极参加征集。

2）形式审查

形式审查主要包括两个方面，一是申报条件，项目申请人必须符合指南的要求。二是申请书的书写符合规范。上述任一方面不合要求，申请书将被筛除。

3）同行评议（函审）

选择同学科和同一方向，力求完全理解项目研究内容及意义的专家，申请人可申请回避某位专家，以会议形式代替函审，不讨论，不交流，独立评审，独立打分。

4）专家会审

召开评审会，主审向与会专家介绍情况，接受质询，解答问题，并经过充分讨论，最后打分。

5）项目发布单位审定

审定项目，下达计划，划拨经费，进入项目实施和管理阶段。

5. 项目申请书的撰写

科研项目申请书的撰写，是项目申请最重要的一项工作。同行评审专家主要根据申请者提交的申请书，按照评审原则和相应的评审标准进行评价，从而提出是否资助的建议。因此，高质量的项目申报书是项目申报成功的前提。下面以国家自然科学基金项目申请书为例，简要介绍科研项目申请书的撰写。

1）立项依据与研究内容（4 000～8 000 字）

① 项目的立项依据，包括研究意义、国内外研究现状及分析，附主要参考文献目录。基础研究需结合科学研究发展趋势来论述科学意义，应用研究需结合国民经济和社会发展中

迫切需要解决的关键科技问题来论述其应用前景。

② 项目的研究内容和研究目标，以及拟解决的关键问题（这部分为重点阐述内容）。

③ 拟采取的研究方案及可行性分析，包括有关方法、技术路线、实验手段、关键技术等说明。

④ 本项目的特色与创新之处。

⑤ 年度研究计划及预期研究结果，包括拟组织的重要学术交流活动、国际合作与交流计划等。

2）研究基础与工作条件等

① 研究基础，包括与本项目相关的研究工作积累和已取得的研究工作成绩。

② 工作条件，包括已具备的实验条件，尚缺少的实验条件和拟解决的途径，包括利用国家实验室、国家重点实验室和部门重点实验室等研究基地的计划与落实情况。

③ 申请人简历，包括申请者和项目组主要成员的学历和研究工作简历，近期已发表与本项目有关的主要论著目录和获得学术奖励情况及在本项目中承担的任务。论著目录要求详细列出所有作者、论著题目、期刊名或出版社名、年、卷（期）、起止页码等。奖励情况也须详细列出全部受奖人员、奖励名称等级和授奖年等。

④ 承担科研项目情况，包括申请者和项目组主要成员正在承担的科研项目情况，包括自然科学基金的项目，要注明项目的名称和编号、经费来源、起止年月、与本项目的关系及负责的内容等。

⑤ 完成自然科学基金项目情况，包括对申请者负责的前一个已结题科学基金项目（项目名称及批准号）完成情况、后续研究进展及与本申请项目的关系加以详细说明。另附该已结题项目研究工作总结摘要（限 500 字）和相关成果的详细目录。

3）经费申请说明

要求按照《国家自然科学基金经费管理办法》认真填写。项目申请经费的支出内容限额比例，国际合作与交流费比例不大于 15%，劳务费（只能用于研究生）比例不大于 15%，管理费比例不大于 5%。购置 5 万元以上固定资产及设备等，须逐项说明与项目研究的直接相关性及必要性。

4）其他附件清单

随纸质申请书一同报送的附件清单，包括不具有高级专业技术职务，同时也不具有博士学位的申请人应提供的推荐信，在职研究生申请项目的导师同意函等。在导师的同意函中，需要说明申请项目与学位论文的关系，承担项目后的工作时间和条件保证等。

6. 项目申请书撰写的常见问题

1）选题不当

① 超范围选题。例如：国家自然科学基金主要资助基础研究和应用基础研究，而 863 计划和支撑计划等主要资助应用研究。如果选题的研究性质与要求不符则不可能中标。

② 题目表达不当。研究题目应包含研究三要素（被试因素、受试对象和效果反应），要体现工作假说，须附加必要的限定并以动名词结尾，题目表达应具体、简明而确切，如果题目过大或题目过小或含糊不清等，都会使评审专家无法做出合理评价。

③ 选题重复。与已资助课题或更高级别课题，如重点、重大、攻关等题目重复，申请会失败。因此，选题时应注意向有关部门咨询，或进行检索以避免无效申请。

2）研究项目必要性不强

所选题目无关紧要，缺乏理论和应用价值，难以获得资助。了解学科发展动态，掌握前沿问题，寻找和确定突破口，是选题的关键所在。

3）申请人资格不符

一般情况，申请人（第一申请人）要有高级职称或有硕士研究生以上学历，年龄在60岁以内，并在科研一线工作，申请人资格不符合的，申请难以成功，所以必须了解申请人资格的限定。已获资助尚未完成课题研究的申请人，或完成情况欠佳者，再次申请课题时成功的机会较小。

4）课题组组成不合理或技术力量不足

课题组结构不合理，如实验性课题缺乏实验人员，含有临床研究的内容而没有临床人员；或课题组人员年龄过大或年龄过小、资历过浅、人员过少、研究经历缺乏和研究能力不足或实际工作者过少，难以获得资助。因此，组织一个知识、能力、条件和年龄结构合理的课题组，对课题申请至关重要。

5）立项依据不充分

对本领域国内外发展动态了解不足，所选课题的立项依据不充分，不能通过申请书表明所选课题的必要性和重要意义，也不能勾画所要解决问题的理论框架，从而导致申请失败。因此，必须进行详细的文献检索和调研，熟悉本领域的发展动态，寻找突破口，力争使立项课题能够解决关键问题。

6）研究内容安排不妥

不同类型的招标对研究内容的要求有所区别，如攻关、重大、重点及国家级项目等资助力度较大的课题，要求能够系统解决某一学科或某个领域的系列问题，研究内容宜全面和系统，但也应该有主有次，重点突出。而面上项目、一般项目、地方性项目和资助力度较小的课题，要求研究着重解决某些难点问题，研究内容宜精、宜专。

7）科研设计不合理

处理因素选择不明确或不当，与研究目的缺乏一致性。如有的课题所用中医治法为舒肝解郁，所用方药因缺乏相应药味而以平肝熄风为主；有的课题所涉及的药物剂量、给药方法和途径、疗程等不符合标准，难免为专家所质疑或否定。

8）受试对象选择不当

临床研究中常出现疾病或证候诊断标准、纳入标准与排除标准缺乏或不当，病例不合格。实验研究中常见实验动物选择不当，如发汗剂研究用犬类，胆囊疾病研究用鼠类等。此外，疾病模型选择不当也是常见问题之一。

9）效果反应（指标）针对性差

有的申请书指标安排过多，主次不分，杂乱无章；有的则平淡无奇，一般性指标过多，能说明研究目的的指标缺乏；有的则指标选择过少，不能全面反映研究主题；还有的研究选用一些没有必要的时髦性指标。指标安排针对性差，影响课题水平，可导致申请失败。

10）样本量设计错误

实验样本量的安排应该根据预实验结果进行计算。大部分申请失败的申请书的研究样本量安排过少，也有部分申请书的样本量安排过多，如每年安排的观察病例太多，而课题组中无相应的人员支持，致使能够完成课题的可信度下降。

11）对照设计可比性差

部分申请书因对照安排失宜而申请失败。如新药物新疗法的研究缺乏标准对照，动物实验研究缺乏实验对照，针灸研究缺乏非穴位针刺对照，配对设计中缺乏空白对照等。

12）随机设计粗糙

部分申请书中未用或未写明随机方法，有的所用随机方法错误，如根据患者就诊时期奇、偶数分组或用病例号的单、双数分组等非随机方法；有的申请书只简单地说明用法，随机而无具体方法，致使申请失败。

13）实验设计类型选择失宜

实验目的决定实验设计类型，如实验设计类型选择失宜，则不可能达到实验目的，如多因素实验选用单因素实验设计则导致实验失败。

14）统计方法不合理

统计方法不合理，与实验设计类型不符，也是常见问题。

15）研究方法落后

研究方法落后，难以达到研究目的，也是导致实验失败的常见原因之一。

16）预期目标不明确或难以达到

有的申请书科研目的和预期目标模糊，不明确或过于一般化，有的则目标确定得过高而导致课题申请失败。

17）前期工作基础薄弱

研究课题前期工作基础薄弱，研究者无同类研究工作经历，缺乏必要的理论、技术和经验积累，则很难获得资助。

18）经费预算不合理

如用于购买固定设备，或非实验性支出过多，或对实验经费估计不足，又无其他经费来源，完成课题的可能性较小，则难以获得专家和资助部门的认同。

思考题

1. 学习信息分析有何意义？信息分析的功能有哪些？
2. 如何进行医学信息分析？其方法与步骤有哪些？
3. 简述信息分析的主要应用。
4. 简述文献管理软件的功能及其管理特点。
5. 试述 NoteExpress 和 EndNote 的异同。
6. 试利用文献管理软件 NoteExpress 软件自建个人数据库，并将以“生物医学文献检索”为主题检索 CNKI 的结果批量导入数据库。
7. 简述医学科研选题的意义与原则。
8. 简述医学科研选题的方法与步骤。
9. 科研项目申报的主要项目有哪些？

第十章　医学论文写作

通常医学科学研究过程结束或告一段落，都会有研究结果或阶段性结果出现，这就需要通过医学论文写作进行总结与记录。英国著名科学家法拉第曾指出，一项有用的科学研究过程有三个必要的阶段，即开始、完成、发表。只有将科研成果以论文的形式发表在学术期刊上，一项研究过程或阶段才算完成，科研成果方能得到承认。

第一节　医学论文的意义与类型

一、医学论文的意义

1. 医学论文与医学论文写作的概念

中国国家标准(GB/T 7713.1—2006)对学术论文的定义是："学术论文是某一学术课题在实验性、理论性或观测性上具有新的科学研究成果或创新见解和知识的科学记录；或是某种已知原理应用于实际中取得新进展的科学总结，用以提供学术会议上宣读、交流或讨论；或在学术刊物上发表；或作为其他用途的书面文件。"医学论文是学术论文的一种，是医学实践经验和研究过程的总结，是医学科研成果的概括和文字表述。医学论文以一定的科学理论为指导，将医学工作者在医药、卫生及其教学、科研等各种医学工作实践中的新技术、新方法、新观点和新进展等，经过分析、归纳、总结和推理等科学思维过程，得出正确的结论，以文字等形式表达出来，用于学术会议上交流、学术刊物上发表或其他用途。医学论文反映了科研工作的水平和价值，能够为医学科学事业的交流、积累、继承、发展提供条件和依据。

写作是信息书面存储的活动，写作使信息的传递、保存超越了时间和空间的限制，从而能大大地激发并加强人类认识世界和改造世界的能力。所谓医学论文写作，就是将医学科研与医药卫生信息进行书面存储的活动，是医学科学研究活动的重要组成部分。医学论文是以文字为主要表达手段的医学科技信息的物质载体，是传播医学科研成果的主要形式。医学论文写作具有如下特点：一是写作目的是储存医学科研信息、传播科研成果、交流临床实践经验和促进医学的发展，其成果并不是给人欣赏的，而是去直接影响科学技术工作的进展，进而转化为社会生产力。二是写作内容是医学相关信息，具有科学性和创新性。其写作本身很少涉及社会内容，而且自始至终都要立足于客观实际存在的事物，不允许有任何的虚构和想象。三是写作对象是专业的医学工作者。四是写作手段主要是自然语言的书面符号——文字，辅之以人工语言符号系统——图像、照片、表格、公式及其他各种书面符号。因此，医学论文写作要以创新为目的，以事实为依据，以论证为纲要。

医学论文写作随着医学事业的发展而逐步兴起，医学论文报道医学领域领先的科研成果，是医学科学研究工作者辛勤劳动的结晶，是人类医学科学发展和进步的动力。同时，医

学科学技术与医学论文写作又互相依存和互相促进，没有医学科学的发展，医学论文写作将是无源之水；同样，没有医学论文写作手段，医学科研成果便得不到总结、交流和推广，医学科学技术就难以向前发展。

2. 医学论文写作的意义和作用

1）体现科研成果

正如法拉第提出的“一项有用的科学研究有三个必要的阶段”所说，第三个阶段就是“发表”。医学论文写作是医学科学研究工作中的一个重要环节，也是医学科研工作不可缺少的组成部分。科学研究成果的首创权，必须以学术论文的形式发表在学术期刊上才能得到承认，而新闻媒体的传播是得不到正式承认的。因此，医学科研成果只有通过医学论文写作，才能以学术论文形式发表而体现出来。

2）积累科研信息

医学科研信息的积累，就是将新的医学科研成果用文字、图表和图像等多种媒体记录下来，将其收藏于人类的医学宝库，以丰富医学科学知识，为当代人和后代人提供医学信息资料。在医学科研工作完成之后，需尽快对其研究结果加以总结，以论文或报告的形式阐明其发现和发明。否则，随着时间的推移，后人可能重复前人所做的研究，造成不必要的人力和物力的浪费。医学论文写作就是储存和积累医学科研信息，使它成为以后新的发现和发明的基础，以利于科学技术事业的延续和发展。人类社会文明的延续与发展，正是凭借着这种连续性，在不断地积累、创造与再积累、再创造的过程中得以实现。因此，医学论文是储存和积累医学科研信息的重要载体，而医学论文写作则是总结医学发现和发明的重要手段。

3）传播科研成果

医学上任何一项研究的发现和发明，对人类社会而言都是宝贵的财富，要将少数研究人员的成果变成全人类的共同财富，就需要在不断积累和创造的基础上相互交流，使之不断地推进医学科学的发展与进步。医学论文正是这种医学学术交流中最为重要的一种，医学科研成果也正是通过了论文写作而得以广泛传播。

4）交流实践经验

从事医药卫生工作的一线人员，通过不断地医学实践，积累出较多的成功经验和失败教训。而将这些十分宝贵的经验、教训进行科学的分析和总结，并以论文形式发表交流，就能发挥巨大的指导和借鉴作用。同时，通过学术会议和学术讲座等形式进行医学学术交流，能促进科研成果的推广和应用，有利于医药卫生事业的繁荣和发展。

5）提高科研能力

医学论文写作是一种创造性的脑力劳动，凝聚着艰辛的心血和汗水。通过医学论文写作，不仅可以扩大研究视野，掌握国内外医学动态，而且能提高科研设计能力和研究能力，提高教学水平和业务能力。反过来说，如果科研能力、业务能力和教学水平提高了，则可写出质量更高的医学论文。因此，医学论文写作与医学工作实践相辅相成、相互促进。同时，在大量的科研成果和实践经验的基础上，形成和发展起来的各种学术思想，通过论文的形式被不断地探索与交流，相互启迪。随着研究思维的不断深化，使其在研究工作中分析问题和解决问题的能力不断提高，从而提高医学科研能力和水平。

6）体现业务水平

医学科研论文作为医疗、科研和教学工作的真实记录，反映着一个国家、一个地区和一个单位，以及一个人的医学科研能力和业务技术水平。考察一个单位的工作状况，评估一个单位的科研、教学和医疗水平的高低，评价一个人的科研、业务能力和水平，可以通过其发表医学科研论文的数量、质量和价值来判定。无论是博士生、硕士生和本科生，还是医务工作者和医药院校教师，都常常以医学论文去满足业务考核和业绩评定的需要。在申请学位、晋升职称、课题评审和奖励评选中，更是把撰写的医学论文作为考核的主要条件之一。因此，发表科研论文的数量和质量及其社会效益与经济效益，是评价科研工作者业务水平和专业能力的一个重要指标，也是进行业务考核和职称评定的一个重要依据。

二、医学论文的类型

医学论文的种类繁多，综合性文献数据库 PubMed 中将论文划分为 56 种类型，Embase 将论文分为 11 种类型，BIOSIS Previews 则将论文分为 27 种类型。由于划分标准与划分粗细程度不统一，造成了不同数据库之间论文类型的不一致。以下介绍几种常用的划分标准及其类型。

1. 按论文写作目的划分

1）学术论文

学术论文是指对某领域内的某一问题进行研究或讨论，表述研究成果的论文，包括理论性的突破、技术方法的革新和实践应用的新发现等，一般应具有科学性、创新性、规范性和实用性等特点。从表现手法上看，学术论文是以议论和说明为主的议论文体，作者通过论文直接表达自己对客观事物的认识，推断事物的正确与错误，揭示事物的本质特征。这类论文一般在学术刊物上发表或在学术会议上交流，以公布科研成果和交流学术信息获得社会认可。学术论文按其性质可划分为学术性论文、技术性论文和综述性论文三类。

学术性论文是科研工作者在其研究领域中，通过严谨规范的科学研究而取得的研究成果，是一种原创性论文。例如，新的学术观点的阐述，新的理论的论证，新的科技发明，新的科学发现及某项重大的科学难题的突破等。这类论文以学术研究为主，其特点是具有创新要素，是科学有所前进的标志。同时，也是研究人员提供给学术期刊或向学术会议提交的论文。水平较高的学术论文反映了学科领域的最新前沿水平，能够达到或代表该学科领域国内或国际先进水平。

技术性论文是工程技术人员在已有的科学理论和技术成果的基础上，为解决设计、工艺、设备和材料等具体技术问题而取得的研究成果的书面总结。作为应用性研究论文，内容重点在于技术上的直接应用，理论与实践的相互印证。

综述性论文是作者针对国内外某一新的学科领域或者某一学科专题的科学研究进展和动态，在阅读大量的尽可能全的相关研究论文的基础上，经过自己深入的分析和综合，并做出有价值的总结而写成的论文。综述性论文如果包含了作者对相关内容所做的推断、评价和预测，称为述评。这类文章能使读者在短期内了解某问题的历史、现状、存在的问题、最新成果和发展方向，可以节约科研工作者查阅专业文献的时间，帮助科研工作者了解专业动态，为科研工作者提供文献线索，从而帮助科研工作者选择科研方向和寻找科研课题等。

2）学位论文

中国国家标准 GB7713—2006 对学位论文所做的定义是："学位论文是表明作者从事科学研究取得创造性成果或有新的见解，并以此为内容撰写的，作为提出申请授予相应学位的

学术论文。"与一般研究论文不同，学位论文是学生在导师的指导下，根据所学专业的要求为申请学位而撰写和提交的论文，学位论文的目的在于总结学生在校期间的学习成果，培养其综合运用所学知识解决实际问题的能力，使其接受科学研究的基本训练，同时又展示其知识水平和研究能力。论文中要求详细地介绍课题的研究历史、现状、方法和具体的实验研究过程等，注重强调论文的系统性和研究结果的展示，重视论文的学术性和应用价值。学位论文是考核申请者能否被授予学位的重要依据和必备条件，一般不在期刊上公开发表。学位论文按层次又可分为学士论文、硕士论文和博士论文三类。

学士论文由本科生在其教师指导下完成的论文，其反映作者对专业知识掌握的程度和解决实际问题的能力。学士论文可以是学术论文和调查报告，也可以是技术总结和技术设计等。这种论文一般只涉及不太复杂的课题，论述的范围较窄，深度也较浅。论文的设计和写作，要求能表明作者较好掌握了本学科的基本理论、知识和技术，并具有从事科学研究或担负专门技术工作的初步能力，以及科研论文写作的初步技能。

硕士论文是由攻读硕士学位的研究生在其导师指导下完成的论文。基本要求：一是论文的基本观点、结论和建议在学术上和学科上有一定的理论意义和实用价值；二是论文所涉及的各个问题有坚实的理论基础和专业知识；三是掌握论文中的研究方法和技能；四是对所研究的课题有新的见解，取得一定的科研成果。合格的硕士论文应能表明作者已经掌握了扎实的学科基础理论和系统的专门知识，掌握了某一方面的研究方法和技能，并具有从事专门技术和科研工作的能力及基本的科研论文写作能力。硕士论文虽然是在导师指导下完成的，但已经具有了一定程度的创新性，论文强调和注重作者的独立思考作用。通过答辩的硕士论文，应基本上具备了发表的水平。

博士论文是由攻读博士学位的研究生在其导师指导下独立完成的论文。基本要求：一是论文中的基本观点、结论和建议在学术上和学科上有较大的理论意义和实用价值；二是对论文中各个问题有广博的理论和专业知识；三是独立掌握论文中的研究方法和技能；四是对所研究的课题有创造性见解，并取得较显著的科研成果。博士论文是研究生独立撰写的比较完整和系统，并具有较高的学术水平的论著。博士论文被视为重要的科技文献，不仅反映了作者坚实广博的基础理论知识、系统深入的专门知识、独立从事科学技术研究工作的能力和较高的论文写作水平，而且其研究项目是该科学技术领域较为前沿的独创性成果，能够开展新领域的研究。在学术上和理论上都具有较大的科学意义，或者在实用上具有较大的社会效益和经济效益。博士学位论文应是"一本独立的著作，自成体系。有本课题研究历史与现状、预备知识、实验设计与装备、理论分析与计算、经济效益与实例、遗留问题与前景、参考文献与附录等，形成一个体系"。

2. 按论文学科范围划分

1）基础医学论文

基础医学论文是指对医学中的一些基础理论问题进行分析阐述，从而揭示其基本规律的论文，主要有研究报告性质的论文和技术交流方面的论文两种类型。研究报告包括实验室资料汇总和现场调查资料汇总；技术交流主要是介绍实验技术，以及有关仪器的设计、制造和使用的方法。基础医学论文的数量和质量是衡量一个国家医学研究理论水平的重要依据。

2）临床医学论文

临床医学论文可细分为以下七种类型。

① 临床经验体会。临床经验体会是指对临床工作的某一方面或某种疾病的诊疗方案及治疗措施所做的回顾性总结的医学论文。通过总结，对临床工作进行分析、评价和鉴定，找出其中规律性的信息，使实践经验上升到理论，从而进一步指导临床实践。

② 临床总结报告。临床总结报告也称疗效观察，是通过临床医务人员在一定时期内，以其所积累的相当数量的一组相同病例，用某一特定治疗方案的疗效观察总结为主要依据撰写而成的医学论文。

③ 专题研究总结。专题研究总结是指针对临床选题、科研成果或某一阶段结果的总结性的科研论文。这类论文首先要有课题研究计划和预期目的，在研究中按照预先设计的项目，严格记录，对研究观察所得的结果进行整理、归纳和总结。

④ 新技术和新方法报道。新技术和新方法报道是介绍新技术的应用方法，并对基本原理及有关知识进行阐述的论文。这类论文写作范围广，既可写新诊疗方法、新化验技术和其他辅助检查技术，又可写新发展的手术方法、新型医疗器材和新的电子、激光医疗仪器的临床应用等，也可写在原有技术的基础上进行革新或改进的经验。写作内容重点在于新技术、新方法的使用或操作步骤、技术原理、临床应用及效果等。

⑤ 病例分析。病例分析也是临床医学论文中的一种常用文体，其研究的对象不再是一个或几个病例，而是相同疾病的一组病例。作者根据其临床积累与写作目的，将某一段时间内相同疾病的病例资料信息汇集在一起，取其全部病例或选择一定数量的病例，按照特定的设计或对照原则，对发病病因、临床表现、诊断、治疗或预后等进行统计、分析和整理，以分析该种疾病的自然史和临床特点，探讨病因线索或发病机制，验证某种诊疗方法的有效性等，以指导临床实践，促进诊断与治疗水平的提高。

病例分析论文要注意选择病例的数量，一般为 5 例以上至几百例，甚至上千例，但一般不少于 50 例。病例分析的正文包括引言、资料分析、讨论或结论，其中资料分析与讨论是重点。详细的资料应包括五个方面：一是病例来源及选择标准，有病人类型、病例选择标准、诊断标准、疾病分型和分组标准；二是一般资料，有病人例数、性别、年龄、职业、病程、症状体征、实验室检查的主要项目结果和新患或旧患等；三是治疗方法，有药物名称、剂量、剂型、使用方法及疗程、手术名称、术式和麻醉方法等；四是疗效观察项目和疗效；五是治疗结果和随访结果等各项数据资料及典型病例等。

⑥ 病例报告。病例报告又称个案报告，是指对少见或特殊病例的病情及诊治方法所做的书面报告形式的论文，是临床医学论文的一种特有文体。常被用来报告临床上新发现的特殊病例和罕见病例，也可以是一种常见病的特殊表现，或能够证明某种意外因果联系的病例，或治愈一种顽症或过去认为"不治之症"的新疗效与经验，也可以是某种假象造成诊治失误的教训。论文重点在病情介绍和讨论体会两个部分：一是通过对疾病的临床表现、发病机制、实验室检查、影像学检查、诊断、治疗及预后等方面内容的介绍，为临床医生进一步掌握疾病的特点和本质提供第一手感性资料；二是通过对这一特殊病例的讨论，来产生对该病的新认识，提出新理论和展示诊治这种疾病的新前景。

病例报告要求重点突出，语言精练，篇幅相对较短，一般在 1 000 字左右。中国国家标准 GB/T7713.1—2006 规定不超过 800 字，英国 Lancet 杂志要求不超过 3 000 字（包括参考文献和附录在内)。病例报告一般分为标题、作者姓名、单位、前言、病例介绍、讨论和参考文献等部分。论文内容要求:一是标题要求直接写出病名或新方法及例数,紧扣论文内容,使读者对论文报道内容有大致的了解;二是病例报告的前言可有可无,有也应尽可能简短,几句话即可;三是病例介绍要清楚地交代病程经过的必要细节,包括病人的发病、发展、转归和随访的结果等,切忌将原始病历照搬,避免使用各种非客观性、怀疑或推测性语句;四是病例报告所撰写的是少见或有特殊意义的病例,应将有特殊意义的症状、体征、检查结果和治疗方法详细描述,突显重点;五是描述病史时,要交代清楚发病时间、主诉及病情经过,对反复发作性疾病和先天性疾病要重视既往史和家族史,对外伤患者要写受伤情况;六是实验室检查和影像学检查通常只列阳性和必要的阴性结果,无相关意义的其他阴性结果可省略,对有特殊意义的阳性结果要注意前后对比;七是手术治疗要说明手术名称、术前处理、术中发现、术后处理、术后反应;八是治疗结果中既要说明疗效,又要说明不良反应;九是讨论内容要与病例紧密联系,一般可围绕所报道的病例做出必要的说明,阐明作者的观点或提出新的看法等,讨论中要有充足的论据,说明病例的少见性和特殊性。

⑦ 病案讨论。病案讨论也称为临床病理讨论,是指针对某些疑难病例,特别是临床表现十分复杂或特殊的病例,通过临床检查和病理检查对照,由临床医生和病理科医生进行讨论,根据讨论记录整理成文的一种医学论文。由于材料生动具体,不同学科人员集思广益,提出的问题可以获得明确答案,具有很强的临床实践指导和启示意义。国内外综合性或专科医学期刊多设有该类论文栏目。

3) 预防医学论文

研究人群中疾病的发生、发展和流行规律及其预防措施,防止发生健康向疾病的转化。预防医学论文多为应用研究范畴,可分为卫生保健、卫生防疫和流行病学调查报告等。例如,流行病学调查报告,这类论文的目的在于阐明疾病在时间、空间和人群中的分布特征及研究影响这种分布的决定因素,揭示和探求疾病的流行规律和病因,或对各种治疗和预防效果做出科学的评价。

4) 康复医学论文

恢复健康所应有的功能称为康复医学,包括基础医学和临床医学的内容,还有各种恢复功能的疗法,如体育疗法等。康复医学论文包括应用研究、实验研究和各种医疗康复器械的研制及其调查报告等。

5) 综合性医学论文

随着医学科学技术的不断发展和人类社会的不断进步,基础医学、临床医学、预防医学和康复医学等医学分类中,往往有交叉学科性质的论文。例如,临床医学论文中带有基础性的研究,临床治疗研究中带有流行病学的调查研究,等等。

3. 按论文写作体裁划分

1) 原著论文

原著论文也称原始论文,一般是通过科学的实验设计,选择合适的研究对象,进行严密的实验或调查、观察和记录,对相关的数据资料进行搜集、整理、分析和归纳,得出正确的结论,加工而成的医学论文。这类论文构成了医学期刊的核心内容和医学类数据库的主体,也为综述、系统综述和述评等提供了重要的文献资料基础。

2）综述

综述是医学研究论文常见的一种文体，是指针对某一领域或某一专题，大量查阅文献资料，对原始研究论文中的数据、事实和主要观点进行归纳、整理、分析和提炼而成的医学论文。目的在于弄清其发展的来龙去脉、研究现状与进展，挖掘存在的问题或研究的空白点，提出研究的方向或预测发展趋势。综述属三次文献，篇幅较长，涉及面广，往往含有非常丰富的有用信息，论述具有较强的系统性和评论性，具有较高的情报学价值。阅读综述，可在较短时间内对该专题有全方位的和整体的认识，并可以了解若干篇与该专题密切相关的原始研究论文。

系统综述是综述的一种特殊类型，伴随着循证医学的发展而形成。与一般综述相比，系统综述具有以下特点：一是基于某一具体的临床问题，如疾病的诊断和治疗，而不是某一领域或某一专题，研究对象相对集中；二是对文献资料的搜集、评价和筛选比较严格，具有明确的检索策略并在综述中说明，设定科学的标准对文献资料的真实性和质量进行评价；三是搜集的文献资料范围不仅仅局限于期刊文献，也包括未发表的资料，语种也不仅是英文；四是不仅限于定性分析，且从原始文献中提出研究数据和相关知识，运用统计学方法进行定量或定量与定性综合分析；五是随着新的临床研究结果的出现而及时更新。

3）述评

述评与综述在写法上相似，都是基于已发表的文献资料，但述评引用文献的目的是论证作者的观点和见解，而不是简单地整理资料和传递信息。在内容上综述以“述”为主，而述评更侧重于“评”，述评可以对某一领域的最新进展进行评论，指明当前的空白点、争论的焦点或预测发展趋势，也可以针对某一论著或论文中的某些观点提出不同见解，对研究背景、研究设计、结果讨论和实践意义等方面进行客观评价，有利于读者解读原著。述评的写作对作者的素质要求较高，一般由杂志主编、编委或该领域的学科专家撰写，故又称专家述评。

4）简报

简报是研究性论文的简要报道，篇幅较短。通过简报的形式可以将原始论文中重要性相对较差，或者同类的内容已被报道但仍有一定学术价值可供借鉴的文稿以高度概括的形式刊登出来，或作者对论文全文的考虑还不成熟，查找资料不够完备，目的是争取时间，尽快公布阶段性研究成果。

5）来信

来信与原著相似，也是 SCI 期刊刊登论文的一种形式。相关领域的专家对某期刊所发表的某些研究成果看法不一致时，可以来信的形式向主编反映，进行讨论。有时，期刊主编在审稿时，觉得某一论文具有一定的科学价值，但由于版面的限制，要求作者以来信的形式简明报告文献内容，不刊登摘要。篇幅一般较短，如美国实验皮肤科学会（Society for Investigative Dermatology）的会刊 Journal of Investigative Dermatology 要求 Letters to the Editor 一般不超过 1 000 个单词。

4. 按论文资料来源（或研究手段）划分

1）实验研究性论文

实验研究性论文是指通过实验手段获得科学资料，加以分析评价，提出对某个问题的新认识和新观点而撰写的医学论文。实验研究是研究人员根据一定目的，对实验对象施加一定处理因素，从而观察实验效果的研究方法和手段。实验性研究通过运用一定的研究手段，

在人为控制或模拟自然现象的条件下，使疾病过程以纯粹的和典型的形式表现出来，暴露其在一般条件下无法暴露的特征，以便研究并探索疾病的本质及其规律。

实验研究方法和手段的运用，是人类在探索未知世界过程中方法学上质的飞跃，是现代医学发展的一个重要标志。由于实验研究中研究者可以人为地设置处理因素，并控制混杂因素的干扰，使实验结果更客观可靠，更具可比性，因而实验研究广泛应用于医学各个领域。实验研究根据实验对象的不同又可分为临床试验和动物试验两类。

临床试验常用于研究新药或新疗法的疗效等，但由于以人为受试对象，一般都是在较小范围内进行，而且某些因素很难严格控制。

动物试验与临床试验不同，整个实验过程可以完全在实验者的控制之下，可以从纯生理状态下观察到疾病过程和药物的效应，因而应用更为广泛。

2）调查研究性论文

调查研究性论文是指通过调查方法获取科学资料和数据，经过分析整理和统计学处理后而撰写的医学论文，如疾病的流行病学调查研究报告等。调查是医学研究中的常用手段，其特点是研究人员在对研究对象不加任何干预的状况下取得研究数据资料。在基础医学和预防医学研究中使用最多，如人体各种生理数据正常参考值范围的确定都通过大量调查获得，又如疾病的流行规律和人口数据等。调查研究又可以分为现况调查、回顾性调查、前瞻性调查和追踪调查等类型。

现况调查也称横断面调查，一般是指现时条件下人群中发生的某种情况的调查。现况调查包括普查和抽样调查，如人口普查、某地某种慢性病患病率的抽样调查等。

回顾性调查一般是指事先未经设计，在某事件发生以后所进行的调查，并从调查的结果来分析事物发生的原因。例如，科研人员在 1988 年春上海甲型病毒性肝炎大流行后进行了回顾性调查，结果表明导致甲型病毒性肝炎暴发的原因是人们进食了未煮熟的毛蚶。

前瞻性调查是指根据一定的研究目的，事先经过严密的设计，控制某一因素，经一段时间的观察后取得结果并分析其发生的原因。前瞻性调查在病因研究方面有较大作用。例如，为探讨工业粉尘和支气管哮喘发病率的关系，可事先对接触和不接触粉尘的两组对象进行登记，并规定调查的具体指标和诊断标准。经过一段时间后，统计分析两组对象支气管哮喘的发病率。

追踪调查是指对调查对象进行较长时间的追踪观察。例如，为了解肿瘤病人手术后的 5 年生存率，需要进行 5 年或更长时间的追踪调查。

3）观察研究性论文

观察研究性论文是指通过观察方法获得的资料，通过总结分析和探索出规律性的理论而撰写的医学论文，如疗效观察、病例分析等。观察方法是对观察对象施加部分控制，并实施一定干预（处理因素）的研究方法和手段，在临床医学研究中应用最为广泛，如新的诊断治疗技术的研究和新疾病临床表现特点的研究等。观察研究不仅是医学科学认识的重要源泉，也是检验医学理论的标准。观察研究中所得到的结果是否具有科学价值，关键是观察方法是否具备客观性。临床医学观察研究中应注意选择观察对象，即病例选择的典型性和客观性，以保证观察结果的可靠性。

4）资料分析性论文

资料分析性论文是指通过对某个课题搜集、积累一定时限范围的资料，进行整理、综合分析而撰写的医学论文，如综述、述评等。资料分析的方法和手段主要是在对现有文献资料进行综合的基础上，对某一领域的研究水平、动态等进行分析和描述，是医学研究的一个重要形式。

5）经验体会性论文

经验体会性论文是指通过将以往资料和自己部分实验观察与调查研究的资料相结合，自己总结出对该方面的经验和体会而撰写的医学论文，如治疗经验体会和某疾病的鉴别诊断经验等。经验体会的方法主要是研究者在自己工作的基础上，着重对某一问题进行探讨、商榷和争议，以及对新问题、新技术和新方法进行技术总结，既包含研究者个人的材料，也包含他人的材料。这类研究一般事先没有周密的科研设计，但对解决实际问题很有帮助。

第二节　医学论文的格式与要求

一、医学论文的基本结构与基本要求

1. 医学论文的基本结构

医学论文的结构是指医学论文各组成部分的总体布局和全部材料的具体安排。医学论文的基本内容主要包括论题、论点、论据、论证和结论五个部分。

1）论题

论题一般是通过科学实验、调查研究、分析资料和查阅文献，在掌握大量第一手资料的基础上确立的。要选择学术水平较高和实用意义较大，或技术先进，或有独到之处的论题，才具有较高的价值。在论文写作之前就要确定论题，论题应确切、新颖、生动和简练，并能概括全文、反映论点和引人注目。一篇论文可先设想几个不同的论题，经过反复思考和大量的文献调查，最后选出一个最佳的论题。在论文撰写完毕之后如发现论题仍有不足之处，还可对论题做进一步修改，使论题的意义更明确、措辞更妥当，以达到最佳要求。在医学论文写作过程中，有时文先于题，这也是允许的。

2）论点

作者在论文中不但要提出问题，而且要明确地表示出肯定或否定的态度，发表鲜明的见解，这就是论文的论点。论点是论文的核心和灵魂，应该体现作者总的意图和基本观点，犹如一条主线贯穿全篇的始终，把各个组成部分紧密联系起来，形成一个整体。论点有以下几个方面的要求：一是必须如实反映客观事实，能体现事物的本质和变化规律，避免论点的片面性、似是而非和模棱两可等现象；二是要深刻、创新、集中和鲜明；三是应着眼当前急需解决的问题。实践证明，只有对研究成果中所得到的全部材料反复思考，去粗取精和去伪存真，由此及彼和由表及里地科学推理判断与分析综合，才能找出事物的内部联系和客观规律，使感性认识上升到理性认识。这样就有可能得出一个较合乎逻辑的论点。

3）论据

论据是论文中用以证实论点的依据，包括实践资料和理论资料。论据必须充足和准确，否则论点就确立不起来，或缺乏说服力，因而论据是论文的基础。医学论文中的论据主要有以下两类。

① 数据事实性论据。统计数据是事实的总和，适当地选择一些具有重要价值的数据，

更能阐明问题的实质。引用的数据必须仔细核对,确保数据准确无误,错误的数据可能导致错误的结论,使论文失去应有的价值。数字的错误还可使医学论文产生相反的效果,如药物剂量的错误,可能影响病人的安危。许多数据必须进行统计学处理,方能说明问题,其中有显著性差异的数据才可作为论据来应用。

当引用事实作为论据时,必须经过认真调查研究,要选择那些最能说明论点的材料作为论据。在一篇论文中如果有几个论据,应根据其与论点的关系,有主有次和有详有略地加以安排。在回顾性研究中可用历史资料作为论据,如临床病例分析等论文,常是利用这类资料作为论据而写成的。未经调查和核对的事实或主观臆测的东西,不能作为论据加以引用。

② 理论性论据。基本理论是前人经过反复实践证实了的真理,如被公认了的医学理论,某种疾病的病因、病理,以及生化指数、诊断标准、实验方法和手术方法等,都可以作为论据。在引用中作者要掌握医学进展情况,注意选用最新理论作为论据,这样的论文才具有先进性。

4) 论证

论证就是组织和安排论据来阐明论点的方法和过程。一篇高质量的论文,不仅要有正确的论点和充分可靠的论据,而且还必须通过论证使论点和论据有机地组织起来,使论文达到论点鲜明、论据可靠和论证恰当。论证在短文中比较简单,有的甚至没有论证,只有论题和论据,如罕见病的病例报告,可不必加以论证。论证在发现真理的思维活动中起着重要的作用,许多科学的论断由此而产生。例如,血液循环的理论就是英国人哈维通过论证而发现的科学论断。他根据心脏结构、血管分布和走向,以及半小时通过心脏的血液量相当于人体全部的血液量等各种事实推断,血液一定是在一个封闭的系统内循环。遗憾的是这一科学的论断,当时因条件所限无法得到验证。在这个论断未得到证实之前,医学界一直认为血液从心脏和动脉流遍全身就消耗尽了,然后身体又产生新的血液。20 世纪 60 年代后,人们终于在显微镜下观察到了血液由动脉经毛细血管进入静脉,哈维的科学论断才得到证实,而错误的观念则被彻底否定。医学论文中常用的论证方法有以下几种。

① 从具体事物中推导出新结论。例如,针刺麻醉是人们总结了针刺对头痛、牙痛和胃痛等许多疾病都具有止疼效果,然后经过反复实践,总结出针刺麻醉可应用于外科手术,已证实这种麻醉对头和颈部手术较好。这就是对医学科研中的许多具体客观事实进行综合归纳,从中得到规律性方法的例子。运用推导方法时,应特别注意具体事实或事例,一定要具有代表性并要有一定数量,才有充分的说服力。

② 从一般到特殊的方法。这种方法是用众所周知的理论来阐明个别具体的方法。例如,19 世纪初感染性疾病很普遍,死亡率也很高,细菌学家弗莱明以巴斯德的细菌学说为理论基础,进行实验研究,发现了能杀死致病菌的青霉素。后来经一些科学家的继续研究,青霉素终于得到了广泛的应用,挽救了无数人的生命。

③ 对比分析的方法。在医学科学实验研究中,对比分析的方法是最常使用的方法。将所搜集到的大量论据资料,依照论点的要求进行分门别类的归纳和整理,然后加以论证。例如,新药临床试验,必须通过对比分析进行评审,才能得出科学的结论。

总之,论证是一种复杂的富有创造性的思维活动,这种思维活动的知识基础很广,除专业知识外,尚需逻辑知识、数学知识和其他科学知识,只有通过学习和实践才能提高论证水平。

5）结论

结论是论点经过以充分事实为依据的论证而得出的论断。结论必须明确，简明扼要，并与论题相呼应。论题、论点、论据、论证和结论是医学论文必须具备的五个基本内容，它们是相互关联和彼此配合的。要写成一篇论文，还应使各部分合理安排和紧密衔接，使之成为内涵丰富而又富有逻辑性的整体。

2. 医学论文的基本要求

医学论文是医学科学研究成果的文字体现，高质量医学论文是对医学成果进行科学的再创造。医学论文的质量，一是取决于医疗、教学和科研工作本身的质量，只有不断地提高自己的业务水平，做到既有较专深的理论知识，又有较丰富的实践经验，才有撰写高质量医学论文的可能；二是要求科研设计周密，实验观察仔细，记录实事求是，分析认真合理；三是与作者写作技巧的高低和写作能力的强弱也有很大关系。无疑离开了这些医学论文写作的基础，不可能写出好的医学论文。尽管医学论文写作必须遵循一般文章写作的规律和原则，但医学论文在其写作的目的、对象和内容上却与其他文章有所不同，在表现形式和表述手段上也有自己的特点、规范和要求。对医学论文的基本要求主要表现在以下几个方面。

1）科学性

科学性是医学论文的"本"，是医学论文的灵魂，一篇医学论文的首要条件是必须具有科学性。所谓科学性是指医学论文结构合理，研究设计严谨周密，资料分析方法正确，实验方法正确可靠，数据结果记录准确无误，立论和推理合乎逻辑，结论或实验结果要经得起推敲和实践检验，即要求医学论文必须具有真实性、准确性和逻辑性。医学论文符合科学性的要求，是医学论文最重要的特点。一方面，对概念、材料和数据的使用及数据的统计学分析一定要准确无误，在语言上必须表达精确。另一方面，医学论文依据的事实必须真实可靠和确切无误，要经得起查证，切不可因主观的需要，任意夸大或缩小，更不能编造，一定要有循证医学的观点。同时，要达到科学性的要求，还必须坚持唯物辩证法的观点，坚持实事求是的科学态度和科学精神，正确反映客观事物并揭示其规律。也就是说，必须具备中国科学院在20世纪50年代后期提出的从事科学研究必须具备的"三严"精神，即严肃的态度、严谨的学风和严密的方法。

医学论文的科学性，主要源于作者扎实的基础理论知识和丰富的实践经验。通过广泛阅读本学科的国内外科研论文，可以提高研究设计和论文写作的科学性。例如，在检验一种新药的疗效时，随机对照临床试验被认为是目前最为科学的研究设计，研究中应设立对照组，而且研究对象的分组应采用随机化方法，对疗效的观察应尽量采用双盲法。如果想说明一种新的药物疗效的研究和论文没有设立对照组，或虽有对照组，但没有采用随机化方法分组，对疗效的观察没有采用双盲法，且样本不符合要求。那么，这样写出的论文就没有科学性。

2）创造性

创造性也称医学论文的先进性或创新性或独创性。所谓医学论文的创造性，实际上是指医学论文是否达到一定的科学水平，是衡量医学论文质量和价值的根本标准，是医学科学研究的"生命"。医学科学研究的使命就是要在总结前人研究成果的基础上，有所改进、有所突破和有所创新。而作为反映医学科学研究成果的医学论文，其主要任务也就是要交流医学上的新成就和新发现，阐述新观点、新理论和新学说，探讨新手段、新方法和新技术。也就

是说，必须反映出当代医学科学的先进水平，或一种方法的改进，或一种理论的延伸、补充和完善，或交叉学科间的应用，或是已有课题的分支。总之，要有不同于前人、不同于别人的独到之处和创新之处，而绝不能只是反复模仿别人已经取得的成果。

创造性可以是前所未有的开创性工作，也可以是在前人工作的基础上有所新的发现或应用等。一篇论文即使具备了科学性，但也不一定是先进的或创新的，因为论文所介绍的内容可能在数年前甚至十几年前已被别人证实过了。因此，医学论文的创造性可从两个方面来衡量：一是理论水平，如原理探讨或疗效机制等是否有新的突破；二是实践水平，如诊断水平或治疗效果是否高于一般水平和技术操作是否特别先进。不论是实践水平还是理论水平的衡量，均应与同类成果现有水平相比较，如与国外的、国内的、本地的同类课题水平比较才能给予评价。研究人员只有通过对国内外本领域新进展的了解、分析和研究，才能保证所写论文的创造性或先进性或创新性。在国际交流越来越重要的今天，将自己的研究成果推向国际舞台，确立自己在国际上的学术地位，是新时代医学科研工作者面临的挑战。

3）实用性

医学论文的实用性特点，是指医学论文具有使用价值或实用价值。医学是实践性很强的科学，论文中的理论来源于实践，总结出来的理论又为实践服务。医学论文有其具体的专业范畴，撰写医学论文是为了让更多的人去验证、考核、推广和应用，以解决医学实践和医学研究中的实际问题，促进医学科学和事业的发展。因此，医学论文应做到内容、材料、方法都必须完整和准确，要对社会和人类有一定的实际应用价值和参考价值，阅读这些科研论文不仅可以开拓思路和增长人们的医学科学知识，而且能够帮助解决医药卫生工作中的理论问题和实际问题，并产生一定的社会效益和经济效益。

4）规范化

随着文献信息的存储、检索和传递的计算机化，科技论文标准化的问题越来越受到国内外的普遍重视。医学论文在长期的医药卫生、科研和教学等实践活动中，已经逐渐形成了相对固定的基本要求和格式，而且随着国际交流的增多，医学论文的写作要求逐渐与国际接轨，并趋于统一化和规范化。因此，医学论文写作具有较强的规范性。

早在1979年，“国际医学期刊编辑委员会”（即温哥华小组）就公布了《生物医学期刊投稿的统一要求》第1版，统称温哥华格式（Vancouver Style），到1992年该组织公布了温哥华格式的第4版。目前，国内的生物医学期刊大多也采用这种格式。因此，作者必须熟练掌握其体例形式和格式要求，并按照其规范要求写作。

此外，医学论文涉及大量的医学名词、术语和药名等，以及数量、单位、符号和缩写形式等，这些既涉及国际、国家规范和标准，也涉及专业或学科规范和标准。如参考文献的著录格式、论文的温哥华格式等。此外，还有各种疾病的诊断标准和疗效标准，以及有关检查、检测的操作标准和其正常值的判定标准等，论文中的描述应与公认的标准相一致。

5）平实性

医学论文的平实性特点，对医学论文有以下几个基本要求：一是结构通顺自然，不求章法奇特，但要把深刻的道理寓于平实的语言中；二是叙述深入浅出，以简代繁，把复杂的问题尽量清晰无误地表达出来；三是遣词造句明白如话，要适当讲究语言的形象性和生动性，要注意句式的变化，文体流畅，使人易于理解。

6）伦理性

医学论文常涉及被试动物、志愿者和病人，因而医学论文写作须遵守医学伦理道德。例如：在执行动物保护法方面，在维护志愿者、病人的隐私权和肖像权方面，在为病人保守秘密方面等，特别是涉及人工授精、人体药物试验、变性手术、性医学和某些特殊的误诊误治病例报告等，更是要注意遵守医学伦理道德。

7）公正性

医学论文写作是为我国乃至世界医学科学宝库增加知识财富，为了使其不受损害，在医学论文写作过程中，必须遵守国家的法律法规。医学论文的选题和内容等都要符合国家的相关规定，执行保密和技术专利等有关规定，反对伪造或用各种手段剽窃他人成果、侵害他人著作权益等败坏写作道德的行为。同时，要客观地评价自己和别人的结论，不任意取舍，不抬高自己，不贬低别人，以保证论文的质量，促进医学科学健康发展。

二、医学论文的基本格式和规范要求

学术论文要有统一的撰写格式和规范要求，其目的是提高论文质量，通过符合标准和规范的编排，使读者能顺利地阅读并迅速而方便地了解和利用论文的内容，同时便于信息系统对文献的收集、储存、加工、整理、检索和利用，有利于学术论文的交流和传播。作为医学研究者，掌握医学科研论文写作的一般方法，熟悉国家的有关标准和规定，并在写作实践中不断提高写作能力，就能使自己得心应手地撰写出学术价值或实用价值高、科学性强、文字细节和技术细节表达规范的科研论文，使自己的研究成果在促进学术交流和推动科学技术及经济建设中发挥应有的作用。

英、美、加等国的一些生物医学期刊编辑人员在加拿大温哥华集会，制定了生物医学期刊投稿格式和统一要求——《对生物医学期刊文稿的统一要求》，经过后来多次修订，被称为温哥华格式。针对论文主体内容，其推荐了 IMRAD 格式，即引言（introduction）、方法（methods）、结果（results）和讨论（discussion）。这一技术文件从总体上对英语医学论文的格式、内容和投稿做了详细说明，几乎所有的国内外期刊都同意采用。

我国公布了《学位论文编写规则》的国家标准（GB/T 7713.1—2006）文件，对中文医学论文的投稿也有一定的格式和规范要求，发布了《中国学术期刊（光盘版）检索与评价数据规范》（简称《规范》）。目前，绝大多数学术期刊都已按《规范》编排学术论文。根据国际通用及我国的国家标准的一般规定，医学学术论文的格式一般分为前置部分、主体部分和后置部分。前置部分主要包括题目、著者署名、中英文摘要和关键词等；主体部分包括前言、材料和方法、结果、讨论、结论；后置部分包括致谢、参考文献、脚注和附录等。但由于论文的内容和体裁不同，格式亦往往不同，而且不同的期刊又各具风格。因此，撰写论文时应根据论文的性质、类型及期刊的稿约要求等具体情况而定。以下就对医学论文的基本格式和规范要求进行详细阐述。

1. 题目

题目也称题名、文题、标题、篇名等。题目是以最恰当、最简明的词语反映论著中最重要的特定内容的逻辑组合。它是对论文主要内容的集中体现和中心思想的高度浓缩、概括和总结，用以判断论文主题内容和决定是否需要阅读之依据。一个好的标题可以产生两方面效果：一是能唤起读者的注意，使之产生阅读该文的欲望；二是论文公开发表后，便于其出现在检索刊物中的适宜位置上，有利读者查找。给论文确定一个比较合适的题目，使之起到画龙点睛的作用。因此，要求题目具体、确切、简明、醒目而有特点，能准确地概括论文的内容，确切地反映出论文的性质、范围及深度。

1）题目的构成要素

① 明确研究对象。医学科研论文中的研究对象主要是人和实验动物。如"Fas-670 基因多态性与大肠癌的相关性研究""不同液体复苏方式对失血性休克大鼠各器官细胞凋亡的影响"，其研究对象分别为大肠癌患者和大鼠。

② 突出研究目的。题目要准确反映论文的研究目的。如："血清 CYFRA21-1 和 CA19-9 在胃肠道恶性肿瘤诊断中的应用"，该论文的研究目的是探讨血清 CYFRA21-1 和 CA19-9 的检测对诊断胃肠道恶性肿瘤的临床价值。

③ 表明主要贡献。题目应体现研究的主要贡献，尤其是对于新的和重要的发现。如："转化生长因子 β 诱导晶状体上皮细胞凋亡"，该研究的主要贡献就是发现了转化生长因子 β 可以诱导晶状体上皮细胞凋亡。

④ 标明研究方法。题目中提到的研究方法应该是自己创立的或改良的新方法，或者是绝大多数同行还不知道的研究方法，以及传统方法在新领域的应用等。如："应用免疫荧光技术对眼瘢痕性类天疱疮的研究"。

2）题目撰写的规范要求

① 确切具体。确切就是不含糊和不夸张，既正确地表达论文的特定内容，又恰如其分地反映研究的问题、范围和达到的深度。具体就是不使用笼统的、抽象的和泛指性很强的词语。同时，应尽量避免使用过于宽泛的题目。

② 简洁精练。要求题目文字简练，高度概括，并紧扣文章的主题内容，以最少的词表达最主要的内容，尽可能包含主题词和关键词。有一些期刊对题目字数有一定的要求。国家标准 GB/T 7713.1—2006 规定：中文题目一般不宜超过 20 个字，外文题目一般不宜超过 10 个实词。当涉及内容过多时，可选择使用副标题以缩小主标题的字数。

③ 新颖醒目。突出论著独创性和创新性的内容，用独特的表达方式引起读者阅读的兴趣，用词尽量少用陈词俗套，不千篇一律冠上"研究""分析""探讨"等，使题目醒目和具有吸引力。

3）题目撰写的注意事项

① 题目中使用的各种概念应统一，不能将在本质属性上无共同点的不同概念并列在一起。

② 题目中所用词语应提供有助于选定关键词和编制题录、索引等二次文献的特定信息。

③ 题目不可写成主、谓、宾完整文句，是疑问句也应尽量不用标点符号。

④ 避免使用化学结构式、数学公式或不太为同行所熟悉的符号、简称、缩略语等。

⑤ 避免使用没有特定定语成分的"研究""调查""观察""报告"等词。

⑥ 注意正确使用副标题。副标题具有补充、完善题目和避免题目过长的作用，常用来突出病例数、研究方法、重点内容、表示同位关系、指出疑问、表示长篇连载论文各分篇的主题等。副标题一般用破折号与主标题分开。

⑦ 注意反复推敲题目，有时还应在全文完成后再度推敲，修改题目。较大的题目则应

分成若干分题，每个分题单独写一篇文章。避免题目过于笼统宽泛、过于冗长烦琐、意义不明或不贴切、过于狭小等问题。

例如：《干扰素治疗乙肝的疗效观察》一文，采用了随机、双盲和对照的研究设计，具有重要的学术价值，但标题没有反映设计科学、论证可靠的研究精华，因而显得有些平淡。如果将其改为《干扰素治疗乙肝的随机双盲对照研究》，则提高了该篇论文的科学性与可信性。

2. 作者署名

作者是指在选题、制定研究方案、论文整体构思和执笔撰写等方面做出主要贡献的人员。作者署名旨在表明作者享有论文的著作权、出版权和对论文中的研究所做的实质性贡献，并对论文的内容和学术问题负有责任。

1）署名的意义

① 署名是拥有著作权的声明。《中华人民共和国著作权法》规定，著作权属于作者。著作权包括发表权、署名权、修改权、保护作品完整权等。署名权表明作者的研究成果及作者本人都得到了社会的承认和尊重，即作者向社会声明，作者对该作品拥有了著作权。

② 表示作者对论文内容负责的态度，即文责自负的承诺。也就是说，论文一经发表，作者对其作品负有政治、科学、技术和法律上的责任，表明作者愿意承担这些责任。

③ 对于读者提出的疑问负有解释和说明的权利与义务。

④ 署名是对在科学研究工作中付出辛勤劳动的作者的一种肯定和应得的荣誉。

⑤ 便于读者与作者之间的联系与交流，为文献资料的查阅提供了检索途径，也是作者考核、晋升、获奖等的凭据。

2）署名的条件

我国 GB/T 7713.1—2006 标准规定，署名作者必须同时具备以下三个方面的条件：①参与选定研究课题和制订研究方案；②直接参加全部或主要部分研究工作并做出主要贡献；③参加撰写论文并能对内容负责。温哥华格式中对作者的定义也是如此，并要求是最终同意该文发表的人。

3）署名的规范要求

① 署名应按贡献大小和担负具体工作的多少依次排列。由个别人写作完成的论文，署以个别人的姓名；合写论文中的第一作者必须是该论文的主要负责人，不以作者资历深浅和职称高低来决定其署名的先后顺序。署名顺序一般应在投稿时确定，在编排过程中不再变动。

② 原则上署个人姓名，要写真名，不用笔名。如是集体共同设计、协作完成的重大科研项目可署单位名称，并在文末注明具体责任人或执笔者、整理者的姓名，以便查询。

③ 作者署名人数，一般不宜超过 6 人，除非是国家级或国际团体合作项目的论文成果。

④ 论著发表前，参加研究及工作的作者已调往其他单位，可在名字末尾右上角加注符号，在首页下脚注注明。

⑤ 个人作者应标明工作单位全称，所在城市名及邮政编码。如多作者分属不同单位，应在作者署名上按排列先后顺序加上脚标，工作单位则以上脚标顺序依次注明，各工作单位之间连排时以分号隔开，或参考所投期刊的要求书写。

3. 摘要

摘要是对论文内容的高度浓缩和概括，以提供论文内容要点和主要观点为目的，是不加

评论和注释的简明连贯的陈述，具有独立性和自明性。摘要把所采用的主要方法、研究对象与获得的主要结果、分析讨论得出的见解，特别是新的、具有特色的内容以简明扼要和观点明确的形式表达出来。摘要起着检索和报道文献的作用，主要为读者阅读、信息人员和计算机检索提供方便，并拥有与一次文献同等量的主要信息，即不阅读全文就能获得必要的信息。因此，摘要是一种可以被引用的完整短文。

1）摘要的类型

《文摘编写规则》把摘要分为报道性摘要、指示性摘要、报道/指示性摘要等。

① 报道性摘要（informative abstract）。报道性摘要是以“摘录要点”的形式报道出作者的主要研究成果和比较完整的定量及定性信息，是原文内容的缩影，通常包括研究的主要观点、目的、材料、手段、方法、结果和结论等。报道性摘要按其结构形式，可分为传统式摘要和结构式摘要。传统式摘要一般不分段，不加内容标题，仅是对论文主题范围和内容梗概进行简短性的介绍。结构式摘要从内容上讲属于报道性摘要，其形式特征是分段或者加内容标题，一般包括目的、方法、结果、结论四个部分。目前大多数学术期刊要求采用报道性摘要的格式。

② 指示性摘要（indicative abstract）。指示性摘要旨在对论文的内容做一提示或简介，即只摘录论文所探讨问题、目的和主要结论，不报道论文的具体内容，使读者对论文的主要内容有大致的了解。通常用于综述、述评、会议报告、基础学科的论文和管理论文等。

③ 报道/指示性摘要（informative/indicative abstract）。在实际应用中，有时可见报道性摘要兼有指示性摘要的特点，而指示性摘要含有某些报道性摘要所具有的实质性内容，这种混合型摘要称为报道/指示性摘要。一般以报道性摘要的形式表述一次论文中信息价值较高的主要部分，以指示性摘要的形式表述论文的次要部分。

2）摘要撰写的规范要求

GB/T 7713.1—2006《学位论文编写规则》中规定，摘要是论文构成的前置部分，其名称有摘要、提要、内容提要和内容简介等，我国规定采用“摘要”这一名称。

医学论文摘要撰写的内容主要以温哥华格式要求为主，采用结构式摘要格式，主要包括目的、方法、结果和结论四个部分。

① 目的（objective）：简要说明研究的目的，说明提出问题的缘由，表明研究的范围及重要性。

② 方法（methods）：简要说明研究的基本设计，以及在实施过程中使用了什么材料和方法，如何分组对照，研究范围及精确程度，如何取得的数据，经过何种统计学方法处理。

③ 结果（results）：简要列出研究的主要结果和数据，说明有何新发现、价值和局限，叙述要具体和准确，并给出统计学显著性检验的确切值。

④ 结论（conclusion）：主要是对结果进行的分析、研究比较和评价，简要说明和论证取得的正确观点及其理论价值或应用价值，并提出今后有待进一步研究的问题、建议和是否可推荐或推广等。

摘要的长度与各医学期刊的习惯编排格式要求有关。温哥华格式主张非结构型摘要最长150个英文单词，结构型摘要最长可达250个英文单词。GB/T 7713.1—2006规定，中文摘要一般不宜超过300字，外文摘要不宜超过250个实词，如有特殊需要字数可以略多。

3）摘要撰写的注意事项

① 摘要应在论文完成后再写，以实现论文的浓缩和提炼。

② 摘要一般采用第三人称，不要对论文内容进行诠释和评论。建议采用“对……进行了研究”“报告了……现状”“进行了……调查”等方法标明论文的性质和主题，避免用“本文”“我们”“本研究”等作为摘要的开头。

③ 注意不要简单重复题目中已有的信息，排除本学科领域内的常识性内容，不把在引言中出现的内容写入摘要。

④ 避免使用图、表、化学结构式、数学公式以及非公知公用的缩写、符号和术语等。

⑤ 尽量避免引用文献，如若无法回避使用引文，应在引文出现的位置将引文的书目信息标注在方括号内。

⑥ 摘要的编排体例，一般采用前置式，置于题名和作者之后、正文之前，也可按照期刊的要求排列。

4. 英文文摘部分

为了加强国际学术交流和便于计算机联机检索，我国公开发行的医学期刊，均要求论著附英文文摘。英文文摘一般常以中文文摘为基础，将其译成英文。由于中、英文表达方式存在较大差距，英文文摘也并非完全按照中文文摘字面意思逐字逐句翻译。英文文摘部分由英文的题目、作者姓名、工作单位、摘要和关键词 5 部分组成，可编排于每篇论著之末，或排在中文摘要下方、正文之前。

1）英文题目

中文的论文标题中常用“关于（或对）……的研究（或报告、分析、观察）”等惯用结构和词语，这些结构和词语在用英文写作时均可省略。但是，如果研究（study）、调查（investigation）、分析（analysis）、观察（observation）等词语有定语成分，这时它们就有了特定的内容，故不可省略。

（1）题目的构成。题目可分为单部句、双部句和疑问句三种类型。①单部句：医学论文的题目单部句居多，主要由一个名词或若干个并列的名词加上必要的修饰语构成，一般没有谓语成分，如 Gaseous Cholecystitis（气肿性胆囊炎）。②双部句：可以是主系表结构，也可以是主谓结构，句末不用句号，如 Dietary cholesterol is co-carcinogenic for human colon cancer（胆固醇饮食是人类结肠癌的协同致癌因素）。③疑问句：句末一般有问号，有疑问代词或疑问副词时可不用问号，如 What to look for rib fractures and how?（肋骨骨折时应检查什么及如何检查），Home or hospital birth?（在家分娩还是住院分娩）。

（2）副标题。副标题往往用以突出论文某一方面的内容，如病例数、研究方法等。副标题和正标题的区别有两种方法：一是可用不同字体、字号；二是可用标点符号隔开，常用冒号或破折号，如 Abdominal pain in the emergency room：A study of 176 consecutive canes（腹痛急诊——176 例连续病例研究）。

（3）大小写。大小写有三种情况：一是文题开首的第一个词（包括虚词）的第一个字母及其后所有实词的第一个字母均大写，其他字母及虚词（冠词、介词和连词）均小写。二是所有字母都大写。三是文题首字母大写，其余字母均小写，但专有名词和缩写词除外。

2）英文作者姓名

中国作者的外文署名按 1978 年国务院的规定，一律采用汉语拼音，姓前名后，姓名的首

字母大写，中间为空格，双名或双姓的拼音字符连写，不加连字符，如 Ouyang Wenshan(欧阳文珊)。有一些也采用姓氏全部字母均大写，名字的首字母大写，双名之间加连字符，名字不缩写的方法。如：ZHANG Ying(张颖)，WANG Yu-mei(王玉梅)，OUYANG Hui(欧阳惠)。作者署名还可按照期刊的要求撰写。

3) 英文作者单位

作者工作单位写在署名下另起一行，并加圆括号。我国医学期刊英文文摘一般都将小单位放在前，大单位放在后。工作单位中除虚词小写外，其他词首字母均大写，大小单位之间用逗号隔开。同时，还要列出所在城市及邮政编码。

4) 英文摘要

摘要是英文文摘的主体部分，一般写成与中文摘要相应的结构式摘要。撰写时，其时态须与事情发生时间相一致，叙述基本规律应用现在时，叙述研究对象、方法和结果应用过去时。

5) 英文关键词

英文关键词尽量使用《医学主题词表》(MeSH)中所列的词，或标注与中文一一相对应的英文关键词，以便于国际交流。如果最新出版的 MeSH 词表中无相应新学科、新技术中的重要单词或术语，也可以采用常用或约定的现行自由词作补充。自由词是未经规范化的自然语言，其目的在于提高文献的查全率和查准率。

5. 关键词

关键词是从文献题目、摘要、正文中选择出来的具有实质意义、能反映论文主要内容、表达出论文主题专业特色的单词或词组(专业术语)。关键词也称索引词，不仅便于了解论文的主要内容，而且还是标引人员选择主题词、建立数据库和期刊编制年终主题累积索引的参考依据，便于读者通过关键词查阅需要的论文。关键词选用撰写是否恰当，关系到其论文被检索的概率及其成果的利用率。

1) 关键词撰写的规范要求

① 关键词一定要正确反映论文的主要内容和主题特色。

② 选择关键词应以题目为基础，从摘要中提炼出若干最能代表论文内容、对象、方法和结果的词。从题目和摘要中不能选出足够的检索信息时，可进一步从引言和正文中选择。一般关键词在题目中出现率在85%以上，在摘要中的出现率在90%。

③ 确定关键词应首选主题词。主题词是专门为文献的标引或检索而从自然语言主要词汇中挑选出来，并加以规范化的词或词组。中文关键词应尽量使用《汉语主题词表》和《医学主题词表》中规范的名词术语，如果主题词表中无相应新学科和新技术中的重要单词或术语，也可以采用常用或约定的、能反映论文中心内容的现行自由词作补充。

④ 国际医学期刊编辑委员会的《生物医学期刊投稿的统一要求》提出，每篇论著应给出3～10个关键词。GB/T 7713.1—2006 在学术论文的书写格式中规定要给出 3～8 个关键词。各关键词之间用分号隔开，最后不加标点。

2) 关键词选定的注意事项

① 副主题词一般不作为关键词使用，如诊断、治疗、副作用等。

② 某些没有特定定语成分的不能选作关键词，如“研究”“调查”“观察”“报告”等。

③ 未被公认的缩略词不能作为关键词。

④ 化学分子式不能作为关键词,但复杂的有机化合物及其基本结构名称可作为关键词。

6. 前言

前言又称为导言、引言、序言、绪论等,是论文正文最前面的开头部分,对正文内容起到提纲挈领和引导读者阅读的作用。一篇好的前言应包括对现阶段国内外最新研究成果的非常简洁、精辟的阐述,提出存在的问题和有待研究的问题,以及本研究的必要性和对现阶段工作的贡献等。

1) 前言的主要内容

① 研究背景。查阅有关文献,用几句话做简短的系统回顾,交代问题的来龙去脉,指出目前的研究现状,使读者能够在最短的时间内了解到论文所涉及领域的最新信息。

② 存在问题。在研究背景的基础上,指出当前研究的空白点或争论的焦点、存在的问题或有待深入研究之处。任何研究领域存在的问题都是多方面的,不可能依靠目前的一个课题加以解决。有目的、有选择地列举与本研究相关的问题,为下文做好铺垫。

③ 解决方法。提出论文研究的动机、目的、范围、性质和方法,使读者理解研究的意义和价值,可对论文研究结果进行评价,以引起读者的阅读兴趣。

2) 前言撰写的规范要求

① 前言必须简洁明快和开门见山,使读者对本文研究的目的、方法和解决的问题等一目了然。前言一般不冠以标题,篇幅不宜超过300字。

② 介绍必要的背景材料时,不宜做系统的历史回顾或详尽的文献复习,切忌引文过繁过多,只要把前人已有的工作基础和空白点指出即可,详细内容可放在讨论部分进行。同时,总结教训应尽量不提及他人。

③ 评价要恰如其分和实事求是,除非确有必要或有把握,一般不宜用“国内外未见报道”“国内外首创”“填补了一项空白”“前人尚未研究”等字样。同时,也注意不用客套话,如“才疏学浅”“水平有限”“恳求指教”“抛砖引玉”之类的语言。

④ 注意略写或不写的内容,如对读者不熟悉的新概念、新术语可以进行简单解释,对普通专业知识、教科书中众所周知的内容不宜叙述,同时应避免公式推导和已知的理论原理及一般性方法的介绍。

⑤ 前言只起引导作用,不要与摘要雷同或成为摘要的注释,应尽量不与正文重复。描述研究的设计方案而不是结论,不要涉及论文研究的数据。

⑥ 前言不必交代开题过程和成果鉴定程序,也不必引用有关合同公文和鉴定的全部结论。

7. 材料与方法

材料与方法是医学科学研究的基本条件和手段。这部分内容提供了研究工作中的原始资料,用来说明研究工作中所使用的材料、方法、观察的对象及其研究过程,是判断论文科学性和创见性的主要依据。在临床医学研究中可称为“资料与方法”“对象与方法”或“病例与方法”等,在基础实验研究中则称为“材料与方法”。在具体撰写中,要求其内容真实、具体和可信,通常包括研究对象、研究条件、研究方法和研究过程等,但需根据具体情况加以选择说明,并重点突出。

1）研究对象

① 动物实验。介绍动物选择的标准，包括动物名称、种系、数量、分级、性别、体重、来源、年龄和身长、营养及健康状况、选择标准、分组和实验方法、记录与观察指标、测定结果等。如果是植物或微生物实验，则详述种系、族、菌别、株别、血清型、培养等。如果是以器官、组织、细胞、分子等作为研究对象，也应对基本情况进行说明。

② 临床资料。病例来源及选择标准，包括疾病名称、患者数量、性别、年龄、职业、病因、病程、症状、体征、辅助诊断及实验室检查结果、诊断及分型标准、疗效观察标准、病例选择标准、实验设计及评价方法。

③ 实验资料。各种实验设计、实验方法和步骤（包括实验环境和条件的控制）、操作要点、记录方式，实验组和对照组的选择、资料的搜集与整理等。

2）研究条件

① 药品与试剂。使用常规药品与试剂，需要说明名称、成分、纯度和浓度、生产单位、出厂时间、规格、批号。如果是新试剂，还要写出分子式和结构式；如果需要配制，则应交代配方和制备方法；如果是化学品及药品，应注明化学名称、来源、批号、规格、剂量、给药途径等。

② 仪器设备。通用的仪器设备，需要说明其名称、型号、研制和生产单位、出厂时间、产地及参数指标等；新颖的仪器设备，还要说明其性能、特点、使用及操作方法、主要参数、仪器类型与精密度等。

3）研究方法

① 干预措施。干预措施主要包括分组原则与样本分配方法（配对、配伍或完全随机）、临床随机试验、队列研究或剂量-效应观察等。

② 观察指标。这是为得到实验结果而采用的定性或定量指标及其正常值，如疗效观察项目（包括症状、体征、实验室检查等）、疗效诊断项目（包括痊愈、显效、缓解、无效或死亡等）。

③ 实验方法。撰写使用方法时应注意可重复性、保密性和科学性，临床研究还应注意随诊的重要性。如果是众所周知的方法，只要写出名称即可；如果为较新的方法，则应说明出处并提供参考文献，不必重复细节；如果是自设方法，则应详细叙述，以便使读者重复验证；如果是对已有的方法进行了改进，就只需要详细叙述改进的部分，其他部分不必重复；如果是创新的方法，则注意不要将新方法的介绍和运用该方法研究的新问题混在一篇论文中；如果是报道新方法，就应详细地介绍试剂的配制和操作的具体步骤，以便他人学习和推广。

④ 统计分析方法。统计分析方法主要包括如何对数据进行记录、采用何种统计学方法或统计学工具进行了分析、结果的评定及标准等，尽可能定量描述实验结果并附有测量误差和不确定性的适当指标。

4）研究过程

获得结果的过程，包括实验程序、操作要点等。由于有关病例分析、疗效观察、流行病学调查、病案（病理）讨论以及技术革新等方面的论文不施加任何处理因素，因而多冠以更能体现其内容的标题，如“临床资料”“资料来源”“手术步骤”“操作方法”等。

例如，一般病例分析主要包括：①病例总数；②来源时限；③年龄、性别分组；④病例分型，包括症状及体征；⑤临床检验分组；⑥特殊检查分类；⑦诊断标准；⑧治疗方法；⑨疗效判定标准；⑩效果及随访情况分析等。上述内容可依论文重点选择列出所需要的标题。

例如,临床疗效观察主要说明:①病例选择标准,包括诊断标准、分型标准等;②一般资料,包括年龄、性别、病情或临床分型、例数、过去治疗史等;③随机情况,包括显示比较组之间可比性的资料等;④治疗方法,包括药物剂量、剂型、用法、疗程等;⑤疗效观察项目,包括症状、体征、实验室的检查等;⑥疗效标准,包括痊愈、显效、好转、无效等。如果资料中数字较多,可用表格列出主要数字,数字中的重要部分还应配合文字加以说明,所用统计方法也要交代清楚。

8. 结果

结果是"材料与方法"所陈述实验、临床及调查研究所得的数据与事实,是引言中所提出问题的答案,也是判断推理和结论导出的基础,是论文的核心内容。说明科学研究的实验效应,将研究、观察、测定所得的原始资料和数据,经过审查核对、分析归纳和统计学处理后得出的结果,并用文字、图或表的形式具体、翔实和准确地表达出来。它是论文的主体部分,由此导出论文的推理判断,从而决定着论文的价值和水平。

1) 结果撰写的规范要求

① 准确无误。认真核对实际记录,并对原始数据进行统计学处理。

② 实事求是。对符合实验设计的实验结果要详细叙述,对预料之外的、不成功的、与实验假设相反的结果不能随意摒弃,应如实报道,使结果更为客观。

③ 鲜明有序。叙述要分清主次、条理清楚,依思维发展或结果出现的先后次序表达。

2) 结果撰写的注意事项

① 突出重点。着重介绍与研究目的密切相关的结果,对新发现和新进展等应重点介绍。

② 数据可靠。数据必须经过统计学处理,注意遵循原定有效数字位数进行取舍。

③ 图表规范。适当的用表、图或照片等加以说明,这不仅可以减少文字叙述,而且便于比较、分析,避免遗漏,一目了然。一个表、一张图或照片说明一个问题,文字、表、图或照片要尽量少重复,已用表或图说明的内容,无须再用文字详述,只需强调或概括其主要发现。

④ 文字简练。不对研究结果进行推论、评价、说明和解释,不与前言、方法和讨论部分重复。

⑤ 分项撰写。根据事实,如实验过程的先后、不同的观察内容、不同的施加因素、不同的观察指标等,分项依次撰写实验结果,最好列出小标题。

⑥ 结果客观。结果中不但要详述正面的结果,也要详述反面的结果,如药物的副作用、手术的并发症等,常有很大的临床指导意义。同时,也应如实反映失败的教训和不足之处。

9. 讨论

讨论是论文的精华部分,是作者对实验结果的思考、理论分析和科学推论,是作者学术思想展开的部分。通过深入地分析与综合,从广度和深度上丰富和提高对研究结果的全面认识,并由感性认识升华到理性认识,为结论提供理论依据。讨论的任务是阐明事物间的内部联系与发展规律,以及研究结果在理论与实践中的意义。讨论部分最好有比较独特的见解,这样可以使结果更能显示出它的价值和作用,其撰写好坏往往决定论文的深度,也是论文学术水平的标志。与其他部分相比,其写法变化幅度最大,最能体现出论文的成果、学术水平和作者的文笔特色,同时也是最难写的内容。

1）讨论的主要内容

① 对研究结果做出科学解释与理论分析，揭示各研究结果之间的内部联系。

② 将结果与国内外有关课题的研究结果及其理论解释进行比较，分析同类研究的进展及研究所处的水平，分析异同并解释产生差别的可能原因，提出作者的观点和见解，突出论文研究的创新与先进之处。

③ 记录研究中某些意外的新发现和新线索，对出现的新现象进行说明和解释，提出可能原因。

④ 针对研究存在的缺陷、尚未解决的问题、某些实验条件未能控制之处和某些实验方法的不足等，加以分析和解释。

⑤ 针对研究目的，阐明研究结果及其结论的理论意义、实践意义和指导作用。

⑥ 展示有待研究的问题，提出新的研究思路或课题，指出今后的研究方向和建议。

2）讨论撰写的规范要求

讨论的撰写必须以事实为基础，以理论为依据，准确分析研究结果的真正意义，这在很大程度上取决于作者的理论思维、学术素养及知识的广度和深度。

① 突出研究主题。讨论内容的组织应有其内在的逻辑性，有条理、有重点和层次清晰。围绕研究结果深入、透彻地阐明作者的学术观点，着重论述新发现、新论点和新启示。

② 使用正确的论证方法。以事实论据和理论论据详尽全面地论证作者的观点，不使用尚未成熟或未经实践证明的理论作为论证的依据，使论证具有说服力和可信性。

③ 避免重复。讨论是对结果的解释和说明，可进一步简要说明结果，但避免与引言部分和结果部分简单重复。

④ 避免面面俱到。讨论不应写入一般性知识，要围绕论文主题，以自己的工作作为基点，有自己的观点与见解。同时，不要罗列大量文献和过多引用他人的观点，引用文献要注明出处，避免与自己的观点和结果相混淆，难以反映论文的真实价值。

⑤ 实事求是。避免在论证不充分时下结论，不使用“大约”“可能”“或许”等模棱两可的词，对不能肯定的观点或对某些现象不能下最后结论的，措辞要客观含蓄，可用“有待进一步研究证实”“尚需进一步观察”等语言；避免工作尚未完成就提出或暗示首创权，对“首创”“首次发现”等提法要慎重，理由充分时可恰如其分地提出新的假说。同时，正确评价他人的贡献和自己的成绩，切忌贬低他人或抬高自己。

⑥ 编排体例。讨论部分一般不用图和表；可按结果项目中的顺序结合文献分段讨论，可列小标题，也可不列；每段应集中围绕一个论点，提出论据，加以论证。

3）讨论撰写的注意事项

① 讨论内容要从结果出发，紧紧扣住研究题目的设想，有的放矢，简明扼要，避免讨论结果中未加交代的内容。

② 凡是结果中提不出讨论线索和依据的，不应纳入讨论中来。结论比较明确的，也无须进行讨论。

③ 必须充分掌握有关文献资料，特别是与论文结论相符或相反的文献，否则会对结果做出不恰当的评价。

④ 在评价结果时，应将结果与逻辑推理严格区分开来，不应把想出来的东西与做出来的结果混为一谈。同时，对结果做过多的引申和推理，有可能陷入不着实际的空谈，甚至产

生错误。

⑤ 引用文献要选主要的、近几年发表的，一般不要成段或成句照抄，而是摘其观点、结论或现象，并在其观点、结论或现象的右上角注以阿拉伯数字及方括号。此外，讨论的最后部分如果得不出肯定结论，不要勉强。

10. 结论

结论又称结语或总结(summary)，是论文的结尾部分，是对全文的概括和总结，也是对研究结果与讨论分析后的再认识。结论撰写的规范要求：

① 以简明扼要的形式表达出研究的论点，着重描述论文研究的结果、结论性意见和主要数据等，或指出研究的理论意义与实际意义，或提出问题，或展望未来。

② 结论必须明确回答前言中提出的问题，内容要与研究目的保持一致，要观点鲜明、客观准确、简明扼要、措辞严谨和评价恰当，一般是100～200字即可。

③ 由于结论的内容与摘要的内容大体相近，许多期刊将结论放在摘要中，也有些论文的结论内容已在讨论中阐明而不另起段落，温哥华格式中不单列结论部分。

11. 致谢

科学研究工作往往需要多个人或团体的协作共同完成，对于做出贡献又不具备作者署名条件的人员，通常在此部分表示感谢。致谢是对研究工作或论文撰写有较大帮助和支持的单位、个人表示谢意的一种方式，也是对他人的贡献及其责任的肯定。致谢中通常包括以下几个方面的单位和人员：国家科学基金、资助研究工作的奖学金基金、合同单位、资助或支持的企业、组织或个人；协助完成研究工作和提供便利条件的组织或个人；在研究工作中提出建议和提供帮助的人；给予转载和引用权的资料、图片、文献、研究思想和设想的所有者；其他应感谢的组织或个人。

致谢部分不必冠以标题，多在正文结束后，参考文献之前，用小字号或圆括号来显示。致谢必须征得被致谢者的同意，谢词力求文字简练。

12. 参考文献

参考文献位于正文结束后，它是医学论文不可缺少的一个重要组成部分。

1）参考文献著录的作用

① 反映作者的科学态度，并说明论文中所涉及的方法、论点出处所在和论文结果的可靠性，反映出论文所具有的真实和广泛的科学依据。同时，说明了作者使用参考文献的深度和论文本身的起点，可作为评价论文水平高低和价值大小的依据。

② 将论文中引用的他人资料以参考文献的形式列出，说明作者在论文中阐述自己观点的同时，也使他人的成果得以展示。这不仅表明了论文作者对他人劳动和科学优先权的尊重，也体现了科研工作的继承性，同时也免除了抄袭、剽窃他人成果的嫌疑。

③ 读者通过参考文献进行追溯检索，查找和了解相关论文之间的科学联系，扩大了信息获取范围，为读者追踪课题研究提供了更为详细的信息来源。同时，还便于文献检索系统的编制和提供查找有关文献的线索。

④ 凡论文中已有文献记载的并需要表述的内容，只要注明文献的出处，就可避免一般性表述和资料堆积的现象，既精练了语言，又节省了篇幅。

⑤ 有助于科技信息人员开展信息研究和文献计量学分析。

2）参考文献著录的规范要求

① 著录作者亲自阅读过的原文，不要引用题录，也不要直接引用其他论文的参考文献。

② 著录最必要的文献，即参考引用了其中的部分内容或观点的文献，或与论文有密切关系的文献，如在同类研究中与论文研究的材料、方法、过程和结果相似或相反的文献。

③ 著录最新的文献，以说明研究水平是建立在最新成就的基点上。

④ 著录已公开发表的文献，即引用在国内外公开发行的正式出版物上发表的文献，尤其是本学科权威、核心期刊上的文献。内部刊物、会议汇编、讲义或未发表的文献资料不宜作参考文献引用。

⑤ 用参考文献本身的文字著录文献。

⑥ 参考文献按照其在正文中出现的先后顺序，以阿拉伯数字在引用作者或引用语的右上角加方括号“[]”标注。参考文献题录附在文末按规定格式逐条列出，其排列顺序应与正文中引用的次序相一致。通常引用文献数量以不超过 10 条为宜。

⑦ 当同一处引用多篇文献时，将各篇文献的序号在方括号中全部列出，各序号间用逗号“,”隔开，如[5,7,10]；文献是连续序号时，可标注起讫号“-”，如[2-5]。当同一文献在论文中被引用多次，只编 1 个号放在“[]”中，文献表中不再重复著录。当论文中写出所引文献的著者，则在原著者名字的右上角标注；不出现引文著者名字，则在引文句（段）结束的右上角标注。

⑧ 必须采用标准化、规范化的格式著录参考文献，使之有利于文献的著录、阅读、修改和二次文献整理以及国际科学文化交流。

3）参考文献著录的项目和格式

医学论文的参考文献项目与格式，国际上通常采用温哥华格式来著录。国内医学论文的参考文献的著录格式，大多数按照 GB7714—2005《文后参考文献著录规则》和《中国学术期刊（光盘版）检索与评价数据规范》著录。投稿前应认真阅读拟投刊物的稿约，遵从该刊物的书写格式，缩写、字母大小写、标点、留空和排列顺序等应符合刊物要求。

参考文献的著录主要包括三部分内容：一是主要责任者，指对文献的知识内容负主要责任的个人或团体。二是文献题名[文献标识码]，包括书名、刊名、专利题名、析出题名等。三是出版事项（原文出处），包括版本、出版地、出版者、出版日期、在原文献中的位置等。各种文献标识为专著（M）、论文集（C）、期刊（J）、学位论文（D）、报告（R）、标准（S）、专利（P）。电子文献类型的标识用双字母，即数据库（DB）、计算机程序（CP）、电子公告板（EB）。常见医学论文参考文献著录的项目和格式有以下几种。

① 期刊论文：[序号]著者．题名[J]．刊名，出版年，卷号（期号）：起止页码.

例 1：[1]王红艳，张学军，杨森，等．银屑病危险因素研究[J]．中华流行病学杂志，2001，22(3)：215-218.

例 2：[2] Alter M J，Gallagher M，Morris T T，et al. Acute non-A-E hepatitis in the United States and the role of hepatitis G virus infection[J]. N Engl J Med，1997，336(11)：741-746.

② 图书专著：[序号]著者．书名[M]．版本（第 1 版可省略）．出版地：出版者，出版年：页码.

例：[1]武士华．医学生物技术发展现状与展望[M]．2 版．北京：人民军医出版社，

1993:89.

③ 论文集中析出的文献:[序号]析出文献著者.析出文献题名[A].原文献著者.原文献名称[C].出版地:出版者,出版年:析出文献起止页码.

例:[1]孙品一.高校学报编辑工作现代化特征[A].中国高等学校自然科学学报研究会.科技编辑学论文集[C].北京:北京师范大学出版社,1998:10-22.

④ 学位论文:[序号]著者.题名[D].地址:学校名称,年份:页码.

例:[1]钟小清.五指毛桃药材质量的研究[D].广州:广州中医药大学,2001:82.

⑤ 会议文献:[序号] 著者.题名[C]//会议论文集题名.出版地:出版者,出版年:文献页码.

例:[1]庄鹏,江元森,谢俊强,等.新型膜血浆分离器对重型肝炎肝衰竭的治疗观察[C]//第1次全国人工肝学术会议论文汇编.北京:中华医学会传染病与寄生虫病学会,2002:205-208.

⑥ 专利文献:[序号]专利申请者或专利权人.专利题名:专利国别,专利号[P].公告日期或公开日期[引用日期].获取和访问路径.

例:[1]刘加林.多功能一次性压舌板:中国,9221498512[P].1993-04-14. http://211.152.9.47/ipoasp/zljs/hyjs.

⑦ 报告:[序号]主要责任者.题名[R].报告地:报告会主办单位,年份:页码.

例:[1]冯西桥.核反应堆压力容器的 LBB 分析[R].北京:清华大学核能技术设计研究院,1997:2.

⑧ 报纸文章:[序号]作者.题名[N],报纸名,出版年,月(日):版次.

例:[1]谢希德.创造学习的思路[N].人民日报,1998,12(25):10.

⑨ 网上文献:[序号]著者.题名.统一资源标识(URL).更新日期(日/月/年).

例:[1]张建松.裴钢小组揭示多发性硬化症发生过程新机制.(http://www.scien-cetimcs.esa.com.en/htmlnews/2009/l0/224255.shtm).(20/10/2009).

4)参考文献著录的注意事项

① 著录文字。著录数字要保持文献上原有的形式,但表示版次、卷号、期号、册次、页数、出版年等数字用阿拉伯数字表示。

② 作者姓名。汉字姓名全录,日文人名用汉字的也全录;著录时一律姓在前,名在后;姓全部著录,名可以缩写为首字母,在缩写名后不加“.”;著者不超过3人时全部著录,超过3人只著录前3名,其后加“等”或相当的文字如“et al”,著者姓名间用逗号隔开。

③ 题名。题名应全写出,英文题名除专有名词和首词的第一字母大写外,其余均小写。

④ 期刊名。中日文刊名应写全名;英文刊名凡一个词的刊名不缩写,两个词以上的刊名缩写按照有关标准执行。

⑤ 版本。第1版不著录,其他版本说明应著录,版本用阿拉伯数字序数词缩写形式。

⑥ 出版地。著录出版者所在地的城市名称。

⑦ 出版者。可以按著录来源的形式著录,也可按公认的简化形式或缩写形式著录。

13. 其他

医学论文中,除了上述12项主要内容外,国内期刊有一些还包括以下项目:

1）作者简介

包括姓名、出生年、性别、民族（汉族可省略）、籍贯、学位、科研情况、简历及研究方向等。

2）基金项目

通常用脚注方式列于同页脚下，并加不占行的半横线。按照国家有关部门规定的正式名称填写，并在圆括号内注明其项目编号。省、部级以上的基金资助项目一般都需注明，各项基金项目应依次列出，其间以分号隔开。

3）中图分类号

分类语言是用分类号来表达文献主题概念的情报信息语言，分类语言和主题词的作用及功能作用是互补的。分类语言是由符号体系、词汇和语法组成的，分类表则是分类语言的文字体现。为了便于文献的检索、存储和编制索引，医学论文要求标注中图分类号。

中图分类号位于关键词之下，便于检索和编制索引。国内多数期刊要求必须按照《中国图书馆分类法》或《中国图书资料分类法》要求，并根据论文所属学科和专业给出其分类号，涉及多个学科的可以给出多个分类号，主分类号排在第一位。

4）文献标识码

按《中国学术期刊（光盘版）检索与评价数据规范》要求，在中图分类号后空三格标注文献类型用代码。文献标识码用于区分学术期刊论文或报道信息的性质，共设置 5 种：A——理论与应用研究学术论文（包括综述报告），B——实用性成果报告（科技），理论学习与社会实践总结（社科），C——业务指导与技术管理性文章（包括领导讲话与特约评论等），D——一般动态性信息（通信、报道、会议活动、专访等），E——文件、资料（包括历史资料、统计资料、机构、人物、书刊、知识介绍等）。

5）附录

附录是对正文主体部分的补充项目或参考项目，通常是与正文相关却又不便于表达的图、表或标准等附在论文末尾，以供读者或编辑人员查找的内容。附录部分不是论文必须具有的。

第三节　医学论文写作的步骤和方法

一、医学论文写作的基本步骤和方法

医学论文写作是在课题研究之后或基础实验后或临床实践后，对所获得的资料及数据加以整理并参考大量文献的基础上进行的。医学论文写作是一项有计划、有步骤的活动。为了使论文达到公开发表的要求，除了其内容本身的科学性和创造性之外，论文写作的方法和技巧也是不可忽视的问题。完成一篇医学论文通常要经过提炼选题、选择整理材料、拟定提纲、撰写初稿、修改定稿等基本过程。

1. 提炼选题

论文的选题，也是科研的选题，有时一项科研可产生多篇论文。选题要表达出论文的主题思想，要求简练、确切和具有特色。

1）选题的过程或步骤

① 初拟选题。在这项工作之前必须手中有信息、资料和设想，可以是前瞻性研究或是

回顾性总结。例如：临床遇到的罕见病和疑难病例，危重病人的诊治经验，阅读国内外文献、参加学术会议受到的启发，进行技术和方法的移植研究，新药、新仪器的临床应用，新的诊断方法及治疗经验，上级布置或招标的选题，等等。

② 在初步考虑拟选题目后，应进行全面的文献检索，搜集近几年来的相关文献，整理有关的文献资料。通过查阅文献，弄清楚所要研究的动态和观点，并把这些材料中所用的部分整理好，以在撰写论文时引用。同时，避免选题雷同、结论陈旧和不符合客观事实。

③ 在别人研究成果基础上，寻找尚未解决的问题作为自己的研究选题或论文选题。

2）选题的方法

选题必须符合医学科学发展趋势，注意研究未来，观察变化，注重实用。常见的选题方法有以下几种。

① 顺流法。顺流法即顺着大多数医药卫生技术人员的需要去选题，缺什么选什么，读者需要什么就写什么，甚至一个选题还可以从不同角度去写。例如，在医学论文中一种独立的疾病既可以从基础理论方面去更新，也可以从诊治方面去阐述，还可以从临床护理、家庭保健和预防措施方面去深入等。顺流法要有预见性，不能落入俗套。

② 逆流法。逆流法是相对顺流法而言的，不找“热门”而找“冷门”，是一种出奇制胜的方法。逆流法需要作者具备丰富的想象力，反过来作者又可用逆流法去发展自己的想象力。要别人未想到的我先想到，别人未看到的我先看到，别人未理解的我先理解。先想、先看和先理解是手段，目的是先出论文，使知识尽早发挥效益。

③ 穷尽法。作者可以根据医学科学发展的趋势，结合具体的实际情况，把所有的相关“空白”找出来，然后判断其轻重缓急和主次，先急后缓、先主后次地确定选题。

3）选题的注意事项

① 论文的选题必须与研究开始时所确定的主题基本一致。否则，所积累的研究资料就不能有效地利用。当然，论文的选题也可以根据实际研究和分析结果而加以校正、补充和深化。

② 选题要集中。多中心、大而空的选题容易分散注意力，造成分析不透彻，观点不成熟，材料不充分。

③ 选题要深刻。只有深刻才能深入揭示事物的本质。

2. 选择整理材料

选择和整理的材料必须与论文的观点、选题和内容相对应。因为医学论文需要用充分的事实材料说明问题，所以在选材时要坚持客观性和全面性，切忌主观片面。选择和整理材料总的原则应是去伪存真，去粗取细，由表及里，用最有力的材料来论证选题和表现选题。

1）直接材料的搜集和整理

一般认为，所搜集的材料包括两大类，一类为前人既往的工作状况材料，即间接材料；另一类为自己实验及实践中所得出的数据、观点等，即直接材料。直接材料的搜集，是论文的中心，也是最能体现论文的科学性和最具说服力的内容。

(1) 做好科学实验或临床实践中的记录和资料积累工作。在科学实验中，必须加强原始材料的记录和保管。随时记录实验的结果，做好原始记录的积累工作。在临床科研工作中，从研究一开始就做好材料的登记工作。从病案等临床资料中摘取必要的内容，随时填入原始记录表内。原始记录要做到真实、客观、准确和可靠，反对弄虚作假、任意删改等作弊现

象,避免加入主观成分。对于实验中所取得的结果,不论是阳性还是阴性,也不管是符合预期设想或是不符合预期设想都要真实记录,不要加入主观成分,也不能凭个人的愿望取舍材料。

(2) 合理取舍材料。搜集到的科研材料,都要进行认真的鉴别分析,再决定合理的取舍。先将搜集的全部材料细致地检查一遍,将不符合设计要求的材料去掉,将不全面的内容充实整理,将需要的材料进行分门别类的整理,在材料的鉴别、分类和取舍时,要用“相关性”和“可比性”两个尺度加以衡量。

① 相关性,也称同质性。在实验研究中,主要用于实验组的资料鉴别,即把本质相同或相近的资料归并在一起。例如,在观察某一药物降血脂的疗效中,研究组有的患者服用这种观察药物后,出现了恶心、呕吐、肌肉疼痛等症状或转氨酶增高,在取材时,应该进一步鉴别清楚,服药后所出现的消化道症状是该种降血脂药物所致的不良反应,还是与此项研究无关因素引起的。如果确定为药物的不良反应,则该项资料应该保留,作为药物的不良反应在文章中分析;相反,如果消化道症状和转氨酶升高不是药物引起的,而与其他因素有关,则不将此类资料纳入统计范围,以免影响药效的检测效果。

② 可比性,又称齐同性,主要指两组或两组以上的资料之间进行比较时,这两组之间除了受试因素之外,其他因素均应该相同。例如,研究药物 A 治疗脑血栓的疗效,需设立其他药物组或其他对照组,同时进行疗效观察。这两组之间,除了受试因素即所用的药物不同外,患者的一般情况,如年龄、性别、病情程度等也都应该大致相同。这样,两组不同的治疗所取得的疗效,才能相比。否则,如果两组病例的情况不同,不是经过随机分组原则分组,而是加入人为的因素分组,两组所取得的资料就缺乏可比性,所取得的疗效就无法进行比较与分析。

2) 数据材料的统计学处理

根据科学设计所得到的数据,在使用前必须进行统计学分析。只有对数据经过一定的统计学处理,才可能有把握地得出结论,才具有可重复性。凡属样本的结果进行比较时,都必须用适当的统计学检验方法,求出 P 值,然后做出比较可靠的结论。此外,医学论文写作中,经常需要编绘统计表和统计图,其基本要求如下。

(1) 统计表。医学期刊常用的统计表为三线表,表的内容一般包括表题、表序、纵标目、横标目数字和表注等。对统计学分析内容,应该在表中用序号标注出,并用表注的形式在表的下面写出相应的统计量具体值和 P 值。

(2) 统计图。统计图主要包括线条图、长条图、圆形图、点图和统计地图等,最常用的有线条图和长条图。线条图用于连续性资料的比较,常用来表示某种现象随着时间的转移或某一因素的增减而产生的动态变化。例如,研究 1995—2005 年大肠癌的发病率,应该用线条图来观察变化趋势。长条图多用于间接资料的比较,如两种药物的有效药物浓度比较。长条图要求条宽一致,长度作为数据进行比较,纵坐标的数据一般从零开始。

3. 拟定提纲

提纲是论文的“骨架”和雏形,是作者在撰稿前对论文的结构、层次做的精心设计。研究者把论文的构思过程,清晰和严谨地贯穿到论文写作中,常可避免走弯路。拟定提纲的过程,是对研究工作进行全面总结和发表成果的构思过程,是论文写作的一个重要步骤。拟定提纲的目的,一是可帮助作者从全局着眼,明确层次和重点,论文才能写得有条理和结构严谨;二是通过提纲把作者的构思、观点用文字固定下来,做到目标明确和主次分明,随思路的进一步深化,会有新的问题、新的方法和新观点的发现,使原来的构思得到不断修改和补充完善。

撰写提纲一般应由粗到细,即先拟定粗提纲,把论文的几大部分基本确定下来,然后再列出各部分所包含的详细提纲。提纲的粗细反映了作者对写作内容思考的深度。提纲越细,说明思考得越深、越具体,动笔写作时越顺手。写作提纲是医学论文的轮廓,一般多采用标题式和提要式两种。

1)标题式提纲

以简明的标题形式把论文的内容概括出来,用最简明的词语标示出某部分或某段落的主要内容,这样既简明扼要又便于记忆,是医学科研工作者常用的写作方法。

2)提要式提纲

在标题式提纲的基础上,较具体明确提要式地概括出各个层次的基本内容,实际是论文的缩写。

以上两种提纲形式,可根据自己的写作习惯选用,无论选择哪一种,其目的在于启发写作的积极性和创造性。在实际的写作过程中,作者应做到既有纲可循,但又不拘泥于提纲,尽可能地拓宽思路,才能写出高质量的论文。

4. 撰写初稿

撰写初稿就是要根据提纲,把要撰写的内容依次连接起来,把实验数据和资料进行归类分析。它是对论文内容和形式的再创造过程,也是论文写作最重要的阶段。拟定了提纲后,最好能集中一定的时间和精力撰写初稿,使论文一气呵成,尽量使用所有的材料,把论文的中心思想充分表达出来。论文撰写时该详则详,该简则简,文字简练,用语准确,恰如其分,切忌浮夸和虚构,同时要运用一定的信息检索和统计学基础知识,在论文撰写过程中进行信息搜集和数据处理。完成的初稿可以请导师、同行、专家过目,听取各方面的意见进行修改,以提高论文的质量。

撰写初稿方法有多种,如实验研究论文的撰写多采用顺序写作法,即按照医学论文的规范体例或提纲顺序阐述自己的观点,分析实验数据。或采用分段写作法,这种写作方法多是作者对论文的中心论点已经明确,或提纲已形成,但对某一层次的内容没有完全把握或没有考虑成熟,而暂放一下,可先撰写已经成熟的段落内容,待考虑成熟或进一步实验后再撰写,这样不受顺序的先后限制,采取分段写作,最后依次组合而形成初稿。完成全文后,需进行前后对照检查,使全文风格一致,层次清楚,衔接紧凑,这种写作法最好每次完成一个完整的部分。

重要的医学论文需要旁征博引,但在撰写初稿时应避免以下不良倾向:一是认为引用文献会影响作者自己的研究成果,因而一条不引。该引而不引是缺乏科学继承观点的表现,是不懂论文的基础知识,正确的引证会给论文增加说服力。二是过多引用文献,把许多关系不大的文献列了一大堆,以显示自己博学多才。不必要的引证,反而暴露出知识不足和水平不高的弱点。

5. 修改定稿

修改是论文写作中不可缺少的步骤。无论是初写者还是经验丰富的作者,在初稿完成

后都必须针对论文要求和收集到的意见，对论文进行多次审读、推敲和修改，才能最终定稿。修改是对初稿内容的进一步深化和提高，对文字进一步加工和润色，对观点进一步订正和表述更为生动、准确。修改定稿过程中应注意以下几个方面。

① 在题目上，应对原始题目进行反复推敲和修改，使之能概括全文，并成为全文的点睛之笔。

② 在篇幅上，各种期刊对论文篇幅都有一定的要求，在修改时应使论文符合有关规定。

③ 在结构上，论文整体结构完整，各部分布局合理，尤其要注意各部分的内容是否安排合理。论文撰写中常出现将结果、讨论写入引言，或将方法、结果写入讨论，或将讨论写入方法、结果等情况，应加以调整和归并。

④ 在语言文字上，行文要活泼、形象、朴实而不呆板，数字用法、计算单位等都应符合国家规定或稿约要求，标点符号应用要正确，避免错别字等。

⑤ 在图表和数据上，要精简多余的图表，并使图表的设计合理清楚，与正文配合恰当，文字、图、表三者的内容不应重复，应以文字为主。要核实所用的数据以及统计学处理结果，不能因一个数码、一个小数点的误差而影响论文的科学性和准确性。

6. 誊清完稿

定稿后要按所投期刊的要求，或用稿纸工整、清楚书写，或用计算机文字处理系统打印出来。最后，再一次检查全文，核对无误，完成论文的写作过程。

总之，医学论文的写作是一个循序渐进的过程，初写者不能急于求成，只有本着认真负责的态度，善于摸索，潜心积累，才能逐渐形成自己的写作风格。最终才会得心应手，准确地表达作者的观点和科研作风。

二、医学论文写作的注意事项

医学论文写作必须严格遵循医学论文的基本要求、基本格式及其规范要求，同时还应注意以下论文的细节问题。

1. 关于语言

医学论文不同一般的文学作品，不应使用夸张的手法、奇特的比喻、抒情和渲染的描写，而是采用平铺直叙的方式。医学论文要求语句准确精练，句法完整严谨，层次结构富于逻辑性；用词准确和规范，必须使用专业公认的科学术语，符合现代语言规范。

① 不宜采用俗语或行话，如用“皮试”代替皮肤过敏试验、用“静点”代替静脉点滴输液、用“temp”代替 temperature 等。

② 不宜采用可有可无的口头语、无实际意义的词组，如“众所周知”“不言而喻”“可想而知”等。

③ 避免使用一些不符合实际的夸大之词，如“填补空白”“突破性进展”“国际领先”等。

④ 一些概括性和估计性用词，如大概、可能、也许、差不多等，不应出现于关键性句子中。

⑤ 尽量使用明确科学概念的术语，一般不应单独使用如胃病、肺病、肾炎、关节炎之类的笼统而又模糊不清的名称。

2. 关于医学名词

医学论文中的名词术语，应尽可能采用已经公认或已为词典所收入的规范用词。对于刚刚在文献中出现的新术语,使用时应加以必要的说明,并注明出处。除非十分必要时,一般不要自己创造新的术语。

① 可供参考的医学辞典有全国自然科学技术名词审定委员会审定公布、科学出版社出版的《医学名词》和相关学科的名词,人民卫生出版社编制的《英汉医学词汇》等。

② 中文药物名称可参考药典(法定药物),卫生部药典委员会编辑的《药名词汇》(非法定药物);英文药物名称则采用国际非专利药名,不用商品名或将商品名放在括号内;草药注明拉丁学名及科属名称。

3. 关于缩略语

缩略语即缩写(abbreviation)的使用可使表达简洁明了,节省篇幅,方便读者。多数期刊规定尽量少用缩略语,对于那些冗长并在论文中频繁出现的术语才有使用缩略语的必要。

① 使用缩略语时,应于首次出现处先写出全称,然后括号内注明中文缩略语或英文全称及缩略语。如对位氨基苯甲酸(para-amino-benzoic acid,PABA),且英文名称各单词均小写,缩写除有特殊约定外,均用大写字母。缩略语不应转行。

② 对于已公知、公用的缩略语,可以直接使用,不必注出英文全称。

③ 题目和关键词避免使用缩略语,摘要中也尽量不使用缩略语,可在“前言”中对缩略语予以定义解释,在“材料和方法”中对有关试剂的缩略语予以说明,图表中可直接使用计量单位符号和统计学术语的缩略语,但非标准的符号和缩略语必须在表注或图注中予以定义解释。

4. 关于插图、表格

图表是表达研究结果的重要形式,许多读者会在不阅读论文全文或在阅读部分内容的情况下仅浏览图表,因而制作有效的图表是医学论文得以发表的重要环节。

1) 图

图包括示意图、流程图、曲线图、直方图、饼图、照片图等。每幅图都要有图序(编排序号)和图题(简短确切的标题),两者中间空一格,放于图的下方;图还常常会有“说明”放在图题之下,为图做必要的解释;“图例”置于图下或图旁,用于描述和识别图的有效信息,便于读者不参阅正文即理解图的含义。

对于图上读者不容易看明白的某些特殊部位可标上箭头、星号或其他标志。若刊用人像,应征得本人的书面同意,或遮盖其能被辨认出为何人的部分。大体标本照片在图内应有尺度标记,病理照片要求注明染色方法和放大倍数。如有引自他刊者图表,应注明出处。

2) 表格

表格设计要清晰、简练和规范,每个表格除有表根和表体外,还要有表序、表题(即表名)和表注。

① 表格栏头左上角不用斜线。

② 表内文字左对齐,数字右对齐且小数位数保持一致,未发现的数据用“—”表示,未测或无此项用空白表示,实测结果为零用“0”表示,表内尽可能不用或少用标点符号。

③ 对于表内变量的计量单位,若各栏计量单位均一致,可将计量单位置于表题后面,并用括号引起;若栏计量单位不同,但同一栏的计量单位相同,应统一置于栏目标题后并用括号引起。

④ 栏目标题可以使用缩略语，对于标准缩略语（如 kg、mol 等）及公知、公用的缩略语（如 DNA、AIDS 等）可直接使用，非标准的符号和缩略语必须在表注中予以说明。

总之，图、表和文字在论文中起着不同的作用，文字叙述主要用于少而简单数据说明，表主要用于大量复杂数据的准确表达，图则主要用于比较复杂数据之间的关系和趋势，要恰当地处理好三者之间的关系，避免重复叙述数据结果。

5. 关于数字、计量单位

1）数字

关于数字在医学论文中的表达方式，GB/T 15835—1995《关于出版物上数字用法的规定》，从 1996 年 6 月 1 日起实施。当无法确定使用阿拉伯数字或是汉字数字时，该标准的原则是：凡是可以使用阿拉伯数字而且又很得体的地方，特别是当所表示的数目比较精确时，均应使用阿拉伯数字。遇特殊情形，或者为避免歧义，可以灵活变通，但全篇体例应相对统一。目前，该标准已被 GB/T 15835—2011 代替，GB/T 15835—2011 在继承原标准中关于数字用法应遵循“得体原则”和“局部体例一致原则”的基础上，通过措辞上的适当调整，以及更为具体的规定和示例，进一步明确了具体操作规范。

2）计量单位

论文中的计量单位，趋向于使用国际单位制。我国国务院于 1984 年 2 月颁布了《中华人民共和国法定计量单位》，它是以国际单位制为基础，并保留一些非国际单位制的单位。国内大多数期刊都要求执行国家标准《量和单位》(GB3100～3102—1993）中有关量、单位和符号的规定及其书写规则，并具体参照中华医学会编辑出版的《法定计量单位在医学上的应用》一书。

第四节　其他医学论文的撰写

以上是医学论文的基本知识和一般医学科研论文的写作，下面重点介绍两种比较常见、比较重要的医学论文的撰写，即医学综述和学位论文的撰写。

一、医学综述的撰写

撰写综述是积累、理解、传播科学资料和培养组织材料、提高科学思维能力的好方法，它既是做好科研工作的必经之路，又是科学研究、毕业设计与学位论文的起点。综述不仅被广泛用于期刊论文、毕业设计与学位论文中，也被用于课程学习及其考核中，国内外很多大学课程学习的考核方式都是对课程中某一专题撰写综述。因此，掌握撰写综述的基础知识是十分必要的，同时科研人员在查阅文献之后和科研设计之前，最好写一篇有关问题的文献综述。

1. 医学综述的概念

综述是学术论文的一种形式。从文献学角度划分，论文有原始论文和整理性论文两种。凡是由实践工作中积累的直接经验总结而撰写的论文，称为原始论文或科研论文。论文中虽包含有自己的部分经验和资料，但绝大部分取自他人的研究经验与资料而撰写成的论文，称为整理性论文或文献综述。文献综述的英文名称为“literature review”，“review”是复习之意。文献综述是以往文献的复习、整理和综合，是系统地反映某一专题的历史现状、成就和展望的论文。“综”是要求对文献资料进行综合分析和归纳整理，使材料更精练和更有逻辑层次；“述”就是要求对综合整理后的文献进行比较专门的、全面的、深入的和系统的论述。综述是在利用一次文献和二次文献的基础上，生产出来的一种三次文献。

所谓医学综述，是指在查阅医学某一专题在一定时期的相当数量的文献信息资料的基础上，经过整理筛选、分析研究和综合提炼而成的一种医学学术论文，是高度浓缩的医学文献产品。医学综述反映了当前医学某分支学科或重要专题的最新进展、学术见解和建议，它往往能反映出有关医学问题的新动态、新趋势、新水平、新原理和新技术等，可使读者用较少的时间和精力对其最新资料、发展历史、当前状况和发展趋势等有一个完整的、系统的认识。医学综述是针对医学某一研究领域分析和描述前人已经做了哪些工作，进展到何种程度，要求对国内外相关研究的动态、前沿性问题做出较详细的综述，并提供参考文献。一般只是如实地反映情况，而不提出作者自己的观点和建议。初做医学科研的人员或医学生，在撰写医学综述上多用一些精力和时间是值得的，这也是科研基本功的一个训练过程。

2. 医学综述的目的与作用

现代医学科技的迅速发展及其学科之间的相互渗透，新的医学文献信息的大量增加，使任何一个医学科学工作者，甚至多年从事医学某一专业的学者，也很难掌握其专业领域的全部文献信息。除了语种及文献获得渠道等限制外，精力和时间的耗费也很大。因此，把一定时期内某一领域或专题的文献有意识地搜集起来，从中获取信息并利用这些信息对问题进行综合、分析和评论，最后加工整理成综述提供给科研人员，使他们能从中获得动态和进展等新知识以作为科研工作的借鉴、指导或教学的参考，无疑会受到科研人员的重视和欢迎。医学综述属三次文献，专题性强，涉及范围较小，具有一定的深度和时间性，能反映出这一专题的历史背景、研究现状和发展趋势，具有较高的情报学价值。

1）医学综述的目的

医学综述至少可达到以下基本目的。

① 让读者熟悉现有研究主题领域中有关研究的进展与困境；

② 为以后的研究人员提供关于“未来研究是否可以找出更有意义与更显著的结果”的思考；

③ 对各种理论的立场说明，可以提出不同的概念架构；

④ 作为新假设提出与研究理念的基础，对某现象和行为进行可能的解释；

⑤ 识别概念之间的前提假设，理解并学习他人如何界定与衡量关键概念；

⑥ 改进与批判现有研究的不足，推出另类研究，发掘新的研究方法与途径，验证其他相关研究。

2）医学综述的作用

① 跟踪了解迅速发展的医学领域及其学科的最新进展。综述的材料来自于其引用的参考文献，其参考文献一般应包括该学科尽可能多的一次文献。因此，提供医学及其相关学科的最新发展状况，是医学综述的主要功能之一。

② 帮助解决学术争端。医学综述提炼、归纳和综合了医学某一专题的大量一次文献，系统阐明该专题的研究现状和存在的问题，因此在一定程度上可以解释学术上的不同意见。

③ 提示未来研究的发展方向，反映现状趋势，提供决策依据。医学综述可以帮助人们

了解医学领域及其学科中已取得的成绩，以及在哪些方面还未展开研究，从而提示该学科或领域中的空白，也就是未来的研究方向。同时，许多综述都是由有关领域的专家学者所撰写，既有关于成就、数据和纵横对比的客观叙述，也有专家自己的评论、预测和建议等。这就使医学综述成为科研管理部门了解医学发展脉络的重要窗口，能为其决策提供借鉴与参考。

④ 协助教学。医学综述反映医学领域及其学科的历史发展、现状和未来趋势，通过阅读医学综述，人们可以在最短的时间内用最少的精力对医学有所了解。因此，在教学中使用综述，可达到事半功倍的效果。

⑤ 提供综合信息，指导科学研究，培养文献研究能力。医学综述是在大量的原始文献基础上凝聚成的医学情报性文献，读者通过阅读医学综述可以花较少的时间获取最新的医学综合信息，了解医学领域及其学科的新进展、存在问题和努力方向，在把握学科动态的基础上及时指导自己的工作，为确定自己的科研课题提供参照系统。同时，撰写医学综述需要查阅大量原始文献，并对其进行整理研究。一方面，撰写医学综述不仅成为获取一手信息、把握所从事专业研究状况的重要手段，而且也通常是选报课题、撰写学位论文的前期准备。另一方面，在撰写综述的过程中，其文献检索能力、快速阅读能力、分析整理能力、综合归纳能力和写作能力等也得到锻炼和提高。

⑥ 报道专题文献，便于回溯检索。医学综述一般都列有相关的参考文献目录，作为综述的依据。作为大量同类医学信息的高度浓缩体，集中控制了相关文献群，提供了全部或大部分相关文献群的分布状态信息，可以进行专指性很强的回溯性检索。将综述作为检索工具来使用，可既省时又省力地获取所需原始文献的线索。直接利用医学综述可系统地查得同一问题不同侧面、不同层次的文献信息资料。一般认为，每 30～50 篇论文出现以后，就相应地要产生一篇综述。可见，一篇综述集中类聚了几十篇相关文献，通过文末标引的文献出处，给读者或用户提供了有关这些文献的分布状态信息，便于进一步溯检。

3. 医学综述的类型

医学综述可从不同的角度划分出各种类型，最常见的划分方法是根据综述反映内容深度的不同，即信息含量的不同划分。

1) 按信息含量的不同分类

① 叙述性综述。叙述性综述是围绕某一问题或专题，广泛搜集相关的文献资料，对其内容进行分析、整理和综合，并以精练和概括的语言对有关的理论、观点、数据、方法、发展概况等做综合、客观的描述的信息分析产品。其目的是综合地了解某一专题的研究现状、成果及发展趋势。叙述性综述的特点：一是提取主要内容及研究成果，并加以概括的叙述。二是客观地反映原始文献中的学术观点和方法。三是不深入分析文献内容的得失，较少提及撰写者的评论和观点，只是系统地罗列。这些特点使得读者可以在短时间内，花费较少的精力了解到本学科、专业或专题中的各种观点、方法、理论和数据，把握全局并获取资料。

② 评论性综述。评论性综述是在对某一问题或专题进行综合描述的基础上，从纵向或横向上做对比、分析和评论，提出作者自己的观点和见解，并明确取舍的一种信息分析报告。评论性综述的主要特点是分析和评价，有人也将其称为分析性综述。评论性综述在综述各种观点、理论或方法的同时，还要对每种意见、每类数据、每种技术做出分析和评价，表明撰写者自己的看法，提出最终的评论结果。这样可以启发思路，引导读者寻找新的研究方向。

③ 专题研究报告。专题研究报告是就某一专题，一般是涉及国家经济、科研发展方向

的重大课题，进行反映与评价，并提出发展对策和趋势预测，是一种现实性、政策性和针对性很强的情报分析研究成果。专题研究报告最显著的特点是预测性，是在对各类事实或数据、理论分别介绍描述后，进行论证和预测的推演，最后提出对今后发展目标和方向的预测及规划。专题研究报告对于科研部门确定研究重点和学科发展方向，领导部门制定各项决策，有效实施管理起着参考和依据的作用。这一类综述主要表现为预测报告，可行性研究报告，专题调研报告，建议、对策与构想报告等。

2）按内容的时间范围分类

① 动态性综述，主要以描述近期内各类现实动态为主，如政策动态、科研动态、经济动态等。这类综述的时效性强，反映最新发展态势。

② 回顾性综述，主要描述过去一定时期内的成果和发展历程，总结性较强，以作为当前的借鉴参考。

③ 预测性综述，主要是对某一专题的有关文献进行科学的分析综合，并着重对未来一定时期内的发展方向和目标进行预测的一种综述。预测性综述的特点是根据与专题有关的大量数据、文献分析和现状调查，通过逻辑推理和数学演绎，乃至大胆的想象，得出有关专题研究对象未来发展的预测信息。

3）按报道的时空范围分类

① 纵向综述。按时间发展的顺序展开叙述，可揭示综述主题的发展速度。

② 横向综述。不分时序，按照主题或地域、国家、产品等展开叙述，有利于在同一水平上对比。

4）按服务对象分类

① 决策性综述。主要目的是对各级领导部门提供决策参考。在综述的基础上，重在提出建议即决策的依据。

② 研究性综述。为科研人员的科学研究工作服务，专业性较强，不需要对基本概念和原理的介绍。

③ 普及性综述。面向广大读者，目的是让一般读者了解某一主题、学科和事物的概况，使其有一个基本认识，一般包括基本概念、状况、现状和趋势的简单全面的介绍。

5）按报道对象分类

① 学科综述，指综述某一学科的发展态势。

② 文献综述，指综述一批文献的研究成果，分析这批文献的内在规律。

③ 会议综述，指综合报道会议上提出的各种观点、理论和方法，一般不加评价。

④ 专题综述，指综述某一专题领域的历史、现状和发展趋势。

4. 医学综述的特点

医学综述是对特定医学文献情报的综合介绍，具有情报学的特点。它又是不同于一般科研论文的一种体裁，因而又具有一定的文体特点。医学综述是医学情报研究成果之一，它使一次文献、二次文献变成了三次文献，具有服务和研究的二重性。医学综述运用叙述和说明等写作方法表达特定的主题内容，其主要特点是“综”和“述”。“综”是全面系统地描述被研究对象的历史、现状、发展趋势等；“述”是以叙事为主，仅对原始文献的资料作叙述，进行客观分析，不作主观评论。其特点主要表现在以下几个方面。

1）内容综合

这是综述最基本的特点，包含两方面的含义。一方面，文献综述首先表现出对大量文献的综合描述。各种类型的综述，其基础都是综合叙述。另一方面，它综述广泛时空范围内的发展和情况，既有纵向描述，又有横向覆盖。

2）覆盖面宽

综述的边缘界线虽然与一般科研论文一样被限定在某一专题领域内，但要比一般科研论文宽泛得多，因为它对纵深度要求不高，只要求全面、客观、科学和准确地覆盖这个专题的整体研究状况，把最新的医学信息和科研动态及时传递给读者。体现这些特点的前提是相关文献群控制的程度如何，如果相关文献群控制比较全面，就有了全面概括该专题的条件，否则只能是以点代面和以偏概全。因此，在控制相关文献群时，既要突出重点，又要照顾一般；既要重视核心期刊的核心文献，又不能忽视一般期刊。同时，还要辅之以相关专著和非正式出版的信息资料。

3）高度浓缩

综述集中反映一定时期内一批文献信息的内容，浓缩大量信息。一篇综述可以反映几十至上百篇的原始文献，信息密度大。综述的语言文字不同于原始文献。它要求将原始文献中较长的论述用最精练的语言表述出来，做到对原文献语言文字的高度浓缩。综述是在浓缩加工的基础上进行优化组合，把浓缩加工的资料进行再研究，分类归纳、排除重复、突出重点和层层推进，使杂乱无章的资料变得脉络清晰、观点明确、论证严密和论据充分，使读者通过这种高度浓缩和优化组合的综述文献，能一目了然地看到所论专题研究的演变过程及其现状。如代表人物是谁，主要观点是什么，其热点和重点在哪里，有什么空白点或难点需要突破，其研究的发展趋势和走向是什么，等等。

4）语言概括

综述的表述一般要用概括性的、结论性的语言反映出新观点、新结论和新论据。也就是说，综述对原始文献中的各类理论、观点和方法的叙述不是简单地照抄或摘录，而是在理解原始文献的基础上，用最简洁和最精练的语言将其概括出来。同时，略去原始文献中大量的论证分析过程、计算推导过程和经典引语等细节。

5）信息量大

综述是作者在阅读了几十篇甚至几百篇文献资料后，以最简短的文字把大量信息浓缩而成，它既有反映历史、现状和发展趋势的纵向描述，又有与研究机构、科学家的成果与水平作横向比较的描述，从中反映出尚待解决的问题。

6）评述客观

综述性文献的客观性有两方面，一是叙述和列举各种理论、观点、方法、技术及数据要客观，必须如实地反映原文献的内容，不得随意歪曲，或是断章取义，不顾上下文，同时还要避免因理解不同而出现的误解；二是在分析、比较、评论各种理论、观点和方法时要有一种客观的态度，应基于客观进行分析和评价，不能出于个人的喜好和倾向进行评论，更不能出于个人的感情有意偏袒或攻击。此外，在做出预测时，要以事实和数据为依据，以科学的推导方法为手段，力求客观，而不是凭空想象和出于主观愿望盲目提出。

7）知识再造

综述要最大限度地概括和反映所论专题的最新科研成果，包括有创新的观点、有重要价值的新资料或新问世的重要论著等，它不是作者的科研成果的再创作，而是对前人发表的文献资料进行选择和分析综合，从中提炼出重要的学术观点。一篇好的综述能指导读者确定研究课题的突破口，启迪同行创立科研方向的新思路，因而它是一种知识的再创造。

8）形式特征

综述的形式特征往往成为判断一篇文献是否是综述性论文的主要依据。

① 参考文献数量多。前已述及文献综述浓缩原始文献的内容，因而其最显著的形式特征就是参考文献数量众多。米哈伊诺夫提出参考文献在 40～100 篇的文章就算综述，而普赖斯认为凡包含其他著作的引文 25 处以上的任何论文都是综述性论文，伍德沃德认为可将参考文献数量不少于 40 处的任何科学文献算作综述性论文。

② 标题醒目。综述性文章的标题一般直接反映其综述类型，如包含“综述”“概述”“述评”“评述”“进展”“动态”，或是“现状、趋势和对策”“分析与思考”等文字的标题的文献，一般是综述性文章。此外，在综述性文章的标题中经常会反映综述的时间范围，如“近几年”等字样，如《近十年来我国综述研究概述》是一篇典型综述性文章的标题。

5. 医学综述的格式和要求

医学综述的格式暂还没有一个正式的规定，但综观众多的综述，也已逐渐形成了某种“约定”的格式。一般由题目、作者署名、摘要、关键词、正文和参考文献等几部分组成，其中正文部分又由前言、主体和总结组成。

1）题目

医学综述的题目应对内容起到概括和揭示的作用，要确切、简明和一目了然。设立标题尽量不要超过 20 个字，言简意赅地概括全文的内容。注意主题与内容相贴切，保持题目与内容的一致性和协调性。

2）作者署名

署名是为了对综述负责，也表明作者对该综述拥有著作权。因此，作者署名及其顺序先后，应以作者为该综述的完成所付出的劳动和贡献而定。

3）摘要

摘要是对论文内容不加注释和评论的简短陈述，具有独立性和完整性。一般包括：研究的目的与重要性、内容、解决的问题和获得的主要成果及其意义。小摘要 200～300 字，大摘要 600 字左右，突出研究成果和创新点的描述。

4）关键词

关键词是通用性比较强的词组，以 4～6 个关键词反映文章特征内容。第一个为论文主要工作或内容，或二级学科；第二个为论文主要成果名称或若干成果类别名称；第三个为论文采用的科学研究方法名称，综述或评论性文章应为“综述”或“评论”；第四个为论文采用的研究对象的事或物质名称，避免使用分析和特性等普通词组。

5）正文

正文是综述的主体和重点，主要包括五个方面的要素：一是开门见山提问题；二是介绍历史发展状况，纵向描述历史发展，表明当前达到的水平；三是现状分析或评价，进行横向对比分析；四是趋向预测；五是改进建议，简要揭示新的方案和设想。

(1) 前言(引言)。简要说明撰写综述的目的和范围，包括撰写目的、意义和作用，历史背景、资料来源、现状和发展动态，有关概念和定义，选择专题动机、应用价值和实践意义等。

如果属于争论性课题，要指明争论的焦点所在。前言既要开宗明义，又需短小精练，字数一般在300字左右为宜，最多不超过500字。

(2) 主体。主体是综述的主要部分和核心部分，一般是提出问题、分析问题和解决问题，主要包括论据和论证。通过提出问题、分析问题，综合文献中提出的各种观点和事实，比较各种观点的异同点及其理论根据，从而反映作者的见解。从不同角度阐明中心内容，给读者提供考虑问题的依据，字数以3 000～4 000字为宜。

为把问题说得明白透彻，可分为若干个小标题分述。这部分应包括历史发展、现状分析和趋向预测几个方面的内容。

① 历史发展。要按时间顺序，简要说明这一专题的提出及各历史阶段的发展状况，体现各阶段的研究水平。

② 现状分析。介绍国内外对本专题的研究现状及各派观点，包括作者本人的观点。将归纳、整理的科学事实和资料进行排列和必要的分析。对有创造性和发展前途的理论或假说要详细介绍，并引出论据；对有争论的问题要介绍各家观点或学说，进行比较，指出问题的焦点和可能的发展趋势，并提出自己的看法。对陈旧的、过时的或已被否定的观点可从简。对一般读者熟知的问题只要提及即可。

③ 趋向预测。在纵横对比中肯定所综述专题的研究水平、存在问题和不同观点，提出展望性意见。这部分内容要写得客观和准确，不仅要指明方向还要提示捷径，为有志于攀登新高峰者指明方向，搭梯铺路。

主体部分写作没有固定的格式，有的按问题发展历史依年代顺序介绍，也有的按问题的现状加以阐述。只要能较好地表达综合的内容，作者可创造性地采用诸多形式。主体部分的撰写方式有以下几种。

① 列举法：将所综述的内容按其具体情况归纳成若干条目，一般有学术观点列举、方法学列举和地域性列举等。

② 阶段法：主要围绕某一专题，按历史沿革分段叙述，可将某个专题在不同时期的特点归纳成几个发展阶段，对其历史演变、目前状况和趋向预测做纵向描述，从而勾画出某一专题的来龙去脉和发展轨迹。这种撰写方式应对某一专题在各个阶段的发展动态做简要描述。由于某些专题时间跨度大，科研成果多，在描述时要抓住具有创造性和突破性的成果做详细介绍，而对一般性和重复性的资料从简从略。由于阶段法描述专题的发展动向明显，层次清楚，其比较适合于动态性综述。

③ 层次法：将综述内容按其内在的规律分设若干个层次，每个层次可设置分级标题，各层次之间有密切的内在联系。

④ 分析法：包括两种，即中心分析法（即将综述内容归纳成几点进行重点分析）和列表分析法（即将要分析的问题归纳成表格，逐表分析）。

⑤ 对比法：就某一专题在国际和国内的各个方面，如各派观点、各家之言、各种方法、各自成就等加以描述和比较。通过横向对比，既可以分辨出各种观点、见解、方法、成果的优劣利弊，又可以看出国际、国内水平，从而找到差距。对比法适用于成就性综述。

⑥ 综合法：在同一篇综述中，同时采用阶段法与对比法两种撰写方式。例如，撰写历史背景采用阶段法，撰写目前状况采用对比法。通过“纵”和“横”的描述，广泛地综合文献资料，全面、系统地认识某一专题及其发展方向，做出比较可靠的趋向预测，为新的研究工作选

择突破口或提供参考依据。

(3) 总结。总结也称结语、小结等,概括主要结论。在简要概括主要文献资料和做简要小结的同时,作者应对各种观点进行综合评价,指明本专题存在的主要问题及今后发展趋势和研究方向。这部分是带有总结性的,字句应当恰如其分,尤其是对有争论的学术观点,更要在叙述时留有余地,如有必要,也可提出作者观点和建议,以 300～500 字为宜。总之,总结用来说明作者的综合结论或补充正文的不足,起画龙点睛的作用。

6) 参考文献

参考文献是综述的一项重要组成部分,读者可通过阅读文后的参考文献了解本课题的相关文献,进行回溯查找。这一部分附有的参考文献按一定的次序排列,具有检索文献的功能。由于现在的综述多为"现状综述",所以引用文献要新,一般要求 70%的参考文献应是近 3 年内发表的。由于参考文献除了表明综述中的资料有可靠的来源,并表示对被引证的学者的尊重外,还为读者深入了解或探讨某些问题提供有关文献的线索,引用文献必须核对无误。列出的参考文献要著录准确,一般按国家标准《文后参考文献著录规则》和温哥华格式著录(参见本章第二节中参考文献著录的项目和格式),或者按照各种期刊要求的格式著录。未发表的资料或私人通讯可在文中引用处注明,不再列入参考文献。

参考文献的著录有两种形式:一种是将引用的文献直接在引用的那一页下做脚注,将参考的文献列于文末;另一种是引用文献和参考文献全部列于文末。参考文献著录的次序也有两种形式:一种是按参考的程度大小排列,参考得多的列在前面,参考得少的列在后面;另一种是按在文中引用或参考的先后次序排列,先引用或参考的在前,后引用或参考的则在后。常见文后参考文献著录格式和具体示例,参见本章第二节中参考文献著录的项目和格式。

6. 医学综述撰写的基本步骤和方法

医学综述并不是文献信息资料的简单组合,而是一个全新的创作过程。一般可分为选题、搜集资料、整理分析、拟定提纲、撰写初稿、修改定稿等基本步骤。

1) 选题

撰写综述前,先要进行选题,进而广泛搜集和阅读与选题相关的文献。

(1) 选题的内容范围。主要结合实际工作和研究专长,选择具有显著社会价值、学术价值和实用价值的题目。综述选题可以是介绍某一专业领域近些年来研究进展,或是反映某一分支学科当前的研究进展,或是介绍某一研究专题的最新研究成果,等等。选题要从实际需要出发,必须具有明确的目的性。

(2) 选题的原则,主要包括以下三个方面。

① 新颖性。医学综述的选题首先必须新颖,其内容应代表医学领域当前的研究水平和发展方向,对科研、教学和医疗等有一定的指导意义。同时,国内应无类似论文发表或是没有提供更多的新内容和新观点,而且文献要新,以近 3 年内的文献为主。

② 价值性。医学综述的选题必须考虑其学术价值和实用价值。例如:医学基础理论的新进展和新观点,新发现的疾病和对疾病的新认识,诊断、治疗疾病的新方法和新技术,某一种疾病的诊断和治疗方法及预防,新药物和新仪器设备的应用,各学科间相互渗透和新产生的边缘学科等。

③ 界限清和范围小。医学综述内容文献都被限定在某一学科或某一专题内,其时间概

念和空间概念都应明确。所谓时间概念，是指所综述的选题要有明确的时间限定。如要写某一选题近10年来的研究状况，就要将这个选题10年来的研究概况、重点写出来。所谓空间概念，是指所综述的选题的地域范围应有限度，是限定在本省，还是限定在国内，其界限在撰写之前应明确，以便搜集资料和做其他准备工作。根据医学综述的特点，确定时间界限宜短不宜长，确定空间界限时宜小不宜大。若时间长和范围广，则涉及的相关原生文献以几何级数成倍增长，造成文献信息资料繁杂难以驾驭。当然，在有些特殊情况下，时间短和范围小还不足以反映其选题的实质性动态，就可适当拉长时间和放宽范围。

(3) 选题的方法和注意事项，主要包括以下七个方面。

① 切合实际选题。要根据自己的能力、专长和实际具备的研究条件实事求是地选择题目。首先应从小题目或比较简单容易的做起，由小到大，由易到难。这样既积累了经验，获得成功的概率也相对较大。

② 在临床实践中选题。在临床实践中，仍有着大量的未知数和需要进一步探索的问题，也有大量不断出现的新问题。要学会抓住这些问题和现象，进行分析，追根求源，就能找出有价值且适合于自己的研究选题。

③ 在学科交叉的边缘区和空白区选题。随着医学科学技术的飞速发展，一方面是学科高度分化，分支学科愈来愈多；另一方面是学科高度综合，一门学科往往又包含着众多学科。高度分化与高度综合的结果，必然产生相互交叉和相互渗透。例如：研究心脑血管病，需要观察测量血液流变情况，这就与力学产生了交叉。再如：研究性病，需要寻找其病因和发病机制，这就与社会科学和心理行为科学发生了交叉。因此，在这些学科的边缘区和交叉处存在着大量的研究选题。

④ 从学术争论中选题。对于同一现象或同一问题，会存在不同观点和不同认识，甚至会产生激烈的争论。如对某一疾病的发病机制可能会有各种各样的解释，对临床某一症状会有各种不同的看法，争论时各自都有一定的事实根据和理由。因此，抓住有争论的问题，了解争论问题的历史、现状和争论的焦点，这无疑是发现问题的重要途径。

⑤ 从书本上记载的难题中选题。专业著作中常会记载尚未解决的或没有定论的问题。例如：白癜风的发病机制目前仍不太清楚，因而在研究白癜风的有关著作中，作者便列出了各家学说和见解，如自身免疫学说、神经化学学说、黑色细胞自身破坏学说、微量元素代谢障碍学说等。因此，可以从这样一些问题中选择适合自己的研究题目。

⑥ 运用借鉴移植的方法选题。随着科学技术的迅速发展，各学科之间的相互渗透和交叉日益明显。即使是看起来不相邻和不相近的学科，其中的思想、观点和方法也会给人以启迪。借鉴与移植是科学研究的重要方法，是把应用于某学科、某专业或某领域的先进方法和技术等移植过来，应用于另一种学科、专业或领域，故又称横向借鉴移植。这种方法有着广泛的用途，而且比较容易成功。因此，借鉴相关学科和相关领域的新成果、新技术和新方法，进行移植应用，已成为科研选题的一个重要方法。

⑦ 从反常现象中选题。在研究工作中，有时可能会出现一些反常现象，这种反常现象很可能会引出一连串的问题，而这一连串的问题往往就是新的突破口。

2) 搜集资料

文献信息资料的广泛搜集和阅读是撰写医学综述的基础，也是撰写医学综述的关键性步骤。可以先搜集资料，再确定题目；也可以先确定题目，再按照文题要求搜集资料。当然，两者常是结合的，即在平时资料积累的基础上选题，再根据题目补充素材。资料的搜集要尽可能做到全面、准确和新颖，一般以近3～5年的文献信息资料为主。为提高搜集资料的工作效率和质量，需要注意以下几点。

（1）明确范围，突出重点。例如：对医学新领域探索的选题，多利用学报、论文集和专业期刊等。

（2）围绕中心，集中时间。在搜集资料过程中，常会有新的发现，此时切不可中断原有计划，只能在完成既定方案后，再另行研究。

（3）建立自己的资料库。根据平时的习惯将各种形式的资料存入自己的资料库，按自己的习惯对资料进行分类存储并不断更新，可大大减少临时突击搜集资料的时间。

3）整理分析

整理就是对所搜集的文献信息资料进行筛选和归纳。一方面，在搜集与主题内容有关的文献信息资料时，可利用其文摘，也可浏览每篇文献的重要段落，了解其基本内容，并对其情报价值做出判断，从而初步确定可用文献和必用文献。另一方面，对搜集到的外文文献摘要应先大致浏览一遍，并进行粗略分类。例如：文献是属于临床病例分析、动物实验研究还是临床人体试验研究，文献侧重于实验方法还是疾病的病因机制的研究等。从而大致判断各类文献可以引用的是观点、方法还是结论。文献信息资料的整理分析必须求精，这是写好医学综述的基础。

整理资料的过程实质上就是辨析资料的过程，主要是辨析资料的适用性、全面性、真实性、新颖性和典型性。

（1）适用性的辨析。所选资料是否适用的依据是作者要阐明的中心论点，什么资料可用，什么资料不能用，都要根据这个中心论点决定。综述的中心论点一经确定后，就成为统帅一切的东西，资料必须服从于中心论点的统帅。不能把一些不能充分说明问题的资料搬来做牵强附会的解释，也不能将所有资料统统塞进文章里，使得文章臃肿庞杂，虽扩大了篇幅，但中心不突出。

（2）全面性的辨析。所选文献信息资料是否全面直接关系到中心论点和论据的完整性和可靠性。如果资料不全面，缺少了某一方面的资料，论文的论点也往往不圆满和不全面，会出现偏题和漏洞，或由于证据不足难以自圆其说。

（3）真实性的辨析。所选文献信息资料真实与否直接关系着综述的成败。只有从真实可靠的资料中才能引出科学的结论，要注意以下三个方面：一是要尊重客观实际，避免先入为主的思想，选择资料不能夹杂个人的好恶与偏见，不能歪曲资料本来的客观性。二是选择资料要有根有据，采用的第一手资料要有来历，选取的第二手资料一定要与原始文献认真核对，以求得最大的准确性。三是对资料来源要加以辨别，弄清原作者的政治态度、生活背景和写作意图，并加以客观的分析评价。

（4）新颖性的辨析。新颖的文献信息资料包括两方面的含义：一方面，是指前所未有，近期才出现的新事物、新思想、新发现和新方向。另一方面，是指某种事物虽早已存在，但尚未发现其价值，这同样是新颖的资料。“新颖”不仅仅对资料产生的时间有所要求，更重要的是要从普遍常见的资料中发掘别人尚未利用的东西。

（5）典型性的辨析。文献信息资料的典型性是指这种资料对于它所证实的理性认识来说具有充分的代表性。

资料分析是对所搜集的文献信息进行去粗取精、去伪存真、由此及彼、由表及里的分解组合的再加工。分析资料的主要方法有以下几种。

(1) 综合分析法。将有关某一研究专题各个方面的文献资料综合起来,加以分析研究,使分散的不同的观点集中起来,使不完整的、片断的材料和事实系统化,这样就可以弄清楚事物本质、揭示事物的内在关系和发展规律。

(2) 对比分析法。用对比的方法分析原始文献资料,显示各种观点、思想、事实、方案、措施和管理方法等之间的差异,评价其正确性、客观性和可能性。

(3) 典型剖析法。典型剖析法主要是指对某一典型事例进行分析,揭示它的性质、特点、经验、教训和发展规律。

4) 拟定提纲

撰写论文前应先拟定提纲。提纲应包括题目、基本论点和内容纲要。提纲是论文的骨架,要注意层次分明,条理清楚,对重点阐述的问题要列出大小标题。拟定提纲的顺序为:

(1) 先拟标题。将全部文献浏览一遍,根据反映的内容主题,拟定论文标题,或提示论点,或提示课题,要求直接、具体和醒目。

(2) 以论据写出论文基本论点,并确定全篇逻辑构成的骨架。

(3) 写出层次与段落的先后顺序,并将资料按构思的顺序标上序号备用。

(4) 对以上的编排反复推敲和全面检查,重点考虑编排顺序是否合理、标题与内容是否一致、各段落间是否呼应、论证是否符合逻辑和学科原理等,并对提纲进行修改。

5) 撰写初稿

提纲拟好后可执笔起草,按照提纲形成的论文框架,逐步展开阐述。一般可以采取从已知到未知、从简单到复杂、从概说到分论、从具体到抽象的方法。撰写时要注意以下几方面。

(1) 内容客观,文献引用正确。作者对动态的掌握和理解非常重要,因为一些研究是有时代性的,一个时期的结论到下一个时期可能已发生变化。

(2) 思路清晰,条理清楚。来龙去脉要交代清楚,前后不相矛盾。

(3) 论点集中,内容贴切。集中阐述论文的主要论点,可使读者阅读后能很清楚地抓住主题思想。

6) 修改定稿

初稿完成后就应反复阅读,从充实内容、完善结构、核对数据和润色文字等方面做认真修改,同时还可请同行或专家审阅指导,最终定稿。初稿修改可从以下几个方面考虑。

(1) 从篇幅和结构上修改。全文的结构是否严谨、合理和完善,题目是否简明和确切,段落和层次是否清楚,综述格式是否规范化。综述一般以不超过 5 000 字为宜。

(2) 从论点、论据和论证三方面对综述进行检验。

(3) 从语句和文字上修改润色。语言要精练和准确,符合现代汉语规范,语句逻辑性强,检查有无错别字和使用不准确的标点符号。

(4) 注意翻译正确,专有名词应统一和规范,缩写符号第一次出现时应有中文注释和英语全称。

(5) 图和表的运用要有助于增强表达效果。

(6) 引用引文时切不可断章取义,并要加注出处。

7. 医学综述撰写的注意事项

由于综述的特点，致使其撰写既不同于“读书笔记”“读书报告”，也不同于一般的科研论文。因此，在撰写医学综述时应注意以下几个问题。

1）搜集文献应尽量全面

掌握全面和大量的文献资料是写好综述的前提，若随便搜集一点资料就动手撰写是不可能写出好综述的，甚至写出的根本不能成为综述。

2）注意引用文献的代表性、可靠性和科学性

在搜集到的文献中可能出现观点雷同，有的文献在可靠性及科学性方面存在着差异。因此，在引用文献时应注意选用代表性、可靠性和科学性较好的文献。

3）引用文献要忠实文献内容

由于综述有作者自己的评论分析，在撰写时应分清作者的观点和文献的内容，不要把作者的观点与文献的观点相混淆，也不能篡改文献的内容。同时，要认真核对引用文献的内容，务必保证引用的数据、观点、人名和术语等准确无误。

4）切忌文献堆砌

综述并不是简单的文献罗列，一定要有作者自己的综合和归纳。应该将文献内容理解透彻，经过充分消化，吸取精华，达到融会贯通，再用准确语言清晰地表达出来。

5）参考文献不能省略

有的科研论文可以将参考文献省略，但文献综述绝对不能省略。参考文献应是文中引用过的，能反映主题全貌的并且是作者直接阅读过的文献资料。

6）综述篇幅不可过长

杂志编辑部对综述的字数一般都有一定的约定。撰写综述时，需要注意这点。

二、学位论文的撰写

学位论文是学位申请者为获得学位而提交的学术论文，集中反映了学位申请者的学识、能力和所做的学术贡献，是考核其能否被授予相应学位的基本依据。所谓的学位论文，是指“表明作者从事科学研究取得创造性的结果或有了新的见解，并以此为内容撰写而成、作为提出申请授予相应的学位时评审用的学术论文。”（中华人民共和国国家标准《学位论文编写规则》）。学位论文是一种具有较高参考价值的文献信息资源，是学位申请者在导师的指导下进行的科研工作总结，包含了大量的具有创造性思维和优秀的学术成果，具有较高的学术价值。同时，学位论文具有严格的时间限制和更加明确的目的性，研究过程与论文准备过程紧密地结合在一起。

1. 学位论文的类型

我国目前实行三级学位制度，从低向高依次是学士学位、硕士学位和博士学位。需要说明的是，博士后不是学历，也没有学位，只是一种科学研究经历。学位论文通过答辩后，要授予相应的学位，未通过相应学位论文答辩则不授予相应学位。学位论文分为学士学位论文、硕士学位论文和博士学位论文三种类型。

1）学士学位论文

学士学位论文应能表明作者确已较好地掌握了本门学科的基础理论、专门知识和基本

技能，并具有从事科学研究工作或担负专门技术工作的初步能力。根据《中华人民共和国学位条例》第四条规定："高等学校本科毕业生，成绩优良，达到下述学术水平者，授予学士学位：①较好地掌握本门学科的基础理论、专门知识和基本技能；②具有从事科学研究工作或担负专门技术工作的初步能力。"

2）硕士学位论文

硕士学位论文应能表明作者确已在本门学科上掌握了坚实宽广的基础理论和系统的专门知识，并对所研究的课题有新的见解，有从事科学研究工作或独立担负专门技术工作的能力。根据《中华人民共和国学位条例》第五条规定："高等学校和科学研究机构的研究生，或具有研究生毕业同等学力的人员，通过硕士学位的课程考试和论文答辩，成绩合格，达到下述学术水平者，授予硕士学位：①在本门学科上掌握坚实的基础理论和系统的专门知识；②具有从事科学研究工作或独立担负专门技术工作的能力。"

3）博士学位论文

博士学位论文应能表明作者确已在本门学科上掌握了坚实宽广的基础理论和系统深入的专门知识，并具有独立从事科学研究工作的能力，在科学或专门技术上做出了创造性的成果。根据《中华人民共和国学位条例》第六条规定："高等学校和科学研究机构的研究生，或具有研究生毕业同等学力的人员，通过博士学位的课程考试和论文答辩，成绩合格，达到下述学术水平者，授予博士学位：①在本门学科上掌握坚实宽广的基础理论和系统深入的专门知识；②具有独立从事科学研究工作的能力；③在科学或专门技术上做出创造性的成果。"

以上三类学位论文是由简到繁、由浅入深、由低级到高级的关系，从内容到篇幅都有不同的要求。一般来说，学士学位论文篇幅不宜过长，一般为 10 000 字左右；硕士论文篇幅较长，一般为 50 000 字左右；博士论文篇幅最长，一般在 80 000 字以上。

2. 学位论文的基本特征

学位论文写作是学生从事科研活动的主要内容，也是检验其学习效果、考察其学习能力、科研能力和学术论文写作能力的主要方面。在论文撰写的过程中，信息资源的检索与利用是一项不可或缺的重要技能。学位论文的基本特征主要可概括为以下几个方面。

1）具有学术性

学位论文是对学生多年学习成果及科研能力的检验，要体现多年积累的学术科研水平，学术性是学位论文的重要特征。学术性是把专门性的知识积累起来，使它系统化，然后加以探讨和研究。学位论文以学术问题作为论题，以学术成果作为表述对象，以学术见解作为论文的核心内容，运用科学的原理和方法，对社会科学、自然科学或工程技术领域的某一课题，进行抽象和概括的论述、具体翔实的说明、严密的论证和分析，以揭示事物内在的本质和发展规律，阐明工程技术设计的周密、可靠和可行，而不只是客观事物外部形态和过程的表面叙述。它不是一般的认识和议论，而是系统化了的，是思维活动反复和深化的结果。学位论文中提出问题、分析问题和解决问题，要符合客观事物的发展规律，全篇论文形成一个有机的整体，结构要严谨，判断与推理言之有序，能够揭示事物内在的本质和发展规律。

2）具有科学性

学位论文必须具备科学性，这是由科学研究的任务所决定的。科学研究的任务是提示事物发展的客观规律，探求客观真理，成为人们改造世界的指南。无论自然科学还是社会科学规律性必须根据科学研究这一总的任务，对本门学科中的研究对象进行深入探讨，揭示其规律。学位论文的科学性主要表现在以下几个方面:①在内容上,所反映的科研成果是客观存在的自然现象及其规律的反映,是被实践检验的真理,并能为他人提供重复实验,具有较好的实用价值;②在表现形式上,结构严谨清晰,逻辑思维严密,表述准确、明白和全面;③采用科学的方法,讲究唯物辩证法,善于运用分析与综合、比较与分类、归类与演绎、抽象与概括、移植与开拓等方法,发挥创造性思维的功能;④在研究和写作过程中,具有严肃的科学态度和科学精神,实事求是对待一切问题。

3)具有专业性

学位论文的另一个特点是其专业性,即在材料语言方面具有专业的特点。学位论文选用的材料,基本上限制在研究课题的范围之内,有很大的限制性。学位论文在语言上也有其专业性的特点,主要表现在用科学的专业术语论证、阐述自己的观点。

4)具有创新性

创新性是衡量学位论文价值的根本标准。学位论文的基本观点来自对具体材料的分析和研究,提出的问题在本专业学科领域内有一定的理论意义或实际意义,观点要明确并具有一定的创新性,可以不断开拓新的研究领域、探索新的方法、阐发新的理论和提出新的见解。学位论文是为交流学术新成就、发表新理论和新设想、探索新方法和新定理撰写的,没有新的创见就不能称其为学位论文。学位论文价值的大小,主要取决于其能否创造前人所没有过的新技术、新工艺和新理论,并具有普遍性和公开性。学位论文的创造性即其价值的大小,主要是由以下三个方面来决定:①是否指出了有关国计民生迫切需要解决的问题;②是否反映了科学上的新发明、新发现;③学术上是否有新见解、新理论上的贡献。

5)具有规范性

学位论文为其性质、内容和功用所决定。在体式上有着其固有的规定性和规范性,以论点的形成构成全文的结构格局,围绕论点进行多方佐证,语言规范,深入浅出,言简意赅。学位论文与其他学术论文一样,在人们的长期使用过程中,已经形成自身特有的规范、要领、要求和基本格式。

3. 学位论文的格式和要求

学士、硕士和博士学位论文,除在字数、理论研究深度及创造性成果等方面的要求不同外,对其撰写的格式和规范要求基本一致。一般应按照所在学校的学位论文规定,在内容和格式上做到规范化与统一化,保证其学位论文的质量。

学位论文使用汉语撰写,论文内容应层次分明,数据可靠,文字简练,说明透彻,推理严谨,立论正确。学位论文一般由中英文封面(含题名)、学位论文原创性声明与学位论文版权使用授权书、中英文摘要与关键词、目录、正文(含绪论、结论)、致谢、参考文献、附录、个人简历及在学期间发表的学术论文和研究成果等九部分组成。

1)中英文封面(含题名)

(1)封面内容。学位论文的首页要求统一使用学校博士、硕士、学士学位论文封面,封面内容主要包括分类号和编号及密级、论文题目、作者姓名、指导教师姓名、申请学位级别、学科专业名称、研究方向、所在学院、论文提交日期等。

(2)题名。题名又称为题目或标题。题名是以最恰当、最简明的词语反映论文中最重要的特定内容的逻辑组合,应简明扼要、准确明了和引人注目。具体要求:题名所用每一个词语,必须考虑到有助于选定关键词和编制题录、索引等二次文献提供检索的特定使用信

息。题名应尽量不与前人的文题重复，并将论文的新发现、新技术、新观点或新记录尽量在题名中反映出来，还应避免使用不常见的缩略词、字符、代号和公式等。中文题名一般不宜超过20个汉字，英文题目应与中文题目含义一致。

2）原创性声明与版权使用授权书

学位论文原创性声明要求说明：其学位论文没有剽窃、抄袭、造假等违反学术道德、学术规范和侵权行为，如果有上述行为，作者本人愿意承担由此产生的法律责任和法律后果，并由论文作者签名。学位论文版权使用授权书的内容，通常由学位授予院校统一规定，由论文作者和指导教师共同签名后生效。

3）中英文摘要与关键词

（1）摘要。摘要又称概要、提要等。摘要是以提供文献内容梗概为目的，不加评论和补充解释，简明和确切地记述文献重要内容的短文。摘要的基本要素包括研究目的、方法、结果和结论。具体地讲，就是研究工作的主要对象和范围，采用的手段和方法，得出的结果和重要结论，有时还包括具有情报价值的其他重要信息，注意突出具有创新性的成果和新见解的部分。摘要应具有独立性和自明性，并且拥有与文献同等量的主要信息，即不阅读全文就能获得必要的信息。摘要不容赘言，故需逐字推敲。内容必须完整、具体和一目了然。摘要中不用图、表、化学结构式、非公知公用的符号和术语。中文摘要字数一般为500～800字（最多不超过1 000字）。英文摘要要求以中文摘要为基础，其内容尽量与中文摘要基本相对应，实质性的内容不能遗漏，同时要符合英语语法，语句通顺，文字流畅。摘要一般应包括以下内容。

① 目的：简明指出本项研究工作的目的、意义和研究的范围。

② 方法：简要说明研究课题的基本做法和方法。医学研究包括对象（分组及每组例数、对照例数或动物只数等）、材料和方法（包括所用药品剂量、重复次数等）等。统计方法特殊也需注明。

③ 结果：简要列出主要结果、数据、统计学意义等，并说明其价值和局限性。

④ 结论：简要说明从本项研究结果取得的正确观点、理论意义或实用价值、推广前景。

（2）关键词。关键词是为文献标引和检索从论文中选取出来，用以表示全文主题内容信息的单词或术语。关键词尽量选用专业主题词，不能完整标引时才用自由词。关键词置于摘要之后，并另起一行标明，各词之间用分号隔开。关键词一般列3～8个，英文关键词应与中文关键词一一对应。

4）目录

目录在正文之前，既是论文的提纲，又是论文组成部分的标题，目录也是整个论文的章节导航。目录一般提供到三级标题，目录标题应与文内的章节标题依次对应排列，并标明页码。

5）正文（含绪论、结论）

正文是学位论文的本论，属于学位论文的主体和核心部分，一般包括绪论、主体和结论三个部分。正文占据论文的最大篇幅，论文所体现的创造性成果或新的研究结果，都将在这一部分得到充分反映。因此，要求这一部分内容充实，论据充分和可靠，论证有力，主题明确，结论清晰，无科学性错误。

（1）绪论（或引言）。绪论的内容主要包括研究的目的、范围、背景及理论和实际意义，国内外相关研究状况评述，研究课题的来源和主要研究内容，理论基础和分析，研究方法和实验设计，预期结果和意义，论文结构安排等。要求言简意赅，不要与摘要雷同，不要成为摘要的注释。一般教科书中有的知识，在引言中不必赘述。绪论部分可单独成章，用足够的文字叙述。

(2) 主体。主体体现了学位论文的研究内容，也是学位论文的主要部分，应该结构合理，层次清楚，重点突出，文字简练和通顺。一般来说，学位论文的主体主要包括以下部分或内容：调查与研究对象、实验和观测方法、仪器设备、材料原料、实验和观测结果、计算方法和编程原理、数据资料、经过加工整理的图表、形成的论点等。为了做到层次分明和脉络清晰，常常将主体部分分成几个大的段落，并冠以适当标题(分标题或小标题)。段落和划分应视论文性质与内容而定。一般常见的划分方式：一是实验原材料和材料/实验仪器设备与方法/实验结果和分析；二是理论分析/实验装置和方法/实验结果比较与分析。根据论文内容的需要，还可以灵活地采用其他的段落划分方案，一般而言，大体上应包含实验部分和理论分析部分的内容。由于学术论文的选题和内容性质差别较大，其分段及其写法均不能完全统一，但必须实事求是，客观真切，准确完备，合乎逻辑，层次分明，简练可读。

(3) 结论。结论是对整个学位论文主要成果的总结，是最终的和总体的结论，不是正文中各段小结的简单重复。结论的撰写要十分严谨，不能模棱两可。只有经过充分论证，能断定无误的观点，才能写入结论中。解决了什么问题，得出了什么规律，存在什么问题，要明确做出回答。具体来说，在结论中应明确指出：本学位论文研究的创造性成果或创新点理论(含新见解、新观点)，对其应用前景和社会价值、经济价值等加以预测和说明，并指出需要进一步解决的问题以及在本研究方向进行研究工作的改进意见、研究设想与展望等。要求结论概括准确，措辞严谨，明确具体，简短精练，不做自我评价。

6) 致谢

按照 GB 7713.1—2006 的规定，致谢语句可以放在正文后，对导师和给予指导或协助完成学位论文工作的组织和个人表示感谢，对课题给予资助者也应予以感谢。要求内容简洁明了和实事求是，避免空洞、客套和千人一面的谢词。

7) 参考文献

为了反映学位论文的科学依据和作者尊重他人研究成果的严肃态度，以及向读者提供有关信息的出处，必须标注参考文献。

(1) 标注参考文献的目的。

① 反映研究者的研究基础。科研工作具有继承性，大多研究成果是对前人研究的一种深化和拓展。

② 尊重他人的知识成果。参考文献是前人研究成果的一种表现形式，引用参考文献是论文作者的权利，而著录参考文献则是其法律义务。引用了前人的资料又不标注参考文献，会被认为是抄袭或剽窃行为。

③ 反映作者的科学态度。说明本文所引用的论点、资料和数据均有出处可查，以便读者核查。

④ 向读者推荐精选的文献。参考文献能为读者深入探讨某些问题提供有关文献的线索，帮助其查阅原始文献，进一步研读作者引用的内容，以求证自己的观点和解决自己的需求。

⑤ 节约论文的篇幅。在学术论文中,作者常引用或借鉴别人的方法和观点来佐证自己将要展开的论点等,如果把所涉及的内容全都写下来,容易造成论文内容烦琐和重点不明。正确列出了所引的参考文献,论文中所需表述的内容凡已有文献所载者不必详述,只需标注参考文献号码即可解决。

(2) 标注参考文献的方式。参考文献应按文中引用出现的顺序列出,可以列在各章末尾,也可以列在正文的末尾,还可以在正文中直接标注说明。一般包括正文中的夹注、脚注和尾注,以及论文著者推荐的参考文献等几种。

① 夹注:在论文撰写过程中,在正文中需注释的文字后加括号说明的部分。

② 脚注:一般标注在页面的下方,注明引用文字出处,可连续编号,也可每页单独编号。

③ 尾注:一般是和著者推荐的参考文献一起标注在论文的最后,有时也写在各章节的最后。通常较大段的引文采用尾注,篇幅较小的论文可采用脚注,而学位论文常采用尾注。

④ 著者推荐的参考文献。参考文献按文中出现的顺序列出,且有统一的著录格式。

论文中参考文献的著录,现行的著录标准主要有两个:一是 2005 年实施的国家标准 GB7714—2005《文后参考文献著录规则》,二是 1999 年试行的《中国学术期刊(光盘版)——检索与评价数据规范》。常见文后参考文献著录格式和具体示例,参见本章第二节中参考文献著录的项目和格式。

8) 附录

附录是论文主体的补充项目,并不是必需的。附录与正文连续编页码,每一附录均另页起。附录主要包括过分冗长的公式推导、方便查阅的辅助性数学工具或表格、重复性数据图表、论文使用的符号意义、单位缩写、程序全文及说明、有参考价值的资料等。

9) 个人简历及学术论文和研究成果

个人简历包括出生年月日、获得学位的学校和时间等。学术论文和研究成果按发表的时间顺序列出,研究成果可以是在学期间参加的科研项目、申请的专利或获奖情况等。

4. 学位论文撰写的基本步骤和方法

学位论文撰写的基本步骤包括论文的选题、开题、搜集资料、确定主题、拟定提纲、撰写初稿、修改定稿、撰写答辩报告等。

1) 选题

学位论文的选题是在导师的指导下,结合导师的科研课题和研究方向进行选题。选题是指学位论文要论述的范围或研究方向,通常是在研究过程中选定的研究课题。选择基础研究课题,要求具有科学意义和前沿性;选择应用基础研究课题,要求具有学术价值和应用前景。选题既要受到学术水平和研究能力的限制,也要受到研究条件的制约。选题是否适当,从一定意义上来说,决定了论文质量的高低,甚至关系到论文写作的成败。选题得当,可以激发学生的科研热情,充分发挥学生的专长,取得理想的效果。选题不当,可能导致论文写作失败。因此,选择既能反映学生的科学水平和创新能力又符合客观条件的课题,是撰写学位论文的一个重要环节。选择的研究题目要在限定时间内完成,大学生论文一般在 3～6 个月内完成,研究生论文一般在 1～3 年内完成。

(1) 选题的基本原则。

① 创造性原则。学位论文应把继承性与创造性有机结合起来,力求有新思想、新观点、

新规律、新研究方法和新结果等。这里的创造性是指在原有理论和实践的发展基础上，把研究工作向前推进一步，或更新已有的科学研究成就，或对现有科学学术观点进行争鸣或商榷，或填补某一科研领域的空白。也就是说，选题不仅要反映学生学习和科学研究中取得的成绩，而且要在前人的研究基础上有所创新。衡量一篇论文是否具有价值，关键是看它是否具有新的内容或新的研究方法。因此，在论文的选题阶段，要特别注意论文是否具有新意。

② 科学性原则。科学性原则是指学位论文必须具有科学价值，即要符合科学和社会发展的规律。仅有创新性而不具备科学性的论文，往往会丧失其价值。科学性原则一方面要求论文能反映社会的现实需要，要根据社会现实确定选题；另一方面要求论文能反映科学研究的最新进展，要根据科学研究的实际情况确定选题。

③ 可行性原则。由于论文选题往往受到主观和客观条件的限制，选题要遵循可行性的原则。主观条件包括个人知识、技能、特长、兴趣和爱好等；客观条件包括科学发展程度、人员、资金、设备、材料和期限等。有些选题虽然非常好，价值也很大，但由于自身条件或研究条件的限制，即使选定最后也无法完成。

(2) 选题的程序。

① 初步设想。在确定题目之前，首先要有一个初步的设想，有人将这种设想称为“假说”或“初始意念”。尽管这种设想是初步的、肤浅的和粗糙的，但非常可贵，这不仅是科学研究的起步点，而且是发展科学理论的桥梁。这种初始意念大多都是根据作者在科研或实践第一线获得的知识，再通过深入分析、广泛联想、认真思考和充分酝酿而形成的。有些设想也可能是作者因听取学术报告，或阅读文献等而受到的启发。

② 调查研究。有了初步的设想，就要着手进行广泛的调查研究，检查和论证选题的内容，主要是要查阅相关文献信息，用于修正或完善选题。

③ 最终定题。在确认所选题目的充分性和必要性之后，就可最终将研究选题确定下来。

(3) 选题的方法和途径。

① 积累精选法。学生在平时学习中就要注重所学专业相关学术问题的积累。例如，在课堂教学中注意教师教授的本学科尚待深入研究的重点和疑难问题，以及自己平时阅读本专业的相关文献积累下来的问题，最终精选出最合适的问题作为学位论文的题目。

② 追踪研选法。任何新成就的取得都是对前人成果的继承与发展。对前人成果的继承，一方面，是指在对前人知识与研究成果深刻理解与掌握的前提下，去选取那些“前沿性”的课题；另一方面是指从前人思想与研究中获得启迪。如可以将前人争论不休的问题选作论文题目，在自己的理解基础上，查阅前人对此问题研究的有关资料，弄清前人的主要观点和依据，在研究过程中形成对此问题的独到见解。因此，研究前人刚刚开始接近而还没有解决或提出的问题，这是选题的一个重要思路。这种方法使选题、选材和构思融为一体，一旦论题选定，论文的基本框架也就形成了。

③ 实践调研法。现代教育观不仅看重毕业论文的学术价值，更看重其实用价值，即指导当前实践的价值。因此，从实践中发现急需研究和解决的问题作为学位论文选题，也应该成为当代大学生毕业论文选题的基本方法之一。这种方法确定题目也需要查阅相关资料，了解前人对同类问题或类似问题的解决方法，进而提出改进方法或创新方法。

④ 寻找发现法。人类对自然及自身的认识并不是一次可以完结的，永远处在一个不断

深入与发展的过程之中。前人的认识自然有其不足之处,同代人也会由于不同角度或其他因素而出现一些偏差与空白。选题时不要轻易放过别人忽略的地方,要在这些地方寻找到矛盾和发现问题,并深入下去。被别人忽略的地方是大量存在的,从这些地方发现课题除了要具备胆略和学识之外,更多的是需要认真与细心,需要有锲而不舍和深入探索的精神。

⑤ 筛选变造法。即使是从学校提供的学位论文题库中被动选题,也不应草率从事。而是应该使用筛选变造法,尽可能变被动为主动,从学位论文题库中选出比较适合的论文选题来对原论题进行变造,这种变造一般来说主要是对原论题规模和角度的变造。

⑥ 浏览捕捉法。所谓浏览捕捉法,就是学生先根据自己对所学专业知识或实践领域的熟悉和兴趣程度,划定一个或若干学位论文的选题范围,然后再浏览和阅读选题范围内的相关文献,从中捕捉适合自己的学位论文选题。

(4) 选题的注意事项。

① 注意选题的时间。选题要尽可能早做准备,保证时间充分,能够比较从容地从事调查和研究。资料搜集不是一朝一夕的事,有些资料可能还要到校外进行查找,会花费更多的时间。但也要根据专业课的学习情况而定,选题过早会由于缺少必要的专业基础知识,而很难发现和评价选题的优劣;选题过晚又来不及仔细地调查研究和认真思考。

② 注意选题的大小。选题的大小对学位论文的质量也有一定影响。一般而言,学位论文的选题范围不宜过大,涉及面也不宜太宽。范围过大,不但时间不允许,而且难以驾驭,即使勉强撰写完成,也只能如蜻蜓点水,难以保证质量。论文的选题小一点和专一点,既容易完成,也容易写好。当然,选题要小得适当,选题过小,也会使搜集资料和阐述都不容易,也达不到提高能力的目的。

③ 注意选题的难易。选题的难易程度同样要适中,既不可过难,又不可过易。对学位论文来说,选择高难度的课题,不仅达不到提高研究能力的目的,反而会因写作难度大,挫伤写作的积极性。选择过易的课题,又体现不出专业知识水准和创造性,同样不利于科研能力和水平的提高。

总之,在选题过程中,必须实事求是地从主客观实际出发,恰当地把握选题的时间、大小和难易程度。

2) 开题

在开题之前,为了确定研究方向、研究重点、研究方案和技术路线等,必须进行文献调研,搜集整理大量文献信息。在研究过程中,为了减少重复性劳动,避免走弯路,也需要进行文献信息调研。掌握本学科或专业领域最重要的文献信息,了解相关学科或专业领域的重要文献信息,同时还应全面调研信息源,力争不漏掉任何有价值的文献信息。不仅要通过各种网络检索工具、检索系统和数据库等进行广泛的文献信息调研,还应充分参加学术会议、学术报告等多种交流方式获取有用信息。同时,学生要向导师、同行专家和其他学生作开题报告。

学位论文和一般学术论文的重要差别之一是开题报告,它是对论文选题进行检验和评估认定的过程。学位论文的选题是否具有学术价值和新颖性,是否能够反映写作者的专业科研水平,以及论文的观点是否成熟等,均要通过开题报告来考察。开题报告经由审查小组审核通过后,才能正式开始论文的撰写。不同学校或专业对开题报告的内容和结构有不同的要求,一般应包括以下几个方面:①论文题目、选题依据与论文属性;②选题的意义与研究目标，包括研究的背景、理论与现实意义、国内外研究状况综述或主要支撑理论与发展趋势；③研究内容与结构框架；④研究方法与思路或技术路线、研究方案（实验方案）；⑤研究的重点和难点、研究特色和创新点；⑥写作进度安排；⑦主要参考文献，等等。

3）搜集资料

有价值的选题还需要充足的材料支撑观点。确定论文选题和开题后，简要的大纲也已经基本上形成，再就是开始进行搜集资料的工作。运用现代信息化手段，搜集大量与选题有关的信息资料，找到课题已研究到什么程度，是否有继续研究的价值等，寻找创新点是解决这一问题的最好途径，能使论文的选题站在前人的工作基础之上，容易产生新论点，以确保学位论文选题的创新性。搜集资料的过程贯穿于学位论文全过程，研究工作的原始数据必须准确记录和妥善保管。原始记录应包括实验日期、研究内容和目标、实验方法、操作步骤、实验现象、实验数据（如分析数据、谱图、照片等）、证明人签名等内容。原始记录的内容应尽可能详细，要足以让他人能够按照原始记录重复出某一实验。在研究过程中必须认真做好记录，不得伪造和篡改原始记录。一般而言，资料充分，容易加快撰写进度。

（1）搜集资料的途径。搜集资料的途径很多。既可以通过阅读获得论文所需的资料，也可以通过观察、调查和实验等方式获取所需的资料。

① 通过阅读搜集资料。阅读可以了解前人的研究成果，从中发现对选题有用的材料。在选题过程中，已经知道了选题方面的基本情况，就应该通过阅读来积累资料。

② 通过观察搜集资料。观察是对研究对象进行考察，获得有关论文所需的资料。观察过程中容易受到观察者个人的情感、知识和经验的影响，有时不能准确地反映实际的结果，这是在观察过程中要注意的。

③ 通过调查搜集资料。调查是对研究对象的又一种考察方法，有问卷法、访谈法等多种方式。问卷法是通过设计问卷了解观察对象情况的方法。由于问卷法对所有调查对象都采用同一种问卷进行询问，通过分析，能了解不同调查对象存在的共同问题。同时，使用问卷法大多不要求被调查者在问卷上署名，这是为了能够反映被调查者的真实想法。访谈法是直接向调查对象进行口头提问、当场记录答案的方法。在访谈中，调查者与被调查者直接接触，了解被调查者的真实心理。同时，可根据调查过程中的情况，对有些问题重点了解，获得有关研究资料。

④ 通过实验搜集资料。实验是指通过一定的程序了解研究对象的情况。医学学位论文往往需要通过实验来验证研究的结果或假说。

⑤ 通过统计搜集资料。统计法是指利用有关统计数据、报表或资料，分析研究对象的情况。统计法比较客观，一定程度上能准确反映研究对象的真实情况。由于调查单位自身条件和统计方法是否合理等方面的限制，往往具有一定的局限性。

（2）选择资料的原则。搜集到的资料不是都可以使用的，必须对其进行选择。资料是支撑论点的重要依据，如果出现错误，论文的准确性会受到影响。因此，选择资料应把握以下原则。

① 准确性原则。准确是指资料必须正确。无论是通过阅读查找资料，还是在观察、调查和实验中获得资料，必须保证准确，而不能杜撰或伪造资料。不准确的资料应毫不犹豫地抛弃，被怀疑为不准确的资料，可以重新进行查找或验证，或毫不惋惜地舍弃。

② 典型性原则。典型是指资料能够反映事物的本质，典型资料能够反映事物的共同规

律，具有强大的说服力。因此，要根据学位论文的具体情况，选择能够反映论文特色的典型资料。

③ 新颖性原则。新颖是指资料具有独创性。要求学位论文中的资料是别人没有使用过的，或是司空见惯的资料，但做了新的阐释。资料的新颖往往是论文具有独创性的一个重要方面，也是论文具有价值的一个重要因素。

④ 充分性原则。充分是指资料要能足以支撑论文的观点。资料并不是越多越好，必须能够充分地说明观点。但有时资料过少，就不能充分证明论文观点的代表性。因此，在选择资料时，要做到恰如其分也不是一件容易的事。充分的资料既能说明论文的观点，使读者对所论述的问题有足够的了解，同时，又能表明论文作者的研究水平和创造能力。由于科学技术的不断发展，新的资料就会不断地出现，因而应养成不断积累资料的好习惯。

（3）搜集资料的注意事项。

① 搜集资料要有目的性。要明确所搜集的资料用来支持什么样的论点，或者侧重点在哪些方面，这样才能有针对性地选择那些有说服力的论据，以提高论文的整体水平。

② 搜集资料要全面，有重点。尽可能地搜集和掌握与选题相关的所有重点资料，包括各种不同的学术观点和跨学科的有关资料，这样才能扩充视野，便于研究和选用。

③ 尽可能搜集第一手资料。搜集资料时应尽可能选择第一手原始资料，特别是对经典著作、法律条文、重要数据资料的搜集等，以免在转引二手资料过程中出现差错。

④ 资料的搜集和整理应规范化。对资料的规范化处理有利于资料的调度和使用，便于综合、比较和分析，对学位论文的写作起到启发、补充和提高的作用。

⑤ 采用现代化的资料搜集方法和手段。采用现代化的资料搜集方法和手段进行数字资源的检索，可以突破资料搜集中学科和专业的范围限制，保证资料搜集的全面性。

4）确定主题

主题是学位论文中提出的基本观点或中心论点。在一篇学位论文中只能有一个主题，并要求不论其长短，其主题必须贯穿始终。主题需要经过提炼才能确立，要善于从大量的现象或材料中，揭示事物的本质，抓住其主要矛盾。同时，还要抓住事物的特点，发现事物发生和发展的规律，逐步使自己的印象和认识升华，形成一种学术思想。

5）拟定提纲

提纲是论文撰写的设计图，是全篇论文的骨架。提纲是对研究课题的总体构思，论文的指导思想、基本框架、整体结构、总的论点和各部分的布局及观点都应通过提纲反映出来。一般包括题目、基本论点或中心论点、内容纲要、大项目（大段段旨）、中项目（中段段旨）、小项目（段中的一个材料）等。论文提纲可分为简单提纲和详细提纲两种。简单提纲是高度概括的，只提示论文的要点，不涉及如何展开。这种提纲虽然简单，但由于是经过深思熟虑构成的，撰写时能顺利进行。详细提纲则是把论文的主要论点和展开部分较为详细地列出来，如果在论文撰写之前准备了详细提纲，执笔时就会更流畅和更顺利。

在具体拟定提纲时，一方面，应对论文的全部问题进行周密的思考，提出论点和论据，安排材料的取舍，力求使提纲在整体上体现论文题目的目的性。另一方面，要根据要求从各个方面围绕主题、紧扣重要论点逐项拟定，既突出重点和主要内容又适当地照顾全面，明确各部分在整篇论文中所占的比重及相互关系，使论文内容和题目紧密衔接起来，形成层次清晰、结构严谨和布局合理的提纲。

6）撰写初稿

论文提纲完成后，经与指导教师共同就论文的结构、顺序及逻辑性等关键问题进行研究和推敲，即可着手论文初稿的撰写。撰写初稿就是按照拟定好的提纲的思路，运用语言文字，把学位论文中的研究成果、形成的思想和观点表达出来。在具体撰写过程中，要求做到语言准确、精练和行义流畅，这是学位论文的基本要求。学位论文是研究成果的表述，只有使用最贴切、最恰当的词汇和既简练又符合语法规范的句子，才能把研究者的研究成果准确、鲜明和充分地表述出来。首先，对一些不清楚或容易混淆的字词，要勤查字典、词典。其次，要注意标点符号、计量单位和数字的用法。要求采用国家标准，如《出版物上数字用法》（GB/T15835—2011）、《标点符号用法》（GB/T15834—2011）、《国际单位制及其应用》（GB3100—1993）等国家标准。同时，要注意提炼中心句，中心句能准确反映段落的主旨和核心内容，使读者阅读时能对段落内容有大概了解。中心句一般位于段落的开头或结尾。

7）修改定稿

论文初稿完成以后，只能说完成了学位论文撰写 70%的工作，其后的 30%是修改、补充和润色。通常在撰写初稿过程中，往往考虑不够周全，或又产生新的想法或发现新的材料等，都要对论文进行修改。修改的目的是使论文臻于完善。修改论文之前，首先要反复阅读，才能发现其存在的问题；其次应尽量征求指导教师的意见，或给同学阅读并请他们提出意见和建议。学位论文的修改主要包括以下几个方面的内容。

① 修改观点。观点是学位论文的重要组成部分。如果观点不明晰，或论据说明的论点有偏差，观点就要进行调整。观点的修改一般只能微调，如果观点全部被否定，论文就要重新撰写。观点的修改既包括对论点的增加或删减，也包括对观点的订正。无论是哪一方面，都要使学位论文显得论点突出和明了。

② 增删材料。检查学位论文中的材料是否清楚地说明了观点。如果材料不足以说明观点，就必须增加材料；如果材料过多，就会使论文显得烦琐和累赘，就必须删减材料；如果发现有更好的材料说明观点，就必须更换或增加材料。材料必须适量，恰到好处地说明观点。

③ 调整结论。学位论文的结论要能准确反映全文的内容。如果论文的结论不能准确反映论文的内容，或论文的结论不足以反映论文的内容，则结论同样要进行调整。

④ 锤炼字句，润色文字。撰写过程中不可避免地会出现一些病句、错句和重复语句，通过修改能避免这些错误的出现。同时，改正错别字和更换一些更好的语句也是修改过程中的工作。

8）撰写答辩报告

学位论文答辩报告 2 000～3 000 字，答辩时向答辩委员及所有参加答辩的人员陈述学位论文的主要内容，讲述时间应正好等于或略长于规定的自述时间。学位论文答辩报告的内容要恰当，思路要理顺，表达要清楚。撰写的主要内容包括：

① 选题的动机、缘由、目的、依据和意义，以及论文研究的科学价值。

② 选题已有的研究成果，尚有争议的主要意见，自己的观点，主要研究途径和研究方法，学位论文从哪方面入手。

③ 立论的理念依据和事实根据。论证和论点的主要论据，列出可靠和典型的材料，数

据和重要引文及其出处。

④ 研究所获得的结果和取得的成就，提出的新见解及学术价值和理论意义，存在问题与不足以及新的打算。

9）学位论文再加工

在通过论文答辩后，可以按照专家提问和评阅意见，对论文进行补充、修改和加工，精心提炼成一篇或多篇学术论文发表，或以专著形式出版。

5. 学位论文撰写的注意事项

我国学位授予单位对学位论文的评价方式，多数采用综合评价方法，通过论文评阅和论文答辩形式，要求专家对论文写出评语及判断是否达到相应学位水平，论文评价指标主要包括论文选题、论文成果创新性、论文学术性和论文写作水平等。针对论文评阅中的常见问题，撰写学位论文应注意以下几方面。

1）论文的创新性

论文创新性是衡量学位论文水平的关键指标，加强科研创新意识和创新能力培养，选择创新性强且富有挑战性的基础研究和应用研究课题，是培育高质量学位论文的重要保证，具有前沿性和高起点的课题是取得创新性的前提。学位论文成功与否、质量高低和价值大小，在很大程度上取决于论文是否有新意。所谓的新意可以是多方面的，从理论、观点、工艺、流程、配方、设备和研究方法等都可以有所见解，即这些方面在论文中表现出的新看法、新见解和新观点等。论文的新意可从以下几个方面考虑。

① 从题目、观点、材料到论证方法等全是新的。对于学位论文来讲，由于条件所限，选择这类题目要十分慎重。

② 以新的材料论证旧的课题，从而提出新的或部分新的观点和新的看法，使人阅读后有耳目一新之感。

③ 以新的角度或新的研究方法重做已有的课题，从而得出全部或部分新观点，这样的论文同样具有新意。

④ 对已有的观点、材料和研究方法提出质疑，虽然没有提出自己新的看法，但能够启发人们重新思考问题。

常易出现的问题：一是重复前人的实验，得出的结论无创新性；二是实验工作量虽大，未得出肯定有意义的结论；三是纯粹资料性综述，新颖度模糊，可参考性差等。要使学位论文有新意，一方面要善于观察和勤于思索，从大处着眼和从小处着手；另一方面要善于积累和分析资料，对某个研究领域或论题要弄清楚别人写过什么和有些什么论点、有何争辩和分歧等。

2）实际价值和理论价值

① 注意论文的实际价值，选择具有现实意义的题目。运用自己所学的理论知识进行研究，提出自己的见解，探讨解决问题的方法，都是很有意义的。凡是能把反映一定历史时期、阶级社会生活、科学技术的重点和热点问题作为选题的对象，这样的论文才能避免空洞，才会有实际价值。

② 注意论文的理论价值。强调实际价值的同时，学位论文还必须有一定的理论价值。任何论文都包括论点、论据和论证三大要素，有实际意义的选题也要以逻辑思维的方式为展开的依据，在事实的基础上展开严谨的推理过程，最后得出令人信服的结论。这个过程是研

究事物发展的客观规律和阐述自己对这些规律的认识的过程，也就是科学研究的过程和知识创造的过程。

3）论文的图表规范

学位论文不仅要求语言表达准确和层次分明，而且要注意图表的规范。制作图表需做到插图与文字紧密配合，图要清楚，图中的术语、符号和单位等应与正文表述中所用一致。图在文中的布局要合理，一般随文编排，先见文字后见图；表格一般随文排，先见相应文字后见表，表中参数应标明量和单位的符号，表序一律采用阿拉伯数字编号等。

4）学术道德规范

我国要求博士研究生在学位论文答辩之前，应有在学习期间公开发表的论文或取得经过鉴定的科研成果。许多高校制定了研究生发表论文的规定，对研究生论文发表的内容、署名和期刊都做了规定，要求研究生以第一作者在本学科和相关学科的核心期刊发表与学位论文相关的学术论文，且署名为培养单位。尽管论文的发表被认为是某个研究项目的结束，论文的发表同样是一个接受科学界评定、纠正和进一步发展的开始。每一篇发表的论文必须对科学的发展有实质性的作用，研究生要根据论文内容和水平，投寄相应期刊，不得“一稿多投”。同时，学位论文的选题及撰写反映了一个人的学术品质，要注意千万不能随大流和赶时髦，更不能撰写自己并没有弄懂或仅一鳞半爪地接触到一点国外的材料，便把别人的东西照搬过来，不能东拼西凑。要注意避免以下几种行为：一是抄袭、剽窃他人的研究成果；二是捏造、篡改自己或他人的研究成果、实验数据或引用的资料；三是重复发表自己的研究成果；四是在学位论文或公开发表的作品中，不加注明而使用他人的成果等。

思考题

1. 简述医学论文写作的意义和作用。
2. 医学论文分为哪几种类型？
3. 医学论文由哪五部分构成？其论据主要有哪几类？
4. 医学论文的基本要求有哪些？
5. 简述医学论文的基本格式和规范要求。
6. 如何撰写医学论文中讨论的内容？
7. 参考文献著录的基本要求是什么？
8. 医学论文撰写过程中，应如何选题与拟定提纲？
9. 医学论文写作有哪些基本步骤？有哪些注意事项？
10. 简述医学综述的作用与特点。
11. 简述医学综述的格式和要求。
12. 简述医学综述撰写的基本步骤和方法。
13. 学位论文有哪些基本特征？
14. 简述学位论文的格式和要求。
15. 简述学位论文撰写的基本步骤和方法。

参考文献

[1] C E Shannon. The Mathematical Theory of Communication[J]. The Bell system technical journal,1948(vol. 47):379.

[2] N Wiener. Cybermetics and Society[M]. 2nd ed. New Yerk:Coubleday,1956.

[3] xy4585618. 药学专业信息检索网址_百度文库[EB/OL]. [2010-05-12]. http://wenku. baidu. com/link? u.

[4] 曹洪欣. 医学信息检索与利用[M]. 上海:第二军医大学出版社,2008.

[5] 曹永辉,于毅. 医学药学信息资源检索和利用[M]. 南京:江苏科学技术出版社,2002.

[6] 蔡丽萍. 文献信息检索教程[M]. 北京:北京邮电大学出版社,2013.

[7] 柴晓娟. 网络学术资源检索与利用[M]. 2 版. 南京:南京大学出版社,2013.

[8] 陈光,刘秉文. 现代药学文献利用指南[M]. 北京:中国医药科技出版社,2009.

[9] 陈红勤,梁平. Web 信息海洋淘金——网络信息资源的有效获取[J]. 咸宁学院学报,2008(1):160-163.

[10] 陈红勤. 学术隐蔽网络和学术搜索引擎[J]. 现代情报,2008(7):117-119.

[11] 陈界,杨嘉,董建成. 医学信息检索与利用[M]. 3 版. 北京:中国科学技术出版社,2004.

[12] 陈新红. 生物医学信息检索与利用[M]. 大连:黑龙江教育出版社,2010.

[13] 代涛. 医学信息检索与利用 [M]. 北京:人民卫生出版社,2010.

[14] 邓可刚,何庆. 循证医学证据的检索与利用[M]. 北京:人民卫生出版社,2003.

[15] 邓可刚. 循证医学证据的检索与利用[M]. 2 版. 北京:人民卫生出版社,2008.

[16] 董建成. 医学信息检索教程[M]. 南京:东南大学出版社,2009.

[17] 董莉. Internet 上免费药学全文查找途径及技巧[J]. 医学信息学杂志,2007(1):21-23.

[18] 方国辉. 医学文献检索[M]. 长沙:湖南科学技术出版社,2003.

[19] 符雄. 药学文献检索与利用[M]. 北京:科学出版社,2001.

[20] 高岚. 网络医学信息资源检索[M]. 北京:化学工业出版社,2005.

[21] 葛郁葱. 标准文献的特点及其检索方法[J]. 情报杂志,2009(12):166-167.

[22] 葛郁葱. 学位论文的特点及其检索方法[J]. 现代情报,2003(9):161.

[23] 顾萍,夏旭. 医学信息获取与管理[M]. 广州:华南理工大学出版社,2010.

[24] 郭断军. 医学文献检索[M]. 3 版. 北京:人民卫生出版社,2010.

[25] 何怡,刘毅. 医学信息检索实用教程[M]. 天津:天津科学技术出版社,2009.

[26] 何怡. 中外网上学位论文数据库的检索与利用[J]. 图书馆工作与研究,2011(2):44-45.

[27] 黄如花.信息检索[M].2版.武汉:武汉大学出版社,2010.
[28] 黄晓鹂.医学信息检索与利用(案例版)[M].北京:科学出版社,2012.
[29] 黄晓鹂.医学信息检索.[M].北京:人民卫生出版社,2010.
[30] 靳小青.医学文献检索[M].北京:人民邮电出版社,2010.
[31] 赖谦凯.中医药信息检索指南[M].郑州:河南人民出版社,2010.
[32] 李家清.我国信息素质教育研究[J].情报理论与实践,2004(1):55-58.
[33] 李健康,许四洋,张政宝.九个常用中国专利检索网站比较研究[J].图书馆论坛,2010(6):192-193.
[34] 李彭元,何晓阳.医学文献检索[M].北京:科学出版社,2010.
[35] 李双,刘鹏."Ei"数据库使用方法简介[J].山东建筑大学学报,2012(5).
[36] 李勇文.医学信息查询与利用[M].成都:四川大学出版社,2010.
[37] 李中.全唐诗(748卷)[M].北京:中华书局,1960.
[38] 梁平,陈红勤.网络信息资源理论与实践研究[M].北京:中国书籍出版社,2013.
[39] 梁平,陈红勤.网络信息资源问题研究[M].北京:光明日报出版社,2009.
[40] 梁平.网络医学信息检索研究[M].长春:吉林文史出版社,2006.
[41] 卢娥辉.Internet上化学与药学信息资源的检索[J].化学世界.2007(8):510-512.
[42] 刘传和,杜永莉.医学信息检索与利用[M].北京:军事医学科学出版社,2008.
[43] 刘传和,杜永莉.医药学信息检索与利用[M].北京:化学工业出版社,2004.
[44] 刘秋梅.数字参考服务体系结构研究[J].大学图书馆学报,2004(1):32-36.
[45] 刘伟,贾陆.药学文献检索[M].郑州:郑州大学出版社,2005.
[46] 刘霞,李漠.网络信息检索[M].北京:清华大学出版社,2010.
[47] 刘玉良.国道数据专题数据库超市系统讲义[EB/OL].[2012-04-17].http:www.docin.com/p-384361.
[48] 罗爱静,胡德华.医学科技信息检索[M].长沙:中南大学出版社,2008.
[49] 罗爱静.医学文献信息检索[M].北京:人民卫生出版社,2010.
[50] 马功兰.数字参考咨询的发展趋势[J].情报理论与实践,2006(3):257-260.
[51] 马桂君,庞十周.SCI文献的检索技巧及检索词的输入规则[J].编辑之友,2006(4).
[52] 梅谊,邱悦.实现现代医学文献检索[M].苏州:苏州大学出版社,2008.
[53] 庞德盛,王芳,刘瑞娟.Patentics专利智能检索系统与中国国家知识产权局网比较研究[J].农业图书情报学刊,2014(5):46-49.
[54] 钱宗玲.网络药学信息检索[M].2版.南京:东南大学出版社,2008.
[55] 任效娥.现代医学信息检索与利用[M].北京:科学出版社,2000.
[56] 尚彤,国强华,景霞.常用医学生物信息学数据库[M].北京:北京大学医学出版社,2003.
[57] 司超增,郝志勇,单广良.基础医学网络信息资源整合及应用[J].医学与哲学(临床决策论坛版).2009(5):63-64.
[58] 孙刘琴,易思思.互联网药学资源的检索与利用[J].中南药学.2009(4):319-320.
[59] 王飞.医学会议信息的网络检索[J].中国医药指南,2008(18):122.
[60] 王家良.循证医学[M].北京:人民卫生出版社,2005.

[61] 王培义,蔡丽萍.信息检索教程[M].北京:北京邮电大学出版社,2010.

[62] 王庭槐.医学信息资源检索与利用[M].北京:高等教育出版社,2005.

[63] 王秀平.生物医学信息检索[M].北京:科学技术文献出版社,2004.

[64] 王艳军.网上医学会议信息的获取[J].现代情报,2008(3):208.

[65] 吴进琼.Science Citation Index Expanded(SCI-E)及其检索技巧[J].农业图书情报学刊,2012(11):155-158.

[66] 谢桂苹,刘斌.CSCD引文检索中提高查全率的方法探析[J].现代情报,2012(9):151-154.

[67] 谢志耘.医学文献检索[M].北京:北京大学医学出版社,2010.

[68] 邢志宇.人物信息的网络检索途径与方法[J].河南图书馆学刊,2008(3):39-43.

[69] 许福运,刘二稳.信息检索与创新[M].北京:科学出版社,2011.

[70] 许浑.全唐诗(536卷)[M].北京:中华书局,1960.

[71] 杨克虎.生物医学信息检索与利用[M].北京:人民卫生出版社,2009.

[72] 杨小红.Internet上免费专利信息资源的检索与获得[J].甘肃科技,2012(6):110-111.

[73] 杨耀防,陈先平.医学文献检索与论文撰写[M].南昌:江西高校出版社,2009.

[74] 叶继元.信息检索导论[M].2版.北京:电子工业出版社,2009.

[75] 于双成.科技信息检索与利用[M].北京:清华大学出版社,2012.

[76] 于占洋.药学文献检索与利用[M].北京:中国医药科技出版社,2005.

[77] 余致力.医药信息检索技术与资源应用[M].南京:南京大学出版社,2009.

[78] 掌握ISTP数据库的检索方法[J].中国组织工程研究,2012(16).

[79] 赵美娣.会议文献的检索与获取[J].情报理论与实践,2011(8):84-85.

[80] 赵文龙,吕长虹.医学文献检索[M].北京:科学出版社,2001.

[81] 赵文龙.医学文献检索[M].3版.北京:科学出版社,2010.

[82] 赵文龙.医学文献检索[M].2版.北京:科学出版社,2004.

[83] 中文搜索引擎指南[OL].http://www.sowang.com/SEARCH/yixue_search.htm.

[84] 钟义信.信息科学原理[M].北京:北京邮电大学出版社,1996.

[85] 周金元.医药信息检索与利用教程[M].镇江:江苏大学出版社,2008.

[86] 周理盛.信息资源检索实务[M].北京;化学工业出版社,2007.

[87] 朱红,朱敬,李淑青.网络信息检索与利用[M].北京:人民邮电出版社,2010.

[88] 朱宁.从高校信息素质看图书馆教育职能的演变[J].情报资料工作,2005(5):76-79.

[89] 朱宁.古今文献观辨析.图书情报工作[J],1998(1):16-18,42.

[90] 朱宁.文献要素、功能和属性的探析.图书馆论坛[J],1999(5):23-25,5.

[91] 朱宁.文献信息检索[M].武汉:华中科技大学出版社,2004.